TORÁ COMENTADA

Brian Kibuuka

TORÁ COMENTADA

Números

ויקרא

edição bilíngue
Português-Hebraico

2ª edição revista e ampliada

ALTA BOOKS
GRUPO EDITORIAL

Torá comentada: Números

Contra o Vento é uma empresa do Grupo Editorial Alta Books (STARLIN ALTA EDITORA E CONSULTORIA LTDA).

ISBN: 978-65-83604-83-5

Impresso no Brasil — 2ª Edição, 2025 — Edição revisada conforme o Acordo Ortográfico da Língua Portuguesa de 2009.

DADOS INTERNACIONAIS DE CATALOGAÇÃO NA PUBLICAÇÃO (CIP)
(BENITEZ Catalogação Ass. Editorial, MS, Brasil)

K46t
2. ed. Kibuuka, Brian
Torá comentada : Números / Brian Kibuuka. – 2ª ed. rev. e ampl. Rio de Janeiro: Contra o Vento, 2025.
558 p.

Inclui bibliografia.
ISBN 978-65-83604-83-5

1. Antigo Testamento – Pentateuco 2. Bíblia hebraica (Torá) 3. Bíblia – Estudos . I. Título.

05-2025 / 34 CDD 220.44

Índice para catálogo sistemático :
1. Bíblia hebraica : Estudos 220.44
Aline Graziele Benitez – Bibliotecária – CRB-1/3129

Produção Editorial: Grupo Editorial Alta Books
Diretor Editorial: Anderson Vieira
Editor da Obra: Eduardo de Proença
Vendas Governamentais: Cristiane Mutüs
Gerência Comercial: Claudio Lima
Gerência Marketing: Andréa Guatiello
Revisão: Cláudia Montico
Projeto Gráfico: Alessandra S. O. Proença
Diagramação: Samuel de Proença
Capa: Victoria Cristina Eduardo

ALTA BOOKS
GRUPO EDITORIAL

Rua Viúva Cláudio, 291 – Bairro Industrial do Jacaré
CEP: 20.970-031 – Rio de Janeiro (RJ)
Tels.: (21) 3278-8069 / 3278-8419
www.altabooks.com.br – altabooks@altabooks.com.br
Ouvidoria: ouvidoria@altabooks.com.br

Editora
afiliada à:

Para Nilo Reis, companheiro das jornadas sem mapa, consagro estes passos entre areia e promessa.

Sumário

Apresentação à Segunda Edição Revista e Ampliada

Esta segunda edição da *Torá Comentada* nasce de um esforço consciente de aprofundamento, rigor e fidelidade à Escritura. Fruto de intensa dedicação intelectual e espiritual, ela não é simplesmente uma nova versão, mas uma refundação crítica da proposta anterior, agora ampliada em mais do que o dobro do volume original. Cada livro – *Berē'šît* (*Gênesis*), *Šĕmôt* (*Êxodo*), *Wayyiqrā'* (*Levítico*), *Bĕmidbār* (*Números*) e *Dĕḇārîm* (*Deuteronômio*) – foi meticulosamente reescrito e enriquecido, versículo por versículo, a partir da transliteração precisa do texto da Bíblia Hebraica e da sua tradução direta, que realizo cuidadosamente em cada linha.

Esta edição se distingue não apenas pela extensão, mas sobretudo pela qualidade do trabalho exegético e teológico aqui empreendido. Enquanto a primeira edição já buscava a aproximação criteriosa ao texto hebraico, esta segunda aprofunda essa vocação até seus limites mais exigentes: os comentários agora acompanham praticamente todos os versículos, oferecendo leituras que dialogam com a tradição judaica antiga, com a crítica acadêmica contemporânea e com os horizontes éticos e espirituais de nossa época. Não se trata de repetir o que já foi dito; trata-se de escutar novamente – de cavar mais fundo no poço da Palavra, para encontrar águas mais puras e mais vivas.

O método que guia esta obra é simultaneamente filológico e espiritual. Cada versículo é abordado a partir da sua forma hebraica original – apresentada em transliteração rigorosa segundo o sistema da SBL (*Society of Biblical Literature*) – para depois ser traduzido em português com a preocupação de respeitar tanto a estrutura do texto quanto suas inflexões poéticas, narrativas e jurídicas. A tradução não é, aqui, um simples transvase, mas um gesto de interpretação consciente, que busca captar as pulsações internas da língua bíblica: suas ambiguidades ricas, suas tensões semânticas, suas pausas e acelerações. Os comentários desenvolvidos sobre o texto não se limitam a anotações laterais. Eles formam um tecido contínuo de reflexão, que ora ilumina aspectos linguísticos e exegéticos, ora abre perspectivas teológicas, ora reconstrói os contextos históricos e literários do mundo bíblico. Há, também, uma preocupação constante com a articulação entre o detalhe e a totalidade: cada palavra é lida no interior do seu versículo, cada versículo no interior da sua narrativa ou legislação, e cada narrativa ou legislação no interior do vasto drama da Torá como um todo.

Uma novidade central desta edição são as abundantes notas exegéticas, que aparecem ao longo dos livros como momentos de aprofundamento técnico. Nelas são discutidas variantes textuais, questões de tradução, possibilidades semânticas alternativas, paralelos intertextuais e dados de contexto arqueológico e histórico relevantes. Tais notas não se destinam apenas a especialistas: foram escritas de modo que o leitor ou a leitora interessados possam ampliar sua compreensão sem serem submersos por erudição desnecessária. Cada nota é uma janela aberta, não um muro erguido. Além disso, cada livro da Torá é precedido por uma introdução acadêmica. Essas introduções oferecem ao leitor as ferramentas necessárias para compreender a história redacional de cada livro, seu lugar na formação do Pentateuco, suas grandes linhas temáticas e a lógica interna de sua estrutura. Assim, antes de adentrar o comentário, o leitor é convidado a situar-se: a ver o horizonte em que cada palavra da Torá ressoa, e a reconhecer a densidade histórica e literária que sustenta a sua leitura. O resultado é um texto que, sem perder a exigência acadêmica, procura ser também vivo, palpitante. A Torá não é, aqui, um monumento arqueológico, mas um território vivo de encontro e de travessia. Cada comentário procura deixar-se atravessar pelas perguntas que o próprio texto levanta – perguntas sobre criação e responsabilidade, sobre justiça e misericórdia, sobre memória e promessa, sobre poder e vulnerabilidade, sobre Deus e a humanidade. Longe de uma leitura que fecha sentidos, esta *Torá Comentada* quer ser uma leitura marcada pelo respeito ao texto bíblico.

Gênesis recebeu comentários que acompanham desde os movimentos primordiais da criação até os dramas humanos da história patriarcal, reconstruindo a arquitetura simbólica que sustenta narrativas como a de Noé, Abraão, Jacó e José. Êxodo foi percorrido como livro de nascimentos: o nascimento de um povo, o nascimento de uma lei, o nascimento de uma liberdade que exige memória e responsabilidade. Levítico, frequentemente marginalizado por sua linguagem cultual, foi revelado como um centro silencioso de teologia, onde pureza, santidade e justiça social se entrelaçam na vida concreta do povo. Números, mais do que um relato de perambulações, foi lido como um ensaio doloroso sobre a fé e a dúvida, sobre liderança e rebeldia, sobre a complexa travessia que separa a promessa da posse. E Deuteronômio, o último livro, foi apresentado como uma convocação suprema: a Palavra que refunda o coração do povo, que renova a aliança não como imposição, mas como escolha amorosa e radical.

A estrutura dos comentários respeita a progressão interna de cada narrativa e legislação, fazendo questão de mostrar como os temas se constroem e se desdobram ao longo dos livros. A ênfase é sempre na organicidade: nenhum versículo é tratado isoladamente, mas sempre como parte de um todo vivo. Assim, por exemplo, o relato da criação em Gênesis 1 não é apenas analisado em si mesmo, mas também em sua tensão com Gênesis 2; a legislação da aliança em Êxodo 24 é lida em sua relação com o pecado do bezerro de ouro em Êxodo 32; os mandamentos sobre a terra em Levítico 25 são lidos à luz da promessa da terra em Números 13–14; a grande oração do *Shema* em Deuteronômio 6 é lida como coração palpitante que sustenta toda a ética deuteronomista. Este método exegético-reflexivo permite que o leitor não apenas compreenda melhor cada passagem, mas também perceba o movimento espiritual da Torá como um todo. Ler a Torá não é simplesmente acumular informações; é atravessar um processo de transformação, de escuta, de amadurecimento. É permitir que o texto – com suas genealogias e suas guerras, com seus rituais e suas leis, com seus cantos e suas denúncias – nos forme à sua imagem.

A profundidade teológica da Torá é constantemente destacada em meio aos detalhes técnicos. Por exemplo, não se discute apenas o que significa a palavra *ḥesed* (bondade, lealdade) em um contexto ou outro, mas o que a ideia de *ḥesed* revela sobre a concepção de Deus que a Torá propõe: um Deus que exige justiça, mas que é movido por compaixão; um Deus que estabelece limites, mas que acolhe a fragilidade humana; um Deus que chama à santidade, mas que caminha pacientemente com a dureza do coração humano. Assim, a filologia nunca se separa da teologia; a técnica nunca se desliga da espiritualidade.

Outra marca desta edição é o compromisso com a intertextualidade interna da Bíblia Hebraica. O leitor e a leitora verão, ao longo dos comentários, como a Torá continuamente dialoga consigo mesma: como as palavras do Êxodo ecoam em Deuteronômio; como as bênçãos de Gênesis ressurgem nos discursos de Moisés; como as narrativas de Números preparam as exortações da aliança. A Torá é um livro que escuta a si mesma, que reconta a si mesma, que debate consigo mesma. E esta edição tenta seguir esse movimento, não impondo uma leitura monolítica, mas respeitando e valorizando as vozes múltiplas que atravessam o texto. Em síntese: esta segunda edição da *Torá Comentada* é um gesto de reverência, de estudo e de amor. Reverência, porque reconhece que a Torá é um dom que nos ultrapassa, que nos precede e que nos excede. Estudo, porque acredita que o encontro com a Escritura exige rigor, paciência, método e humildade intelectual. Amor, porque sabe que todo o trabalho exegético só faz sentido se for, em última instância, uma resposta amorosa ao Deus que fala – ao Deus que chama – ao Deus que caminha conosco.

Que cada leitor e cada leitora que se aventure nesta jornada encontre, entre as letras e as margens deste livro, não apenas conhecimento, mas também eco de chamado, luz para o caminho e coragem para novas travessias.

Boa leitura!

Brian Kibuuka

Números:
introdução

O livro de Números é um pouco menos negligenciado do que o Levítico entre os leitores modernos. Isso acontece porque, ao contrário de seu antecessor, combina longas listas de leis com várias narrativas sobre as rebeliões de Israel contra Yahweh no deserto.

O título grego do livro é ἀριθμοί [*arithmoí*], que não sugere um conteúdo interessante, já que alude à primeira e segunda gerações no deserto cujos censos formam os pilares da estrutura literária do livro (Números 1 e 26).

O título hebraico de Números é bəmiḏbar [no deserto], título mais condizente ao conteúdo narrativo do livro e que aparece no primeiro versículo da obra (Números 1.1). O título é uma descrição precisa da localização geográfica e espiritual de Israel durante a maior parte da narrativa.

As relações entre Êxodo e Números

O livro de Números tem uma forte ligação literária com o livro de Êxodo, que começa com o povo no Egito (Êxodo 1 a 13), descreve a sua jornada através do deserto (Êxodo 14 a 19) e termina com o povo no Sinai (Êxodo 20 a 36), Números representa a continuidade dessa narrativa. Em Números, o povo estacionado no Sinai (Números 1 a 10) sai em jornada através do deserto (Números 11 a 25) e estaciona nas planícies de Moabe. O Sinai e as planícies de Moabe estão narrativamente relacionadas, pois em ambos os locais o povo receberá uma aliança.

Há fortes conexões literárias entre as narrativas das jornadas através do deserto em Êxodo e Números (Êxodo 14 a 19; Números 11 a 25), pois ambas as seções são dominadas por relatos do povo de Israel 'murmurando', 'rebelando-se' ou 'lutando' contra Yahweh e/ou contra Moisés. Em ambas as narrativas há também a necessidade de ajudar Moisés a governar um povo indisciplinado (Êxodo 18; Números 11.16-39), e há menção à provisão miraculosa de Deus para as necessidades físicas do povo (Êxodo 15.22-17.7; Números 11.31-34; 20.1-13). Ambos os textos aludem a um povo indisciplinado e desobediente vagando pelo deserto (Êxodo 14 a 19; Números 11 a 25), e ambos apresentam narrativas ambientadas no Sinai (Êxodo 20; Números 10).

As relações entre Números e Levítico

Números também tem uma relação próxima com o Levítico. Levítico aborda o estabelecimento de uma constituição sagrada para a vida de Israel com o estabelecimento da aliança, que culmina em uma lista de bênçãos e maldições (Levítico 26). Números apresenta as emendas a esse conjunto de leis, emendas que têm um caráter *ad hoc* e circunstancial, com pouca conexão lógica entre as emendas sucessivas.

As relações entre Números e Deuteronômio

Números parece preparar o terreno para o livro de Deuteronômio, fornecendo as informações necessárias sobre a condição geográfica e moral do povo de Israel quando chegaram às planícies de Moabe, além do Jordão, em Jericó (Números 22.1). Nesse lugar citado por Números está o contexto dos termos da renovação da aliança apresentados no último livro da Torá (Número 36.13; Deuteronômio 1.5, 29.1).

Estruturas Literárias dos Números

O livro de Números foi acusado de ser o mais desorganizado dos livros do Pentateuco. Isso se dá, em grande parte, por causa da justaposição abrupta de narrativas das rebeliões de Israel com longos trechos legislativos. No entanto, essa justaposição aparentemente desajeitada de lei e narrativa, tão característica de Números, é, na verdade, reflexo das estratégias teológicas do texto.

Há, em Números, sinais claros de estruturação literária, e as suas principais divisões e subseções podem ser identificadas de duas maneiras. Primeiro, como o nome sugere, o livro de Números se divide nitidamente em partes baseadas nas duas numerações ou censos do livro: a primeira geração (Números 1) e a segunda geração (Números 26). A segunda forma de dividir o livro é a partir das três grandes etapas da jornada no deserto: preparativos para a marcha (Números 1.1 a 10.10); do Sinai a Cades (Números 10.11 a 20.20); e de Cades até Moabe (Números 20.21 a 36.13).

O primeiro e segundo Censo

O primeiro censo é dos israelitas no Sinai aconteceu um ano depois do êxodo. O segundo censo é a contagem de seus filhos quarenta anos após o êxodo, pouco antes da entrada na terra. Ninguém da primeira geração está vivo na época do segundo censo (Números 25.64), a não ser Josué e Calebe.

As duas partes de Números podem ser divididas em outras partes. A primeira parte, que apresenta o relato da primeira geração, divide-se perfeitamente no final de Números 10. Em Números 1 a 10, a primeira geração está no Sinai, organizando-se e preparando-se para partir. Em Números 11 a 25, a primeira geração está viajando pelo deserto em um constante estado de rebelião, de Sinai a Moabe:

Números 1 a 10 tem fortes paralelos literários com Números 26 a 36, narrativa da segunda geração que se prepara para deixar o deserto e entrar na Terra Prometida. Logo, o livro tem uma estrutura tripartite.

A seção central do livro (Números 11 a 25) é enquadrada por dois relatos de preparação para entrar na terra (Números 1 a 10 e Números 26 a 36). As duas seções externas correspondem ao intervalo de poucos meses (Números 1-10) a quarenta anos (Números 26-36).

As três grandes etapas da jornada

É possível, do ponto de vista narrativo, distinguir no livro três seções, relacionadas às três grandes etapas da jornada no deserto: preparativos para a marcha (Números 1.1 a 10.10); do Sinai a Cades (Números 10.11 a 20.20); e de Cades até Moabe, no limiar da Terra Prometida (Números 20.21 a 36.13).

É possível estender a primeira parte até Números 10.36, ou reduzi-la até Números 9.14. A segunda parte pode terminar em Números 20.13, 21.9, 22.1 ou 25.18. A terceira parte é às vezes prolongada apenas até Números 35, sendo Números 36 eventualmente considerada uma adição. Há uma certa dificuldade para distinguir claramente a segunda e a terceira partes, sendo possível ver pelo menos dois estágios muito diferentes: no primeiro, Israel caminha do Sinai para a Terra Prometida. No segundo, Israel começa a conquistar a Transjordânia, com a ocupação de suas cidades.

O que é mais peculiar ao enredo do livro é que, em cada uma das três partes em que ele pode ser dividido, pode-se distinguir uma parte narrativa seguida por outra de natureza legislativa e uma terceira de caráter misto, que mistura histórias e leis.

Os preparativos para a marcha: a continuação do Código Sacerdotal (Números 1.1 a 10.10)

Números começa com a seção final do *corpus* legal revelado a Moisés no Monte Sinai, cujo início está em Êxodo 19. Tal *corpus* é Sacerdotal, e define, entre outras coisas, a hierarquia social dos israelitas, em que os sacerdotes têm proeminência por causa da sua condição e exigência de santidade.

A primeira seção de Números (1.1 a 10.10) é cuidadosamente elaborada do ponto de vista cronológico. A narrativa começa no primeiro dia do segundo mês, o segundo ano da partida do Egito (Números 1.1), e termina no segundo ano, no segundo mês, no vigésimo dia do mês da partida do Egito (Números 10.11), depois que a Páscoa foi celebrada no deserto. No total, a narrativa da primeira parte dura cerca de vinte dias.

Em Números 1 a 4, os regulamentos em relação à organização dos levitas e do acampamento dos israelitas permitem o mapeamento das territorialidades conforme diferentes dignidades e santidades. No centro do acampamento está o Tabernáculo. Os levitas formavam um anel interno ao redor do Tabernáculo e a família de Aarão ficava mais próxima à entrada do complexo. As outras tribos de Israel formavam o próximo círculo, com a tribo de Judá na posição de proeminência a leste, perto de Arão e da entrada. Mais à frente, estavam localizados os estrangeiros residentes, que não pertenciam a nenhuma tribo, mas foram aceitos e integrados aos israelitas sob a condição de uma dignidade/santidade inferior. As nações estrangeiras, em posição mais distante, completam o quadro. Essa hierarquia social que se representa nas diferentes espacialidades são índices de proximidade ou afastamento de Deus, sendo um componente contínuo da santidade que se refletia no ordenamento geográfico do acampamento.

A seção narrativa de Números 1 a 4 é caracterizada tematicamente pelo censo das tribos e a ordem dada na colocação de cada um no campo. O total daqueles que foram elegíveis para a guerra foi de 603.550. Separadamente, os sacerdotes e levitas foram contados, e receberam o encargo do santuário (Números 1.47-54; 3.1-4.49). O lugar que cada tribo teve que ocupar em relação ao santuário durante a marcha e quando estava acampado foi fixado escrupulosamente. Cada tribo era precedida por sua bandeira ou estandarte e o povo de Israel em marcha parecia um exército em movimento (Êxodo 2.1-3.4).

Os capítulos 5 e 6 de Números apresenta uma coleção de leis de diversas naturezas diferentes. Tais leis abordam tanto a expulsão do impuro do acampamento, regula o contato com cadáveres, aborda a restituição em caso de roubo, trata da oferta por causa do ciúme e o voto do nazirato. Essas leis evidenciam que os israelitas devem ser santos para que Yahweh permaneça no meio deles, pois a permanência de Yahweh é a garantia de recebimento de bênçãos, como afirma a bênção sacerdotal de Números 6.24-26.

Em seguida à chamada bênção sacerdotal, uma série de requisitos relacionados à oferta dos chefes das tribos para a dedicação do

Tabernáculo (Números 7.1-88), as disposições sobre as lâmpadas do candelabro (Números 8), a consagração dos levitas (Números 8.5-26), a celebração da Páscoa (Números 9.1-14), a explicação a respeito da nuvem e seu papel orientador durante a marcha no deserto (Números 9.15-23) e, finalmente, as normas sobre as trombetas de prata e o seu uso na convocação da comunidade (Números 10.1-10).

A jornada continua (Números 10.11 a 20.20)

Há, em Números 10.11 a 20.20 o entrelaçamento de material legal, cúltico e narrativo em textos que abordam queixas, privilégios sacerdotais, quebras da santidade, restauração da santidade, vários tipos de pecados e dificuldades na peregrinação no deserto. A sequência parece se concentrar nos vários pecados e desafios que foram obstáculos aos israelitas ao longo de sua história. Ao fornecer meios para a superação dos problemas e restauração da santidade diante de Yahweh, o texto indica para a comunidade que se identifica com o Antigo Israel os meios para a sua restauração. Números 10.11 a 20.20 descreve a jornada do Sinai a Cades, a longa estada em Cades e a viagem a Moabe.

A parte narrativa de Números 10.11 a 20.20 é composta de duas unidades literárias. A primeira relaciona a marcha da cidade em direção a Cades. A segunda narra a missão dos espias e a rebelião do povo.

A primeira unidade literária

A primeira unidade literária (Números 10.11 a 12.16) diz respeito a cerca de um ano depois de Israel ter chegado ao deserto do Sinai. A nuvem da presença de Deus se levantou e sinalizou que Israel deveria continuar em direção à Terra Prometida. O que segue são várias experiências no deserto, muitas delas em Cades, antes de chegarem a Canaã. O preâmbulo dessa marcha é a rejeição de Hobabe, filho de Reuel, o midianita, sogro de Moisés, à proposta de seguir Israel (Números 10.29-32). Ao longo da marcha, há vários eventos que mostram o difícil desenvolvimento do povo de Israel, em que rebeliões contínuas são seguidas de intervenções corretivas por parte de Deus.

As queixas começaram a tornar cada vez mais difícil a atuação de Moisés. Os eventos cruciais de Números 11.1-15 são: um fogo irrompeu em Taberá contra os que murmuravam contra Deus e Moisés (Números 11.1-3); e a murmuração dos israelitas desejosos de comer carne (Números 11.4,13) provoca em Moisés o desejo de morrer (Números 11.15).

O esgotamento de Moisés provocou uma instrução de Yahweh. Ele instruiu Moisés a nomear setenta anciãos para ajudá-lo, episódio semelhante a Êxodo 18. Moisés organizou setenta homens ao redor da tenda da reunião (Números 11.25), os quais receberam a visitação de Yahweh, que desceu numa nuvem, falou com Moisés, pegou um pouco do espírito que estava sobre Moisés e colocou sobre esses anciãos designados. O espírito tomou posse dos anciãos e a evidência disso é que eles profetizaram. Ainda que as tarefas de liderança do povo fossem divididas entre Moisés e os setenta anciãos, Números destaca que Moisés conservou o seu *status* especial (Números 12).

Aarão e Miriã, irmão e irmã de Moisés, desafiaram Moisés depois que ele se casou com uma estrangeira. Eles alegaram que Yahweh também poderia falar através dos dois. Todos os três foram para a tenda da reunião onde Yahweh apareceu na coluna de nuvem e afirmou a Arão e Miriã a autoridade de Moisés (Números 12.6-9). A punição pela presunção de Miriã foi ela ser acometida de uma doença de pele durante sete dias, durante os quais ela permaneceu fora do campo. Arão foi poupado, provavelmente porque ele era o sumo-sacerdote. Maria foi curada graças à intercessão do próprio Moisés.

A segunda unidade literária

A segunda unidade literária (Números 13.1-14.45) narra a missão dos doze espias a Canaã. Dez espias retornam e aconselharam ao povo que não invadam Canaã. Josué e Calebe não apenas apoiaram o ataque, como indicaram que essa era uma direção de Yahweh. A desobediência do povo culminou na punição divina: todos, exceto os dois espias, morreram no deserto (Números 14.32-34).

Ofertas, rebeliões, purificação e cura

Após as duas unidades narrativas, o texto continua com as ofertas que expiavam pecados inadvertidos (Números 15). A coleção de leis (Números 15.1-19, 22) se refere a sacrifícios como o dos primeiros frutos, a expiação de pecados cometidos por ignorância, a santidade do sábado, as vestimentas, os direitos e deveres dos sacerdotes e levitas e os sacrifícios.

Números 16 e 17 tratam de Coré, Datã e Abirão, e de suas queixas contra a liderança de Moisés e Arão, e Deus os destruiu. Em seguida, as tribos se opuseram aos privilégios especiais dos levitas e Deus vindicou os levitas. Duas evidências, o incenso agradável a Deus e o florescimento da vara de Arão, confirmaram a escolha divina de Moisés e Arão como líderes do povo.

Números 18 prescreve as porções das ofertas que podem ser legitimamente reivindicadas pelos sacerdotes, e o capítulo 19 aborda a pureza e a restauração da santidade. O capítulo seguinte, Números 20, aborda Moisés e sua reação excessiva ao murmúrio do povo, a qual foi punida com por Deus. Por fim, o povo deixou Cades e toda a primeira geração havia morrido. Os israelitas permaneceram em Cades lá por 38 anos, e ali, Miriã morreu (Números 20.1-21). Nas águas de Meribá, Yahweh anuncia a Moisés que nem ele nem Arão entrarão na terra prometida por terem proferido palavras grosseiras e por não terem glorificado a Deus perante os filhos de Israel.

A narrativa segue com a marcha de Israel em direção a Canaã. A cidade segue primeiro em direção ao sul, cercando as montanhas de Seir, porque os edomitas se recusaram a conceder-lhes passagem por seu território. Arão morreu no Monte Hor e o seu filho Eleazar o sucedeu como sumo sacerdote (Números 20.25-29).

Um novo murmúrio contra Moisés faz com que Deus envie um novo castigo: serpentes venenosas atacam o povo. Moisés fez uma réplica de serpente, em bronze, e colocou-a em um poste. Quem olhava para a serpente se recuperava (Números 21.4-9). O episódio parece aludir à serpente de bronze chamada Neustã que foi instalada no Templo e removida por Ezequias (2 Reis 18.4). Também pode aludir à serpente adotada pelos midianitas que trabalhavam nas minas de cobre ao norte do Golfo de Aqaba.

As narrativas de Números 10.11 a 22.1 parecem ser escritas para instruir a geração exilada que queria voltar para casa depois do cativeiro babilônico. A partir dessa narrativa, torna-se claro que eles deveriam se comportar de forma adequada e santa diante de Yahweh. A desobediência também é retratada, formando um quadro completo de advertências úteis para leitores/ouvintes que desejam manter a sua piedade diante de Yahweh em uma condição precária, adversa e transitória.

Eventos na Transjordânia (Números 22.21—36.13)

Chegando na Transjordânia, os israelitas enfrentaram duas ameaças significativas. Primeiro, um profeta da Mesopotâmia chamado Balaão foi contratado por Balaque, o rei dos moabitas, para amaldiçoar os hebreus e assim obter a vitória dos moabitas (Números 22 a 24). Seguem quatro oráculos de Balaão (23.1-24.25). Diante da grande insistência de Balaão, a sua mula avisou-o, falando sobre um anjo que estava pronto para impedi-lo de completar sua missão. Quando Balaão finalmente chegou a Moabe para amaldiçoar os hebreus, ele acabou abençoando cada vez que ele abriu a boca. Consequentemente, os israelitas prevaleceram. A história reforça a ideia de que nada poderia deter o povo de Israel na conquista da Terra Prometida, nem os poderosos guerreiros da Transjordânia, nem a atuação de profetas, nem maldições. Fragmentos encontrados em 1967 em Tell Deir 'Alla, na Jordânia, escritos em aramaico e datados de 700 a.C. mencionam Balaão, filho de Beor, 'vidente dos deuses', e fazem alusão a alguns versículos de Números 22 a 24.

A segunda ameaça na Transjordânia era a sua religião (Números 25). Um santuário de Baal localizado em Peor, perto do acampamento hebreu, atraiu vários adoradores israelitas. Israelitas se relacionaram com prostitutas de lá, mas Fineias, neto de Arão, pôs fim a esse culto atacando com a espada o simeonita Zimri e uma prostituta midianita. Como recompensa por seu zelo, Yahweh concedeu a Fineias uma aliança que designava ele e os seus descendentes como os únicos legítimos titulares do ofício sacerdotal (Números 25.10-13). Nesse texto, pela segunda vez a tribo de Levi se distinguiu na defesa da honra de Yahweh – a primeira foi em Êxodo 32.25-29, no episódio do bezerro de ouro.

Números aborda em seguida as leis de herança, práticas relativas aos espólios de conquista, limites territoriais e alocações tribais. Ao lidar com tais questões, o texto aborda os problemas que os israelitas enfrentariam ao entrarem na Terra Prometida. Um novo censo foi feito (Números 26), Moisés deu regras para a distribuição da Terra Prometida (Números 27.1-11) e Josué foi designado sucessor de Moisés (Números 27.12-23).

Em Números 28.1-30, o livro apresenta uma seção legislativa, com alguns requisitos para os sacrifícios, sobre o sábado, sobre as novas luas, sobre o pão sem fermento, sobre as festas religiosas e sobre os votos (Números 28.1-30.17). A história avança com a conquista da Transjordânia (Números 31 e 32), com a vitória sobre os midianitas e com a conquista dos reinos de Siom, rei dos amorreus, e de Ogue, rei de Basã. Moisés dividiu a Transjordânia entre as tribos de Rúben, Gade e parte de Manassés, que era uma tribo muito numerosa. A descrição sintética das etapas de peregrinação do Egito até as estepes de Moabe (Números 33.1-49), amalgamada com regulamentos sobre a forma futura de Israel em Canaã, inclusive a ordem de expulsar todos os povos inimigos e destruir seus cultos (Números 33.50-56), é feita, com a determinação das fronteiras futuras (Números 34.1-29), e com a designação de cidades para levitas e cidades de refúgio (Números 35.1-34).

O último capítulo de Números apresenta as leis sobre o direito de herança das filhas (Números 36.1-12). O livro termina fazendo alusão às ordens e regulamentos que o Senhor deu, através de Moisés, aos israelitas, em Moabe (Números 36.13).

Números e a narrativa da nação guiada por sacerdotes

Os redatores de Números enfrentaram uma tarefa formidável. Diante do conteúdo traditivo a que eles tiveram acesso, eles procuraram formar um escopo da identidade de Israel como um certo tipo de nação guiada por sacerdotes. O livro ilustra claramente os resultados da imposição de uma versão Sacerdotal da tradição a um povo sob a ameaça do exílio, ameaça que foi fundada quando tal povo transitava, em sua memória do passado, nas areias e no território não demarcado do deserto. Compelidos a incluírem em sua versão final os fragmentos mais antigos de textos ou poesias conhecidos e relacionados à jornada de Israel no deserto, os editores preservaram queixas e lembranças que evocam a resistência à liderança sacerdotal.

A memória religiosa de Israel, coligida em Números, advém de uma pluralidade de memórias coletivas em estado de tensão. Reunidas em Números, narrativas, legislações e códigos são amalgamados, o que resulta em uma história crítica sobre a geração do deserto.

A determinação sacerdotal de Números consiste em uma proposta para o futuro dos ouvintes/leitores paradoxalmente colocada no passado mais remoto de Israel. Os sacerdotes que forjam Números no cadinho da tradição esperam influenciar na edição da narrativa, transmitindo e impondo, de alguma maneira, a sua versão do período de deserto, deixando um rastro de camadas do processo redacional e um conjunto de reflexões notáveis sobre o passado. As estratégias editoriais incluem a colocação de Números no contexto do resto dos cinco livros de Moisés, a Torá, e a consideração da memória e da tradição, que são fundamentais para os usos sacerdotais do passado

O deserto como metáfora para a desterritorialização do exílio

Gênesis, após narrar a história da criação do mundo, narra a história da família fundadora de Israel, liderada por Abraão. O restante de Gênesis preocupa-se com essa família em particular e com as relações frequentemente contenciosas que existem entre maridos e esposas, pais e filhos, e irmãos e irmãs. Esses problemas relacionais culminam na escravidão no Egito. A atuação de Yahweh produz a libertação da opressão de faraó, e o povo de Israel começa a marcha para a Terra Prometida a Abraão e para o seu futuro. Gênesis estabelece bases, fundamentos. Êxodo se interessa na relação do povo de Israel com Moisés e, acima de tudo, com Deus, por meio da lei e do estabelecimento da aliança. Levítico concentra-se nos detalhes desse compromisso – as regras do sacrifício e a supervisão prévia do povo de Israel. O desenho e a construção do tabernáculo, as regulamentações que envolvem os sacerdotes, a delimitação das autoridades e o desenvolvimento de seu conhecimento perpassam o Êxodo e atingem o Levítico.

Números continua enfocando o tabernáculo e as várias responsabilidades que os sacerdotes e os levitas têm para o seu funcionamento. Porém, o povo está em um local hostil, o deserto, e os acontecimentos nesse lugar são relacionados ao futuro. As queixas e insatisfações dos israelitas perturbam a narrativa cuidadosamente orquestrada e ordenada, e os pensamentos do povo eventualmente se voltam para o Egito (Números 11.5,8,20; 14.2-4; 20.5; 21.5), especialmente as lembranças das iguarias egípcias, que enfraquecem a determinação dos israelitas de seguir a liderança de Deus. O que fica a crise de Números e o êxodo é o Sinai, com a promessa de fidelidade do povo a Deus. Depois do Sinai, o desapontamento que só cresce faz com que Deus prometa destruir uma população inteira, incluindo as crianças, pois todos, menos Josué e Calebe, morrerão no deserto.

Números cria uma atmosfera de crise e catástrofe em um ambiente no qual o povo se sente deslocado e desterritorializado, e enfatiza a escolha que Israel deve fazer entre a ordem e o controle do governo sacerdotal, amplamente representado no início de Números, e o caos e desastre que se segue. Obviamente esse enredo, que mostra os mortos no deserto e os frutos de sua escolha, é retoricamente dirigido para que a escolha do leitor/ouvinte seja pelo sacerdote.

A presença de um profeta não-israelita, Balaão, enquanto Israel está acampado no vale, e de sua incapacidade de amaldiçoar o povo que está unido/reunido é a evidência de um caminho. Lutando contra os estrangeiros e mantendo sua identidade étnico-religiosa, Israel é invencível e impossível de amaldiçoar. Os capítulos finais de Números, que mostram Moisés e o povo se envolvendo em questões como herança e calendário de festas anuais que só podem ser implementados quando Israel estiver estabelecido na terra, são indícios de que é necessário se preparar para estar na própria terra antes de estar nela. Isso justifica a atuação dos sacerdotes ou do grupo sacerdotal que constrói Números: sua intervenção é preparatória, pois eles ensinam ao povo aquilo que eles devem fazer enquanto estão fora de seu território, e preparam o povo para viver plena, justa e santamente na terra para onde serão dirigidos.

Memória e tradição em Números

A historicidade da viagem de Israel ao deserto pode ser inferida na descoberta de um texto análogo à bênção sacerdotal de Números 6 e de fragmentos que citam Balaão e textos de Números 22 a 24 em Tell Deir Alla e Ketef Hinnom. As evidências arqueológicas de textos muito próximos a Números sugerem ponto os seus editores/redatores tiveram acesso a materiais preexistentes que tratavam das memórias do período do povo de Israel deserto.

O que torna Números um interessante objeto de estudo relacionado à formação da tradição tem a ver com os ritos, símbolos e códigos de leis que apontam para a temática da santidade no passado mais remoto do povo, que foi orientado a seguir os mandamentos desde muito cedo (Números 15.40-41). A noção de que o tema da santidade é contínuo e duradouro, e que remonta ao período de Israel no deserto, vincula as exigências do movimento sacerdotal no exílio e pós-exílio ao que é mais remoto na trajetória histórica do povo de Israel. A tentativa sacerdotal de afirmar sua autoridade passa pela necessidade de coligir fontes específicas de legitimação, e tais precisam estar radicadas no passado.

O fato de Números indicar o caminho para o povo ter segurança em sua própria terra por meio da orientação e da observância da lei e da atuação dos sacerdotes evidencia que as leis, costumes e histórias que são transmitidas, recebidas e reafirmadas em Números são também uma forma de controle por meio da memória. Logo, estão em operação na relação entre interlocutores envolvidos no texto de Números critérios de legitimação específicos, cujos processos resistem à apropriação fácil. Os editores de Números parecem ter identificado uma resistência à sua autoridade e lançam mão da memória, a qual parece ter uma força terrivelmente potente e uma confiabilidade que limita as resistências à mensagem.

Liderança em Números

Em Números, Deus revela um apego especial e apreço por Moisés e pelo sacerdote Fineias, neto de Arão. Algumas vezes na narrativa, a autoridade de Moisés é desafiada e Yahweh se levanta em sua defesa, repreendendo severamente Arão, Miriã, Coré, Datã, Abirão e o povo. A justificativa é que um profeta de Yahweh é a pessoa a quem Deus se dá a conhecer (Números 12.6-7) .2 O mesmo acontece com Fineias, neto de Arão, que mata dois idólatras e recebe em retribuição uma aliança que se estenderá a sua descendência (Números 25.12-13).

Moisés e Fineias ilustram um modelo básico de liderança que a redação do livro pretende que seja predominante na comunidade de interlocução, que lê e/ou ouve Números. O fato de o sacerdote ser alvo de uma aliança eterna com Deus, proporciona um endosso divino para os sacerdotes do período exílico. Além disso, o fato de Moisés ser identificado com os profetas é um indício de que os editores/redatores de Números tentaram resolver as tensões entre os sacerdotes e os profetas. O acampamento no deserto era um modelo para a comunidade do futuro, sendo os seus arranjos comunitários uma discussão a respeito do poder legítimo e da transferência desse poder de geração em geração.

Logo, a discussão envolve a definição a respeito de quem tomava decisões legais para a comunidade, como um novo governante era escolhido e como a vida religiosa e cultual de Israel era gerida. A dinâmica da relação entre o profeta e o sacerdote é um tema importante de Números porque é uma questão da comunidade de Israel para a qual os editores/redatores sacerdotais propôs uma resposta.

O profeta Moisés

Em Números, Moisés é a mais alta autoridade política no acampamento dos israelitas. Ele é o principal administrador, mantem a lista das tribos, organiza o transporte do Tabernáculo e dá novas instruções ao povo sobre assuntos como o adultério. Porém, a maior parte das instruções dadas a Moisés exige a presença de um sacerdote. A estrutura hierárquica do livro evolui vagarosamente para a estrutura sacerdotal do governo. Permanecem restritos ao profeta, porém, a intercessão e a reconciliação, principais objetivos do profeta, que fazem com que o juízo divino não seja aplicado. Ainda assim, Deus está além da persuasão de Moisés e condena uma geração inteira à morte no deserto.

Números 11 e 14 são os principais capítulos em que o papel profético de Moisés é enfatizado. Em Números 11, Moisés ora pelo povo depois que Deus, furioso, provoca um incêndio devastador nos arredores do acampamento. Moisés faz com que Deus rescinda o fogo. No entanto, as coisas não voltam ao normal e as reclamações e murmurações perduram.

Em Números 14, Moisés tenta convencer Deus a rescindir uma condenação generalizada de todo o povo, dirigindo-se à reputação de Deus entre os egípcios e lembrando-o a respeito da força divina e do perdão. Yahweh determina a morte da geração que deixou o Egito, mas a intercessão do profeta salva a próxima geração.

A lembrança das realizações proféticas de Moisés assegura a sua autoridade inquestionável. Porém, Moisés retoma eventualmente o seu papel de líder político, supervisionando a sucessão do filho de Arão como o novo sumo-sacerdote e distribuindo a terra.

O sacerdote Fineias

Números enfatiza o expurgo do pecado e a absolvição do povo de Israel através do sistema sacrificial. O favor divino se manifesta em Israel por meio dos sacrifícios, como está prescrito no Levítico. Porém, em Números, a ênfase é posta na jornada pelo deserto, oportunidade na qual se aprende muito mais sobre os deveres sacerdotais.

Os sacerdotes são responsáveis pelo transporte do Tabernáculo, por erigi-lo, por desmontá-lo, devem cuidar dos seus objetos sagrados e implementar um plano de transporte. Eles também são responsáveis por guardar o tabernáculo e cuidar de suas lâmpadas, santuário e altar.

Há, ainda, uma relação entre o exército de Israel e o sacerdócio. Fineias, por exemplo, vai para a guerra com o povo, e leva junto a si utensílios sagrados e trombetas (Números 31.6). Além de suas responsabilidades na guerra, os sacerdotes implementam várias instruções legais dadas por Deus a Moisés e supervisionam questões pessoais, como o manuseio de um cadáver. Sacerdotes também acompanham Moisés no julgamento de questões judiciais (Números 15.33) e abençoam formalmente o povo (Números 6.22-27). A divisão hierárquica do ofício sacerdotal não é abordada por nenhum outro livro, a não ser Números. Tal hierarquia é composta por sacerdotes e levitas. A supervisão do povo, o ofício dos sacrifícios, o envolvimento em assuntos comunitários e a bênção sacerdotal são satisfeitos por um sacerdote genérico. Os levitas constituem um ofício ancilar, que cuida das tarefas mais manuais ligadas ao tabernáculo, sob a supervisão de Arão e de seus filhos. Três subgrupos de levitas são nominados: os gersonitas, os coatitas e os meraritas (Números 3.17). Os gersonitas se encarregavam das cortinas (Números 4.25); os meraritas, das tábuas, dos varais, das colunas e das bases (Números 4.31); os coatitas carregavam os utensílios sagrados da parte interna do tabernáculo (Números 10.21), e eram diretamente subordinados dos filhos de Arão. Em suma, os levitas deviam atender Arão (Números 3.6), que com os seus filhos, constituem uma ordem superior.

Os redatores de Números

Não é possível reconhecer as identidades específicas dos editores/redatores de Números, nem a datação precisa de suas atividades. Essa falta de certeza não me impede de identificar os objetivos editoriais e a visão encontrados em Números.

A situação do povo de Israel em Números oferece indícios importantes para o enquadramento redacional da obra. O povo de Israel está acampado em um espaço deserto fora da terra, planejando conquistá-lo, mas ainda não conseguiu. Os levitas são claramente subordinados a Aarão. Essa hierarquia sacerdotal está ausente nos outros quatro livros da Torá. Tanto a configuração quanto a inovação sacerdotal fornecem dados sugestivos para o reconhecimento do grupo responsável pela redação de Números: é um grupo hierárquico, dividido entre sacerdotes e levitas, cujos ofícios são vivenciados sem a necessidade de Templo, condição típica do exílio e dos grupos resultantes do desterramento.

A desesperança com a capacidade do povo de viver sem murmurações os aspectos normativos da aliança sugere um período no qual o povo que se identifica como herdeiro do Antigo Israel se encontra residindo novamente fora da terra. Logo, os indícios apontam para o exílio babilônico que começou em 586 a.C. A visão detalhada de uma vida renovada na Terra Prometida encontrada no final de Números forneceria esperança para uma audiência radicada na Babilônia. Os desejos de retorno para o Egito em Números, lugar onde Israel sofreu a sua primeira escravidão, é paralelo ao desejo de permanência na Babilônia, lugar onde Israel sofreu a segunda escravidão e de onde eles devem partir; e até mesmo um desejo de retorno à Babilônia, diante da vida difícil da comunidade do segundo Templo no pós-exílio.

As inovações sacerdotais encontradas em Números, bem como o domínio do material sacerdotal, fornecem um tipo diferente e mais amplo de dados. Arão, Eleazar ou Fineias são personagens principais, com os quais os grupos sacerdotais do tempo da redação se identificam. A tentativa de Números de submeter os levitas à autoridade de Arão resulta em uma hierarquia única na Torá, hierarquia na qual os filhos de Aarão ocupam o topo. Logo, o livro de Números, reestruturado pelos escritores sacerdotais, parece dar atenção às controvérsias religiosas, uma vez que a legitimação do sacerdócio de Arão e a relegação dos levitas a um corpo separado de servidores do Templo para exercerem funções menores e sob supervisão é evidência da existência de um conflito entre grupos que atuam no sacerdócio. É importante destacar ainda que a posição subordinada dos Levitas em Números é paralela à descrição de seu *status* em Ezequiel 44.9-14. Logo, parece que a comunidade judaica recém-constituída em Jerusalém na Judeia, com o Templo restaurado, comunidade que se preocupava com a reordenação da vida religiosa sob novas condições de existência coletiva, deixa seus sinais em Números. Conclui-se que o consenso acadêmico geral de que o livro de Números recebeu a sua forma final durante o exílio na Babilônia e logo após o retorno parece ser adequado, pois é possível vislumbrar no livro elementos exílicos e pós-exílicos.

Referências

Allen, R. B.

"Numbers". In: GAEBELEIN, F. E. (ed.). *The Expositor's Bible Commentary* 2. Grand Rapids: Zondervan, 1990, p. 657-1008.

Ashley, T. R.

The Book of Numbers. Grand Rapids: Eerdmans, 1993.

Barnouin, M.

"Tableux numeriques du Livre des Nombres". *Revista Biblica* 76, 1969, p. 351-364.

Budd, P. J.

Numbers. Waco: Word Books, 1984.

Bush, G.

Notes on Numbers. Minneapolis: Klock & Klock, 1976.

Coats, G. W.

Rebellion in the Wilderness: The Murmuring Motif in the Wilderness Traditions of the Old Testament. Nashville: Abingdon Press, 1968.

Cole, R. D.

"Numbers". In: Walton, J. H. (ed.). *Genesis, Exodus, Leviticus, Numbers, Deuteronomy*. Vol. 1. Grand Rapids: Zondervan, 2009.

Numbers in The New American Commentary. Nashville: Broadman & Holman, 2000.

Condie, K.

"Narrative Features of Numbers 13-14 and Their Significance for the Meaning of the Book of Numbers". *Reformed Theological Review* 60, 2001, p. 123-137.

Davies, E. W.

Numbers. Grand Rapids: Eerdmans, 1995.

Douglas, M.

In the Wilderness: The Doctrine of Defilement in the Book of Numbers. Sheffield: Academic Press, 1993.

Gray, G. B.

A Critical and Exegetical Commentary on Numbers. Edinburgh: T. & T. Clark, 1903.

Hamilton, V.

Handbook on the Pentateuch. Grand Rapids: Baker Academic, 2005.

Harrison, R. K.

Numbers. Chicago: Moody, 1990.

Hoffmeier, J. K.

Ancient Israel in Sinai: The Evidence for the Authenticity of the Wilderness Tradition. Oxford: Oxford University Press, 2005.

HONEYCUTT, R. L.

Leviticus, Numbers, Deuteronomy. Nashville: Broadman, 1979.

KNIERIM, R. P.

"The Book of Numbers". In: *The Task of Old Testament Theology*. Grand Rapids: Eerdmans, 1995, p. 380-388.

LEVINE, B. A.

Numbers 1-20. New York: Doubleday, 1993.

Numbers 21-36. New York: Doubleday, 2000.

LIENHARD, J. T.

"Numbers". In: ODEN, T. C. (ed.). *Exodus, Leviticus, Numbers, Deuteronomy*. Downers Grove: InterVarsity Press, 2001, p. 205-274.

MAARSINGH, B.

Numbers: A Practical Commentary. Grand Rapids: Eerdmans, 1987.

MAYS, J. L.

The Book of Leviticus -The Book of Numbers. Atlanta: John Knox, 1963.

MILGROM, J.

Numbers. Philadelphia: Jewish Publication Society, 2003.

NOORDTZIJ, A.

Numbers. Grand Rapids: Zondervan, 1983.

NOTH, M.

Numbers: A Commentary. Philadelphia: Westminster Press, 1968.

Numbers. Philadelphia: Westminster, 1968.

OLSON, D. T.

Numbers. Louisville: WJKP, 1996.

The Death of the Old and the Birth of the New: The Framework of the Book of Numbers and the Pentateuch. Chico: Scholars Press, 1985.

The Death of the Old and the Birth of the New: The Framework of the Book of Numbers and the Pentateuch. Chico: Scholars Press, 1985.

RÖMER, T. (ED.).

The Books of Leviticus and Numbers. Leuven: Peeters, 2008.

SEERVELD, C. G.

Balaam's Apocalyptic Prophecies: A Study in Reading Scripture. Toronto: Wedge Publishing Foundation, 1980.

SNAITH, N. H.

Numbers. Grand Rapids: Eerdmans, 1967.

STURDY, J.

Numbers. New York: Cambridge UP, 1976.

VAN SETERS, J.

The Life of Moses: The Yahwist as Historian in Exodus-Numbers. Kampen: Kok Pharos, 1994.

VAULX, J. DE.

Les Nombres. Paris: J. Gabalda, 1972.

WENHAM, G. J.

Numbers. Old Testament Guides. Sheffield: Sheffield Academic Press, 1997.

Numbers: An Introduction and Commentary. Leicester: InterVarsity, 1981.

Livro de Números

BAMIDBAR

במדבר

א וַיְדַבֵּר יְהוָה אֶל־מֹשֶׁה בְּמִדְבַּר סִינַי בְּאֹהֶל מוֹעֵד בְּאֶחָד
לַחֹדֶשׁ הַשֵּׁנִי בַּשָּׁנָה הַשֵּׁנִית לְצֵאתָם מֵאֶרֶץ מִצְרַיִם לֵאמֹר:
ב שְׂאוּ אֶת־רֹאשׁ כָּל־עֲדַת בְּנֵי־יִשְׂרָאֵל לְמִשְׁפְּחֹתָם לְבֵית
אֲבֹתָם בְּמִסְפַּר שֵׁמוֹת כָּל־זָכָר לְגֻלְגְּלֹתָם:
ג מִבֶּן עֶשְׂרִים שָׁנָה וָמַעְלָה כָּל־יֹצֵא צָבָא בְּיִשְׂרָאֵל תִּפְקְדוּ
אֹתָם לְצִבְאֹתָם אַתָּה וְאַהֲרֹן:
ד וְאִתְּכֶם יִהְיוּ אִישׁ אִישׁ לַמַּטֶּה אִישׁ רֹאשׁ לְבֵית־אֲבֹתָיו הוּא:
ה וְאֵלֶּה שְׁמוֹת הָאֲנָשִׁים אֲשֶׁר יַעַמְדוּ אִתְּכֶם לִרְאוּבֵן אֱלִיצוּר
בֶּן־שְׁדֵיאוּר:
ו לְשִׁמְעוֹן שְׁלֻמִיאֵל בֶּן־צוּרִישַׁדָּי:
ז לִיהוּדָה נַחְשׁוֹן בֶּן־עַמִּינָדָב:
ח לְיִשָּׂשכָר נְתַנְאֵל בֶּן־צוּעָר:
ט לִזְבוּלֻן אֱלִיאָב בֶּן־חֵלֹן:
י לִבְנֵי יוֹסֵף לְאֶפְרַיִם אֱלִישָׁמָע בֶּן־עַמִּיהוּד לִמְנַשֶּׁה גַּמְלִיאֵל בֶּן־
פְּדָהצוּר:
יא לְבִנְיָמִן אֲבִידָן בֶּן־גִּדְעֹנִי:
יב לְדָן אֲחִיעֶזֶר בֶּן־עַמִּישַׁדָּי:
יג לְאָשֵׁר פַּגְעִיאֵל בֶּן־עָכְרָן:
יד לְגָד אֶלְיָסָף בֶּן־דְּעוּאֵל:
טו לְנַפְתָּלִי אֲחִירַע בֶּן־עֵינָן:
טז אֵלֶּה)קְרִיאֵי] (קְרוּאֵי[הָעֵדָה נְשִׂיאֵי מַטּוֹת אֲבוֹתָם רָאשֵׁי
אַלְפֵי יִשְׂרָאֵל הֵם:
יז וַיִּקַּח מֹשֶׁה וְאַהֲרֹן אֵת הָאֲנָשִׁים הָאֵלֶּה אֲשֶׁר נִקְּבוּ בְּשֵׁמוֹת:

Números — Bamidbar

Deus manda numerar os homens de guerra

1 1 Falou Jeová a Moisés no deserto de Sinai, na tenda da
revelação, no primeiro dia do segundo mês, no segundo
ano depois da saída dos filhos de Israel da terra do Egi-
to, dizendo: 2 Tirai a soma de toda a congregação dos filhos
de Israel, pelas suas famílias, pelas casas de seus pais, segun-
do o número dos nomes, isto é, de todo homem, cabeça por
cabeça; 3 desde os que têm a idade de vinte anos e daí para
cima; sim, todos os que em Israel podem sair à guerra, a esses
contareis pelas suas turmas, tu e Arão. 4 Estará convosco de
cada tribo um homem que seja cabeça da casa de seu pai. 5 Es-
tes são os nomes dos homens que vos assistirão. De Rúben:
Elizur, filho de Sedeur. 6 De Simeão: Selumiel, filho de Zuri-
sadai. 7 De Judá: Naassom, filho de Aminadabe. 8 De Issacar:
Natanael, filho de Zuar. 9 De Zebulom: Eliabe, filho de Helom.
10 Dos filhos de José: Elisama, filho de Amiúde, de Efraim. Ga-
maliel, filho de Pedazur, de Manassés. 11 De Benjamim: Abidã,
filho de Gideoni. 12 De Dã: Aiezer, filho de Amisadai. 13 De Aser:
Pagiel, filho de Ocrã. 14 De Gade: Eliasafe, filho de Deuel. 15 De
Naftali: Aira, filho de Enã. 16 Estes são os que foram chamados
da congregação, príncipes das tribos de seus pais; eram os ca-
beças dos milhares de Israel. 17 Então, Moisés e Arão tomaram
a estes homens que são designados por nome; 18 e, ajuntando
toda a congregação no primeiro dia do segundo mês, decla-

יח וְאֵת כָּל־הָעֵדָה הִקְהִילוּ בְּאֶחָד לַחֹדֶשׁ הַשֵּׁנִי וַיִּתְיַלְדוּ עַל־
מִשְׁפְּחֹתָם לְבֵית אֲבֹתָם בְּמִסְפַּר שֵׁמוֹת מִבֶּן עֶשְׂרִים שָׁנָה
וָמַעְלָה לְגֻלְגְּלֹתָם׃
יט כַּאֲשֶׁר צִוָּה יְהוָה אֶת־מֹשֶׁה וַיִּפְקְדֵם בְּמִדְבַּר סִינָי׃ פ

כ וַיִּהְיוּ בְנֵי־רְאוּבֵן בְּכֹר יִשְׂרָאֵל תּוֹלְדֹתָם לְמִשְׁפְּחֹתָם לְבֵית
אֲבֹתָם בְּמִסְפַּר שֵׁמוֹת לְגֻלְגְּלֹתָם כָּל־זָכָר מִבֶּן עֶשְׂרִים שָׁנָה
וָמַעְלָה כֹּל יֹצֵא צָבָא׃
כא פְּקֻדֵיהֶם לְמַטֵּה רְאוּבֵן שִׁשָּׁה וְאַרְבָּעִים אֶלֶף וַחֲמֵשׁ מֵאוֹת׃
פ

כב לִבְנֵי שִׁמְעוֹן תּוֹלְדֹתָם לְמִשְׁפְּחֹתָם לְבֵית אֲבֹתָם פְּקֻדָיו
בְּמִסְפַּר שֵׁמוֹת לְגֻלְגְּלֹתָם כָּל־זָכָר מִבֶּן עֶשְׂרִים שָׁנָה וָמַעְלָה כֹּל
יֹצֵא צָבָא׃
כג פְּקֻדֵיהֶם לְמַטֵּה שִׁמְעוֹן תִּשְׁעָה וַחֲמִשִּׁים אֶלֶף וּשְׁלֹשׁ מֵאוֹת׃
פ

כד לִבְנֵי גָד תּוֹלְדֹתָם לְמִשְׁפְּחֹתָם לְבֵית אֲבֹתָם בְּמִסְפַּר שֵׁמוֹת
מִבֶּן עֶשְׂרִים שָׁנָה וָמַעְלָה כֹּל יֹצֵא צָבָא׃
כה פְּקֻדֵיהֶם לְמַטֵּה גָד חֲמִשָּׁה וְאַרְבָּעִים אֶלֶף וְשֵׁשׁ מֵאוֹת
וַחֲמִשִּׁים׃ פ

כו לִבְנֵי יְהוּדָה תּוֹלְדֹתָם לְמִשְׁפְּחֹתָם לְבֵית אֲבֹתָם בְּמִסְפַּר
שֵׁמֹת מִבֶּן עֶשְׂרִים שָׁנָה וָמַעְלָה כֹּל יֹצֵא צָבָא׃
כז פְּקֻדֵיהֶם לְמַטֵּה יְהוּדָה אַרְבָּעָה וְשִׁבְעִים אֶלֶף וְשֵׁשׁ מֵאוֹת׃ פ

כח לִבְנֵי יִשָּׂשכָר תּוֹלְדֹתָם לְמִשְׁפְּחֹתָם לְבֵית אֲבֹתָם בְּמִסְפַּר
שֵׁמֹת מִבֶּן עֶשְׂרִים שָׁנָה וָמַעְלָה כֹּל יֹצֵא צָבָא׃
כט פְּקֻדֵיהֶם לְמַטֵּה יִשָּׂשכָר אַרְבָּעָה וַחֲמִשִּׁים אֶלֶף וְאַרְבַּע
מֵאוֹת׃ פ

ל לִבְנֵי זְבוּלֻן תּוֹלְדֹתָם לְמִשְׁפְּחֹתָם לְבֵית אֲבֹתָם בְּמִסְפַּר שֵׁמֹת
מִבֶּן עֶשְׂרִים שָׁנָה וָמַעְלָה כֹּל יֹצֵא צָבָא׃
לא פְּקֻדֵיהֶם לְמַטֵּה זְבוּלֻן שִׁבְעָה וַחֲמִשִּׁים אֶלֶף וְאַרְבַּע מֵאוֹת׃
פ

raram a linhagem deles segundo as suas famílias, pelas casas
de seus pais, conforme o número dos nomes, desde os que
têm a idade de vinte anos e daí para cima, cabeça por cabeça.
19 Como Jeová ordenou a Moisés, assim os contou no deserto
de Sinai.

20 Os filhos de Rúben, primogênito de Israel, as suas gerações,
pelas suas famílias, pelas casas de seus pais, segundo o número
dos nomes, cabeça por cabeça, todos os homens de vinte anos
e daí para cima, todos os que podiam sair à guerra, 21 os que
foram contados deles, da tribo de Rúben, eram quarenta e seis
mil e quinhentos.

22 Dos filhos de Simeão, as suas gerações, pelas suas famílias,
pelas casas de seus pais, os que deles foram contados, segundo
o número dos nomes, cabeça por cabeça, todos os homens de
vinte anos e daí para cima, todos os que podiam sair à guerra;
23 os que foram contados deles, da tribo de Simeão, eram cin-
quenta e nove mil e trezentos.

24 Dos filhos de Gade, as suas gerações, pelas suas famílias,
pelas casas de seus pais, segundo o número dos nomes dos que
tinham vinte anos e daí para cima, todos os que podiam sair à
guerra; 25 os que foram contados deles, da tribo de Gade, eram
quarenta e cinco mil e seiscentos e cinquenta.

26 Dos filhos de Judá, as suas gerações, pelas suas famílias,
pelas casas de seus pais, segundo o número dos nomes dos que
tinham vinte anos e daí para cima, todos os que podiam sair à
guerra; 27 os que foram contados deles, da tribo de Judá, eram
setenta e quatro mil e seiscentos.

28 Dos filhos de Issacar, as suas gerações, pelas suas famílias,
pelas casas de seus pais, segundo o número dos nomes dos que
tinham vinte anos e daí para cima, todos os que podiam sair à
guerra; 29 os que foram contados deles, da tribo de Issacar, eram
cinquenta e quatro mil e quatrocentos.

30 Dos filhos de Zebulom, as suas gerações, pelas suas famílias,
pelas casas de seus pais, segundo o número dos nomes dos que
tinham vinte anos e daí para cima, todos os que podiam sair
à guerra; 31 os que foram contados deles, da tribo de Zebulom,
eram cinquenta e sete mil e quatrocentos.

לב לִבְנֵי יוֹסֵף לִבְנֵי אֶפְרַיִם תּוֹלְדֹתָם לְמִשְׁפְּחֹתָם לְבֵית אֲבֹתָם
בְּמִסְפַּר שֵׁמֹת מִבֶּן עֶשְׂרִים שָׁנָה וָמַעְלָה כֹּל יֹצֵא צָבָא׃
לג פְּקֻדֵיהֶם לְמַטֵּה אֶפְרָיִם אַרְבָּעִים אֶלֶף וַחֲמֵשׁ מֵאוֹת׃ פ

לד לִבְנֵי מְנַשֶּׁה תּוֹלְדֹתָם לְמִשְׁפְּחֹתָם לְבֵית אֲבֹתָם בְּמִסְפַּר
שֵׁמוֹת מִבֶּן עֶשְׂרִים שָׁנָה וָמַעְלָה כֹּל יֹצֵא צָבָא׃
לה פְּקֻדֵיהֶם לְמַטֵּה מְנַשֶּׁה שְׁנַיִם וּשְׁלֹשִׁים אֶלֶף וּמָאתָיִם׃ פ

לו לִבְנֵי בִנְיָמִן תּוֹלְדֹתָם לְמִשְׁפְּחֹתָם לְבֵית אֲבֹתָם בְּמִסְפַּר
שֵׁמֹת מִבֶּן עֶשְׂרִים שָׁנָה וָמַעְלָה כֹּל יֹצֵא צָבָא׃
לז פְּקֻדֵיהֶם לְמַטֵּה בִנְיָמִן חֲמִשָּׁה וּשְׁלֹשִׁים אֶלֶף וְאַרְבַּע מֵאוֹת׃
פ

לח לִבְנֵי דָן תּוֹלְדֹתָם לְמִשְׁפְּחֹתָם לְבֵית אֲבֹתָם בְּמִסְפַּר שֵׁמֹת
מִבֶּן עֶשְׂרִים שָׁנָה וָמַעְלָה כֹּל יֹצֵא צָבָא׃
לט פְּקֻדֵיהֶם לְמַטֵּה דָן שְׁנַיִם וְשִׁשִּׁים אֶלֶף וּשְׁבַע מֵאוֹת׃ פ

מ לִבְנֵי אָשֵׁר תּוֹלְדֹתָם לְמִשְׁפְּחֹתָם לְבֵית אֲבֹתָם בְּמִסְפַּר שֵׁמֹת
מִבֶּן עֶשְׂרִים שָׁנָה וָמַעְלָה כֹּל יֹצֵא צָבָא׃
מא פְּקֻדֵיהֶם לְמַטֵּה אָשֵׁר אֶחָד וְאַרְבָּעִים אֶלֶף וַחֲמֵשׁ מֵאוֹת׃ פ

מב בְּנֵי נַפְתָּלִי תּוֹלְדֹתָם לְמִשְׁפְּחֹתָם לְבֵית אֲבֹתָם בְּמִסְפַּר
שֵׁמֹת מִבֶּן עֶשְׂרִים שָׁנָה וָמַעְלָה כֹּל יֹצֵא צָבָא׃
מג פְּקֻדֵיהֶם לְמַטֵּה נַפְתָּלִי שְׁלֹשָׁה וַחֲמִשִּׁים אֶלֶף וְאַרְבַּע מֵאוֹת׃
פ

מד אֵלֶּה הַפְּקֻדִים אֲשֶׁר פָּקַד מֹשֶׁה וְאַהֲרֹן וּנְשִׂיאֵי יִשְׂרָאֵל שְׁנֵים
עָשָׂר אִישׁ אִישׁ־אֶחָד לְבֵית־אֲבֹתָיו הָיוּ׃
מה וַיִּהְיוּ כָּל־פְּקוּדֵי בְנֵי־יִשְׂרָאֵל לְבֵית אֲבֹתָם מִבֶּן עֶשְׂרִים שָׁנָה
וָמַעְלָה כָּל־יֹצֵא צָבָא בְּיִשְׂרָאֵל׃
מו וַיִּהְיוּ כָּל־הַפְּקֻדִים שֵׁשׁ־מֵאוֹת אֶלֶף וּשְׁלֹשֶׁת אֲלָפִים וַחֲמֵשׁ
מֵאוֹת וַחֲמִשִּׁים׃

32 Dos filhos de José, isto é, dos filhos de Efraim, as suas ge-
rações, pelas suas famílias, pelas casas de seus pais, segundo o
número dos nomes dos que tinham vinte anos e daí para cima,
todos os que podiam sair à guerra; 33 os que foram contados
deles, da tribo de Efraim, eram quarenta mil e quinhentos.

34 Dos filhos de Manassés, as suas gerações, pelas suas famí-
lias, pelas casas de seus pais, segundo o número dos nomes; dos
que tinham vinte anos e daí para cima, todos os que podiam sair
à guerra; 35 os que foram contados deles, da tribo de Manassés,
eram trinta e dois mil e duzentos.

36 Dos filhos de Benjamim, as suas gerações, pelas suas famí-
lias, pelas casas de seus pais, segundo o número dos nomes dos
que tinham vinte anos e daí para cima, todos os que podiam sair
à guerra; 37 os que foram contados deles, da tribo de Benjamim,
eram trinta e cinco mil e quatrocentos.

38 Dos filhos de Dã, as suas gerações, pelas suas famílias,
pelas casas de seus pais, segundo o número dos nomes dos que
tinham vinte anos e daí para cima, todos os que podiam sair
à guerra; 39 os que foram contados deles, da tribo de Dã, eram
sessenta e dois mil e setecentos.

40 Dos filhos de Aser, as suas gerações, pelas suas famílias,
pelas casas de seus pais, segundo o número dos nomes dos que
tinham vinte anos e daí para cima, todos os que podiam sair à
guerra; 41 os que foram contados deles, da tribo de Aser, eram
quarenta e um mil e quinhentos.

42 Dos filhos de Naftali, as suas gerações, pelas suas famílias,
pelas casas de seus pais, segundo o número dos nomes dos que
tinham vinte anos e daí para cima, todos os que podiam sair à
guerra; 43 os que foram contados deles, da tribo de Naftali, eram
cinquenta e três mil e quatrocentos.

44 Estes são os que foram contados, aos quais contaram Moi-
sés e Arão, e os príncipes de Israel, sendo doze homens: cada um
era pela casa do seu pai. 45 Assim, todos os que foram contados
dos filhos de Israel, pelas casas de seus pais, dos que tinham
vinte anos e daí para cima, todos os que podiam sair à guerra
em Israel; 46 todos os que foram contados eram seiscentos e
três mil e quinhentos e cinquenta.

מז וְהַלְוִיִּם לְמַטֵּה אֲבֹתָם לֹא הָתְפָּקְדוּ בְּתוֹכָם: פ
מח וַיְדַבֵּר יְהוָה אֶל־מֹשֶׁה לֵּאמֹר:
מט אַךְ אֶת־מַטֵּה לֵוִי לֹא תִפְקֹד וְאֶת־רֹאשָׁם לֹא תִשָּׂא בְּתוֹךְ
בְּנֵי יִשְׂרָאֵל:
נ וְאַתָּה הַפְקֵד אֶת־הַלְוִיִּם עַל־מִשְׁכַּן הָעֵדֻת וְעַל כָּל־כֵּלָיו
וְעַל כָּל־אֲשֶׁר־לוֹ הֵמָּה יִשְׂאוּ אֶת־הַמִּשְׁכָּן וְאֶת־כָּל־כֵּלָיו וְהֵם
יְשָׁרְתֻהוּ וְסָבִיב לַמִּשְׁכָּן יַחֲנוּ:
נא וּבִנְסֹעַ הַמִּשְׁכָּן יוֹרִידוּ אֹתוֹ הַלְוִיִּם וּבַחֲנֹת הַמִּשְׁכָּן יָקִימוּ
אֹתוֹ הַלְוִיִּם וְהַזָּר הַקָּרֵב יוּמָת:
נב וְחָנוּ בְּנֵי יִשְׂרָאֵל אִישׁ עַל־מַחֲנֵהוּ וְאִישׁ עַל־דִּגְלוֹ לְצִבְאֹתָם:
נג וְהַלְוִיִּם יַחֲנוּ סָבִיב לְמִשְׁכַּן הָעֵדֻת וְלֹא־יִהְיֶה קֶצֶף עַל־עֲדַת
בְּנֵי יִשְׂרָאֵל וְשָׁמְרוּ הַלְוִיִּם אֶת־מִשְׁמֶרֶת מִשְׁכַּן הָעֵדוּת:
נד וַיַּעֲשׂוּ בְּנֵי יִשְׂרָאֵל כְּכֹל אֲשֶׁר צִוָּה יְהוָה אֶת־מֹשֶׁה כֵּן עָשׂוּ: פ

א וַיְדַבֵּר יְהוָה אֶל־מֹשֶׁה וְאֶל־אַהֲרֹן לֵאמֹר:
ב אִישׁ עַל־דִּגְלוֹ בְאֹתֹת לְבֵית אֲבֹתָם יַחֲנוּ בְּנֵי יִשְׂרָאֵל מִנֶּגֶד
סָבִיב לְאֹהֶל־מוֹעֵד יַחֲנוּ:
ג וְהַחֹנִים קֵדְמָה מִזְרָחָה דֶּגֶל מַחֲנֵה יְהוּדָה לְצִבְאֹתָם וְנָשִׂיא
לִבְנֵי יְהוּדָה נַחְשׁוֹן בֶּן־עַמִּינָדָב:
ד וּצְבָאוֹ וּפְקֻדֵיהֶם אַרְבָּעָה וְשִׁבְעִים אֶלֶף וְשֵׁשׁ מֵאוֹת:
ה וְהַחֹנִים עָלָיו מַטֵּה יִשָּׂשכָר וְנָשִׂיא לִבְנֵי יִשָּׂשכָר נְתַנְאֵל בֶּן־
צוּעָר:
ו וּצְבָאוֹ וּפְקֻדָיו אַרְבָּעָה וַחֲמִשִּׁים אֶלֶף וְאַרְבַּע מֵאוֹת: ס
ז מַטֵּה זְבוּלֻן וְנָשִׂיא לִבְנֵי זְבוּלֻן אֱלִיאָב בֶּן־חֵלֹן:
ח וּצְבָאוֹ וּפְקֻדָיו שִׁבְעָה וַחֲמִשִּׁים אֶלֶף וְאַרְבַּע מֵאוֹת:
ט כָּל־הַפְּקֻדִים לְמַחֲנֵה יְהוּדָה מְאַת אֶלֶף וּשְׁמֹנִים אֶלֶף וְשֵׁשֶׁת־
אֲלָפִים וְאַרְבַּע־מֵאוֹת לְצִבְאֹתָם רִאשֹׁנָה יִסָּעוּ: ס

Os levitas não são contados

47 Mas os levitas segundo a tribo de seus pais não foram
contados entre eles. 48 Pois Jeová disse a Moisés: 49 Somente
não contarás a tribo de Levi, nem tirarás a soma deles entre
os filhos de Israel; 50 mas incumbe tu os levitas de cuidarem
do tabernáculo do Testemunho, e de todos os seus móveis, e
de tudo o que lhe pertence. Eles levarão o tabernáculo e todos
os seus móveis, e serão os seus ministros, e acampar-se-ão ao
redor do tabernáculo. 51 Quando o tabernáculo houver de partir,
os levitas o desarmarão; e, quando o tabernáculo se houver de
assentar, os levitas o armarão; o estrangeiro que se chegar será
morto. 52 Os filhos de Israel armarão as suas tendas, cada um
junto ao seu arraial e cada um junto ao seu estandarte, segundo
as suas turmas. 53 Mas os levitas armarão as suas tendas ao redor
do tabernáculo do Testemunho, para que não suceda haver ira
contra a congregação dos filhos de Israel. Os levitas terão o
cuidado do tabernáculo do Testemunho. 54 Assim fizeram os
filhos de Israel; conforme tudo o que Jeová ordenou a Moisés,
assim o fizeram.

A ordem das tribos no acampamento

2 1 Disse Jeová a Moisés e a Arão: 2 Os filhos de Israel
acampar-se-ão, cada um junto ao seu estandarte, com
as insígnias das casas de seus pais; à alguma distân-
cia da tenda da revelação, se acamparão em roda. 3 Os que se
acamparem ao oriente serão os do estandarte do arraial de
Judá, segundo as suas turmas; e o príncipe dos filhos de Judá
será Naassom, filho de Aminadabe. 4 A sua turma, e os que
foram contados deles, eram setenta e quatro mil e seiscentos.
5 Os que se acamparem junto a ele serão da tribo de Issacar; e
o príncipe dos filhos de Issacar será Natanael, filho de Zuar.
6 A sua turma, e os que foram contados deles, eram cinquenta
e quatro mil e quatrocentos. 7 A tribo de Zebulom; o príncipe
dos filhos de Zebulom será Eliabe, filho de Helom. 8 A sua tur-

י דֶּגֶל מַחֲנֵה רְאוּבֵן תֵּימָנָה לְצִבְאֹתָם וְנָשִׂיא לִבְנֵי רְאוּבֵן
אֱלִיצוּר בֶּן־שְׁדֵיאוּר׃
יא וּצְבָאוֹ וּפְקֻדָיו שִׁשָּׁה וְאַרְבָּעִים אֶלֶף וַחֲמֵשׁ מֵאוֹת׃
יב וְהַחוֹנִם עָלָיו מַטֵּה שִׁמְעוֹן וְנָשִׂיא לִבְנֵי שִׁמְעוֹן שְׁלֻמִיאֵל בֶּן־
צוּרִי־שַׁדָּי׃
יג וּצְבָאוֹ וּפְקֻדֵיהֶם תִּשְׁעָה וַחֲמִשִּׁים אֶלֶף וּשְׁלֹשׁ מֵאוֹת׃
יד וּמַטֵּה גָּד וְנָשִׂיא לִבְנֵי גָד אֶלְיָסָף בֶּן־רְעוּאֵל׃
טו וּצְבָאוֹ וּפְקֻדֵיהֶם חֲמִשָּׁה וְאַרְבָּעִים אֶלֶף וְשֵׁשׁ מֵאוֹת
וַחֲמִשִּׁים׃
טז כָּל־הַפְּקֻדִים לְמַחֲנֵה רְאוּבֵן מְאַת אֶלֶף וְאֶחָד וַחֲמִשִּׁים אֶלֶף
וְאַרְבַּע־מֵאוֹת וַחֲמִשִּׁים לְצִבְאֹתָם וּשְׁנִיִּם יִסָּעוּ׃ ס

יז וְנָסַע אֹהֶל־מוֹעֵד מַחֲנֵה הַלְוִיִּם בְּתוֹךְ הַמַּחֲנֹת כַּאֲשֶׁר יַחֲנוּ כֵּן
יִסָּעוּ אִישׁ עַל־יָדוֹ לְדִגְלֵיהֶם׃ ס

יח דֶּגֶל מַחֲנֵה אֶפְרַיִם לְצִבְאֹתָם יָמָּה וְנָשִׂיא לִבְנֵי אֶפְרָיִם
אֱלִישָׁמָע בֶּן־עַמִּיהוּד׃
יט וּצְבָאוֹ וּפְקֻדֵיהֶם אַרְבָּעִים אֶלֶף וַחֲמֵשׁ מֵאוֹת׃
כ וְעָלָיו מַטֵּה מְנַשֶּׁה וְנָשִׂיא לִבְנֵי מְנַשֶּׁה גַּמְלִיאֵל בֶּן־פְּדָהצוּר׃
כא וּצְבָאוֹ וּפְקֻדֵיהֶם שְׁנַיִם וּשְׁלֹשִׁים אֶלֶף וּמָאתָיִם׃
כב וּמַטֵּה בִּנְיָמִן וְנָשִׂיא לִבְנֵי בִנְיָמִן אֲבִידָן בֶּן־גִּדְעֹנִי׃
כג וּצְבָאוֹ וּפְקֻדֵיהֶם חֲמִשָּׁה וּשְׁלֹשִׁים אֶלֶף וְאַרְבַּע מֵאוֹת׃
כד כָּל־הַפְּקֻדִים לְמַחֲנֵה אֶפְרַיִם מְאַת אֶלֶף וּשְׁמֹנַת־אֲלָפִים
וּמֵאָה לְצִבְאֹתָם וּשְׁלִשִׁים יִסָּעוּ׃ ס

כה דֶּגֶל מַחֲנֵה דָן צָפֹנָה לְצִבְאֹתָם וְנָשִׂיא לִבְנֵי דָן אֲחִיעֶזֶר
בֶּן־עַמִּישַׁדָּי׃
כו וּצְבָאוֹ וּפְקֻדֵיהֶם שְׁנַיִם וְשִׁשִּׁים אֶלֶף וּשְׁבַע מֵאוֹת׃
כז וְהַחֹנִים עָלָיו מַטֵּה אָשֵׁר וְנָשִׂיא לִבְנֵי אָשֵׁר פַּגְעִיאֵל בֶּן־
עָכְרָן׃

ma, e os que foram contados deles, eram cinquenta e sete mil
e quatrocentos. 9 Todos os que foram contados do arraial de
Judá eram cento e oitenta e seis mil e quatrocentos segundo
as suas turmas. Estes marcharão primeiro.

10 Para a banda do sul, estará o estandarte do arraial de Rúben
segundo as suas turmas; e o príncipe dos filhos de Rúben será
Elizur, filho de Sedeur. 11 A sua turma, e os que foram conta-
dos deles, eram quarenta e seis mil e quinhentos. 12 Os que se
acamparem junto a ele serão da tribo de Simeão; e o príncipe
dos filhos de Simeão será Selumiel, filho de Zurisadai. 13 A sua
turma, e os que foram contados deles, eram cinquenta e nove
mil e trezentos. 14 A tribo de Gade; o príncipe dos filhos de Gade
será Eliasafe, filho de Reuel. 15 A sua turma, e os que foram con-
tados deles, eram quarenta e cinco mil e seiscentos e cinquenta.
16 Todos os que foram contados do arraial de Rúben eram cento
e cinquenta e um mil e quatrocentos e cinquenta, segundo as
suas turmas. Estes marcharão em segundo lugar.

17 Então, partirá a tenda da revelação, com o arraial dos levitas
no meio dos arraiais. Como se acamparem, assim marcharão,
cada um no seu lugar, segundo os seus estandartes.

18 Para a banda do ocidente, estará o estandarte do arraial de
Efraim segundo as suas turmas; e o príncipe dos filhos de Efraim
será Elisama, filho de Amiúde. 19 A sua turma, e os que foram
contados deles, eram quarenta mil e quinhentos. 20 Junto a ele,
estará a tribo de Manassés; e o príncipe dos filhos de Manassés
será Gamaliel, filho de Pedazur. 21 A sua turma, e os que foram
contados deles, eram trinta e dois mil e duzentos. 22 A tribo de
Benjamim; o príncipe dos filhos de Benjamim será Abidã, filho
de Gideoni. 23 A sua turma, e os que foram contados deles, eram
trinta e cinco mil e quatrocentos. 24 Todos os que foram conta-
dos do arraial de Efraim eram cento e oito mil e cem, segundo
as suas turmas. Estes marcharão em terceiro lugar.

25 Para a banda do norte estará o estandarte do arraial de Dã
segundo as suas turmas; e o príncipe dos filhos de Dã será Aiezer,
filho de Amisadai. 26 A sua turma, e os que foram contados deles,
eram sessenta e dois mil e setecentos. 27 Os que se acamparem
junto a ele serão da tribo de Aser; e o príncipe dos filhos de Aser

כח וּצְבָאוֹ וּפְקֻדֵיהֶם אֶחָד וְאַרְבָּעִים אֶלֶף וַחֲמֵשׁ מֵאוֹת׃
כט וּמַטֵּה נַפְתָּלִי וְנָשִׂיא לִבְנֵי נַפְתָּלִי אֲחִירַע בֶּן־עֵינָן׃
ל וּצְבָאוֹ וּפְקֻדֵיהֶם שְׁלֹשָׁה וַחֲמִשִּׁים אֶלֶף וְאַרְבַּע מֵאוֹת׃
לא כָּל־הַפְּקֻדִים לְמַחֲנֵה דָן מְאַת אֶלֶף וְשִׁבְעָה וַחֲמִשִּׁים אֶלֶף
וְשֵׁשׁ מֵאוֹת לָאַחֲרֹנָה יִסְעוּ לְדִגְלֵיהֶם׃ פ

לב אֵלֶּה פְּקוּדֵי בְנֵי־יִשְׂרָאֵל לְבֵית אֲבֹתָם כָּל־פְּקוּדֵי הַמַּחֲנֹת
לְצִבְאֹתָם שֵׁשׁ־מֵאוֹת אֶלֶף וּשְׁלֹשֶׁת אֲלָפִים וַחֲמֵשׁ מֵאוֹת
וַחֲמִשִּׁים׃
לג וְהַלְוִיִּם לֹא הָתְפָּקְדוּ בְּתוֹךְ בְּנֵי יִשְׂרָאֵל כַּאֲשֶׁר צִוָּה יְהוָה
אֶת־מֹשֶׁה׃
לד וַיַּעֲשׂוּ בְּנֵי יִשְׂרָאֵל כְּכֹל אֲשֶׁר־צִוָּה יְהוָה אֶת־מֹשֶׁה כֵּן־חָנוּ
לְדִגְלֵיהֶם וְכֵן נָסָעוּ אִישׁ לְמִשְׁפְּחֹתָיו עַל־בֵּית אֲבֹתָיו׃

א וְאֵלֶּה תּוֹלְדֹת אַהֲרֹן וּמֹשֶׁה בְּיוֹם דִּבֶּר יְהוָה אֶת־מֹשֶׁה בְּהַר
סִינָי׃
ב וְאֵלֶּה שְׁמוֹת בְּנֵי־אַהֲרֹן הַבְּכוֹר ׀ נָדָב וַאֲבִיהוּא אֶלְעָזָר
וְאִיתָמָר׃
ג אֵלֶּה שְׁמוֹת בְּנֵי אַהֲרֹן הַכֹּהֲנִים הַמְּשֻׁחִים אֲשֶׁר־מִלֵּא יָדָם
לְכַהֵן׃
ד וַיָּמָת נָדָב וַאֲבִיהוּא לִפְנֵי יְהוָה בְּהַקְרִבָם אֵשׁ זָרָה לִפְנֵי יְהוָה
בְּמִדְבַּר סִינַי וּבָנִים לֹא־הָיוּ לָהֶם וַיְכַהֵן אֶלְעָזָר וְאִיתָמָר עַל־פְּנֵי
אַהֲרֹן אֲבִיהֶם׃ פ

ה וַיְדַבֵּר יְהוָה אֶל־מֹשֶׁה לֵּאמֹר׃
ו הַקְרֵב אֶת־מַטֵּה לֵוִי וְהַעֲמַדְתָּ אֹתוֹ לִפְנֵי אַהֲרֹן הַכֹּהֵן וְשֵׁרְתוּ
אֹתוֹ׃
ז וְשָׁמְרוּ אֶת־מִשְׁמַרְתּוֹ וְאֶת־מִשְׁמֶרֶת כָּל־הָעֵדָה לִפְנֵי אֹהֶל
מוֹעֵד לַעֲבֹד אֶת־עֲבֹדַת הַמִּשְׁכָּן׃
ח וְשָׁמְרוּ אֶת־כָּל־כְּלֵי אֹהֶל מוֹעֵד וְאֶת־מִשְׁמֶרֶת בְּנֵי יִשְׂרָאֵל

será Pagiel, filho de Ocrã. 28 A sua turma, e os que foram contados
deles, eram quarenta e um mil e quinhentos. 29 A tribo de Naftali;
e o príncipe dos filhos de Naftali será Aira, filho de Enã. 30 A sua
turma, e os que foram contados deles, eram cinquenta e três mil
e quatrocentos. 31 Todos os que foram contados do arraial de Dã
eram cento e cinquenta e sete mil e seiscentos. Estes marcharão
em último lugar, segundo os seus estandartes.

32 Estes são os que foram contados dos filhos de Israel se-
gundo as casas de seus pais; todos os que foram contados dos
arraiais segundo as suas turmas eram seiscentos e três mil e
quinhentos e cinquenta. 33 Os levitas, porém, não foram con-
tados entre os filhos de Israel, assim como Jeová ordenou a
Moisés. 34 Assim fizeram os filhos de Israel; segundo tudo o que
Jeová ordenou a Moisés, assim se acamparam segundo os seus
estandartes e assim marcharam, cada um pelas suas famílias,
segundo as casas de seus pais.

Os filhos de Arão e os levitas são escolhidos para o serviço do tabernáculo

3 1 Estas, pois, são as gerações de Arão e de Moisés, no dia
em que Jeová falou com Moisés no monte Sinai. 2 Estes
são os nomes dos filhos de Arão: Nadabe, o primogêni-
to, Abiú, Eleazar e Itamar. 3 Estes são os nomes dos filhos de
Arão, dos sacerdotes que foram ungidos, a quem ele consa-
grou para exercerem as funções do sacerdócio. 4 Nadabe e
Abiú morreram diante de Jeová, quando ofereceram fogo es-
tranho diante dele no deserto de Sinai, e não tiveram filhos; e
Eleazar e Itamar exerceram as funções do sacerdócio na pre-
sença de seu pai Arão.

5 Disse Jeová a Moisés: 6 Faze chegar a tribo de Levi e coloca-
-os diante do sacerdote Arão, para o servirem. 7 Eles cumprirão o
que lhe é devido a ele e a toda a congregação perante a tenda da
revelação, para fazerem o serviço do tabernáculo. 8 Guardarão
todos os móveis da tenda da revelação e cumprirão com o que
está prescrito aos filhos de Israel, para fazerem o serviço do

לַעֲבֹד אֶת־עֲבֹדַת הַמִּשְׁכָּן׃
ט וְנָתַתָּה אֶת־הַלְוִיִּם לְאַהֲרֹן וּלְבָנָיו נְתוּנִם נְתוּנִם הֵמָּה לוֹ מֵאֵת
בְּנֵי יִשְׂרָאֵל׃ י וְאֶת־אַהֲרֹן וְאֶת־בָּנָיו תִּפְקֹד וְשָׁמְרוּ אֶת־כְּהֻנָּתָם
וְהַזָּר הַקָּרֵב יוּמָת׃ פ
יא וַיְדַבֵּר יְהוָה אֶל־מֹשֶׁה לֵּאמֹר׃
יב וַאֲנִי הִנֵּה לָקַחְתִּי אֶת־הַלְוִיִּם מִתּוֹךְ בְּנֵי יִשְׂרָאֵל תַּחַת כָּל־
בְּכוֹר פֶּטֶר רֶחֶם מִבְּנֵי יִשְׂרָאֵל וְהָיוּ לִי הַלְוִיִּם׃
יג כִּי לִי כָּל־בְּכוֹר בְּיוֹם הַכֹּתִי כָל־בְּכוֹר בְּאֶרֶץ מִצְרַיִם הִקְדַּשְׁתִּי
לִי כָל־בְּכוֹר בְּיִשְׂרָאֵל מֵאָדָם עַד־בְּהֵמָה לִי יִהְיוּ אֲנִי יְהוָה׃ ס

יד וַיְדַבֵּר יְהוָה אֶל־מֹשֶׁה בְּמִדְבַּר סִינַי לֵאמֹר׃
טו פְּקֹד אֶת־בְּנֵי לֵוִי לְבֵית אֲבֹתָם לְמִשְׁפְּחֹתָם כָּל־זָכָר מִבֶּן־
חֹדֶשׁ וָמַעְלָה תִּפְקְדֵם׃
טז וַיִּפְקֹד אֹתָם מֹשֶׁה עַל־פִּי יְהוָה כַּאֲשֶׁר צֻוָּה׃
יז וַיִּהְיוּ־אֵלֶּה בְנֵי־לֵוִי בִּשְׁמֹתָם גֵּרְשׁוֹן וּקְהָת וּמְרָרִי׃
יח וְאֵלֶּה שְׁמוֹת בְּנֵי־גֵרְשׁוֹן לְמִשְׁפְּחֹתָם לִבְנִי וְשִׁמְעִי׃
יט וּבְנֵי קְהָת לְמִשְׁפְּחֹתָם עַמְרָם וְיִצְהָר חֶבְרוֹן וְעֻזִּיאֵל׃
כ וּבְנֵי מְרָרִי לְמִשְׁפְּחֹתָם מַחְלִי וּמוּשִׁי אֵלֶּה הֵם מִשְׁפְּחֹת הַלֵּוִי
לְבֵית אֲבֹתָם׃

כא לְגֵרְשׁוֹן מִשְׁפַּחַת הַלִּבְנִי וּמִשְׁפַּחַת הַשִּׁמְעִי אֵלֶּה הֵם
מִשְׁפְּחֹת הַגֵּרְשֻׁנִּי׃
כב פְּקֻדֵיהֶם בְּמִסְפַּר כָּל־זָכָר מִבֶּן־חֹדֶשׁ וָמָעְלָה פְּקֻדֵיהֶם
שִׁבְעַת אֲלָפִים וַחֲמֵשׁ מֵאוֹת׃
כג מִשְׁפְּחֹת הַגֵּרְשֻׁנִּי אַחֲרֵי הַמִּשְׁכָּן יַחֲנוּ יָמָּה׃
כד וּנְשִׂיא בֵית־אָב לַגֵּרְשֻׁנִּי אֶלְיָסָף בֶּן־לָאֵל׃
כה וּמִשְׁמֶרֶת בְּנֵי־גֵרְשׁוֹן בְּאֹהֶל מוֹעֵד הַמִּשְׁכָּן וְהָאֹהֶל מִכְסֵהוּ
וּמָסַךְ פֶּתַח אֹהֶל מוֹעֵד׃
כו וְקַלְעֵי הֶחָצֵר וְאֶת־מָסַךְ פֶּתַח הֶחָצֵר אֲשֶׁר עַל־הַמִּשְׁכָּן וְעַל־
הַמִּזְבֵּחַ סָבִיב וְאֵת מֵיתָרָיו לְכֹל עֲבֹדָתוֹ׃

כז וְלִקְהָת מִשְׁפַּחַת הָעַמְרָמִי וּמִשְׁפַּחַת הַיִּצְהָרִי וּמִשְׁפַּחַת
הַחֶבְרֹנִי וּמִשְׁפַּחַת הָעָזִּיאֵלִי אֵלֶּה הֵם מִשְׁפְּחֹת הַקְּהָתִי׃
כח בְּמִסְפַּר כָּל־זָכָר מִבֶּן־חֹדֶשׁ וָמָעְלָה שְׁמֹנַת אֲלָפִים וְשֵׁשׁ
מֵאוֹת שֹׁמְרֵי מִשְׁמֶרֶת הַקֹּדֶשׁ׃

tabernáculo. 9 Darás os levitas a Arão e a seus filhos; certamente,
eles lhe são dados da parte dos filhos de Israel. 10 Designarás
a Arão e a seus filhos, os quais guardarão o seu sacerdócio; o
estrangeiro que se chegar será morto.

11 Disse mais Jeová a Moisés: 12 Eu, eis que eu tenho tomado os
levitas dentre os filhos de Israel em lugar de todo primogênito
que abre a madre entre os filhos de Israel, e os levitas serão
meus; 13 pois todos os primogênitos são meus. No dia em que
feri todos os primogênitos na terra do Egito, consagrei para
mim todos os primogênitos em Israel, desde o homem até o
animal; serão meus. Eu sou Jeová.

14 Disse ainda Jeová a Moisés, no deserto de Sinai: 15 Conta
os filhos de Levi pelas casas de seus pais, pelas suas famílias;
contarás a todo o homem de idade de um mês e daí para cima.
16 Moisés os contou segundo a palavra de Jeová, assim como lhe
foi ordenado. 17 Estes são os filhos de Levi pelos seus nomes:
Gérson, Coate e Merari. 18 Estes são os nomes dos filhos de
Gérson pelas suas famílias: Libni e Simei. 19 Os filhos de Coate
pelas suas famílias: Anrão, Jizar, Hebrom e Uziel. 20 Os filhos
de Merari pelas suas famílias: Mali e Musi. Estas são as famílias
dos levitas segundo as casas de seus pais.

21 De Gérson era a família dos libnitas e a dos simeítas; estas
são as famílias dos gersonitas. 22 Os que foram contados deles,
segundo o número de todos os homens, desde a idade de um
mês e daí para cima, sim, todos os que deles foram contados
eram sete mil e quinhentos. 23 As famílias dos gersonitas acam-
par-se-ão atrás do tabernáculo, ao ocidente. 24 O príncipe da casa
do pai dos gersonitas será Eliasafe, filho de Lael. 25 Os filhos de
Gérson terão a seu cargo, na tenda da revelação, o tabernácu-
lo, a tenda e sua coberta, o anteparo para a porta da tenda da
revelação, 26 as cortinas do átrio, o anteparo para a entrada do
átrio que está junto ao tabernáculo e junto ao altar em redor e
as suas cordas para todo o seu serviço.

27 De Coate era a família dos anramitas, e a família dos jiza-
ritas, e a família dos hebronitas, e a família dos uzielitas; estas
são as famílias dos coatitas. 28 Segundo o número de todos os
homens, desde a idade dum mês e daí para cima, foram oito mil

כט מִשְׁפְּחֹת בְּנֵי־קְהָת יַחֲנוּ עַל יֶרֶךְ הַמִּשְׁכָּן תֵּימָנָה׃
ל וּנְשִׂיא בֵית־אָב לְמִשְׁפְּחֹת הַקְּהָתִי אֱלִיצָפָן בֶּן־עֻזִּיאֵל׃
לא וּמִשְׁמַרְתָּם הָאָרֹן וְהַשֻּׁלְחָן וְהַמְּנֹרָה וְהַמִּזְבְּחֹת וּכְלֵי הַקֹּדֶשׁ
אֲשֶׁר יְשָׁרְתוּ בָּהֶם וְהַמָּסָךְ וְכֹל עֲבֹדָתוֹ׃
לב וּנְשִׂיא נְשִׂיאֵי הַלֵּוִי אֶלְעָזָר בֶּן־אַהֲרֹן הַכֹּהֵן פְּקֻדַּת שֹׁמְרֵי
מִשְׁמֶרֶת הַקֹּדֶשׁ׃

לג לִמְרָרִי מִשְׁפַּחַת הַמַּחְלִי וּמִשְׁפַּחַת הַמּוּשִׁי אֵלֶּה הֵם
מִשְׁפְּחֹת מְרָרִי׃
לד וּפְקֻדֵיהֶם בְּמִסְפַּר כָּל־זָכָר מִבֶּן־חֹדֶשׁ וָמָעְלָה שֵׁשֶׁת אֲלָפִים
וּמָאתָיִם׃
לה וּנְשִׂיא בֵית־אָב לְמִשְׁפְּחֹת מְרָרִי צוּרִיאֵל בֶּן־אֲבִיחָיִל עַל יֶרֶךְ
הַמִּשְׁכָּן יַחֲנוּ צָפֹנָה׃
לו וּפְקֻדַּת מִשְׁמֶרֶת בְּנֵי מְרָרִי קַרְשֵׁי הַמִּשְׁכָּן וּבְרִיחָיו וְעַמֻּדָיו
וַאֲדָנָיו וְכָל־כֵּלָיו וְכֹל עֲבֹדָתוֹ׃
לז וְעַמֻּדֵי הֶחָצֵר סָבִיב וְאַדְנֵיהֶם וִיתֵדֹתָם וּמֵיתְרֵיהֶם׃

לח וְהַחֹנִים לִפְנֵי הַמִּשְׁכָּן קֵדְמָה לִפְנֵי אֹהֶל־מוֹעֵד | מִזְרָחָה
מֹשֶׁה | וְאַהֲרֹן וּבָנָיו שֹׁמְרִים מִשְׁמֶרֶת הַמִּקְדָּשׁ לְמִשְׁמֶרֶת בְּנֵי
יִשְׂרָאֵל וְהַזָּר הַקָּרֵב יוּמָת׃
לט כָּל־פְּקוּדֵי הַלְוִיִּם אֲשֶׁר פָּקַד מֹשֶׁה וְאַהֲרֹן עַל־פִּי יְהוָה
לְמִשְׁפְּחֹתָם כָּל־זָכָר מִבֶּן־חֹדֶשׁ וָמַעְלָה שְׁנַיִם וְעֶשְׂרִים אָלֶף׃ ס

מ וַיֹּאמֶר יְהוָה אֶל־מֹשֶׁה פְּקֹד כָּל־בְּכֹר זָכָר לִבְנֵי יִשְׂרָאֵל מִבֶּן־
חֹדֶשׁ וָמָעְלָה וְשָׂא אֵת מִסְפַּר שְׁמֹתָם׃
מא וְלָקַחְתָּ אֶת־הַלְוִיִּם לִי אֲנִי יְהוָה תַּחַת כָּל־בְּכֹר בִּבְנֵי יִשְׂרָאֵל
וְאֵת בֶּהֱמַת הַלְוִיִּם תַּחַת כָּל־בְּכוֹר בְּבֶהֱמַת בְּנֵי יִשְׂרָאֵל׃
מב וַיִּפְקֹד מֹשֶׁה כַּאֲשֶׁר צִוָּה יְהוָה אֹתוֹ אֶת־כָּל־בְּכֹר בִּבְנֵי
יִשְׂרָאֵל׃
מג וַיְהִי כָל־בְּכוֹר זָכָר בְּמִסְפַּר שֵׁמוֹת מִבֶּן־חֹדֶשׁ וָמַעְלָה
לִפְקֻדֵיהֶם שְׁנַיִם וְעֶשְׂרִים אֶלֶף שְׁלֹשָׁה וְשִׁבְעִים וּמָאתָיִם׃ פ

e seiscentos, que tiveram a seu cargo o santuário. 29 As famílias
dos filhos de Coate acampar-se-ão ao lado do tabernáculo, para
a banda do sul. 30 O príncipe da casa do pai das famílias dos coa-
titas será Elisafã, filho de Uziel. 31 Eles terão a seu cargo a arca, a
mesa, o candeeiro, os altares, e os utensílios do santuário com
os quais exercem as funções do seu ministério, e o anteparo,
e todo o seu serviço. 32 Eleazar, filho do sacerdote Arão, será o
príncipe dos príncipes dos levitas e terá a superintendência
dos que têm a seu cargo o santuário.

33 De Merari era a família dos malitas e a família dos musitas;
estas são as famílias de Merari. 34 Os que foram contados deles,
segundo o número de todos os homens, desde a idade dum mês
e daí para cima, eram seis mil e duzentos. 35 O príncipe da casa
do pai das famílias de Merari era Zuriel, filho de Abiail; eles se
acamparão ao lado do tabernáculo, para a banda do norte. 36 Por
designação, os filhos de Merari terão a seu cargo as peças do
tabernáculo, as suas travessas, as suas colunas, as suas bases e
todos os seus pertences, e todo o seu serviço, 37 as colunas do
átrio ao redor, as suas bases, os seus pregos e as suas cordas.

38 Os que se acamparem diante do tabernáculo, para a banda
do oriente, diante da tenda da revelação, para o nascente, serão
Moisés, e Arão, e seus filhos, que têm a seu cargo o santuário,
para cumprirem o que está prescrito aos filhos de Israel; o
estrangeiro que se chegar será morto. 39 Todos os que foram
contados dos levitas, aos quais contaram Moisés e Arão, segundo
o mandamento de Jeová, pelas suas famílias, todos os homens,
desde a idade dum mês e daí para cima, eram vinte e dois mil.

40 Disse mais Jeová a Moisés: Contarás todos os primogênitos
dos filhos de Israel, desde a idade dum mês e daí para cima, e
tomarás o número dos seus nomes. 41 Tomarás os levitas para
mim (eu sou Jeová) em lugar de todos os primogênitos entre
os filhos de Israel e o gado dos levitas em lugar de todos os pri-
mogênitos entre o gado dos filhos de Israel. 42 Moisés contou,
como Jeová lhe ordenou, todos os primogênitos entre os filhos
de Israel. 43 Todos os primogênitos, segundo o número dos
nomes, desde a idade dum mês e daí para cima, dos que foram
contados, eram vinte e dois mil e duzentos e setenta e três.

מד וַיְדַבֵּר יְהוָה אֶל־מֹשֶׁה לֵּאמֹר׃
מה קַח אֶת־הַלְוִיִּם תַּחַת כָּל־בְּכוֹר בִּבְנֵי יִשְׂרָאֵל וְאֶת־בֶּהֱמַת
הַלְוִיִּם תַּחַת בְּהֶמְתָּם וְהָיוּ־לִי הַלְוִיִּם אֲנִי יְהוָה׃
מו וְאֵת פְּדוּיֵי הַשְּׁלֹשָׁה וְהַשִּׁבְעִים וְהַמָּאתָיִם הָעֹדְפִים עַל־הַלְוִיִּם
מִבְּכוֹר בְּנֵי יִשְׂרָאֵל׃
מז וְלָקַחְתָּ חֲמֵשֶׁת חֲמֵשֶׁת שְׁקָלִים לַגֻּלְגֹּלֶת בְּשֶׁקֶל הַקֹּדֶשׁ תִּקָּח
עֶשְׂרִים גֵּרָה הַשָּׁקֶל׃
מח וְנָתַתָּה הַכֶּסֶף לְאַהֲרֹן וּלְבָנָיו פְּדוּיֵי הָעֹדְפִים בָּהֶם׃
מט וַיִּקַּח מֹשֶׁה אֵת כֶּסֶף הַפִּדְיוֹם מֵאֵת הָעֹדְפִים עַל פְּדוּיֵי
הַלְוִיִּם׃
נ מֵאֵת בְּכוֹר בְּנֵי יִשְׂרָאֵל לָקַח אֶת־הַכָּסֶף חֲמִשָּׁה וְשִׁשִּׁים
וּשְׁלֹשׁ מֵאוֹת וָאֶלֶף בְּשֶׁקֶל הַקֹּדֶשׁ׃
נא וַיִּתֵּן מֹשֶׁה אֶת־כֶּסֶף הַפְּדֻיִם לְאַהֲרֹן וּלְבָנָיו עַל־פִּי יְהוָה
כַּאֲשֶׁר צִוָּה יְהוָה אֶת־מֹשֶׁה׃ פ

א וַיְדַבֵּר יְהוָה אֶל־מֹשֶׁה וְאֶל־אַהֲרֹן לֵאמֹר׃
ב נָשֹׂא אֶת־רֹאשׁ בְּנֵי קְהָת מִתּוֹךְ בְּנֵי לֵוִי לְמִשְׁפְּחֹתָם
לְבֵית אֲבֹתָם׃
ג מִבֶּן שְׁלֹשִׁים שָׁנָה וָמַעְלָה וְעַד בֶּן־חֲמִשִּׁים שָׁנָה כָּל־בָּא
לַצָּבָא לַעֲשׂוֹת מְלָאכָה בְּאֹהֶל מוֹעֵד׃
ד זֹאת עֲבֹדַת בְּנֵי־קְהָת בְּאֹהֶל מוֹעֵד קֹדֶשׁ הַקֳּדָשִׁים׃
ה וּבָא אַהֲרֹן וּבָנָיו בִּנְסֹעַ הַמַּחֲנֶה וְהוֹרִדוּ אֵת פָּרֹכֶת הַמָּסָךְ
וְכִסּוּ־בָהּ אֵת אֲרֹן הָעֵדֻת׃
ו וְנָתְנוּ עָלָיו כְּסוּי עוֹר תַּחַשׁ וּפָרְשׂוּ בֶגֶד־כְּלִיל תְּכֵלֶת מִלְמָעְלָה
וְשָׂמוּ בַּדָּיו׃
ז וְעַל ׀ שֻׁלְחַן הַפָּנִים יִפְרְשׂוּ בֶּגֶד תְּכֵלֶת וְנָתְנוּ עָלָיו אֶת־הַקְּעָרֹת
וְאֶת־הַכַּפֹּת וְאֶת־הַמְּנַקִּיֹּת וְאֵת קְשׂוֹת הַנָּסֶךְ וְלֶחֶם הַתָּמִיד עָלָיו
יִהְיֶה׃
ח וּפָרְשׂוּ עֲלֵיהֶם בֶּגֶד תּוֹלַעַת שָׁנִי וְכִסּוּ אֹתוֹ בְּמִכְסֵה עוֹר
תָּחַשׁ וְשָׂמוּ אֶת־בַּדָּיו׃
ט וְלָקְחוּ ׀ בֶּגֶד תְּכֵלֶת וְכִסּוּ אֶת־מְנֹרַת הַמָּאוֹר וְאֶת־נֵרֹתֶיהָ וְאֶת־
מַלְקָחֶיהָ וְאֶת־מַחְתֹּתֶיהָ וְאֵת כָּל־כְּלֵי שַׁמְנָהּ אֲשֶׁר יְשָׁרְתוּ־לָהּ
בָּהֶם׃

44 Disse Jeová a Moisés: 45 Toma os levitas em lugar de todos
os primogênitos entre os filhos de Israel e o gado dos levitas
em lugar do gado deles; os levitas serão meus. Eu sou Jeová.
46 Pela redenção dos duzentos e setenta e três dos primogê-
nitos dos filhos de Israel, que excedem o número dos levitas,
47 receberás cinco siclos por cabeça; recebê-los-ás segundo o
siclo do santuário (o siclo tem vinte óbolos) 48 e darás a Arão
e a seus filhos o dinheiro com o qual são remidos os que são
demais entre eles. 49 Moisés recebeu o dinheiro da redenção
dos que excederam o número dos que foram remidos em lugar
dos levitas; 50 dos primogênitos dos filhos de Israel recebeu ele
o dinheiro: mil e trezentos e sessenta e cinco siclos, segundo
o siclo do santuário. 51 Moisés deu o dinheiro da redenção a
Arão e a seus filhos, segundo a palavra de Jeová, como Jeová
ordenou a Moisés.

O número e deveres dos coatitas

4 1 Disse Jeová a Moisés e a Arão: 2 Fazei a soma dos filhos
de Coate dentre os filhos de Levi, pelas suas famílias,
pelas casas de seus pais, 3 desde a idade de trinta anos
e daí para cima até a idade de cinquenta anos, de todos os
que entram no serviço para executarem a obra na tenda da
revelação. 4 Este é o serviço dos filhos de Coate na tenda da
revelação, relativamente às coisas santíssimas. 5 Quando par-
tir o arraial, entrarão Arão e seus filhos, abaixarão o véu do
anteparo e com ele cobrirão a arca do Testemunho; 6 por-lhe-
-ão uma coberta de peles de animais marinhos, estenderão
por cima dela um pano todo azul, e meter-lhe-ão os varais.
7 Sobre a mesa dos pães da proposição estenderão um pano
azul e nela colocarão os pratos, as colheres, as taças e os co-
pos das ofertas de libação (e sobre ela estará sempre o pão);
8 sobre eles estenderão um pano escarlate; a este cobrirão
com uma coberta de peles de animais marinhos e meterão
os varais. 9 Tomarão um pano azul e cobrirão o candeeiro, as
suas lâmpadas, as suas espevitadeiras, os seus apagadores e

י וְנָתְנוּ אֹתָהּ וְאֶת־כָּל־כֵּלֶיהָ אֶל־מִכְסֵה עוֹר תָּחַשׁ וְנָתְנוּ
עַל־הַמּוֹט׃
יא וְעַל ׀ מִזְבַּח הַזָּהָב יִפְרְשׂוּ בֶּגֶד תְּכֵלֶת וְכִסּוּ אֹתוֹ בְּמִכְסֵה
עוֹר תָּחַשׁ וְשָׂמוּ אֶת־בַּדָּיו׃
יב וְלָקְחוּ אֶת־כָּל־כְּלֵי הַשָּׁרֵת אֲשֶׁר יְשָׁרְתוּ־בָם בַּקֹּדֶשׁ וְנָתְנוּ
אֶל־בֶּגֶד תְּכֵלֶת וְכִסּוּ אוֹתָם בְּמִכְסֵה עוֹר תָּחַשׁ וְנָתְנוּ עַל־
הַמּוֹט׃
יג וְדִשְּׁנוּ אֶת־הַמִּזְבֵּחַ וּפָרְשׂוּ עָלָיו בֶּגֶד אַרְגָּמָן׃
יד וְנָתְנוּ עָלָיו אֶת־כָּל־כֵּלָיו אֲשֶׁר יְשָׁרְתוּ עָלָיו בָּהֶם אֶת־
הַמַּחְתֹּת אֶת־הַמִּזְלָגֹת וְאֶת־הַיָּעִים וְאֶת־הַמִּזְרָקֹת כֹּל כְּלֵי
הַמִּזְבֵּחַ וּפָרְשׂוּ עָלָיו כְּסוּי עוֹר תַּחַשׁ וְשָׂמוּ בַדָּיו׃
טו וְכִלָּה אַהֲרֹן־וּבָנָיו לְכַסֹּת אֶת־הַקֹּדֶשׁ וְאֶת־כָּל־כְּלֵי הַקֹּדֶשׁ
בִּנְסֹעַ הַמַּחֲנֶה וְאַחֲרֵי־כֵן יָבֹאוּ בְנֵי־קְהָת לָשֵׂאת וְלֹא־יִגְּעוּ
אֶל־הַקֹּדֶשׁ וָמֵתוּ אֵלֶּה מַשָּׂא בְנֵי־קְהָת בְּאֹהֶל מוֹעֵד׃
טז וּפְקֻדַּת אֶלְעָזָר ׀ בֶּן־אַהֲרֹן הַכֹּהֵן שֶׁמֶן הַמָּאוֹר וּקְטֹרֶת הַסַּמִּים
וּמִנְחַת הַתָּמִיד וְשֶׁמֶן הַמִּשְׁחָה פְּקֻדַּת כָּל־הַמִּשְׁכָּן וְכָל־אֲשֶׁר־בּוֹ
בְּקֹדֶשׁ וּבְכֵלָיו׃ ס

יז וַיְדַבֵּר יְהוָה אֶל־מֹשֶׁה וְאֶל־אַהֲרֹן לֵאמֹר׃
יח אַל־תַּכְרִיתוּ אֶת־שֵׁבֶט מִשְׁפְּחֹת הַקְּהָתִי מִתּוֹךְ הַלְוִיִּם׃
יט וְזֹאת ׀ עֲשׂוּ לָהֶם וְחָיוּ וְלֹא יָמֻתוּ בְּגִשְׁתָּם אֶת־קֹדֶשׁ הַקֳּדָשִׁים
אַהֲרֹן וּבָנָיו יָבֹאוּ וְשָׂמוּ אוֹתָם אִישׁ אִישׁ עַל־עֲבֹדָתוֹ וְאֶל־
מַשָּׂאוֹ׃
כ וְלֹא־יָבֹאוּ לִרְאוֹת כְּבַלַּע אֶת־הַקֹּדֶשׁ וָמֵתוּ׃ פ

כא וַיְדַבֵּר יְהוָה אֶל־מֹשֶׁה לֵּאמֹר׃
כב נָשֹׂא אֶת־רֹאשׁ בְּנֵי גֵרְשׁוֹן גַּם־הֵם לְבֵית אֲבֹתָם לְמִשְׁפְּחֹתָם׃
כג מִבֶּן שְׁלֹשִׁים שָׁנָה וָמַעְלָה עַד בֶּן־חֲמִשִּׁים שָׁנָה תִּפְקֹד אוֹתָם
כָּל־הַבָּא לִצְבֹא צָבָא לַעֲבֹד עֲבֹדָה בְּאֹהֶל מוֹעֵד׃

todos os seus vasos de azeite com que o preparam; 10 envol-
verão a ele e a todos os seus utensílios numa coberta de peles
de animais marinhos e colocá-lo-ão sobre a padiola. 11 Sobre
o altar de ouro estenderão um pano azul, e, com uma coberta
de peles de animais marinhos, o cobrirão, e meterão os varais;
12 tomarão todos os utensílios de que se servem no ministério
dentro do santuário, os envolverão num pano azul; com uma
coberta de peles de animais marinhos os cobrirão e colocá-
-los-ão sobre a padiola. 13 Do altar tirarão a cinza e sobre ele
estenderão um pano de púrpura; 14 colocarão sobre ele todos
os seus utensílios com que o servem, os braseiros, os garfos,
as pás e as bacias, todos os utensílios do altar; sobre ele esten-
derão uma coberta de peles de animais marinhos e lhe mete-
rão os varais. 15 Havendo Arão e seus filhos, ao partir o arraial,
acabado de cobrir o santuário e todos os móveis dele, virão
os filhos de Coate para o levarem, sem, contudo, tocarem
nas coisas sagradas, para que não morram. Essas coisas são
a carga dos filhos de Coate na tenda da revelação. 16 Eleazar,
filho do sacerdote Arão, terá a seu cargo o azeite para a luz,
o incenso aromático, a oferta contínua de cereais e o óleo da
unção; sim, terá a seu cargo todo o tabernáculo e tudo o que
há nele, o santuário e os seus móveis.

17 Disse mais Jeová a Moisés e a Arão: 18 Não cortareis a tribo
das famílias dos coatitas dentre os levitas; 19 mas assim lhes fa-
reis, para que vivam e não morram, quando se aproximarem das
coisas santíssimas: Arão e seus filhos entrarão e lhes designarão
a cada um o seu serviço e a cada um a sua carga; 20 porém eles
não entrarão para ver as coisas sagradas nem por um momento,
para que não morram.

Dos gersonitas

21 Disse mais Jeová a Moisés: 22 Tira também a soma dos filhos
de Gérson, pelas casas de seus pais, pelas suas famílias; 23 desde
a idade de trinta anos e daí para cima até a idade de cinquenta
anos, os contarás; todos os que entrarem para se ocuparem

כד זֹאת עֲבֹדַת מִשְׁפְּחֹת הַגֵּרְשֻׁנִּי לַעֲבֹד וּלְמַשָּׂא:
כה וְנָשְׂאוּ אֶת־יְרִיעֹת הַמִּשְׁכָּן וְאֶת־אֹהֶל מוֹעֵד מִכְסֵהוּ וּמִכְסֵה
הַתַּחַשׁ אֲשֶׁר־עָלָיו מִלְמָעְלָה וְאֶת־מָסַךְ פֶּתַח אֹהֶל מוֹעֵד:
כו וְאֵת קַלְעֵי הֶחָצֵר וְאֶת־מָסַךְ | פֶּתַח | שַׁעַר הֶחָצֵר אֲשֶׁר
עַל־הַמִּשְׁכָּן וְעַל־הַמִּזְבֵּחַ סָבִיב וְאֵת מֵיתְרֵיהֶם וְאֶת־כָּל־כְּלֵי
עֲבֹדָתָם וְאֵת כָּל־אֲשֶׁר יֵעָשֶׂה לָהֶם וְעָבָדוּ:
כז עַל־פִּי אַהֲרֹן וּבָנָיו תִּהְיֶה כָּל־עֲבֹדַת בְּנֵי הַגֵּרְשֻׁנִּי לְכָל־מַשָּׂאָם
וּלְכֹל עֲבֹדָתָם וּפְקַדְתֶּם עֲלֵהֶם בְּמִשְׁמֶרֶת אֵת כָּל־מַשָּׂאָם:
כח זֹאת עֲבֹדַת מִשְׁפְּחֹת בְּנֵי הַגֵּרְשֻׁנִּי בְּאֹהֶל מוֹעֵד וּמִשְׁמַרְתָּם
בְּיַד אִיתָמָר בֶּן־אַהֲרֹן הַכֹּהֵן: פ

כט בְּנֵי מְרָרִי לְמִשְׁפְּחֹתָם לְבֵית־אֲבֹתָם תִּפְקֹד אֹתָם:
ל מִבֶּן שְׁלֹשִׁים שָׁנָה וָמַעְלָה וְעַד בֶּן־חֲמִשִּׁים שָׁנָה תִּפְקְדֵם כָּל־
הַבָּא לַצָּבָא לַעֲבֹד אֶת־עֲבֹדַת אֹהֶל מוֹעֵד:
לא וְזֹאת מִשְׁמֶרֶת מַשָּׂאָם לְכָל־עֲבֹדָתָם בְּאֹהֶל מוֹעֵד קַרְשֵׁי
הַמִּשְׁכָּן וּבְרִיחָיו וְעַמּוּדָיו וַאֲדָנָיו:
לב וְעַמּוּדֵי הֶחָצֵר סָבִיב וְאַדְנֵיהֶם וִיתֵדֹתָם וּמֵיתְרֵיהֶם לְכָל־
כְּלֵיהֶם וּלְכֹל עֲבֹדָתָם וּבְשֵׁמֹת תִּפְקְדוּ אֶת־כְּלֵי מִשְׁמֶרֶת
מַשָּׂאָם:
לג זֹאת עֲבֹדַת מִשְׁפְּחֹת בְּנֵי מְרָרִי לְכָל־עֲבֹדָתָם בְּאֹהֶל מוֹעֵד
בְּיַד אִיתָמָר בֶּן־אַהֲרֹן הַכֹּהֵן:

לד וַיִּפְקֹד מֹשֶׁה וְאַהֲרֹן וּנְשִׂיאֵי הָעֵדָה אֶת־בְּנֵי הַקְּהָתִי
לְמִשְׁפְּחֹתָם וּלְבֵית אֲבֹתָם:
לה מִבֶּן שְׁלֹשִׁים שָׁנָה וָמַעְלָה וְעַד בֶּן־חֲמִשִּׁים שָׁנָה כָּל־הַבָּא
לַצָּבָא לַעֲבֹדָה בְּאֹהֶל מוֹעֵד:

no serviço, para que executem a obra na tenda da revelação.
24 Este é o serviço das famílias dos gersonitas, ao servir e ao
levar cargas: 25 levarão as cortinas do tabernáculo, a tenda da
revelação, sua coberta, a coberta de peles de animais marinhos
que está por sobre ele, o anteparo para a entrada da tenda da
revelação, 26 as cortinas do átrio, o anteparo para a entrada da
porta do átrio que está junto ao tabernáculo e junto ao altar
em redor, as suas cordas e todos os objetos do seu serviço; e
servirão em tudo quanto diz respeito a essas coisas. 27 Segundo
as determinações de Arão e de seus filhos, será todo o serviço
dos filhos dos gersonitas, relativamente a toda a sua carga e
a todo o seu serviço; e lhes designareis as cargas que ficarem
ao seu cuidado. 28 Este é o serviço das famílias dos filhos dos
gersonitas na tenda da revelação; e o seu cargo estará debaixo
da direção de Itamar, filho do sacerdote Arão.

Dos filhos de Merari

29 Quanto aos filhos de Merari, contá-los-ás pelas suas fa-
mílias, pelas casas de seus pais; 30 desde a idade de trinta anos
e daí para cima até a idade de cinquenta anos, os contarás,
todos os que entrarem no serviço, para que executem a obra
da tenda da revelação. 31 Isto é o que lhes está prescrito com
referência às suas cargas, segundo todo o seu serviço na tenda
da revelação: as peças do tabernáculo, os seus varais, as suas
colunas e as suas bases, 32 as colunas do átrio ao redor, as suas
bases, os seus pregos e as suas cordas, com todos os seus
objetos e com todo o seu serviço; por nome lhes designareis
os objetos que lhes está prescrito levarem. 33 Este é o serviço
das famílias dos filhos de Merari, segundo todo o seu serviço,
na tenda da revelação, debaixo da direção de Itamar, filho do
sacerdote Arão.

34 Moisés, e Arão, e os príncipes da congregação contaram
os filhos dos coatitas pelas suas famílias e pelas casas de seus
pais, 35 desde a idade de trinta anos e daí para cima até a idade de
cinquenta anos, todos os que entraram no serviço para servirem

לו וַיִּהְי֥וּ פְקֻדֵיהֶ֖ם לְמִשְׁפְּחֹתָ֑ם אַלְפַּ֕יִם שְׁבַ֥ע מֵא֖וֹת וַחֲמִשִּֽׁים:
לז אֵ֣לֶּה פְקוּדֵי֙ מִשְׁפְּחֹ֣ת הַקְּהָתִ֔י כָּל־הָעֹבֵ֖ד בְּאֹ֣הֶל מוֹעֵ֑ד אֲשֶׁ֨ר
פָּקַ֤ד מֹשֶׁה֙ וְאַהֲרֹ֔ן עַל־פִּ֥י יְהוָ֖ה בְּיַד־מֹשֶֽׁה: ס

לח וּפְקוּדֵ֖י בְּנֵ֣י גֵרְשׁ֑וֹן לְמִשְׁפְּחוֹתָ֖ם וּלְבֵ֥ית אֲבֹתָֽם:
לט מִבֶּ֨ן שְׁלֹשִׁ֤ים שָׁנָה֙ וָמַ֔עְלָה וְעַ֖ד בֶּן־חֲמִשִּׁ֣ים שָׁנָ֑ה כָּל־הַבָּא֙
לַצָּבָ֔א לַעֲבֹדָ֖ה בְּאֹ֥הֶל מוֹעֵֽד:
מ וַיִּהְיוּ֙ פְּקֻ֣דֵיהֶ֔ם לְמִשְׁפְּחֹתָ֖ם לְבֵ֣ית אֲבֹתָ֑ם אַלְפַּ֕יִם וְשֵׁ֥שׁ מֵא֖וֹת
וּשְׁלֹשִֽׁים:
מא אֵ֣לֶּה פְקוּדֵ֗י מִשְׁפְּחֹת֙ בְּנֵ֣י גֵרְשׁ֔וֹן כָּל־הָעֹבֵ֖ד בְּאֹ֣הֶל מוֹעֵ֑ד
אֲשֶׁ֨ר פָּקַ֥ד מֹשֶׁ֛ה וְאַהֲרֹ֖ן עַל־פִּ֥י יְהוָֽה:

מב וּפְקוּדֵ֕י מִשְׁפְּחֹ֖ת בְּנֵ֣י מְרָרִ֑י לְמִשְׁפְּחֹתָ֖ם לְבֵ֥ית אֲבֹתָֽם:
מג מִבֶּ֨ן שְׁלֹשִׁ֤ים שָׁנָה֙ וָמַ֔עְלָה וְעַ֖ד בֶּן־חֲמִשִּׁ֣ים שָׁנָ֑ה כָּל־הַבָּא֙
לַצָּבָ֔א לַעֲבֹדָ֖ה בְּאֹ֥הֶל מוֹעֵֽד:
מד וַיִּהְי֥וּ פְקֻדֵיהֶ֖ם לְמִשְׁפְּחֹתָ֑ם שְׁלֹ֥שֶׁת אֲלָפִ֖ים וּמָאתָֽיִם:
מה אֵ֣לֶּה פְקוּדֵ֔י מִשְׁפְּחֹ֖ת בְּנֵ֣י מְרָרִ֑י אֲשֶׁ֨ר פָּקַ֤ד מֹשֶׁה֙ וְאַהֲרֹ֔ן
עַל־פִּ֥י יְהוָ֖ה בְּיַד־מֹשֶֽׁה:

מו כָּֽל־הַפְּקֻדִ֡ים אֲשֶׁר֩ פָּקַ֨ד מֹשֶׁ֧ה וְאַהֲרֹ֛ן וּנְשִׂיאֵ֥י יִשְׂרָאֵ֖ל אֶת־
הַלְוִיִּ֑ם לְמִשְׁפְּחֹתָ֖ם וּלְבֵ֥ית אֲבֹתָֽם:
מז מִבֶּ֨ן שְׁלֹשִׁ֤ים שָׁנָה֙ וָמַ֔עְלָה וְעַ֖ד בֶּן־חֲמִשִּׁ֣ים שָׁנָ֑ה כָּל־הַבָּ֗א
לַעֲבֹ֨ד עֲבֹדַ֧ת עֲבֹדָ֛ה וַעֲבֹדַ֥ת מַשָּׂ֖א בְּאֹ֥הֶל מוֹעֵֽד:
מח וַיִּהְי֖וּ פְּקֻדֵיהֶ֑ם שְׁמֹנַ֣ת אֲלָפִ֔ים וַחֲמֵ֥שׁ מֵא֖וֹת וּשְׁמֹנִֽים:
מט עַל־פִּ֨י יְהוָ֜ה פָּקַ֤ד אוֹתָם֙ בְּיַד־מֹשֶׁ֔ה אִ֥ישׁ אִ֛ישׁ עַל־עֲבֹדָת֖וֹ
וְעַל־מַשָּׂא֑וֹ וּפְקֻדָ֕יו אֲשֶׁר־צִוָּ֥ה יְהוָ֖ה אֶת־מֹשֶֽׁה: פ

na tenda da revelação; 36 os que foram contados deles pelas suas
famílias eram dois mil e setecentos e cinquenta. 37 Estes são os
que foram contados das famílias dos coatitas, a saber, todos os
que serviram na tenda da revelação, aos quais contaram Moisés
e Arão, segundo o mandado de Jeová por intermédio de Moisés.

38 Os que foram contados dos filhos de Gérson, pelas suas
famílias e pelas casas de seus pais, 39 desde a idade de trinta
anos e daí para cima até a idade de cinquenta anos, todos os
que entraram no serviço, para servirem na tenda da revelação;
40 os que foram contados deles, pelas suas famílias, pelas casas
de seus pais, eram dois mil e seiscentos e trinta. 41 Estes são os
que foram contados das famílias dos filhos de Gérson, a saber,
todos os que serviram na tenda da revelação, aos quais contaram
Moisés e Arão, segundo o mandado de Jeová.

42 Os que foram contados das famílias dos filhos de Merari,
pelas suas famílias, pelas casas de seus pais, 43 desde a idade
de trinta anos e daí para cima até a idade de cinquenta anos,
todos os que entraram no serviço, para servirem na tenda da
revelação; 44 os que foram contados deles, pelas suas famílias,
eram três mil e duzentos. 45 Estes são os que foram contados
das famílias dos filhos de Merari, aos quais contaram Moisés e
Arão, segundo o mandado de Jeová por intermédio de Moisés.

Número dos levitas entre trinta e cinquenta anos

46 Todos os que foram contados dos levitas, aos quais conta-
ram Moisés e Arão e os príncipes de Israel, pelas suas famílias
e pelas casas de seus pais, 47 desde a idade de trinta anos e daí
para cima até a idade de cinquenta anos, todos os que entraram
para cumprir a tarefa do serviço e a tarefa de levarem cargas na
tenda da revelação; 48 os que foram contados deles eram oito mil
e quinhentos e oitenta. 49 Segundo o mandado de Jeová, foram
contados por intermédio de Moisés, segundo o seu serviço e a
sua carga; assim foram contados, como Jeová ordenou a Moisés.

א וַיְדַבֵּר יְהוָה אֶל־מֹשֶׁה לֵּאמֹר׃
ב צַו אֶת־בְּנֵי יִשְׂרָאֵל וִישַׁלְּחוּ מִן־הַמַּחֲנֶה כָּל־צָרוּעַ וְכָל־זָב וְכֹל
טָמֵא לָנָפֶשׁ׃
ג מִזָּכָר עַד־נְקֵבָה תְּשַׁלֵּחוּ אֶל־מִחוּץ לַמַּחֲנֶה תְּשַׁלְּחוּם וְלֹא
יְטַמְּאוּ אֶת־מַחֲנֵיהֶם אֲשֶׁר אֲנִי שֹׁכֵן בְּתוֹכָם׃
ד וַיַּעֲשׂוּ־כֵן בְּנֵי יִשְׂרָאֵל וַיְשַׁלְּחוּ אוֹתָם אֶל־מִחוּץ לַמַּחֲנֶה
כַּאֲשֶׁר דִּבֶּר יְהוָה אֶל־מֹשֶׁה כֵּן עָשׂוּ בְּנֵי יִשְׂרָאֵל׃ פ

ה וַיְדַבֵּר יְהוָה אֶל־מֹשֶׁה לֵּאמֹר׃
ו דַּבֵּר אֶל־בְּנֵי יִשְׂרָאֵל אִישׁ אוֹ־אִשָּׁה כִּי יַעֲשׂוּ מִכָּל־חַטֹּאת
הָאָדָם לִמְעֹל מַעַל בַּיהוָה וְאָשְׁמָה הַנֶּפֶשׁ הַהִוא׃
ז וְהִתְוַדּוּ אֶת־חַטָּאתָם אֲשֶׁר עָשׂוּ וְהֵשִׁיב אֶת־אֲשָׁמוֹ בְּרֹאשׁוֹ
וַחֲמִישִׁתוֹ יֹסֵף עָלָיו וְנָתַן לַאֲשֶׁר אָשַׁם לוֹ׃
ח וְאִם־אֵין לָאִישׁ גֹּאֵל לְהָשִׁיב הָאָשָׁם אֵלָיו הָאָשָׁם הַמּוּשָׁב
לַיהוָה לַכֹּהֵן מִלְּבַד אֵיל הַכִּפֻּרִים אֲשֶׁר יְכַפֶּר־בּוֹ עָלָיו׃
ט וְכָל־תְּרוּמָה לְכָל־קָדְשֵׁי בְנֵי־יִשְׂרָאֵל אֲשֶׁר־יַקְרִיבוּ לַכֹּהֵן לוֹ
יִהְיֶה׃
י וְאִישׁ אֶת־קֳדָשָׁיו לוֹ יִהְיוּ אִישׁ אֲשֶׁר־יִתֵּן לַכֹּהֵן לוֹ יִהְיֶה׃ פ

יא וַיְדַבֵּר יְהוָה אֶל־מֹשֶׁה לֵּאמֹר׃
יב דַּבֵּר אֶל־בְּנֵי יִשְׂרָאֵל וְאָמַרְתָּ אֲלֵהֶם אִישׁ אִישׁ כִּי־תִשְׂטֶה
אִשְׁתּוֹ וּמָעֲלָה בוֹ מָעַל׃
יג וְשָׁכַב אִישׁ אֹתָהּ שִׁכְבַת־זֶרַע וְנֶעְלַם מֵעֵינֵי אִישָׁהּ וְנִסְתְּרָה
וְהִיא נִטְמָאָה וְעֵד אֵין בָּהּ וְהִוא לֹא נִתְפָּשָׂה׃
יד וְעָבַר עָלָיו רוּחַ־קִנְאָה וְקִנֵּא אֶת־אִשְׁתּוֹ וְהִוא נִטְמָאָה אוֹ־
עָבַר עָלָיו רוּחַ־קִנְאָה וְקִנֵּא אֶת־אִשְׁתּוֹ וְהִיא לֹא נִטְמָאָה׃
טו וְהֵבִיא הָאִישׁ אֶת־אִשְׁתּוֹ אֶל־הַכֹּהֵן וְהֵבִיא אֶת־קָרְבָּנָהּ עָלֶיהָ
עֲשִׂירִת הָאֵיפָה קֶמַח שְׂעֹרִים לֹא־יִצֹק עָלָיו שֶׁמֶן וְלֹא־יִתֵּן עָלָיו

O leproso e o imundo são lançados fora do arraial

5 1 Disse Jeová a Moisés: 2 Ordena aos filhos de Israel que
lancem para fora do arraial todo leproso, e o que padece
fluxo, e o que está imundo por ter tocado num morto;
3 tanto homem como mulher os lançareis para fora; sim, para
fora do arraial os lançareis, para que não contaminem o seu
arraial no meio do qual eu habito. 4 Assim fizeram os filhos de
Israel e lançaram-nos para fora do arraial; como Jeová falou a
Moisés, assim fizeram os filhos de Israel.

5 Disse mais Jeová a Moisés: 6 Dize aos filhos de Israel: Quan-
do um homem (ou uma mulher) cometer algum dos pecados
em que caem os homens, transgredindo os mandamentos de
Jeová, e essa pessoa for culpada, 7 confessará o seu pecado que
cometeu; pela sua culpa fará plena restituição, e lhe acrescen-
tará a sua quinta parte, e a dará àquele contra quem incorreu
na culpa. 8 Mas, se esse homem não tiver parente chegado, a
quem se possa fazer restituição pela culpa, o que se restitui a
Jeová pela culpa pertencerá ao sacerdote, além do carneiro da
expiação, pelo qual se fará expiação por ele. 9 Todas as ofertas
movidas de todas as coisas sagradas que os filhos de Israel
trouxerem ao sacerdote também lhe pertencerão. 10 Todas as
coisas que forem consagradas pertencerão ao sacerdote; tudo
o que alguém der ao sacerdote será dele.

A lei referente ao ciúme

11 Disse mais Jeová a Moisés: 12 Fala aos filhos de Israel e di-
ze-lhes: Se a mulher de alguém, desviando-se, lhe for infiel, 13 e
um homem se deitar com ela, sendo isso oculto aos olhos de seu
marido; se ela não for suspeitada, ainda que se contaminou, e
contra ela não houver testemunha, visto que não foi apanhada
em flagrante; 14 se o marido, tomado dum espírito de ciúmes, se
abrasar contra a mulher, que, de fato, se contaminou; ou tomado
dum espírito de ciúmes, se abrasar contra a mulher que não se
contaminou, 15 o homem trará sua mulher ao sacerdote e por

לְבֹנָה כִּי־מִנְחַת קְנָאֹת הוּא מִנְחַת זִכָּרוֹן מַזְכֶּרֶת עָוֺן׃

טז וְהִקְרִיב אֹתָהּ הַכֹּהֵן וְהֶעֱמִדָהּ לִפְנֵי יְהוָה׃
יז וְלָקַח הַכֹּהֵן מַיִם קְדֹשִׁים בִּכְלִי־חָרֶשׂ וּמִן־הֶעָפָר אֲשֶׁר יִהְיֶה
בְּקַרְקַע הַמִּשְׁכָּן יִקַּח הַכֹּהֵן וְנָתַן אֶל־הַמָּיִם׃
יח וְהֶעֱמִיד הַכֹּהֵן אֶת־הָאִשָּׁה לִפְנֵי יְהוָה וּפָרַע אֶת־רֹאשׁ הָאִשָּׁה
וְנָתַן עַל־כַּפֶּיהָ אֵת מִנְחַת הַזִּכָּרוֹן מִנְחַת קְנָאֹת הִוא וּבְיַד הַכֹּהֵן
יִהְיוּ מֵי הַמָּרִים הַמְאָרְרִים׃
יט וְהִשְׁבִּיעַ אֹתָהּ הַכֹּהֵן וְאָמַר אֶל־הָאִשָּׁה אִם־לֹא שָׁכַב אִישׁ
אֹתָךְ וְאִם־לֹא שָׂטִית טֻמְאָה תַּחַת אִישֵׁךְ הִנָּקִי מִמֵּי הַמָּרִים
הַמְאָרְרִים הָאֵלֶּה׃
כ וְאַתְּ כִּי שָׂטִית תַּחַת אִישֵׁךְ וְכִי נִטְמֵאת וַיִּתֵּן אִישׁ בָּךְ אֶת־
שְׁכָבְתּוֹ מִבַּלְעֲדֵי אִישֵׁךְ׃
כא וְהִשְׁבִּיעַ הַכֹּהֵן אֶת־הָאִשָּׁה בִּשְׁבֻעַת הָאָלָה וְאָמַר הַכֹּהֵן
לָאִשָּׁה יִתֵּן יְהוָה אוֹתָךְ לְאָלָה וְלִשְׁבֻעָה בְּתוֹךְ עַמֵּךְ בְּתֵת יְהוָה
אֶת־יְרֵכֵךְ נֹפֶלֶת וְאֶת־בִּטְנֵךְ צָבָה׃
כב וּבָאוּ הַמַּיִם הַמְאָרְרִים הָאֵלֶּה בְּמֵעַיִךְ לַצְבּוֹת בֶּטֶן וְלַנְפִּל
יָרֵךְ וְאָמְרָה הָאִשָּׁה אָמֵן ׀ אָמֵן׃

כג וְכָתַב אֶת־הָאָלֹת הָאֵלֶּה הַכֹּהֵן בַּסֵּפֶר וּמָחָה אֶל־מֵי הַמָּרִים׃
כד וְהִשְׁקָה אֶת־הָאִשָּׁה אֶת־מֵי הַמָּרִים הַמְאָרְרִים וּבָאוּ בָהּ
הַמַּיִם הַמְאָרְרִים לְמָרִים׃
כה וְלָקַח הַכֹּהֵן מִיַּד הָאִשָּׁה אֵת מִנְחַת הַקְּנָאֹת וְהֵנִיף אֶת־
הַמִּנְחָה לִפְנֵי יְהוָה וְהִקְרִיב אֹתָהּ אֶל־הַמִּזְבֵּחַ׃
כו וְקָמַץ הַכֹּהֵן מִן־הַמִּנְחָה אֶת־אַזְכָּרָתָהּ וְהִקְטִיר הַמִּזְבֵּחָה
וְאַחַר יַשְׁקֶה אֶת־הָאִשָּׁה אֶת־הַמָּיִם׃
כז וְהִשְׁקָהּ אֶת־הַמַּיִם וְהָיְתָה אִם־נִטְמְאָה וַתִּמְעֹל מַעַל בְּאִישָׁהּ
וּבָאוּ בָהּ הַמַּיִם הַמְאָרְרִים לְמָרִים וְצָבְתָה בִטְנָהּ וְנָפְלָה יְרֵכָהּ
וְהָיְתָה הָאִשָּׁה לְאָלָה בְּקֶרֶב עַמָּהּ׃

ela trará a sua oblação, a décima parte dum efa de farinha de
cevada. Não derramará azeite sobre a oblação, nem sobre ela
porá incenso, porque é oferta de cereais por ciúmes, oferta de
cereais memorativa, trazendo a iniquidade à memória.
16 O sacerdote fará a mulher chegar e a porá diante de Jeová.
17 O sacerdote tomará água santa num vaso de barro; também
tomará do pó que está no chão do tabernáculo e lançá-lo-á na
água. 18 Apresentará a mulher diante de Jeová, e lhe descobrirá a
cabeça, e lhe porá nas mãos a oferta de cereais memorativa, que
é a oferta de cereais por ciúmes. O sacerdote terá na sua mão a
água de amargura, que traz consigo a maldição; 19 far-lhe-á jurar
e dir-lhe-á: Se nenhum homem se deitou contigo, e se tu não
te desviaste para a imundícia, estando debaixo do domínio de
teu marido, sê livre desta água de amargura, que traz consigo a
maldição; 20 mas, se tu te desviaste, estando debaixo do domí-
nio de teu marido, ou se estás contaminada, e um homem que
não é teu marido se deitou contigo; 21 então, o sacerdote fará
que a mulher tome o juramento de maldição e lhe dirá: Jeová
te ponha por maldição e por praga entre o teu povo, quando
fizer que se consuma a tua coxa e inche o teu ventre. 22 Esta água
que traz consigo a maldição entrará nas tuas entranhas e fará
que inche o teu ventre e que se consuma a tua coxa. A mulher
responderá: Amém! amém!

A prova do adultério

23 O sacerdote escreverá estas maldições num livro e as apa-
gará na água de amargura; 24 e fará que a mulher beba a água
de amargura que traz consigo a maldição; e a água que traz
consigo a maldição entrará nela e se tornará amarga. 25 Da mão
da mulher tomará o sacerdote a oferta de cereais por ciúmes,
e a moverá diante de Jeová, e a trará ao altar. 26 Tomará um
punhado da oferta de cereais, como o memorial da oferta, e
queimá-lo-á sobre o altar, e depois fará que a mulher beba a
água. 27 Tendo feito que ela bebesse a água, se for contaminada
e tiver cometido uma transgressão contra seu marido, a água

כח וְאִם־לֹא נִטְמְאָה הָאִשָּׁה וּטְהֹרָה הִוא וְנִקְּתָה וְנִזְרְעָה זָרַע׃

כט זֹאת תּוֹרַת הַקְּנָאֹת אֲשֶׁר תִּשְׂטֶה אִשָּׁה תַּחַת אִישָׁהּ
וְנִטְמָאָה׃
ל אוֹ אִישׁ אֲשֶׁר תַּעֲבֹר עָלָיו רוּחַ קִנְאָה וְקִנֵּא אֶת־אִשְׁתּוֹ
וְהֶעֱמִיד אֶת־הָאִשָּׁה לִפְנֵי יְהוָה וְעָשָׂה לָהּ הַכֹּהֵן אֵת כָּל־הַתּוֹרָה
הַזֹּאת׃
לא וְנִקָּה הָאִישׁ מֵעָוֺן וְהָאִשָּׁה הַהִוא תִּשָּׂא אֶת־עֲוֺנָהּ׃ פ

א וַיְדַבֵּר יְהוָה אֶל־מֹשֶׁה לֵּאמֹר׃
ב דַּבֵּר אֶל־בְּנֵי יִשְׂרָאֵל וְאָמַרְתָּ אֲלֵהֶם אִישׁ אוֹ־אִשָּׁה כִּי יַפְלִא
לִנְדֹּר נֶדֶר נָזִיר לְהַזִּיר לַיהוָה׃
ג מִיַּיִן וְשֵׁכָר יַזִּיר חֹמֶץ יַיִן וְחֹמֶץ שֵׁכָר לֹא יִשְׁתֶּה וְכָל־מִשְׁרַת
עֲנָבִים לֹא יִשְׁתֶּה וַעֲנָבִים לַחִים וִיבֵשִׁים לֹא יֹאכֵל׃
ד כֹּל יְמֵי נִזְרוֹ מִכֹּל אֲשֶׁר יֵעָשֶׂה מִגֶּפֶן הַיַּיִן מֵחַרְצַנִּים וְעַד־זָג
לֹא יֹאכֵל׃

ה כָּל־יְמֵי נֶדֶר נִזְרוֹ תַּעַר לֹא־יַעֲבֹר עַל־רֹאשׁוֹ עַד־מְלֹאת הַיָּמִם
אֲשֶׁר־יַזִּיר לַיהוָה קָדֹשׁ יִהְיֶה גַּדֵּל פֶּרַע שְׂעַר רֹאשׁוֹ׃

ו כָּל־יְמֵי הַזִּירוֹ לַיהוָה עַל־נֶפֶשׁ מֵת לֹא יָבֹא׃
ז לְאָבִיו וּלְאִמּוֹ לְאָחִיו וּלְאַחֹתוֹ לֹא־יִטַּמָּא לָהֶם בְּמֹתָם כִּי נֵזֶר
אֱלֹהָיו עַל־רֹאשׁוֹ׃
ח כֹּל יְמֵי נִזְרוֹ קָדֹשׁ הוּא לַיהוָה׃

ט וְכִי־יָמוּת מֵת עָלָיו בְּפֶתַע פִּתְאֹם וְטִמֵּא רֹאשׁ נִזְרוֹ וְגִלַּח
רֹאשׁוֹ בְּיוֹם טָהֳרָתוֹ בַּיּוֹם הַשְּׁבִיעִי יְגַלְּחֶנּוּ׃
י וּבַיּוֹם הַשְּׁמִינִי יָבִא שְׁתֵּי תֹרִים אוֹ שְׁנֵי בְּנֵי יוֹנָה אֶל־הַכֹּהֵן אֶל־
פֶּתַח אֹהֶל מוֹעֵד׃
יא וְעָשָׂה הַכֹּהֵן אֶחָד לְחַטָּאת וְאֶחָד לְעֹלָה וְכִפֶּר עָלָיו מֵאֲשֶׁר

que traz consigo a maldição entrará nela, tornar-se-á amarga,
inchará o seu ventre e consumirá a sua coxa. A mulher será por
maldição entre o seu povo. 28 Se a mulher não for contaminada,
porém for limpa, então, será livre e conceberá filhos.

29 Esta é a lei dos ciúmes, quando uma mulher, estando de-
baixo do domínio de seu marido, se desviar e for contaminada;
30 ou, quando um homem, tomado dum espírito de ciúmes, se
abrasar contra sua mulher. Ele apresentará a mulher diante de
Jeová, e o sacerdote fará que se cumpra com ela toda esta lei.
31 O homem será livre da iniquidade, e aquela mulher levará
sobre si a sua iniquidade.

A lei acerca do voto de nazireu

6 1 Disse Jeová a Moisés: 2 Fala aos filhos de Israel e dize-
-lhes: Quando alguém, seja homem seja mulher, fizer
um voto especial, o voto de nazireu, a fim de se separar
para Jeová, 3 abster-se-á de vinho e de bebida forte. Não beberá
vinagre de vinho, nem vinagre de bebida forte, nem beberá al-
guma beberagem de uvas, nem comerá uvas frescas, nem secas.
4 Todos os dias do seu nazireado não comerá de coisa alguma
que se faz da vinha, desde os caroços até as cascas.

5 Todos os dias do seu voto de nazireado, não passará nava-
lha pela sua cabeça; até que se cumpram os dias, nos quais ele
se separa para Jeová, será santo; deixará crescer os cabelos da
sua cabeça.

6 Por todos os dias que se separa para Jeová, não se aproxi-
mará dum cadáver. 7 Não se fará imundo por seu pai, ou por sua
mãe, por seu irmão, ou por sua irmã, quando estes morrerem;
porque o nazireado de seu Deus está sobre a sua cabeça. 8 Todos
os dias de seu nazireado será santo a Jeová.

9 Se alguém morrer subitamente junto a ele, e ele contaminar
a cabeça do seu nazireado, rapará a sua cabeça no dia da sua
purificação; ao sétimo dia, a rapará. 10 Ao oitavo dia, trará duas
rolas ou dois pombinhos ao sacerdote, à entrada da tenda da
revelação; 11 o sacerdote oferecerá um como oferta pelo pecado,

חָטָא עַל־הַנָּפֶשׁ וְקִדַּשׁ אֶת־רֹאשׁוֹ בַּיּוֹם הַהוּא:
יב וְהִזִּיר לַיהוָה אֶת־יְמֵי נִזְרוֹ וְהֵבִיא כֶּבֶשׂ בֶּן־שְׁנָתוֹ לְאָשָׁם
וְהַיָּמִים הָרִאשֹׁנִים יִפְּלוּ כִּי טָמֵא נִזְרוֹ:

יג וְזֹאת תּוֹרַת הַנָּזִיר בְּיוֹם מְלֹאת יְמֵי נִזְרוֹ יָבִיא אֹתוֹ אֶל־פֶּתַח
אֹהֶל מוֹעֵד:
יד וְהִקְרִיב אֶת־קָרְבָּנוֹ לַיהוָה כֶּבֶשׂ בֶּן־שְׁנָתוֹ תָמִים אֶחָד לְעֹלָה
וְכַבְשָׂה אַחַת בַּת־שְׁנָתָהּ תְּמִימָה לְחַטָּאת וְאַיִל־אֶחָד תָּמִים
לִשְׁלָמִים:
טו וְסַל מַצּוֹת סֹלֶת חַלֹּת בְּלוּלֹת בַּשֶּׁמֶן וּרְקִיקֵי מַצּוֹת מְשֻׁחִים
בַּשָּׁמֶן וּמִנְחָתָם וְנִסְכֵּיהֶם:
טז וְהִקְרִיב הַכֹּהֵן לִפְנֵי יְהוָה וְעָשָׂה אֶת־חַטָּאתוֹ וְאֶת־עֹלָתוֹ:
יז וְאֶת־הָאַיִל יַעֲשֶׂה זֶבַח שְׁלָמִים לַיהוָה עַל סַל הַמַּצּוֹת וְעָשָׂה
הַכֹּהֵן אֶת־מִנְחָתוֹ וְאֶת־נִסְכּוֹ:
יח וְגִלַּח הַנָּזִיר פֶּתַח אֹהֶל מוֹעֵד אֶת־רֹאשׁ נִזְרוֹ וְלָקַח אֶת־שְׂעַר
רֹאשׁ נִזְרוֹ וְנָתַן עַל־הָאֵשׁ אֲשֶׁר־תַּחַת זֶבַח הַשְּׁלָמִים:
יט וְלָקַח הַכֹּהֵן אֶת־הַזְּרֹעַ בְּשֵׁלָה מִן־הָאַיִל וְחַלַּת מַצָּה אַחַת
מִן־הַסַּל וּרְקִיק מַצָּה אֶחָד וְנָתַן עַל־כַּפֵּי הַנָּזִיר אַחַר הִתְגַּלְּחוֹ
אֶת־נִזְרוֹ:
כ וְהֵנִיף אוֹתָם הַכֹּהֵן | תְּנוּפָה לִפְנֵי יְהוָה קֹדֶשׁ הוּא לַכֹּהֵן עַל
חֲזֵה הַתְּנוּפָה וְעַל שׁוֹק הַתְּרוּמָה וְאַחַר יִשְׁתֶּה הַנָּזִיר יָיִן:

כא זֹאת תּוֹרַת הַנָּזִיר אֲשֶׁר יִדֹּר קָרְבָּנוֹ לַיהוָה עַל־נִזְרוֹ מִלְּבַד
אֲשֶׁר־תַּשִּׂיג יָדוֹ כְּפִי נִדְרוֹ אֲשֶׁר יִדֹּר כֵּן יַעֲשֶׂה עַל תּוֹרַת נִזְרוֹ: פ

כב וַיְדַבֵּר יְהוָה אֶל־מֹשֶׁה לֵּאמֹר: כג דַּבֵּר אֶל־אַהֲרֹן וְאֶל־בָּנָיו
לֵאמֹר כֹּה תְבָרְכוּ אֶת־בְּנֵי יִשְׂרָאֵל אָמוֹר לָהֶם: ס
כד יְבָרֶכְךָ יְהוָה וְיִשְׁמְרֶךָ: ס

e o outro, como holocausto, e fará expiação por ele, porquanto
pecou relativamente ao morto. Naquele mesmo dia, santificará
a sua cabeça. 12 Separará a Jeová os dias do seu nazireado e trará
um cordeiro dum ano para oferta pela culpa; mas os primeiros
dias serão perdidos, porque o seu nazireado foi contaminado.

13 Esta é a lei do nazireu, quando os dias do seu nazireado se
cumprirem: será ele trazido à entrada da tenda da revelação, 14 e
oferecerá a sua oblação a Jeová, um cordeiro de um ano sem
defeito em holocausto, e uma cordeira de um ano sem defeito
em oferta pelo pecado, e um carneiro sem defeito em ofertas
pacíficas, 15 e um cesto de pães asmos, bolos de flor de farinha
amassados com azeite, e tortas asmas untadas com azeite, e a
sua oferta de cereais, e a sua oferta de libações. 16 O sacerdote
os apresentará diante de Jeová e oferecerá a oferta pelo pecado
e o holocausto; 17 oferecerá o carneiro em sacrifício de ofertas
pacíficas a Jeová, juntamente com o cesto de pães asmos. O sacer-
dote também oferecerá com este a oferta de cereais e a oferta de
libação. 18 O nazireu rapará os cabelos do seu nazireado à entrada
da tenda da revelação, tomá-los-á e pô-los-á sobre o fogo que está
debaixo do sacrifício de ofertas pacíficas. 19 O sacerdote tomará
a espádua cozida do carneiro, e um bolo asmo do cesto, e uma
torta asma e pô-los-á sobre as mãos do nazireu, depois de ter este
rapado os cabelos do seu nazireado. 20 O sacerdote os oferecerá
como oferta movida diante de Jeová; é uma coisa santa para o
sacerdote, juntamente com o peito movido e a espádua alçada.
Depois disso, o nazireu pode beber vinho.

21 Esta é a lei do nazireu que fizer voto e a da sua oblação a
Jeová pelo seu nazireado, afora o que as suas posses lhe per-
mitirem; segundo o voto que fizer, assim fará conforme a lei
do seu nazireado.

A bênção sacerdotal

22 Disse mais Jeová a Moisés: 23 Fala a Arão e a seus filhos:
Assim abençoareis os filhos de Israel; dir-lhes-eis:

24 Jeová te abençoe e te guarde;

כה יָאֵר יְהוָה ׀ פָּנָיו אֵלֶיךָ וִיחֻנֶּךָּ׃ ס

כו יִשָּׂא יְהוָה ׀ פָּנָיו אֵלֶיךָ וְיָשֵׂם לְךָ שָׁלוֹם׃ ס
כז וְשָׂמוּ אֶת־שְׁמִי עַל־בְּנֵי יִשְׂרָאֵל וַאֲנִי אֲבָרְכֵם׃ פ

א וַיְהִי בְּיוֹם כַּלּוֹת מֹשֶׁה לְהָקִים אֶת־הַמִּשְׁכָּן וַיִּמְשַׁח אֹתוֹ
וַיְקַדֵּשׁ אֹתוֹ וְאֶת־כָּל־כֵּלָיו וְאֶת־הַמִּזְבֵּחַ וְאֶת־כָּל־כֵּלָיו וַיִּמְשָׁחֵם
וַיְקַדֵּשׁ אֹתָם׃
ב וַיַּקְרִיבוּ נְשִׂיאֵי יִשְׂרָאֵל רָאשֵׁי בֵּית אֲבֹתָם הֵם נְשִׂיאֵי הַמַּטֹּת
הֵם הָעֹמְדִים עַל־הַפְּקֻדִים׃
ג וַיָּבִיאוּ אֶת־קָרְבָּנָם לִפְנֵי יְהוָה שֵׁשׁ־עֶגְלֹת צָב וּשְׁנֵי עָשָׂר
בָּקָר עֲגָלָה עַל־שְׁנֵי הַנְּשִׂאִים וְשׁוֹר לְאֶחָד וַיַּקְרִיבוּ אוֹתָם לִפְנֵי
הַמִּשְׁכָּן׃
ד וַיֹּאמֶר יְהוָה אֶל־מֹשֶׁה לֵּאמֹר׃
ה קַח מֵאִתָּם וְהָיוּ לַעֲבֹד אֶת־עֲבֹדַת אֹהֶל מוֹעֵד וְנָתַתָּה אוֹתָם
אֶל־הַלְוִיִּם אִישׁ כְּפִי עֲבֹדָתוֹ׃
ו וַיִּקַּח מֹשֶׁה אֶת־הָעֲגָלֹת וְאֶת־הַבָּקָר וַיִּתֵּן אוֹתָם אֶל־הַלְוִיִּם׃
ז אֵת ׀ שְׁתֵּי הָעֲגָלוֹת וְאֵת אַרְבַּעַת הַבָּקָר נָתַן לִבְנֵי גֵרְשׁוֹן כְּפִי
עֲבֹדָתָם׃
ח וְאֵת ׀ אַרְבַּע הָעֲגָלֹת וְאֵת שְׁמֹנַת הַבָּקָר נָתַן לִבְנֵי מְרָרִי כְּפִי
עֲבֹדָתָם בְּיַד אִיתָמָר בֶּן־אַהֲרֹן הַכֹּהֵן׃
ט וְלִבְנֵי קְהָת לֹא נָתָן כִּי־עֲבֹדַת הַקֹּדֶשׁ עֲלֵהֶם בַּכָּתֵף יִשָּׂאוּ׃
י וַיַּקְרִיבוּ הַנְּשִׂאִים אֵת חֲנֻכַּת הַמִּזְבֵּחַ בְּיוֹם הִמָּשַׁח אֹתוֹ
וַיַּקְרִיבוּ הַנְּשִׂיאִם אֶת־קָרְבָּנָם לִפְנֵי הַמִּזְבֵּחַ׃
יא וַיֹּאמֶר יְהוָה אֶל־מֹשֶׁה נָשִׂיא אֶחָד לַיּוֹם נָשִׂיא אֶחָד לַיּוֹם
יַקְרִיבוּ אֶת־קָרְבָּנָם לַחֲנֻכַּת הַמִּזְבֵּחַ׃ ס

יב וַיְהִי הַמַּקְרִיב בַּיּוֹם הָרִאשׁוֹן אֶת־קָרְבָּנוֹ נַחְשׁוֹן בֶּן־עַמִּינָדָב
לְמַטֵּה יְהוּדָה׃
יג וְקָרְבָּנוֹ קַעֲרַת־כֶּסֶף אַחַת שְׁלֹשִׁים וּמֵאָה מִשְׁקָלָהּ מִזְרָק
אֶחָד כֶּסֶף שִׁבְעִים שֶׁקֶל בְּשֶׁקֶל הַקֹּדֶשׁ שְׁנֵיהֶם ׀ מְלֵאִים סֹלֶת
בְּלוּלָה בַשֶּׁמֶן לְמִנְחָה׃
יד כַּף אַחַת עֲשָׂרָה זָהָב מְלֵאָה קְטֹרֶת׃

25 Jeová faça resplandecer o seu rosto sobre ti e se compa-
deça de ti;
26 Jeová levante sobre ti o seu rosto e te dê a paz.
27 Assim porão o meu nome sobre os filhos de Israel, e eu
os abençoarei.

As ofertas dos príncipes na dedicação do tabernáculo e do altar

7 1 No dia em que Moisés acabou de levantar o tabernácu-
lo que ungiu e santificou com todos os seus móveis, bem
como o altar e todos os seus utensílios, que também un-
giu e santificou, 2 os príncipes de Israel, os cabeças das casas
de seus pais, fizeram as suas ofertas. Estes foram os prínci-
pes das tribos, estes são os que dominaram sobre aqueles que
foram contados. 3 Trouxeram a sua oblação diante de Jeová:
seis carros cobertos e doze bois, um carro para dois prínci-
pes e para cada príncipe um boi, e apresentaram-nos diante
do tabernáculo. 4 Disse Jeová a Moisés: 5 Recebe-os deles por
oblação, para que sirvam no serviço da tenda da revelação; e
os darás aos levitas, a cada um segundo o seu serviço. 6 Moisés
recebeu os carros e os bois e os deu aos levitas. 7 Deu dois car-
ros e quatro bois aos filhos de Gérson, segundo o seu serviço;
8 deu quatro carros e oito bois aos filhos de Merari, segundo o
seu serviço, sob as ordens de Itamar, filho do sacerdote Arão.
9 Porém aos filhos de Coate não os deu, porque lhes pertencia
o serviço do santuário; eles o levavam aos ombros. 10 Os prín-
cipes ofereceram para a dedicação do altar no dia em que foi
ungido; sim, os príncipes ofereceram a sua oblação diante do
altar. 11 Disse Jeová a Moisés: Cada príncipe oferecerá no seu
dia a sua oblação para a dedicação do altar.

12 Aquele que ofereceu a sua oblação no primeiro dia foi
Naassom, filho de Aminadabe, da tribo de Judá. 13 A sua oblação
foi um prato de prata de cento e trinta siclos de peso, uma bacia
de prata de setenta siclos, segundo o siclo do santuário, cheios
ambos de flor de farinha amassada com azeite para oferta de
cereais; 14 uma colher de ouro de dez siclos, cheia de incenso;

טו פַּר אֶחָד בֶּן־בָּקָר אַיִל אֶחָד כֶּבֶשׂ־אֶחָד בֶּן־שְׁנָתוֹ לְעֹלָה׃
טז שְׂעִיר־עִזִּים אֶחָד לְחַטָּאת׃
יז וּלְזֶבַח הַשְּׁלָמִים בָּקָר שְׁנַיִם אֵילִם חֲמִשָּׁה עַתּוּדִים חֲמִשָּׁה
כְּבָשִׂים בְּנֵי־שָׁנָה חֲמִשָּׁה זֶה קָרְבַּן נַחְשׁוֹן בֶּן־עַמִּינָדָב׃ פ

יח בַּיּוֹם הַשֵּׁנִי הִקְרִיב נְתַנְאֵל בֶּן־צוּעָר נְשִׂיא יִשָּׂשכָר׃
יט הִקְרִב אֶת־קָרְבָּנוֹ קַעֲרַת־כֶּסֶף אַחַת שְׁלֹשִׁים וּמֵאָה מִשְׁקָלָהּ
מִזְרָק אֶחָד כֶּסֶף שִׁבְעִים שֶׁקֶל בְּשֶׁקֶל הַקֹּדֶשׁ שְׁנֵיהֶם ׀ מְלֵאִים
סֹלֶת בְּלוּלָה בַשֶּׁמֶן לְמִנְחָה׃
כ כַּף אַחַת עֲשָׂרָה זָהָב מְלֵאָה קְטֹרֶת׃
כא פַּר אֶחָד בֶּן־בָּקָר אַיִל אֶחָד כֶּבֶשׂ־אֶחָד בֶּן־שְׁנָתוֹ לְעֹלָה׃
כב שְׂעִיר־עִזִּים אֶחָד לְחַטָּאת׃
כג וּלְזֶבַח הַשְּׁלָמִים בָּקָר שְׁנַיִם אֵילִם חֲמִשָּׁה עַתּוּדִים חֲמִשָּׁה
כְּבָשִׂים בְּנֵי־שָׁנָה חֲמִשָּׁה זֶה קָרְבַּן נְתַנְאֵל בֶּן־צוּעָר׃ פ

כד בַּיּוֹם הַשְּׁלִישִׁי נָשִׂיא לִבְנֵי זְבוּלֻן אֱלִיאָב בֶּן־חֵלֹן׃
כה קָרְבָּנוֹ קַעֲרַת־כֶּסֶף אַחַת שְׁלֹשִׁים וּמֵאָה מִשְׁקָלָהּ מִזְרָק
אֶחָד כֶּסֶף שִׁבְעִים שֶׁקֶל בְּשֶׁקֶל הַקֹּדֶשׁ שְׁנֵיהֶם ׀ מְלֵאִים סֹלֶת
בְּלוּלָה בַשֶּׁמֶן לְמִנְחָה׃
כו כַּף אַחַת עֲשָׂרָה זָהָב מְלֵאָה קְטֹרֶת׃
כז פַּר אֶחָד בֶּן־בָּקָר אַיִל אֶחָד כֶּבֶשׂ־אֶחָד בֶּן־שְׁנָתוֹ לְעֹלָה׃
כח שְׂעִיר־עִזִּים אֶחָד לְחַטָּאת׃
כט וּלְזֶבַח הַשְּׁלָמִים בָּקָר שְׁנַיִם אֵילִם חֲמִשָּׁה עַתֻּדִים חֲמִשָּׁה
כְּבָשִׂים בְּנֵי־שָׁנָה חֲמִשָּׁה זֶה קָרְבַּן אֱלִיאָב בֶּן־חֵלֹן׃ פ

ל בַּיּוֹם הָרְבִיעִי נָשִׂיא לִבְנֵי רְאוּבֵן אֱלִיצוּר בֶּן־שְׁדֵיאוּר׃
לא קָרְבָּנוֹ קַעֲרַת־כֶּסֶף אַחַת שְׁלֹשִׁים וּמֵאָה מִשְׁקָלָהּ מִזְרָק
אֶחָד כֶּסֶף שִׁבְעִים שֶׁקֶל בְּשֶׁקֶל הַקֹּדֶשׁ שְׁנֵיהֶם ׀ מְלֵאִים סֹלֶת
בְּלוּלָה בַשֶּׁמֶן לְמִנְחָה׃
לב כַּף אַחַת עֲשָׂרָה זָהָב מְלֵאָה קְטֹרֶת׃
לג פַּר אֶחָד בֶּן־בָּקָר אַיִל אֶחָד כֶּבֶשׂ־אֶחָד בֶּן־שְׁנָתוֹ לְעֹלָה׃
לד שְׂעִיר־עִזִּים אֶחָד לְחַטָּאת׃
לה וּלְזֶבַח הַשְּׁלָמִים בָּקָר שְׁנַיִם אֵילִם חֲמִשָּׁה עַתֻּדִים חֲמִשָּׁה
כְּבָשִׂים בְּנֵי־שָׁנָה חֲמִשָּׁה זֶה קָרְבַּן אֱלִיצוּר בֶּן־שְׁדֵיאוּר׃ פ

לו בַּיּוֹם הַחֲמִישִׁי נָשִׂיא לִבְנֵי שִׁמְעוֹן שְׁלֻמִיאֵל בֶּן־צוּרִישַׁדָּי׃
לז קָרְבָּנוֹ קַעֲרַת־כֶּסֶף אַחַת שְׁלֹשִׁים וּמֵאָה מִשְׁקָלָהּ מִזְרָק אֶחָד

15 um novilho, um carneiro, um cordeiro dum ano para holo-
causto; 16 um bode para oferta pelo pecado; 17 e, para o sacrifício
de ofertas pacíficas, dois bois, cinco carneiros, cinco bodes,
cinco cordeiros dum ano. Esta foi a oblação de Naassom, filho
de Aminadabe.

18 No segundo dia, fez a sua oferta Natanael, filho de Zuar,
príncipe de Issacar. 19 Pela sua oblação ofereceu um prato de
prata de cento e trinta siclos de peso, uma bacia de prata de
setenta siclos, segundo o siclo do santuário, cheios ambos de flor
de farinha amassada com azeite para oferta de cereais; 20 uma
colher de ouro de dez siclos, cheia de incenso; 21 um novilho,
um carneiro, um cordeiro dum ano para holocausto; 22 um bode
para oferta pelo pecado; 23 e, para o sacrifício de ofertas pacíficas,
dois bois, cinco carneiros, cinco bodes, cinco cordeiros dum
ano. Esta foi a oblação de Natanael, filho de Zuar.

24 No terceiro dia, ofereceu Eliabe, filho de Helom, príncipe
dos filhos de Zebulom. 25 A sua oblação foi um prato de prata
de cento e trinta siclos de peso, uma bacia de prata de setenta
siclos, segundo o siclo do santuário, cheios ambos de flor de
farinha amassada com azeite para oferta de cereais; 26 uma co-
lher de ouro de dez siclos, cheia de incenso; 27 um novilho, um
carneiro, um cordeiro dum ano para holocausto; 28 um bode para
oferta pelo pecado; 29 e, para o sacrifício de ofertas pacíficas,
dois bois, cinco carneiros, cinco bodes, cinco cordeiros dum
ano. Esta foi a oblação de Eliabe, filho de Helom.

30 No quarto dia, fez a sua oferta Elizur, filho de Sedeur, prín-
cipe dos filhos de Rúben. 31 A sua oblação foi um prato de prata
de cento e trinta siclos de peso, uma bacia de prata de setenta
siclos, segundo o siclo do santuário, cheios ambos de flor de
farinha amassada com azeite para oferta de cereais; 32 uma co-
lher de ouro de dez siclos, cheia de incenso; 33 um novilho, um
carneiro, um cordeiro dum ano para holocausto; 34 um bode para
oferta pelo pecado; 35 e, para o sacrifício de ofertas pacíficas,
dois bois, cinco carneiros, cinco bodes, cinco cordeiros dum
ano. Esta foi a oblação de Elizur, filho de Sedeur.

36 No quinto dia, fez a sua oferta Selumiel, filho de Zurisadai,
príncipe dos filhos de Simeão. 37 A sua oblação foi um prato de

כֶּסֶף שִׁבְעִים שֶׁקֶל בְּשֶׁקֶל הַקֹּדֶשׁ שְׁנֵיהֶם ׀ מְלֵאִים סֹלֶת בְּלוּלָה
בַשֶּׁמֶן לְמִנְחָה׃
לח כַּף אַחַת עֲשָׂרָה זָהָב מְלֵאָה קְטֹרֶת׃
לט פַּר אֶחָד בֶּן־בָּקָר אַיִל אֶחָד כֶּבֶשׂ־אֶחָד בֶּן־שְׁנָתוֹ לְעֹלָה׃
מ שְׂעִיר־עִזִּים אֶחָד לְחַטָּאת׃
מא וּלְזֶבַח הַשְּׁלָמִים בָּקָר שְׁנַיִם אֵילִם חֲמִשָּׁה עַתֻּדִים חֲמִשָּׁה
כְּבָשִׂים בְּנֵי־שָׁנָה חֲמִשָּׁה זֶה קָרְבַּן שְׁלֻמִיאֵל בֶּן־צוּרִישַׁדָּי׃ פ

מב בַּיּוֹם הַשִּׁשִּׁי נָשִׂיא לִבְנֵי גָד אֶלְיָסָף בֶּן־דְּעוּאֵל׃
מג קָרְבָּנוֹ קַעֲרַת־כֶּסֶף אַחַת שְׁלֹשִׁים וּמֵאָה מִשְׁקָלָהּ מִזְרָק
אֶחָד כֶּסֶף שִׁבְעִים שֶׁקֶל בְּשֶׁקֶל הַקֹּדֶשׁ שְׁנֵיהֶם ׀ מְלֵאִים סֹלֶת
בְּלוּלָה בַשֶּׁמֶן לְמִנְחָה׃
מד כַּף אַחַת עֲשָׂרָה זָהָב מְלֵאָה קְטֹרֶת׃
מה פַּר אֶחָד בֶּן־בָּקָר אַיִל אֶחָד כֶּבֶשׂ־אֶחָד בֶּן־שְׁנָתוֹ לְעֹלָה׃
מו שְׂעִיר־עִזִּים אֶחָד לְחַטָּאת׃
מז וּלְזֶבַח הַשְּׁלָמִים בָּקָר שְׁנַיִם אֵילִם חֲמִשָּׁה עַתֻּדִים חֲמִשָּׁה
כְּבָשִׂים בְּנֵי־שָׁנָה חֲמִשָּׁה זֶה קָרְבַּן אֶלְיָסָף בֶּן־דְּעוּאֵל׃ פ

מח בַּיּוֹם הַשְּׁבִיעִי נָשִׂיא לִבְנֵי אֶפְרָיִם אֱלִישָׁמָע בֶּן־עַמִּיהוּד׃
מט קָרְבָּנוֹ קַעֲרַת־כֶּסֶף אַחַת שְׁלֹשִׁים וּמֵאָה מִשְׁקָלָהּ מִזְרָק
אֶחָד כֶּסֶף שִׁבְעִים שֶׁקֶל בְּשֶׁקֶל הַקֹּדֶשׁ שְׁנֵיהֶם ׀ מְלֵאִים סֹלֶת
בְּלוּלָה בַשֶּׁמֶן לְמִנְחָה׃
נ כַּף אַחַת עֲשָׂרָה זָהָב מְלֵאָה קְטֹרֶת׃
נא פַּר אֶחָד בֶּן־בָּקָר אַיִל אֶחָד כֶּבֶשׂ־אֶחָד בֶּן־שְׁנָתוֹ לְעֹלָה׃
נב שְׂעִיר־עִזִּים אֶחָד לְחַטָּאת׃
נג וּלְזֶבַח הַשְּׁלָמִים בָּקָר שְׁנַיִם אֵילִם חֲמִשָּׁה עַתֻּדִים חֲמִשָּׁה
כְּבָשִׂים בְּנֵי־שָׁנָה חֲמִשָּׁה זֶה קָרְבַּן אֱלִישָׁמָע בֶּן־עַמִּיהוּד׃ פ

נד בַּיּוֹם הַשְּׁמִינִי נָשִׂיא לִבְנֵי מְנַשֶּׁה גַּמְלִיאֵל בֶּן־פְּדָה־צוּר׃
נה קָרְבָּנוֹ קַעֲרַת־כֶּסֶף אַחַת שְׁלֹשִׁים וּמֵאָה מִשְׁקָלָהּ מִזְרָק אֶחָד
כֶּסֶף שִׁבְעִים שֶׁקֶל בְּשֶׁקֶל הַקֹּדֶשׁ שְׁנֵיהֶם ׀ מְלֵאִים סֹלֶת בְּלוּלָה
בַשֶּׁמֶן לְמִנְחָה׃
נו כַּף אַחַת עֲשָׂרָה זָהָב מְלֵאָה קְטֹרֶת׃
נז פַּר אֶחָד בֶּן־בָּקָר אַיִל אֶחָד כֶּבֶשׂ־אֶחָד בֶּן־שְׁנָתוֹ לְעֹלָה׃
נח שְׂעִיר־עִזִּים אֶחָד לְחַטָּאת׃
נט וּלְזֶבַח הַשְּׁלָמִים בָּקָר שְׁנַיִם אֵילִם חֲמִשָּׁה עַתֻּדִים חֲמִשָּׁה

prata de cento e trinta siclos de peso, uma bacia de prata de setenta siclos, segundo o siclo do santuário, cheios ambos de flor de farinha amassada com azeite para oferta de cereais; 38 uma colher de ouro de dez siclos, cheia de incenso; 39 um novilho, um carneiro, um cordeiro dum ano para holocausto; 40 um bode para oferta pelo pecado; 41 e, para o sacrifício de ofertas pacíficas, dois bois, cinco carneiros, cinco bodes, cinco cordeiros dum ano. Esta foi a oblação de Selumiel, filho de Zurisadai.

42 No sexto dia, fez a sua oferta Eliasafe, filho de Deuel, príncipe dos filhos de Gade. 43 A sua oblação foi um prato de prata de cento e trinta siclos de peso, uma bacia de prata de setenta siclos, segundo o siclo do santuário; cheios ambos de flor de farinha amassada com azeite para oferta de cereais; 44 uma colher de ouro de dez siclos, cheia de incenso; 45 um novilho, um carneiro, um cordeiro dum ano para holocausto; 46 um bode para oferta pelo pecado; 47 e, para o sacrifício de ofertas pacíficas, dois bois, cinco carneiros, cinco bodes, cinco cordeiros dum ano. Esta foi a oblação de Eliasafe, filho de Deuel.

48 No sétimo dia, fez a sua oferta Elisama, filho de Amiúde, príncipe dos filhos de Efraim. 49 A sua oblação foi um prato de prata de cento e trinta siclos de peso, uma bacia de prata de setenta siclos, segundo o siclo do santuário, cheios ambos de flor de farinha amassada com azeite para oferta de cereais; 50 uma colher de ouro de dez siclos, cheia de incenso; 51 um novilho, um carneiro, um cordeiro dum ano para holocausto; 52 um bode para oferta pelo pecado; 53 e, para o sacrifício de ofertas pacíficas, dois bois, cinco carneiros, cinco bodes, cinco cordeiros dum ano. Esta foi a oblação de Elisama, filho de Amiúde.

54 No oitavo dia, fez a sua oferta Gamaliel, filho de Pedazur, príncipe dos filhos de Manassés. 55 A sua oblação foi um prato de prata de cento e trinta siclos de peso, uma bacia de prata de setenta siclos, segundo o siclo do santuário, cheios ambos de flor de farinha amassada com azeite para oferta de cereais; 56 uma colher de ouro de dez siclos, cheia de incenso; 57 um novilho, um carneiro, um cordeiro dum ano para holocausto; 58 um bode para oferta pelo pecado;

כְּבָשִׂים בְּנֵי־שָׁנָה חֲמִשָּׁה זֶה קָרְבַּן גַּמְלִיאֵל בֶּן־פְּדָה צוּר: פ

ס בַּיּוֹם הַתְּשִׁיעִי נָשִׂיא לִבְנֵי בִנְיָמִן אֲבִידָן בֶּן־גִּדְעֹנִי:
סא קָרְבָּנוֹ קַעֲרַת־כֶּסֶף אַחַת שְׁלֹשִׁים וּמֵאָה מִשְׁקָלָהּ מִזְרָק
אֶחָד כֶּסֶף שִׁבְעִים שֶׁקֶל בְּשֶׁקֶל הַקֹּדֶשׁ שְׁנֵיהֶם ׀ מְלֵאִים סֹלֶת
בְּלוּלָה בַשֶּׁמֶן לְמִנְחָה:
סב כַּף אַחַת עֲשָׂרָה זָהָב מְלֵאָה קְטֹרֶת:
סג פַּר אֶחָד בֶּן־בָּקָר אַיִל אֶחָד כֶּבֶשׂ־אֶחָד בֶּן־שְׁנָתוֹ לְעֹלָה:
סד שְׂעִיר־עִזִּים אֶחָד לְחַטָּאת:
סה וּלְזֶבַח הַשְּׁלָמִים בָּקָר שְׁנַיִם אֵילִם חֲמִשָּׁה עַתֻּדִים חֲמִשָּׁה
כְּבָשִׂים בְּנֵי־שָׁנָה חֲמִשָּׁה זֶה קָרְבַּן אֲבִידָן בֶּן־גִּדְעֹנִי: פ

סו בַּיּוֹם הָעֲשִׂירִי נָשִׂיא לִבְנֵי דָן אֲחִיעֶזֶר בֶּן־עַמִּישַׁדָּי:
סז קָרְבָּנוֹ קַעֲרַת־כֶּסֶף אַחַת שְׁלֹשִׁים וּמֵאָה מִשְׁקָלָהּ מִזְרָק אֶחָד
כֶּסֶף שִׁבְעִים שֶׁקֶל בְּשֶׁקֶל הַקֹּדֶשׁ שְׁנֵיהֶם ׀ מְלֵאִים סֹלֶת בְּלוּלָה
בַשֶּׁמֶן לְמִנְחָה:
סח כַּף אַחַת עֲשָׂרָה זָהָב מְלֵאָה קְטֹרֶת:
סט פַּר אֶחָד בֶּן־בָּקָר אַיִל אֶחָד כֶּבֶשׂ־אֶחָד בֶּן־שְׁנָתוֹ לְעֹלָה:
ע שְׂעִיר־עִזִּים אֶחָד לְחַטָּאת:
עא וּלְזֶבַח הַשְּׁלָמִים בָּקָר שְׁנַיִם אֵילִם חֲמִשָּׁה עַתֻּדִים חֲמִשָּׁה
כְּבָשִׂים בְּנֵי־שָׁנָה חֲמִשָּׁה זֶה קָרְבַּן אֲחִיעֶזֶר בֶּן־עַמִּישַׁדָּי: פ

עב בְּיוֹם עַשְׁתֵּי עָשָׂר יוֹם נָשִׂיא לִבְנֵי אָשֵׁר פַּגְעִיאֵל בֶּן־עָכְרָן:
עג קָרְבָּנוֹ קַעֲרַת־כֶּסֶף אַחַת שְׁלֹשִׁים וּמֵאָה מִשְׁקָלָהּ מִזְרָק אֶחָד
כֶּסֶף שִׁבְעִים שֶׁקֶל בְּשֶׁקֶל הַקֹּדֶשׁ שְׁנֵיהֶם ׀ מְלֵאִים סֹלֶת בְּלוּלָה
בַשֶּׁמֶן לְמִנְחָה:
עד כַּף אַחַת עֲשָׂרָה זָהָב מְלֵאָה קְטֹרֶת:
עה פַּר אֶחָד בֶּן־בָּקָר אַיִל אֶחָד כֶּבֶשׂ־אֶחָד בֶּן־שְׁנָתוֹ לְעֹלָה:
עו שְׂעִיר־עִזִּים אֶחָד לְחַטָּאת:
עז וּלְזֶבַח הַשְּׁלָמִים בָּקָר שְׁנַיִם אֵילִם חֲמִשָּׁה עַתֻּדִים חֲמִשָּׁה
כְּבָשִׂים בְּנֵי־שָׁנָה חֲמִשָּׁה זֶה קָרְבַּן פַּגְעִיאֵל בֶּן־עָכְרָן: פ

עח בְּיוֹם שְׁנֵים עָשָׂר יוֹם נָשִׂיא לִבְנֵי נַפְתָּלִי אֲחִירַע בֶּן־עֵינָן:
עט קָרְבָּנוֹ קַעֲרַת־כֶּסֶף אַחַת שְׁלֹשִׁים וּמֵאָה מִשְׁקָלָהּ מִזְרָק
אֶחָד כֶּסֶף שִׁבְעִים שֶׁקֶל בְּשֶׁקֶל הַקֹּדֶשׁ שְׁנֵיהֶם ׀ מְלֵאִים סֹלֶת
בְּלוּלָה בַשֶּׁמֶן לְמִנְחָה:

59 e, para o sacrifício de ofertas pacíficas, dois bois, cinco
carneiros, cinco bodes, cinco cordeiros dum ano. Esta foi a
oblação de Gamaliel, filho de Pedazur.

60 No nono dia, fez a sua oferta Abidã, filho de Gideoni, princi-
pe dos filhos de Benjamim. 61 A sua oblação foi um prato de prata
de cento e trinta siclos de peso, uma bacia de sessenta siclos,
segundo o siclo do santuário, cheios ambos de flor de farinha
amassada com azeite para oferta de cereais; 62 uma colher de
ouro de dez siclos, cheia de incenso; 63 um novilho, um carneiro,
um cordeiro dum ano para holocausto; 64 um bode para oferta
pelo pecado; 65 e para o sacrifício de ofertas pacíficas, dois bois,
cinco carneiros, cinco bodes, cinco cordeiros dum ano. Esta foi
a oblação de Abidã, filho de Gideoni.

66 No décimo dia, fez a sua oferta Aiezer, filho de Amisadai,
príncipe dos filhos de Dã. 67 A sua oblação foi um prato de prata
de cento e trinta siclos de peso, uma bacia de prata de setenta
siclos, segundo o siclo do santuário, cheios ambos de flor de
farinha amassada com azeite para oferta de cereais; 68 uma co-
lher de ouro de dez siclos, cheia de incenso; 69 um novilho, um
carneiro, um cordeiro dum ano para holocausto; 70 um bode
para oferta pelo pecado; 71 e para o sacrifício de ofertas pacíficas,
dois bois, cinco carneiros, cinco bodes, cinco cordeiros dum
ano. Esta foi a oblação de Aiezer, filho de Amisadai.

72 No dia undécimo, fez a sua oferta Pagiel, filho de Ocrã,
príncipe dos filhos de Aser. 73 A sua oblação foi um prato de
prata de cento e trinta siclos de peso, uma bacia de prata de
setenta siclos, segundo o siclo do santuário, cheios ambos de flor
de farinha amassada com azeite para oferta de cereais; 74 uma
colher de ouro de dez siclos, cheia de incenso; 75 um novilho,
um carneiro, um cordeiro dum ano para holocausto; 76 um bode
para oferta pelo pecado; 77 e para o sacrifício de ofertas pacíficas,
dois bois, cinco carneiros, cinco bodes, cinco cordeiros dum
ano. Esta foi a oblação de Pagiel, filho de Ocrã.

78 No duodécimo dia, fez a sua oferta Aira, filho de Enã,
príncipe dos filhos de Naftali. 79 A sua oblação foi um prato de
prata de cento e trinta siclos de peso, uma bacia de prata de
setenta siclos, segundo o siclo do santuário, cheios ambos de flor

פ כַּף אַחַת עֲשָׂרָה זָהָב מְלֵאָה קְטֹרֶת:
פא פַּר אֶחָד בֶּן־בָּקָר אַיִל אֶחָד כֶּבֶשׂ־אֶחָד בֶּן־שְׁנָתוֹ לְעֹלָה:
פב שְׂעִיר־עִזִּים אֶחָד לְחַטָּאת:
פג וּלְזֶבַח הַשְּׁלָמִים בָּקָר שְׁנַיִם אֵילִם חֲמִשָּׁה עַתֻּדִים חֲמִשָּׁה
כְּבָשִׂים בְּנֵי־שָׁנָה חֲמִשָּׁה זֶה קָרְבַּן אֲחִירַע בֶּן־עֵינָן: פ

פד זֹאת | חֲנֻכַּת הַמִּזְבֵּחַ בְּיוֹם הִמָּשַׁח אֹתוֹ מֵאֵת נְשִׂיאֵי יִשְׂרָאֵל
קַעֲרֹת כֶּסֶף שְׁתֵּים עֶשְׂרֵה מִזְרְקֵי־כֶסֶף שְׁנֵים עָשָׂר כַּפּוֹת זָהָב
שְׁתֵּים עֶשְׂרֵה:
פה שְׁלֹשִׁים וּמֵאָה הַקְּעָרָה הָאַחַת כֶּסֶף וְשִׁבְעִים הַמִּזְרָק הָאֶחָד
כֹּל כֶּסֶף הַכֵּלִים אַלְפַּיִם וְאַרְבַּע־מֵאוֹת בְּשֶׁקֶל הַקֹּדֶשׁ:
פו כַּפּוֹת זָהָב שְׁתֵּים־עֶשְׂרֵה מְלֵאֹת קְטֹרֶת עֲשָׂרָה עֲשָׂרָה הַכַּף
בְּשֶׁקֶל הַקֹּדֶשׁ כָּל־זְהַב הַכַּפּוֹת עֶשְׂרִים וּמֵאָה:
פז כָּל־הַבָּקָר לָעֹלָה שְׁנֵים עָשָׂר פָּרִים אֵילִם שְׁנֵים־עָשָׂר כְּבָשִׂים
בְּנֵי־שָׁנָה שְׁנֵים עָשָׂר וּמִנְחָתָם וּשְׂעִירֵי עִזִּים שְׁנֵים עָשָׂר
לְחַטָּאת:
פח וְכֹל בְּקַר | זֶבַח הַשְּׁלָמִים עֶשְׂרִים וְאַרְבָּעָה פָּרִים אֵילִם
שִׁשִּׁים עַתֻּדִים שִׁשִּׁים כְּבָשִׂים בְּנֵי־שָׁנָה שִׁשִּׁים זֹאת חֲנֻכַּת
הַמִּזְבֵּחַ אַחֲרֵי הִמָּשַׁח אֹתוֹ:

פט וּבְבֹא מֹשֶׁה אֶל־אֹהֶל מוֹעֵד לְדַבֵּר אִתּוֹ וַיִּשְׁמַע אֶת־הַקּוֹל
מִדַּבֵּר אֵלָיו מֵעַל הַכַּפֹּרֶת אֲשֶׁר עַל־אֲרֹן הָעֵדֻת מִבֵּין שְׁנֵי
הַכְּרֻבִים וַיְדַבֵּר אֵלָיו: פ

א וַיְדַבֵּר יְהוָה אֶל־מֹשֶׁה לֵּאמֹר:
ב דַּבֵּר אֶל־אַהֲרֹן וְאָמַרְתָּ אֵלָיו בְּהַעֲלֹתְךָ אֶת־הַנֵּרֹת אֶל־מוּל פְּנֵי
הַמְּנוֹרָה יָאִירוּ שִׁבְעַת הַנֵּרוֹת:
ג וַיַּעַשׂ כֵּן אַהֲרֹן אֶל־מוּל פְּנֵי הַמְּנוֹרָה הֶעֱלָה נֵרֹתֶיהָ כַּאֲשֶׁר
צִוָּה יְהוָה אֶת־מֹשֶׁה:
ד וְזֶה מַעֲשֵׂה הַמְּנֹרָה מִקְשָׁה זָהָב עַד־יְרֵכָהּ עַד־פִּרְחָהּ מִקְשָׁה
הִוא כַּמַּרְאֶה אֲשֶׁר הֶרְאָה יְהוָה אֶת־מֹשֶׁה כֵּן עָשָׂה אֶת־
הַמְּנֹרָה: פ

de farinha amassada com azeite para oferta de cereais; 80 uma
colher de ouro de dez siclos, cheia de incenso; 81 um novilho,
um carneiro, um cordeiro dum ano para holocausto; 82 um bode
para oferta pelo pecado; 83 e para o sacrifício de ofertas pacíficas,
dois bois, cinco carneiros, cinco bodes, cinco cordeiros dum
ano. Esta foi a oblação de Aira, filho de Enã.

84 Esta foi a dádiva dedicatória do altar feita pelos príncipes
de Israel no dia em que foi ungido: doze pratos de prata, doze
bacias de prata, doze colheres de ouro, 85 pesando cada prato
cento e trinta siclos e cada bacia setenta siclos, toda a prata
dos vasos: dois mil e quatrocentos siclos, segundo o siclo do
santuário; 86 as doze colheres de ouro, cheias de incenso, pe-
sando cada uma dez siclos, segundo o siclo do santuário; todo
o ouro das colheres: cento e vinte siclos; 87 todos os animais
para o holocausto eram doze novilhos, doze carneiros, doze
cordeiros dum ano e a sua oferta de cereais; doze bodes para
a oferta pelo pecado; 88 e todos os animais para o sacrifício de
ofertas pacíficas eram vinte e quatro novilhos, sessenta car-
neiros, sessenta bodes e sessenta cordeiros dum ano. Esta foi
a dádiva dedicatória do altar, depois que foi ungido.

89 Quando Moisés entrava na tenda da revelação para falar
com Ele, ouviu a Voz que lhe falava de cima do propiciatório que
estava sobre a arca do Testemunho, dentre os dois querubins;
e Ele lhe falava.

As sete lâmpadas do santuário

8 1 Disse Jeová a Moisés: 2 Fala a Arão e dize-lhe: Quando
levantares as lâmpadas, as sete lâmpadas alumiarão o
espaço em frente do candeeiro. 3 Assim fez Arão: le-
vantou as lâmpadas do candeeiro, de sorte que alumiassem o
espaço em frente do candeeiro, como Jeová ordenou a Moi-
sés. 4 Esta era a obra do candeeiro, obra de ouro batido; até o
seu pedestal e até as açucenas, todo ele era de ouro batido;
segundo o modelo que Jeová mostrara a Moisés, assim ele fez
o candeeiro.

ה וַיְדַבֵּר יְהוָה אֶל־מֹשֶׁה לֵּאמֹר׃
ו קַח אֶת־הַלְוִיִּם מִתּוֹךְ בְּנֵי יִשְׂרָאֵל וְטִהַרְתָּ אֹתָם׃
ז וְכֹה־תַעֲשֶׂה לָהֶם לְטַהֲרָם הַזֵּה עֲלֵיהֶם מֵי חַטָּאת וְהֶעֱבִירוּ
תַעַר עַל־כָּל־בְּשָׂרָם וְכִבְּסוּ בִגְדֵיהֶם וְהִטֶּהָרוּ׃
ח וְלָקְחוּ פַּר בֶּן־בָּקָר וּמִנְחָתוֹ סֹלֶת בְּלוּלָה בַשָּׁמֶן וּפַר־שֵׁנִי בֶן־
בָּקָר תִּקַּח לְחַטָּאת׃
ט וְהִקְרַבְתָּ אֶת־הַלְוִיִּם לִפְנֵי אֹהֶל מוֹעֵד וְהִקְהַלְתָּ אֶת־כָּל־עֲדַת
בְּנֵי יִשְׂרָאֵל׃
י וְהִקְרַבְתָּ אֶת־הַלְוִיִּם לִפְנֵי יְהוָה וְסָמְכוּ בְנֵי־יִשְׂרָאֵל אֶת־יְדֵיהֶם
עַל־הַלְוִיִּם׃
יא וְהֵנִיף אַהֲרֹן אֶת־הַלְוִיִּם תְּנוּפָה לִפְנֵי יְהוָה מֵאֵת בְּנֵי יִשְׂרָאֵל
וְהָיוּ לַעֲבֹד אֶת־עֲבֹדַת יְהוָה׃
יב וְהַלְוִיִּם יִסְמְכוּ אֶת־יְדֵיהֶם עַל רֹאשׁ הַפָּרִים וַעֲשֵׂה אֶת־הָאֶחָד
חַטָּאת וְאֶת־הָאֶחָד עֹלָה לַיהוָה לְכַפֵּר עַל־הַלְוִיִּם׃
יג וְהַעֲמַדְתָּ אֶת־הַלְוִיִּם לִפְנֵי אַהֲרֹן וְלִפְנֵי בָנָיו וְהֵנַפְתָּ אֹתָם
תְּנוּפָה לַיהוָה׃
יד וְהִבְדַּלְתָּ אֶת־הַלְוִיִּם מִתּוֹךְ בְּנֵי יִשְׂרָאֵל וְהָיוּ לִי הַלְוִיִּם׃
טו וְאַחֲרֵי־כֵן יָבֹאוּ הַלְוִיִּם לַעֲבֹד אֶת־אֹהֶל מוֹעֵד וְטִהַרְתָּ אֹתָם
וְהֵנַפְתָּ אֹתָם תְּנוּפָה׃
טז כִּי נְתֻנִים נְתֻנִים הֵמָּה לִי מִתּוֹךְ בְּנֵי יִשְׂרָאֵל תַּחַת פִּטְרַת כָּל־
רֶחֶם בְּכוֹר כֹּל מִבְּנֵי יִשְׂרָאֵל לָקַחְתִּי אֹתָם לִי׃
יז כִּי לִי כָל־בְּכוֹר בִּבְנֵי יִשְׂרָאֵל בָּאָדָם וּבַבְּהֵמָה בְּיוֹם הַכֹּתִי כָל־
בְּכוֹר בְּאֶרֶץ מִצְרַיִם הִקְדַּשְׁתִּי אֹתָם לִי׃
יח וָאֶקַּח אֶת־הַלְוִיִּם תַּחַת כָּל־בְּכוֹר בִּבְנֵי יִשְׂרָאֵל׃
יט וָאֶתְּנָה אֶת־הַלְוִיִּם נְתֻנִים | לְאַהֲרֹן וּלְבָנָיו מִתּוֹךְ בְּנֵי יִשְׂרָאֵל
לַעֲבֹד אֶת־עֲבֹדַת בְּנֵי־יִשְׂרָאֵל בְּאֹהֶל מוֹעֵד וּלְכַפֵּר עַל־בְּנֵי
יִשְׂרָאֵל וְלֹא יִהְיֶה בִּבְנֵי יִשְׂרָאֵל נֶגֶף בְּגֶשֶׁת בְּנֵי־יִשְׂרָאֵל אֶל־
הַקֹּדֶשׁ׃

כ וַיַּעַשׂ מֹשֶׁה וְאַהֲרֹן וְכָל־עֲדַת בְּנֵי־יִשְׂרָאֵל לַלְוִיִּם כְּכֹל אֲשֶׁר־
צִוָּה יְהוָה אֶת־מֹשֶׁה לַלְוִיִּם כֵּן־עָשׂוּ לָהֶם בְּנֵי יִשְׂרָאֵל׃
כא וַיִּתְחַטְּאוּ הַלְוִיִּם וַיְכַבְּסוּ בִּגְדֵיהֶם וַיָּנֶף אַהֲרֹן אֹתָם תְּנוּפָה

A purificação dos levitas

5 Disse mais Jeová a Moisés: 6 Toma os levitas dentre os filhos
de Israel e purifica-os. 7 Assim lhes farás, para os purificar: asperge
sobre eles a água da expiação, e eles façam passar uma navalha
sobre toda a sua carne, lavem os seus vestidos, e purifiquem-se a
si mesmos. 8 Então, tomem um novilho, e a sua oferta de cereais,
a saber, flor de farinha amassada com azeite, tomarás tu outro
novilho para oferta pelo pecado. 9 Apresentarás os levitas diante
da tenda da revelação e ajuntarás a congregação toda dos filhos
de Israel. 10 Apresentarás os levitas diante de Jeová, e os filhos de
Israel porão as mãos sobre os levitas. 11 Arão oferecerá os levitas
diante de Jeová como oferta movida, a favor dos filhos de Israel,
a fim de que sirvam no ministério de Jeová. 12 Os levitas porão
as mãos sobre as cabeças dos novilhos; tu sacrificarás um como
oferta pelo pecado e o outro, como holocausto a Jeová, para faze-
res expiação pelos levitas. 13 Colocarás os levitas diante de Arão e
diante de seus filhos e os oferecerás como oferta movida a Jeová.

14 Assim, separarás os levitas dentre os filhos de Israel; e
os levitas serão meus. 15 Depois disso, entrarão os levitas para
fazerem o serviço da tenda da revelação; tu os purificarás e os
oferecerás como oferta movida. 16 Porque eles me são dados
inteiramente dentre os filhos de Israel; em lugar de todos os
que abrem a madre, a saber, dos primogênitos de todos os fi-
lhos de Israel, para mim os tomei. 17 Pois todos os primogênitos
entre os filhos de Israel, tanto de homens como de animais,
são meus; no dia em que feri a todos os primogênitos na terra
do Egito, santifiquei-os para mim mesmo. 18 Tomei os levitas
em lugar de todos os primogênitos entre os filhos de Israel.
19 Dentre os filhos de Israel, dei os levitas como uma dádiva a
Arão e a seus filhos, para fazerem o serviço dos filhos de Israel
na tenda da revelação e para fazerem expiação pelos filhos de
Israel, a fim de que não venha alguma praga entre eles, quando
se aproximarem do santuário.

20 Assim fizeram aos levitas Moisés e Arão e toda a congregação
dos filhos de Israel; segundo tudo o que Jeová ordenou a Moisés
no tocante aos levitas, assim lhes fizeram os filhos de Israel. 21 Os

לִפְנֵי יְהוָה וַיְכַפֵּר עֲלֵיהֶם אַהֲרֹן לְטַהֲרָם׃
כב וְאַחֲרֵי־כֵן בָּאוּ הַלְוִיִּם לַעֲבֹד אֶת־עֲבֹדָתָם בְּאֹהֶל מוֹעֵד לִפְנֵי
אַהֲרֹן וְלִפְנֵי בָנָיו כַּאֲשֶׁר צִוָּה יְהוָה אֶת־מֹשֶׁה עַל־הַלְוִיִּם כֵּן עָשׂוּ
לָהֶם׃ ס

כג וַיְדַבֵּר יְהוָה אֶל־מֹשֶׁה לֵּאמֹר׃
כד זֹאת אֲשֶׁר לַלְוִיִּם מִבֶּן חָמֵשׁ וְעֶשְׂרִים שָׁנָה וָמַעְלָה יָבוֹא
לִצְבֹא צָבָא בַּעֲבֹדַת אֹהֶל מוֹעֵד׃
כה וּמִבֶּן חֲמִשִּׁים שָׁנָה יָשׁוּב מִצְּבָא הָעֲבֹדָה וְלֹא יַעֲבֹד עוֹד׃
כו וְשֵׁרֵת אֶת־אֶחָיו בְּאֹהֶל מוֹעֵד לִשְׁמֹר מִשְׁמֶרֶת וַעֲבֹדָה לֹא
יַעֲבֹד כָּכָה תַּעֲשֶׂה לַלְוִיִּם בְּמִשְׁמְרֹתָם׃ פ

א וַיְדַבֵּר יְהוָה אֶל־מֹשֶׁה בְמִדְבַּר־סִינַי בַּשָּׁנָה הַשֵּׁנִית לְצֵאתָם
מֵאֶרֶץ מִצְרַיִם בַּחֹדֶשׁ הָרִאשׁוֹן לֵאמֹר׃
ב וְיַעֲשׂוּ בְנֵי־יִשְׂרָאֵל אֶת־הַפָּסַח בְּמוֹעֲדוֹ׃
ג בְּאַרְבָּעָה עָשָׂר־יוֹם בַּחֹדֶשׁ הַזֶּה בֵּין הָעַרְבַּיִם תַּעֲשׂוּ אֹתוֹ
בְּמוֹעֲדוֹ כְּכָל־חֻקֹּתָיו וּכְכָל־מִשְׁפָּטָיו תַּעֲשׂוּ אֹתוֹ׃
ד וַיְדַבֵּר מֹשֶׁה אֶל־בְּנֵי יִשְׂרָאֵל לַעֲשֹׂת הַפָּסַח׃
ה וַיַּעֲשׂוּ אֶת־הַפֶּסַח בָּרִאשׁוֹן בְּאַרְבָּעָה עָשָׂר יוֹם לַחֹדֶשׁ בֵּין
הָעַרְבַּיִם בְּמִדְבַּר סִינָי כְּכֹל אֲשֶׁר צִוָּה יְהוָה אֶת־מֹשֶׁה כֵּן עָשׂוּ
בְּנֵי יִשְׂרָאֵל׃
ו וַיְהִי אֲנָשִׁים אֲשֶׁר הָיוּ טְמֵאִים לְנֶפֶשׁ אָדָם וְלֹא־יָכְלוּ לַעֲשֹׂת־
הַפֶּסַח בַּיּוֹם הַהוּא וַיִּקְרְבוּ לִפְנֵי מֹשֶׁה וְלִפְנֵי אַהֲרֹן בַּיּוֹם הַהוּא׃
ז וַיֹּאמְרוּ הָאֲנָשִׁים הָהֵמָּה אֵלָיו אֲנַחְנוּ טְמֵאִים לְנֶפֶשׁ אָדָם
לָמָּה נִגָּרַע לְבִלְתִּי הַקְרִב אֶת־קָרְבַּן יְהוָה בְּמֹעֲדוֹ בְּתוֹךְ בְּנֵי
יִשְׂרָאֵל׃
ח וַיֹּאמֶר אֲלֵהֶם מֹשֶׁה עִמְדוּ וְאֶשְׁמְעָה מַה־יְצַוֶּה יְהוָה לָכֶם׃ פ

levitas purificaram-se do pecado e lavaram os seus vestidos; Arão
ofereceu-os como oferta movida diante de Jeová e fez expiação
por eles para os purificar. 22 Depois disso, entraram os levitas
para fazerem o seu serviço na tenda da revelação diante de Arão
e seus filhos; como Jeová ordenou a Moisés relativamente aos
levitas, assim lhes fizeram.

23 Disse mais Jeová a Moisés: 24 Isso é o que toca aos levitas:
desde a idade dos vinte e cinco anos e daí para cima entrarão
para se ocuparem no serviço da tenda da revelação; 25 desde a
idade de cinquenta anos, cessarão de se ocuparem no serviço
e não servirão mais. 26 Poderão ministrar com os seus irmãos
na tenda da revelação, em cumprimento do que foi prescrito,
porém não farão serviço ativo. Assim farás aos levitas no tocante
ao que lhes foi prescrito.

Lei acerca da celebração da Páscoa

9 1 Falou Jeová a Moisés no deserto do Sinai, no primei-
ro mês do segundo ano depois que saíram da terra do
Egito, dizendo: 2 Celebrem também os filhos de Israel a
Páscoa a seu tempo. 3 Aos quatorze dias desse mês, à tardinha,
a celebrareis a seu tempo; segundo todos os seus estatutos
e segundo todas as suas ordenações, a celebrareis. 4 Disse,
pois, Moisés aos filhos de Israel que celebrassem a Páscoa.
5 Celebraram a Páscoa no primeiro mês, aos quatorze dias do
mês, à tardinha, no deserto de Sinai; segundo tudo o que Jeo-
vá ordenou a Moisés, assim fizeram os filhos de Israel. 6 Ha-
via uns que se achavam imundos por terem tocado o cadáver
dum homem, de maneira que não podiam celebrar a Páscoa
naquele dia. Vieram ter com Moisés e Arão naquele dia, 7 e
disseram-lhes: Estamos imundos por termos tocado o cadá-
ver dum homem; por que razão havemos de ser privados de
oferecermos a oblação a seu tempo a Jeová entre os filhos de
Israel? 8 Respondeu-lhes Moisés: Esperai, para que eu ouça o
que Jeová ordena acerca de vós.

ט וַיְדַבֵּר יְהוָה אֶל־מֹשֶׁה לֵּאמֹר׃
י דַּבֵּר אֶל־בְּנֵי יִשְׂרָאֵל לֵאמֹר אִישׁ אִישׁ כִּי־יִהְיֶה־טָמֵא ׀ לָנֶפֶשׁ
אוֹ בְדֶרֶךְ רְחֹקָה לָכֶם אוֹ לְדֹרֹתֵיכֶם וְעָשָׂה פֶסַח לַיהוָה׃
יא בַּחֹדֶשׁ הַשֵּׁנִי בְּאַרְבָּעָה עָשָׂר יוֹם בֵּין הָעַרְבַּיִם יַעֲשׂוּ אֹתוֹ
עַל־מַצּוֹת וּמְרֹרִים יֹאכְלֻהוּ׃
יב לֹא־יַשְׁאִירוּ מִמֶּנּוּ עַד־בֹּקֶר וְעֶצֶם לֹא יִשְׁבְּרוּ־בוֹ כְּכָל־חֻקַּת
הַפֶּסַח יַעֲשׂוּ אֹתוֹ׃
יג וְהָאִישׁ אֲשֶׁר־הוּא טָהוֹר וּבְדֶרֶךְ לֹא־הָיָה וְחָדַל לַעֲשׂוֹת
הַפֶּסַח וְנִכְרְתָה הַנֶּפֶשׁ הַהִוא מֵעַמֶּיהָ כִּי ׀ קָרְבַּן יְהוָה לֹא הִקְרִיב
בְּמֹעֲדוֹ חֶטְאוֹ יִשָּׂא הָאִישׁ הַהוּא׃
יד וְכִי־יָגוּר אִתְּכֶם גֵּר וְעָשָׂה פֶסַח לַיהוָה כְּחֻקַּת הַפֶּסַח
וּכְמִשְׁפָּטוֹ כֵּן יַעֲשֶׂה חֻקָּה אַחַת יִהְיֶה לָכֶם וְלַגֵּר וּלְאֶזְרַח
הָאָרֶץ׃ פ

טו וּבְיוֹם הָקִים אֶת־הַמִּשְׁכָּן כִּסָּה הֶעָנָן אֶת־הַמִּשְׁכָּן לְאֹהֶל
הָעֵדֻת וּבָעֶרֶב יִהְיֶה עַל־הַמִּשְׁכָּן כְּמַרְאֵה־אֵשׁ עַד־בֹּקֶר׃
טז כֵּן יִהְיֶה תָמִיד הֶעָנָן יְכַסֶּנּוּ וּמַרְאֵה־אֵשׁ לָיְלָה׃
יז וּלְפִי הֵעָלֹת הֶעָנָן מֵעַל הָאֹהֶל וְאַחֲרֵי־כֵן יִסְעוּ בְּנֵי יִשְׂרָאֵל
וּבִמְקוֹם אֲשֶׁר יִשְׁכָּן־שָׁם הֶעָנָן שָׁם יַחֲנוּ בְּנֵי יִשְׂרָאֵל׃
יח עַל־פִּי יְהוָה יִסְעוּ בְּנֵי יִשְׂרָאֵל וְעַל־פִּי יְהוָה יַחֲנוּ כָּל־יְמֵי
אֲשֶׁר יִשְׁכֹּן הֶעָנָן עַל־הַמִּשְׁכָּן יַחֲנוּ׃
יט וּבְהַאֲרִיךְ הֶעָנָן עַל־הַמִּשְׁכָּן יָמִים רַבִּים וְשָׁמְרוּ בְנֵי־יִשְׂרָאֵל
אֶת־מִשְׁמֶרֶת יְהוָה וְלֹא יִסָּעוּ׃
כ וְיֵשׁ אֲשֶׁר יִהְיֶה הֶעָנָן יָמִים מִסְפָּר עַל־הַמִּשְׁכָּן עַל־פִּי יְהוָה
יַחֲנוּ וְעַל־פִּי יְהוָה יִסָּעוּ׃
כא וְיֵשׁ אֲשֶׁר־יִהְיֶה הֶעָנָן מֵעֶרֶב עַד־בֹּקֶר וְנַעֲלָה הֶעָנָן בַּבֹּקֶר
וְנָסָעוּ אוֹ יוֹמָם וָלַיְלָה וְנַעֲלָה הֶעָנָן וְנָסָעוּ׃
כב אוֹ־יֹמַיִם אוֹ־חֹדֶשׁ אוֹ־יָמִים בְּהַאֲרִיךְ הֶעָנָן עַל־הַמִּשְׁכָּן
לִשְׁכֹּן עָלָיו יַחֲנוּ בְנֵי־יִשְׂרָאֵל וְלֹא יִסָּעוּ וּבְהֵעָלֹתוֹ יִסָּעוּ׃
כג עַל־פִּי יְהוָה יַחֲנוּ וְעַל־פִּי יְהוָה יִסָּעוּ אֶת־מִשְׁמֶרֶת יְהוָה

Segunda celebração para os ausentes e os imundos

9 Então, disse Jeová a Moisés: 10 Fala aos filhos de Israel: Se
alguém entre vós ou entre as vossas gerações estiver imundo
por ter tocado num cadáver ou se achar em viagem em terra
longínqua, contudo, celebrará a Páscoa a Jeová. 11 No segundo
mês, aos quatorze dias do mês, à tardinha, a celebrarão; comê-
-la-ão com pães asmos e ervas amargas; 12 dela nada deixarão
até pela manhã, nem dela quebrarão osso algum; segundo todo
o estatuto da Páscoa, a celebrarão. 13 Porém o homem que está
limpo, e não se acha em viagem, e deixa de celebrar a Páscoa,
será essa alma cortada do seu povo; porque não ofereceu a
oblação a seu tempo a Jeová, esse homem levará sobre si o seu
pecado. 14 Se um estrangeiro peregrinar entre vós e celebrar a
Páscoa a Jeová, segundo o estatuto da Páscoa e segundo a sua
ordenação, assim o fará; tereis um só estatuto, tanto para o
estrangeiro como para o natural da terra.

A nuvem guiando a marcha dos israelitas

15 No dia em que foi levantado o tabernáculo, a nuvem cobriu
o tabernáculo, a saber, a tenda do Testemunho; e, à tarde, vinha
sobre o tabernáculo uma aparência de fogo, até pela manhã.
16 Assim acontecia de contínuo: a nuvem a cobria, e de noite tinha
como uma aparência de fogo. 17 Quando a nuvem se retirava de
cima da tenda, em seguida, os filhos de Israel se punham em
marcha; e, no lugar em que parava a nuvem, aí os filhos de Israel
se acampavam. 18 À ordem de Jeová, se punham em marcha os
filhos de Israel e, à ordem de Jeová, se acampavam; por todo o
tempo em que a nuvem permanecia sobre o tabernáculo, ficavam
acampados. 19 Quando a nuvem se detinha sobre o tabernáculo
muitos dias, faziam o que lhes era imposto por Jeová e não se
punham em marcha. 20 Às vezes, a nuvem ficava poucos dias
sobre o tabernáculo; então, à ordem de Jeová, permaneciam
acampados e, à ordem de Jeová, se punham em marcha. 21 Às
vezes a nuvem ficava desde a tarde até pela manhã; e, quando

שָׁמָרוּ עַל־פִּי יְהוָה בְּיַד־מֹשֶׁה׃ פ

א וַיְדַבֵּר יְהוָה אֶל־מֹשֶׁה לֵּאמֹר׃
ב עֲשֵׂה לְךָ שְׁתֵּי חֲצוֹצְרֹת כֶּסֶף מִקְשָׁה תַּעֲשֶׂה אֹתָם וְהָיוּ לְךָ
לְמִקְרָא הָעֵדָה וּלְמַסַּע אֶת־הַמַּחֲנוֹת׃
ג וְתָקְעוּ בָּהֵן וְנוֹעֲדוּ אֵלֶיךָ כָּל־הָעֵדָה אֶל־פֶּתַח אֹהֶל מוֹעֵד׃
ד וְאִם־בְּאַחַת יִתְקָעוּ וְנוֹעֲדוּ אֵלֶיךָ הַנְּשִׂיאִים רָאשֵׁי אַלְפֵי
יִשְׂרָאֵל׃
ה וּתְקַעְתֶּם תְּרוּעָה וְנָסְעוּ הַמַּחֲנוֹת הַחֹנִים קֵדְמָה׃
ו וּתְקַעְתֶּם תְּרוּעָה שֵׁנִית וְנָסְעוּ הַמַּחֲנוֹת הַחֹנִים תֵּימָנָה תְּרוּעָה
יִתְקְעוּ לְמַסְעֵיהֶם׃
ז וּבְהַקְהִיל אֶת־הַקָּהָל תִּתְקְעוּ וְלֹא תָרִיעוּ׃
ח וּבְנֵי אַהֲרֹן הַכֹּהֲנִים יִתְקְעוּ בַּחֲצֹצְרוֹת וְהָיוּ לָכֶם לְחֻקַּת עוֹלָם
לְדֹרֹתֵיכֶם׃
ט וְכִי־תָבֹאוּ מִלְחָמָה בְּאַרְצְכֶם עַל־הַצַּר הַצֹּרֵר אֶתְכֶם וַהֲרֵעֹתֶם
בַּחֲצֹצְרוֹת וְנִזְכַּרְתֶּם לִפְנֵי יְהוָה אֱלֹהֵיכֶם וְנוֹשַׁעְתֶּם מֵאֹיְבֵיכֶם׃
י וּבְיוֹם שִׂמְחַתְכֶם וּבְמוֹעֲדֵיכֶם וּבְרָאשֵׁי חָדְשֵׁיכֶם וּתְקַעְתֶּם
בַּחֲצֹצְרֹת עַל עֹלֹתֵיכֶם וְעַל זִבְחֵי שַׁלְמֵיכֶם וְהָיוּ לָכֶם לְזִכָּרוֹן
לִפְנֵי אֱלֹהֵיכֶם אֲנִי יְהוָה אֱלֹהֵיכֶם׃ פ

pela manhã a nuvem se retirava, punham-se em marcha. 22 Se
a nuvem se detinha sobre o tabernáculo dois dias, ou um mês,
ou por mais tempo, enquanto ficava sobre ele, os filhos de
Israel permaneciam acampados e não se punham em marcha;
porém, quando se retirava, punham-se em marcha. 23 À ordem
de Jeová, se acampavam e, à ordem de Jeová, se punham em
marcha; fizeram o que lhes foi imposto por Jeová, à ordem de
Jeová por intermédio de Moisés.

As duas trombetas de prata

10 1 Disse Jeová a Moisés: 2 Faze-te duas trombe-
tas de prata; de obra batida as farás; servir-te-
-ão para convocares a congregação e fazeres
que se ponham em marcha os arraiais. 3 Quando se tocarem
as trombetas, a congregação toda se ajuntará a ti, à entrada
da tenda da revelação. 4 Se se tocar só uma, os príncipes, ca-
beças dos milhares de Israel, se ajuntarão a ti. 5 Quando to-
cardes alarme, partirão os arraiais que se acham acampados
da banda do oriente. 6 Quando tocardes alarme pela segunda
vez, partirão os arraiais que se acham da banda do sul; toca-
rão alarme quando se houverem de partir. 7 Porém, quando
se houver de reunir a assembleia, tocareis, mas sem alarme.
8 Os filhos de Arão, sacerdotes, tocarão as trombetas; isso vos
será por estatuto perpétuo nas vossas gerações. 9 Quando na
vossa terra fordes à guerra contra os vossos adversários que
vos oprimem, com as trombetas dareis o alarme; sereis tidos
em memória diante de Jeová, vosso Deus, e sereis salvos dos
vossos inimigos. 10 Também nos dias de vossa alegria, nas vos-
sas festas fixas e nos princípios dos vossos meses, tocareis as
trombetas sobre os vossos holocaustos e sobre os sacrifícios
de vossas ofertas pacíficas; e vos serão por memorial diante
de vosso Deus. Eu sou Jeová, vosso Deus.

יא וַיְהִי בַּשָּׁנָה הַשֵּׁנִית בַּחֹדֶשׁ הַשֵּׁנִי בְּעֶשְׂרִים בַּחֹדֶשׁ נַעֲלָה
הֶעָנָן מֵעַל מִשְׁכַּן הָעֵדֻת׃
יב וַיִּסְעוּ בְנֵי־יִשְׂרָאֵל לְמַסְעֵיהֶם מִמִּדְבַּר סִינָי וַיִּשְׁכֹּן הֶעָנָן
בְּמִדְבַּר פָּארָן׃
יג וַיִּסְעוּ בָּרִאשֹׁנָה עַל־פִּי יְהוָה בְּיַד־מֹשֶׁה׃
יד וַיִּסַּע דֶּגֶל מַחֲנֵה בְנֵי־יְהוּדָה בָּרִאשֹׁנָה לְצִבְאֹתָם וְעַל־צְבָאוֹ
נַחְשׁוֹן בֶּן־עַמִּינָדָב׃
טו וְעַל־צְבָא מַטֵּה בְּנֵי יִשָּׂשכָר נְתַנְאֵל בֶּן־צוּעָר׃
טז וְעַל־צְבָא מַטֵּה בְּנֵי זְבוּלֻן אֱלִיאָב בֶּן־חֵלֹן׃

יז וְהוּרַד הַמִּשְׁכָּן וְנָסְעוּ בְנֵי־גֵרְשׁוֹן וּבְנֵי מְרָרִי נֹשְׂאֵי הַמִּשְׁכָּן׃ ס
יח וְנָסַע דֶּגֶל מַחֲנֵה רְאוּבֵן לְצִבְאֹתָם וְעַל־צְבָאוֹ אֱלִיצוּר בֶּן־
שְׁדֵיאוּר׃
יט וְעַל־צְבָא מַטֵּה בְּנֵי שִׁמְעוֹן שְׁלֻמִיאֵל בֶּן־צוּרִי שַׁדָּי׃
כ וְעַל־צְבָא מַטֵּה בְנֵי־גָד אֶלְיָסָף בֶּן־דְּעוּאֵל׃

כא וְנָסְעוּ הַקְּהָתִים נֹשְׂאֵי הַמִּקְדָּשׁ וְהֵקִימוּ אֶת־הַמִּשְׁכָּן עַד־
בֹּאָם׃ ס
כב וְנָסַע דֶּגֶל מַחֲנֵה בְנֵי־אֶפְרַיִם לְצִבְאֹתָם וְעַל־צְבָאוֹ אֱלִישָׁמָע
בֶּן־עַמִּיהוּד׃
כג וְעַל־צְבָא מַטֵּה בְּנֵי מְנַשֶּׁה גַּמְלִיאֵל בֶּן־פְּדָה־צוּר׃
כד וְעַל־צְבָא מַטֵּה בְּנֵי בִנְיָמִן אֲבִידָן בֶּן־גִּדְעוֹנִי׃ ס

כה וְנָסַע דֶּגֶל מַחֲנֵה בְנֵי־דָן מְאַסֵּף לְכָל־הַמַּחֲנֹת לְצִבְאֹתָם
וְעַל־צְבָאוֹ אֲחִיעֶזֶר בֶּן־עַמִּישַׁדָּי׃
כו וְעַל־צְבָא מַטֵּה בְּנֵי אָשֵׁר פַּגְעִיאֵל בֶּן־עָכְרָן׃
כז וְעַל־צְבָא מַטֵּה בְּנֵי נַפְתָּלִי אֲחִירַע בֶּן־עֵינָן׃
כח אֵלֶּה מַסְעֵי בְנֵי־יִשְׂרָאֵל לְצִבְאֹתָם וַיִּסָּעוּ׃ ס

Os israelitas partem de Sinai

11 Aconteceu no segundo ano, no segundo mês, aos vinte
dias do mês, que a nuvem se levantou de cima do tabernáculo
do Testemunho. 12 Os filhos de Israel puseram-se em marcha
do deserto de Sinai, segundo as suas jornadas; e a nuvem
parou no deserto de Parã. 13 No princípio, puseram-se em
marcha à ordem de Jeová por intermédio de Moisés. 14 Partiu
no primeiro lugar o estandarte do arraial dos filhos de Judá,
segundo as suas turmas, sobre as quais estava Naassom, filho
de Aminadabe. 15 Sobre a turma da tribo dos filhos de Issacar
estava Natanael, filho de Zuar. 16 E sobre a turma da tribo dos
filhos de Zebulom estava Eliabe, filho de Helom.

17 Foi desarmado o tabernáculo, e os filhos de Gérson e os
filhos de Merari, os quais levavam o tabernáculo, puseram-se em
marcha. 18 O estandarte do arraial de Rúben pôs-se em marcha,
segundo as suas turmas, sobre as quais estava Elizur, filho de
Sedeur. 19 Sobre a turma da tribo dos filhos de Simeão estava
Selumiel, filho de Zurisadai. 20 Sobre a turma da tribo dos filhos
de Gade estava Eliasafe, filho de Deuel.

21 Puseram-se em marcha os coatitas, que levavam as coisas
sagradas; e erigia-se o tabernáculo, à espera que eles chegassem.
22 O estandarte do arraial dos filhos de Efraim pôs-se em marcha,
segundo as suas turmas, sobre as quais estava Elisama, filho de
Amiúde. 23 Sobre a turma da tribo dos filhos de Manassés estava
Gamaliel, filho de Pedazur. 24 Sobre a turma da tribo dos filhos
de Benjamim estava Abidã, filho de Gideoni.

25 O estandarte do arraial dos filhos de Dã, que era a reta-
guarda de todos os arraiais, pôs-se em marcha, segundo as suas
turmas, sobre as quais estava Aiezer, filho de Amisadai. 26 Sobre
a turma da tribo dos filhos de Aser estava Pagiel, filho de Ocrã.
27 Sobre a turma da tribo dos filhos de Naftali estava Aira, filho
de Enã. 28 Assim fizeram a sua partida os filhos de Israel, segundo
as suas turmas, e puseram-se em marcha.

כט וַיֹּאמֶר מֹשֶׁה לְחֹבָב בֶּן־רְעוּאֵל הַמִּדְיָנִי חֹתֵן מֹשֶׁה נֹסְעִים׀
אֲנַחְנוּ אֶל־הַמָּקוֹם אֲשֶׁר אָמַר יְהוָה אֹתוֹ אֶתֵּן לָכֶם לְכָה אִתָּנוּ
וְהֵטַבְנוּ לָךְ כִּי־יְהוָה דִּבֶּר־טוֹב עַל־יִשְׂרָאֵל׃
ל וַיֹּאמֶר אֵלָיו לֹא אֵלֵךְ כִּי אִם־אֶל־אַרְצִי וְאֶל־מוֹלַדְתִּי אֵלֵךְ׃
לא וַיֹּאמֶר אַל־נָא תַּעֲזֹב אֹתָנוּ כִּי׀ עַל־כֵּן יָדַעְתָּ חֲנֹתֵנוּ בַּמִּדְבָּר
וְהָיִיתָ לָּנוּ לְעֵינָיִם׃
לב וְהָיָה כִּי־תֵלֵךְ עִמָּנוּ וְהָיָה׀ הַטּוֹב הַהוּא אֲשֶׁר יֵיטִיב יְהוָה
עִמָּנוּ וְהֵטַבְנוּ לָךְ׃

לג וַיִּסְעוּ מֵהַר יְהוָה דֶּרֶךְ שְׁלֹשֶׁת יָמִים וַאֲרוֹן בְּרִית־יְהוָה נֹסֵעַ
לִפְנֵיהֶם דֶּרֶךְ שְׁלֹשֶׁת יָמִים לָתוּר לָהֶם מְנוּחָה׃
לד וַעֲנַן יְהוָה עֲלֵיהֶם יוֹמָם בְּנָסְעָם מִן־הַמַּחֲנֶה׃ ס

לה וַיְהִי בִּנְסֹעַ הָאָרֹן וַיֹּאמֶר מֹשֶׁה קוּמָה׀ יְהוָה וְיָפֻצוּ אֹיְבֶיךָ
וְיָנֻסוּ מְשַׂנְאֶיךָ מִפָּנֶיךָ׃
לו וּבְנֻחֹה יֹאמַר שׁוּבָה יְהוָה רִבְבוֹת אַלְפֵי יִשְׂרָאֵל׃ ס

א וַיְהִי הָעָם כְּמִתְאֹנְנִים רַע בְּאָזְנֵי יְהוָה וַיִּשְׁמַע יְהוָה וַיִּחַר אַפּוֹ
וַתִּבְעַר־בָּם אֵשׁ יְהוָה וַתֹּאכַל בִּקְצֵה הַמַּחֲנֶה׃
ב וַיִּצְעַק הָעָם אֶל־מֹשֶׁה וַיִּתְפַּלֵּל מֹשֶׁה אֶל־יְהוָה וַתִּשְׁקַע הָאֵשׁ׃
ג וַיִּקְרָא שֵׁם־הַמָּקוֹם הַהוּא תַּבְעֵרָה כִּי־בָעֲרָה בָם אֵשׁ יְהוָה׃

ד וְהָאסַפְסֻף אֲשֶׁר בְּקִרְבּוֹ הִתְאַוּוּ תַּאֲוָה וַיָּשֻׁבוּ וַיִּבְכּוּ גַּם בְּנֵי
יִשְׂרָאֵל וַיֹּאמְרוּ מִי יַאֲכִלֵנוּ בָּשָׂר׃
ה זָכַרְנוּ אֶת־הַדָּגָה אֲשֶׁר־נֹאכַל בְּמִצְרַיִם חִנָּם אֵת הַקִּשֻּׁאִים
וְאֵת הָאֲבַטִּחִים וְאֶת־הֶחָצִיר וְאֶת־הַבְּצָלִים וְאֶת־הַשּׁוּמִים׃
ו וְעַתָּה נַפְשֵׁנוּ יְבֵשָׁה אֵין כֹּל בִּלְתִּי אֶל־הַמָּן עֵינֵינוּ׃
ז וְהַמָּן כִּזְרַע־גַּד הוּא וְעֵינוֹ כְּעֵין הַבְּדֹלַח׃
ח שָׁטוּ הָעָם וְלָקְטוּ וְטָחֲנוּ בָרֵחַיִם אוֹ דָכוּ בַּמְּדֹכָה וּבִשְּׁלוּ

Moisés roga a Hobabe que vá com eles

29 Disse Moisés a Hobabe, filho de Reuel, o midianita, sogro
de Moisés: Estamos em viagem para o lugar de que Jeová disse:
Dar-vo-lo-ei. Vem tu conosco, e te faremos bem; pois é Jeová
o que prometeu prosperidade a Israel. 30 Respondeu ele: Não
irei; mas irei para a minha terra, para a minha parentela. 31 Tor-
nou-lhe Moisés: Não nos deixes, porquanto sabes os lugares
em que devamos acampar no deserto; e nos servirás de guia.
32 Se vieres conosco, nós te faremos gozar de todo e qualquer
bem que Jeová nos fizer.

33 Partiram, pois, do monte de Jeová caminho de três dias; a
arca da Aliança de Jeová ia adiante deles caminho de três dias,
para lhes deparar um lugar de descanso. 34 A nuvem de Jeová
estava sobre eles de dia, quando partiam do arraial.

35 Quando a arca se punha em marcha, dizia Moisés: Levanta-
-te, Jeová, e dissipados sejam os teus inimigos; fujam diante de
ti os que te aborrecem. 36 Quando pousava, dizia: Volta, Jeová,
para as miríades dos milhares de Israel.

As murmurações dos israelitas

11 1 O povo era como os que se queixam da sorte aos
ouvidos de Jeová. Quando Jeová o ouviu, acendeu-
-se a sua ira; o fogo de Jeová ardeu entre eles e de-
vorou as extremidades do arraial. 2 Então, o povo clamou a
Moisés, e orou Moisés a Jeová, e o fogo se extinguiu. 3 O nome
daquele lugar foi chamado Taberá, porque o fogo de Jeová
ardeu entre eles.

4 A grande mistura de gente que estava no meio deles ardeu
em desejo; e os filhos de Israel também tornaram a chorar e
disseram: Quem nos dará carne a comer? 5 Lembramo-nos do
peixe, que, de graça, comíamos no Egito; dos pepinos, dos me-
lões, dos porros, das cebolas e dos alhos. 6 Agora, a nossa alma
está seca; nenhuma coisa há! Os nossos olhos não veem senão
maná. 7 Era o maná como a semente do coentro, e a sua aparên-

בַּפָּרוּר וְעָשׂוּ אֹתוֹ עֻגוֹת וְהָיָה טַעְמוֹ כְּטַעַם לְשַׁד הַשָּׁמֶן׃
ט וּבְרֶדֶת הַטַּל עַל־הַמַּחֲנֶה לָיְלָה יֵרֵד הַמָּן עָלָיו׃

י וַיִּשְׁמַע מֹשֶׁה אֶת־הָעָם בֹּכֶה לְמִשְׁפְּחֹתָיו אִישׁ לְפֶתַח אָהֳלוֹ
וַיִּחַר־אַף יְהוָה מְאֹד וּבְעֵינֵי מֹשֶׁה רָע׃
יא וַיֹּאמֶר מֹשֶׁה אֶל־יְהוָה לָמָה הֲרֵעֹתָ לְעַבְדֶּךָ וְלָמָּה לֹא־מָצָתִי
חֵן בְּעֵינֶיךָ לָשׂוּם אֶת־מַשָּׂא כָּל־הָעָם הַזֶּה עָלָי׃
יב הֶאָנֹכִי הָרִיתִי אֵת כָּל־הָעָם הַזֶּה אִם־אָנֹכִי יְלִדְתִּיהוּ כִּי־
תֹאמַר אֵלַי שָׂאֵהוּ בְחֵיקֶךָ כַּאֲשֶׁר יִשָּׂא הָאֹמֵן אֶת־הַיֹּנֵק עַל
הָאֲדָמָה אֲשֶׁר נִשְׁבַּעְתָּ לַאֲבֹתָיו׃
יג מֵאַיִן לִי בָּשָׂר לָתֵת לְכָל־הָעָם הַזֶּה כִּי־יִבְכּוּ עָלַי לֵאמֹר תְּנָה־
לָּנוּ בָשָׂר וְנֹאכֵלָה׃
יד לֹא־אוּכַל אָנֹכִי לְבַדִּי לָשֵׂאת אֶת־כָּל־הָעָם הַזֶּה כִּי כָבֵד
מִמֶּנִּי׃
טו וְאִם־כָּכָה ׀ אַתְּ־עֹשֶׂה לִּי הָרְגֵנִי נָא הָרֹג אִם־מָצָאתִי חֵן
בְּעֵינֶיךָ וְאַל־אֶרְאֶה בְּרָעָתִי׃ פ

טז וַיֹּאמֶר יְהוָה אֶל־מֹשֶׁה אֶסְפָה־לִּי שִׁבְעִים אִישׁ מִזִּקְנֵי יִשְׂרָאֵל
אֲשֶׁר יָדַעְתָּ כִּי־הֵם זִקְנֵי הָעָם וְשֹׁטְרָיו וְלָקַחְתָּ אֹתָם אֶל־אֹהֶל
מוֹעֵד וְהִתְיַצְּבוּ שָׁם עִמָּךְ׃
יז וְיָרַדְתִּי וְדִבַּרְתִּי עִמְּךָ שָׁם וְאָצַלְתִּי מִן־הָרוּחַ אֲשֶׁר עָלֶיךָ
וְשַׂמְתִּי עֲלֵיהֶם וְנָשְׂאוּ אִתְּךָ בְּמַשָּׂא הָעָם וְלֹא־תִשָּׂא אַתָּה
לְבַדֶּךָ׃
יח וְאֶל־הָעָם תֹּאמַר הִתְקַדְּשׁוּ לְמָחָר וַאֲכַלְתֶּם בָּשָׂר כִּי בְּכִיתֶם
בְּאָזְנֵי יְהוָה לֵאמֹר מִי יַאֲכִלֵנוּ בָּשָׂר כִּי־טוֹב לָנוּ בְּמִצְרָיִם וְנָתַן
יְהוָה לָכֶם בָּשָׂר וַאֲכַלְתֶּם׃
יט לֹא יוֹם אֶחָד תֹּאכְלוּן וְלֹא יוֹמָיִם וְלֹא ׀ חֲמִשָּׁה יָמִים וְלֹא

cia como a aparência de bdélio. 8 O povo ia por toda parte, e o
colhia e, moendo-o em moinhos ou pisando-o num almofariz,
o cozia em panelas, e dele fazia bolos; o seu sabor era como o
sabor de um manjar preparado com azeite. 9 Quando, de noite,
caía o orvalho sobre o arraial, caía também o maná sobre ele.

Moisés acha pesado o seu cargo

10 Moisés ouviu chorar o povo nas suas famílias, cada um à
porta da sua tenda. Grandemente se acendeu a ira de Jeová; e
pareceu mal aos olhos de Moisés. 11 Disse, pois, Moisés a Jeová:
Por que afligiste o teu servo? Por que não achei eu graça aos
teus olhos, uma vez que puseste sobre mim a carga de todo
este povo? 12 Concebi eu, porventura, todo este povo? Dei-o
eu à luz, para me dizeres: Leva-os no teu seio, assim como o
aio leva a criança de mama, para a terra que, com juramento,
prometeste aos seus pais? 13 Donde teria eu carne para dar a
todo este povo? Pois me molestam com o seu choro, dizendo:
Dá-nos carne a comer. 14 Eu só não posso levar todo este povo,
pois me é pesado demais. 15 Se tu te houveres assim comigo,
mata-me duma vez, se tiver achado graça aos teus olhos; e não
me deixes ver a minha miséria.

Deus designa setenta anciãos para ajudarem Moisés

16 Disse mais Jeová a Moisés: Ajunta-me setenta homens
dos anciãos de Israel, que sabes serem os anciãos do povo, e
seus oficiais; traze-os à entrada da tenda da revelação, para
que assistam ali contigo. 17 Então, descerei e ali falarei conti-
go; tirarei do Espírito que está sobre ti e pô-lo-ei sobre eles;
e levarão contigo a carga do povo, para que tu não a leves só.
18 Dize ao povo: Santificai-vos para amanhã e comereis carne,
pois chorastes aos ouvidos de Jeová, dizendo: Quem nos dará
carne a comer? Íamos bem no Egito. Jeová vos dará carne, e
comereis. 19 Não comereis um dia, nem dois, nem cinco, nem

עֲשָׂרָה יָמִים וְלֹא עֶשְׂרִים יוֹם׃
כ עַד ׀ חֹדֶשׁ יָמִים עַד אֲשֶׁר־יֵצֵא מֵאַפְּכֶם וְהָיָה לָכֶם לְזָרָא יַעַן
כִּֽי־מְאַסְתֶּם אֶת־יְהוָה אֲשֶׁר בְּקִרְבְּכֶם וַתִּבְכּוּ לְפָנָיו לֵאמֹר לָמָּה
זֶּה יָצָאנוּ מִמִּצְרָיִם׃
כא וַיֹּאמֶר מֹשֶׁה שֵׁשׁ־מֵאוֹת אֶלֶף רַגְלִי הָעָם אֲשֶׁר אָנֹכִי בְּקִרְבּוֹ
וְאַתָּה אָמַרְתָּ בָּשָׂר אֶתֵּן לָהֶם וְאָכְלוּ חֹדֶשׁ יָמִים׃
כב הֲצֹאן וּבָקָר יִשָּׁחֵט לָהֶם וּמָצָא לָהֶם אִם אֶת־כָּל־דְּגֵי הַיָּם
יֵאָסֵף לָהֶם וּמָצָא לָהֶם׃ פ
כג וַיֹּאמֶר יְהוָה אֶל־מֹשֶׁה הֲיַד יְהוָה תִּקְצָר עַתָּה תִרְאֶה הֲיִקְרְךָ
דְבָרִי אִם־לֹא׃
כד וַיֵּצֵא מֹשֶׁה וַיְדַבֵּר אֶל־הָעָם אֵת דִּבְרֵי יְהוָה וַיֶּאֱסֹף שִׁבְעִים
אִישׁ מִזִּקְנֵי הָעָם וַיַּעֲמֵד אֹתָם סְבִיבֹת הָאֹהֶל׃
כה וַיֵּרֶד יְהוָה ׀ בֶּעָנָן וַיְדַבֵּר אֵלָיו וַיָּאצֶל מִן־הָרוּחַ אֲשֶׁר עָלָיו
וַיִּתֵּן עַל־שִׁבְעִים אִישׁ הַזְּקֵנִים וַיְהִי כְּנוֹחַ עֲלֵיהֶם הָרוּחַ וַיִּתְנַבְּאוּ
וְלֹא יָסָפוּ׃

כו וַיִּשָּׁאֲרוּ שְׁנֵי־אֲנָשִׁים ׀ בַּמַּחֲנֶה שֵׁם הָאֶחָד ׀ אֶלְדָּד וְשֵׁם הַשֵּׁנִי
מֵידָד וַתָּנַח עֲלֵהֶם הָרוּחַ וְהֵמָּה בַּכְּתֻבִים וְלֹא יָצְאוּ הָאֹהֱלָה
וַיִּתְנַבְּאוּ בַּמַּחֲנֶה׃
כז וַיָּרָץ הַנַּעַר וַיַּגֵּד לְמֹשֶׁה וַיֹּאמַר אֶלְדָּד וּמֵידָד מִתְנַבְּאִים
בַּמַּחֲנֶה׃
כח וַיַּעַן יְהוֹשֻׁעַ בִּן־נוּן מְשָׁרֵת מֹשֶׁה מִבְּחֻרָיו וַיֹּאמַר אֲדֹנִי מֹשֶׁה
כְּלָאֵם׃
כט וַיֹּאמֶר לוֹ מֹשֶׁה הַמְקַנֵּא אַתָּה לִי וּמִי יִתֵּן כָּל־עַם יְהוָה
נְבִיאִים כִּי־יִתֵּן יְהוָה אֶת־רוּחוֹ עֲלֵיהֶם׃
ל וַיֵּאָסֵף מֹשֶׁה אֶל־הַמַּחֲנֶה הוּא וְזִקְנֵי יִשְׂרָאֵל׃

לא וְרוּחַ נָסַע ׀ מֵאֵת יְהוָה וַיָּגָז שַׂלְוִים מִן־הַיָּם וַיִּטֹּשׁ עַל־הַמַּחֲנֶה
כְּדֶרֶךְ יוֹם כֹּה וּכְדֶרֶךְ יוֹם כֹּה סְבִיבוֹת הַמַּחֲנֶה וּכְאַמָּתַיִם עַל־

dez, nem vinte; 20 porém um mês inteiro, até vos sair ela pelos
narizes e vos causar enjoo; porque rejeitastes a Jeová, que está
no meio de vós, e chorastes diante dele, dizendo: Por que saí-
mos do Egito? 21 Respondeu Moisés: Este povo no meio do qual
estou são seiscentos mil homens de pé; e, todavia, tu disseste:
Dar-lhes-ei carne, para que a comam um mês inteiro. 22 Matar-
-se-ão rebanhos e gados, que lhes bastem? Ou ajuntar-se-ão para
eles todos os peixes do mar, que lhes bastem? 23 Tornou Jeová
a Moisés: Porventura, é curta a mão de Jeová? Agora mesmo,
verás se a minha palavra se te cumprirá ou não.
24 Saiu, pois, Moisés e referiu ao povo as palavras de Jeová;
ajuntou setenta homens dos anciãos do povo e fê-los estar ao
redor da tenda. 25 Desceu Jeová na nuvem, e falou com ele, e
tirou do Espírito que estava sobre ele, e pô-lo sobre os setenta
anciãos. Quando o Espírito repousou sobre eles, profetizaram;
porém nunca mais o fizeram.

Eldade e Medade

26 Mas ficaram no arraial dois homens; um se chamava Elda-
de, e o outro, Medade. Repousou sobre eles o Espírito; eram do
número daqueles que foram alistados, porém não tinham saído
para irem à tenda; e profetizaram no arraial. 27 Correu um moço,
e o referiu a Moisés, e disse: Eldade e Medade profetizam no
arraial. 28 Então, Josué, filho de Num, servidor de Moisés, um
dos seus homens escolhidos, respondeu e disse: Moisés, meu
senhor, proíbe-lho. 29 Moisés respondeu-lhe: Tens tu ciúmes por
mim? Quem dera que todo o povo de Jeová fossem profetas,
que Jeová pusesse o seu Espírito sobre eles! 30 Depois, Moisés
se recolheu ao arraial, ele e os anciãos de Israel.

Codornizes são enviadas, e, com elas, uma praga

31 Da parte de Jeová, saiu um vento que, do lado do mar, trou-
xe codornizes e deixou-as cair junto ao arraial, quase caminho

פְּנֵי הָאָרֶץ׃
לב וַיָּקָם הָעָם כָּל־הַיּוֹם הַהוּא וְכָל־הַלַּיְלָה וְכֹל ׀ יוֹם הַמָּחֳרָת
וַיַּאַסְפוּ אֶת־הַשְּׂלָו הַמַּמְעִיט אָסַף עֲשָׂרָה חֳמָרִים וַיִּשְׁטְחוּ לָהֶם
שָׁטוֹחַ סְבִיבוֹת הַמַּחֲנֶה׃
לג הַבָּשָׂר עוֹדֶנּוּ בֵּין שִׁנֵּיהֶם טֶרֶם יִכָּרֵת וְאַף יְהוָה חָרָה בָעָם
וַיַּךְ יְהוָה בָּעָם מַכָּה רַבָּה מְאֹד׃
לד וַיִּקְרָא אֶת־שֵׁם־הַמָּקוֹם הַהוּא קִבְרוֹת הַתַּאֲוָה כִּי־שָׁם קָבְרוּ
אֶת־הָעָם הַמִּתְאַוִּים׃
לה מִקִּבְרוֹת הַתַּאֲוָה נָסְעוּ הָעָם חֲצֵרוֹת וַיִּהְיוּ בַּחֲצֵרוֹת׃ פ

א וַתְּדַבֵּר מִרְיָם וְאַהֲרֹן בְּמֹשֶׁה עַל־אֹדוֹת הָאִשָּׁה הַכֻּשִׁית אֲשֶׁר
לָקָח כִּי־אִשָּׁה כֻשִׁית לָקָח׃
ב וַיֹּאמְרוּ הֲרַק אַךְ־בְּמֹשֶׁה דִּבֶּר יְהוָה הֲלֹא גַּם־בָּנוּ דִבֵּר וַיִּשְׁמַע
יְהוָה׃
ג וְהָאִישׁ מֹשֶׁה)עָנָו] (עָנָיו[מְאֹד מִכֹּל הָאָדָם אֲשֶׁר עַל־פְּנֵי
הָאֲדָמָה׃ ס

ד וַיֹּאמֶר יְהוָה פִּתְאֹם אֶל־מֹשֶׁה וְאֶל־אַהֲרֹן וְאֶל־מִרְיָם צְאוּ
שְׁלָשְׁתְּכֶם אֶל־אֹהֶל מוֹעֵד וַיֵּצְאוּ שְׁלָשְׁתָּם׃
ה וַיֵּרֶד יְהוָה בְּעַמּוּד עָנָן וַיַּעֲמֹד פֶּתַח הָאֹהֶל וַיִּקְרָא אַהֲרֹן
וּמִרְיָם וַיֵּצְאוּ שְׁנֵיהֶם׃
ו וַיֹּאמֶר שִׁמְעוּ־נָא דְבָרָי אִם־יִהְיֶה נְבִיאֲכֶם יְהוָה בַּמַּרְאָה אֵלָיו
אֶתְוַדָּע בַּחֲלוֹם אֲדַבֶּר־בּוֹ׃
ז לֹא־כֵן עַבְדִּי מֹשֶׁה בְּכָל־בֵּיתִי נֶאֱמָן הוּא׃
ח פֶּה אֶל־פֶּה אֲדַבֶּר־בּוֹ וּמַרְאֶה וְלֹא בְחִידֹת וּתְמֻנַת יְהוָה יַבִּיט
וּמַדּוּעַ לֹא יְרֵאתֶם לְדַבֵּר בְּעַבְדִּי בְמֹשֶׁה׃

ט וַיִּחַר אַף יְהוָה בָּם וַיֵּלַךְ׃
י וְהֶעָנָן סָר מֵעַל הָאֹהֶל וְהִנֵּה מִרְיָם מְצֹרַעַת כַּשָּׁלֶג וַיִּפֶן אַהֲרֹן
אֶל־מִרְיָם וְהִנֵּה מְצֹרָעַת׃
יא וַיֹּאמֶר אַהֲרֹן אֶל־מֹשֶׁה בִּי אֲדֹנִי אַל־נָא תָשֵׁת עָלֵינוּ חַטָּאת
אֲשֶׁר נוֹאַלְנוּ וַאֲשֶׁר חָטָאנוּ׃
יב אַל־נָא תְהִי כַּמֵּת אֲשֶׁר בְּצֵאתוֹ מֵרֶחֶם אִמּוֹ וַיֵּאָכֵל חֲצִי

dum dia dum e outro lado, ao redor do arraial, e cerca de dois
côvados de alto sobre a terra. 32 Levantou-se o povo todo aquele
dia, e à noite, e o outro dia e colheram as codornizes; quem
menos colheu colheu dez ômeres, e para si estenderam-nas por
toda parte ao redor do arraial. 33 Ainda a carne estava entre os
dentes; antes que fosse mastigada, acendeu-se a ira de Jeová
contra o povo, e feriu Jeová ao povo com uma praga mui grande.
34 Aquele lugar se ficou chamando Quibrote-Hataavá, porque ali
sepultaram o povo que ardeu em desejo. 35 De Quibrote-Hataavá
partiu o povo para Hazerote; e ali ficaram.

A sedição de Miriã e Arão

12 1 Miriã e Arão falaram contra Moisés por causa
da mulher cusita que tomara; pois tinha tomado
uma mulher cusita. 2 Disseram: É verdade que
Jeová falou só com Moisés? Não nos falou ele também a nós?
Jeová o ouviu. 3 Ora, o homem Moisés era mui humilde, mais
humilde do que todos os homens que havia sobre a face da
terra.

4 Logo falou Jeová a Moisés, e a Arão, e a Miriã: Saí vós três
à tenda da revelação. Saíram eles três. 5 Desceu Jeová numa
coluna de nuvem, pôs-se à entrada da tenda e chamou a Arão
e a Miriã; e ambos eles saíram. 6 Então, disse: Ouvi, agora, as
minhas palavras: se entre vós houver profeta, eu, Jeová, a ele
me faço conhecer em visão, falo com ele em sonhos. 7 Não é
assim com o meu servo Moisés; ele é fiel em toda a minha casa.
8 Boca a boca falo com ele, claramente e não em enigmas, e ele
contempla a forma de Jeová. Por que razão, pois, não temestes
falar contra o meu servo, contra Moisés?

9 Contra eles se acendeu a ira de Jeová; e foi-se. 10 A nuvem
retirou-se de cima da tenda; Miriã estava leprosa, tão branca
como a neve; olhou Arão para Miriã, e eis que era leprosa. 11 Disse
Arão a Moisés: Ah! Meu senhor! Rogo-te não ponhas sobre nós
o pecado, pois que procedemos loucamente e pecamos. 12 Não
seja ela como um morto, que, ao sair do ventre de sua mãe, tem

בְּשָׂרוֹ:
יג וַיִּצְעַק מֹשֶׁה אֶל־יְהוָה לֵאמֹר אֵל נָא רְפָא נָא לָהּ: פ
יד וַיֹּאמֶר יְהוָה אֶל־מֹשֶׁה וְאָבִיהָ יָרֹק יָרַק בְּפָנֶיהָ הֲלֹא תִכָּלֵם
שִׁבְעַת יָמִים תִּסָּגֵר שִׁבְעַת יָמִים מִחוּץ לַמַּחֲנֶה וְאַחַר תֵּאָסֵף:
טו וַתִּסָּגֵר מִרְיָם מִחוּץ לַמַּחֲנֶה שִׁבְעַת יָמִים וְהָעָם לֹא נָסַע עַד־
הֵאָסֵף מִרְיָם:

טז וְאַחַר נָסְעוּ הָעָם מֵחֲצֵרוֹת וַיַּחֲנוּ בְּמִדְבַּר פָּארָן: פ

א וַיְדַבֵּר יְהוָה אֶל־מֹשֶׁה לֵּאמֹר:
ב שְׁלַח־לְךָ אֲנָשִׁים וְיָתֻרוּ אֶת־אֶרֶץ כְּנַעַן אֲשֶׁר־אֲנִי נֹתֵן לִבְנֵי
יִשְׂרָאֵל אִישׁ אֶחָד אִישׁ אֶחָד לְמַטֵּה אֲבֹתָיו תִּשְׁלָחוּ כֹּל נָשִׂיא
בָהֶם:
ג וַיִּשְׁלַח אֹתָם מֹשֶׁה מִמִּדְבַּר פָּארָן עַל־פִּי יְהוָה כֻּלָּם אֲנָשִׁים
רָאשֵׁי בְנֵי־יִשְׂרָאֵל הֵמָּה:
ד וְאֵלֶּה שְׁמוֹתָם לְמַטֵּה רְאוּבֵן שַׁמּוּעַ בֶּן־זַכּוּר:
ה לְמַטֵּה שִׁמְעוֹן שָׁפָט בֶּן־חוֹרִי:
ו לְמַטֵּה יְהוּדָה כָּלֵב בֶּן־יְפֻנֶּה:
ז לְמַטֵּה יִשָּׂשכָר יִגְאָל בֶּן־יוֹסֵף:
ח לְמַטֵּה אֶפְרָיִם הוֹשֵׁעַ בִּן־נוּן:
ט לְמַטֵּה בִנְיָמִן פַּלְטִי בֶּן־רָפוּא:
י לְמַטֵּה זְבוּלֻן גַּדִּיאֵל בֶּן־סוֹדִי:
יא לְמַטֵּה יוֹסֵף לְמַטֵּה מְנַשֶּׁה גַּדִּי בֶּן־סוּסִי:
יב לְמַטֵּה דָן עַמִּיאֵל בֶּן־גְּמַלִּי:
יג לְמַטֵּה אָשֵׁר סְתוּר בֶּן־מִיכָאֵל:
יד לְמַטֵּה נַפְתָּלִי נַחְבִּי בֶּן־וָפְסִי:
טו לְמַטֵּה גָד גְּאוּאֵל בֶּן־מָכִי:
טז אֵלֶּה שְׁמוֹת הָאֲנָשִׁים אֲשֶׁר־שָׁלַח מֹשֶׁה לָתוּר אֶת־הָאָרֶץ
וַיִּקְרָא מֹשֶׁה לְהוֹשֵׁעַ בִּן־נוּן יְהוֹשֻׁעַ:
יז וַיִּשְׁלַח אֹתָם מֹשֶׁה לָתוּר אֶת־אֶרֶץ כְּנָעַן וַיֹּאמֶר אֲלֵהֶם עֲלוּ
זֶה בַּנֶּגֶב וַעֲלִיתֶם אֶת־הָהָר:
יח וּרְאִיתֶם אֶת־הָאָרֶץ מַה־הִוא וְאֶת־הָעָם הַיֹּשֵׁב עָלֶיהָ הֶחָזָק

a metade da sua carne já consumida. 13 Clamou Moisés a Jeová,
dizendo: Ó Deus, rogo-te que a cures. 14 Respondeu Jeová a
Moisés: Se seu pai lhe tivesse cuspido na cara, não deveria ela
estar coberta de vergonha por sete dias? Esteja fechada fora do
arraial sete dias e depois se recolha outra vez. 15 Assim, Miriã
esteve fechada fora do arraial por sete dias; o povo não partiu
enquanto Miriã não se recolheu de novo.

Doze homens são enviados para espiar a terra de Canaã

16 Depois, o povo partiu de Hazerote e se acampou no de-
serto de Parã.

13 1 Disse Jeová a Moisés: 2 Envia homens que espiem a
terra de Canaã, que eu hei de dar aos filhos de Israel;
de cada tribo de seus pais enviarás um homem, sen-
do cada qual príncipe entre eles. 3 Do deserto de Parã enviou-
-os Moisés à ordem de Jeová, todos eles homens que eram
cabeças dos filhos de Israel. 4 Estes eram os seus nomes: da
tribo de Rúben, Samua, filho de Zacur. 5 Da tribo de Simeão,
Safate, filho de Hori. 6 Da tribo de Judá, Calebe, filho de Je-
foné. 7 Da tribo de Issacar, Jigeal, filho de José. 8 Da tribo de
Efraim, Oseias, filho de Num. 9 Da tribo de Benjamim, Palti,
filho de Rafu. 10 Da tribo de Zebulom, Gadiel, filho de Sodi.
11 Da tribo de José, a saber, da tribo de Manassés, Gadi, filho
de Susi. 12 Da tribo de Dã, Amiel, filho de Gemali. 13 Da tribo de
Aser, Setur, filho de Micael. 14 Da tribo de Naftali, Nabi, filho
de Vofsi. 15 Da tribo de Gade, Geuel, filho de Maqui. 16 Estes
são os nomes dos homens que Moisés enviou a espiar a terra.
A Oseias, filho de Num, Moisés chamou Josué.

17 Moisés enviou-os a espiar a terra de Canaã e disse-lhes:
Subi ao Neguebe e penetrai nas montanhas. 18 Vede a terra, que
tal é; e o povo que nela habita, se é forte ou fraco, se são poucos
ou muitos; 19 que tal é a terra em que habitam, se é boa ou má;
que tais são as cidades em que habitam, se em arraiais ou em
fortalezas; 20 e que tal é a terra, se gorda ou magra, se há nela

הוּא הֲרָפֶה הַמְעַט הוּא אִם־רָב׃
יט וּמָה הָאָרֶץ אֲשֶׁר־הוּא יֹשֵׁב בָּהּ הֲטוֹבָה הִוא אִם־רָעָה וּמָה
הֶעָרִים אֲשֶׁר־הוּא יוֹשֵׁב בָּהֵנָּה הַבְּמַחֲנִים אִם בְּמִבְצָרִים׃
כ וּמָה הָאָרֶץ הַשְּׁמֵנָה הִוא אִם־רָזָה הֲיֵשׁ־בָּהּ עֵץ אִם־אַיִן
וְהִתְחַזַּקְתֶּם וּלְקַחְתֶּם מִפְּרִי הָאָרֶץ וְהַיָּמִים יְמֵי בִּכּוּרֵי עֲנָבִים׃
כא וַיַּעֲלוּ וַיָּתֻרוּ אֶת־הָאָרֶץ מִמִּדְבַּר־צִן עַד־רְחֹב לְבֹא חֲמָת׃
כב וַיַּעֲלוּ בַנֶּגֶב וַיָּבֹא עַד־חֶבְרוֹן וְשָׁם אֲחִימַן שֵׁשַׁי וְתַלְמַי יְלִידֵי
הָעֲנָק וְחֶבְרוֹן שֶׁבַע שָׁנִים נִבְנְתָה לִפְנֵי צֹעַן מִצְרָיִם׃
כג וַיָּבֹאוּ עַד־נַחַל אֶשְׁכֹּל וַיִּכְרְתוּ מִשָּׁם זְמוֹרָה וְאֶשְׁכּוֹל עֲנָבִים
אֶחָד וַיִּשָּׂאֻהוּ בַמּוֹט בִּשְׁנָיִם וּמִן־הָרִמֹּנִים וּמִן־הַתְּאֵנִים׃
כד לַמָּקוֹם הַהוּא קָרָא נַחַל אֶשְׁכּוֹל עַל אֹדוֹת הָאֶשְׁכּוֹל אֲשֶׁר־
כָּרְתוּ מִשָּׁם בְּנֵי יִשְׂרָאֵל׃

כה וַיָּשֻׁבוּ מִתּוּר הָאָרֶץ מִקֵּץ אַרְבָּעִים יוֹם׃
כו וַיֵּלְכוּ וַיָּבֹאוּ אֶל־מֹשֶׁה וְאֶל־אַהֲרֹן וְאֶל־כָּל־עֲדַת בְּנֵי־יִשְׂרָאֵל
אֶל־מִדְבַּר פָּארָן קָדֵשָׁה וַיָּשִׁיבוּ אוֹתָם דָּבָר וְאֶת־כָּל־הָעֵדָה
וַיַּרְאוּם אֶת־פְּרִי הָאָרֶץ׃
כז וַיְסַפְּרוּ־לוֹ וַיֹּאמְרוּ בָּאנוּ אֶל־הָאָרֶץ אֲשֶׁר שְׁלַחְתָּנוּ וְגַם זָבַת
חָלָב וּדְבַשׁ הִוא וְזֶה־פִּרְיָהּ׃
כח אֶפֶס כִּי־עַז הָעָם הַיֹּשֵׁב בָּאָרֶץ וְהֶעָרִים בְּצֻרוֹת גְּדֹלֹת מְאֹד
וְגַם־יְלִדֵי הָעֲנָק רָאִינוּ שָׁם׃
כט עֲמָלֵק יוֹשֵׁב בְּאֶרֶץ הַנֶּגֶב וְהַחִתִּי וְהַיְבוּסִי וְהָאֱמֹרִי יוֹשֵׁב
בָּהָר וְהַכְּנַעֲנִי יֹשֵׁב עַל־הַיָּם וְעַל יַד הַיַּרְדֵּן׃

ל וַיַּהַס כָּלֵב אֶת־הָעָם אֶל־מֹשֶׁה וַיֹּאמֶר עָלֹה נַעֲלֶה וְיָרַשְׁנוּ
אֹתָהּ כִּי־יָכוֹל נוּכַל לָהּ׃
לא וְהָאֲנָשִׁים אֲשֶׁר־עָלוּ עִמּוֹ אָמְרוּ לֹא נוּכַל לַעֲלוֹת אֶל־הָעָם
כִּי־חָזָק הוּא מִמֶּנּוּ׃
לב וַיֹּצִיאוּ דִּבַּת הָאָרֶץ אֲשֶׁר תָּרוּ אֹתָהּ אֶל־בְּנֵי יִשְׂרָאֵל לֵאמֹר
הָאָרֶץ אֲשֶׁר עָבַרְנוּ בָהּ לָתוּר אֹתָהּ אֶרֶץ אֹכֶלֶת יוֹשְׁבֶיהָ הִוא
וְכָל־הָעָם אֲשֶׁר־רָאִינוּ בְתוֹכָהּ אַנְשֵׁי מִדּוֹת׃
לג וְשָׁם רָאִינוּ אֶת־הַנְּפִילִים בְּנֵי עֲנָק מִן־הַנְּפִלִים וַנְּהִי בְעֵינֵינוּ
כַּחֲגָבִים וְכֵן הָיִינוּ בְּעֵינֵיהֶם׃

lenha ou não. Esforçai-vos por obter do fruto da terra. Ora, a
estação era a das uvas temporãs.

21 Assim, subiram e espiaram a terra desde o deserto de Zim
até Reobe, até a entrada de Hamate. 22 Subiram ao Neguebe e
foram a Hebrom, onde estavam Aimã, Sesai e Talmai, filhos
de Anaque (Ora, Hebrom foi edificada sete anos antes de Zoã,
no Egito). 23 Foram até o vale de Escol e ali cortaram um ramo
de vide com um só cacho, o qual dois homens levaram sobre
uma padiola; levaram também romãs e figos. 24 Esse lugar se
chamou o vale de Escol, por causa do cacho que ali cortaram
os filhos de Israel.

O relatório desanimador dos espias

25 Passados quarenta dias, voltaram de espiarem a terra. 26 Caminharam e vieram ter com Moisés, e com Arão, e com toda a
congregação dos filhos de Israel, ao deserto de Parã, a Cades;
deram-lhes notícias, a eles e a toda a congregação, e mostraram-lhes o fruto da terra. 27 Deram-lhe conta, e disseram: Fomos à
terra a que nos enviaste, a qual, na verdade, mana leite e mel;
este é o fruto da terra. 28 Todavia, o povo que habita nessa terra é
forte, e as cidades são fortificadas e mui grandes; também vimos
ali os filhos de Anaque. 29 Amaleque habita na terra do Neguebe,
os heteus, os jebuseus e os amorreus habitam nas montanhas,
e os cananeus habitam junto do mar, à margem do Jordão.

30 Então, Calebe fez calar o povo diante de Moisés e disse: Subamos e possuamos a terra, porque bem podemos prevalecer
contra ela. 31 Porém os homens que subiram com ele disseram:
Não poderemos subir contra o povo, porque é mais forte do que
nós. 32 Diante dos filhos de Israel, infamaram a terra que haviam
espiado, dizendo: A terra por meio da qual passamos para a espiar
é terra que devora os seus habitantes; todo o povo que vimos nela
são homens de grande estatura. 33 Ali, vimos os nefilins (os filhos
de Anaque são dos nefilins); éramos, aos nossos próprios olhos,
como gafanhotos, e assim também o éramos aos seus olhos.

א וַתִּשָּׂא כָּל־הָעֵדָה וַיִּתְּנוּ אֶת־קוֹלָם וַיִּבְכּוּ הָעָם בַּלַּיְלָה הַהוּא׃
ב וַיִּלֹּנוּ עַל־מֹשֶׁה וְעַל־אַהֲרֹן כֹּל בְּנֵי יִשְׂרָאֵל וַיֹּאמְרוּ אֲלֵהֶם כָּל־
הָעֵדָה לוּ־מַתְנוּ בְּאֶרֶץ מִצְרַיִם אוֹ בַּמִּדְבָּר הַזֶּה לוּ־מָתְנוּ׃
ג וְלָמָה יְהוָה מֵבִיא אֹתָנוּ אֶל־הָאָרֶץ הַזֹּאת לִנְפֹּל בַּחֶרֶב נָשֵׁינוּ
וְטַפֵּנוּ יִהְיוּ לָבַז הֲלוֹא טוֹב לָנוּ שׁוּב מִצְרָיְמָה׃

ד וַיֹּאמְרוּ אִישׁ אֶל־אָחִיו נִתְּנָה רֹאשׁ וְנָשׁוּבָה מִצְרָיְמָה׃
ה וַיִּפֹּל מֹשֶׁה וְאַהֲרֹן עַל־פְּנֵיהֶם לִפְנֵי כָּל־קְהַל עֲדַת בְּנֵי יִשְׂרָאֵל׃
ו וִיהוֹשֻׁעַ בִּן־נוּן וְכָלֵב בֶּן־יְפֻנֶּה מִן־הַתָּרִים אֶת־הָאָרֶץ קָרְעוּ
בִּגְדֵיהֶם׃
ז וַיֹּאמְרוּ אֶל־כָּל־עֲדַת בְּנֵי־יִשְׂרָאֵל לֵאמֹר הָאָרֶץ אֲשֶׁר עָבַרְנוּ
בָהּ לָתוּר אֹתָהּ טוֹבָה הָאָרֶץ מְאֹד מְאֹד׃
ח אִם־חָפֵץ בָּנוּ יְהוָה וְהֵבִיא אֹתָנוּ אֶל־הָאָרֶץ הַזֹּאת וּנְתָנָהּ לָנוּ
אֶרֶץ אֲשֶׁר־הִוא זָבַת חָלָב וּדְבָשׁ׃
ט אַךְ בַּיהוָה אַל־תִּמְרֹדוּ וְאַתֶּם אַל־תִּירְאוּ אֶת־עַם הָאָרֶץ כִּי
לַחְמֵנוּ הֵם סָר צִלָּם מֵעֲלֵיהֶם וַיהוָה אִתָּנוּ אַל־תִּירָאֻם׃
י וַיֹּאמְרוּ כָּל־הָעֵדָה לִרְגּוֹם אֹתָם בָּאֲבָנִים וּכְבוֹד יְהוָה נִרְאָה
בְּאֹהֶל מוֹעֵד אֶל־כָּל־בְּנֵי יִשְׂרָאֵל׃ פ

יא וַיֹּאמֶר יְהוָה אֶל־מֹשֶׁה עַד־אָנָה יְנַאֲצֻנִי הָעָם הַזֶּה וְעַד־אָנָה
לֹא־יַאֲמִינוּ בִי בְּכֹל הָאֹתוֹת אֲשֶׁר עָשִׂיתִי בְּקִרְבּוֹ׃
יב אַכֶּנּוּ בַדֶּבֶר וְאוֹרִשֶׁנּוּ וְאֶעֱשֶׂה אֹתְךָ לְגוֹי־גָּדוֹל וְעָצוּם מִמֶּנּוּ׃

יג וַיֹּאמֶר מֹשֶׁה אֶל־יְהוָה וְשָׁמְעוּ מִצְרַיִם כִּי־הֶעֱלִיתָ בְכֹחֲךָ אֶת־
הָעָם הַזֶּה מִקִּרְבּוֹ׃
יד וְאָמְרוּ אֶל־יוֹשֵׁב הָאָרֶץ הַזֹּאת שָׁמְעוּ כִּי־אַתָּה יְהוָה בְּקֶרֶב
הָעָם הַזֶּה אֲשֶׁר־עַיִן בְּעַיִן נִרְאָה ׀ אַתָּה יְהוָה וַעֲנָנְךָ עֹמֵד עֲלֵהֶם

Os israelitas querem voltar para o Egito

14 1 A congregação toda levantou as suas vozes e gri-
tou; e o povo chorou aquela noite. 2 Todos os fi-
lhos de Israel murmuraram contra Moisés e contra
Arão, e a congregação toda disse-lhes: Oxalá que tivéssemos
morrido na terra do Egito! Ou oxalá que tivéssemos morrido
neste deserto! 3 Por que razão nos traz Jeová a esta terra, para
cairmos à espada! Nossas mulheres e nossos pequeninos se-
rão por presa! Não nos seria melhor voltar para o Egito?
4 Disseram uns aos outros: Constituamos a um por capitão
e voltemos para o Egito. 5 Então, Moisés e Arão caíram com os
rostos por terra diante de toda a assembleia da congregação
dos filhos de Israel. 6 Josué, filho de Num, e Calebe, filho de
Jefoné, que eram daqueles que espiaram a terra, rasgaram os
seus vestidos 7 e disseram a toda a congregação dos filhos de
Israel: A terra por meio da qual passamos para a espiar é terra
muitíssimo boa. 8 Se Jeová se agradar de nós, então, nos in-
troduzirá nesta terra, que mana leite e mel, e nô-la dará. 9 Tão
somente, não sejais rebeldes contra Jeová, nem temais o povo
desta terra, porque são nosso pão. Retirou-se de sobre eles a
sua defesa, e Jeová está conosco; não os temais. 10 Porém toda
a congregação disse que fossem apedrejados. A glória de Jeová
apareceu na tenda da revelação a todos os filhos de Israel.
11 Disse Jeová a Moisés: Até quando me desprezará este povo?
Até quando não crerão em mim, apesar de todos os prodígios
que tenho feito no meio deles? 12 Eu os ferirei com uma epide-
mia, e os deserdarei, e de ti farei uma nação maior e mais forte
do que eles

Moisés intercede pelo povo

13 Respondeu Moisés a Jeová: Assim os egípcios o ouvirão
(pois, pela tua força, fizeste sair este povo do meio deles) 14 e
o dirão aos habitantes desta terra. Eles ouviram que tu, Jeová,
estás no meio deste povo, pois tu, Jeová, és visto face a face,

וּבְעַמֻּד עָנָן אַתָּה הֹלֵךְ לִפְנֵיהֶם יוֹמָם וּבְעַמּוּד אֵשׁ לָיְלָה׃
טו וְהֵמַתָּה אֶת־הָעָם הַזֶּה כְּאִישׁ אֶחָד וְאָמְרוּ הַגּוֹיִם אֲשֶׁר־
שָׁמְעוּ אֶת־שִׁמְעֲךָ לֵאמֹר׃
טז מִבִּלְתִּי יְכֹלֶת יְהוָה לְהָבִיא אֶת־הָעָם הַזֶּה אֶל־הָאָרֶץ אֲשֶׁר־
נִשְׁבַּע לָהֶם וַיִּשְׁחָטֵם בַּמִּדְבָּר׃
יז וְעַתָּה יִגְדַּל־נָא כֹּחַ אֲדֹנָי כַּאֲשֶׁר דִּבַּרְתָּ לֵאמֹר׃
יח יְהוָה אֶרֶךְ אַפַּיִם וְרַב־חֶסֶד נֹשֵׂא עָוֹן וָפָשַׁע וְנַקֵּה לֹא יְנַקֶּה
פֹּקֵד עֲוֹן אָבוֹת עַל־בָּנִים עַל־שִׁלֵּשִׁים וְעַל־רִבֵּעִים׃
יט סְלַח־נָא לַעֲוֹן הָעָם הַזֶּה כְּגֹדֶל חַסְדֶּךָ וְכַאֲשֶׁר נָשָׂאתָה לָעָם
הַזֶּה מִמִּצְרַיִם וְעַד־הֵנָּה׃

כ וַיֹּאמֶר יְהוָה סָלַחְתִּי כִּדְבָרֶךָ׃
כא וְאוּלָם חַי־אָנִי וְיִמָּלֵא כְבוֹד־יְהוָה אֶת־כָּל־הָאָרֶץ׃
כב כִּי כָל־הָאֲנָשִׁים הָרֹאִים אֶת־כְּבֹדִי וְאֶת־אֹתֹתַי אֲשֶׁר־עָשִׂיתִי
בְמִצְרַיִם וּבַמִּדְבָּר וַיְנַסּוּ אֹתִי זֶה עֶשֶׂר פְּעָמִים וְלֹא שָׁמְעוּ
בְּקוֹלִי׃
כג אִם־יִרְאוּ אֶת־הָאָרֶץ אֲשֶׁר נִשְׁבַּעְתִּי לַאֲבֹתָם וְכָל־מְנַאֲצַי לֹא
יִרְאוּהָ׃
כד וְעַבְדִּי כָלֵב עֵקֶב הָיְתָה רוּחַ אַחֶרֶת עִמּוֹ וַיְמַלֵּא אַחֲרָי
וַהֲבִיאֹתִיו אֶל־הָאָרֶץ אֲשֶׁר־בָּא שָׁמָּה וְזַרְעוֹ יוֹרִשֶׁנָּה׃
כה וְהָעֲמָלֵקִי וְהַכְּנַעֲנִי יוֹשֵׁב בָּעֵמֶק מָחָר פְּנוּ וּסְעוּ לָכֶם הַמִּדְבָּר
דֶּרֶךְ יַם־סוּף׃ פ

כו וַיְדַבֵּר יְהוָה אֶל־מֹשֶׁה וְאֶל־אַהֲרֹן לֵאמֹר׃
כז עַד־מָתַי לָעֵדָה הָרָעָה הַזֹּאת אֲשֶׁר הֵמָּה מַלִּינִים עָלָי
אֶת־תְּלֻנּוֹת בְּנֵי יִשְׂרָאֵל אֲשֶׁר הֵמָּה מַלִּינִים עָלַי שָׁמָעְתִּי׃
כח אֱמֹר אֲלֵהֶם חַי־אָנִי נְאֻם־יְהוָה אִם־לֹא כַּאֲשֶׁר דִּבַּרְתֶּם
בְּאָזְנָי כֵּן אֶעֱשֶׂה לָכֶם׃
כט בַּמִּדְבָּר הַזֶּה יִפְּלוּ פִגְרֵיכֶם וְכָל־פְּקֻדֵיכֶם לְכָל־מִסְפַּרְכֶם מִבֶּן
עֶשְׂרִים שָׁנָה וָמָעְלָה אֲשֶׁר הֲלִינֹתֶם עָלָי׃
ל אִם־אַתֶּם תָּבֹאוּ אֶל־הָאָרֶץ אֲשֶׁר נָשָׂאתִי אֶת־יָדִי לְשַׁכֵּן
אֶתְכֶם בָּהּ כִּי אִם־כָּלֵב בֶּן־יְפֻנֶּה וִיהוֹשֻׁעַ בִּן־נוּן׃

e a tua nuvem está sobre eles, e tu vais diante deles, de dia
numa coluna de nuvem e, de noite, numa coluna de fogo. 15 Se
matares este povo como um só homem, as nações que ouviram
a tua fama dirão: 16 Porque Jeová não podia introduzir este povo
na terra que lhe prometeu com juramento, por isso os matou
no deserto. 17 Agora, pois, engrandeça-se o poder do Senhor,
segundo disseste: 18 Jeová é tardio em irar-se, abundante em
misericórdia, que perdoa iniquidade e transgressão e não terá
por inocente o culpado; que visita a iniquidade dos pais nos
filhos, na terceira e na quarta geração. 19 Perdoa a iniquidade
deste povo, segundo a tua grande misericórdia e como tens
perdoado a este povo desde o Egito até aqui.

20 Tornou-lhe Jeová: Conforme a tua palavra, lhe perdoei;
21 porém, tão certo como eu vivo e como toda a terra se enche-
rá da glória de Jeová, 22 dos homens que, tendo visto a minha
glória e os prodígios que fiz no Egito e no deserto e, todavia,
me puseram à prova já dez vezes e não obedeceram à minha
voz, 23 nenhum deles verá a terra que, com juramento, prometi
a seus pais; sim, nenhum daqueles que me desprezaram a verá.
24 Porém o meu servo Calebe, porque nele houve outro espírito e
porque perseverou em seguir-me, eu o introduzirei na terra em
que entrou; e a sua semente a possuirá. 25 Ora, os amalequitas
e os cananeus habitam no vale; tornai-vos amanhã e caminhai
para o deserto em direção ao mar Vermelho.

Aos murmuradores não é permitido entrar na terra de Canaã

26 Depois, disse Jeová a Moisés e a Arão: 27 Até quando so-
frerei esta má congregação que murmura contra mim? Ouvi
os queixumes dos filhos de Israel que eles murmuram contra
mim. 28 Dize-lhes: Pela minha vida, diz Jeová, certamente como
falastes aos meus ouvidos, assim vos hei de fazer: 29 cairão os
vossos cadáveres neste deserto; todos vós os que fostes conta-
dos, segundo o vosso número total, desde a idade de vinte anos
e daí para cima, os que murmurastes contra mim, 30 certamente,
não entrareis na terra a respeito da qual jurei que vos faria ha-

לא וְטַפְּכֶם אֲשֶׁר אֲמַרְתֶּם לָבַז יִהְיֶה וְהֵבֵיאתִי אֹתָם וְיָֽדְעוּ אֶת־
הָאָרֶץ אֲשֶׁר מְאַסְתֶּם בָּֽהּ׃
לב וּפִגְרֵיכֶם אַתֶּם יִפְּלוּ בַּמִּדְבָּר הַזֶּֽה׃
לג וּבְנֵיכֶם יִהְיוּ רֹעִים בַּמִּדְבָּר אַרְבָּעִים שָׁנָה וְנָשְׂאוּ אֶת־זְנוּתֵיכֶם
עַד־תֹּם פִּגְרֵיכֶם בַּמִּדְבָּֽר׃
לד בְּמִסְפַּר הַיָּמִים אֲשֶׁר־תַּרְתֶּם אֶת־הָאָרֶץ אַרְבָּעִים יוֹם יוֹם
לַשָּׁנָה יוֹם לַשָּׁנָה תִּשְׂאוּ אֶת־עֲוֺנֹתֵיכֶם אַרְבָּעִים שָׁנָה וִֽידַעְתֶּם
אֶת־תְּנוּאָתִֽי׃
לה אֲנִי יְהוָה דִּבַּרְתִּי אִם־לֹא ׀ זֹאת אֶֽעֱשֶׂה לְכָל־הָעֵדָה הָֽרָעָה
הַזֹּאת הַנּוֹעָדִים עָלָי בַּמִּדְבָּר הַזֶּה יִתַּמּוּ וְשָׁם יָמֻֽתוּ׃

לו וְהָֽאֲנָשִׁים אֲשֶׁר־שָׁלַח מֹשֶׁה לָתוּר אֶת־הָאָרֶץ (וַיָּשֻׁבוּ)
[וַיִּלּוֹנוּ] וַיַּלִּינוּ עָלָיו אֶת־כָּל־הָעֵדָה לְהוֹצִיא דִבָּה עַל־הָאָֽרֶץ׃
לז וַיָּמֻתוּ הָאֲנָשִׁים מוֹצִאֵי דִבַּת־הָאָרֶץ רָעָה בַּמַּגֵּפָה לִפְנֵי יְהוָֽה׃
לח וִיהוֹשֻׁעַ בִּן־נוּן וְכָלֵב בֶּן־יְפֻנֶּה חָיוּ מִן־הָאֲנָשִׁים הָהֵם
הַהֹלְכִים לָתוּר אֶת־הָאָֽרֶץ׃

לט וַיְדַבֵּר מֹשֶׁה אֶת־הַדְּבָרִים הָאֵלֶּה אֶל־כָּל־בְּנֵי יִשְׂרָאֵל
וַיִּֽתְאַבְּלוּ הָעָם מְאֹֽד׃
מ וַיַּשְׁכִּמוּ בַבֹּקֶר וַיַּעֲלוּ אֶל־רֹאשׁ־הָהָר לֵאמֹר הִנֶּנּוּ וְעָלִינוּ אֶל־
הַמָּקוֹם אֲשֶׁר־אָמַר יְהוָה כִּי חָטָֽאנוּ׃
מא וַיֹּאמֶר מֹשֶׁה לָמָּה זֶּה אַתֶּם עֹבְרִים אֶת־פִּי יְהוָה וְהִוא לֹא
תִצְלָֽח׃
מב אַל־תַּעֲלוּ כִּי אֵין יְהוָה בְּקִרְבְּכֶם וְלֹא תִּנָּגְפוּ לִפְנֵי אֹיְבֵיכֶֽם׃
מג כִּי הָעֲמָלֵקִי וְהַכְּנַעֲנִי שָׁם לִפְנֵיכֶם וּנְפַלְתֶּם בֶּחָרֶב כִּֽי־עַל־כֵּן
שַׁבְתֶּם מֵאַחֲרֵי יְהוָה וְלֹֽא־יִהְיֶה יְהוָה עִמָּכֶֽם׃
מד וַיַּעְפִּלוּ לַעֲלוֹת אֶל־רֹאשׁ הָהָר וַאֲרוֹן בְּרִית־יְהוָה וּמֹשֶׁה לֹא־
מָשׁוּ מִקֶּרֶב הַמַּחֲנֶֽה׃
מה וַיֵּרֶד הָעֲמָלֵקִי וְהַכְּנַעֲנִי הַיֹּשֵׁב בָּהָר הַהוּא וַיַּכּוּם וַיַּכְּתוּם עַד־
הַחָרְמָֽה׃ פ

bitar nela, exceto Calebe, filho de Jefoné, e Josué, filho de Num.
31 Porém a vossos pequeninos, que dissestes que serviriam de
presa, a estes introduzirei, e eles conhecerão a terra que vós
desprezastes. 32 Mas, quanto a vós, os vossos cadáveres cairão
neste deserto. 33 Vossos filhos serão pastores no deserto quaren-
ta anos e sofrerão as consequências da vossa infidelidade, até
que os vossos cadáveres se consumam no deserto. 34 Segundo
o número dos dias em que espiastes a terra, isto é, quarenta
dias, cada dia representando um ano, levareis sobre vós por
quarenta anos as vossas iniquidades e tereis experiência da
minha oposição. 35 Eu, Jeová, tenho falado; certamente, assim o
farei a toda esta má congregação que se sublevou contra mim:
neste deserto se consumirão e aqui morrerão.

36 Os homens que Moisés enviou a espiar a terra, que voltaram
e fizeram murmurar contra ele toda a congregação, infamando
a terra, 37 sim, esses homens que infamaram a terra morreram
de praga diante de Jeová. 38 Mas Josué, filho de Num, e Calebe,
filho de Jefoné, ficaram com vida dentre os que foram a espiar
a terra.

Os israelitas desbaratados em Hormá

39 Falou Moisés estas palavras a todos os filhos de Israel; e o
povo fez um grande pranto. 40 Levantando-se de manhã cedo,
subiram ao cume do monte e disseram: Eis-nos aqui; subiremos
ao lugar de que Jeová falou; pois pecamos. 41 Respondeu Moisés:
Por que razão, agora, transgredis vós a ordem de Jeová, visto que
isso não vos redundará em bem? 42 Não subais, porque Jeová não
está no meio de vós; para que não sejais feridos diante dos vossos
inimigos. 43 Pois ali os amalequitas e os cananeus estão diante
de vós, e caireis ao fio da espada; porque deixastes de seguir a
Jeová, portanto, Jeová não está convosco. 44 Mas mostraram-se
temerários em subirem ao cume do monte; contudo, a arca da
Aliança de Jeová e Moisés não saíram do arraial. 45 Então, des-
ceram os amalequitas e os cananeus, que habitavam naquele
monte, e os feriram, e desbarataram até Hormá.

א וַיְדַבֵּר יְהוָה אֶל־מֹשֶׁה לֵּאמֹר׃
ב דַּבֵּר אֶל־בְּנֵי יִשְׂרָאֵל וְאָמַרְתָּ אֲלֵהֶם כִּי תָבֹאוּ אֶל־אֶרֶץ
מוֹשְׁבֹתֵיכֶם אֲשֶׁר אֲנִי נֹתֵן לָכֶם׃
ג וַעֲשִׂיתֶם אִשֶּׁה לַיהוָה עֹלָה אוֹ־זֶבַח לְפַלֵּא־נֶדֶר אוֹ בִנְדָבָה אוֹ
בְּמֹעֲדֵיכֶם לַעֲשׂוֹת רֵיחַ נִיחֹחַ לַיהוָה מִן־הַבָּקָר אוֹ מִן־הַצֹּאן׃
ד וְהִקְרִיב הַמַּקְרִיב קָרְבָּנוֹ לַיהוָה מִנְחָה סֹלֶת עִשָּׂרוֹן בָּלוּל
בִּרְבִעִית הַהִין שָׁמֶן׃
ה וְיַיִן לַנֶּסֶךְ רְבִיעִית הַהִין תַּעֲשֶׂה עַל־הָעֹלָה אוֹ לַזָּבַח לַכֶּבֶשׂ
הָאֶחָד׃
ו אוֹ לָאַיִל תַּעֲשֶׂה מִנְחָה סֹלֶת שְׁנֵי עֶשְׂרֹנִים בְּלוּלָה בַשֶּׁמֶן
שְׁלִשִׁית הַהִין׃
ז וְיַיִן לַנֶּסֶךְ שְׁלִשִׁית הַהִין תַּקְרִיב רֵיחַ־נִיחֹחַ לַיהוָה׃
ח וְכִי־תַעֲשֶׂה בֶן־בָּקָר עֹלָה אוֹ־זָבַח לְפַלֵּא־נֶדֶר אוֹ־שְׁלָמִים
לַיהוָה׃
ט וְהִקְרִיב עַל־בֶּן־הַבָּקָר מִנְחָה סֹלֶת שְׁלֹשָׁה עֶשְׂרֹנִים בָּלוּל
בַּשֶּׁמֶן חֲצִי הַהִין׃
י וְיַיִן תַּקְרִיב לַנֶּסֶךְ חֲצִי הַהִין אִשֵּׁה רֵיחַ־נִיחֹחַ לַיהוָה׃

יא כָּכָה יֵעָשֶׂה לַשּׁוֹר הָאֶחָד אוֹ לָאַיִל הָאֶחָד אוֹ־לַשֶּׂה בַכְּבָשִׂים
אוֹ בָעִזִּים׃
יב כַּמִּסְפָּר אֲשֶׁר תַּעֲשׂוּ כָּכָה תַּעֲשׂוּ לָאֶחָד כְּמִסְפָּרָם׃
יג כָּל־הָאֶזְרָח יַעֲשֶׂה־כָּכָה אֶת־אֵלֶּה לְהַקְרִיב אִשֵּׁה רֵיחַ־נִיחֹחַ
לַיהוָה׃
יד וְכִי־יָגוּר אִתְּכֶם גֵּר אוֹ אֲשֶׁר־בְּתוֹכְכֶם לְדֹרֹתֵיכֶם וְעָשָׂה אִשֵּׁה
רֵיחַ־נִיחֹחַ לַיהוָה כַּאֲשֶׁר תַּעֲשׂוּ כֵּן יַעֲשֶׂה׃
טו הַקָּהָל חֻקָּה אַחַת לָכֶם וְלַגֵּר הַגָּר חֻקַּת עוֹלָם לְדֹרֹתֵיכֶם כָּכֶם
כַּגֵּר יִהְיֶה לִפְנֵי יְהוָה׃
טז תּוֹרָה אַחַת וּמִשְׁפָּט אֶחָד יִהְיֶה לָכֶם וְלַגֵּר הַגָּר אִתְּכֶם׃ פ

יז וַיְדַבֵּר יְהוָה אֶל־מֹשֶׁה לֵּאמֹר׃

A repetição de diversas leis

15 1 Disse Jeová a Moisés: 2 Fala aos filhos de Israel e di-
ze-lhes: Quando entrardes na terra das vossas habi-
tações, que eu vos hei de dar, 3 e fizerdes uma oferta
queimada a Jeová, holocausto, ou sacrifício em cumprimento
dum voto, ou como oferta voluntária, ou nas vossas festas
fixas, para fazerdes um suave cheiro a Jeová, do gado ou do
rebanho, 4 aquele que oferecer a sua oblação oferecerá a Jeová
uma oferta de cereais da décima parte dum efa de flor de fa-
rinha, amassada com a quarta parte dum him de azeite; 5 e de
vinho para a oferta de libação prepararás a quarta parte de um
him com o holocausto ou para o sacrifício de cada cordeiro.
6 Para um carneiro, prepararás como oferta de cereais, duas
décimas partes dum efa de flor de farinha, amassada com a
terça parte dum him de azeite; 7 e como oferta de libação ofe-
recerás a terceira parte dum him de vinho, em suave cheiro
a Jeová. 8 Quando preparares um novilho para holocausto,
ou para sacrifício, em cumprimento dum voto, ou para ofer-
tas pacíficas a Jeová, 9 com o novilho oferecerás uma oferta
de cereais de três décimas partes dum efa de flor de farinha,
amassada com meio him de azeite. 10 Como a oferta de liba-
ção oferecerás meio him de vinho, para oferta queimada, em
suave cheiro a Jeová.

11 Assim se fará com cada novilho, ou cada carneiro, ou cada
um dos cordeiros ou dos bodes. 12 Assim o fareis com cada um,
conforme o número que oferecerdes. 13 Todos os naturais assim
farão essas coisas, ao oferecerem uma oferta queimada, em
suave cheiro a Jeová. 14 Se um estrangeiro peregrinar convosco
ou quem quer que estiver entre vós nas vossas gerações e ofe-
recer uma oferta queimada em suave cheiro a Jeová, como vós
fizerdes, assim fará ele. 15 Quanto à assembleia, haverá um só
estatuto para vós e para o estrangeiro que peregrinar convosco,
estatuto perpétuo nas vossas gerações; como vós sois, assim será
o estrangeiro diante de Jeová. 16 Uma só lei e uma só ordenança
haverá para vós e para o estrangeiro que peregrinar convosco.

17 Disse Jeová a Moisés: 18 Fala aos filhos de Israel e dize-lhes:

יח דַּבֵּר אֶל־בְּנֵי יִשְׂרָאֵל וְאָמַרְתָּ אֲלֵהֶם בְּבֹאֲכֶם אֶל־הָאָרֶץ אֲשֶׁר
אֲנִי מֵבִיא אֶתְכֶם שָׁמָּה:
יט וְהָיָה בַּאֲכָלְכֶם מִלֶּחֶם הָאָרֶץ תָּרִימוּ תְרוּמָה לַיהוָה:
כ רֵאשִׁית עֲרִסֹתֵכֶם חַלָּה תָּרִימוּ תְרוּמָה כִּתְרוּמַת גֹּרֶן כֵּן
תָּרִימוּ אֹתָהּ:
כא מֵרֵאשִׁית עֲרִסֹתֵיכֶם תִּתְּנוּ לַיהוָה תְּרוּמָה לְדֹרֹתֵיכֶם: ס
כב וְכִי תִשְׁגּוּ וְלֹא תַעֲשׂוּ אֵת כָּל־הַמִּצְוֺת הָאֵלֶּה אֲשֶׁר־דִּבֶּר
יְהוָה אֶל־מֹשֶׁה:
כג אֵת כָּל־אֲשֶׁר צִוָּה יְהוָה אֲלֵיכֶם בְּיַד־מֹשֶׁה מִן־הַיּוֹם אֲשֶׁר
צִוָּה יְהוָה וָהָלְאָה לְדֹרֹתֵיכֶם:
כד וְהָיָה אִם מֵעֵינֵי הָעֵדָה נֶעֶשְׂתָה לִשְׁגָגָה וְעָשׂוּ כָל־הָעֵדָה פַּר
בֶּן־בָּקָר אֶחָד לְעֹלָה לְרֵיחַ נִיחֹחַ לַיהוָה וּמִנְחָתוֹ וְנִסְכּוֹ כַּמִּשְׁפָּט
וּשְׂעִיר־עִזִּים אֶחָד לְחַטָּת:
כה וְכִפֶּר הַכֹּהֵן עַל־כָּל־עֲדַת בְּנֵי יִשְׂרָאֵל וְנִסְלַח לָהֶם כִּי־שְׁגָגָה
הִוא וְהֵם הֵבִיאוּ אֶת־קָרְבָּנָם אִשֶּׁה לַיהוָה וְחַטָּאתָם לִפְנֵי יְהוָה
עַל־שִׁגְגָתָם:
כו וְנִסְלַח לְכָל־עֲדַת בְּנֵי יִשְׂרָאֵל וְלַגֵּר הַגָּר בְּתוֹכָם כִּי לְכָל־הָעָם
בִּשְׁגָגָה: ס

כז וְאִם־נֶפֶשׁ אַחַת תֶּחֱטָא בִשְׁגָגָה וְהִקְרִיבָה עֵז בַּת־שְׁנָתָהּ
לְחַטָּאת:
כח וְכִפֶּר הַכֹּהֵן עַל־הַנֶּפֶשׁ הַשֹּׁגֶגֶת בְּחֶטְאָה בִשְׁגָגָה לִפְנֵי יְהוָה
לְכַפֵּר עָלָיו וְנִסְלַח לוֹ:
כט הָאֶזְרָח בִּבְנֵי יִשְׂרָאֵל וְלַגֵּר הַגָּר בְּתוֹכָם תּוֹרָה אַחַת יִהְיֶה
לָכֶם לָעֹשֶׂה בִּשְׁגָגָה:
ל וְהַנֶּפֶשׁ אֲשֶׁר־תַּעֲשֶׂה ׀ בְּיָד רָמָה מִן־הָאֶזְרָח וּמִן־הַגֵּר אֶת־
יְהוָה הוּא מְגַדֵּף וְנִכְרְתָה הַנֶּפֶשׁ הַהִוא מִקֶּרֶב עַמָּהּ:
לא כִּי דְבַר־יְהוָה בָּזָה וְאֶת־מִצְוָתוֹ הֵפַר הִכָּרֵת ׀ תִּכָּרֵת הַנֶּפֶשׁ
הַהִוא עֲוֺנָה בָהּ: פ

Quando entrardes na terra na qual vos hei de introduzir, 19 acon-
tecerá que, quando comerdes o pão da terra, fareis uma oferta
alçada a Jeová. 20 Das primícias da vossa massa oferecereis um
bolo como oferta alçada; como a oferta alçada da eira, assim o
oferecereis. 21 Das primícias da vossa massa fareis uma oferta
alçada a Jeová, durante as vossas gerações.

22 Quando errardes e não observardes todos estes manda-
mentos que Jeová tem falado a Moisés, 23 sim, tudo quanto
Jeová vos ordenou por intermédio de Moisés, desde o dia em
que Jeová começou a dar os seus mandamentos e daí em diante
durante as vossas gerações, 24 acontecerá que, se alguma coisa
se fizer por ignorância, sem o conhecimento da congregação,
toda a congregação oferecerá um novilho para holocausto, em
suave cheiro a Jeová, juntamente com a sua oferta de cereais e
com a sua oferta de libação, segundo a ordenança, e um bode
para oferta pelo pecado. 25 O sacerdote fará expiação por toda
a congregação dos filhos de Israel, e se lhes perdoará; pois foi
erro, mas trouxeram a sua oblação, oferta queimada a Jeová,
e a sua oferta pelo pecado perante a Jeová, por causa do seu
erro. 26 Perdoar-se-á a toda a congregação dos filhos de Israel
e ao estrangeiro que peregrina entre eles, porque todo o povo
participa do que se fez por ignorância.

27 Se alguma pessoa pecar por ignorância, oferecerá uma
cabra dum ano como oferta pelo pecado. 28 O sacerdote fará
expiação pela alma que erra, quando pecar por ignorância,
diante de Jeová, para fazer expiação por ela, e se lhe perdoa-
rá. 29 Tereis uma só lei para aquele que fizer alguma coisa por
ignorância, tanto para o natural entre os filhos de Israel como
para o estrangeiro que peregrina entre eles. 30 Mas a pessoa que
fizer alguma coisa afoitamente, ou seja natural ou seja estran-
geiro, ela blasfema a Jeová; tal pessoa será cortada dentre o
seu povo. 31 Pois ela desprezou a palavra de Jeová e violou o seu
mandamento; essa pessoa, certamente, será cortada, e sobre
ela estará a sua iniquidade.

לב וַיִּהְיוּ בְנֵי־יִשְׂרָאֵל בַּמִּדְבָּר וַיִּמְצְאוּ אִישׁ מְקֹשֵׁשׁ עֵצִים בְּיוֹם
הַשַּׁבָּת׃
לג וַיַּקְרִיבוּ אֹתוֹ הַמֹּצְאִים אֹתוֹ מְקֹשֵׁשׁ עֵצִים אֶל־מֹשֶׁה וְאֶל־
אַהֲרֹן וְאֶל כָּל־הָעֵדָה׃
לד וַיַּנִּיחוּ אֹתוֹ בַּמִּשְׁמָר כִּי לֹא פֹרַשׁ מַה־יֵּעָשֶׂה לוֹ׃ ס
לה וַיֹּאמֶר יְהוָה אֶל־מֹשֶׁה מוֹת יוּמַת הָאִישׁ רָגוֹם אֹתוֹ בָאֲבָנִים
כָּל־הָעֵדָה מִחוּץ לַמַּחֲנֶה׃
לו וַיֹּצִיאוּ אֹתוֹ כָּל־הָעֵדָה אֶל־מִחוּץ לַמַּחֲנֶה וַיִּרְגְּמוּ אֹתוֹ
בָּאֲבָנִים וַיָּמֹת כַּאֲשֶׁר צִוָּה יְהוָה אֶת־מֹשֶׁה׃ פ

לז וַיֹּאמֶר יְהוָה אֶל־מֹשֶׁה לֵּאמֹר׃
לח דַּבֵּר אֶל־בְּנֵי יִשְׂרָאֵל וְאָמַרְתָּ אֲלֵהֶם וְעָשׂוּ לָהֶם צִיצִת עַל־
כַּנְפֵי בִגְדֵיהֶם לְדֹרֹתָם וְנָתְנוּ עַל־צִיצִת הַכָּנָף פְּתִיל תְּכֵלֶת׃
לט וְהָיָה לָכֶם לְצִיצִת וּרְאִיתֶם אֹתוֹ וּזְכַרְתֶּם אֶת־כָּל־מִצְוֹת
יְהוָה וַעֲשִׂיתֶם אֹתָם וְלֹא־תָתֻרוּ אַחֲרֵי לְבַבְכֶם וְאַחֲרֵי עֵינֵיכֶם
אֲשֶׁר־אַתֶּם זֹנִים אַחֲרֵיהֶם׃
מ לְמַעַן תִּזְכְּרוּ וַעֲשִׂיתֶם אֶת־כָּל־מִצְוֹתָי וִהְיִיתֶם קְדֹשִׁים
לֵאלֹהֵיכֶם׃
מא אֲנִי יְהוָה אֱלֹהֵיכֶם אֲשֶׁר הוֹצֵאתִי אֶתְכֶם מֵאֶרֶץ מִצְרַיִם
לִהְיוֹת לָכֶם לֵאלֹהִים אֲנִי יְהוָה אֱלֹהֵיכֶם׃ פ

א וַיִּקַּח קֹרַח בֶּן־יִצְהָר בֶּן־קְהָת בֶּן־לֵוִי וְדָתָן וַאֲבִירָם בְּנֵי
אֱלִיאָב וְאוֹן בֶּן־פֶּלֶת בְּנֵי רְאוּבֵן׃
ב וַיָּקֻמוּ לִפְנֵי מֹשֶׁה וַאֲנָשִׁים מִבְּנֵי־יִשְׂרָאֵל חֲמִשִּׁים וּמָאתָיִם
נְשִׂיאֵי עֵדָה קְרִאֵי מוֹעֵד אַנְשֵׁי־שֵׁם׃
ג וַיִּקָּהֲלוּ עַל־מֹשֶׁה וְעַל־אַהֲרֹן וַיֹּאמְרוּ אֲלֵהֶם רַב־לָכֶם כִּי כָל־
הָעֵדָה כֻּלָּם קְדֹשִׁים וּבְתוֹכָם יְהוָה וּמַדּוּעַ תִּתְנַשְּׂאוּ עַל־קְהַל
יְהוָה׃

Punição pela violação do sábado

32 Estando os filhos de Israel no deserto, acharam um homem
apanhando lenha no dia de sábado. 33 Os que o acharam apanhan-
do lenha trouxeram-no a Moisés, a Arão e a toda a congregação.
34 Meteram-no em prisão, porque ainda não estava declarado o
que se lhe devia fazer. 35 Então, disse Jeová a Moisés: O homem,
certamente, será morto; toda a congregação o apedrejará fora
do arraial. 36 Toda a congregação o levou para fora do arraial e
o apedrejou, e ele morreu, como Jeová ordenou a Moisés.

A lei acerca das bordas dos vestidos

37 Disse mais Jeová a Moisés: 38 Fala aos filhos de Israel e
dize-lhes que nos cantos dos seus vestidos se lhes façam fím-
brias durante as suas gerações, e que se ponham na fímbria
de cada canto um fio azul. 39 Ser-vos-á por fímbria, para que,
vendo-a, vos lembreis de todos os mandamentos de Jeová e os
observeis, para que não vos deixeis arrastar à infidelidade pelo
vosso coração e pelos vossos olhos; 40 para que vos lembreis de
todos os meus mandamentos, e os observeis, e sejais santos para
com o vosso Deus. 41 Eu sou Jeová, vosso Deus, que vos tirei da
terra do Egito, para ser vosso Deus. Eu sou Jeová, vosso Deus.

A rebelião de Coré, Datã e Abirão

16 1 Ora, Coré, filho de Jizar, filho de Coate, filho de Levi,
juntamente com Datã e Abirão, filhos de Eliabe, e
Om, filho de Pelete, filhos de Rúben, tomaram gen-
te; 2 levantaram-se perante Moisés com certos homens dos filhos
de Israel, a saber, com duzentos e cinquenta príncipes da congre-
gação, chamados à assembleia, varões de renome; 3 ajuntaram-se
contra Moisés e contra Arão e disseram-lhes: Basta-vos! Visto que
toda a congregação é santa, todos o são, e Jeová está no meio de-
les; por que razão, pois, vos elevais sobre a assembleia de Jeová?

ד וַיִּשְׁמַע מֹשֶׁה וַיִּפֹּל עַל־פָּנָיו:
ה וַיְדַבֵּר אֶל־קֹרַח וְאֶל־כָּל־עֲדָתוֹ לֵאמֹר בֹּקֶר וְיֹדַע יְהוָה אֶת־
אֲשֶׁר־לוֹ וְאֶת־הַקָּדוֹשׁ וְהִקְרִיב אֵלָיו וְאֵת אֲשֶׁר יִבְחַר־בּוֹ יַקְרִיב
אֵלָיו:
ו זֹאת עֲשׂוּ קְחוּ־לָכֶם מַחְתּוֹת קֹרַח וְכָל־עֲדָתוֹ:
ז וּתְנוּ בָהֵן| אֵשׁ וְשִׂימוּ עֲלֵיהֶן קְטֹרֶת לִפְנֵי יְהוָה מָחָר וְהָיָה
הָאִישׁ אֲשֶׁר־יִבְחַר יְהוָה הוּא הַקָּדוֹשׁ רַב־לָכֶם בְּנֵי לֵוִי:
ח וַיֹּאמֶר מֹשֶׁה אֶל־קֹרַח שִׁמְעוּ־נָא בְּנֵי לֵוִי:
ט הַמְעַט מִכֶּם כִּי־הִבְדִּיל אֱלֹהֵי יִשְׂרָאֵל אֶתְכֶם מֵעֲדַת יִשְׂרָאֵל
לְהַקְרִיב אֶתְכֶם אֵלָיו לַעֲבֹד אֶת־עֲבֹדַת מִשְׁכַּן יְהוָה וְלַעֲמֹד
לִפְנֵי הָעֵדָה לְשָׁרְתָם:
י וַיַּקְרֵב אֹתְךָ וְאֶת־כָּל־אַחֶיךָ בְנֵי־לֵוִי אִתָּךְ וּבִקַּשְׁתֶּם גַּם־כְּהֻנָּה:
יא לָכֵן אַתָּה וְכָל־עֲדָתְךָ הַנֹּעָדִים עַל־יְהוָה וְאַהֲרֹן מַה־הוּא כִּי)
תִלּוֹנוּ] (תַלִּינוּ[עָלָיו:

יב וַיִּשְׁלַח מֹשֶׁה לִקְרֹא לְדָתָן וְלַאֲבִירָם בְּנֵי אֱלִיאָב וַיֹּאמְרוּ לֹא
נַעֲלֶה:
יג הַמְעַט כִּי הֶעֱלִיתָנוּ מֵאֶרֶץ זָבַת חָלָב וּדְבַשׁ לַהֲמִיתֵנוּ בַּמִּדְבָּר
כִּי־תִשְׂתָּרֵר עָלֵינוּ גַּם־הִשְׂתָּרֵר:
יד אַף לֹא אֶל־אֶרֶץ זָבַת חָלָב וּדְבַשׁ הֲבִיאֹתָנוּ וַתִּתֶּן־לָנוּ נַחֲלַת
שָׂדֶה וָכָרֶם הַעֵינֵי הָאֲנָשִׁים הָהֵם תְּנַקֵּר לֹא נַעֲלֶה:

טו וַיִּחַר לְמֹשֶׁה מְאֹד וַיֹּאמֶר אֶל־יְהוָה אַל־תֵּפֶן אֶל־מִנְחָתָם לֹא
חֲמוֹר אֶחָד מֵהֶם נָשָׂאתִי וְלֹא הֲרֵעֹתִי אֶת־אַחַד מֵהֶם:
טז וַיֹּאמֶר מֹשֶׁה אֶל־קֹרַח אַתָּה וְכָל־עֲדָתְךָ הֱיוּ לִפְנֵי יְהוָה אַתָּה
וָהֵם וְאַהֲרֹן מָחָר:
יז וּקְחוּ| אִישׁ מַחְתָּתוֹ וּנְתַתֶּם עֲלֵיהֶם קְטֹרֶת וְהִקְרַבְתֶּם לִפְנֵי
יְהוָה אִישׁ מַחְתָּתוֹ חֲמִשִּׁים וּמָאתַיִם מַחְתֹּת וְאַתָּה וְאַהֲרֹן אִישׁ
מַחְתָּתוֹ:
יח וַיִּקְחוּ אִישׁ מַחְתָּתוֹ וַיִּתְּנוּ עֲלֵיהֶם אֵשׁ וַיָּשִׂימוּ עֲלֵיהֶם קְטֹרֶת
וַיַּעַמְדוּ פֶּתַח אֹהֶל מוֹעֵד וּמֹשֶׁה וְאַהֲרֹן:
יט וַיַּקְהֵל עֲלֵיהֶם קֹרַח אֶת־כָּל־הָעֵדָה אֶל־פֶּתַח אֹהֶל מוֹעֵד
וַיֵּרָא כְבוֹד־יְהוָה אֶל־כָּל־הָעֵדָה: פ

4 Quando Moisés ouviu isso, lançou-se com o rosto em terra;
5 e disse a Coré e a toda a sua companhia: Pela manhã, Jeová fará
conhecer aquele que lhe pertence. Ele permitirá chegar a si o
que é santo, a saber, permitirá chegar a si o que escolher. 6 Fazei
isto: Coré e toda a sua companhia, tomai incensários, 7 e amanhã
ponde fogo neles, e sobre eles deitai incenso diante de Jeová;
e o homem a quem Jeová escolher, esse será santo; basta-vos,
filhos de Levi! 8 Disse Moisés a Coré: Ouvi, filhos de Levi: 9 é
para vós, porventura, coisa de somenos importância que o Deus
de Israel vos tenha separado da congregação de Israel, para vos
fazer chegar a si, a fim de cumprirdes o serviço do tabernáculo
de Jeová e estardes perante a congregação para lhe ministrar?
10 Que te haja feito chegar a ti, e a todos os teus irmãos, filhos
de Levi? Procurais também o sacerdócio? 11 Portanto, tu e toda
a tua companhia sois os que vos sublevastes contra Jeová; e
Arão, quem é ele, para que murmureis contra ele?

12 Mandou Moisés chamar a Datã e Abirão, filhos de Eliabe;
mas eles responderam: Não subiremos; 13 acaso, não é bastante
que nos tenhas tirado de uma terra que mana leite e mel, para
nos fazeres morrer no deserto; mas queres ainda fazer-te prín-
cipe sobre nós? 14 De mais a mais, não nos introduziste numa
terra que mana leite e mel, nem nos deste em herança campos
e vinhas; pensas que lançarás pó aos olhos destes homens? Pois
não subiremos.

15 Moisés, irado grandemente, disse a Jeová: Não atentes
para a sua oferta; nem um só jumento tenho tirado deles, nem
a nenhum deles tenho feito mal. 16 Disse mais Moisés a Coré:
Estai tu e toda a tua congregação diante de Jeová; sim, tu, e
eles, e Arão, amanhã. 17 Tomai, cada um o seu incensário, e
sobre eles deitai incenso, e trazei diante de Jeová, cada um o
seu incensário, duzentos e cinquenta incensários; também tu
e Arão, cada um o seu incensário. 18 Tomaram, pois, cada um
o seu incensário, e neles puseram fogo, e sobre eles deitaram
incenso, e estiveram em pé à entrada da tenda da revelação,
juntamente com Moisés e Arão. 19 Coré fez reunir toda a con-
gregação contra eles à entrada da tenda da revelação, e a glória
de Jeová apareceu a toda a congregação.

כ וַיְדַבֵּר יְהוָה אֶל־מֹשֶׁה וְאֶל־אַהֲרֹן לֵאמֹר׃
כא הִבָּדְלוּ מִתּוֹךְ הָעֵדָה הַזֹּאת וַאֲכַלֶּה אֹתָם כְּרָגַע׃
כב וַיִּפְּלוּ עַל־פְּנֵיהֶם וַיֹּאמְרוּ אֵל אֱלֹהֵי הָרוּחֹת לְכָל־בָּשָׂר הָאִישׁ
אֶחָד יֶחֱטָא וְעַל כָּל־הָעֵדָה תִּקְצֹף׃ פ
כג וַיְדַבֵּר יְהוָה אֶל־מֹשֶׁה לֵּאמֹר׃
כד דַּבֵּר אֶל־הָעֵדָה לֵאמֹר הֵעָלוּ מִסָּבִיב לְמִשְׁכַּן־קֹרַח דָּתָן
וַאֲבִירָם׃
כה וַיָּקָם מֹשֶׁה וַיֵּלֶךְ אֶל־דָּתָן וַאֲבִירָם וַיֵּלְכוּ אַחֲרָיו זִקְנֵי יִשְׂרָאֵל׃
כו וַיְדַבֵּר אֶל־הָעֵדָה לֵאמֹר סוּרוּ נָא מֵעַל אָהֳלֵי הָאֲנָשִׁים
הָרְשָׁעִים הָאֵלֶּה וְאַל־תִּגְּעוּ בְּכָל־אֲשֶׁר לָהֶם פֶּן־תִּסָּפוּ בְּכָל־
חַטֹּאתָם׃
כז וַיֵּעָלוּ מֵעַל מִשְׁכַּן־קֹרַח דָּתָן וַאֲבִירָם מִסָּבִיב וְדָתָן וַאֲבִירָם
יָצְאוּ נִצָּבִים פֶּתַח אָהֳלֵיהֶם וּנְשֵׁיהֶם וּבְנֵיהֶם וְטַפָּם׃
כח וַיֹּאמֶר מֹשֶׁה בְּזֹאת תֵּדְעוּן כִּי־יְהוָה שְׁלָחַנִי לַעֲשׂוֹת אֵת כָּל־
הַמַּעֲשִׂים הָאֵלֶּה כִּי־לֹא מִלִּבִּי׃
כט אִם־כְּמוֹת כָּל־הָאָדָם יְמֻתוּן אֵלֶּה וּפְקֻדַּת כָּל־הָאָדָם יִפָּקֵד
עֲלֵיהֶם לֹא יְהוָה שְׁלָחָנִי׃
ל וְאִם־בְּרִיאָה יִבְרָא יְהוָה וּפָצְתָה הָאֲדָמָה אֶת־פִּיהָ וּבָלְעָה
אֹתָם וְאֶת־כָּל־אֲשֶׁר לָהֶם וְיָרְדוּ חַיִּים שְׁאֹלָה וִידַעְתֶּם כִּי נִאֲצוּ
הָאֲנָשִׁים הָאֵלֶּה אֶת־יְהוָה׃

לא וַיְהִי כְּכַלֹּתוֹ לְדַבֵּר אֵת כָּל־הַדְּבָרִים הָאֵלֶּה וַתִּבָּקַע הָאֲדָמָה
אֲשֶׁר תַּחְתֵּיהֶם׃
לב וַתִּפְתַּח הָאָרֶץ אֶת־פִּיהָ וַתִּבְלַע אֹתָם וְאֶת־בָּתֵּיהֶם וְאֵת כָּל־
הָאָדָם אֲשֶׁר לְקֹרַח וְאֵת כָּל־הָרְכוּשׁ׃
לג וַיֵּרְדוּ הֵם וְכָל־אֲשֶׁר לָהֶם חַיִּים שְׁאֹלָה וַתְּכַס עֲלֵיהֶם הָאָרֶץ
וַיֹּאבְדוּ מִתּוֹךְ הַקָּהָל׃
לד וְכָל־יִשְׂרָאֵל אֲשֶׁר סְבִיבֹתֵיהֶם נָסוּ לְקֹלָם כִּי אָמְרוּ פֶּן־
תִּבְלָעֵנוּ הָאָרֶץ׃
לה וְאֵשׁ יָצְאָה מֵאֵת יְהוָה וַתֹּאכַל אֵת הַחֲמִשִּׁים וּמָאתַיִם אִישׁ
מַקְרִיבֵי הַקְּטֹרֶת׃ פ

Os rebeldes castigados

20 Disse Jeová a Moisés e a Arão: 21 Separai-vos do meio desta
congregação, para que eu os consuma imediatamente. 22 Lan-
çaram-se com o rosto em terra e disseram: Ó Deus, Deus dos
espíritos de toda a carne, acaso, pecaria um só homem, e in-
dignar-te-ias contra toda a congregação? 23 Respondeu Jeová a
Moisés: 24 Dize à congregação: Subi do derredor do tabernáculo
de Coré, Datã e Abirão.

25 Levantou-se Moisés e foi ter com Datã e Abirão; e os
anciãos de Israel o seguiram. 26 Disse à congregação: Reti-
rai-vos das tendas destes homens perversos e não toqueis
coisa que lhes pertença, para que não sejais arrebatados
em todos os seus pecados. 27 Subiram, pois, do derredor do
tabernáculo de Coré, Datã e Abirão; e saíram Datã e Abi-
rão e estiveram em pé à entrada das suas tendas com suas
mulheres, e seus filhos, e seus pequeninos. 28 Então, disse
Moisés: Nisto conhecereis que Jeová me enviou a fazer todas
estas obras; porque não as tenho feito de mim mesmo. 29 Se
estes homens morrerem como todos morrem ou se forem
visitados como são visitados todos os homens, não é Jeová
quem me enviou. 30 Mas, se Jeová criar uma nova coisa, e a
terra abrir a boca e os tragar com tudo o que lhes perten-
ce, e vivos descerem ao Sheol, sabereis que estes homens
desprezaram a Jeová.

31 Ao acabar ele de falar todas essas palavras, fendeu-se a terra
que estava debaixo deles; 32 a terra abriu a boca e tragou-os com
as suas famílias, com todos os homens que pertenciam a Coré e
com toda a sua fazenda. 33 Eles e todos os que lhes pertenciam,
vivos, desceram ao Sheol; a terra cobriu-os, e pereceram do
meio da assembleia. 34 Todo o Israel, que estava ao redor deles,
fugiu ao clamor dos que pereciam, porque diziam: Não suceda
que a terra nos trague a nós. 35 De Jeová saiu fogo e consumiu
os duzentos e cinquenta homens que ofereciam o incenso.

[O capítulo 16 da versão hebraica termina no versículo 35].

Os incensários dos rebeldes aproveitados

36 Disse Jeová a Moisés: 37 Fala a Eleazar, filho do sacerdote
Arão, que tire do incêndio os incensários. Espalha tu o fogo lá,
porque se tornaram santos 38 os incensários destes homens que
pecaram contra as suas vidas. Deles se façam lâminas batidas
para uma coberta do altar, pois se ofereceram diante de Jeová;
portanto, se tornaram santos; e serão por sinal aos filhos de
Israel. 39 Eleazar, o sacerdote, tomou os incensários de cobre,
aos quais tinham oferecido os que foram queimados; e os con-
verteram em lâminas para coberta do altar, 40 para servir de
memorial aos filhos de Israel, a fim de que nenhum estrangeiro
que não seja da semente de Arão se chegue para queimar incen-
so diante de Jeová; para que não seja como Coré e como a sua
companhia, conforme Jeová lhe falou por intermédio de Moisés.

O povo murmura e é visitado com uma praga

41 Porém, no dia seguinte, toda a congregação dos filhos de
Israel murmurou contra Moisés e contra Arão, dizendo: Vós
matastes o povo de Jeová. 42 Quando a congregação se havia
reunido contra Moisés e contra Arão, viraram-se para a tenda
da revelação; eis que a nuvem a cobriu, e apareceu a glória de
Jeová. 43 Vieram Moisés e Arão à frente da tenda da revelação.
44 Disse Jeová a Moisés: 45 Subi do meio desta congregação,
para que eu os consuma imediatamente. Então, se prostraram
com o rosto em terra. 46 Disse Moisés a Arão: Toma o teu in-
censário, e põe nele fogo do altar, e sobre ele deita incenso, e
leva-o depressa à congregação, e faze expiação por eles; pois
de Jeová já saiu a ira, e já começou a praga. 47 Tomou-o Arão,
como Moisés lhe falou, e correu ao meio da assembleia (eis que
já havia começado a praga entre o povo), e deitou o incenso,
e fez expiação pelo povo. 48 Pôs-se em pé entre os mortos e
os vivos, e cessou a praga. 49 Ora, os que morreram da praga
foram quatorze mil e oitocentos, além dos que morreram no

א וַיְדַבֵּ֥ר יְהוָ֖ה אֶל־מֹשֶׁ֥ה לֵּאמֹֽר:
ב אֱמֹ֨ר אֶל־אֶלְעָזָ֜ר בֶּן־אַהֲרֹ֣ן הַכֹּהֵ֗ן וְיָרֵ֤ם אֶת־הַמַּחְתֹּת֙ מִבֵּ֣ין
הַשְּׂרֵפָ֔ה וְאֶת־הָאֵ֖שׁ זְרֵה־הָ֑לְאָה כִּ֖י קָדֵֽשׁוּ:
ג אֵ֣ת מַחְתּ֞וֹת הַֽחַטָּאִ֣ים הָאֵ֘לֶּה֮ בְּנַפְשֹׁתָם֒ וְעָשׂ֨וּ אֹתָ֜ם רִקֻּעֵ֤י
פַחִים֙ צִפּ֣וּי לַמִּזְבֵּ֔חַ כִּֽי־הִקְרִיבֻ֥ם לִפְנֵֽי־יְהוָ֖ה וַיִּקְדָּ֑שׁוּ וְיִהְי֥וּ לְא֖וֹת
לִבְנֵ֥י יִשְׂרָאֵֽל:
ד וַיִּקַּ֞ח אֶלְעָזָ֣ר הַכֹּהֵ֗ן אֵ֚ת מַחְתּ֣וֹת הַנְּחֹ֔שֶׁת אֲשֶׁ֥ר הִקְרִ֖יבוּ
הַשְּׂרֻפִ֑ים וַֽיְרַקְּע֖וּם צִפּ֥וּי לַמִּזְבֵּֽחַ:
ה זִכָּר֞וֹן לִבְנֵ֣י יִשְׂרָאֵ֗ל לְמַ֨עַן֩ אֲשֶׁ֨ר לֹֽא־יִקְרַ֜ב אִ֣ישׁ זָ֗ר אֲשֶׁ֨ר לֹ֤א
מִזֶּ֙רַע֙ אַהֲרֹ֣ן ה֔וּא לְהַקְטִ֥יר קְטֹ֖רֶת לִפְנֵ֣י יְהוָ֑ה וְלֹֽא־יִהְיֶ֤ה כְקֹ֙רַח֙
וְכַ֣עֲדָת֔וֹ כַּאֲשֶׁ֨ר דִּבֶּ֧ר יְהוָ֛ה בְּיַד־מֹשֶׁ֖ה לֽוֹ:
ו וַיִּלֹּ֜נוּ כָּל־עֲדַ֤ת בְּנֵֽי־יִשְׂרָאֵל֙ מִֽמָּחֳרָ֔ת עַל־מֹשֶׁ֥ה וְעַֽל־אַהֲרֹ֖ן
לֵאמֹ֑ר אַתֶּ֥ם הֲמִתֶּ֖ם אֶת־עַ֥ם יְהוָֽה:
ז וַיְהִ֗י בְּהִקָּהֵ֤ל הָֽעֵדָה֙ עַל־מֹשֶׁ֣ה וְעַֽל־אַהֲרֹ֔ן וַיִּפְנוּ֙ אֶל־אֹ֣הֶל מוֹעֵ֔ד
וְהִנֵּ֥ה כִסָּ֖הוּ הֶעָנָ֑ן וַיֵּרָ֖א כְּב֥וֹד יְהוָֽה:
ח וַיָּבֹ֤א מֹשֶׁה֙ וְאַהֲרֹ֔ן אֶל־פְּנֵ֖י אֹ֥הֶל מוֹעֵֽד: פ
ט וַיְדַבֵּ֥ר יְהוָ֖ה אֶל־מֹשֶׁ֥ה לֵּאמֹֽר:
י הֵרֹ֗מּוּ מִתּוֹךְ֙ הָעֵדָ֣ה הַזֹּ֔את וַאֲכַלֶּ֥ה אֹתָ֖ם כְּרָ֑גַע וַֽיִּפְּל֖וּ עַל־
פְּנֵיהֶֽם:
יא וַיֹּ֨אמֶר מֹשֶׁ֜ה אֶֽל־אַהֲרֹ֗ן קַ֣ח אֶת־הַ֠מַּחְתָּה וְתֶן־עָלֶ֨יהָ אֵ֜שׁ מֵעַ֣ל
הַמִּזְבֵּ֗חַ וְשִׂ֣ים קְטֹ֔רֶת וְהוֹלֵ֧ךְ מְהֵרָ֛ה אֶל־הָעֵדָ֖ה וְכַפֵּ֣ר עֲלֵיהֶ֑ם כִּֽי־
יָצָ֥א הַקֶּ֛צֶף מִלִּפְנֵ֥י יְהוָ֖ה הֵחֵ֥ל הַנָּֽגֶף:

יב וַיִּקַּ֨ח אַהֲרֹ֜ן כַּאֲשֶׁ֣ר ׀ דִּבֶּ֣ר מֹשֶׁ֗ה וַיָּ֙רָץ֙ אֶל־תּ֣וֹךְ הַקָּהָ֔ל וְהִנֵּ֛ה
הֵחֵ֥ל הַנֶּ֖גֶף בָּעָ֑ם וַיִּתֵּן֙ אֶת־הַקְּטֹ֔רֶת וַיְכַפֵּ֖ר עַל־הָעָֽם:
יג וַיַּעֲמֹ֥ד בֵּֽין־הַמֵּתִ֖ים וּבֵ֣ין הַֽחַיִּ֑ים וַתֵּעָצַ֖ר הַמַּגֵּפָֽה:
יד וַיִּהְי֗וּ הַמֵּתִים֙ בַּמַּגֵּפָ֔ה אַרְבָּעָ֥ה עָשָׂ֛ר אֶ֖לֶף וּשְׁבַ֣ע מֵא֑וֹת מִלְּבַ֥ד
הַמֵּתִ֖ים עַל־דְּבַר־קֹֽרַח:
טו וַיָּ֤שָׁב אַהֲרֹן֙ אֶל־מֹשֶׁ֔ה אֶל־פֶּ֖תַח אֹ֣הֶל מוֹעֵ֑ד וְהַמַּגֵּפָ֖ה נֶעֱצָֽרָה:
פ

caso de Coré. 50 Voltou Arão para Moisés, à entrada da tenda
da revelação; e cessou a praga.

A vara de Arão floresce

17 1 Disse Jeová a Moisés: 2 Fala aos filhos de Israel e
recebe deles varas, uma pela casa de cada pai de to-
dos os seus príncipes, segundo as casas de seus pais,
isto é, doze varas; escreve o nome de cada um sobre a sua
vara. 3 Escreverás o nome de Arão sobre a vara de Levi, porque
cada cabeça das casas de seus pais terá uma vara. 4 Depositá-
-las-ás na tenda da revelação, diante do Testemunho, onde
venho a vós. 5 Brotará a vara do homem que eu escolher; as-
sim farei cessar de mim as murmurações dos filhos de Israel,
que murmuram contra vós. 6 Falou Moisés aos filhos de Israel,
e todos os seus príncipes deram-lhe varas, cada príncipe lhe
deu uma, segundo as casas de seus pais, isto é, doze varas; e a
vara de Arão achava-se entre as varas deles. 7 Moisés deposi-
tou as varas diante de Jeová na tenda do Testemunho.

8 No dia seguinte, entrou Moisés na tenda do Testemunho; eis
que a vara de Arão pela casa de Levi tinha brotado, e, inchando
os gomos, arrebentou em flores, e deu amêndoas maduras.
9 Então, Moisés trouxe todas as varas de diante de Jeová a todos
os filhos de Israel; eles viram, e receberam, cada um a sua vara.
10 Disse Jeová a Moisés: Torna a pôr a vara de Arão diante do
Testemunho, para se guardar, como memorial, contra os filhos
de rebelião; para que faças acabar as suas murmurações contra
mim, a fim de que não morram. 11 Assim fez Moisés; como Jeová
lhe ordenou, assim fez.

12 Os filhos de Israel disseram a Moisés: Eis que expiramos,
perecemos, todos nós perecemos. 13 Todo o que se chegar ao
tabernáculo de Jeová morrerá; porventura, expiraremos todos?

טז וַיְדַבֵּר יְהוָה אֶל־מֹשֶׁה לֵּאמֹר׃
יז דַּבֵּר׀ אֶל־בְּנֵי יִשְׂרָאֵל וְקַח מֵאִתָּם מַטֶּה מַטֶּה לְבֵית אָב מֵאֵת
כָּל־נְשִׂיאֵהֶם לְבֵית אֲבֹתָם שְׁנֵים עָשָׂר מַטּוֹת אִישׁ אֶת־שְׁמוֹ
תִּכְתֹּב עַל־מַטֵּהוּ׃
יח וְאֵת שֵׁם אַהֲרֹן תִּכְתֹּב עַל־מַטֵּה לֵוִי כִּי מַטֶּה אֶחָד לְרֹאשׁ
בֵּית אֲבוֹתָם׃
יט וְהִנַּחְתָּם בְּאֹהֶל מוֹעֵד לִפְנֵי הָעֵדוּת אֲשֶׁר אִוָּעֵד לָכֶם שָׁמָּה׃
כ וְהָיָה הָאִישׁ אֲשֶׁר אֶבְחַר־בּוֹ מַטֵּהוּ יִפְרָח וַהֲשִׁכֹּתִי מֵעָלַי אֶת־
תְּלֻנּוֹת בְּנֵי יִשְׂרָאֵל אֲשֶׁר הֵם מַלִּינִם עֲלֵיכֶם׃
כא וַיְדַבֵּר מֹשֶׁה אֶל־בְּנֵי יִשְׂרָאֵל וַיִּתְּנוּ אֵלָיו׀ כָּל־נְשִׂיאֵיהֶם מַטֶּה
לְנָשִׂיא אֶחָד מַטֶּה לְנָשִׂיא אֶחָד לְבֵית אֲבֹתָם שְׁנֵים עָשָׂר מַטּוֹת
וּמַטֵּה אַהֲרֹן בְּתוֹךְ מַטּוֹתָם׃
כב וַיַּנַּח מֹשֶׁה אֶת־הַמַּטֹּת לִפְנֵי יְהוָה בְּאֹהֶל הָעֵדֻת׃
כג וַיְהִי מִמָּחֳרָת וַיָּבֹא מֹשֶׁה אֶל־אֹהֶל הָעֵדוּת וְהִנֵּה פָּרַח מַטֵּה־
אַהֲרֹן לְבֵית לֵוִי וַיֹּצֵא פֶרַח וַיָּצֵץ צִיץ וַיִּגְמֹל שְׁקֵדִים׃
כד וַיֹּצֵא מֹשֶׁה אֶת־כָּל־הַמַּטֹּת מִלִּפְנֵי יְהוָה אֶל־כָּל־בְּנֵי יִשְׂרָאֵל
וַיִּרְאוּ וַיִּקְחוּ אִישׁ מַטֵּהוּ׃ ס
כה וַיֹּאמֶר יְהוָה אֶל־מֹשֶׁה הָשֵׁב אֶת־מַטֵּה אַהֲרֹן לִפְנֵי הָעֵדוּת
לְמִשְׁמֶרֶת לְאוֹת לִבְנֵי־מֶרִי וּתְכַל תְּלוּנֹּתָם מֵעָלַי וְלֹא יָמֻתוּ׃
כו וַיַּעַשׂ מֹשֶׁה כַּאֲשֶׁר צִוָּה יְהוָה אֹתוֹ כֵּן עָשָׂה׃ ס
כז וַיֹּאמְרוּ בְּנֵי יִשְׂרָאֵל אֶל־מֹשֶׁה לֵאמֹר הֵן גָּוַעְנוּ אָבַדְנוּ כֻּלָּנוּ
אָבָדְנוּ׃
כח כֹּל הַקָּרֵב׀ הַקָּרֵב אֶל־מִשְׁכַּן יְהוָה יָמוּת הַאִם תַּמְנוּ לִגְוֹעַ׃ ס

[O capítulo 17 da versão hebraica termina no versículo 28].

א וַיֹּאמֶר יְהוָה אֶל־אַהֲרֹן אַתָּה וּבָנֶיךָ וּבֵית־אָבִיךָ אִתָּךְ תִּשְׂאוּ
אֶת־עֲוֺן הַמִּקְדָּשׁ וְאַתָּה וּבָנֶיךָ אִתָּךְ תִּשְׂאוּ אֶת־עֲוֺן כְּהֻנַּתְכֶם:
ב וְגַם אֶת־אַחֶיךָ מַטֵּה לֵוִי שֵׁבֶט אָבִיךָ הַקְרֵב אִתָּךְ וְיִלָּווּ עָלֶיךָ
וִישָׁרְתוּךָ וְאַתָּה וּבָנֶיךָ אִתָּךְ לִפְנֵי אֹהֶל הָעֵדֻת:
ג וְשָׁמְרוּ מִשְׁמַרְתְּךָ וּמִשְׁמֶרֶת כָּל־הָאֹהֶל אַךְ אֶל־כְּלֵי הַקֹּדֶשׁ
וְאֶל־הַמִּזְבֵּחַ לֹא יִקְרָבוּ וְלֹא־יָמֻתוּ גַם־הֵם גַּם־אַתֶּם:
ד וְנִלְווּ עָלֶיךָ וְשָׁמְרוּ אֶת־מִשְׁמֶרֶת אֹהֶל מוֹעֵד לְכֹל עֲבֹדַת
הָאֹהֶל וְזָר לֹא־יִקְרַב אֲלֵיכֶם:
ה וּשְׁמַרְתֶּם אֵת מִשְׁמֶרֶת הַקֹּדֶשׁ וְאֵת מִשְׁמֶרֶת הַמִּזְבֵּחַ
וְלֹא־יִהְיֶה עוֹד קֶצֶף עַל־בְּנֵי יִשְׂרָאֵל:
ו וַאֲנִי הִנֵּה לָקַחְתִּי אֶת־אֲחֵיכֶם הַלְוִיִּם מִתּוֹךְ בְּנֵי יִשְׂרָאֵל לָכֶם
מַתָּנָה נְתֻנִים לַיהוָה לַעֲבֹד אֶת־עֲבֹדַת אֹהֶל מוֹעֵד:
ז וְאַתָּה וּבָנֶיךָ אִתְּךָ תִּשְׁמְרוּ אֶת־כְּהֻנַּתְכֶם לְכָל־דְּבַר הַמִּזְבֵּחַ
וּלְמִבֵּית לַפָּרֹכֶת וַעֲבַדְתֶּם עֲבֹדַת מַתָּנָה אֶתֵּן אֶת־כְּהֻנַּתְכֶם
וְהַזָּר הַקָּרֵב יוּמָת: ס

ח וַיְדַבֵּר יְהוָה אֶל־אַהֲרֹן וַאֲנִי הִנֵּה נָתַתִּי לְךָ אֶת־מִשְׁמֶרֶת
תְּרוּמֹתָי לְכָל־קָדְשֵׁי בְנֵי־יִשְׂרָאֵל לְךָ נְתַתִּים לְמָשְׁחָה וּלְבָנֶיךָ
לְחָק־עוֹלָם:
ט זֶה־יִהְיֶה לְךָ מִקֹּדֶשׁ הַקֳּדָשִׁים מִן־הָאֵשׁ כָּל־קָרְבָּנָם לְכָל־
מִנְחָתָם וּלְכָל־חַטָּאתָם וּלְכָל־אֲשָׁמָם אֲשֶׁר יָשִׁיבוּ לִי קֹדֶשׁ
קָדָשִׁים לְךָ הוּא וּלְבָנֶיךָ:
י בְּקֹדֶשׁ הַקֳּדָשִׁים תֹּאכֲלֶנּוּ כָּל־זָכָר יֹאכַל אֹתוֹ קֹדֶשׁ יִהְיֶה־לָּךְ:
יא וְזֶה־לְּךָ תְּרוּמַת מַתָּנָם לְכָל־תְּנוּפֹת בְּנֵי יִשְׂרָאֵל לְךָ נְתַתִּים
וּלְבָנֶיךָ וְלִבְנֹתֶיךָ אִתְּךָ לְחָק־עוֹלָם כָּל־טָהוֹר בְּבֵיתְךָ יֹאכַל אֹתוֹ:
יב כֹּל חֵלֶב יִצְהָר וְכָל־חֵלֶב תִּירוֹשׁ וְדָגָן רֵאשִׁיתָם אֲשֶׁר־יִתְּנוּ
לַיהוָה לְךָ נְתַתִּים:
יג בִּכּוּרֵי כָּל־אֲשֶׁר בְּאַרְצָם אֲשֶׁר־יָבִיאוּ לַיהוָה לְךָ יִהְיֶה
כָּל־טָהוֹר בְּבֵיתְךָ יֹאכֲלֶנּוּ:
יד כָּל־חֵרֶם בְּיִשְׂרָאֵל לְךָ יִהְיֶה:
טו כָּל־פֶּטֶר רֶחֶם לְכָל־בָּשָׂר אֲשֶׁר־יַקְרִיבוּ לַיהוָה בָּאָדָם

Os deveres e direitos dos sacerdotes

18 1 Disse Jeová a Arão: Tu, e teus filhos, e a casa de
teus pais levareis sobre vós a iniquidade do san-
tuário; tu e teus filhos levareis sobre vós a iniqui-
dade do vosso sacerdócio. 2 Faze chegar contigo também teus
irmãos, a tribo de Levi, a tribo de teu pai, para que se unam a
ti e te sirvam, enquanto tu e teus filhos estiverdes diante da
tenda do Testemunho. 3 Farão o serviço que te é devido a ti e
a toda a tenda; porém não se chegarão aos vasos do santuá-
rio, nem ao altar, para que não morram, nem eles, nem vós.
4 Unir-se-ão a ti e farão o serviço que é devido à tenda da re-
velação, relativamente a todo serviço da tenda; o estrangeiro
não se chegará a vós. 5 Fareis o serviço que é devido ao san-
tuário e ao altar, para que se não levante outra vez indignação
sobre os filhos de Israel. 6 Eu, eis que tomei do meio dos filhos
de Israel vossos irmãos, os levitas; eles vos são uma dádiva,
feita a Jeová, para fazer o serviço da tenda da revelação. 7 Mas
tu e teus filhos cumprireis o vosso sacerdócio relativamente
a tudo o que é do altar e a tudo o que está dentro do véu e
servireis. Dou-vos o sacerdócio como serviço de dádiva; o es-
trangeiro que se chegar será morto.

8 Disse mais Jeová a Arão: Eis que eu te dei o que se guarda
das ofertas alçadas que me são feitas, a saber, todas as coisas
santificadas dos filhos de Israel; a ti as dei como porção, e a
teus filhos, por um direito perpétuo. 9 Isto será teu das coisas
santíssimas, reservadas do fogo: todas as suas oblações, a saber,
todas as suas ofertas de cereais, e todas as suas ofertas pelo
pecado, e todas as suas ofertas pela culpa com que me fazem
restituição, serão santíssimas para ti e para teus filhos. 10 Num
lugar santíssimo, o comerás; todo homem o comerá; ser-te-á
santo. 11 Isto é teu: a oferta alçada de suas dádivas, a saber,
todas as ofertas movidas dos filhos de Israel. Eu as dei a ti, e a
teus filhos, e a tuas filhas, por um direito perpétuo. Todo o que
estiver limpo na tua casa comerá delas. 12 Tudo o que do azeite
há de melhor e tudo o que do mosto e do grão há de melhor,
as primícias destes que eles dão a Jeová, a ti as dei. 13 Os frutos

וּבַבְּהֵמָה יִהְיֶה־לָּךְ אַךְ ׀ פָּדֹה תִפְדֶּה אֵת בְּכוֹר הָאָדָם וְאֵת
בְּכוֹר־הַבְּהֵמָה הַטְּמֵאָה תִּפְדֶּה׃
טז וּפְדוּיָו מִבֶּן־חֹדֶשׁ תִּפְדֶּה בְּעֶרְכְּךָ כֶּסֶף חֲמֵשֶׁת שְׁקָלִים בְּשֶׁקֶל
הַקֹּדֶשׁ עֶשְׂרִים גֵּרָה הוּא׃
יז אַךְ בְּכוֹר־שׁוֹר אוֹ־בְכוֹר כֶּשֶׂב אוֹ־בְכוֹר עֵז לֹא תִפְדֶּה קֹדֶשׁ
הֵם אֶת־דָּמָם תִּזְרֹק עַל־הַמִּזְבֵּחַ וְאֶת־חֶלְבָּם תַּקְטִיר אִשֶּׁה לְרֵיחַ
נִיחֹחַ לַיהוָה׃
יח וּבְשָׂרָם יִהְיֶה־לָּךְ כַּחֲזֵה הַתְּנוּפָה וּכְשׁוֹק הַיָּמִין לְךָ יִהְיֶה׃
יט כֹּל ׀ תְּרוּמֹת הַקֳּדָשִׁים אֲשֶׁר יָרִימוּ בְנֵי־יִשְׂרָאֵל לַיהוָה נָתַתִּי
לְךָ וּלְבָנֶיךָ וְלִבְנֹתֶיךָ אִתְּךָ לְחָק־עוֹלָם בְּרִית מֶלַח עוֹלָם הִוא
לִפְנֵי יְהוָה לְךָ וּלְזַרְעֲךָ אִתָּךְ׃
כ וַיֹּאמֶר יְהוָה אֶל־אַהֲרֹן בְּאַרְצָם לֹא תִנְחָל וְחֵלֶק לֹא־יִהְיֶה לְךָ
בְּתוֹכָם אֲנִי חֶלְקְךָ וְנַחֲלָתְךָ בְּתוֹךְ בְּנֵי יִשְׂרָאֵל׃ ס

כא וְלִבְנֵי לֵוִי הִנֵּה נָתַתִּי כָּל־מַעֲשֵׂר בְּיִשְׂרָאֵל לְנַחֲלָה חֵלֶף
עֲבֹדָתָם אֲשֶׁר־הֵם עֹבְדִים אֶת־עֲבֹדַת אֹהֶל מוֹעֵד׃
כב וְלֹא־יִקְרְבוּ עוֹד בְּנֵי יִשְׂרָאֵל אֶל־אֹהֶל מוֹעֵד לָשֵׂאת חֵטְא
לָמוּת׃
כג וְעָבַד הַלֵּוִי הוּא אֶת־עֲבֹדַת אֹהֶל מוֹעֵד וְהֵם יִשְׂאוּ עֲוֺנָם
חֻקַּת עוֹלָם לְדֹרֹתֵיכֶם וּבְתוֹךְ בְּנֵי יִשְׂרָאֵל לֹא יִנְחֲלוּ נַחֲלָה׃
כד כִּי אֶת־מַעְשַׂר בְּנֵי־יִשְׂרָאֵל אֲשֶׁר יָרִימוּ לַיהוָה תְּרוּמָה נָתַתִּי
לַלְוִיִּם לְנַחֲלָה עַל־כֵּן אָמַרְתִּי לָהֶם בְּתוֹךְ בְּנֵי יִשְׂרָאֵל לֹא יִנְחֲלוּ
נַחֲלָה׃ פ

כה וַיְדַבֵּר יְהוָה אֶל־מֹשֶׁה לֵּאמֹר׃

temporões de tudo o que estiver na sua terra, que são trazidos
a Jeová, a ti pertencerão; todo o que estiver limpo na tua casa
comerá deles. 14 Tudo o que for devotado em Israel será teu.
15 Todo o que abrir a madre, de toda a carne, que oferecem a
Jeová, tanto de homens como de animais, será teu; contudo, os
primogênitos dos homens, certamente, remirás, e os primogê-
nitos dos animais imundos também remirás. 16 Os que deles hão
de ser remidos, desde a idade de um mês os remirás, segundo
a tua avaliação, por cinco siclos de dinheiro, segundo o siclo
do santuário (o siclo tem vinte óbolos). 17 Porém não remirás
o primogênito da vaca, nem o primogênito da ovelha, nem o
primogênito da cabra; eles são santos. Derramarás o seu sangue
sobre o altar e queimarás a sua gordura por oferta queimada, de
suave cheiro a Jeová. 18 As suas carnes serão tuas; como o peito
movido e a espádua direita, elas serão tuas. 19 Todas as ofertas
alçadas, as coisas sagradas que os filhos de Israel oferecem a
Jeová, eu as dei a ti, e a teus filhos, e a tuas filhas, por um direito
perpétuo; é aliança perpétua diante de Jeová para ti e para a tua
semente. 20 Disse mais Jeová a Arão: Não terás herança na sua
terra, nem terás parte entre eles; eu é que sou a tua porção e a
tua herança entre os filhos de Israel.

Os dízimos para os levitas

21 Aos filhos de Levi dei todos os dízimos em Israel por heran-
ça, em compensação do serviço que prestam, isto é, do serviço
da tenda da revelação. 22 Para o futuro, os filhos de Israel não se
chegarão à tenda da revelação, para que não levem sobre si o
pecado e morram. 23 Mas os levitas farão o serviço da tenda da
revelação e levarão sobre si a iniquidade do povo; será estatuto
perpétuo durante as vossas gerações, e entre os filhos de Israel
não terão herança. 24 Porque os dízimos dos filhos de Israel que
eles fazem como oferta alçada a Jeová, eu os dei por herança
aos levitas; portanto, lhes disse: Entre os filhos de Israel não
terão herança.

25 Disse Jeová a Moisés: 26 Também falarás aos levitas e lhes

כו וְאֶל־הַלְוִיִּם תְּדַבֵּר וְאָמַרְתָּ אֲלֵהֶם כִּי־תִקְחוּ מֵאֵת בְּנֵי־יִשְׂרָאֵל
אֶת־הַמַּעֲשֵׂר אֲשֶׁר נָתַתִּי לָכֶם מֵאִתָּם בְּנַחֲלַתְכֶם וַהֲרֵמֹתֶם
מִמֶּנּוּ תְּרוּמַת יְהוָה מַעֲשֵׂר מִן־הַמַּעֲשֵׂר׃
כז וְנֶחְשַׁב לָכֶם תְּרוּמַתְכֶם כַּדָּגָן מִן־הַגֹּרֶן וְכַמְלֵאָה מִן־הַיָּקֶב׃
כח כֵּן תָּרִימוּ גַם־אַתֶּם תְּרוּמַת יְהוָה מִכֹּל מַעְשְׂרֹתֵיכֶם אֲשֶׁר
תִּקְחוּ מֵאֵת בְּנֵי יִשְׂרָאֵל וּנְתַתֶּם מִמֶּנּוּ אֶת־תְּרוּמַת יְהוָה לְאַהֲרֹן
הַכֹּהֵן׃
כט מִכֹּל מַתְּנֹתֵיכֶם תָּרִימוּ אֵת כָּל־תְּרוּמַת יְהוָה מִכָּל־חֶלְבּוֹ
אֶת־מִקְדְּשׁוֹ מִמֶּנּוּ׃
ל וְאָמַרְתָּ אֲלֵהֶם בַּהֲרִימְכֶם אֶת־חֶלְבּוֹ מִמֶּנּוּ וְנֶחְשַׁב לַלְוִיִּם
כִּתְבוּאַת גֹּרֶן וְכִתְבוּאַת יָקֶב׃
לא וַאֲכַלְתֶּם אֹתוֹ בְּכָל־מָקוֹם אַתֶּם וּבֵיתְכֶם כִּי־שָׂכָר הוּא לָכֶם
חֵלֶף עֲבֹדַתְכֶם בְּאֹהֶל מוֹעֵד׃
לב וְלֹא־תִשְׂאוּ עָלָיו חֵטְא בַּהֲרִימְכֶם אֶת־חֶלְבּוֹ מִמֶּנּוּ וְאֶת־
קָדְשֵׁי בְנֵי־יִשְׂרָאֵל לֹא תְחַלְּלוּ וְלֹא תָמוּתוּ׃ פ

א וַיְדַבֵּר יְהוָה אֶל־מֹשֶׁה וְאֶל־אַהֲרֹן לֵאמֹר׃
ב זֹאת חֻקַּת הַתּוֹרָה אֲשֶׁר־צִוָּה יְהוָה לֵאמֹר דַּבֵּר ׀ אֶל־בְּנֵי
יִשְׂרָאֵל וְיִקְחוּ אֵלֶיךָ פָרָה אֲדֻמָּה תְּמִימָה אֲשֶׁר אֵין־בָּהּ מוּם
אֲשֶׁר לֹא־עָלָה עָלֶיהָ עֹל׃
ג וּנְתַתֶּם אֹתָהּ אֶל־אֶלְעָזָר הַכֹּהֵן וְהוֹצִיא אֹתָהּ אֶל־מִחוּץ
לַמַּחֲנֶה וְשָׁחַט אֹתָהּ לְפָנָיו׃
ד וְלָקַח אֶלְעָזָר הַכֹּהֵן מִדָּמָהּ בְּאֶצְבָּעוֹ וְהִזָּה אֶל־נֹכַח פְּנֵי אֹהֶל־
מוֹעֵד מִדָּמָהּ שֶׁבַע פְּעָמִים׃
ה וְשָׂרַף אֶת־הַפָּרָה לְעֵינָיו אֶת־עֹרָהּ וְאֶת־בְּשָׂרָהּ וְאֶת־דָּמָהּ עַל־
פִּרְשָׁהּ יִשְׂרֹף׃
ו וְלָקַח הַכֹּהֵן עֵץ אֶרֶז וְאֵזוֹב וּשְׁנִי תוֹלָעַת וְהִשְׁלִיךְ אֶל־תּוֹךְ
שְׂרֵפַת הַפָּרָה׃
ז וְכִבֶּס בְּגָדָיו הַכֹּהֵן וְרָחַץ בְּשָׂרוֹ בַּמַּיִם וְאַחַר יָבֹא אֶל־הַמַּחֲנֶה
וְטָמֵא הַכֹּהֵן עַד־הָעָרֶב׃
ח וְהַשֹּׂרֵף אֹתָהּ יְכַבֵּס בְּגָדָיו בַּמַּיִם וְרָחַץ בְּשָׂרוֹ בַּמָּיִם וְטָמֵא
עַד־הָעָרֶב׃
ט וְאָסַף ׀ אִישׁ טָהוֹר אֵת אֵפֶר הַפָּרָה וְהִנִּיחַ מִחוּץ לַמַּחֲנֶה

dirás: Quando receberdes dos filhos de Israel os dízimos que
deles vos dei por vossa herança, fareis uma oferta alçada deles,
o dízimo dos dízimos. 27 Imputar-se-vos-á a vossa oferta alçada,
como grão da eira e como a plenitude do lagar. 28 Assim também
fareis uma oferta alçada a Jeová de todos os vossos dízimos, que
receberdes dos filhos de Israel; e a dareis ao sacerdote Arão. 29 De
todas as dádivas que são feitas, oferecereis toda oferta alçada
que é devida a Jeová, a parte que lhe é consagrada, tudo o que
é melhor delas. 30 Portanto, lhes dirás: Quando alçardes o que
há de melhor nos dízimos, será imputado aos levitas como a
novidade da eira e como a novidade do lagar. 31 Comê-lo-eis em
todo lugar, vós e as vossas famílias, pois é vossa recompensa
pelo vosso serviço na tenda da revelação. 32 Pelo que não levareis
sobre vós pecado, quando tiverdes alçado o que há de melhor;
e não profanareis as coisas sagradas dos filhos de Israel, para
que não morrais.

Purificação dos impuros com a cinza duma novilha vermelha

19 1 Disse Jeová a Moisés e a Arão: 2 Este é o estatuto
da lei que Jeová ordenou, dizendo: Fala aos filhos
de Israel que te tragam uma novilha vermelha, per-
feita, em que não haja defeito e que ainda não tenha levado o
jugo. 3 Entregá-la-eis ao sacerdote Eleazar, e ele a tirará para
fora do arraial, e matá-la-ão diante dele. 4 Eleazar, o sacer-
dote, tomando do sangue dela com o dedo, aspergi-lo-á sete
vezes para a frente da tenda da revelação. 5 À vista dele, será
queimada a novilha; queimar-se-á o couro, a carne e o sangue
com o excremento, 6 e o sacerdote, tomando pau de cedro,
hissopo e escarlata, os lançará no meio do fogo que queima a
novilha. 7 Então, o sacerdote lavará os seus vestidos, banhará
o corpo em água, depois entrará no arraial e estará imundo
até a tarde. 8 Também aquele que a queimar lavará os seus
vestidos em água, banhará o corpo em água e estará imundo
até a tarde. 9 Um homem limpo recolherá a cinza e a deposita-
rá fora do arraial, num lugar limpo, e ela ficará guardada para

בְּמָקוֹם טָהוֹר וְהָיְתָה לַעֲדַת בְּנֵי־יִשְׂרָאֵל לְמִשְׁמֶרֶת לְמֵי נִדָּה
חַטָּאת הִוא׃

י וְכִבֶּס הָאֹסֵף אֶת־אֵפֶר הַפָּרָה אֶת־בְּגָדָיו וְטָמֵא עַד־הָעָרֶב
וְהָיְתָה לִבְנֵי יִשְׂרָאֵל וְלַגֵּר הַגָּר בְּתוֹכָם לְחֻקַּת עוֹלָם׃

יא הַנֹּגֵעַ בְּמֵת לְכָל־נֶפֶשׁ אָדָם וְטָמֵא שִׁבְעַת יָמִים׃

יב הוּא יִתְחַטָּא־בוֹ בַּיּוֹם הַשְּׁלִישִׁי וּבַיּוֹם הַשְּׁבִיעִי יִטְהָר וְאִם־לֹא
יִתְחַטָּא בַּיּוֹם הַשְּׁלִישִׁי וּבַיּוֹם הַשְּׁבִיעִי לֹא יִטְהָר׃

יג כָּל־הַנֹּגֵעַ בְּמֵת בְּנֶפֶשׁ הָאָדָם אֲשֶׁר־יָמוּת וְלֹא יִתְחַטָּא אֶת־
מִשְׁכַּן יְהוָה טִמֵּא וְנִכְרְתָה הַנֶּפֶשׁ הַהִוא מִיִּשְׂרָאֵל כִּי מֵי נִדָּה
לֹא־זֹרַק עָלָיו טָמֵא יִהְיֶה עוֹד טֻמְאָתוֹ בוֹ׃

יד זֹאת הַתּוֹרָה אָדָם כִּי־יָמוּת בְּאֹהֶל כָּל־הַבָּא אֶל־הָאֹהֶל
וְכָל־אֲשֶׁר בָּאֹהֶל יִטְמָא שִׁבְעַת יָמִים׃

טו וְכֹל כְּלִי פָתוּחַ אֲשֶׁר אֵין־צָמִיד פָּתִיל עָלָיו טָמֵא הוּא׃

טז וְכֹל אֲשֶׁר־יִגַּע עַל־פְּנֵי הַשָּׂדֶה בַּחֲלַל־חֶרֶב אוֹ בְמֵת אוֹ־בְעֶצֶם
אָדָם אוֹ בְקָבֶר יִטְמָא שִׁבְעַת יָמִים׃

יז וְלָקְחוּ לַטָּמֵא מֵעֲפַר שְׂרֵפַת הַחַטָּאת וְנָתַן עָלָיו מַיִם חַיִּים
אֶל־כֶּלִי׃

יח וְלָקַח אֵזוֹב וְטָבַל בַּמַּיִם אִישׁ טָהוֹר וְהִזָּה עַל־הָאֹהֶל וְעַל־
כָּל־הַכֵּלִים וְעַל־הַנְּפָשׁוֹת אֲשֶׁר הָיוּ־שָׁם וְעַל־הַנֹּגֵעַ בַּעֶצֶם אוֹ
בֶחָלָל אוֹ בַמֵּת אוֹ בַקָּבֶר׃

יט וְהִזָּה הַטָּהֹר עַל־הַטָּמֵא בַּיּוֹם הַשְּׁלִישִׁי וּבַיּוֹם הַשְּׁבִיעִי וְחִטְּאוֹ
בַּיּוֹם הַשְּׁבִיעִי וְכִבֶּס בְּגָדָיו וְרָחַץ בַּמַּיִם וְטָהֵר בָּעָרֶב׃

כ וְאִישׁ אֲשֶׁר־יִטְמָא וְלֹא יִתְחַטָּא וְנִכְרְתָה הַנֶּפֶשׁ הַהִוא מִתּוֹךְ
הַקָּהָל כִּי אֶת־מִקְדַּשׁ יְהוָה טִמֵּא מֵי נִדָּה לֹא־זֹרַק עָלָיו טָמֵא
הוּא׃

כא וְהָיְתָה לָהֶם לְחֻקַּת עוֹלָם וּמַזֵּה מֵי־הַנִּדָּה יְכַבֵּס בְּגָדָיו וְהַנֹּגֵעַ
בְּמֵי הַנִּדָּה יִטְמָא עַד־הָעָרֶב׃

כב וְכֹל אֲשֶׁר־יִגַּע־בּוֹ הַטָּמֵא יִטְמָא וְהַנֶּפֶשׁ הַנֹּגַעַת תִּטְמָא עַד־
הָעָרֶב׃ פ

a congregação dos filhos de Israel como a água de purificação;
é oferta pelo pecado. 10 Aquele que recolher a cinza da novilha
lavará os seus vestidos e estará imundo até a tarde; isso será
estatuto perpétuo aos filhos de Israel e ao estrangeiro que
peregrina entre eles. 11 Quem tocar em algum morto, cadáver
de algum homem, ficará imundo sete dias; 12 esse purificar-se-
-á com esta água ao terceiro dia e, ao sétimo dia, se tornará
limpo; mas, se ao terceiro dia não se purificar, não se tornará
limpo ao sétimo dia. 13 Quem tocar em algum morto, cadáver
de algum homem que tiver morrido, e não se purificar, con-
tamina o tabernáculo de Jeová; essa alma será extirpada de
Israel; porque a água de purificação não foi lançada sobre ele,
ficará imundo, a sua imundícia ainda está nele.

14 Esta é a lei, quando um homem morrer numa tenda: todo
o que entrar na tenda e todo o que estiver na tenda estarão
imundos sete dias. 15 Todo vaso aberto sobre que não houver
pano atado está imundo. 16 Todo aquele que, no campo, tocar
a alguém que for morto pela espada, ou a um cadáver, ou a um
osso de homem, ou a uma sepultura estará imundo sete dias.
17 Para o imundo se tomarão da cinza da queima da oferta pelo
pecado e se deitarão por cima dela águas vivas dentro dum vaso.
18 Um homem limpo, tomando hissopo, molhá-lo-á na água e
a aspergirá sobre a tenda, e sobre todos os vasos, e sobre as
pessoas que estavam ali, e sobre aquele que tocou no osso, ou
ao que foi morto, ou ao que faleceu, ou à sepultura. 19 O limpo
aspergirá o imundo ao terceiro dia e ao sétimo; purificá-lo-á
ao sétimo dia, e aquele que era imundo lavará os seus vestidos,
banhar-se-á em água e ficará limpo à tarde.

20 Porém o homem que estiver imundo e não se purificar
será extirpado do meio da assembleia, porque contaminou
ao santuário de Jeová; a água de purificação não foi aspergida
sobre ele; está imundo. 21 Isto lhes será por estatuto perpétuo:
quem aspergir a água de purificação lavará os seus vestidos; e
quem tocar a água de purificação estará imundo até a tarde.
22 Tudo quanto o imundo tocar ficará imundo; e a pessoa que
tocar essas coisas ficará imunda até a tarde.

א וַיָּבֹאוּ בְנֵי־יִשְׂרָאֵל כָּל־הָעֵדָה מִדְבַּר־צִן בַּחֹדֶשׁ הָרִאשׁוֹן וַיֵּשֶׁב
הָעָם בְּקָדֵשׁ וַתָּמָת שָׁם מִרְיָם וַתִּקָּבֵר שָׁם׃

ב וְלֹא־הָיָה מַיִם לָעֵדָה וַיִּקָּהֲלוּ עַל־מֹשֶׁה וְעַל־אַהֲרֹן׃
ג וַיָּרֶב הָעָם עִם־מֹשֶׁה וַיֹּאמְרוּ לֵאמֹר וְלוּ גָוַעְנוּ בִּגְוַע אַחֵינוּ
לִפְנֵי יְהוָה׃
ד וְלָמָה הֲבֵאתֶם אֶת־קְהַל יְהוָה אֶל־הַמִּדְבָּר הַזֶּה לָמוּת שָׁם
אֲנַחְנוּ וּבְעִירֵנוּ׃
ה וְלָמָה הֶעֱלִיתֻנוּ מִמִּצְרַיִם לְהָבִיא אֹתָנוּ אֶל־הַמָּקוֹם הָרָע הַזֶּה
לֹא מְקוֹם זֶרַע וּתְאֵנָה וְגֶפֶן וְרִמּוֹן וּמַיִם אַיִן לִשְׁתּוֹת׃
ו וַיָּבֹא מֹשֶׁה וְאַהֲרֹן מִפְּנֵי הַקָּהָל אֶל־פֶּתַח אֹהֶל מוֹעֵד וַיִּפְּלוּ
עַל־פְּנֵיהֶם וַיֵּרָא כְבוֹד־יְהוָה אֲלֵיהֶם׃ פ
ז וַיְדַבֵּר יְהוָה אֶל־מֹשֶׁה לֵּאמֹר׃
ח קַח אֶת־הַמַּטֶּה וְהַקְהֵל אֶת־הָעֵדָה אַתָּה וְאַהֲרֹן אָחִיךָ
וְדִבַּרְתֶּם אֶל־הַסֶּלַע לְעֵינֵיהֶם וְנָתַן מֵימָיו וְהוֹצֵאתָ לָהֶם מַיִם
מִן־הַסֶּלַע וְהִשְׁקִיתָ אֶת־הָעֵדָה וְאֶת־בְּעִירָם׃
ט וַיִּקַּח מֹשֶׁה אֶת־הַמַּטֶּה מִלִּפְנֵי יְהוָה כַּאֲשֶׁר צִוָּהוּ׃

י וַיַּקְהִלוּ מֹשֶׁה וְאַהֲרֹן אֶת־הַקָּהָל אֶל־פְּנֵי הַסָּלַע וַיֹּאמֶר לָהֶם
שִׁמְעוּ־נָא הַמֹּרִים הֲמִן־הַסֶּלַע הַזֶּה נוֹצִיא לָכֶם מָיִם׃
יא וַיָּרֶם מֹשֶׁה אֶת־יָדוֹ וַיַּךְ אֶת־הַסֶּלַע בְּמַטֵּהוּ פַּעֲמָיִם וַיֵּצְאוּ
מַיִם רַבִּים וַתֵּשְׁתְּ הָעֵדָה וּבְעִירָם׃ ס
יב וַיֹּאמֶר יְהוָה אֶל־מֹשֶׁה וְאֶל־אַהֲרֹן יַעַן לֹא־הֶאֱמַנְתֶּם בִּי
לְהַקְדִּישֵׁנִי לְעֵינֵי בְּנֵי יִשְׂרָאֵל לָכֵן לֹא תָבִיאוּ אֶת־הַקָּהָל הַזֶּה
אֶל־הָאָרֶץ אֲשֶׁר־נָתַתִּי לָהֶם׃
יג הֵמָּה מֵי מְרִיבָה אֲשֶׁר־רָבוּ בְנֵי־יִשְׂרָאֵל אֶת־יְהוָה וַיִּקָּדֵשׁ בָּם׃
ס

A morte de Miriã

20 1 Os filhos de Israel, a congregação toda, vie-
ram ao deserto de Zim, no primeiro mês. Ficou
o povo em Cades; ali, morreu Miriã e ali foi se-
pultada.

Moisés fere a rocha em Meribá, e as águas saem

2 Não havia água para a congregação; e ajuntaram-se contra
Moisés e contra Arão. 3 O povo contendeu com Moisés, dizendo:
Oxalá que tivéssemos perecido, quando pereceram os nossos
irmãos diante de Jeová! 4 Por que introduzistes a assembleia
de Jeová neste deserto, para aí morrermos, assim nós como os
nossos animais? 5 Por que nos fizestes subir do Egito, para nos
introduzir neste mau lugar? Não é lugar de semente, nem de
figos, nem de vides, nem de romãs; nem tampouco há água para
beber. 6 Retirando-se Moisés e Arão da presença da assembleia
para a entrada da tenda da revelação, prostraram-se com o rosto
em terra; e a glória de Jeová lhes apareceu. 7 Disse Jeová a Moi-
sés: 8 Toma a vara e ajunta a congregação, tu, e Arão, teu irmão,
e falai à rocha diante deles que dê as suas águas. Far-lhes-ás
sair água da rocha; assim, darás de beber à congregação e aos
seus animais. 9 Então, tomou Moisés a vara de diante de Jeová,
como lhe ordenou.

10 Moisés e Arão reuniram a assembleia diante da rocha, e
Moisés disse-lhes: Ouvi, pois, rebeldes; havemos de fazer sair
água desta rocha para vós? 11 Moisés levantou a mão e feriu a
rocha duas vezes com a sua vara; saíram águas copiosamente, e
bebeu a congregação, e os seus animais. 12 Disse Jeová a Moisés
e a Arão: Porque que não crestes em mim, para me santificar-
des aos olhos dos filhos de Israel, portanto, não introduzireis
esta assembleia na terra que lhes dei. 13 Estas são as águas de
Meribá, porque os filhos de Israel contenderam com Jeová, e
neles foi santificado.

יד וַיִּשְׁלַח מֹשֶׁה מַלְאָכִים מִקָּדֵשׁ אֶל־מֶלֶךְ אֱדוֹם כֹּה אָמַר אָחִיךָ
יִשְׂרָאֵל אַתָּה יָדַעְתָּ אֵת כָּל־הַתְּלָאָה אֲשֶׁר מְצָאָתְנוּ׃
טו וַיֵּרְדוּ אֲבֹתֵינוּ מִצְרַיְמָה וַנֵּשֶׁב בְּמִצְרַיִם יָמִים רַבִּים וַיָּרֵעוּ לָנוּ
מִצְרַיִם וְלַאֲבֹתֵינוּ׃
טז וַנִּצְעַק אֶל־יְהוָה וַיִּשְׁמַע קֹלֵנוּ וַיִּשְׁלַח מַלְאָךְ וַיֹּצִאֵנוּ מִמִּצְרָיִם
וְהִנֵּה אֲנַחְנוּ בְקָדֵשׁ עִיר קְצֵה גְבוּלֶךָ׃
יז נַעְבְּרָה־נָּא בְאַרְצֶךָ לֹא נַעֲבֹר בְּשָׂדֶה וּבְכֶרֶם וְלֹא נִשְׁתֶּה מֵי
בְאֵר דֶּרֶךְ הַמֶּלֶךְ נֵלֵךְ לֹא נִטֶּה יָמִין וּשְׂמֹאול עַד אֲשֶׁר־נַעֲבֹר
גְּבוּלֶךָ׃
יח וַיֹּאמֶר אֵלָיו אֱדוֹם לֹא תַעֲבֹר בִּי פֶּן־בַּחֶרֶב אֵצֵא לִקְרָאתֶךָ׃
יט וַיֹּאמְרוּ אֵלָיו בְּנֵי־יִשְׂרָאֵל בַּמְסִלָּה נַעֲלֶה וְאִם־מֵימֶיךָ נִשְׁתֶּה
אֲנִי וּמִקְנַי וְנָתַתִּי מִכְרָם רַק אֵין־דָּבָר בְּרַגְלַי אֶעֱבֹרָה׃
כ וַיֹּאמֶר לֹא תַעֲבֹר וַיֵּצֵא אֱדוֹם לִקְרָאתוֹ בְּעַם כָּבֵד וּבְיָד חֲזָקָה׃
כא וַיְמָאֵן ׀ אֱדוֹם נְתֹן אֶת־יִשְׂרָאֵל עֲבֹר בִּגְבֻלוֹ וַיֵּט יִשְׂרָאֵל
מֵעָלָיו׃ פ

כב וַיִּסְעוּ מִקָּדֵשׁ וַיָּבֹאוּ בְנֵי־יִשְׂרָאֵל כָּל־הָעֵדָה הֹר הָהָר׃
כג וַיֹּאמֶר יְהוָה אֶל־מֹשֶׁה וְאֶל־אַהֲרֹן בְּהֹר הָהָר עַל־גְּבוּל אֶרֶץ־
אֱדוֹם לֵאמֹר׃
כד יֵאָסֵף אַהֲרֹן אֶל־עַמָּיו כִּי לֹא יָבֹא אֶל־הָאָרֶץ אֲשֶׁר נָתַתִּי
לִבְנֵי יִשְׂרָאֵל עַל אֲשֶׁר־מְרִיתֶם אֶת־פִּי לְמֵי מְרִיבָה׃
כה קַח אֶת־אַהֲרֹן וְאֶת־אֶלְעָזָר בְּנוֹ וְהַעַל אֹתָם הֹר הָהָר׃
כו וְהַפְשֵׁט אֶת־אַהֲרֹן אֶת־בְּגָדָיו וְהִלְבַּשְׁתָּם אֶת־אֶלְעָזָר בְּנוֹ
וְאַהֲרֹן יֵאָסֵף וּמֵת שָׁם׃
כז וַיַּעַשׂ מֹשֶׁה כַּאֲשֶׁר צִוָּה יְהוָה וַיַּעֲלוּ אֶל־הֹר הָהָר לְעֵינֵי כָּל־
הָעֵדָה׃
כח וַיַּפְשֵׁט מֹשֶׁה אֶת־אַהֲרֹן אֶת־בְּגָדָיו וַיַּלְבֵּשׁ אֹתָם אֶת־אֶלְעָזָר
בְּנוֹ וַיָּמָת אַהֲרֹן שָׁם בְּרֹאשׁ הָהָר וַיֵּרֶד מֹשֶׁה וְאֶלְעָזָר מִן־הָהָר׃

Moisés solicita passagem por Edom

14 Moisés enviou de Cades embaixadores ao rei de Edom
a dizer-lhe: Assim diz teu irmão Israel: Tu bem sabes todo o
trabalho que nos tem sobrevindo; 15 como nossos pais desce-
ram ao Egito, e habitamos ali muito tempo. Os egípcios nos
maltrataram a nós e a nossos pais. 16 E, quando clamamos a
Jeová, ele nos ouviu, enviou um anjo que nos tirou do Egito;
eis que estamos em Cades, cidade na extremidade do teu terri-
tório. 17 Deixa-nos passar pela tua terra; não passaremos pelos
campos, nem pelas vinhas, nem beberemos a água dos poços;
iremos pela estrada real, não nos desviaremos para a direita
nem para a esquerda, até que tenhamos passado além do teu
território. 18 Respondeu-lhe Edom: Não passarás por mim; não
suceda sair eu ao teu encontro com a espada. 19 Replicaram-lhe
os filhos de Israel: Subiremos pela estrada real; se bebermos as
tuas águas, eu e os meus animais, darei o preço delas; não desejo
outra coisa senão passar a pé. 20 Respondeu ele: Não passarás.
Saiu-lhe Edom ao encontro com muita gente e com mão forte.
21 Assim, recusou Edom deixar passar Israel pelo seu território;
pelo que Israel se desviou dele.

A morte de Arão

22 Então, partiram de Cades; e os filhos de Israel, a congre-
gação toda, foram ao monte Hor. 23 Disse Jeová a Moisés e a
Arão no monte Hor, nos confins da terra de Edom: 24 Arão será
recolhido ao seu povo, pois não entrará na terra que dei aos
filhos de Israel, porque fostes rebeldes contra a minha ordem às
águas de Meribá. 25 Toma a Arão e a Eleazar, seu filho, e faze-os
subir o monte Hor; 26 depois de despir dos seus vestidos a Arão,
veste-as a Eleazar, seu filho; Arão será recolhido ao seu povo e
morrerá ali. 27 Fez Moisés como Jeová ordenou; e subiram ao
monte Hor, à vista da congregação toda. 28 Moisés despiu a Arão
dos vestidos e vestiu com eles a Eleazar, o filho; Arão morreu
ali no cume do monte, e Moisés e Eleazar desceram do monte.

כט וַיִּרְאוּ כָּל־הָעֵדָה כִּי גָוַע אַהֲרֹן וַיִּבְכּוּ אֶת־אַהֲרֹן שְׁלֹשִׁים יוֹם
כֹּל בֵּית יִשְׂרָאֵל: ס

א וַיִּשְׁמַע הַכְּנַעֲנִי מֶלֶךְ־עֲרָד יֹשֵׁב הַנֶּגֶב כִּי בָּא יִשְׂרָאֵל דֶּרֶךְ
הָאֲתָרִים וַיִּלָּחֶם בְּיִשְׂרָאֵל וַיִּשְׁבְּ׀ מִמֶּנּוּ שֶׁבִי:
ב וַיִּדַּר יִשְׂרָאֵל נֶדֶר לַיהוָה וַיֹּאמַר אִם־נָתֹן תִּתֵּן אֶת־הָעָם הַזֶּה
בְּיָדִי וְהַחֲרַמְתִּי אֶת־עָרֵיהֶם:
ג וַיִּשְׁמַע יְהוָה בְּקוֹל יִשְׂרָאֵל וַיִּתֵּן אֶת־הַכְּנַעֲנִי וַיַּחֲרֵם אֶתְהֶם
וְאֶת־עָרֵיהֶם וַיִּקְרָא שֵׁם־הַמָּקוֹם חָרְמָה: פ

ד וַיִּסְעוּ מֵהֹר הָהָר דֶּרֶךְ יַם־סוּף לִסְבֹב אֶת־אֶרֶץ אֱדוֹם וַתִּקְצַר
נֶפֶשׁ־הָעָם בַּדָּרֶךְ:
ה וַיְדַבֵּר הָעָם בֵּאלֹהִים וּבְמֹשֶׁה לָמָה הֶעֱלִיתֻנוּ מִמִּצְרַיִם לָמוּת
בַּמִּדְבָּר כִּי אֵין לֶחֶם וְאֵין מַיִם וְנַפְשֵׁנוּ קָצָה בַּלֶּחֶם הַקְּלֹקֵל:
ו וַיְשַׁלַּח יְהוָה בָּעָם אֵת הַנְּחָשִׁים הַשְּׂרָפִים וַיְנַשְּׁכוּ אֶת־הָעָם
וַיָּמָת עַם־רָב מִיִּשְׂרָאֵל:
ז וַיָּבֹא הָעָם אֶל־מֹשֶׁה וַיֹּאמְרוּ חָטָאנוּ כִּי־דִבַּרְנוּ בַיהוָה וָבָךְ
הִתְפַּלֵּל אֶל־יְהוָה וְיָסֵר מֵעָלֵינוּ אֶת־הַנָּחָשׁ וַיִּתְפַּלֵּל מֹשֶׁה בְּעַד
הָעָם:
ח וַיֹּאמֶר יְהוָה אֶל־מֹשֶׁה עֲשֵׂה לְךָ שָׂרָף וְשִׂים אֹתוֹ עַל־נֵס וְהָיָה
כָּל־הַנָּשׁוּךְ וְרָאָה אֹתוֹ וָחָי:
ט וַיַּעַשׂ מֹשֶׁה נְחַשׁ נְחֹשֶׁת וַיְשִׂמֵהוּ עַל־הַנֵּס וְהָיָה אִם־נָשַׁךְ
הַנָּחָשׁ אֶת־אִישׁ וְהִבִּיט אֶל־נְחַשׁ הַנְּחֹשֶׁת וָחָי:

29 Vendo toda a congregação que Arão era morto, chorou toda
a casa de Israel a Arão, por trinta dias.

Os israelitas destroem aos cananeus

21 1 O cananeu, rei de Arade, que habitava no Ne-
guebe, ouviu que Israel vinha pelo caminho dos
atarins; pelejou contra Israel e levou alguns deles
cativos. 2 Então, Israel fez um voto a Jeová, dizendo: Se, na
verdade, entregares este povo nas minhas mãos, destruirei
totalmente as suas cidades. 3 Jeová escutou a voz de Israel e
entregou-lhe os cananeus. Os israelitas os destruíram total-
mente a eles e às suas cidades; e chamou-se o lugar Hormá.

As serpentes abrasadoras e a serpente de metal

4 Então, partiram do monte Hor pelo caminho que vai ao
mar Vermelho, para rodearem a terra de Edom; e a alma do
povo tornou-se impaciente por causa do caminho. 5 Falou o
povo contra Deus e contra Moisés: Por que nos fizestes subir
do Egito para morrermos no deserto? Pois não há pão e não há
água, e a nossa alma tem fastio deste miserável pão. 6 Enviou
Jeová entre o povo serpentes abrasadoras, que mordiam o povo;
e morreram muitos do povo de Israel. 7 Veio o povo a Moisés
e disse: Pecamos, porque temos falado contra Jeová e contra
ti; ora a Jeová que tire de nós as serpentes. Orou Moisés pelo
povo. 8 Disse Jeová a Moisés: Faze-te uma serpente abrasadora
e põe-na sobre uma haste; e todo o que for mordido, olhando
para ela, viverá. 9 Fez Moisés uma serpente abrasadora e pô-la
sobre uma haste; se alguém era mordido por uma serpente,
quando olhava para a serpente de cobre, vivia.

י וַיִּסְעוּ בְּנֵי יִשְׂרָאֵל וַיַּחֲנוּ בְּאֹבֹת׃
יא וַיִּסְעוּ מֵאֹבֹת וַיַּחֲנוּ בְּעִיֵּי הָעֲבָרִים בַּמִּדְבָּר אֲשֶׁר עַל־פְּנֵי
מוֹאָב מִמִּזְרַח הַשָּׁמֶשׁ׃
יב מִשָּׁם נָסָעוּ וַיַּחֲנוּ בְּנַחַל זָרֶד׃
יג מִשָּׁם נָסָעוּ וַיַּחֲנוּ מֵעֵבֶר אַרְנוֹן אֲשֶׁר בַּמִּדְבָּר הַיֹּצֵא מִגְּבוּל
הָאֱמֹרִי כִּי אַרְנוֹן גְּבוּל מוֹאָב בֵּין מוֹאָב וּבֵין הָאֱמֹרִי׃
יד עַל־כֵּן יֵאָמַר בְּסֵפֶר מִלְחֲמֹת יְהוָה אֶת־וָהֵב בְּסוּפָה וְאֶת־
הַנְּחָלִים אַרְנוֹן׃

טו וְאֶשֶׁד הַנְּחָלִים אֲשֶׁר נָטָה לְשֶׁבֶת עָר וְנִשְׁעַן לִגְבוּל מוֹאָב׃

טז וּמִשָּׁם בְּאֵרָה הִוא הַבְּאֵר אֲשֶׁר אָמַר יְהוָה לְמֹשֶׁה אֱסֹף אֶת־
הָעָם וְאֶתְּנָה לָהֶם מָיִם׃ ס
יז אָז יָשִׁיר יִשְׂרָאֵל אֶת־הַשִּׁירָה הַזֹּאת עֲלִי בְאֵר עֱנוּ־לָהּ׃

יח בְּאֵר חֲפָרוּהָ שָׂרִים כָּרוּהָ נְדִיבֵי הָעָם בִּמְחֹקֵק בְּמִשְׁעֲנֹתָם
וּמִמִּדְבָּר מַתָּנָה׃
יט וּמִמַּתָּנָה נַחֲלִיאֵל וּמִנַּחֲלִיאֵל בָּמוֹת׃
כ וּמִבָּמוֹת הַגַּיְא אֲשֶׁר בִּשְׂדֵה מוֹאָב רֹאשׁ הַפִּסְגָּה וְנִשְׁקָפָה
עַל־פְּנֵי הַיְשִׁימֹן׃ פ

כא וַיִּשְׁלַח יִשְׂרָאֵל מַלְאָכִים אֶל־סִיחֹן מֶלֶךְ־הָאֱמֹרִי לֵאמֹר׃
כב אֶעְבְּרָה בְאַרְצֶךָ לֹא נִטֶּה בְּשָׂדֶה וּבְכֶרֶם לֹא נִשְׁתֶּה מֵי בְאֵר
בְּדֶרֶךְ הַמֶּלֶךְ נֵלֵךְ עַד אֲשֶׁר־נַעֲבֹר גְּבֻלֶךָ׃
כג וְלֹא־נָתַן סִיחֹן אֶת־יִשְׂרָאֵל עֲבֹר בִּגְבֻלוֹ וַיֶּאֱסֹף סִיחֹן אֶת־
כָּל־עַמּוֹ וַיֵּצֵא לִקְרַאת יִשְׂרָאֵל הַמִּדְבָּרָה וַיָּבֹא יָהְצָה וַיִּלָּחֶם
בְּיִשְׂרָאֵל׃
כד וַיַּכֵּהוּ יִשְׂרָאֵל לְפִי־חָרֶב וַיִּירַשׁ אֶת־אַרְצוֹ מֵאַרְנֹן עַד־יַבֹּק

Jornadas dos israelitas

10 Tendo partido os filhos de Israel, acamparam-se em Obote.
11 Depois, partiram de Obote e se acamparam em Ijé-Abarim,
no deserto que está defronte de Moabe, para o nascente. 12 Dali,
partiram e se acamparam no vale de Zerede. 13 Tendo partido
dali, acamparam-se além de Arnom, que é no deserto que se
estende do território dos amorreus; porque Arnom é o termo
de Moabe, entre Moabe e os amorreus. 14 Pelo que se diz no
Livro das Guerras de Jeová:

Vaebe em Sufa,
e os vales de Arnom,
15 e o declive dos vales
que se inclina para a situação de Ar
e se encosta aos termos de Moabe.

16 Dali, partiram para Beer; esse é o poço de que disse Jeová
a Moisés: Ajunta o povo, e lhe darei água.

17 Então, cantou Israel este cântico:
Brota, ó poço! Entoai-lhe cânticos!
18 Ao poço que os príncipes cavaram,
que os nobres do povo abriram,
com o cetro, com os seus bordões.

Do deserto partiram para Matana; 19 de Matana, para Naaliel;
de Naaliel, para Bamote; 20 e, de Bamote, para o vale que está no
campo de Moabe, para o cume de Pisga, que olha para Jesimom.

Os israelitas ferem aos reis de Moabe e de Basã

21 Então, enviou Israel mensageiros a Seom, rei dos amorreus,
a dizer-lhe: 22 Deixa-me passar pela tua terra; não nos desviare-
mos para os campos, nem para as vinhas, não beberemos a água
dos poços; iremos pela estrada real até que tenhamos passado
além do teu território. 23 Seom não deixou passar a Israel pelo
seu território; mas reuniu a todo o seu povo e saiu ao encontro
de Israel no deserto, veio a Jaza e pelejou contra Israel. 24 Israel

עַד־בְּנֵי עַמּוֹן כִּי עַז גְּבוּל בְּנֵי עַמּוֹן׃
כה וַיִּקַּח יִשְׂרָאֵל אֵת כָּל־הֶעָרִים הָאֵלֶּה וַיֵּשֶׁב יִשְׂרָאֵל בְּכָל־עָרֵי
הָאֱמֹרִי בְּחֶשְׁבּוֹן וּבְכָל־בְּנֹתֶיהָ׃
כו כִּי חֶשְׁבּוֹן עִיר סִיחֹן מֶלֶךְ הָאֱמֹרִי הִוא וְהוּא נִלְחַם בְּמֶלֶךְ
מוֹאָב הָרִאשׁוֹן וַיִּקַּח אֶת־כָּל־אַרְצוֹ מִיָּדוֹ עַד־אַרְנֹן׃
כז עַל־כֵּן יֹאמְרוּ הַמֹּשְׁלִים בֹּאוּ חֶשְׁבּוֹן תִּבָּנֶה וְתִכּוֹנֵן עִיר
סִיחוֹן׃

כח כִּי־אֵשׁ יָצְאָה מֵחֶשְׁבּוֹן לֶהָבָה מִקִּרְיַת סִיחֹן אָכְלָה עָר
מוֹאָב בַּעֲלֵי בָּמוֹת אַרְנֹן׃

כט אוֹי־לְךָ מוֹאָב אָבַדְתָּ עַם־כְּמוֹשׁ נָתַן בָּנָיו פְּלֵיטִם וּבְנֹתָיו
בַּשְּׁבִית לְמֶלֶךְ אֱמֹרִי סִיחוֹן׃

ל וַנִּירָם אָבַד חֶשְׁבּוֹן עַד־דִּיבֹן וַנַּשִּׁים עַד־נֹפַח אֲשֶׁר עַד־
מֵידְבָא׃
לא וַיֵּשֶׁב יִשְׂרָאֵל בְּאֶרֶץ הָאֱמֹרִי׃
לב וַיִּשְׁלַח מֹשֶׁה לְרַגֵּל אֶת־יַעְזֵר וַיִּלְכְּדוּ בְּנֹתֶיהָ (וַיִּירַשׁ)
[וַיּוֹרֶשׁ] אֶת־הָאֱמֹרִי אֲשֶׁר־שָׁם׃
לג וַיִּפְנוּ וַיַּעֲלוּ דֶּרֶךְ הַבָּשָׁן וַיֵּצֵא עוֹג מֶלֶךְ־הַבָּשָׁן לִקְרָאתָם הוּא
וְכָל־עַמּוֹ לַמִּלְחָמָה אֶדְרֶעִי׃
לד וַיֹּאמֶר יְהוָה אֶל־מֹשֶׁה אַל־תִּירָא אֹתוֹ כִּי בְיָדְךָ נָתַתִּי אֹתוֹ
וְאֶת־כָּל־עַמּוֹ וְאֶת־אַרְצוֹ וְעָשִׂיתָ לּוֹ כַּאֲשֶׁר עָשִׂיתָ לְסִיחֹן מֶלֶךְ
הָאֱמֹרִי אֲשֶׁר יוֹשֵׁב בְּחֶשְׁבּוֹן׃
לה וַיַּכּוּ אֹתוֹ וְאֶת־בָּנָיו וְאֶת־כָּל־עַמּוֹ עַד־בִּלְתִּי הִשְׁאִיר־לוֹ שָׂרִיד
וַיִּירְשׁוּ אֶת־אַרְצוֹ׃

א וַיִּסְעוּ בְּנֵי יִשְׂרָאֵל וַיַּחֲנוּ בְּעַרְבוֹת מוֹאָב מֵעֵבֶר לְיַרְדֵּן יְרֵחוֹ׃ ס

o feriu ao fio da espada, e fez-se senhor da terra dele desde Ar-
nom até Jaboque, até os filhos de Amom; pois o termo dos filhos
de Amom era fortificado. 25 Israel tomou todas essas cidades e
habitou em todas as cidades dos amorreus, em Hesbom, e em
todas as suas vilas. 26 Porque Hesbom era a cidade de Seom, rei
dos amorreus, que pelejara contra o precedente rei de Moabe
e tomara da mão dele toda a sua terra, até Arnom. 27 Pelo que
dizem os recitadores de poemas:

Vinde a Hesbom!
Edifique-se e estabeleça-se a cidade de Seom!
28 Porque fogo saiu de Hesbom,
uma chama da cidade de Seom;
devorou a Ar de Moabe,
os senhores dos altos de Arnom.
29 Ai de ti, Moabe!
Perdido estás, povo de Camos.
Entregou seus filhos como fugitivos,
e suas filhas, como cativas
a Seom, rei dos amorreus.
30 Nós os asseteamos; está destruída Hesbom até Dibom,
e os assolamos até Nofá, que se estende até Medeba.

31 Assim, habitou Israel na terra dos amorreus. 32 Mandou
Moisés espiar a Jazer, e tomaram as suas aldeias e expulsaram
aos amorreus que se achavam ali.

33 Então, voltaram e subiram pelo caminho de Basã. Ogue,
rei de Basã, saiu-lhes ao encontro, ele e todo o seu povo, para
lhes dar batalha em Edrei. 34 Disse Jeová a Moisés: Não o temas,
porque em tua mão o entreguei a ele, e a todo o seu povo, e à
sua terra; far-lhe-ás como fizeste a Seom, rei dos amorreus, que
habitava em Hesbom. 35 Feriram-no, pois, a ele, e a seus filhos,
e a todo o seu povo, até que nenhum lhes ficou restando; e
apossaram-se da terra dele.

22 1 Tendo partido os filhos de Israel, acamparam-
-se nas planícies de Moabe, além do Jordão, na
altura de Jericó.

ב וַיַּרְא בָּלָק בֶּן־צִפּוֹר אֵת כׇּל־אֲשֶׁר־עָשָׂה יִשְׂרָאֵל לָאֱמֹרִי׃
ג וַיָּגׇר מוֹאָב מִפְּנֵי הָעָם מְאֹד כִּי רַב־הוּא וַיָּקׇץ מוֹאָב מִפְּנֵי בְּנֵי
יִשְׂרָאֵל׃
ד וַיֹּאמֶר מוֹאָב אֶל־זִקְנֵי מִדְיָן עַתָּה יְלַחֲכוּ הַקָּהָל אֶת־כׇּל־
סְבִיבֹתֵינוּ כִּלְחֹךְ הַשּׁוֹר אֵת יֶרֶק הַשָּׂדֶה וּבָלָק בֶּן־צִפּוֹר מֶלֶךְ
לְמוֹאָב בָּעֵת הַהִוא׃
ה וַיִּשְׁלַח מַלְאָכִים אֶל־בִּלְעָם בֶּן־בְּעוֹר פְּתוֹרָה אֲשֶׁר עַל־הַנָּהָר
אֶרֶץ בְּנֵי־עַמּוֹ לִקְרֹא־לוֹ לֵאמֹר הִנֵּה עַם יָצָא מִמִּצְרַיִם הִנֵּה
כִסָּה אֶת־עֵין הָאָרֶץ וְהוּא יֹשֵׁב מִמֻּלִי׃
ו וְעַתָּה לְכָה־נָּא אָרָה־לִּי אֶת־הָעָם הַזֶּה כִּי־עָצוּם הוּא מִמֶּנִּי
אוּלַי אוּכַל נַכֶּה־בּוֹ וַאֲגָרְשֶׁנּוּ מִן־הָאָרֶץ כִּי יָדַעְתִּי אֵת אֲשֶׁר־
תְּבָרֵךְ מְבֹרָךְ וַאֲשֶׁר תָּאֹר יוּאָר׃

ז וַיֵּלְכוּ זִקְנֵי מוֹאָב וְזִקְנֵי מִדְיָן וּקְסָמִים בְּיָדָם וַיָּבֹאוּ אֶל־בִּלְעָם
וַיְדַבְּרוּ אֵלָיו דִּבְרֵי בָלָק׃
ח וַיֹּאמֶר אֲלֵיהֶם לִינוּ פֹה הַלַּיְלָה וַהֲשִׁבֹתִי אֶתְכֶם דָּבָר כַּאֲשֶׁר
יְדַבֵּר יְהוָה אֵלָי וַיֵּשְׁבוּ שָׂרֵי־מוֹאָב עִם־בִּלְעָם׃
ט וַיָּבֹא אֱלֹהִים אֶל־בִּלְעָם וַיֹּאמֶר מִי הָאֲנָשִׁים הָאֵלֶּה עִמָּךְ׃
י וַיֹּאמֶר בִּלְעָם אֶל־הָאֱלֹהִים בָּלָק בֶּן־צִפֹּר מֶלֶךְ מוֹאָב שָׁלַח
אֵלָי׃
יא הִנֵּה הָעָם הַיֹּצֵא מִמִּצְרַיִם וַיְכַס אֶת־עֵין הָאָרֶץ עַתָּה לְכָה
קָבָה־לִּי אֹתוֹ אוּלַי אוּכַל לְהִלָּחֶם בּוֹ וְגֵרַשְׁתִּיו׃
יב וַיֹּאמֶר אֱלֹהִים אֶל־בִּלְעָם לֹא תֵלֵךְ עִמָּהֶם לֹא תָאֹר אֶת־הָעָם
כִּי בָרוּךְ הוּא׃
יג וַיָּקׇם בִּלְעָם בַּבֹּקֶר וַיֹּאמֶר אֶל־שָׂרֵי בָלָק לְכוּ אֶל־אַרְצְכֶם כִּי
מֵאֵן יְהוָה לְתִתִּי לַהֲלֹךְ עִמָּכֶם׃
יד וַיָּקוּמוּ שָׂרֵי מוֹאָב וַיָּבֹאוּ אֶל־בָּלָק וַיֹּאמְרוּ מֵאֵן בִּלְעָם הֲלֹךְ
עִמָּנוּ׃

טו וַיֹּסֶף עוֹד בָּלָק שְׁלֹחַ שָׂרִים רַבִּים וְנִכְבָּדִים מֵאֵלֶּה׃
טז וַיָּבֹאוּ אֶל־בִּלְעָם וַיֹּאמְרוּ לוֹ כֹּה אָמַר בָּלָק בֶּן־צִפּוֹר אַל־נָא
תִמָּנַע מֵהֲלֹךְ אֵלָי׃
יז כִּי־כַבֵּד אֲכַבֶּדְךָ מְאֹד וְכֹל אֲשֶׁר־תֹּאמַר אֵלַי אֶעֱשֶׂה וּלְכָה־נָּא
קָבָה־לִּי אֵת הָעָם הַזֶּה׃

Balaque envia mensageiros a Balaão

2 Balaque, filho de Zipor, viu tudo o que Israel fizera aos
amorreus. 3 Moabe tinha grande medo do povo, porque era
muito, e estava angustiado por causa dos filhos de Israel.
4 Disse aos anciãos de Midiã: Agora, esta multidão roerá tudo
quanto estiver ao redor de nós, como o boi rói as ervas do
campo. Nesse tempo, Balaque, filho de Zipor, era rei de Moabe.
5 Enviou mensageiros a Balaão, filho de Beor, a Petor, que
está junto ao rio, à terra dos filhos do seu povo, a chamá-lo,
dizendo: Eis que um povo saiu do Egito, cobre a face da terra
e estaciona defronte de mim. 6 Vem, agora, amaldiçoar-me a
este povo; porque é mais forte do que eu; porventura, preva-
lecerei, de modo que eu o fira e o expulse da terra; pois sei que
será abençoado aquele a quem abençoares, e amaldiçoado,
aquele a quem amaldiçoares.

7 Partiram os anciãos de Moabe e os anciãos de Midiã, levando
nas mãos com que pagar os encantamentos; foram a Balaão e
referiram-lhe as palavras de Balaque. 8 Ele lhes respondeu: Fi-
cai aqui esta noite, e vos trarei a resposta que Jeová me der; os
príncipes de Moabe ficaram com Balaão. 9 Veio Deus a Balaão
e perguntou-lhe: Quem são estes homens que estão contigo?
10 Respondeu Balaão a Deus: Balaque, filho de Zipor, rei de
Moabe, os enviou, para que me dissessem: 11 Eis que o povo que
saiu do Egito cobre a face da terra; vem, agora, amaldiçoar-mo;
talvez assim poderei pelejar contra ele e expulsá-lo. 12 Tornou
Deus a Balaão: Não irás com eles; não amaldiçoarás o povo,
porque é bendito. 13 Levantando-se Balaão pela manhã, disse
aos príncipes de Balaque: Ide para a vossa terra, porque Jeová
recusa deixar-me ir convosco. 14 Tendo-se levantado os prínci-
pes de Moabe, voltaram a Balaque e disseram: Balaão recusou
vir conosco.

15 Tornou Balaque a enviar príncipes em maior número e
de maior qualidade do que aqueles, 16 os quais, chegando a
Balaão, lhe disseram: Assim diz Balaque, filho de Zipor: Não
te demores em vir a mim, 17 porque grandemente te honrarei
e farei tudo o que me disseres. Vem, pois, amaldiçoar-me este

יח וַיַּעַן בִּלְעָם וַיֹּאמֶר אֶל־עַבְדֵי בָלָק אִם־יִתֶּן־לִי בָלָק מְלֹא בֵיתוֹ
כֶּסֶף וְזָהָב לֹא אוּכַל לַעֲבֹר אֶת־פִּי יְהוָה אֱלֹהָי לַעֲשׂוֹת קְטַנָּה
אוֹ גְדוֹלָה׃
יט וְעַתָּה שְׁבוּ נָא בָזֶה גַּם־אַתֶּם הַלָּיְלָה וְאֵדְעָה מַה־יֹּסֵף יְהוָה
דַּבֵּר עִמִּי׃
כ וַיָּבֹא אֱלֹהִים ׀ אֶל־בִּלְעָם לַיְלָה וַיֹּאמֶר לוֹ אִם־לִקְרֹא לְךָ בָּאוּ
הָאֲנָשִׁים קוּם לֵךְ אִתָּם וְאַךְ אֶת־הַדָּבָר אֲשֶׁר־אֲדַבֵּר אֵלֶיךָ אֹתוֹ
תַעֲשֶׂה׃

כא וַיָּקָם בִּלְעָם בַּבֹּקֶר וַיַּחֲבֹשׁ אֶת־אֲתֹנוֹ וַיֵּלֶךְ עִם־שָׂרֵי מוֹאָב׃
כב וַיִּחַר־אַף אֱלֹהִים כִּי־הוֹלֵךְ הוּא וַיִּתְיַצֵּב מַלְאַךְ יְהוָה בַּדֶּרֶךְ
לְשָׂטָן לוֹ וְהוּא רֹכֵב עַל־אֲתֹנוֹ וּשְׁנֵי נְעָרָיו עִמּוֹ׃
כג וַתֵּרֶא הָאָתוֹן אֶת־מַלְאַךְ יְהוָה נִצָּב בַּדֶּרֶךְ וְחַרְבּוֹ שְׁלוּפָה
בְּיָדוֹ וַתֵּט הָאָתוֹן מִן־הַדֶּרֶךְ וַתֵּלֶךְ בַּשָּׂדֶה וַיַּךְ בִּלְעָם אֶת־הָאָתוֹן
לְהַטֹּתָהּ הַדָּרֶךְ׃
כד וַיַּעֲמֹד מַלְאַךְ יְהוָה בְּמִשְׁעוֹל הַכְּרָמִים גָּדֵר מִזֶּה וְגָדֵר מִזֶּה׃
כה וַתֵּרֶא הָאָתוֹן אֶת־מַלְאַךְ יְהוָה וַתִּלָּחֵץ אֶל־הַקִּיר וַתִּלְחַץ
אֶת־רֶגֶל בִּלְעָם אֶל־הַקִּיר וַיֹּסֶף לְהַכֹּתָהּ׃
כו וַיּוֹסֶף מַלְאַךְ־יְהוָה עֲבוֹר וַיַּעֲמֹד בְּמָקוֹם צָר אֲשֶׁר אֵין־דֶּרֶךְ
לִנְטוֹת יָמִין וּשְׂמֹאול׃
כז וַתֵּרֶא הָאָתוֹן אֶת־מַלְאַךְ יְהוָה וַתִּרְבַּץ תַּחַת בִּלְעָם וַיִּחַר־אַף
בִּלְעָם וַיַּךְ אֶת־הָאָתוֹן בַּמַּקֵּל׃
כח וַיִּפְתַּח יְהוָה אֶת־פִּי הָאָתוֹן וַתֹּאמֶר לְבִלְעָם מֶה־עָשִׂיתִי לְךָ
כִּי הִכִּיתַנִי זֶה שָׁלֹשׁ רְגָלִים׃
כט וַיֹּאמֶר בִּלְעָם לָאָתוֹן כִּי הִתְעַלַּלְתְּ בִּי לוּ יֶשׁ־חֶרֶב בְּיָדִי כִּי
עַתָּה הֲרַגְתִּיךְ׃
ל וַתֹּאמֶר הָאָתוֹן אֶל־בִּלְעָם הֲלוֹא אָנֹכִי אֲתֹנְךָ אֲשֶׁר־רָכַבְתָּ עָלַי
מֵעוֹדְךָ עַד־הַיּוֹם הַזֶּה הַהַסְכֵּן הִסְכַּנְתִּי לַעֲשׂוֹת לְךָ כֹּה וַיֹּאמֶר
לֹא׃

povo. 18 Respondeu Balaão aos servos de Balaque: Se Balaque
me desse a sua casa cheia de prata e de ouro, eu não poderia
ir além da ordem de Jeová, meu Deus, para fazer coisa alguma
grande ou pequena. 19 Agora, rogo-vos que fiqueis aqui também
esta noite, para que eu saiba o que Jeová me falar mais. 20 Veio
Deus a Balaão de noite e disse-lhe: Se os homens te vierem
chamar, levanta-te, vai com eles; mas somente aquilo que eu
te falar, isso farás.

Balaão e sua jumenta encontram-se com o Anjo de Jeová

21 Levantou-se Balaão pela manhã, albardou a sua jumenta
e partiu com os príncipes de Moabe. 22 Acendeu-se a ira de
Deus, porque ele ia; e o Anjo de Jeová pôs-se-lhe no caminho
por adversário. Ora, Balaão ia montado na sua jumenta e tinha
dois servos consigo. 23 A jumenta viu o Anjo parado no cami-
nho, com a sua espada desembainhada na mão, desviou-se do
caminho e ia pelo campo; Balaão fustigou-a para fazê-la tornar
ao caminho. 24 Então, o Anjo de Jeová parou numa azinhaga,
entre as vinhas, com uma sebe num e noutro lado. 25 Vendo a
jumenta o Anjo de Jeová, coseu-se com o muro e comprimiu o
pé de Balaão contra o muro; ele a tornou a fustigar. 26 O Anjo de
Jeová passou mais adiante, e parou num lugar estreito, onde não
era possível desviar-se nem para a direita nem para a esquerda.
27 Vendo a jumenta o Anjo de Jeová, deitou-se debaixo de Ba-
laão; acendeu-se a ira de Balaão, e fustigou a jumenta com a sua
vara. 28 Então, Jeová abriu a boca da jumenta, e ela perguntou
a Balaão: Que te fiz eu para que me fustigasses estas três ve-
zes? 29 Respondeu Balaão à jumenta: Porque zombaste de mim;
oxalá tivesse eu uma espada na mão, pois eu te haveria matado.
30 Tornou a jumenta a Balaão: Acaso, não sou a tua jumenta, em
que cavalgaste toda a tua vida até hoje? Porventura, tem sido o
meu costume fazer-te coisa semelhante? Ele respondeu: Não.

לא וַיְגַל יְהוָה אֶת־עֵינֵי בִלְעָם וַיַּרְא אֶת־מַלְאַךְ יְהוָה נִצָּב בַּדֶּרֶךְ
וְחַרְבּוֹ שְׁלֻפָה בְּיָדוֹ וַיִּקֹּד וַיִּשְׁתַּחוּ לְאַפָּיו׃
לב וַיֹּאמֶר אֵלָיו מַלְאַךְ יְהוָה עַל־מָה הִכִּיתָ אֶת־אֲתֹנְךָ זֶה שָׁלוֹשׁ
רְגָלִים הִנֵּה אָנֹכִי יָצָאתִי לְשָׂטָן כִּי־יָרַט הַדֶּרֶךְ לְנֶגְדִּי׃
לג וַתִּרְאַנִי הָאָתוֹן וַתֵּט לְפָנַי זֶה שָׁלֹשׁ רְגָלִים אוּלַי נָטְתָה מִפָּנַי
כִּי עַתָּה גַּם־אֹתְכָה הָרַגְתִּי וְאוֹתָהּ הֶחֱיֵיתִי׃
לד וַיֹּאמֶר בִּלְעָם אֶל־מַלְאַךְ יְהוָה חָטָאתִי כִּי לֹא יָדַעְתִּי כִּי אַתָּה
נִצָּב לִקְרָאתִי בַּדָּרֶךְ וְעַתָּה אִם־רַע בְּעֵינֶיךָ אָשׁוּבָה לִּי׃
לה וַיֹּאמֶר מַלְאַךְ יְהוָה אֶל־בִּלְעָם לֵךְ עִם־הָאֲנָשִׁים וְאֶפֶס אֶת־
הַדָּבָר אֲשֶׁר־אֲדַבֵּר אֵלֶיךָ אֹתוֹ תְדַבֵּר וַיֵּלֶךְ בִּלְעָם עִם־שָׂרֵי בָלָק׃

לו וַיִּשְׁמַע בָּלָק כִּי בָא בִלְעָם וַיֵּצֵא לִקְרָאתוֹ אֶל־עִיר מוֹאָב
אֲשֶׁר עַל־גְּבוּל אַרְנֹן אֲשֶׁר בִּקְצֵה הַגְּבוּל׃
לז וַיֹּאמֶר בָּלָק אֶל־בִּלְעָם הֲלֹא שָׁלֹחַ שָׁלַחְתִּי אֵלֶיךָ לִקְרֹא־לָךְ
לָמָּה לֹא־הָלַכְתָּ אֵלָי הַאֻמְנָם לֹא אוּכַל כַּבְּדֶךָ׃
לח וַיֹּאמֶר בִּלְעָם אֶל־בָּלָק הִנֵּה־בָאתִי אֵלֶיךָ עַתָּה הֲיָכוֹל אוּכַל
דַּבֵּר מְאוּמָה הַדָּבָר אֲשֶׁר יָשִׂים אֱלֹהִים בְּפִי אֹתוֹ אֲדַבֵּר׃
לט וַיֵּלֶךְ בִּלְעָם עִם־בָּלָק וַיָּבֹאוּ קִרְיַת חֻצוֹת׃
מ וַיִּזְבַּח בָּלָק בָּקָר וָצֹאן וַיְשַׁלַּח לְבִלְעָם וְלַשָּׂרִים אֲשֶׁר אִתּוֹ׃

מא וַיְהִי בַבֹּקֶר וַיִּקַּח בָּלָק אֶת־בִּלְעָם וַיַּעֲלֵהוּ בָּמוֹת בָּעַל וַיַּרְא
מִשָּׁם קְצֵה הָעָם׃

A mensagem do Anjo

31 Então, abriu Jeová os olhos de Balaão, e ele viu o Anjo de
Jeová parado no caminho, com a sua espada desembainhada
na mão; inclinou a cabeça e prostrou-se com o rosto em terra.
32 Disse-lhe o Anjo de Jeová: Por que fustigaste a tua jumenta
estas três vezes? Eis que eu saí como adversário, porque o teu
caminho é perverso diante de mim. 33 A jumenta viu-me e já
três vezes se desviou de diante de mim; se ela não se tivesse
desviado de mim, certamente, eu te matara e poupara a vida
dela. 34 Respondeu Balaão ao Anjo de Jeová: Pequei, porque não
sabia que tu paravas no caminho para te opores a mim; agora,
se não for do teu agrado, voltarei. 35 Tornou o Anjo de Jeová a
Balaão: Vai com os homens; mas somente aquilo que eu te disser,
isso falarás. Assim, Balaão se foi com os príncipes de Balaque.

Balaque encontra-se com Balaão

36 Tendo Balaque ouvido que Balaão era chegado, saiu-lhe
ao encontro até Ir-Moabe, que está nos confins formados pelo
Arnom e na fronteira extrema. 37 Perguntou Balaque a Balaão:
Porventura, não te enviei mensageiros a chamar-te? Por que
não vieste a mim? Não posso eu, na verdade, honrar-te? 38 Res-
pondeu Balaão a Balaque: Eis-me diante de ti; posso eu, acaso,
falar alguma coisa? A palavra que Deus puser na minha boca,
essa falarei. 39 Balaão foi com Balaque, e chegaram a Quiriate-
-Huzote. 40 Balaque sacrificou bois e ovelhas, e enviaram deles
a Balaão e aos príncipes que com ele estavam.

Balaque edifica sete altares

41 Pela manhã, tomou Balaque a Balaão, levou-o aos altos de
Baal e dali viu a parte extrema do povo.

א וַיֹּאמֶר בִּלְעָם אֶל־בָּלָק בְּנֵה־לִי בָזֶה שִׁבְעָה מִזְבְּחֹת וְהָכֵן לִי
בָּזֶה שִׁבְעָה פָרִים וְשִׁבְעָה אֵילִים:
ב וַיַּעַשׂ בָּלָק כַּאֲשֶׁר דִּבֶּר בִּלְעָם וַיַּעַל בָּלָק וּבִלְעָם פָּר וָאַיִל
בַּמִּזְבֵּחַ:
ג וַיֹּאמֶר בִּלְעָם לְבָלָק הִתְיַצֵּב עַל־עֹלָתֶךָ וְאֵלְכָה אוּלַי יִקָּרֵה
יְהוָה לִקְרָאתִי וּדְבַר מַה־יַּרְאֵנִי וְהִגַּדְתִּי לָךְ וַיֵּלֶךְ שֶׁפִי:
ד וַיִּקָּר אֱלֹהִים אֶל־בִּלְעָם וַיֹּאמֶר אֵלָיו אֶת־שִׁבְעַת הַמִּזְבְּחֹת
עָרַכְתִּי וָאַעַל פָּר וָאַיִל בַּמִּזְבֵּחַ:
ה וַיָּשֶׂם יְהוָה דָּבָר בְּפִי בִלְעָם וַיֹּאמֶר שׁוּב אֶל־בָּלָק וְכֹה תְדַבֵּר:
ו וַיָּשָׁב אֵלָיו וְהִנֵּה נִצָּב עַל־עֹלָתוֹ הוּא וְכָל־שָׂרֵי מוֹאָב:
ז וַיִּשָּׂא מְשָׁלוֹ וַיֹּאמַר מִן־אֲרָם יַנְחֵנִי בָלָק מֶלֶךְ־מוֹאָב מֵהַרְרֵי־
קֶדֶם לְכָה אָרָה־לִּי יַעֲקֹב וּלְכָה זֹעֲמָה יִשְׂרָאֵל:

ח מָה אֶקֹּב לֹא קַבֹּה אֵל וּמָה אֶזְעֹם לֹא זָעַם יְהוָה:

ט כִּי־מֵרֹאשׁ צֻרִים אֶרְאֶנּוּ וּמִגְּבָעוֹת אֲשׁוּרֶנּוּ הֶן־עָם לְבָדָד יִשְׁכֹּן
וּבַגּוֹיִם לֹא יִתְחַשָּׁב:

י מִי מָנָה עֲפַר יַעֲקֹב וּמִסְפָּר אֶת־רֹבַע יִשְׂרָאֵל תָּמֹת נַפְשִׁי מוֹת
יְשָׁרִים וּתְהִי אַחֲרִיתִי כָּמֹהוּ:

יא וַיֹּאמֶר בָּלָק אֶל־בִּלְעָם מֶה עָשִׂיתָ לִי לָקֹב אֹיְבַי לְקַחְתִּיךָ
וְהִנֵּה בֵּרַכְתָּ בָרֵךְ:
יב וַיַּעַן וַיֹּאמַר הֲלֹא אֵת אֲשֶׁר יָשִׂים יְהוָה בְּפִי אֹתוֹ אֶשְׁמֹר
לְדַבֵּר:
יג וַיֹּאמֶר אֵלָיו בָּלָק)לְךָ־](לְכָה־[נָּא אִתִּי אֶל־מָקוֹם אַחֵר אֲשֶׁר
תִּרְאֶנּוּ מִשָּׁם אֶפֶס קָצֵהוּ תִרְאֶה וְכֻלּוֹ לֹא תִרְאֶה וְקָבְנוֹ־לִי

23 1 Então disse Balaão a Balaque: Edifica-me aqui sete
altares e prepara-me aqui sete novilhos e sete car-
neiros. 2 Fez Balaque como Balaão falara; e Balaque
e Balaão ofereceram sobre cada altar um novilho e um carnei-
ro. 3 Disse mais Balaão a Balaque: Fica-te em pé junto ao teu
holocausto, e eu irei. Porventura, Jeová me sairá ao encon-
tro; o que ele me mostrar, eu to direi. E foi a um alto. 4 Deus
encontrou-se com Balaão; e este lhe disse: Preparei os sete
altares e, sobre cada altar, ofereci um novilho e um carneiro.
5 Jeová pôs uma palavra na boca de Balaão e disse: Volta para
Balaque, e assim falarás. 6 Voltou para ele, e eis que estava
em pé junto ao seu holocausto, ele e todos os príncipes de
Moabe. 7 Proferiu Balaão o seu discurso e disse:

Primeira profecia de Balaão

Balaque me faz vir de Arã,
o rei de Moabe, dos montes do Oriente.
Vem, amaldiçoa-me a Jacó,
e vem, denuncia a Israel.
8 Como posso amaldiçoar a quem Deus não amaldiçoou?
Ou como posso denunciar a quem Jeová não denunciou?
9 Pois do cume das penhas o vejo
e dos outeiros o contemplo.
Eis que é um povo que habita só
e não será reputado entre as nações.
10 Quem contou o pó de Jacó
ou enumerou as miríades de Israel?
Que eu morra a morte dos justos,
e seja o meu fim como o seu.

11 Então, disse Balaque a Balaão: Que me fizeste? Chamei-te
para amaldiçoares os meus inimigos, e eis que nada fizeste, se-
não abençoá-los. 12 Respondeu-lhe Balaão: Não devo eu cuidar
de falar o que Jeová me puser na boca?

13 Disse-lhe Balaque: Vem comigo a outro lugar, donde os po-
derás ver. Verás somente a sua parte extrema e a todos eles não

מִשָּׁם:
יד וַיִּקָּחֵהוּ שְׂדֵה צֹפִים אֶל־רֹאשׁ הַפִּסְגָּה וַיִּבֶן שִׁבְעָה מִזְבְּחֹת
וַיַּעַל פָּר וָאַיִל בַּמִּזְבֵּחַ:
טו וַיֹּאמֶר אֶל־בָּלָק הִתְיַצֵּב כֹּה עַל־עֹלָתֶךָ וְאָנֹכִי אִקָּרֶה כֹּה:
טז וַיִּקָּר יְהוָה אֶל־בִּלְעָם וַיָּשֶׂם דָּבָר בְּפִיו וַיֹּאמֶר שׁוּב אֶל־בָּלָק
וְכֹה תְדַבֵּר:
יז וַיָּבֹא אֵלָיו וְהִנּוֹ נִצָּב עַל־עֹלָתוֹ וְשָׂרֵי מוֹאָב אִתּוֹ וַיֹּאמֶר לוֹ
בָּלָק מַה־דִּבֶּר יְהוָה:
יח וַיִּשָּׂא מְשָׁלוֹ וַיֹּאמַר קוּם בָּלָק וּשְׁמָע הַאֲזִינָה עָדַי בְּנוֹ צִפֹּר:

יט לֹא אִישׁ אֵל וִיכַזֵּב וּבֶן־אָדָם וְיִתְנֶחָם הַהוּא אָמַר וְלֹא יַעֲשֶׂה
וְדִבֶּר וְלֹא יְקִימֶנָּה:

כ הִנֵּה בָרֵךְ לָקָחְתִּי וּבֵרֵךְ וְלֹא אֲשִׁיבֶנָּה:

כא לֹא־הִבִּיט אָוֶן בְּיַעֲקֹב וְלֹא־רָאָה עָמָל בְּיִשְׂרָאֵל יְהוָה אֱלֹהָיו
עִמּוֹ וּתְרוּעַת מֶלֶךְ בּוֹ:

כב אֵל מוֹצִיאָם מִמִּצְרָיִם כְּתוֹעֲפֹת רְאֵם לוֹ:

כג כִּי לֹא־נַחַשׁ בְּיַעֲקֹב וְלֹא־קֶסֶם בְּיִשְׂרָאֵל כָּעֵת יֵאָמֵר לְיַעֲקֹב
וּלְיִשְׂרָאֵל מַה־פָּעַל אֵל:

כד הֶן־עָם כְּלָבִיא יָקוּם וְכַאֲרִי יִתְנַשָּׂא לֹא יִשְׁכַּב עַד־יֹאכַל טֶרֶף
וְדַם־חֲלָלִים יִשְׁתֶּה:

כה וַיֹּאמֶר בָּלָק אֶל־בִּלְעָם גַּם־קֹב לֹא תִקֳּבֶנּוּ גַּם־בָּרֵךְ לֹא
תְבָרְכֶנּוּ:

verás; e amaldiçoa-mos dali. 14 Levou-o ao campo de Zofim, ao
cume de Pisga, e edificou sete altares e sobre cada altar, ofereceu
um novilho e um carneiro. 15 Respondeu a Balaque: Fica aqui em
pé junto ao teu holocausto, enquanto eu vou ali ao encontro de
Jeová. 16 Jeová encontrou-se com Balaão, e pôs-lhe na boca uma
palavra, e disse: Volta a Balaque, e assim falarás. 17 Vindo a ele,
eis que estava em pé junto ao seu holocausto, e os príncipes de
Moabe com ele. Perguntou-lhe Balaque: Que falou Jeová? 18 Balaão
proferiu o seu discurso, e disse:

A segunda profecia de Balaão

Levanta-te, Balaque, e ouve;
escuta-me, filho de Zipor.
19 Deus não é homem, para que minta;
nem filho do homem, para que se arrependa.
Porventura, tendo ele prometido, não o fará?
Ou, tendo falado, não o cumprirá?
20 Eis que para abençoar recebi ordem;
se ele abençoar, não o posso revogar.
21 Não se observa desastre em Jacó,
nem se vê calamidade em Israel;
Jeová, seu Deus, está com ele,
e, no meio dele, se ouvem vivas ao seu rei.
22 Deus, que o tirou do Egito,
é para ele como a glória de um boi selvagem.
23 Não há agouros em Jacó,
nem adivinhações em Israel.
Agora, se poderá dizer a Jacó e a Israel:
Que fez Deus!
24 Eis que o povo se levanta como uma leoa
e se porá em pé como um leão;
não se deita até que devore a presa
e beba o sangue dos que forem mortos.

25 Então, disse Balaque a Balaão: Nem o amaldiçoes, nem o
abençoes. 26 Respondeu, porém, Balaão a Balaque: Não disse

כו וַיַּעַן בִּלְעָם וַיֹּאמֶר אֶל־בָּלָק הֲלֹא דִּבַּרְתִּי אֵלֶיךָ לֵאמֹר כֹּל
אֲשֶׁר־יְדַבֵּר יְהוָה אֹתוֹ אֶעֱשֶׂה׃
כז וַיֹּאמֶר בָּלָק אֶל־בִּלְעָם לְכָה־נָּא אֶקָּחֲךָ אֶל־מָקוֹם אַחֵר אוּלַי
יִישַׁר בְּעֵינֵי הָאֱלֹהִים וְקַבֹּתוֹ לִי מִשָּׁם׃
כח וַיִּקַּח בָּלָק אֶת־בִּלְעָם רֹאשׁ הַפְּעוֹר הַנִּשְׁקָף עַל־פְּנֵי הַיְשִׁימֹן׃
כט וַיֹּאמֶר בִּלְעָם אֶל־בָּלָק בְּנֵה־לִי בָזֶה שִׁבְעָה מִזְבְּחֹת וְהָכֵן לִי
בָּזֶה שִׁבְעָה פָרִים וְשִׁבְעָה אֵילִים׃
ל וַיַּעַשׂ בָּלָק כַּאֲשֶׁר אָמַר בִּלְעָם וַיַּעַל פָּר וָאַיִל בַּמִּזְבֵּחַ׃
א וַיַּרְא בִּלְעָם כִּי טוֹב בְּעֵינֵי יְהוָה לְבָרֵךְ אֶת־יִשְׂרָאֵל וְלֹא־הָלַךְ
כְּפַעַם־בְּפַעַם לִקְרַאת נְחָשִׁים וַיָּשֶׁת אֶל־הַמִּדְבָּר פָּנָיו׃
ב וַיִּשָּׂא בִלְעָם אֶת־עֵינָיו וַיַּרְא אֶת־יִשְׂרָאֵל שֹׁכֵן לִשְׁבָטָיו וַתְּהִי
עָלָיו רוּחַ אֱלֹהִים׃
ג וַיִּשָּׂא מְשָׁלוֹ וַיֹּאמַר נְאֻם בִּלְעָם בְּנוֹ בְעֹר וּנְאֻם הַגֶּבֶר שְׁתֻם
הָעָיִן׃

eu: tudo o que Jeová falar, isso tenho de fazer?
27 Tornou Balaque a Balaão: Vem, agora, e levar-te-ei a outro
lugar; porventura, será do agrado de Jeová que dali mo amal-
diçoes. 28 Então, Balaque levou a Balaão ao cume de Peor, que
olha para Jesimom. 29 Disse Balaão a Balaque: Edifica-me aqui
sete altares e prepara-me aqui sete novilhos e sete carneiros.
30 Fez Balaque como Balaão dissera e sobre cada altar ofereceu
um novilho e um carneiro.

24 1 Vendo Balaão que era do agrado de Jeová que
abençoasse a Israel, não foi, como antes, ao en-
contro de agouros, mas voltou o rosto para o de-
serto. 2 Levantando Balaão os olhos, viu Israel acampado nas
suas tendas, segundo as suas tribos; e veio sobre ele o Espírito
de Deus. 3 Proferiu o seu discurso e disse:

ד נְאֻם שֹׁמֵעַ אִמְרֵי־אֵל אֲשֶׁר מַחֲזֵה שַׁדַּי יֶחֱזֶה נֹפֵל וּגְלוּי עֵינָיִם׃

ה מַה־טֹּבוּ אֹהָלֶיךָ יַעֲקֹב מִשְׁכְּנֹתֶיךָ יִשְׂרָאֵל׃

ו כִּנְחָלִים נִטָּיוּ כְּגַנֹּת עֲלֵי נָהָר כַּאֲהָלִים נָטַע יְהוָה כַּאֲרָזִים
עֲלֵי־מָיִם׃

ז יִזַּל־מַיִם מִדָּלְיָו וְזַרְעוֹ בְּמַיִם רַבִּים וְיָרֹם מֵאֲגַג מַלְכּוֹ וְתִנַּשֵּׂא
מַלְכֻתוֹ׃

ח אֵל מוֹצִיאוֹ מִמִּצְרַיִם כְּתוֹעֲפֹת רְאֵם לוֹ יֹאכַל גּוֹיִם צָרָיו
וְעַצְמֹתֵיהֶם יְגָרֵם וְחִצָּיו יִמְחָץ׃

ט כָּרַע שָׁכַב כַּאֲרִי וּכְלָבִיא מִי יְקִימֶנּוּ מְבָרְכֶיךָ בָרוּךְ וְאֹרְרֶיךָ
אָרוּר׃

י וַיִּחַר־אַף בָּלָק אֶל־בִּלְעָם וַיִּסְפֹּק אֶת־כַּפָּיו וַיֹּאמֶר בָּלָק אֶל־
בִּלְעָם לָקֹב אֹיְבַי קְרָאתִיךָ וְהִנֵּה בֵּרַכְתָּ בָרֵךְ זֶה שָׁלֹשׁ פְּעָמִים׃
יא וְעַתָּה בְּרַח־לְךָ אֶל־מְקוֹמֶךָ אָמַרְתִּי כַּבֵּד אֲכַבֶּדְךָ וְהִנֵּה מְנָעֲךָ
יְהוָה מִכָּבוֹד׃
יב וַיֹּאמֶר בִּלְעָם אֶל־בָּלָק הֲלֹא גַּם אֶל־מַלְאָכֶיךָ אֲשֶׁר־שָׁלַחְתָּ
אֵלַי דִּבַּרְתִּי לֵאמֹר׃
יג אִם־יִתֶּן־לִי בָלָק מְלֹא בֵיתוֹ כֶּסֶף וְזָהָב לֹא אוּכַל לַעֲבֹר אֶת־
פִּי יְהוָה לַעֲשׂוֹת טוֹבָה אוֹ רָעָה מִלִּבִּי אֲשֶׁר־יְדַבֵּר יְהוָה אֹתוֹ
אֲדַבֵּר׃
יד וְעַתָּה הִנְנִי הוֹלֵךְ לְעַמִּי לְכָה אִיעָצְךָ אֲשֶׁר יַעֲשֶׂה הָעָם הַזֶּה
לְעַמְּךָ בְּאַחֲרִית הַיָּמִים׃

Terceira profecia de Balaão

Oráculo de Balaão, filho de Beor;
oráculo do homem que tinha os olhos fechados;
4 oráculo daquele que ouve as palavras de Deus,
que vê a visão do Todo-Poderoso,
que cai e tem os olhos abertos.
5 Quão formosas são as tuas tendas, ó Jacó,
as tuas habitações, ó Israel!
6 Como vales que são bem extensos,
como jardins à beira dos rios,
como árvore de aloés que Jeová plantou,
como cedros junto às águas.
7 Dos seus baldes correrão águas,
e os seus descendentes estarão em muitas águas;
o seu rei levantar-se-á acima de Agague,
e o seu reino será exaltado.
8 Deus, que o tirou do Egito,
é para ele como a glória do boi selvagem.
Ele devorará as nações, seus adversários,
e lhes quebrará os ossos
e os traspassará com as suas flechas.
9 Agachou-se, deitou-se como leão
e como leoa; quem o despertará?
Bendito aquele que te abençoar,
e maldito o que te amaldiçoar!

10 A ira de Balaque acendeu-se contra Balaão e bateu com as
mãos. Disse Balaque a Balaão: Chamei-te para amaldiçoares os
meus inimigos e eis que já três vezes os abençoaste. 11 Agora,
foge para o teu lugar; pensei em encher-te de honras, mas eis
que Jeová te privou das honras. 12 Respondeu Balaão a Balaque:
Não disse eu também aos teus mensageiros que me enviaste:
13 se Balaque me desse a sua casa cheia de prata e de ouro, não
poderia ir além da ordem de Jeová para fazer de mim mesmo
ou o bem ou o mal; o que disser Jeová, isso falarei? 14 Agora, eis
que vou para o meu povo; vem, e avisar-te-ei o que fará este
povo ao teu povo nos últimos dias. 15 Balaão proferiu o seu

טו וַיִּשָּׂא מְשָׁלוֹ וַיֹּאמַר נְאֻם בִּלְעָם בְּנוֹ בְעֹר וּנְאֻם הַגֶּבֶר שְׁתֻם הָעָיִן:

טז נְאֻם שֹׁמֵעַ אִמְרֵי־אֵל וְיֹדֵעַ דַּעַת עֶלְיוֹן מַחֲזֵה שַׁדַּי יֶחֱזֶה נֹפֵל וּגְלוּי עֵינָיִם:

יז אֶרְאֶנּוּ וְלֹא עַתָּה אֲשׁוּרֶנּוּ וְלֹא קָרוֹב דָּרַךְ כּוֹכָב מִיַּעֲקֹב וְקָם שֵׁבֶט מִיִּשְׂרָאֵל וּמָחַץ פַּאֲתֵי מוֹאָב וְקַרְקַר כָּל־בְּנֵי־שֵׁת:

יח וְהָיָה אֱדוֹם יְרֵשָׁה וְהָיָה יְרֵשָׁה שֵׂעִיר אֹיְבָיו וְיִשְׂרָאֵל עֹשֶׂה חָיִל:

יט וְיֵרְדְּ מִיַּעֲקֹב וְהֶאֱבִיד שָׂרִיד מֵעִיר:

כ וַיַּרְא אֶת־עֲמָלֵק וַיִּשָּׂא מְשָׁלוֹ וַיֹּאמַר רֵאשִׁית גּוֹיִם עֲמָלֵק וְאַחֲרִיתוֹ עֲדֵי אֹבֵד:

כא וַיַּרְא אֶת־הַקֵּינִי וַיִּשָּׂא מְשָׁלוֹ וַיֹּאמַר אֵיתָן מוֹשָׁבֶךָ וְשִׂים בַּסֶּלַע קִנֶּךָ:

כב כִּי אִם־יִהְיֶה לְבָעֵר קָיִן עַד־מָה אַשּׁוּר תִּשְׁבֶּךָּ:

כג וַיִּשָּׂא מְשָׁלוֹ וַיֹּאמַר אוֹי מִי יִחְיֶה מִשֻּׂמוֹ אֵל:

כד וְצִים מִיַּד כִּתִּים וְעִנּוּ אַשּׁוּר וְעִנּוּ־עֵבֶר וְגַם־הוּא עֲדֵי אֹבֵד:

כה וַיָּקָם בִּלְעָם וַיֵּלֶךְ וַיָּשָׁב לִמְקֹמוֹ וְגַם־בָּלָק הָלַךְ לְדַרְכּוֹ: פ

discurso, e disse:

Quarta profecia de Balaão

Oráculo de Balaão, filho de Beor;
oráculo do homem que tinha os olhos fechados;
16 oráculo daquele que ouve as palavras de Deus,
que conhece o conhecimento do Altíssimo,
que vê a visão do Todo-Poderoso,
que cai e tem os olhos abertos.
17 Eu o vejo, porém não agora;
eu o contemplo, porém não de perto.
De Jacó nascerá uma estrela,
e de Israel se levantará um cetro
que ferirá as fontes de Moabe,
e a cabeça de todos os filhos de orgulho.
18 Edom será uma possessão;
Seir, seus inimigos, também será uma possessão,
enquanto Israel faz proezas.
19 De Jacó, um dominará;
da cidade, serão destruídos os sobreviventes.
20 Viu Balaão a Amaleque, proferiu o seu discurso e disse:
Amaleque era a primeira das nações,
mas o seu fim será para destruição.
21 Viu os queneus, proferiu o seu discurso e disse:
Durável é a tua habitação,
e posto entre as penhas o teu ninho.
22 Todavia, Caim há de ser destruído.
Até quando? Assur te levará cativo.
23 Proferiu ainda o seu discurso e disse:
Ai! Quem viverá quando Deus fizer isso?
24 Mas naus virão das costas de Quitim,
e eles afligirão a Assur;
também afligirão a Héber,
que também será para destruição.
25 Tendo-se Balaão levantado, foi-se e voltou para o seu lugar;

א וַיֵּשֶׁב יִשְׂרָאֵל בַּשִּׁטִּים וַיָּחֶל הָעָם לִזְנוֹת אֶל־בְּנוֹת מוֹאָב׃
ב וַתִּקְרֶאןָ לָעָם לְזִבְחֵי אֱלֹהֵיהֶן וַיֹּאכַל הָעָם וַיִּשְׁתַּחֲווּ לֵאלֹהֵיהֶן׃
ג וַיִּצָּמֶד יִשְׂרָאֵל לְבַעַל פְּעוֹר וַיִּחַר־אַף יְהוָה בְּיִשְׂרָאֵל׃
ד וַיֹּאמֶר יְהוָה אֶל־מֹשֶׁה קַח אֶת־כָּל־רָאשֵׁי הָעָם וְהוֹקַע אוֹתָם
לַיהוָה נֶגֶד הַשָּׁמֶשׁ וְיָשֹׁב חֲרוֹן אַף־יְהוָה מִיִּשְׂרָאֵל׃
ה וַיֹּאמֶר מֹשֶׁה אֶל־שֹׁפְטֵי יִשְׂרָאֵל הִרְגוּ אִישׁ אֲנָשָׁיו הַנִּצְמָדִים
לְבַעַל פְּעוֹר׃

ו וְהִנֵּה אִישׁ מִבְּנֵי יִשְׂרָאֵל בָּא וַיַּקְרֵב אֶל־אֶחָיו אֶת־הַמִּדְיָנִית
לְעֵינֵי מֹשֶׁה וּלְעֵינֵי כָּל־עֲדַת בְּנֵי־יִשְׂרָאֵל וְהֵמָּה בֹכִים פֶּתַח
אֹהֶל מוֹעֵד׃
ז וַיַּרְא פִּינְחָס בֶּן־אֶלְעָזָר בֶּן־אַהֲרֹן הַכֹּהֵן וַיָּקָם מִתּוֹךְ הָעֵדָה
וַיִּקַּח רֹמַח בְּיָדוֹ׃
ח וַיָּבֹא אַחַר אִישׁ־יִשְׂרָאֵל אֶל־הַקֻּבָּה וַיִּדְקֹר אֶת־שְׁנֵיהֶם אֵת
אִישׁ יִשְׂרָאֵל וְאֶת־הָאִשָּׁה אֶל־קֳבָתָהּ וַתֵּעָצַר הַמַּגֵּפָה מֵעַל בְּנֵי
יִשְׂרָאֵל׃
ט וַיִּהְיוּ הַמֵּתִים בַּמַּגֵּפָה אַרְבָּעָה וְעֶשְׂרִים אָלֶף׃ פ
י וַיְדַבֵּר יְהוָה אֶל־מֹשֶׁה לֵּאמֹר׃
יא פִּינְחָס בֶּן־אֶלְעָזָר בֶּן־אַהֲרֹן הַכֹּהֵן הֵשִׁיב אֶת־חֲמָתִי מֵעַל
בְּנֵי־יִשְׂרָאֵל בְּקַנְאוֹ אֶת־קִנְאָתִי בְּתוֹכָם וְלֹא־כִלִּיתִי אֶת־בְּנֵי־
יִשְׂרָאֵל בְּקִנְאָתִי׃
יב לָכֵן אֱמֹר הִנְנִי נֹתֵן לוֹ אֶת־בְּרִיתִי שָׁלוֹם׃
יג וְהָיְתָה לּוֹ וּלְזַרְעוֹ אַחֲרָיו בְּרִית כְּהֻנַּת עוֹלָם תַּחַת אֲשֶׁר קִנֵּא
לֵאלֹהָיו וַיְכַפֵּר עַל־בְּנֵי יִשְׂרָאֵל׃

יד וְשֵׁם אִישׁ יִשְׂרָאֵל הַמֻּכֶּה אֲשֶׁר הֻכָּה אֶת־הַמִּדְיָנִית זִמְרִי בֶּן־
סָלוּא נְשִׂיא בֵית־אָב לַשִּׁמְעֹנִי׃
טו וְשֵׁם הָאִשָּׁה הַמֻּכָּה הַמִּדְיָנִית כָּזְבִּי בַת־צוּר רֹאשׁ אֻמּוֹת
בֵּית־אָב בְּמִדְיָן הוּא׃ פ

e também Balaque foi o seu caminho.

O pecado de Peor e o zelo de Fineias

25 1 Habitando Israel em Sitim, o povo começou a for-
nicar com as filhas de Moabe; 2 elas convidaram o
povo aos sacrifícios dos seus deuses, e o povo co-
meu e adorou os deuses delas. 3 Juntando-se Israel a Baal de
Peor, acendeu-se a ira de Jeová contra Israel. 4 Disse Jeová a
Moisés: Toma todos os cabeças do povo e executa-os na pre-
sença de Jeová, diante do sol, para que o furor de Jeová se
aparte de Israel. 5 Então, disse Moisés aos juízes de Israel:
Mate cada um os seus homens que se ajuntaram a Baal de
Peor.

6 Eis que um dos filhos de Israel veio e trouxe aos seus ir-
mãos uma mulher midianita à vista de Moisés e à vista de toda a
congregação dos filhos de Israel, enquanto choravam à entrada
da tenda da revelação. 7 Vendo isso Fineias, filho de Eleazar,
filho do sacerdote Arão, levantou-se do meio da congregação
e tomou uma lança na mão; 8 e, tendo entrado após o israelita
na tenda, atravessou-os a ambos, ao israelita e à mulher, pelo
ventre. Assim, cessou a praga de sobre os filhos de Israel. 9 Os
que morreram da praga foram vinte e quatro mil.

10 Então, disse Jeová a Moisés: 11 Fineias, filho de Eleazar,
filho do sacerdote Arão, apartou a minha ira dos filhos de Israel,
porque estava animado com o meu zelo entre eles, de sorte que,
no meu zelo, eu não consumisse os filhos de Israel. 12 Portanto,
dize: Eis que eu lhe dou a minha aliança da paz; 13 ele, e a sua
semente depois dele, terá a aliança dum sacerdócio perpétuo;
porque foi zeloso pelo seu Deus e fez expiação pelos filhos de
Israel.

14 O nome do israelita morto que foi morto com a mulher
midianita era Zinri, filho de Salu, príncipe da casa de seu pai
entre os simeonitas. 15 O nome da mulher midianita que foi
morta era Cosbi, filha de Zur. Ele era cabeça do povo duma
casa paterna em Midiã.

טז וַיְדַבֵּר יְהוָה אֶל־מֹשֶׁה לֵּאמֹר׃
יז צָרוֹר אֶת־הַמִּדְיָנִים וְהִכִּיתֶם אוֹתָם׃
יח כִּי צֹרְרִים הֵם לָכֶם בְּנִכְלֵיהֶם אֲשֶׁר־נִכְּלוּ לָכֶם עַל־דְּבַר־פְּעוֹר
וְעַל־דְּבַר כָּזְבִּי בַת־נְשִׂיא מִדְיָן אֲחֹתָם הַמֻּכָּה בְיוֹם־הַמַּגֵּפָה עַל־
דְּבַר־פְּעוֹר׃
יט וַיְהִי אַחֲרֵי הַמַּגֵּפָה׃ פ

א וַיֹּאמֶר יְהוָה אֶל־מֹשֶׁה וְאֶל אֶלְעָזָר בֶּן־אַהֲרֹן הַכֹּהֵן לֵאמֹר׃
ב שְׂאוּ אֶת־רֹאשׁ ׀ כָּל־עֲדַת בְּנֵי־יִשְׂרָאֵל מִבֶּן עֶשְׂרִים שָׁנָה
וָמַעְלָה לְבֵית אֲבֹתָם כָּל־יֹצֵא צָבָא בְּיִשְׂרָאֵל׃
ג וַיְדַבֵּר מֹשֶׁה וְאֶלְעָזָר הַכֹּהֵן אֹתָם בְּעַרְבֹת מוֹאָב עַל־יַרְדֵּן יְרֵחוֹ
לֵאמֹר׃
ד מִבֶּן עֶשְׂרִים שָׁנָה וָמָעְלָה כַּאֲשֶׁר צִוָּה יְהוָה אֶת־מֹשֶׁה וּבְנֵי
יִשְׂרָאֵל הַיֹּצְאִים מֵאֶרֶץ מִצְרָיִם׃

ה רְאוּבֵן בְּכוֹר יִשְׂרָאֵל בְּנֵי רְאוּבֵן חֲנוֹךְ מִשְׁפַּחַת הַחֲנֹכִי לְפַלּוּא
מִשְׁפַּחַת הַפַּלֻּאִי׃
ו לְחֶצְרֹן מִשְׁפַּחַת הַחֶצְרוֹנִי לְכַרְמִי מִשְׁפַּחַת הַכַּרְמִי׃
ז אֵלֶּה מִשְׁפְּחֹת הָרֻאוּבֵנִי וַיִּהְיוּ פְקֻדֵיהֶם שְׁלֹשָׁה וְאַרְבָּעִים אֶלֶף
וּשְׁבַע מֵאוֹת וּשְׁלֹשִׁים׃
ח וּבְנֵי פַלּוּא אֱלִיאָב׃
ט וּבְנֵי אֱלִיאָב נְמוּאֵל וְדָתָן וַאֲבִירָם הוּא־דָתָן וַאֲבִירָם)קְרוּאֵי[
]קְרִיאֵי(הָעֵדָה אֲשֶׁר הִצּוּ עַל־מֹשֶׁה וְעַל־אַהֲרֹן בַּעֲדַת־קֹרַח
בְּהַצֹּתָם עַל־יְהוָה׃
י וַתִּפְתַּח הָאָרֶץ אֶת־פִּיהָ וַתִּבְלַע אֹתָם וְאֶת־קֹרַח בְּמוֹת הָעֵדָה
בַּאֲכֹל הָאֵשׁ אֵת חֲמִשִּׁים וּמָאתַיִם אִישׁ וַיִּהְיוּ לְנֵס׃
יא וּבְנֵי־קֹרַח לֹא־מֵתוּ׃ ס

יב בְּנֵי שִׁמְעוֹן לְמִשְׁפְּחֹתָם לִנְמוּאֵל מִשְׁפַּחַת הַנְּמוּאֵלִי לְיָמִין
מִשְׁפַּחַת הַיָּמִינִי לְיָכִין מִשְׁפַּחַת הַיָּכִינִי׃
יג לְזֶרַח מִשְׁפַּחַת הַזַּרְחִי לְשָׁאוּל מִשְׁפַּחַת הַשָּׁאוּלִי׃
יד אֵלֶּה מִשְׁפְּחֹת הַשִּׁמְעֹנִי שְׁנַיִם וְעֶשְׂרִים אֶלֶף וּמָאתָיִם׃ ס

טו בְּנֵי גָד לְמִשְׁפְּחֹתָם לִצְפוֹן מִשְׁפַּחַת הַצְּפוֹנִי לְחַגִּי מִשְׁפַּחַת

16 Disse mais Jeová a Moisés: 17 Afligi os midianitas e feri-os,
18 porque vos afligiram com as suas ciladas, que enganosamente
planejaram contra vós no tocante a Peor e no tocante a Cosbi,
sua irmã, filha do príncipe de Midiã, a qual foi morta no dia da
praga no caso de Peor.

Deus manda tomar a soma de todos os israelitas

26 1 Depois da praga, disse Jeová a Moisés e a Elea-
zar, filho do sacerdote Arão: 2 Tomai a soma de
toda a congregação dos filhos de Israel, desde a
idade de vinte anos e daí para cima, pelas casas de seus pais,
todos os que em Israel podem sair à guerra. 3 Disse-lhes Moi-
sés, e o sacerdote Eleazar, nas planícies de Moabe, junto ao
Jordão, na altura de Jericó: 4 Contai o povo da idade de vinte
anos e daí para cima, como Jeová ordenou a Moisés e aos fi-
lhos de Israel que saíram da terra do Egito.

5 Rúben, primogênito de Israel; os filhos de Rúben: de Eno-
que, a família dos enoquitas; de Palu, a família dos paluítas;
6 de Hezrom, a família dos hezronitas; de Carmi, a família dos
carmitas. 7 Estas são as famílias dos rubenitas; os que foram
contados deles eram quarenta e três mil e setecentos e trinta.

8 O filho de Palu: Eliabe. 9 Os filhos de Eliabe: Nemuel, Datã e
Abirão. Estes são aqueles Datã e Abirão que foram chamados da
congregação, os quais contenderam contra Moisés e contra Arão
na companhia de Coré, quando contenderam contra Jeová. 10 A
terra, abrindo a boca, engoliu-os juntamente com Coré, quando
pereceu aquela companhia; quando o fogo queimou duzentos e
cinquenta homens, que se tornaram por escarmento. 11 Todavia,
não morreram os filhos de Coré.

12 Os filhos de Simeão, segundo as famílias: de Nemuel, a
família dos nemuelitas; de Jamim, a família dos jaminitas; de
Jaquim, a família dos jaquinitas; 13 de Zerá, a família dos zeraí-
tas; de Saul, a família dos saulitas. 14 Estas são as famílias dos
simeonitas: vinte e dois mil e duzentos.

15 Os filhos de Gade, segundo as suas famílias: de Zefom, a

הַחַגִּי לְשׁוּנִי מִשְׁפַּחַת הַשּׁוּנִי׃
טז לְאָזְנִי מִשְׁפַּחַת הָאָזְנִי לְעֵרִי מִשְׁפַּחַת הָעֵרִי׃
יז לַאֲרוֹד מִשְׁפַּחַת הָאֲרוֹדִי לְאַרְאֵלִי מִשְׁפַּחַת הָאַרְאֵלִי׃
יח אֵלֶּה מִשְׁפְּחֹת בְּנֵי־גָד לִפְקֻדֵיהֶם אַרְבָּעִים אֶלֶף וַחֲמֵשׁ
מֵאוֹת׃ ס
יט בְּנֵי יְהוּדָה עֵר וְאוֹנָן וַיָּמָת עֵר וְאוֹנָן בְּאֶרֶץ כְּנָעַן׃
כ וַיִּהְיוּ בְנֵי־יְהוּדָה לְמִשְׁפְּחֹתָם לְשֵׁלָה מִשְׁפַּחַת הַשֵּׁלָנִי לְפֶרֶץ
מִשְׁפַּחַת הַפַּרְצִי לְזֶרַח מִשְׁפַּחַת הַזַּרְחִי׃
כא וַיִּהְיוּ בְנֵי־פֶרֶץ לְחֶצְרֹן מִשְׁפַּחַת הַחֶצְרֹנִי לְחָמוּל מִשְׁפַּחַת
הֶחָמוּלִי׃
כב אֵלֶּה מִשְׁפְּחֹת יְהוּדָה לִפְקֻדֵיהֶם שִׁשָּׁה וְשִׁבְעִים אֶלֶף וַחֲמֵשׁ
מֵאוֹת׃ ס
כג בְּנֵי יִשָּׂשכָר לְמִשְׁפְּחֹתָם תּוֹלָע מִשְׁפַּחַת הַתּוֹלָעִי לְפֻוָה
מִשְׁפַּחַת הַפּוּנִי׃
כד לְיָשׁוּב מִשְׁפַּחַת הַיָּשֻׁבִי לְשִׁמְרֹן מִשְׁפַּחַת הַשִּׁמְרֹנִי׃
כה אֵלֶּה מִשְׁפְּחֹת יִשָּׂשכָר לִפְקֻדֵיהֶם אַרְבָּעָה וְשִׁשִּׁים אֶלֶף
וּשְׁלֹשׁ מֵאוֹת׃ ס
כו בְּנֵי זְבוּלֻן לְמִשְׁפְּחֹתָם לְסֶרֶד מִשְׁפַּחַת הַסַּרְדִּי לְאֵלוֹן
מִשְׁפַּחַת הָאֵלֹנִי לְיַחְלְאֵל מִשְׁפַּחַת הַיַּחְלְאֵלִי׃
כז אֵלֶּה מִשְׁפְּחֹת הַזְּבוּלֹנִי לִפְקֻדֵיהֶם שִׁשִּׁים אֶלֶף וַחֲמֵשׁ מֵאוֹת׃
ס

כח בְּנֵי יוֹסֵף לְמִשְׁפְּחֹתָם מְנַשֶּׁה וְאֶפְרָיִם׃
כט בְּנֵי מְנַשֶּׁה לְמָכִיר מִשְׁפַּחַת הַמָּכִירִי וּמָכִיר הוֹלִיד אֶת־גִּלְעָד
לְגִלְעָד מִשְׁפַּחַת הַגִּלְעָדִי׃
ל אֵלֶּה בְּנֵי גִלְעָד אִיעֶזֶר מִשְׁפַּחַת הָאִיעֶזְרִי לְחֵלֶק מִשְׁפַּחַת
הַחֶלְקִי׃
לא וְאַשְׂרִיאֵל מִשְׁפַּחַת הָאַשְׂרִאֵלִי וְשֶׁכֶם מִשְׁפַּחַת הַשִּׁכְמִי׃
לב וּשְׁמִידָע מִשְׁפַּחַת הַשְּׁמִידָעִי וְחֵפֶר מִשְׁפַּחַת הַחֶפְרִי׃
לג וּצְלָפְחָד בֶּן־חֵפֶר לֹא־הָיוּ לוֹ בָּנִים כִּי אִם־בָּנוֹת וְשֵׁם בְּנוֹת
צְלָפְחָד מַחְלָה וְנֹעָה חָגְלָה מִלְכָּה וְתִרְצָה׃

לד אֵלֶּה מִשְׁפְּחֹת מְנַשֶּׁה וּפְקֻדֵיהֶם שְׁנַיִם וַחֲמִשִּׁים אֶלֶף וּשְׁבַע
מֵאוֹת׃ ס
לה אֵלֶּה בְנֵי־אֶפְרַיִם לְמִשְׁפְּחֹתָם לְשׁוּתֶלַח מִשְׁפַּחַת הַשֻּׁתַלְחִי
לְבֶכֶר מִשְׁפַּחַת הַבַּכְרִי לְתַחַן מִשְׁפַּחַת הַתַּחֲנִי׃
לו וְאֵלֶּה בְּנֵי שׁוּתָלַח לְעֵרָן מִשְׁפַּחַת הָעֵרָנִי׃

família dos zefonitas; de Hagi, a família dos hagitas; de Suni, a
família dos sunitas; 16 de Ozni, a família dos oznitas; de Eri, a
família dos eritas; 17 de Arodi, a família dos aroditas; de Areli, a
família dos arelitas. 18 Estas são as famílias dos filhos de Gade, se-
gundo os que foram contados deles: quarenta mil e quinhentos.

19 Os filhos de Judá: Er e Onã; Er e Onã morreram na terra
de Canaã. 20 Os filhos de Judá, segundo as suas famílias, eram:
de Selá, a família dos selanitas; de Perez, a família dos perezi-
tas; de Zera, a família dos zeraítas. 21 Os filhos de Perez eram:
de Hezrom, a família dos hezronitas; de Hamul, a família dos
hamulitas. 22 Estas são as famílias de Judá, segundo os que foram
contados deles: setenta e seis mil e quinhentos.

23 Os filhos de Issacar, segundo as suas famílias: de Tola, a
família dos tolaítas; de Puva, a família dos puvitas; 24 de Jasube,
a família dos jasubitas; de Sinrom, a família dos sinronitas. 25 Es-
tas são as famílias de Issacar, segundo os que foram contados
deles: sessenta e quatro mil e trezentos.

26 Os filhos de Zebulom, segundo as suas famílias: de Se-
rede, a família dos sereditas; de Elom, a família dos elonitas;
de Jaleel, a família dos jaleelitas. 27 Estas são as famílias dos
zebulonitas segundo, os que foram contados deles: sessenta
mil e quinhentos.

28 Os filhos de José, segundo as suas famílias: Manassés e
Efraim. 29 Os filhos de Manassés: de Maquir, a família dos ma-
quiritas; Maquir gerou a Gileade; de Gileade, a família dos
gileaditas. 30 Estes são os filhos de Gileade: de Jezer, a família
dos jezeritas; de Heleque, a família dos helequitas; 31 de Asriel,
a família dos asrielitas; de Siquém, a família dos siquemitas;
32 de Semida, a família dos semidaítas; de Hefer, a família dos
heferitas. 33 Zelofeade, filho de Hefer, não tinha filhos, senão
filhas; e as filhas de Zelofeade chamavam-se Maalá, Noa, Hogla,
Milca e Tirza.

34 Estas são as famílias de Manassés; e os que foram contados
deles eram cinquenta e dois mil e setecentos.

35 Estes são os filhos de Efraim, segundo as suas famílias:
de Sutela, a família dos sutelaítas; de Bequer, a família dos be-
queritas; de Taã, a família dos taanitas. 36 Estes são os filhos de

לז אֵלֶּה מִשְׁפְּחֹת בְּנֵי־אֶפְרַיִם לִפְקֻדֵיהֶם שְׁנַיִם וּשְׁלֹשִׁים אֶלֶף
וַחֲמֵשׁ מֵאוֹת אֵלֶּה בְנֵי־יוֹסֵף לְמִשְׁפְּחֹתָם: ס

לח בְּנֵי בִנְיָמִן לְמִשְׁפְּחֹתָם לְבֶלַע מִשְׁפַּחַת הַבַּלְעִי לְאַשְׁבֵּל
מִשְׁפַּחַת הָאַשְׁבֵּלִי לַאֲחִירָם מִשְׁפַּחַת הָאֲחִירָמִי:
לט לִשְׁפוּפָם מִשְׁפַּחַת הַשּׁוּפָמִי לְחוּפָם מִשְׁפַּחַת הַחוּפָמִי:
מ וַיִּהְיוּ בְנֵי־בֶלַע אַרְדְּ וְנַעֲמָן מִשְׁפַּחַת הָאַרְדִּי לְנַעֲמָן מִשְׁפַּחַת
הַנַּעֲמִי:
מא אֵלֶּה בְנֵי־בִנְיָמִן לְמִשְׁפְּחֹתָם וּפְקֻדֵיהֶם חֲמִשָּׁה וְאַרְבָּעִים
אֶלֶף וְשֵׁשׁ מֵאוֹת: ס

מב אֵלֶּה בְנֵי־דָן לְמִשְׁפְּחֹתָם לְשׁוּחָם מִשְׁפַּחַת הַשּׁוּחָמִי אֵלֶּה
מִשְׁפְּחֹת דָּן לְמִשְׁפְּחֹתָם:
מג כָּל־מִשְׁפְּחֹת הַשּׁוּחָמִי לִפְקֻדֵיהֶם אַרְבָּעָה וְשִׁשִּׁים אֶלֶף
וְאַרְבַּע מֵאוֹת: ס

מד בְּנֵי אָשֵׁר לְמִשְׁפְּחֹתָם לְיִמְנָה מִשְׁפַּחַת הַיִּמְנָה לְיִשְׁוִי
מִשְׁפַּחַת הַיִּשְׁוִי לִבְרִיעָה מִשְׁפַּחַת הַבְּרִיעִי:
מה לִבְנֵי בְרִיעָה לְחֶבֶר מִשְׁפַּחַת הַחֶבְרִי לְמַלְכִּיאֵל מִשְׁפַּחַת
הַמַּלְכִּיאֵלִי:
מו וְשֵׁם בַּת־אָשֵׁר שָׂרַח:
מז אֵלֶּה מִשְׁפְּחֹת בְּנֵי־אָשֵׁר לִפְקֻדֵיהֶם שְׁלֹשָׁה וַחֲמִשִּׁים אֶלֶף
וְאַרְבַּע מֵאוֹת: ס
מח בְּנֵי נַפְתָּלִי לְמִשְׁפְּחֹתָם לְיַחְצְאֵל מִשְׁפַּחַת הַיַּחְצְאֵלִי לְגוּנִי
מִשְׁפַּחַת הַגּוּנִי:
מט לְיֵצֶר מִשְׁפַּחַת הַיִּצְרִי לְשִׁלֵּם מִשְׁפַּחַת הַשִּׁלֵּמִי:
נ אֵלֶּה מִשְׁפְּחֹת נַפְתָּלִי לְמִשְׁפְּחֹתָם וּפְקֻדֵיהֶם חֲמִשָּׁה וְאַרְבָּעִים
אֶלֶף וְאַרְבַּע מֵאוֹת:
נא אֵלֶּה פְּקוּדֵי בְּנֵי יִשְׂרָאֵל שֵׁשׁ־מֵאוֹת אֶלֶף וָאָלֶף שְׁבַע מֵאוֹת
וּשְׁלֹשִׁים: פ

נב וַיְדַבֵּר יְהוָה אֶל־מֹשֶׁה לֵּאמֹר:
נג לָאֵלֶּה תֵּחָלֵק הָאָרֶץ בְּנַחֲלָה בְּמִסְפַּר שֵׁמוֹת:

Sutela: de Erã, a família dos eranitas. 37 Estas são as famílias dos
filhos de Efraim, segundo os que foram contados deles: trinta
e dois mil e quinhentos. Estes são os filhos de José segundo as
suas famílias.

38 Os filhos de Benjamim, segundo as suas famílias: de Bela, a
família dos belaítas; de Asbel, a família dos asbelitas; de Airão,
a família dos airamitas; 39 de Sufã, a família dos sufamitas; de
Hufã, a família dos hufamitas. 40 Os filhos de Bela eram Arde
e Naamã: de Arde, a família dos arditas; de Naamã, a família
dos naamanitas. 41 Estes são os filhos de Benjamim, segundo
as suas famílias; e os que foram contados deles eram quarenta
e cinco mil e seiscentos.

42 Estes são os filhos de Dã, segundo as suas famílias: de Suã,
a família dos suamitas. Estas são as famílias de Dã, segundo
as suas famílias. 43 Todas as famílias dos suamitas, segundo
os que foram contados deles, eram sessenta e quatro mil e
quatrocentos.

44 Os filhos de Aser, segundo as suas famílias: de Imna, a
família dos imnaítas; de Isvi, a família dos isvitas; de Berias: a
família dos beriitas. 45 Dos filhos de Berias: de Héber, a família
dos heberitas; de Malquiel, a família dos malquielitas. 46 A filha
de Aser chamava-se Sera. 47 Estas são as famílias dos filhos de
Aser, segundo os que foram contados deles: cinquenta e três
mil e quatrocentos.

48 Os filhos de Naftali, segundo as suas famílias: de Jazeel, a
família dos jazeelitas; de Guni, a família dos gunitas; 49 de Jezer,
a família dos jezeritas; de Silém, a família dos silemitas. 50 Estas
são as famílias de Naftali, segundo as suas famílias; e os que
foram contados deles eram quarenta e cinco mil e quatrocentos.

51 Estes são os que foram contados dos filhos de Israel: seis-
centos e um mil e setecentos e trinta.

A lei acerca da divisão da terra

52 Disse Jeová a Moisés: 53 A estes se repartirá a terra por
herança, segundo o número dos nomes. 54 À tribo que for gran-

נד לָרַב תַּרְבֶּה נַחֲלָתוֹ וְלַמְעַט תַּמְעִיט נַחֲלָתוֹ אִישׁ לְפִי פְקֻדָיו
יֻתַּן נַחֲלָתוֹ:
נה אַךְ־בְּגוֹרָל יֵחָלֵק אֶת־הָאָרֶץ לִשְׁמוֹת מַטּוֹת־אֲבֹתָם יִנְחָלוּ:
נו עַל־פִּי הַגּוֹרָל תֵּחָלֵק נַחֲלָתוֹ בֵּין רַב לִמְעָט: ס

נז וְאֵלֶּה פְקוּדֵי הַלֵּוִי לְמִשְׁפְּחֹתָם לְגֵרְשׁוֹן מִשְׁפַּחַת הַגֵּרְשֻׁנִּי
לִקְהָת מִשְׁפַּחַת הַקְּהָתִי לִמְרָרִי מִשְׁפַּחַת הַמְּרָרִי:
נח אֵלֶּה| מִשְׁפְּחֹת לֵוִי מִשְׁפַּחַת הַלִּבְנִי מִשְׁפַּחַת הַחֶבְרֹנִי
מִשְׁפַּחַת הַמַּחְלִי מִשְׁפַּחַת הַמּוּשִׁי מִשְׁפַּחַת הַקָּרְחִי וּקְהָת
הוֹלִד אֶת־עַמְרָם:
נט וְשֵׁם| אֵשֶׁת עַמְרָם יוֹכֶבֶד בַּת־לֵוִי אֲשֶׁר יָלְדָה אֹתָהּ לְלֵוִי
בְּמִצְרָיִם וַתֵּלֶד לְעַמְרָם אֶת־אַהֲרֹן וְאֶת־מֹשֶׁה וְאֵת מִרְיָם
אֲחֹתָם:
ס וַיִּוָּלֵד לְאַהֲרֹן אֶת־נָדָב וְאֶת־אֲבִיהוּא אֶת־אֶלְעָזָר וְאֶת־
אִיתָמָר:
סא וַיָּמָת נָדָב וַאֲבִיהוּא בְּהַקְרִיבָם אֵשׁ־זָרָה לִפְנֵי יְהוָה:
סב וַיִּהְיוּ פְקֻדֵיהֶם שְׁלֹשָׁה וְעֶשְׂרִים אֶלֶף כָּל־זָכָר מִבֶּן־חֹדֶשׁ
וָמָעְלָה כִּי| לֹא הָתְפָּקְדוּ בְּתוֹךְ בְּנֵי יִשְׂרָאֵל כִּי לֹא־נִתַּן לָהֶם
נַחֲלָה בְּתוֹךְ בְּנֵי יִשְׂרָאֵל:
סג אֵלֶּה פְּקוּדֵי מֹשֶׁה וְאֶלְעָזָר הַכֹּהֵן אֲשֶׁר פָּקְדוּ אֶת־בְּנֵי יִשְׂרָאֵל
בְּעַרְבֹת מוֹאָב עַל יַרְדֵּן יְרֵחוֹ:
סד וּבְאֵלֶּה לֹא־הָיָה אִישׁ מִפְּקוּדֵי מֹשֶׁה וְאַהֲרֹן הַכֹּהֵן אֲשֶׁר
פָּקְדוּ אֶת־בְּנֵי יִשְׂרָאֵל בְּמִדְבַּר סִינָי:
סה כִּי־אָמַר יְהוָה לָהֶם מוֹת יָמֻתוּ בַּמִּדְבָּר וְלֹא־נוֹתַר מֵהֶם אִישׁ
כִּי אִם־כָּלֵב בֶּן־יְפֻנֶּה וִיהוֹשֻׁעַ בִּן־נוּן: ס

א וַתִּקְרַבְנָה בְּנוֹת צְלָפְחָד בֶּן־חֵפֶר בֶּן־גִּלְעָד בֶּן־מָכִיר בֶּן־מְנַשֶּׁה
לְמִשְׁפְּחֹת מְנַשֶּׁה בֶן־יוֹסֵף וְאֵלֶּה שְׁמוֹת בְּנֹתָיו מַחְלָה נֹעָה
וְחָגְלָה וּמִלְכָּה וְתִרְצָה:
ב וַתַּעֲמֹדְנָה לִפְנֵי מֹשֶׁה וְלִפְנֵי אֶלְעָזָר הַכֹּהֵן וְלִפְנֵי הַנְּשִׂיאִם
וְכָל־הָעֵדָה פֶּתַח אֹהֶל־מוֹעֵד לֵאמֹר:

de, farás a sua herança proporcionalmente grande; e à que for
pequena, farás a sua herança proporcionalmente pequena; se-
gundo o número dos que foram contados de cada tribo se dará a
sua herança. 55 Todavia, a terra se repartirá por sortes; segundo
os nomes das tribos de seus pais, a herdarão. 56 Segundo as sor-
tes, se repartirá a sua herança pelas tribos maiores e menores.

57 Estes são os que foram contados dos levitas, segundo as
suas famílias: de Gérson, a família dos gersonitas; de Coate, a
família dos coatitas; de Merari, a família dos meraritas. 58 Estas
são as famílias de Levi: a família dos libnitas, a família dos he-
bronitas, a família dos malitas, a família dos musitas, a família
dos coreítas. Coate gerou a Anrão. 59 A mulher de Anrão cha-
mava-se Joquebede, filha de Levi, a qual lhe nasceu no Egito;
ela teve de Anrão a Arão, e a Moisés, e a Miriã, irmã deles. 60 A
Arão nasceram Nadabe e Abiú, Eleazar e Itamar. 61 Morreram
Nadabe e Abiú, quando ofereceram fogo estranho diante de
Jeová. 62 Os que foram contados deles eram vinte e três mil,
todos os homens da idade dum mês e daí para cima; porque
não foram contados entre os filhos de Israel, porquanto não
lhes foi dada herança entre os filhos de Israel.

63 Estes são os que foram contados por Moisés e pelo sacer-
dote Eleazar, os quais contaram os filhos de Israel nas planícies
de Moabe, junto ao Jordão, na altura de Jericó. 64 Porém entre
estes não se achou nenhum daqueles que foram contados por
Moisés e pelo sacerdote Arão, os quais contaram os filhos de
Israel no deserto de Sinai. 65 Porque deles dissera Jeová: Cer-
tamente, morrerão no deserto. Nenhum deles ficou, exceto
Calebe, filho de Jefoné, e Josué, filho de Num.

As filhas de Zelofeade

27 1 Então, vieram as filhas de Zelofeade, filho de He-
fer, filho de Gileade, filho de Maquir, filho de Ma-
nassés, das famílias de Manassés, filho de José; e
estes são os nomes de suas filhas: Maalá, Noa, Hogla, Milca e
Tirza. 2 Apresentaram-se diante de Moisés, e diante do sacer-

ג אָבִינוּ מֵת בַּמִּדְבָּר וְהוּא לֹא־הָיָה בְּתוֹךְ הָעֵדָה הַנּוֹעָדִים עַל־
יְהוָה בַּעֲדַת־קֹרַח כִּי־בְחֶטְאוֹ מֵת וּבָנִים לֹא־הָיוּ לוֹ:
ד לָמָּה יִגָּרַע שֵׁם־אָבִינוּ מִתּוֹךְ מִשְׁפַּחְתּוֹ כִּי אֵין לוֹ בֵּן תְּנָה־לָּנוּ
אֲחֻזָּה בְּתוֹךְ אֲחֵי אָבִינוּ:
ה וַיַּקְרֵב מֹשֶׁה אֶת־מִשְׁפָּטָן לִפְנֵי יְהוָה: ס

ו וַיֹּאמֶר יְהוָה אֶל־מֹשֶׁה לֵּאמֹר:
ז כֵּן בְּנוֹת צְלָפְחָד דֹּבְרֹת נָתֹן תִּתֵּן לָהֶם אֲחֻזַּת נַחֲלָה בְּתוֹךְ אֲחֵי
אֲבִיהֶם וְהַעֲבַרְתָּ אֶת־נַחֲלַת אֲבִיהֶן לָהֶן:
ח וְאֶל־בְּנֵי יִשְׂרָאֵל תְּדַבֵּר לֵאמֹר אִישׁ כִּי־יָמוּת וּבֵן אֵין לוֹ
וְהַעֲבַרְתֶּם אֶת־נַחֲלָתוֹ לְבִתּוֹ:
ט וְאִם־אֵין לוֹ בַּת וּנְתַתֶּם אֶת־נַחֲלָתוֹ לְאֶחָיו:
י וְאִם־אֵין לוֹ אַחִים וּנְתַתֶּם אֶת־נַחֲלָתוֹ לַאֲחֵי אָבִיו:
יא וְאִם־אֵין אַחִים לְאָבִיו וּנְתַתֶּם אֶת־נַחֲלָתוֹ לִשְׁאֵרוֹ הַקָּרֹב
אֵלָיו מִמִּשְׁפַּחְתּוֹ וְיָרַשׁ אֹתָהּ וְהָיְתָה לִבְנֵי יִשְׂרָאֵל לְחֻקַּת
מִשְׁפָּט כַּאֲשֶׁר צִוָּה יְהוָה אֶת־מֹשֶׁה: ס

יב וַיֹּאמֶר יְהוָה אֶל־מֹשֶׁה עֲלֵה אֶל־הַר הָעֲבָרִים הַזֶּה וּרְאֵה אֶת־
הָאָרֶץ אֲשֶׁר נָתַתִּי לִבְנֵי יִשְׂרָאֵל:
יג וְרָאִיתָה אֹתָהּ וְנֶאֱסַפְתָּ אֶל־עַמֶּיךָ גַּם־אָתָּה כַּאֲשֶׁר נֶאֱסַף
אַהֲרֹן אָחִיךָ:
יד כַּאֲשֶׁר מְרִיתֶם פִּי בְּמִדְבַּר־צִן בִּמְרִיבַת הָעֵדָה לְהַקְדִּישֵׁנִי
בַמַּיִם לְעֵינֵיהֶם הֵם מֵי־מְרִיבַת קָדֵשׁ מִדְבַּר־צִן: פ

טו וַיְדַבֵּר מֹשֶׁה אֶל־יְהוָה לֵאמֹר:
טז יִפְקֹד יְהוָה אֱלֹהֵי הָרוּחֹת לְכָל־בָּשָׂר אִישׁ עַל־הָעֵדָה:
יז אֲשֶׁר־יֵצֵא לִפְנֵיהֶם וַאֲשֶׁר יָבֹא לִפְנֵיהֶם וַאֲשֶׁר יוֹצִיאֵם וַאֲשֶׁר
יְבִיאֵם וְלֹא תִהְיֶה עֲדַת יְהוָה כַּצֹּאן אֲשֶׁר אֵין־לָהֶם רֹעֶה:

dote Eleazar, e diante dos príncipes e toda a congregação, à
entrada da tenda da revelação, e disseram: 3 Nosso pai morreu
no deserto, e não se achou entre a companhia daqueles que se
reuniram contra Jeová na companhia de Coré; porém morreu
no seu próprio pecado; e não tinha filhos. 4 Por que se tirará o
nome de nosso pai dentre a sua família, porquanto não tinha
filhos? Dai-nos possessão entre os irmãos de nosso pai. 5 Moi-
sés levou a causa delas perante Jeová.

6 Disse Jeová a Moisés: 7 As filhas de Zelofeade falam o que
é justo; certamente, lhes darás possessão de herança entre os
irmãos de seu pai; e farás passar a elas a herança de seu pai. 8 Di-
rás aos filhos de Israel: Se morrer um homem e não tiver filhos,
fareis passar a sua herança à sua filha. 9 Se não tiver filha, dareis
a sua herança aos seus irmãos. 10 Se não tiver irmãos, dareis a
sua herança aos irmãos de seu pai. 11 Se seu pai não tiver irmãos,
dareis a sua herança ao seu parente que lhe é mais chegado de
sua família, e este a possuirá; isso será para os filhos de Israel
uma prescrição de direito, como Jeová ordenou a Moisés.

Deus prediz a morte de Moisés

12 Disse Jeová a Moisés: Sobe a este monte Abarim e vê a terra
que dei aos filhos de Israel. 13 Tendo-a visto, serás também reco-
lhido ao teu povo, assim como o foi teu irmão Arão; 14 porque,
no deserto de Zim, na contenda da congregação, fostes rebeldes
à minha ordem, não me santificando diante dos seus olhos na
questão das águas (Estas são as águas de Meribá de Cades, no
deserto de Zim.).

Josué é designado para sucessor de Moisés

15 Respondeu Moisés a Jeová: 16 Que Jeová, Deus dos espíritos
de toda a carne, ponha um homem sobre a congregação, 17 o qual
saia adiante deles, e entre adiante deles, e os faça sair, e os faça
entrar; para que a congregação de Jeová não seja como ovelhas

יח וַיֹּאמֶר יְהוָה אֶל־מֹשֶׁה קַח־לְךָ אֶת־יְהוֹשֻׁעַ בִּן־נוּן אִישׁ אֲשֶׁר־
רוּחַ בּוֹ וְסָמַכְתָּ אֶת־יָדְךָ עָלָיו:
יט וְהַעֲמַדְתָּ אֹתוֹ לִפְנֵי אֶלְעָזָר הַכֹּהֵן וְלִפְנֵי כָּל־הָעֵדָה וְצִוִּיתָה
אֹתוֹ לְעֵינֵיהֶם:
כ וְנָתַתָּה מֵהוֹדְךָ עָלָיו לְמַעַן יִשְׁמְעוּ כָּל־עֲדַת בְּנֵי יִשְׂרָאֵל:
כא וְלִפְנֵי אֶלְעָזָר הַכֹּהֵן יַעֲמֹד וְשָׁאַל לוֹ בְּמִשְׁפַּט הָאוּרִים לִפְנֵי
יְהוָה עַל־פִּיו יֵצְאוּ וְעַל־פִּיו יָבֹאוּ הוּא וְכָל־בְּנֵי־יִשְׂרָאֵל אִתּוֹ
וְכָל־הָעֵדָה:
כב וַיַּעַשׂ מֹשֶׁה כַּאֲשֶׁר צִוָּה יְהוָה אֹתוֹ וַיִּקַּח אֶת־יְהוֹשֻׁעַ
וַיַּעֲמִדֵהוּ לִפְנֵי אֶלְעָזָר הַכֹּהֵן וְלִפְנֵי כָּל־הָעֵדָה:
כג וַיִּסְמֹךְ אֶת־יָדָיו עָלָיו וַיְצַוֵּהוּ כַּאֲשֶׁר דִּבֶּר יְהוָה בְּיַד־מֹשֶׁה: פ

א וַיְדַבֵּר יְהוָה אֶל־מֹשֶׁה לֵּאמֹר:
ב צַו אֶת־בְּנֵי יִשְׂרָאֵל וְאָמַרְתָּ אֲלֵהֶם אֶת־קָרְבָּנִי לַחְמִי לְאִשַּׁי
רֵיחַ נִיחֹחִי תִּשְׁמְרוּ לְהַקְרִיב לִי בְּמוֹעֲדוֹ:
ג וְאָמַרְתָּ לָהֶם זֶה הָאִשֶּׁה אֲשֶׁר תַּקְרִיבוּ לַיהוָה כְּבָשִׂים בְּנֵי־
שָׁנָה תְמִימִם שְׁנַיִם לַיּוֹם עֹלָה תָמִיד:
ד אֶת־הַכֶּבֶשׂ אֶחָד תַּעֲשֶׂה בַבֹּקֶר וְאֵת הַכֶּבֶשׂ הַשֵּׁנִי תַּעֲשֶׂה בֵּין
הָעַרְבָּיִם:
ה וַעֲשִׂירִית הָאֵיפָה סֹלֶת לְמִנְחָה בְּלוּלָה בְּשֶׁמֶן כָּתִית רְבִיעִת
הַהִין:
ו עֹלַת תָּמִיד הָעֲשֻׂיָה בְּהַר סִינַי לְרֵיחַ נִיחֹחַ אִשֶּׁה לַיהוָה:
ז וְנִסְכּוֹ רְבִיעִת הַהִין לַכֶּבֶשׂ הָאֶחָד בַּקֹּדֶשׁ הַסֵּךְ נֶסֶךְ שֵׁכָר
לַיהוָה:
ח וְאֵת הַכֶּבֶשׂ הַשֵּׁנִי תַּעֲשֶׂה בֵּין הָעַרְבָּיִם כְּמִנְחַת הַבֹּקֶר וּכְנִסְכּוֹ
תַּעֲשֶׂה אִשֵּׁה רֵיחַ נִיחֹחַ לַיהוָה: פ

que não têm pastor. 18 Disse Jeová a Moisés: Toma a Josué, filho
de Num, varão no qual reside o Espírito, e impõe-lhe a mão;
19 apresenta-o diante do sacerdote Eleazar e diante de toda a
congregação; e, diante deles, dá-lhe a comissão. 20 Sobre eles
porás uma parte da tua majestade, para que lhe obedeça toda
a congregação dos filhos de Israel. 21 Apresentar-se-á perante
o sacerdote Eleazar, o qual a respeito dele indagará segundo o
juízo do Urim, diante de Jeová; à ordem de Eleazar, sairão; e, à
ordem de Eleazar, entrarão, ele e todos os filhos de Israel, isto
é, toda a congregação. 22 Fez Moisés como Jeová lhe ordenou;
e, tendo tomado a Josué, apresentou-o diante do sacerdote
Eleazar e diante de toda a congregação; 23 impôs-lhe as mãos e
deu-lhe a comissão, como Jeová falou por intermédio de Moisés.

O holocausto perpétuo

28 1 Disse também Jeová a Moisés: 2 Manda aos
filhos de Israel e dize-lhes: A minha oblação,
o meu alimento para as minhas ofertas quei-
madas, de suave cheiro para mim, cuidareis de ma oferecer
aos seus tempos determinados. 3 Dir-lhes-ás: Esta é a oferta
queimada que oferecereis a Jeová: dois cordeiros de um ano,
sem defeito cada dia, em holocausto perpétuo. 4 Oferecerás
um cordeiro pela manhã e o outro, à tardinha; 5 e a décima
parte dum efa de flor de farinha em oferta de cereais, mistu-
rada com a quarta parte dum him de azeite espremido num
gral. 6 É holocausto perpétuo, que foi instituído no monte Si-
nai para suave cheiro, oferta queimada a Jeová. 7 A sua oferta
de libação será a quarta parte dum him para um cordeiro; no
Santo Lugar, deitarás uma oferta de libação de bebida forte
a Jeová. 8 Oferecerás o outro cordeiro à tarde; como a oferta
matutina de cereais e como a sua oferta de libação, oferecê-
-los-ás, oferta queimada, de suave cheiro a Jeová.

ט וּבְיוֹם הַשַּׁבָּת שְׁנֵי־כְבָשִׂים בְּנֵי־שָׁנָה תְּמִימִם וּשְׁנֵי עֶשְׂרֹנִים
סֹלֶת מִנְחָה בְּלוּלָה בַשֶּׁמֶן וְנִסְכּוֹ׃
י עֹלַת שַׁבַּת בְּשַׁבַּתּוֹ עַל־עֹלַת הַתָּמִיד וְנִסְכָּהּ׃ ס

יא וּבְרָאשֵׁי חָדְשֵׁיכֶם תַּקְרִיבוּ עֹלָה לַיהוָה פָּרִים בְּנֵי־בָקָר שְׁנַיִם
וְאַיִל אֶחָד כְּבָשִׂים בְּנֵי־שָׁנָה שִׁבְעָה תְּמִימִם׃
יב וּשְׁלֹשָׁה עֶשְׂרֹנִים סֹלֶת מִנְחָה בְּלוּלָה בַשֶּׁמֶן לַפָּר הָאֶחָד וּשְׁנֵי
עֶשְׂרֹנִים סֹלֶת מִנְחָה בְּלוּלָה בַשֶּׁמֶן לָאַיִל הָאֶחָד׃
יג וְעִשָּׂרֹן עִשָּׂרוֹן סֹלֶת מִנְחָה בְּלוּלָה בַשֶּׁמֶן לַכֶּבֶשׂ הָאֶחָד עֹלָה
רֵיחַ נִיחֹחַ אִשֶּׁה לַיהוָה׃
יד וְנִסְכֵּיהֶם חֲצִי הַהִין יִהְיֶה לַפָּר וּשְׁלִישִׁת הַהִין לָאַיִל וּרְבִיעִת
הַהִין לַכֶּבֶשׂ יָיִן זֹאת עֹלַת חֹדֶשׁ בְּחָדְשׁוֹ לְחָדְשֵׁי הַשָּׁנָה׃
טו וּשְׂעִיר עִזִּים אֶחָד לְחַטָּאת לַיהוָה עַל־עֹלַת הַתָּמִיד יֵעָשֶׂה
וְנִסְכּוֹ׃ ס

טז וּבַחֹדֶשׁ הָרִאשׁוֹן בְּאַרְבָּעָה עָשָׂר יוֹם לַחֹדֶשׁ פֶּסַח לַיהוָה׃
יז וּבַחֲמִשָּׁה עָשָׂר יוֹם לַחֹדֶשׁ הַזֶּה חָג שִׁבְעַת יָמִים מַצּוֹת יֵאָכֵל׃
יח בַּיּוֹם הָרִאשׁוֹן מִקְרָא־קֹדֶשׁ כָּל־מְלֶאכֶת עֲבֹדָה לֹא תַעֲשׂוּ׃
יט וְהִקְרַבְתֶּם אִשֶּׁה עֹלָה לַיהוָה פָּרִים בְּנֵי־בָקָר שְׁנַיִם וְאַיִל
אֶחָד וְשִׁבְעָה כְבָשִׂים בְּנֵי שָׁנָה תְּמִימִם יִהְיוּ לָכֶם׃
כ וּמִנְחָתָם סֹלֶת בְּלוּלָה בַשָּׁמֶן שְׁלֹשָׁה עֶשְׂרֹנִים לַפָּר וּשְׁנֵי
עֶשְׂרֹנִים לָאַיִל תַּעֲשׂוּ׃
כא עִשָּׂרוֹן עִשָּׂרוֹן תַּעֲשֶׂה לַכֶּבֶשׂ הָאֶחָד לְשִׁבְעַת הַכְּבָשִׂים׃
כב וּשְׂעִיר חַטָּאת אֶחָד לְכַפֵּר עֲלֵיכֶם׃
כג מִלְּבַד עֹלַת הַבֹּקֶר אֲשֶׁר לְעֹלַת הַתָּמִיד תַּעֲשׂוּ אֶת־אֵלֶּה׃
כד כָּאֵלֶּה תַּעֲשׂוּ לַיּוֹם שִׁבְעַת יָמִים לֶחֶם אִשֵּׁה רֵיחַ־נִיחֹחַ לַיהוָה
עַל־עוֹלַת הַתָּמִיד יֵעָשֶׂה וְנִסְכּוֹ׃
כה וּבַיּוֹם הַשְּׁבִיעִי מִקְרָא־קֹדֶשׁ יִהְיֶה לָכֶם כָּל־מְלֶאכֶת עֲבֹדָה
לֹא תַעֲשׂוּ׃ ס

As ofertas nos sábados, nas luas novas,
na Páscoa e no dia das primícias

9 No dia de sábado oferecerás dois cordeiros de um ano
sem defeito, e duas décimas partes dum efa de flor de farinha,
misturada com azeite, em oferta de cereais, e a sua oferta de
libação; 10 holocausto é de todos os sábados, além do holocausto
perpétuo e da sua oferta de libação.

11 Nos princípios dos vossos meses, oferecereis um holo-
causto a Jeová: dois bezerros, um carneiro e sete cordeiros de
um ano, sem defeito; 12 três décimas partes dum efa de flor de
farinha, misturada com azeite, em oferta de cereais, para cada
bezerro; duas décimas partes de flor de farinha, misturada com
azeite, para o carneiro; 13 e uma décima parte de flor de farinha,
misturada com azeite, em oferta de cereais, para cada carneiro.
Holocausto é de suave cheiro, oferta queimada a Jeová. 14 As
suas ofertas de libação serão a metade dum him de vinho para
um bezerro, e a terça parte dum him para o carneiro, e a quarta
parte dum him para um cordeiro; este é o holocausto de cada
mês, por todos os meses do ano. 15 Oferecerás um bode em ofer-
ta pelo pecado a Jeová; oferecer-se-á este além do holocausto
perpétuo e da sua oferta de libação.

16 No primeiro mês, aos quatorze dias do mês, é a Páscoa de
Jeová. 17 Aos quinze dias deste mês haverá uma festa; sete dias
se comerão pães asmos. 18 No primeiro dia, haverá uma santa
convocação; não fareis obra alguma servil, 19 mas oferecereis
uma oferta queimada, um holocausto a Jeová: dois bezerros,
um carneiro e sete cordeiros de um ano (ser-vos-ão eles sem
defeito) 20 e a sua oferta de cereais: flor de farinha misturada
com azeite. Oferecereis três décimas partes para um bezerro
e duas décimas partes para o carneiro; 21 e oferecereis uma
décima parte para cada um dos sete cordeiros; 22 e um bode
em oferta pelo pecado, para fazer expiação por vós. 23 Ofere-
cereis essas coisas além do holocausto da manhã, o qual é o
holocausto perpétuo. 24 Assim, cada dia oferecereis por sete
dias o alimento da oferta queimada, de suave cheiro a Jeová;
oferecer-se-á além do holocausto perpétuo e da sua oferta de

כו וּבְיוֹם הַבִּכּוּרִים בְּהַקְרִיבְכֶם מִנְחָה חֲדָשָׁה לַיהוָה
בְּשָׁבֻעֹתֵיכֶם מִקְרָא־קֹדֶשׁ יִהְיֶה לָכֶם כָּל־מְלֶאכֶת עֲבֹדָה לֹא
תַעֲשׂוּ׃
כז וְהִקְרַבְתֶּם עוֹלָה לְרֵיחַ נִיחֹחַ לַיהוָה פָּרִים בְּנֵי־בָקָר שְׁנַיִם
אַיִל אֶחָד שִׁבְעָה כְבָשִׂים בְּנֵי שָׁנָה׃
כח וּמִנְחָתָם סֹלֶת בְּלוּלָה בַשָּׁמֶן שְׁלֹשָׁה עֶשְׂרֹנִים לַפָּר הָאֶחָד
שְׁנֵי עֶשְׂרֹנִים לָאַיִל הָאֶחָד׃
כט עִשָּׂרוֹן עִשָּׂרוֹן לַכֶּבֶשׂ הָאֶחָד לְשִׁבְעַת הַכְּבָשִׂים׃
ל שְׂעִיר עִזִּים אֶחָד לְכַפֵּר עֲלֵיכֶם׃
לא מִלְּבַד עֹלַת הַתָּמִיד וּמִנְחָתוֹ תַּעֲשׂוּ תְּמִימִם יִהְיוּ־לָכֶם
וְנִסְכֵּיהֶם׃ פ

א וּבַחֹדֶשׁ הַשְּׁבִיעִי בְּאֶחָד לַחֹדֶשׁ מִקְרָא־קֹדֶשׁ יִהְיֶה לָכֶם כָּל־
מְלֶאכֶת עֲבֹדָה לֹא תַעֲשׂוּ יוֹם תְּרוּעָה יִהְיֶה לָכֶם׃
ב וַעֲשִׂיתֶם עֹלָה לְרֵיחַ נִיחֹחַ לַיהוָה פַּר בֶּן־בָּקָר אֶחָד אַיִל אֶחָד
כְּבָשִׂים בְּנֵי־שָׁנָה שִׁבְעָה תְּמִימִם׃
ג וּמִנְחָתָם סֹלֶת בְּלוּלָה בַשָּׁמֶן שְׁלֹשָׁה עֶשְׂרֹנִים לַפָּר שְׁנֵי
עֶשְׂרֹנִים לָאָיִל׃
ד וְעִשָּׂרוֹן אֶחָד לַכֶּבֶשׂ הָאֶחָד לְשִׁבְעַת הַכְּבָשִׂים׃
ה וּשְׂעִיר־עִזִּים אֶחָד חַטָּאת לְכַפֵּר עֲלֵיכֶם׃
ו מִלְּבַד עֹלַת הַחֹדֶשׁ וּמִנְחָתָהּ וְעֹלַת הַתָּמִיד וּמִנְחָתָהּ וְנִסְכֵּיהֶם
כְּמִשְׁפָּטָם לְרֵיחַ נִיחֹחַ אִשֶּׁה לַיהוָה׃ ס

ז וּבֶעָשׂוֹר לַחֹדֶשׁ הַשְּׁבִיעִי הַזֶּה מִקְרָא־קֹדֶשׁ יִהְיֶה לָכֶם וְעִנִּיתֶם
אֶת־נַפְשֹׁתֵיכֶם כָּל־מְלָאכָה לֹא תַעֲשׂוּ׃
ח וְהִקְרַבְתֶּם עֹלָה לַיהוָה רֵיחַ נִיחֹחַ פַּר בֶּן־בָּקָר אֶחָד אַיִל אֶחָד
כְּבָשִׂים בְּנֵי־שָׁנָה שִׁבְעָה תְּמִימִם יִהְיוּ לָכֶם׃
ט וּמִנְחָתָם סֹלֶת בְּלוּלָה בַשָּׁמֶן שְׁלֹשָׁה עֶשְׂרֹנִים לַפָּר שְׁנֵי
עֶשְׂרֹנִים לָאַיִל הָאֶחָד׃
י עִשָּׂרוֹן עִשָּׂרוֹן לַכֶּבֶשׂ הָאֶחָד לְשִׁבְעַת הַכְּבָשִׂים׃

libação. 25 Ao sétimo dia, tereis uma santa convocação; não
fareis obra alguma servil.

26 Também no dia das primícias, quando oferecerdes a Jeová
uma nova oferta de cereais na vossa Festa de Semanas, tereis
uma santa convocação; não fareis obra alguma servil; 27 mas
oferecereis um holocausto de suave cheiro a Jeová: dois bezer-
ros, um carneiro e sete cordeiros de um ano; 28 e a sua oferta
de cereais: flor de farinha misturada com azeite, três décimas
partes para cada bezerro, duas décimas partes para o carneiro
29 e uma décima para cada um dos sete cordeiros; 30 e um bode,
para fazer expiação por vós. 31 Oferecê-lo-eis além do holocausto
perpétuo, e da sua oferta de cereais (ser-vos-ão sem defeito),
e das suas ofertas de libação.

As ofertas na Festa das Trombetas

29 1 No sétimo mês, no primeiro dia do mês, tereis
uma santa convocação; não fareis obra alguma
servil; será para vós dia do sonido de trombetas.
2 Oferecereis um holocausto em suave cheiro a Jeová: um be-
zerro, um carneiro e sete cordeiros de um ano sem defeito;
3 e a sua oferta de cereais: de flor de farinha misturada com
azeite, três décimas partes para o bezerro, duas décimas para
o carneiro 4 e uma décima para cada um dos sete cordeiros; 5 e
um bode em oferta pelo pecado, para fazer expiação por vós;
6 além do holocausto da lua nova e da sua oferta de cereais, e
do holocausto perpétuo, e da sua oferta de cereais, e das suas
ofertas de libação, segundo a sua ordenança, um suave cheiro,
oferta queimada a Jeová.

7 Aos dez dias deste sétimo mês, tereis uma santa convo-
cação; afligireis as vossas almas; não fareis obra alguma; 8 mas
oferecereis a Jeová um holocausto em suave cheiro: um bezerro,
um carneiro e sete cordeiros de um ano (ser-vos-ão sem defei-
to); 9 a sua oferta de cereais: de flor de farinha misturada com
azeite, três décimas partes para o bezerro, duas décimas para
o carneiro 10 e uma décima para cada um dos sete cordeiros;

יא שְׂעִיר־עִזִּים אֶחָד חַטָּאת מִלְּבַד חַטַּאת הַכִּפֻּרִים וְעֹלַת
הַתָּמִיד וּמִנְחָתָהּ וְנִסְכֵּיהֶם: פ

יב וּבַחֲמִשָּׁה עָשָׂר יוֹם לַחֹדֶשׁ הַשְּׁבִיעִי מִקְרָא־קֹדֶשׁ יִהְיֶה לָכֶם
כָּל־מְלֶאכֶת עֲבֹדָה לֹא תַעֲשׂוּ וְחַגֹּתֶם חַג לַיהוָה שִׁבְעַת יָמִים:
יג וְהִקְרַבְתֶּם עֹלָה אִשֵּׁה רֵיחַ נִיחֹחַ לַיהוָה פָּרִים בְּנֵי־בָקָר
שְׁלֹשָׁה עָשָׂר אֵילִם שְׁנָיִם כְּבָשִׂים בְּנֵי־שָׁנָה אַרְבָּעָה עָשָׂר
תְּמִימִם יִהְיוּ:
יד וּמִנְחָתָם סֹלֶת בְּלוּלָה בַשָּׁמֶן שְׁלֹשָׁה עֶשְׂרֹנִים לַפָּר הָאֶחָד
לִשְׁלֹשָׁה עָשָׂר פָּרִים שְׁנֵי עֶשְׂרֹנִים לָאַיִל הָאֶחָד לִשְׁנֵי הָאֵילִם:
טו וְעִשָּׂרוֹן עִשָּׂרוֹן לַכֶּבֶשׂ הָאֶחָד לְאַרְבָּעָה עָשָׂר כְּבָשִׂים:
טז וּשְׂעִיר־עִזִּים אֶחָד חַטָּאת מִלְּבַד עֹלַת הַתָּמִיד מִנְחָתָהּ
וְנִסְכָּהּ: ס
יז וּבַיּוֹם הַשֵּׁנִי פָּרִים בְּנֵי־בָקָר שְׁנֵים עָשָׂר אֵילִם שְׁנָיִם כְּבָשִׂים
בְּנֵי־שָׁנָה אַרְבָּעָה עָשָׂר תְּמִימִם:
יח וּמִנְחָתָם וְנִסְכֵּיהֶם לַפָּרִים לָאֵילִם וְלַכְּבָשִׂים בְּמִסְפָּרָם
כַּמִּשְׁפָּט:
יט וּשְׂעִיר־עִזִּים אֶחָד חַטָּאת מִלְּבַד עֹלַת הַתָּמִיד וּמִנְחָתָהּ
וְנִסְכֵּיהֶם: ס

כ וּבַיּוֹם הַשְּׁלִישִׁי פָּרִים עַשְׁתֵּי־עָשָׂר אֵילִם שְׁנָיִם כְּבָשִׂים בְּנֵי־
שָׁנָה אַרְבָּעָה עָשָׂר תְּמִימִם:
כא וּמִנְחָתָם וְנִסְכֵּיהֶם לַפָּרִים לָאֵילִם וְלַכְּבָשִׂים בְּמִסְפָּרָם
כַּמִּשְׁפָּט:
כב וּשְׂעִיר חַטָּאת אֶחָד מִלְּבַד עֹלַת הַתָּמִיד וּמִנְחָתָהּ וְנִסְכָּהּ: ס

כג וּבַיּוֹם הָרְבִיעִי פָּרִים עֲשָׂרָה אֵילִם שְׁנָיִם כְּבָשִׂים בְּנֵי־שָׁנָה
אַרְבָּעָה עָשָׂר תְּמִימִם:
כד מִנְחָתָם וְנִסְכֵּיהֶם לַפָּרִים לָאֵילִם וְלַכְּבָשִׂים בְּמִסְפָּרָם
כַּמִּשְׁפָּט:
כה וּשְׂעִיר־עִזִּים אֶחָד חַטָּאת מִלְּבַד עֹלַת הַתָּמִיד מִנְחָתָהּ
וְנִסְכָּהּ: ס

11 um bode em oferta pelo pecado; além da oferta pelo pecado,
com a qual se faz expiação, e do holocausto perpétuo, e da sua
oferta de cereais, e das suas ofertas de libação.

As ofertas nas festas solenes

12 Aos quinze dias do sétimo mês, tereis uma santa convoca-
ção; não fareis obra alguma servil e sete dias celebrareis uma
festa a Jeová. 13 Oferecereis um holocausto, oferta queimada, de
suave cheiro a Jeová: treze bezerros, dois carneiros, quatorze
cordeiros de um ano (serão sem defeito); 14 e a sua oferta de
cereais: de flor de farinha misturada com azeite, três décimas
partes para cada bezerro, duas décimas para cada um dos dois
carneiros 15 e uma décima para cada um dos quatorze cordeiros;
16 um bode em oferta pelo pecado, além do holocausto perpétuo,
e da sua oferta de cereais, e da sua oferta de libação.
17 No segundo dia, oferecereis doze bezerros, dois car-
neiros e quatorze cordeiros de um ano, sem defeito; 18 e a
sua oferta de cereais e as suas ofertas de libação para os
bezerros, para os carneiros e para os cordeiros, segundo o
seu número, de acordo com a ordenança; 19 e um bode em
oferta pelo pecado, além do holocausto perpétuo, e da sua
oferta de cereais, e das suas ofertas de libação.
20 No terceiro dia, onze bezerros, dois carneiros e quatorze
cordeiros de um ano sem defeito; 21 e a sua oferta de cereais e
as suas ofertas de libação para os bezerros, para os carneiros e
para os cordeiros, segundo o seu número, de acordo com a orde-
nança; 22 e um bode em oferta pelo pecado, além do holocausto
perpétuo, e da sua oferta de cereais, e da sua oferta de libação.
23 No quarto dia, dez bezerros, dois carneiros e quatorze
cordeiros de um ano, sem defeito; 24 e a sua oferta de cereais
e as suas ofertas de libação para os bezerros, para os carnei-
ros e para os cordeiros, segundo o seu número, de acordo
com a ordenança; 25 e um bode em oferta pelo pecado, além
do holocausto perpétuo, e da sua oferta de cereais, e da sua
oferta de libação.

כו וּבַיּוֹם הַחֲמִישִׁי פָּרִים תִּשְׁעָה אֵילִם שְׁנָיִם כְּבָשִׂים בְּנֵי־שָׁנָה
אַרְבָּעָה עָשָׂר תְּמִימִם:
כז וּמִנְחָתָם וְנִסְכֵּיהֶם לַפָּרִים לָאֵילִם וְלַכְּבָשִׂים בְּמִסְפָּרָם
כַּמִּשְׁפָּט:
כח וּשְׂעִיר חַטָּאת אֶחָד מִלְּבַד עֹלַת הַתָּמִיד וּמִנְחָתָהּ וְנִסְכָּהּ: ס

כט וּבַיּוֹם הַשִּׁשִּׁי פָּרִים שְׁמֹנָה אֵילִם שְׁנָיִם כְּבָשִׂים בְּנֵי־שָׁנָה
אַרְבָּעָה עָשָׂר תְּמִימִם:
ל וּמִנְחָתָם וְנִסְכֵּיהֶם לַפָּרִים לָאֵילִם וְלַכְּבָשִׂים בְּמִסְפָּרָם
כַּמִּשְׁפָּט:
לא וּשְׂעִיר חַטָּאת אֶחָד מִלְּבַד עֹלַת הַתָּמִיד מִנְחָתָהּ וּנְסָכֶיהָ: פ

לב וּבַיּוֹם הַשְּׁבִיעִי פָּרִים שִׁבְעָה אֵילִם שְׁנָיִם כְּבָשִׂים בְּנֵי־שָׁנָה
אַרְבָּעָה עָשָׂר תְּמִימִם:
לג וּמִנְחָתָם וְנִסְכֵּהֶם לַפָּרִים לָאֵילִם וְלַכְּבָשִׂים בְּמִסְפָּרָם
כְּמִשְׁפָּטָם:
לד וּשְׂעִיר חַטָּאת אֶחָד מִלְּבַד עֹלַת הַתָּמִיד מִנְחָתָהּ וְנִסְכָּהּ: פ

לה בַּיּוֹם הַשְּׁמִינִי עֲצֶרֶת תִּהְיֶה לָכֶם כָּל־מְלֶאכֶת עֲבֹדָה לֹא
תַעֲשׂוּ:
לו וְהִקְרַבְתֶּם עֹלָה אִשֵּׁה רֵיחַ נִיחֹחַ לַיהוָה פַּר אֶחָד אַיִל אֶחָד
כְּבָשִׂים בְּנֵי־שָׁנָה שִׁבְעָה תְּמִימִם:
לז מִנְחָתָם וְנִסְכֵּיהֶם לַפָּר לָאַיִל וְלַכְּבָשִׂים בְּמִסְפָּרָם כַּמִּשְׁפָּט:
לח וּשְׂעִיר חַטָּאת אֶחָד מִלְּבַד עֹלַת הַתָּמִיד וּמִנְחָתָהּ וְנִסְכָּהּ:

לט אֵלֶּה תַּעֲשׂוּ לַיהוָה בְּמוֹעֲדֵיכֶם לְבַד מִנִּדְרֵיכֶם וְנִדְבֹתֵיכֶם
לְעֹלֹתֵיכֶם וּלְמִנְחֹתֵיכֶם וּלְנִסְכֵּיכֶם וּלְשַׁלְמֵיכֶם:

26 No quinto dia, nove bezerros, dois carneiros e quatorze
cordeiros de um ano sem defeito; 27 e a sua oferta de cereais e
as suas ofertas de libação para os bezerros, para os carneiros e
para os cordeiros, segundo o seu número, de acordo com a orde-
nança; 28 e um bode em oferta pelo pecado, além do holocausto
perpétuo, e da sua oferta de cereais, e da sua oferta de libação.

29 No sexto dia, oito bezerros, dois carneiros e quatorze
cordeiros de um ano sem defeito; 30 e a sua oferta de cereais e
as suas ofertas de libação para os bezerros, para os carneiros e
para os cordeiros, segundo o seu número, de acordo com a orde-
nança; 31 e um bode em oferta pelo pecado, além do holocausto
perpétuo, e da sua oferta de cereais, e da sua oferta de libação.

32 No sétimo dia, sete bezerros, dois carneiros e quatorze
cordeiros de um ano, sem defeito; 33 e a sua oferta de cereais e
as suas ofertas de libação, para os bezerros, para os carneiros e
para os cordeiros, segundo o seu número, de acordo com a orde-
nança; 34 e um bode em oferta pelo pecado, além do holocausto
perpétuo, e da sua oferta de cereais, e da sua oferta de libação.

35 Ao oitavo dia, tereis uma assembleia solene; não fareis obra
alguma servil; 36 mas oferecereis um holocausto, oferta quei-
mada, de suave cheiro a Jeová: um bezerro, um carneiro e sete
cordeiros de um ano sem defeito; 37 e a sua oferta de cereais e as
suas ofertas de libação para o bezerro, para o carneiro e para os
cordeiros serão segundo o seu número, de acordo com a orde-
nança; 38 e um bode em oferta pelo pecado, além do holocausto
perpétuo, e da sua oferta de cereais, e da sua oferta de libação.

39 Oferecereis essas coisas a Jeová nas vossas festas fixas,
além dos vossos votos e das vossas ofertas voluntárias, para os
vossos holocaustos, e para as vossas ofertas de cereais, e para
as vossas ofertas de libação, e para as vossas ofertas pacíficas.
40 Falou, pois, Moisés aos filhos de Israel conforme tudo o que
Jeová lhe ordenou.

א וַיֹּאמֶר מֹשֶׁה אֶל־בְּנֵי יִשְׂרָאֵל כְּכֹל אֲשֶׁר־צִוָּה
יְהוָה אֶת־מֹשֶׁה: פ
ב וַיְדַבֵּר מֹשֶׁה אֶל־רָאשֵׁי הַמַּטּוֹת לִבְנֵי יִשְׂרָאֵל לֵאמֹר זֶה הַדָּבָר
אֲשֶׁר צִוָּה יְהוָה:
ג אִישׁ כִּי־יִדֹּר נֶדֶר לַיהוָה אוֹ־הִשָּׁבַע שְׁבֻעָה לֶאְסֹר אִסָּר עַל־
נַפְשׁוֹ לֹא יַחֵל דְּבָרוֹ כְּכָל־הַיֹּצֵא מִפִּיו יַעֲשֶׂה:
ד וְאִשָּׁה כִּי־תִדֹּר נֶדֶר לַיהוָה וְאָסְרָה אִסָּר בְּבֵית אָבִיהָ בִּנְעֻרֶיהָ:
ה וְשָׁמַע אָבִיהָ אֶת־נִדְרָהּ וֶאֱסָרָהּ אֲשֶׁר אָסְרָה עַל־נַפְשָׁהּ
וְהֶחֱרִישׁ לָהּ אָבִיהָ וְקָמוּ כָּל־נְדָרֶיהָ וְכָל־אִסָּר אֲשֶׁר־אָסְרָה עַל־
נַפְשָׁהּ יָקוּם:

ו וְאִם־הֵנִיא אָבִיהָ אֹתָהּ בְּיוֹם שָׁמְעוֹ כָּל־נְדָרֶיהָ וֶאֱסָרֶיהָ אֲשֶׁר־
אָסְרָה עַל־נַפְשָׁהּ לֹא יָקוּם וַיהוָה יִסְלַח־לָהּ כִּי־הֵנִיא אָבִיהָ
אֹתָהּ:
ז וְאִם־הָיוֹ תִהְיֶה לְאִישׁ וּנְדָרֶיהָ עָלֶיהָ אוֹ מִבְטָא שְׂפָתֶיהָ אֲשֶׁר
אָסְרָה עַל־נַפְשָׁהּ:
ח וְשָׁמַע אִישָׁהּ בְּיוֹם שָׁמְעוֹ וְהֶחֱרִישׁ לָהּ וְקָמוּ נְדָרֶיהָ וֶאֱסָרֶהָ
אֲשֶׁר־אָסְרָה עַל־נַפְשָׁהּ יָקֻמוּ:

ט וְאִם בְּיוֹם שְׁמֹעַ אִישָׁהּ יָנִיא אוֹתָהּ וְהֵפֵר אֶת־נִדְרָהּ אֲשֶׁר
עָלֶיהָ וְאֵת מִבְטָא שְׂפָתֶיהָ אֲשֶׁר אָסְרָה עַל־נַפְשָׁהּ וַיהוָה יִסְלַח־
לָהּ:
י וְנֵדֶר אַלְמָנָה וּגְרוּשָׁה כֹּל אֲשֶׁר־אָסְרָה עַל־נַפְשָׁהּ יָקוּם עָלֶיהָ:
יא וְאִם־בֵּית אִישָׁהּ נָדָרָה אוֹ־אָסְרָה אִסָּר עַל־נַפְשָׁהּ בִּשְׁבֻעָה:
יב וְשָׁמַע אִישָׁהּ וְהֶחֱרִשׁ לָהּ לֹא הֵנִיא אֹתָהּ וְקָמוּ כָּל־נְדָרֶיהָ
וְכָל־אִסָּר אֲשֶׁר־אָסְרָה עַל־נַפְשָׁהּ יָקוּם:

יג וְאִם־הָפֵר יָפֵר אֹתָם ׀ אִישָׁהּ בְּיוֹם שָׁמְעוֹ כָּל־מוֹצָא שְׂפָתֶיהָ
לִנְדָרֶיהָ וּלְאִסַּר נַפְשָׁהּ לֹא יָקוּם אִישָׁהּ הֲפֵרָם וַיהוָה יִסְלַח־לָהּ:
יד כָּל־נֵדֶר וְכָל־שְׁבֻעַת אִסָּר לְעַנֹּת נָפֶשׁ אִישָׁהּ יְקִימֶנּוּ וְאִישָׁהּ
יְפֵרֶנּוּ:

A lei acerca dos votos das mulheres

30 1 Disse Moisés aos cabeças das tribos dos filhos de
Israel: Isso é o que Jeová ordenou: 2 Quando um
homem fizer um voto a Jeová ou um juramento
para se obrigar a alguma abstinência, não violará a sua pala-
vra; fará segundo tudo o que sair da sua boca. 3 Também quan-
do uma mulher fizer um voto a Jeová ou se obrigar a alguma
abstinência, estando em casa de seu pai, na sua mocidade; 4 e
seu pai, sabendo do voto e da abstinência a que ela se obrigou,
não lhe disser nada, todos os seus votos ficarão válidos, e será
preciso observar ela toda a abstinência a que se obrigou. 5 Po-
rém, se seu pai não lhe der licença no dia em que ele o souber,
não será válido nenhum dos votos dela, nem será preciso ob-
servar ela a abstinência a que se obrigou; Jeová lhe perdoará,
porque o pai dela não lhe deu licença.

6 Se ela se casar, enquanto estiverem sobre ela os seus votos ou
o que proferiu temerariamente com os lábios pelo que se obrigou a
si mesma; 7 se seu marido o souber e não lhe disser nada no dia em
que o souber, serão válidos os votos dela, e será preciso observar
ela a abstinência a que se obrigou. 8 Mas, se o marido não lhe der
licença no dia em que o souber, anulará o voto que estiver sobre
ela, e o que proferiu temerariamente com os lábios, pelo que se
obrigou a si mesma; e Jeová lhe perdoará.

9 Mas o voto duma viúva ou da divorciada, a saber, tudo pelo
que se obrigar, ser-lhe-á válido. 10 Se ela fez o voto em casa de seu
marido ou, com juramento, obrigou-se a alguma abstinência, 11 e
o marido o soube e não lhe disse nada, nem lhe recusou licença,
serão válidos todos os votos dela, e será preciso observar ela
toda a abstinência a que se obrigou a si mesma. 12 Mas, se seu
marido os anulou no dia em que os soube, não será válido o que
saiu dos lábios dela no tocante aos votos ou no tocante ao que
se obrigou; seu marido os anulou; e Jeová lhe perdoará a ela.

13 Todo voto e todo juramento com que ela se obriga a alguma
abstinência para afligir a alma, seu marido pode torná-lo válido
ou pode anulá-lo. 14 Mas, se seu marido não lhe disse nada dia
após dia, ele torna válidos todos os votos dela e tudo aquilo a

טו וְאִם־הַחֲרֵשׁ יַחֲרִישׁ לָהּ אִישָׁהּ מִיּוֹם אֶל־יוֹם וְהֵקִים אֶת־כָּל־
נְדָרֶיהָ אוֹ אֶת־כָּל־אֱסָרֶיהָ אֲשֶׁר עָלֶיהָ הֵקִים אֹתָם כִּי־הֶחֱרִשׁ
לָהּ בְּיוֹם שָׁמְעוֹ׃
טז וְאִם־הָפֵר יָפֵר אֹתָם אַחֲרֵי שָׁמְעוֹ וְנָשָׂא אֶת־עֲוֺנָהּ׃
יז אֵלֶּה הַחֻקִּים אֲשֶׁר צִוָּה יְהוָה אֶת־מֹשֶׁה בֵּין אִישׁ לְאִשְׁתּוֹ
בֵּין־אָב לְבִתּוֹ בִּנְעֻרֶיהָ בֵּית אָבִיהָ׃ פ

א וַיְדַבֵּר יְהוָה אֶל־מֹשֶׁה לֵּאמֹר׃
ב נְקֹם נִקְמַת בְּנֵי יִשְׂרָאֵל מֵאֵת הַמִּדְיָנִים אַחַר תֵּאָסֵף אֶל־
עַמֶּיךָ׃
ג וַיְדַבֵּר מֹשֶׁה אֶל־הָעָם לֵאמֹר הֵחָלְצוּ מֵאִתְּכֶם אֲנָשִׁים לַצָּבָא
וְיִהְיוּ עַל־מִדְיָן לָתֵת נִקְמַת־יְהוָה בְּמִדְיָן׃
ד אֶלֶף לַמַּטֶּה אֶלֶף לַמַּטֶּה לְכֹל מַטּוֹת יִשְׂרָאֵל תִּשְׁלְחוּ לַצָּבָא׃
ה וַיִּמָּסְרוּ מֵאַלְפֵי יִשְׂרָאֵל אֶלֶף לַמַּטֶּה שְׁנֵים־עָשָׂר אֶלֶף חֲלוּצֵי
צָבָא׃
ו וַיִּשְׁלַח אֹתָם מֹשֶׁה אֶלֶף לַמַּטֶּה לַצָּבָא אֹתָם וְאֶת־פִּינְחָס בֶּן־
אֶלְעָזָר הַכֹּהֵן לַצָּבָא וּכְלֵי הַקֹּדֶשׁ וַחֲצֹצְרוֹת הַתְּרוּעָה בְּיָדוֹ׃
ז וַיִּצְבְּאוּ עַל־מִדְיָן כַּאֲשֶׁר צִוָּה יְהוָה אֶת־מֹשֶׁה וַיַּהַרְגוּ כָּל־זָכָר׃
ח וְאֶת־מַלְכֵי מִדְיָן הָרְגוּ עַל־חַלְלֵיהֶם אֶת־אֱוִי וְאֶת־רֶקֶם וְאֶת־
צוּר וְאֶת־חוּר וְאֶת־רֶבַע חֲמֵשֶׁת מַלְכֵי מִדְיָן וְאֵת בִּלְעָם בֶּן־
בְּעוֹר הָרְגוּ בֶּחָרֶב׃
ט וַיִּשְׁבּוּ בְנֵי־יִשְׂרָאֵל אֶת־נְשֵׁי מִדְיָן וְאֶת־טַפָּם וְאֵת כָּל־בְּהֶמְתָּם
וְאֶת־כָּל־מִקְנֵהֶם וְאֶת־כָּל־חֵילָם בָּזָזוּ׃
י וְאֵת כָּל־עָרֵיהֶם בְּמוֹשְׁבֹתָם וְאֵת כָּל־טִירֹתָם שָׂרְפוּ בָּאֵשׁ׃
יא וַיִּקְחוּ אֶת־כָּל־הַשָּׁלָל וְאֵת כָּל־הַמַּלְקוֹחַ בָּאָדָם וּבַבְּהֵמָה׃
יב וַיָּבִאוּ אֶל־מֹשֶׁה וְאֶל־אֶלְעָזָר הַכֹּהֵן וְאֶל־עֲדַת בְּנֵי־יִשְׂרָאֵל
אֶת־הַשְּׁבִי וְאֶת־הַמַּלְקוֹחַ וְאֶת־הַשָּׁלָל אֶל־הַמַּחֲנֶה אֶל־עַרְבֹת
מוֹאָב אֲשֶׁר עַל־יַרְדֵּן יְרֵחוֹ׃ ס

que ela se obrigou; ele os tornou válidos, porque não lhe disse
nada no dia em que os soube. 15 Mas, se ele os anular, depois que
soube, levará sobre si a iniquidade dela. 16 Estes são os estatutos
que Jeová ordenou a Moisés entre o marido e sua mulher, entre
o pai e sua filha, ainda moça, em casa de seu pai.

A vitória sobre os midianitas

31 1 Disse Jeová a Moisés: 2 Vinga os filhos de Israel dos
midianitas; depois, serás recolhido ao teu povo. 3 En-
tão, disse Moisés ao povo: Armai homens dentre vós
para a guerra, a fim de que saiam contra Midiã, para executa-
rem a vingança de Jeová contra eles. 4 Enviareis à guerra mil
homens de cada tribo entre todas as tribos de Israel. 5 Assim,
dos milhares de Israel foram entregues mil homens de cada
tribo, doze mil armados para a guerra. 6 Moisés os enviou
à guerra, mil de cada tribo, com Fineias, filho do sacerdote
Eleazar, o qual tinha na mão os objetos sagrados e as trom-
betas para tocar alarme. 7 Pelejaram contra Midiã, como Jeo-
vá ordenou a Moisés, e mataram todos os homens. 8 Com os
que foram mortos deles mataram também aos reis de Midiã, a
saber, Evi, Requém, Zur, Hur e Reba, cinco reis de Midiã; ma-
taram com a espada igualmente a Balaão, filho de Beor. 9 Os
filhos de Israel levaram cativas as mulheres de Midiã com os
seus pequeninos; e despojaram-nos de todos os seus gados,
de todos os seus rebanhos e de todos os seus bens. 10 Queima-
ram-lhes a fogo todas as cidades em que habitavam e todos
os acampamentos. 11 Levaram todo o despojo e toda a presa,
tanto de homens como de animais. 12 Trouxeram os cativos,
e a presa, e o despojo a Moisés, e ao sacerdote Eleazar, e à
congregação dos filhos de Israel, ao arraial, nas planícies de
Moabe, que estão junto ao Jordão, na altura de Jericó.

יג וַיֵּצְאוּ מֹשֶׁה וְאֶלְעָזָר הַכֹּהֵן וְכָל־נְשִׂיאֵי הָעֵדָה לִקְרָאתָם אֶל־
מִחוּץ לַֽמַּחֲנֶה׃
יד וַיִּקְצֹף מֹשֶׁה עַל פְּקוּדֵי הֶחָיִל שָׂרֵי הָאֲלָפִים וְשָׂרֵי הַמֵּאוֹת
הַבָּאִים מִצְּבָא הַמִּלְחָמָה׃
טו וַיֹּאמֶר אֲלֵיהֶם מֹשֶׁה הַֽחִיִּיתֶם כָּל־נְקֵבָה׃
טז הֵן הֵנָּה הָיוּ לִבְנֵי יִשְׂרָאֵל בִּדְבַר בִּלְעָם לִמְסָר־מַעַל בַּיהוָה
עַל־דְּבַר־פְּעוֹר וַתְּהִי הַמַּגֵּפָה בַּעֲדַת יְהוָה׃
יז וְעַתָּה הִרְגוּ כָל־זָכָר בַּטָּף וְכָל־אִשָּׁה יֹדַעַת אִישׁ לְמִשְׁכַּב זָכָר
הֲרֹגוּ׃
יח וְכֹל הַטַּף בַּנָּשִׁים אֲשֶׁר לֹא־יָדְעוּ מִשְׁכַּב זָכָר הַחֲיוּ לָכֶם׃
יט וְאַתֶּם חֲנוּ מִחוּץ לַמַּחֲנֶה שִׁבְעַת יָמִים כֹּל הֹרֵג נֶפֶשׁ וְכֹל ׀
נֹגֵעַ בֶּחָלָל תִּתְחַטְּאוּ בַּיּוֹם הַשְּׁלִישִׁי וּבַיּוֹם הַשְּׁבִיעִי אַתֶּם
וּשְׁבִיכֶם׃
כ וְכָל־בֶּגֶד וְכָל־כְּלִי־עוֹר וְכָל־מַעֲשֵׂה עִזִּים וְכָל־כְּלִי־עֵץ
תִּתְחַטָּאוּ׃ ס

כא וַיֹּאמֶר אֶלְעָזָר הַכֹּהֵן אֶל־אַנְשֵׁי הַצָּבָא הַבָּאִים לַמִּלְחָמָה
זֹאת חֻקַּת הַתּוֹרָה אֲשֶׁר־צִוָּה יְהוָה אֶת־מֹשֶׁה׃
כב אַךְ אֶת־הַזָּהָב וְאֶת־הַכָּסֶף אֶת־הַנְּחֹשֶׁת אֶת־הַבַּרְזֶל אֶת־
הַבְּדִיל וְאֶת־הָעֹפָרֶת׃
כג כָּל־דָּבָר אֲשֶׁר־יָבֹא בָאֵשׁ תַּעֲבִירוּ בָאֵשׁ וְטָהֵר אַךְ בְּמֵי נִדָּה
יִתְחַטָּא וְכֹל אֲשֶׁר לֹא־יָבֹא בָּאֵשׁ תַּעֲבִירוּ בַמָּיִם׃
כד וְכִבַּסְתֶּם בִּגְדֵיכֶם בַּיּוֹם הַשְּׁבִיעִי וּטְהַרְתֶּם וְאַחַר תָּבֹאוּ אֶל־
הַמַּחֲנֶה׃ פ

כה וַיֹּאמֶר יְהוָה אֶל־מֹשֶׁה לֵּאמֹר׃
כו שָׂא אֵת רֹאשׁ מַלְקוֹחַ הַשְּׁבִי בָּאָדָם וּבַבְּהֵמָה אַתָּה וְאֶלְעָזָר
הַכֹּהֵן וְרָאשֵׁי אֲבוֹת הָעֵדָה׃
כז וְחָצִיתָ אֶת־הַמַּלְקוֹחַ בֵּין תֹּפְשֵׂי הַמִּלְחָמָה הַיֹּצְאִים לַצָּבָא
וּבֵין כָּל־הָעֵדָה׃
כח וַהֲרֵמֹתָ מֶכֶס לַיהוָה מֵאֵת אַנְשֵׁי הַמִּלְחָמָה הַיֹּצְאִים לַצָּבָא

A purificação dos soldados

13 Saíram a recebê-los fora do arraial Moisés, e o sacerdote
Eleazar, e todos os príncipes da congregação. 14 Indignou-se
Moisés contra os oficiais do exército, capitães dos milhares e
capitães das centenas que vinham do serviço da guerra. 15 Dis-
se-lhes Moisés: Deixastes viver todas as mulheres? 16 Eis que
estas, por conselho de Balaão, fizeram que os filhos de Israel
pecassem contra Jeová no negócio de Peor, e assim houve a
praga entre a congregação de Jeová. 17 Agora, matai a todos os
machos entre os pequeninos e matai as mulheres que conhe-
ceram homem, deitando-se com ele. 18 Porém as meninas que
não conheceram homem, deitando-se com ele, deixai-as viver
para vós. 19 Acampai-vos fora do arraial por sete dias; quem de
vós tiver matado alguma pessoa, e quem tiver tocado em algum
morto, ao terceiro dia e ao sétimo dia purificai-vos a vós e aos
vossos cativos. 20 No tocante a todo vestido, e a tudo o que se
faz de peles, e a toda obra de pelos de cabras, e a tudo o que se
faz de madeira, vos purificareis a vós mesmos.

21 Então, Eleazar, o sacerdote, disse aos homens de guerra
que foram à peleja: Este é o estatuto da lei que Jeová ordenou a
Moisés: 22 o ouro, a prata, o cobre, o ferro, o estanho e o chumbo,
23 tudo o que pode resistir ao fogo, fá-lo-eis passar pelo fogo e
ficará limpo; todavia, será purificado com a água de purificação;
e tudo o que não pode resistir o fogo, fá-lo-eis passar pela água.
24 Lavareis os vossos vestidos ao sétimo dia, e estareis limpos,
e depois entrareis no arraial.

A divisão da presa

25 Disse Jeová a Moisés: 26 Tira a soma da presa que foi tomada,
tanto de homens como de animais, tu, e o sacerdote Eleazar, e
os cabeças das casas dos pais da congregação. 27 Divide a presa
em duas partes iguais, entre os homens versados na guerra
que saíram à peleja e toda a congregação; 28 toma um tributo
para Jeová dos homens de guerra que saíram à peleja; um em

אֶחָד נֶפֶשׁ מֵחֲמֵשׁ הַמֵּאוֹת מִן־הָאָדָם וּמִן־הַבָּקָר וּמִן־הַחֲמֹרִים
וּמִן־הַצֹּאן׃
כט מִמַּחֲצִיתָם תִּקָּחוּ וְנָתַתָּה לְאֶלְעָזָר הַכֹּהֵן תְּרוּמַת יְהוָה׃
ל וּמִמַּחֲצִת בְּנֵי־יִשְׂרָאֵל תִּקַּח ׀ אֶחָד ׀ אָחֻז מִן־הַחֲמִשִּׁים מִן־
הָאָדָם מִן־הַבָּקָר מִן־הַחֲמֹרִים וּמִן־הַצֹּאן מִכָּל־הַבְּהֵמָה וְנָתַתָּה
אֹתָם לַלְוִיִּם שֹׁמְרֵי מִשְׁמֶרֶת מִשְׁכַּן יְהוָה׃
לא וַיַּעַשׂ מֹשֶׁה וְאֶלְעָזָר הַכֹּהֵן כַּאֲשֶׁר צִוָּה יְהוָה אֶת־מֹשֶׁה׃

לב וַיְהִי הַמַּלְקוֹחַ יֶתֶר הַבָּז אֲשֶׁר בָּזְזוּ עַם הַצָּבָא צֹאן שֵׁשׁ־
מֵאוֹת אֶלֶף וְשִׁבְעִים אֶלֶף וַחֲמֵשֶׁת־אֲלָפִים׃
לג וּבָקָר שְׁנַיִם וְשִׁבְעִים אָלֶף׃
לד וַחֲמֹרִים אֶחָד וְשִׁשִּׁים אָלֶף׃
לה וְנֶפֶשׁ אָדָם מִן־הַנָּשִׁים אֲשֶׁר לֹא־יָדְעוּ מִשְׁכַּב זָכָר כָּל־נֶפֶשׁ
שְׁנַיִם וּשְׁלֹשִׁים אָלֶף׃
לו וַתְּהִי הַמֶּחֱצָה חֵלֶק הַיֹּצְאִים בַּצָּבָא מִסְפַּר הַצֹּאן שְׁלֹשׁ־
מֵאוֹת אֶלֶף וּשְׁלֹשִׁים אֶלֶף וְשִׁבְעַת אֲלָפִים וַחֲמֵשׁ מֵאוֹת׃
לז וַיְהִי הַמֶּכֶס לַיהוָה מִן־הַצֹּאן שֵׁשׁ מֵאוֹת חָמֵשׁ וְשִׁבְעִים׃
לח וְהַבָּקָר שִׁשָּׁה וּשְׁלֹשִׁים אָלֶף וּמִכְסָם לַיהוָה שְׁנַיִם וְשִׁבְעִים׃
לט וַחֲמֹרִים שְׁלֹשִׁים אֶלֶף וַחֲמֵשׁ מֵאוֹת וּמִכְסָם לַיהוָה אֶחָד
וְשִׁשִּׁים׃ מ וְנֶפֶשׁ אָדָם שִׁשָּׁה עָשָׂר אָלֶף וּמִכְסָם לַיהוָה שְׁנַיִם
וּשְׁלֹשִׁים נָפֶשׁ׃ מא וַיִּתֵּן מֹשֶׁה אֶת־מֶכֶס תְּרוּמַת יְהוָה לְאֶלְעָזָר
הַכֹּהֵן כַּאֲשֶׁר צִוָּה יְהוָה אֶת־מֹשֶׁה׃
מב וּמִמַּחֲצִית בְּנֵי יִשְׂרָאֵל אֲשֶׁר חָצָה מֹשֶׁה מִן־הָאֲנָשִׁים
הַצֹּבְאִים׃
מג וַתְּהִי מֶחֱצַת הָעֵדָה מִן־הַצֹּאן שְׁלֹשׁ־מֵאוֹת אֶלֶף וּשְׁלֹשִׁים
אֶלֶף שִׁבְעַת אֲלָפִים וַחֲמֵשׁ מֵאוֹת׃
מד וּבָקָר שִׁשָּׁה וּשְׁלֹשִׁים אָלֶף׃
מה וַחֲמֹרִים שְׁלֹשִׁים אֶלֶף וַחֲמֵשׁ מֵאוֹת׃
מו וְנֶפֶשׁ אָדָם שִׁשָּׁה עָשָׂר אָלֶף׃
מז וַיִּקַּח מֹשֶׁה מִמַּחֲצִת בְּנֵי־יִשְׂרָאֵל אֶת־הָאָחֻז אֶחָד מִן־
הַחֲמִשִּׁים מִן־הָאָדָם וּמִן־הַבְּהֵמָה וַיִּתֵּן אֹתָם לַלְוִיִּם שֹׁמְרֵי
מִשְׁמֶרֶת מִשְׁכַּן יְהוָה כַּאֲשֶׁר צִוָּה יְהוָה אֶת־מֹשֶׁה׃

מח וַיִּקְרְבוּ אֶל־מֹשֶׁה הַפְּקֻדִים אֲשֶׁר לְאַלְפֵי הַצָּבָא שָׂרֵי
הָאֲלָפִים וְשָׂרֵי הַמֵּאוֹת׃
מט וַיֹּאמְרוּ אֶל־מֹשֶׁה עֲבָדֶיךָ נָשְׂאוּ אֶת־רֹאשׁ אַנְשֵׁי הַמִּלְחָמָה

quinhentos, assim dos homens como dos bois, e dos jumentos,
e dos rebanhos. 29 Toma-o da sua metade e dá-o ao sacerdote
Eleazar para a oferta alçada a Jeová. 30 Da metade que pertence
aos filhos de Israel, tomarás um de cada cinquenta, dos ho-
mens, dos bois, dos jumentos, dos rebanhos e de todo o gado
e dá-los-ás aos levitas, que cumprem o serviço que é devido ao
tabernáculo de Jeová. 31 Fizeram Moisés e Eleazar, o sacerdote,
como Jeová ordenou a Moisés.

32 Ora, foi a presa que restava do despojo que tomaram os
homens de guerra seiscentas e setenta e cinco mil ovelhas,
33 setenta e dois mil bois, 34 sessenta e um mil jumentos 35 e
trinta e duas mil pessoas ao todo, das mulheres que não tinham
conhecido homem, deitando-se com ele. 36 A metade, que era a
porção dos que saíram à guerra, foi em número de trezentas e
trinta e sete mil e quinhentas ovelhas; 37 das ovelhas, foi o tributo
para Jeová seiscentas e setenta e cinco. 38 Os bois foram trinta e
seis mil, dos quais foi o tributo para Jeová setenta e dois. 39 Os
jumentos foram trinta mil e quinhentos, dos quais foi o tributo
para Jeová sessenta e um. 40 As pessoas foram dezesseis mil, das
quais foi o tributo para Jeová trinta e duas pessoas. 41 Então,
Moisés deu o tributo, que era a oferta alçada para Jeová, ao
sacerdote Eleazar, como Jeová ordenou a Moisés.

42 Da metade que era dos filhos de Israel, separada por Moisés
da dos homens que pelejaram 43 (ora, foi a metade que era da
congregação trezentas e trinta e sete mil e quinhentas ovelhas,
44 trinta e seis mil bois, 45 trinta mil e quinhentos jumentos 46 e
dezesseis mil pessoas); 47 sim, da metade que era dos filhos de
Israel, tomou Moisés um de cada cinquenta, tanto dos homens
como dos animais e deu-os aos levitas, que cumprem o serviço que
é devido ao tabernáculo de Jeová; como Jeová ordenou a Moisés.

A oferta voluntária dos capitães

48 Então, chegaram-se a Moisés os oficiais que estavam sobre
os milhares do exército, os capitães de mil e os capitães de cem;
49 e disseram-lhe: Teus servos tiraram a soma dos homens de

אֲשֶׁר בְּיָדֵנוּ וְלֹא־נִפְקַד מִמֶּנּוּ אִישׁ׃
נ וַנַּקְרֵב אֶת־קָרְבַּן יְהוָה אִישׁ אֲשֶׁר מָצָא כְלִי־זָהָב אֶצְעָדָה
וְצָמִיד טַבַּעַת עָגִיל וְכוּמָז לְכַפֵּר עַל־נַפְשֹׁתֵינוּ לִפְנֵי יְהוָה׃
נא וַיִּקַּח מֹשֶׁה וְאֶלְעָזָר הַכֹּהֵן אֶת־הַזָּהָב מֵאִתָּם כֹּל כְּלִי מַעֲשֶׂה׃
נב וַיְהִי ׀ כָּל־זְהַב הַתְּרוּמָה אֲשֶׁר הֵרִימוּ לַיהוָה שִׁשָּׁה עָשָׂר אֶלֶף
שְׁבַע־מֵאוֹת וַחֲמִשִּׁים שָׁקֶל מֵאֵת שָׂרֵי הָאֲלָפִים וּמֵאֵת שָׂרֵי
הַמֵּאוֹת׃
נג אַנְשֵׁי הַצָּבָא בָּזְזוּ אִישׁ לוֹ׃
נד וַיִּקַּח מֹשֶׁה וְאֶלְעָזָר הַכֹּהֵן אֶת־הַזָּהָב מֵאֵת שָׂרֵי הָאֲלָפִים
וְהַמֵּאוֹת וַיָּבִאוּ אֹתוֹ אֶל־אֹהֶל מוֹעֵד זִכָּרוֹן לִבְנֵי־יִשְׂרָאֵל לִפְנֵי
יְהוָה׃ פ

א וּמִקְנֶה ׀ רַב הָיָה לִבְנֵי רְאוּבֵן וְלִבְנֵי־גָד עָצוּם מְאֹד וַיִּרְאוּ אֶת־
אֶרֶץ יַעְזֵר וְאֶת־אֶרֶץ גִּלְעָד וְהִנֵּה הַמָּקוֹם מְקוֹם מִקְנֶה׃
ב וַיָּבֹאוּ בְנֵי־גָד וּבְנֵי רְאוּבֵן וַיֹּאמְרוּ אֶל־מֹשֶׁה וְאֶל־אֶלְעָזָר הַכֹּהֵן
וְאֶל־נְשִׂיאֵי הָעֵדָה לֵאמֹר׃
ג עֲטָרוֹת וְדִיבֹן וְיַעְזֵר וְנִמְרָה וְחֶשְׁבּוֹן וְאֶלְעָלֵה וּשְׂבָם וּנְבוֹ וּבְעֹן׃
ד הָאָרֶץ אֲשֶׁר הִכָּה יְהוָה לִפְנֵי עֲדַת יִשְׂרָאֵל אֶרֶץ מִקְנֶה הִוא
וְלַעֲבָדֶיךָ מִקְנֶה׃ ס
ה וַיֹּאמְרוּ אִם־מָצָאנוּ חֵן בְּעֵינֶיךָ יֻתַּן אֶת־הָאָרֶץ הַזֹּאת לַעֲבָדֶיךָ
לַאֲחֻזָּה אַל־תַּעֲבִרֵנוּ אֶת־הַיַּרְדֵּן׃

ו וַיֹּאמֶר מֹשֶׁה לִבְנֵי־גָד וְלִבְנֵי רְאוּבֵן הַאַחֵיכֶם יָבֹאוּ לַמִּלְחָמָה
וְאַתֶּם תֵּשְׁבוּ פֹה׃
ז וְלָמָּה)תְנוּאוּן] (תְנִיאוּן[אֶת־לֵב בְּנֵי יִשְׂרָאֵל מֵעֲבֹר אֶל־
הָאָרֶץ אֲשֶׁר־נָתַן לָהֶם יְהוָה׃
ח כֹּה עָשׂוּ אֲבֹתֵיכֶם בְּשָׁלְחִי אֹתָם מִקָּדֵשׁ בַּרְנֵעַ לִרְאוֹת אֶת־
הָאָרֶץ׃
ט וַיַּעֲלוּ עַד־נַחַל אֶשְׁכּוֹל וַיִּרְאוּ אֶת־הָאָרֶץ וַיָּנִיאוּ אֶת־לֵב בְּנֵי
יִשְׂרָאֵל לְבִלְתִּי־בֹא אֶל־הָאָרֶץ אֲשֶׁר־נָתַן לָהֶם יְהוָה׃

guerra que estiveram debaixo da nossa autoridade; e não falta
nenhum de nós. 50 Pelo que trouxemos a oblação de Jeová, o que
cada um achou, de objetos de ouro, ornamentos para o braço,
braceletes, anéis, arrecadas e colares, para fazermos expiação
por nós mesmos diante de Jeová. 51 Moisés e o sacerdote Elea-
zar receberam deles o ouro, a saber, os objetos feitos de ouro.
52 Foi todo o ouro da oferta alçada que os capitães de mil e os
capitães de cem ofereceram a Jeová dezesseis mil e setecentos
e cinquenta siclos 53 (pois os homens de guerra haviam toma-
do despojo, cada um para si). 54 Moisés e o sacerdote Eleazar
receberam o ouro dos capitães de mil e dos capitães de cem e
meteram-no na tenda da revelação, para memorial dos filhos
de Israel diante de Jeová.

Gileade é concedida às tribos de Rúben, de Gade e à meia tribo de Manassés

32 1 Ora, os filhos de Rúben e os filhos de Gade tinham
mui grande quantidade de gado; e, quando viram
a terra de Jazer e a de Gileade e que a região era
região para gado, 2 vieram os filhos de Gade e os filhos de Rú-
ben e disseram a Moisés, e ao sacerdote Eleazar, e aos prínci-
pes da congregação: 3 Atarote, Dibom, Jazer, Ninra, Hesbom,
Eleale, Sebã, Nebo e Beom, 4 a terra que Jeová feriu diante da
congregação de Israel, é terra para gado, e teus servos têm
gado. 5 Acrescentaram: Se achamos graça aos teus olhos, dê-
-se esta terra a teus servos em possessão; não nos faças passar
o Jordão.

6 Respondeu Moisés aos filhos de Gade e aos filhos de Rúben:
Irão vossos irmãos para a batalha, e ficareis vós sentados aqui?
7 Por que desanimais o coração dos filhos de Israel, para não
passarem à terra que Jeová lhes deu? 8 Assim fizeram vossos
pais, quando os enviei de Cades-Barneia a ver a terra. 9 Tendo
subido ao vale de Escol e visto a terra, desanimaram o coração
dos filhos de Israel, para que não entrassem na terra que Jeová
lhes havia dado. 10 Naquele dia, se acendeu a ira de Jeová, e ju-

י וַיִּחַר־אַף יְהוָה בַּיּוֹם הַהוּא וַיִּשָּׁבַע לֵאמֹר׃
יא אִם־יִרְאוּ הָאֲנָשִׁים הָעֹלִים מִמִּצְרַיִם מִבֶּן עֶשְׂרִים שָׁנָה
וָמַעְלָה אֵת הָאֲדָמָה אֲשֶׁר נִשְׁבַּעְתִּי לְאַבְרָהָם לְיִצְחָק וּלְיַעֲקֹב
כִּי לֹא־מִלְאוּ אַחֲרָי׃
יב בִּלְתִּי כָּלֵב בֶּן־יְפֻנֶּה הַקְּנִזִּי וִיהוֹשֻׁעַ בִּן־נוּן כִּי מִלְאוּ אַחֲרֵי
יְהוָה׃
יג וַיִּחַר־אַף יְהוָה בְּיִשְׂרָאֵל וַיְנִעֵם בַּמִּדְבָּר אַרְבָּעִים שָׁנָה עַד־תֹּם
כָּל־הַדּוֹר הָעֹשֶׂה הָרַע בְּעֵינֵי יְהוָה׃
יד וְהִנֵּה קַמְתֶּם תַּחַת אֲבֹתֵיכֶם תַּרְבּוּת אֲנָשִׁים חַטָּאִים לִסְפּוֹת
עוֹד עַל חֲרוֹן אַף־יְהוָה אֶל־יִשְׂרָאֵל׃
טו כִּי תְשׁוּבֻן מֵאַחֲרָיו וְיָסַף עוֹד לְהַנִּיחוֹ בַּמִּדְבָּר וְשִׁחַתֶּם לְכָל־
הָעָם הַזֶּה׃ ס
טז וַיִּגְּשׁוּ אֵלָיו וַיֹּאמְרוּ גִּדְרֹת צֹאן נִבְנֶה לְמִקְנֵנוּ פֹּה וְעָרִים
לְטַפֵּנוּ׃
יז וַאֲנַחְנוּ נֵחָלֵץ חֻשִׁים לִפְנֵי בְּנֵי יִשְׂרָאֵל עַד אֲשֶׁר אִם־הֲבִיאֹנֻם
אֶל־מְקוֹמָם וְיָשַׁב טַפֵּנוּ בְּעָרֵי הַמִּבְצָר מִפְּנֵי יֹשְׁבֵי הָאָרֶץ׃
יח לֹא נָשׁוּב אֶל־בָּתֵּינוּ עַד הִתְנַחֵל בְּנֵי יִשְׂרָאֵל אִישׁ נַחֲלָתוֹ׃
יט כִּי לֹא נִנְחַל אִתָּם מֵעֵבֶר לַיַּרְדֵּן וָהָלְאָה כִּי בָאָה נַחֲלָתֵנוּ
אֵלֵינוּ מֵעֵבֶר הַיַּרְדֵּן מִזְרָחָה׃ פ

כ וַיֹּאמֶר אֲלֵיהֶם מֹשֶׁה אִם־תַּעֲשׂוּן אֶת־הַדָּבָר הַזֶּה אִם־תֵּחָלְצוּ
לִפְנֵי יְהוָה לַמִּלְחָמָה׃
כא וְעָבַר לָכֶם כָּל־חָלוּץ אֶת־הַיַּרְדֵּן לִפְנֵי יְהוָה עַד הוֹרִישׁוֹ אֶת־
אֹיְבָיו מִפָּנָיו׃
כב וְנִכְבְּשָׁה הָאָרֶץ לִפְנֵי יְהוָה וְאַחַר תָּשֻׁבוּ וִהְיִיתֶם נְקִיִּם
מֵיְהוָה וּמִיִּשְׂרָאֵל וְהָיְתָה הָאָרֶץ הַזֹּאת לָכֶם לַאֲחֻזָּה לִפְנֵי יְהוָה׃
כג וְאִם־לֹא תַעֲשׂוּן כֵּן הִנֵּה חֲטָאתֶם לַיהוָה וּדְעוּ חַטַּאתְכֶם
אֲשֶׁר תִּמְצָא אֶתְכֶם׃
כד בְּנוּ־לָכֶם עָרִים לְטַפְּכֶם וּגְדֵרֹת לְצֹנַאֲכֶם וְהַיֹּצֵא מִפִּיכֶם
תַּעֲשׂוּ׃
כה וַיֹּאמֶר בְּנֵי־גָד וּבְנֵי רְאוּבֵן אֶל־מֹשֶׁה לֵאמֹר עֲבָדֶיךָ יַעֲשׂוּ
כַּאֲשֶׁר אֲדֹנִי מְצַוֶּה׃
כו טַפֵּנוּ נָשֵׁינוּ מִקְנֵנוּ וְכָל־בְּהֶמְתֵּנוּ יִהְיוּ־שָׁם בְּעָרֵי הַגִּלְעָד׃
כז וַעֲבָדֶיךָ יַעַבְרוּ כָּל־חֲלוּץ צָבָא לִפְנֵי יְהוָה לַמִּלְחָמָה כַּאֲשֶׁר
אֲדֹנִי דֹּבֵר׃

rou, dizendo: 11 Certamente os homens que subiram do Egito,
desde a idade de vinte anos e daí para cima, não verão a terra
que prometi com juramento a Abraão, a Isaque e a Jacó, porque
não perseveraram em me seguir, 12 exceto Calebe, filho de Jefoné,
o quenezeu, e Josué, filho de Num; porque perseveraram em
seguir a Jeová. 13 Acendeu-se a ira de Jeová contra Israel e fê-los
andar errantes no deserto quarenta anos, até que se consumiu
toda a geração que havia feito o mal à vista de Jeová. 14 Eis que
vós, geração de homens pecadores, vos levantastes em lugar
de vossos pais, para aumentardes ainda o furor da ira de Jeová
contra Israel. 15 Se não quiserdes seguir após ele, e ele tornar a
deixá-los no deserto, sereis a causa da ruína de todo este povo.

16 Então, chegando-se a ele, disseram: Edificaremos aqui cur-
rais para o nosso gado e cidades para nossos pequeninos; 17 nós,
porém, nos armaremos, apressando-nos adiante dos filhos de
Israel, até os introduzirmos no seu lugar; e nossos pequeninos
habitarão nas cidades fortificadas por causa dos habitantes da
terra. 18 Não voltaremos para nossas casas até que os filhos de
Israel estejam na posse, cada um da sua herança. 19 Pois não
herdaremos com eles da banda dalém do Jordão, nem mais
adiante; porque a nossa herança nos tocou da banda daquém
do Jordão, ao oriente.

20 Respondeu-lhes Moisés: Se fizerdes isso, se vos armardes
perante Jeová para a guerra, 21 e cada um de vós armado passar
o Jordão diante de Jeová, até que ele tenha desapossado os seus
inimigos diante dele, 22 e a terra fique subjugada diante de Jeo-
vá, voltareis depois e ficareis inculpáveis para com Jeová e para
com Israel; e esta terra vos será por possessão diante de Jeová.
23 Porém, se não fizerdes isso, pecareis contra Jeová; e sabei que o
vosso pecado vos há de achar. 24 Edificai-vos cidades para vossos
pequeninos e currais para as vossas ovelhas; e cumpri o que saiu
da vossa boca. 25 Disseram a Moisés os filhos de Gade e os filhos
de Rúben: Como ordena o meu senhor, assim farão teus servos.
26 Nossos pequeninos, nossas mulheres, nossos rebanhos e todo
o nosso gado estarão ali nas cidades de Gileade; 27 porém teus
servos passarão, cada um que está armado para a guerra, adiante
de Jeová para a batalha, como diz o meu senhor.

כח וַיְצַו לָהֶם מֹשֶׁה אֵת אֶלְעָזָר הַכֹּהֵן וְאֵת יְהוֹשֻׁעַ בִּן־נוּן וְאֶת־
רָאשֵׁי אֲבוֹת הַמַּטּוֹת לִבְנֵי יִשְׂרָאֵל׃
כט וַיֹּאמֶר מֹשֶׁה אֲלֵהֶם אִם־יַעַבְרוּ בְנֵי־גָד וּבְנֵי־רְאוּבֵן ׀ אִתְּכֶם
אֶת־הַיַּרְדֵּן כָּל־חָלוּץ לַמִּלְחָמָה לִפְנֵי יְהוָה וְנִכְבְּשָׁה הָאָרֶץ
לִפְנֵיכֶם וּנְתַתֶּם לָהֶם אֶת־אֶרֶץ הַגִּלְעָד לַאֲחֻזָּה׃
ל וְאִם־לֹא יַעַבְרוּ חֲלוּצִים אִתְּכֶם וְנֹאחֲזוּ בְתֹכְכֶם בְּאֶרֶץ כְּנָעַן׃
לא וַיַּעֲנוּ בְנֵי־גָד וּבְנֵי רְאוּבֵן לֵאמֹר אֵת אֲשֶׁר דִּבֶּר יְהוָה אֶל־
עֲבָדֶיךָ כֵּן נַעֲשֶׂה׃
לב נַחְנוּ נַעֲבֹר חֲלוּצִים לִפְנֵי יְהוָה אֶרֶץ כְּנָעַן וְאִתָּנוּ אֲחֻזַּת
נַחֲלָתֵנוּ מֵעֵבֶר לַיַּרְדֵּן׃

לג וַיִּתֵּן לָהֶם ׀ מֹשֶׁה לִבְנֵי־גָד וְלִבְנֵי רְאוּבֵן וְלַחֲצִי ׀ שֵׁבֶט ׀ מְנַשֶּׁה
בֶן־יוֹסֵף אֶת־מַמְלֶכֶת סִיחֹן מֶלֶךְ הָאֱמֹרִי וְאֶת־מַמְלֶכֶת עוֹג מֶלֶךְ
הַבָּשָׁן הָאָרֶץ לְעָרֶיהָ בִּגְבֻלֹת עָרֵי הָאָרֶץ סָבִיב׃
לד וַיִּבְנוּ בְנֵי־גָד אֶת־דִּיבֹן וְאֶת־עֲטָרֹת וְאֵת עֲרֹעֵר׃
לה וְאֶת־עַטְרֹת שׁוֹפָן וְאֶת־יַעְזֵר וְיָגְבְּהָה׃
לו וְאֶת־בֵּית נִמְרָה וְאֶת־בֵּית הָרָן עָרֵי מִבְצָר וְגִדְרֹת צֹאן׃
לז וּבְנֵי רְאוּבֵן בָּנוּ אֶת־חֶשְׁבּוֹן וְאֶת־אֶלְעָלֵא וְאֵת קִרְיָתָיִם׃
לח וְאֶת־נְבוֹ וְאֶת־בַּעַל מְעוֹן מוּסַבֹּת שֵׁם וְאֶת־שִׂבְמָה וַיִּקְרְאוּ
בְשֵׁמֹת אֶת־שְׁמוֹת הֶעָרִים אֲשֶׁר בָּנוּ׃
לט וַיֵּלְכוּ בְּנֵי מָכִיר בֶּן־מְנַשֶּׁה גִּלְעָדָה וַיִּלְכְּדֻהָ וַיּוֹרֶשׁ אֶת־הָאֱמֹרִי
אֲשֶׁר־בָּהּ׃
מ וַיִּתֵּן מֹשֶׁה אֶת־הַגִּלְעָד לְמָכִיר בֶּן־מְנַשֶּׁה וַיֵּשֶׁב בָּהּ׃
מא וְיָאִיר בֶּן־מְנַשֶּׁה הָלַךְ וַיִּלְכֹּד אֶת־חַוֺּתֵיהֶם וַיִּקְרָא אֶתְהֶן חַוֺּת
יָאִיר׃
מב וְנֹבַח הָלַךְ וַיִּלְכֹּד אֶת־קְנָת וְאֶת־בְּנֹתֶיהָ וַיִּקְרָא לָבַח בִּשְׁמוֹ׃
פ

א אֵלֶּה מַסְעֵי בְנֵי־יִשְׂרָאֵל אֲשֶׁר יָצְאוּ מֵאֶרֶץ מִצְרַיִם לְצִבְאֹתָם
בְּיַד־מֹשֶׁה וְאַהֲרֹן׃
ב וַיִּכְתֹּב מֹשֶׁה אֶת־מוֹצָאֵיהֶם לְמַסְעֵיהֶם עַל־פִּי יְהוָה וְאֵלֶּה
מַסְעֵיהֶם לְמוֹצָאֵיהֶם׃
ג וַיִּסְעוּ מֵרַעְמְסֵס בַּחֹדֶשׁ הָרִאשׁוֹן בַּחֲמִשָּׁה עָשָׂר יוֹם לַחֹדֶשׁ

28 Então, Moisés deu ordem acerca deles ao sacerdote Eleazar,
e a Josué, filho de Num, e aos cabeças das casas paternas nas
tribos dos filhos de Israel. 29 Disse-lhes Moisés: Se os filhos de
Gade e os filhos de Rúben passarem convosco o Jordão, todo
homem que é armado para a batalha, adiante de Jeová, e a terra
for subjugada diante de vós, então, lhes dareis a terra de Gilea-
de por possessão; 30 mas, se não passarem armados convosco,
terão possessões entre vós na terra de Canaã. 31 Responderam
os filhos de Gade e os filhos de Rúben: Como Jeová disse a teus
servos, assim faremos. 32 Nós passaremos armados adiante de
Jeová para a terra de Canaã e teremos a possessão da nossa
herança além do Jordão.

33 Moisés deu-lhes, a saber, aos filhos de Gade, e aos filhos
de Rúben, e à meia tribo de Manassés, filho de José, o reino de
Seom, rei dos amorreus, e o reino de Ogue, rei de Basã, a terra,
com as cidades e seus distritos, por toda extensão do país. 34 Os
filhos de Gade reedificaram a Dibom, a Atrote e a Aroer; 35 a Atro-
te-Sofã, a Jazer e a Jobeá; 36 a Bete-Nimra e a Bete-Harã, cidades
fortificadas, e currais de ovelhas. 37 Os filhos de Rúben reedifica-
ram a Hesbom, a Eleale e a Quiriataim; 38 a Nebo, a Baal-Meom
(mudando-lhes os nomes) e a Sibma; e deram outros nomes às
cidades que edificaram. 39 Os filhos de Maquir, filho de Manassés,
foram a Gileade, e tomaram-na, e desapossaram aos amorreus
que estavam nela. 40 Deu, pois, Moisés a terra de Gileade a Maquir,
filho de Manassés, e ele habitou nela. 41 Jair, filho de Manassés,
foi, e tomou as aldeias dela, e chamou-lhes Havote-Jair. 42 Noba
foi, e tomou Quenate com as suas aldeias, e chamou-lhe Noba,
segundo o seu nome.

As jornadas de Israel desde Ramessés até Abel-Sitim

33 1 Estas são as jornadas dos filhos de Israel, pelas
quais saíram da terra do Egito, segundo as suas tur-
mas, sob a direção de Moisés e de Arão. 2 Moisés es-
creveu os lugares de que saíram nas suas jornadas, de acordo
com a ordem de Jeová; estas são as suas jornadas segundo os

הָרִאשׁוֹן מִמָּחֳרַת הַפֶּסַח יָצְאוּ בְנֵי־יִשְׂרָאֵל בְּיָד רָמָה לְעֵינֵי כָּל־
מִצְרָיִם׃
ד וּמִצְרַיִם מְקַבְּרִים אֵת אֲשֶׁר הִכָּה יְהוָה בָּהֶם כָּל־בְּכוֹר
וּבֵאלֹהֵיהֶם עָשָׂה יְהוָה שְׁפָטִים׃

ה וַיִּסְעוּ בְנֵי־יִשְׂרָאֵל מֵרַעְמְסֵס וַיַּחֲנוּ בְּסֻכֹּת׃
ו וַיִּסְעוּ מִסֻּכֹּת וַיַּחֲנוּ בְאֵתָם אֲשֶׁר בִּקְצֵה הַמִּדְבָּר׃
ז וַיִּסְעוּ מֵאֵתָם וַיָּשָׁב עַל־פִּי הַחִירֹת אֲשֶׁר עַל־פְּנֵי בַּעַל צְפוֹן
וַיַּחֲנוּ לִפְנֵי מִגְדֹּל׃
ח וַיִּסְעוּ מִפְּנֵי הַחִירֹת וַיַּעַבְרוּ בְתוֹךְ־הַיָּם הַמִּדְבָּרָה וַיֵּלְכוּ דֶּרֶךְ
שְׁלֹשֶׁת יָמִים בְּמִדְבַּר אֵתָם וַיַּחֲנוּ בְּמָרָה׃
ט וַיִּסְעוּ מִמָּרָה וַיָּבֹאוּ אֵילִמָה וּבְאֵילִם שְׁתֵּים עֶשְׂרֵה עֵינֹת מַיִם
וְשִׁבְעִים תְּמָרִים וַיַּחֲנוּ־שָׁם׃
י וַיִּסְעוּ מֵאֵילִם וַיַּחֲנוּ עַל־יַם־סוּף׃
יא וַיִּסְעוּ מִיַּם־סוּף וַיַּחֲנוּ בְּמִדְבַּר־סִין׃
יב וַיִּסְעוּ מִמִּדְבַּר־סִין וַיַּחֲנוּ בְּדָפְקָה׃
יג וַיִּסְעוּ מִדָּפְקָה וַיַּחֲנוּ בְּאָלוּשׁ׃
יד וַיִּסְעוּ מֵאָלוּשׁ וַיַּחֲנוּ בִּרְפִידִם וְלֹא־הָיָה שָׁם מַיִם לָעָם
לִשְׁתּוֹת׃
טו וַיִּסְעוּ מֵרְפִידִם וַיַּחֲנוּ בְּמִדְבַּר סִינָי׃
טז וַיִּסְעוּ מִמִּדְבַּר סִינָי וַיַּחֲנוּ בְּקִבְרֹת הַתַּאֲוָה׃
יז וַיִּסְעוּ מִקִּבְרֹת הַתַּאֲוָה וַיַּחֲנוּ בַּחֲצֵרֹת׃
יח וַיִּסְעוּ מֵחֲצֵרֹת וַיַּחֲנוּ בְּרִתְמָה׃
יט וַיִּסְעוּ מֵרִתְמָה וַיַּחֲנוּ בְּרִמֹּן פָּרֶץ׃
כ וַיִּסְעוּ מֵרִמֹּן פָּרֶץ וַיַּחֲנוּ בְּלִבְנָה׃
כא וַיִּסְעוּ מִלִּבְנָה וַיַּחֲנוּ בְּרִסָּה׃
כב וַיִּסְעוּ מֵרִסָּה וַיַּחֲנוּ בִּקְהֵלָתָה׃
כג וַיִּסְעוּ מִקְּהֵלָתָה וַיַּחֲנוּ בְּהַר־שָׁפֶר׃
כד וַיִּסְעוּ מֵהַר־שָׁפֶר וַיַּחֲנוּ בַּחֲרָדָה׃
כה וַיִּסְעוּ מֵחֲרָדָה וַיַּחֲנוּ בְּמַקְהֵלֹת׃
כו וַיִּסְעוּ מִמַּקְהֵלֹת וַיַּחֲנוּ בְּתָחַת׃
כז וַיִּסְעוּ מִתָּחַת וַיַּחֲנוּ בְּתָרַח׃
כח וַיִּסְעוּ מִתָּרַח וַיַּחֲנוּ בְּמִתְקָה׃
כט וַיִּסְעוּ מִמִּתְקָה וַיַּחֲנוּ בְּחַשְׁמֹנָה׃
ל וַיִּסְעוּ מֵחַשְׁמֹנָה וַיַּחֲנוּ בְּמֹסֵרוֹת׃
לא וַיִּסְעוּ מִמֹּסֵרוֹת וַיַּחֲנוּ בִּבְנֵי יַעֲקָן׃

lugares de que saíram. 3 Partiram de Ramessés no primeiro
mês, aos quinze dias do primeiro mês; no dia depois da Pás-
coa, saíram os filhos de Israel afoitamente à vista de todos os
egípcios, 4 enquanto estes sepultavam a todos os seus primo-
gênitos, a quem Jeová havia ferido entre eles. Contra os seus
deuses também executou Jeová juízos.

5 Tendo os filhos de Israel partido de Ramessés, acamparam-
-se em Sucote. 6 Tendo partido de Sucote, acamparam-se em
Etã, que está na extremidade do deserto. 7 Tendo partido de
Etã, voltaram a Pi-Hairote, que está defronte de Baal-Zefom; e
acamparam-se defronte de Migdol. 8 Tendo partido de Pi-Hai-
rote, passaram pelo meio do mar ao deserto; e, depois de terem
andado caminho de três dias no deserto de Etã, acamparam-se
em Mara. 9 Tendo partido de Mara, vieram a Elim. Em Elim
havia doze fontes de água e setenta palmeiras; e ali se acam-
param. 10 Tendo partido de Elim, acamparam-se junto ao mar
Vermelho. 11 Tendo partido do mar Vermelho, acamparam-se
no deserto de Sim. 12 Tendo partido do deserto de Sim, acampa-
ram-se em Dofca. 13 Tendo partido de Dofca, acamparam-se em
Alus. 14 Tendo partido de Alus, acamparam-se em Refidim, onde
não havia água para o povo beber. 15 Tendo partido de Refidim,
acamparam-se no deserto de Sinai. 16 Tendo partido do deserto
do Sinai, acamparam-se em Quibrote-Hataavá. 17 Tendo partido
de Quibrote-Hataavá, acamparam-se em Hazerote. 18 Tendo
partido de Hazerote, acamparam-se em Ritmá. 19 Tendo partido
de Ritmá, acamparam-se em Rimom-Perez. 20 Tendo partido
de Rimom-Perez, acamparam-se em Libna. 21 Tendo partido
de Libna, acamparam-se em Rissa. 22 Tendo partido de Rissa,
acamparam-se em Queelata. 23 Tendo partido do monte Quee-
lata, acamparam-se no monte Séfer. 24 Tendo partido do monte
Séfer, acamparam-se em Harada. 25 Tendo partido de Harada,
acamparam-se em Maquelote. 26 Tendo partido de Maquelote,
acamparam-se em Taate. 27 Tendo partido de Taate, acampa-
ram-se em Tara. 28 Tendo partido de Tara, acamparam-se em
Mitca. 29 Tendo partido de Mitca, acamparam-se em Hasmona.
30 Tendo partido de Hasmona, acamparam-se em Moserote.
31 Tendo partido de Moserote, acamparam-se em Bene-Jaacã.

לב וַיִּסְעוּ מִבְּנֵי יַעֲקָן וַיַּחֲנוּ בְּחֹר הַגִּדְגָּד:
לג וַיִּסְעוּ מֵחֹר הַגִּדְגָּד וַיַּחֲנוּ בְּיָטְבָתָה:
לד וַיִּסְעוּ מִיָּטְבָתָה וַיַּחֲנוּ בְּעַבְרֹנָה:
לה וַיִּסְעוּ מֵעַבְרֹנָה וַיַּחֲנוּ בְּעֶצְיֹן גָּבֶר:
לו וַיִּסְעוּ מֵעֶצְיֹן גָּבֶר וַיַּחֲנוּ בְמִדְבַּר־צִן הִוא קָדֵשׁ:
לז וַיִּסְעוּ מִקָּדֵשׁ וַיַּחֲנוּ בְּהֹר הָהָר בִּקְצֵה אֶרֶץ אֱדוֹם:

לח וַיַּעַל אַהֲרֹן הַכֹּהֵן אֶל־הֹר הָהָר עַל־פִּי יְהוָה וַיָּמָת שָׁם בִּשְׁנַת
הָאַרְבָּעִים לְצֵאת בְּנֵי־יִשְׂרָאֵל מֵאֶרֶץ מִצְרַיִם בַּחֹדֶשׁ הַחֲמִישִׁי
בְּאֶחָד לַחֹדֶשׁ:
לט וְאַהֲרֹן בֶּן־שָׁלֹשׁ וְעֶשְׂרִים וּמְאַת שָׁנָה בְּמֹתוֹ בְּהֹר הָהָר: ס

מ וַיִּשְׁמַע הַכְּנַעֲנִי מֶלֶךְ עֲרָד וְהוּא־יֹשֵׁב בַּנֶּגֶב בְּאֶרֶץ כְּנָעַן בְּבֹא
בְּנֵי יִשְׂרָאֵל:
מא וַיִּסְעוּ מֵהֹר הָהָר וַיַּחֲנוּ בְּצַלְמֹנָה:
מב וַיִּסְעוּ מִצַּלְמֹנָה וַיַּחֲנוּ בְּפוּנֹן:
מג וַיִּסְעוּ מִפּוּנֹן וַיַּחֲנוּ בְּאֹבֹת:
מד וַיִּסְעוּ מֵאֹבֹת וַיַּחֲנוּ בְּעִיֵּי הָעֲבָרִים בִּגְבוּל מוֹאָב:
מה וַיִּסְעוּ מֵעִיִּים וַיַּחֲנוּ בְּדִיבֹן גָּד:
מו וַיִּסְעוּ מִדִּיבֹן גָּד וַיַּחֲנוּ בְּעַלְמֹן דִּבְלָתָיְמָה:
מז וַיִּסְעוּ מֵעַלְמֹן דִּבְלָתָיְמָה וַיַּחֲנוּ בְּהָרֵי הָעֲבָרִים לִפְנֵי נְבוֹ:
מח וַיִּסְעוּ מֵהָרֵי הָעֲבָרִים וַיַּחֲנוּ בְּעַרְבֹת מוֹאָב עַל יַרְדֵּן יְרֵחוֹ:
מט וַיַּחֲנוּ עַל־הַיַּרְדֵּן מִבֵּית הַיְשִׁמֹת עַד אָבֵל הַשִּׁטִּים בְּעַרְבֹת
מוֹאָב: ס

נ וַיְדַבֵּר יְהוָה אֶל־מֹשֶׁה בְּעַרְבֹת מוֹאָב עַל־יַרְדֵּן יְרֵחוֹ לֵאמֹר:
נא דַּבֵּר אֶל־בְּנֵי יִשְׂרָאֵל וְאָמַרְתָּ אֲלֵהֶם כִּי אַתֶּם עֹבְרִים אֶת־
הַיַּרְדֵּן אֶל־אֶרֶץ כְּנָעַן:
נב וְהוֹרַשְׁתֶּם אֶת־כָּל־יֹשְׁבֵי הָאָרֶץ מִפְּנֵיכֶם וְאִבַּדְתֶּם אֵת כָּל־
מַשְׂכִּיֹּתָם וְאֵת כָּל־צַלְמֵי מַסֵּכֹתָם תְּאַבֵּדוּ וְאֵת כָּל־בָּמוֹתָם
תַּשְׁמִידוּ:
נג וְהוֹרַשְׁתֶּם אֶת־הָאָרֶץ וִישַׁבְתֶּם־בָּהּ כִּי לָכֶם נָתַתִּי אֶת־הָאָרֶץ

32 Tendo partido de Bene-Jaacã, acamparam-se em Hor-Gidgade.
33 Tendo partido de Hor-Gidgade, acamparam-se em Jotbatá.
34 Tendo partido de Jotbatá, acamparam-se em Abrona. 35 Tendo
partido de Abrona, acamparam-se em Eziom-Geber. 36 Tendo
partido de Eziom-Geber, acamparam-se no deserto de Zim
(este é Cades). 37 E, tendo partido de Cades, acamparam-se no
monte Hor, na extremidade da terra de Edom.

38 Arão, o sacerdote, subiu, por ordem de Jeová, o monte
Hor e ali morreu no quadragésimo ano depois que os filhos de
Israel saíram da terra do Egito, no quinto mês, no primeiro dia
do mês. 39 Arão tinha cento e vinte e três anos de idade, quando
morreu no monte Hor.

40 Então, ouviu o cananeu, rei de Arade, que habitava no
Neguebe, na terra de Canaã, que vinham os filhos de Israel.

41 Tendo partido do monte Hor, acamparam-se em Zalmo-
na. 42 Tendo partido de Zalmona, acamparam-se em Punom.
43 Tendo partido de Punom, acamparam-se em Obote. 44 Tendo
partido de Obote, acamparam-se em Ijé-Abarim, no território
de Moabe. 45 Tendo partido de Ijé-Abarim, acamparam-se em
Dibom-Gade. 46 Tendo partido de Dibom-Gade, acamparam-se
em Almom-Diblataim. 47 Tendo partido de Almom-Diblataim,
acamparam-se nos montes de Abarim, defronte de Nebo. 48 Ten-
do partido dos montes de Abarim, acamparam-se nas planícies
de Moabe, junto ao Jordão, na altura de Jericó. 49 E acampa-
ram-se junto ao Jordão, desde Bete-Jesimote até Abel-Sitim,
nas planícies de Moabe.

Deus manda lançar fora os moradores de Canaã

50 Disse Jeová a Moisés nas planícies de Moabe, junto ao
Jordão, na altura de Jericó: 51 Fala aos filhos de Israel e dize-
-lhes: Quando tiverdes passado o Jordão para a terra de Canaã,
52 desapossareis de diante de vós todos os habitantes da terra,
destruireis todas as suas pedras em que há figuras e também
todas as suas imagens fundidas e deitareis abaixo todos os seus
altos. 53 Tomareis a terra em possessão e habitareis nela, porque

לָרֶשֶׁת אֹתָהּ׃
נד וְהִתְנַחַלְתֶּם אֶת־הָאָרֶץ בְּגוֹרָל לְמִשְׁפְּחֹתֵיכֶם לָרַב תַּרְבּוּ
אֶת־נַחֲלָתוֹ וְלַמְעַט תַּמְעִיט אֶת־נַחֲלָתוֹ אֶל אֲשֶׁר־יֵצֵא לוֹ שָׁמָּה
הַגּוֹרָל לוֹ יִהְיֶה לְמַטּוֹת אֲבֹתֵיכֶם תִּתְנֶחָלוּ׃
נה וְאִם־לֹא תוֹרִישׁוּ אֶת־יֹשְׁבֵי הָאָרֶץ מִפְּנֵיכֶם וְהָיָה אֲשֶׁר
תּוֹתִירוּ מֵהֶם לְשִׂכִּים בְּעֵינֵיכֶם וְלִצְנִינִם בְּצִדֵּיכֶם וְצָרְרוּ אֶתְכֶם
עַל־הָאָרֶץ אֲשֶׁר אַתֶּם יֹשְׁבִים בָּהּ׃
נו וְהָיָה כַּאֲשֶׁר דִּמִּיתִי לַעֲשׂוֹת לָהֶם אֶעֱשֶׂה לָכֶם׃ פ

א וַיְדַבֵּר יְהוָה אֶל־מֹשֶׁה לֵּאמֹר׃
ב צַו אֶת־בְּנֵי יִשְׂרָאֵל וְאָמַרְתָּ אֲלֵהֶם כִּי־אַתֶּם בָּאִים אֶל־הָאָרֶץ
כְּנָעַן זֹאת הָאָרֶץ אֲשֶׁר תִּפֹּל לָכֶם בְּנַחֲלָה אֶרֶץ כְּנַעַן לִגְבֻלֹתֶיהָ׃
ג וְהָיָה לָכֶם פְּאַת־נֶגֶב מִמִּדְבַּר־צִן עַל־יְדֵי אֱדוֹם וְהָיָה לָכֶם
גְּבוּל נֶגֶב מִקְצֵה יָם־הַמֶּלַח קֵדְמָה׃
ד וְנָסַב לָכֶם הַגְּבוּל מִנֶּגֶב לְמַעֲלֵה עַקְרַבִּים וְעָבַר צִנָה)וְהָיָה]
(וְהָיוּ[תּוֹצְאֹתָיו מִנֶּגֶב לְקָדֵשׁ בַּרְנֵעַ וְיָצָא חֲצַר־אַדָּר וְעָבַר
עַצְמֹנָה׃
ה וְנָסַב הַגְּבוּל מֵעַצְמוֹן נַחְלָה מִצְרָיִם וְהָיוּ תוֹצְאֹתָיו הַיָּמָּה׃

ו וּגְבוּל יָם וְהָיָה לָכֶם הַיָּם הַגָּדוֹל וּגְבוּל זֶה־יִהְיֶה לָכֶם גְּבוּל יָם׃

ז וְזֶה־יִהְיֶה לָכֶם גְּבוּל צָפוֹן מִן־הַיָּם הַגָּדֹל תְּתָאוּ לָכֶם הֹר הָהָר׃
ח מֵהֹר הָהָר תְּתָאוּ לְבֹא חֲמָת וְהָיוּ תּוֹצְאֹת הַגְּבֻל צְדָדָה׃
ט וְיָצָא הַגְּבֻל זִפְרֹנָה וְהָיוּ תוֹצְאֹתָיו חֲצַר עֵינָן זֶה־יִהְיֶה לָכֶם
גְּבוּל צָפוֹן׃

י וְהִתְאַוִּיתֶם לָכֶם לִגְבוּל קֵדְמָה מֵחֲצַר עֵינָן שְׁפָמָה׃
יא וְיָרַד הַגְּבֻל מִשְּׁפָם הָרִבְלָה מִקֶּדֶם לָעָיִן וְיָרַד הַגְּבוּל וּמָחָה
עַל־כֶּתֶף יָם־כִּנֶּרֶת קֵדְמָה׃
יב וְיָרַד הַגְּבוּל הַיַּרְדֵּנָה וְהָיוּ תוֹצְאֹתָיו יָם הַמֶּלַח זֹאת תִּהְיֶה
לָכֶם הָאָרֶץ לִגְבֻלֹתֶיהָ סָבִיב׃

vos dei a vós esta terra para a possuirdes. 54 Herdareis a terra por
sortes, segundo as vossas famílias; à família que for grande, farás
a sua herança proporcionalmente grande; e, à que for pequena,
farás a sua herança proporcionalmente pequena. Seja qual for
o lugar em que lhe cair a sorte, esse lhe pertencerá; herdareis
segundo as tribos de vossos pais. 55 Porém, se não desapossardes
de diante de vós os habitantes da terra, os que deixardes ficar
deles vos serão como cravos nos olhos e como espinhos nas
ilhargas e vos perturbarão na terra em que habitardes. 56 Como
pensei em fazer-lhes a eles, assim vos farei a vós.

Os confins da terra

34 1 Disse mais Jeová a Moisés: 2 Manda aos filhos de Is-
rael e dize-lhes: Quando entrardes na terra de Canaã
(esta é a terra que vos cairá em herança, isto é, a terra
de Canaã, segundo os seus limites), 3 a banda do sul vos será des-
de o deserto de Zim até os confins de Edom, e o termo do sul vos
será desde a extremidade do mar Salgado ao oriente; 4 declinará
o vosso termo para o sul da subida de Acrabim e continuará até
Zim; a sua extremidade estará ao sul de Cades-Barneia; dali par-
tirá para Hazar-Adar e continuará até Azmom; 5 desde Azmom,
virará para o ribeiro do Egito e acabará na praia do mar.

6 Por vosso termo ocidental, tereis o mar Grande; este será
o vosso termo ocidental.

7 Este será o vosso termo setentrional; desde o mar Grande,
marcareis para vós até o monte Hor; 8 e desde o monte Hor
marcareis até a entrada de Hamate e daí, até Zedade; 9 dali,
partirá para Zifrom, indo terminar em Hazar-Enã. Este será o
vosso termo setentrional.

10 Marcareis o vosso termo oriental desde Hazar-Enã até Sefã;
11 o termo descerá de Sefã a Ribla, ao oriente de Aim; continua-
rá a descer e se estenderá ao longo dos outeiros que orlam o
mar de Quinerete, ao oriente; 12 descerá ainda ao Jordão e, dali
partindo, irá terminar no mar Salgado. Esta será a vossa terra,
segundo os seus termos ao redor.

יג וַיְצַו מֹשֶׁה אֶת־בְּנֵי יִשְׂרָאֵל לֵאמֹר זֹאת הָאָרֶץ אֲשֶׁר תִּתְנַחֲלוּ
אֹתָהּ בְּגוֹרָל אֲשֶׁר צִוָּה יְהוָה לָתֵת לְתִשְׁעַת הַמַּטּוֹת וַחֲצִי
הַמַּטֶּה:
יד כִּי לָקְחוּ מַטֵּה בְנֵי הָראוּבֵנִי לְבֵית אֲבֹתָם וּמַטֵּה בְנֵי־הַגָּדִי
לְבֵית אֲבֹתָם וַחֲצִי מַטֵּה מְנַשֶּׁה לָקְחוּ נַחֲלָתָם:
טו שְׁנֵי הַמַּטּוֹת וַחֲצִי הַמַּטֶּה לָקְחוּ נַחֲלָתָם מֵעֵבֶר לְיַרְדֵּן יְרֵחוֹ
קֵדְמָה מִזְרָחָה: פ

טז וַיְדַבֵּר יְהוָה אֶל־מֹשֶׁה לֵּאמֹר:
יז אֵלֶּה שְׁמוֹת הָאֲנָשִׁים אֲשֶׁר־יִנְחֲלוּ לָכֶם אֶת־הָאָרֶץ אֶלְעָזָר
הַכֹּהֵן וִיהוֹשֻׁעַ בִּן־נוּן:
יח וְנָשִׂיא אֶחָד נָשִׂיא אֶחָד מִמַּטֶּה תִּקְחוּ לִנְחֹל אֶת־הָאָרֶץ:
יט וְאֵלֶּה שְׁמוֹת הָאֲנָשִׁים לְמַטֵּה יְהוּדָה כָּלֵב בֶּן־יְפֻנֶּה:
כ וּלְמַטֵּה בְּנֵי שִׁמְעוֹן שְׁמוּאֵל בֶּן־עַמִּיהוּד:
כא לְמַטֵּה בִנְיָמִן אֱלִידָד בֶּן־כִּסְלוֹן:
כב וּלְמַטֵּה בְנֵי־דָן נָשִׂיא בֻּקִּי בֶּן־יָגְלִי:
כג לִבְנֵי יוֹסֵף לְמַטֵּה בְנֵי־מְנַשֶּׁה נָשִׂיא חַנִּיאֵל בֶּן־אֵפֹד:
כד וּלְמַטֵּה בְנֵי־אֶפְרַיִם נָשִׂיא קְמוּאֵל בֶּן־שִׁפְטָן:
כה וּלְמַטֵּה בְנֵי־זְבוּלֻן נָשִׂיא אֱלִיצָפָן בֶּן־פַּרְנָךְ:
כו וּלְמַטֵּה בְנֵי־יִשָּׂשכָר נָשִׂיא פַּלְטִיאֵל בֶּן־עַזָּן:
כז וּלְמַטֵּה בְנֵי־אָשֵׁר נָשִׂיא אֲחִיהוּד בֶּן־שְׁלֹמִי:
כח וּלְמַטֵּה בְנֵי־נַפְתָּלִי נָשִׂיא פְּדַהְאֵל בֶּן־עַמִּיהוּד:
כט אֵלֶּה אֲשֶׁר צִוָּה יְהוָה לְנַחֵל אֶת־בְּנֵי־יִשְׂרָאֵל בְּאֶרֶץ כְּנָעַן: פ

א וַיְדַבֵּר יְהוָה אֶל־מֹשֶׁה בְּעַרְבֹת מוֹאָב עַל־יַרְדֵּן יְרֵחוֹ לֵאמֹר:
ב צַו אֶת־בְּנֵי יִשְׂרָאֵל וְנָתְנוּ לַלְוִיִּם מִנַּחֲלַת אֲחֻזָּתָם עָרִים לָשָׁבֶת
וּמִגְרָשׁ לֶעָרִים סְבִיבֹתֵיהֶם תִּתְּנוּ לַלְוִיִּם:
ג וְהָיוּ הֶעָרִים לָהֶם לָשָׁבֶת וּמִגְרְשֵׁיהֶם יִהְיוּ לִבְהֶמְתָּם וְלִרְכֻשָׁם
וּלְכֹל חַיָּתָם:

13 Mandou Moisés aos filhos de Israel, dizendo: Esta é a terra
que herdareis por sortes e que Jeová ordenou que se desse às
nove tribos e à meia tribo; 14 porque a tribo dos filhos de Rú-
ben, segundo as casas de seus pais, e a tribo do filhos de Gade,
segundo as casas de seus pais, já receberam, e a meia tribo de
Manassés já recebeu a sua herança, 15 isto é, as duas tribos e
meia já receberam a sua herança além do Jordão, na altura de
Jericó, ao lado oriental para o nascente.

Os homens que devem repartir a terra

16 Disse mais Jeová a Moisés: 17 Estes são os nomes dos ho-
mens que vos repartirão a terra por herança: Eleazar, o sacerdo-
te, e Josué, filho de Num. 18 De cada tribo tomareis um príncipe
para repartir a terra por herança. 19 Estes são os nomes dos
homens: da tribo de Judá, Calebe, filho de Jefoné. 20 Da tribo
dos filhos de Simeão, Samuel, filho de Amiúde. 21 Da tribo de
Benjamim, Elidade, filho de Quislom. 22 Da tribo dos filhos de
Dã, príncipe Buqui, filho de Jogli. 23 Dos filhos de José, da tribo
dos filhos de Manassés, príncipe Haniel, filho de Éfode; 24 e da
tribo dos filhos de Efraim, príncipe Quemuel, filho de Siftã. 25 Da
tribo dos filhos de Zebulom, príncipe Elizafã, filho de Parnaque.
26 Da tribo dos filhos de Issacar, príncipe Paltiel, filho de Azã.
27 Da tribo dos filhos de Aser, príncipe Aiude, filho de Selomi. 28 E
da tribo dos filhos de Naftali, príncipe Pedael, filho de Amiúde.
29 Estes são aqueles a quem Jeová mandou que repartissem a
herança entre os filhos de Israel na terra da Canaã.

As cidades dos levitas

35 1 Disse mais Jeová a Moisés nas planícies de Moabe,
junto ao Jordão, na altura de Jericó: 2 Manda aos
filhos de Israel que da herança da sua possessão
deem cidades aos levitas para habitarem; dareis aos levitas
arrabaldes para as cidades. 3 Eles terão as cidades para habi-

ד וּמִגְרְשֵׁי הֶעָרִים אֲשֶׁר תִּתְּנוּ לַלְוִיִּם מִקִּיר הָעִיר וָחוּצָה אֶלֶף
אַמָּה סָבִיב:
ה וּמַדֹּתֶם מִחוּץ לָעִיר אֶת־פְּאַת־קֵדְמָה אַלְפַּיִם בָּאַמָּה וְאֶת־
פְּאַת־נֶגֶב אַלְפַּיִם בָּאַמָּה וְאֶת־פְּאַת־יָם ׀ אַלְפַּיִם בָּאַמָּה וְאֵת
פְּאַת צָפוֹן אַלְפַּיִם בָּאַמָּה וְהָעִיר בַּתָּוֶךְ זֶה יִהְיֶה לָהֶם מִגְרְשֵׁי
הֶעָרִים:
ו וְאֵת הֶעָרִים אֲשֶׁר תִּתְּנוּ לַלְוִיִּם אֵת שֵׁשׁ־עָרֵי הַמִּקְלָט אֲשֶׁר
תִּתְּנוּ לָנֻס שָׁמָּה הָרֹצֵחַ וַעֲלֵיהֶם תִּתְּנוּ אַרְבָּעִים וּשְׁתַּיִם עִיר:
ז כָּל־הֶעָרִים אֲשֶׁר תִּתְּנוּ לַלְוִיִּם אַרְבָּעִים וּשְׁמֹנֶה עִיר אֶתְהֶן
וְאֶת־מִגְרְשֵׁיהֶן:
ח וְהֶעָרִים אֲשֶׁר תִּתְּנוּ מֵאֲחֻזַּת בְּנֵי־יִשְׂרָאֵל מֵאֵת הָרַב תַּרְבּוּ
וּמֵאֵת הַמְעַט תַּמְעִיטוּ אִישׁ כְּפִי נַחֲלָתוֹ אֲשֶׁר יִנְחָלוּ יִתֵּן מֵעָרָיו
לַלְוִיִּם: פ

ט וַיְדַבֵּר יְהוָה אֶל־מֹשֶׁה לֵּאמֹר:
י דַּבֵּר אֶל־בְּנֵי יִשְׂרָאֵל וְאָמַרְתָּ אֲלֵהֶם כִּי אַתֶּם עֹבְרִים אֶת־
הַיַּרְדֵּן אַרְצָה כְּנָעַן:
יא וְהִקְרִיתֶם לָכֶם עָרִים עָרֵי מִקְלָט תִּהְיֶינָה לָכֶם וְנָס שָׁמָּה
רֹצֵחַ מַכֵּה־נֶפֶשׁ בִּשְׁגָגָה:
יב וְהָיוּ לָכֶם הֶעָרִים לְמִקְלָט מִגֹּאֵל וְלֹא יָמוּת הָרֹצֵחַ עַד־עָמְדוֹ
לִפְנֵי הָעֵדָה לַמִּשְׁפָּט:
יג וְהֶעָרִים אֲשֶׁר תִּתֵּנוּ שֵׁשׁ־עָרֵי מִקְלָט תִּהְיֶינָה לָכֶם:
יד אֵת ׀ שְׁלֹשׁ הֶעָרִים תִּתְּנוּ מֵעֵבֶר לַיַּרְדֵּן וְאֵת שְׁלֹשׁ הֶעָרִים
תִּתְּנוּ בְּאֶרֶץ כְּנָעַן עָרֵי מִקְלָט תִּהְיֶינָה:
טו לִבְנֵי יִשְׂרָאֵל וְלַגֵּר וְלַתּוֹשָׁב בְּתוֹכָם תִּהְיֶינָה שֵׁשׁ־הֶעָרִים
הָאֵלֶּה לְמִקְלָט לָנוּס שָׁמָּה כָּל־מַכֵּה־נֶפֶשׁ בִּשְׁגָגָה:

tarem; e os arrabaldes delas serão para os seus gados, para
a sua fazenda e para todos os seus animais. 4 Os arrabaldes
das cidades que dareis aos levitas se estenderão do muro da
cidade e para fora mil cúbitos em roda. 5 Fora da cidade me-
direis para o lado do oriente dois mil cúbitos, para o lado do
sul, dois mil cúbitos, para o lado do ocidente, dois mil cúbitos
e para o lado do norte, dois mil cúbitos; e a cidade estará no
meio. Isto terão por arrabaldes das cidades. 6 As cidades que
dareis aos levitas serão as seis cidades de refúgio, as quais da-
reis para que nelas se acolha o homicida; além destas, dareis
aos levitas quarenta e duas cidades. 7 Todas as cidades que
dareis aos levitas serão quarenta e oito cidades, juntamente
com os seus arrabaldes. 8 No tocante às cidades que dareis
da possessão dos filhos de Israel, da tribo que for grande da-
reis proporcionalmente muitas e da que for pequena dareis
proporcionalmente poucas: cada uma, segundo a sua herança
que receber, dará das suas cidades aos levitas.

Seis cidades de refúgio

9 Disse mais Jeová a Moisés: 10 Fala aos filhos de Israel e
dize-lhes: Quando passardes o Jordão para a terra de Canaã,
11 escolhereis para vós cidades que vos sirvam de cidades de
refúgio, para que ali se acolha o homicida que matar a alguém
sem intenção. 12 As cidades serão para vos refugiardes do vin-
gador de sangue, a fim de que não morra o homicida, antes de
ser apresentado perante a congregação para o julgamento. 13 As
cidades que dareis vos serão seis cidades de refúgio. 14 Dareis
três cidades além do Jordão e três cidades na terra de Canaã;
cidades de refúgio serão. 15 Para os filhos de Israel, e para o
estrangeiro, e para o peregrino no meio deles, serão essas seis
cidades de refúgio, a fim de que ali se acolha todo aquele que
matar a alguém sem intenção.

טז וְאִם־בִּכְלִי בַרְזֶל הִכָּהוּ וַיָּמֹת רֹצֵחַ הוּא מוֹת יוּמַת הָרֹצֵחַ׃
יז וְאִם בְּאֶבֶן יָד אֲשֶׁר־יָמוּת בָּהּ הִכָּהוּ וַיָּמֹת רֹצֵחַ הוּא מוֹת
יוּמַת הָרֹצֵחַ׃
יח אוֹ בִּכְלִי עֵץ־יָד אֲשֶׁר־יָמוּת בּוֹ הִכָּהוּ וַיָּמֹת רֹצֵחַ הוּא מוֹת
יוּמַת הָרֹצֵחַ׃
יט גֹּאֵל הַדָּם הוּא יָמִית אֶת־הָרֹצֵחַ בְּפִגְעוֹ־בוֹ הוּא יְמִתֶנּוּ׃
כ וְאִם־בְּשִׂנְאָה יֶהְדֳּפֶנּוּ אוֹ־הִשְׁלִיךְ עָלָיו בִּצְדִיָּה וַיָּמֹת׃
כא אוֹ בְאֵיבָה הִכָּהוּ בְיָדוֹ וַיָּמֹת מוֹת־יוּמַת הַמַּכֶּה רֹצֵחַ הוּא
גֹּאֵל הַדָּם יָמִית אֶת־הָרֹצֵחַ בְּפִגְעוֹ־בוֹ׃

כב וְאִם־בְּפֶתַע בְּלֹא־אֵיבָה הֲדָפוֹ אוֹ־הִשְׁלִיךְ עָלָיו כָּל־כְּלִי בְּלֹא
צְדִיָּה׃
כג אוֹ בְכָל־אֶבֶן אֲשֶׁר־יָמוּת בָּהּ בְּלֹא רְאוֹת וַיַּפֵּל עָלָיו וַיָּמֹת
וְהוּא לֹא־אוֹיֵב לוֹ וְלֹא מְבַקֵּשׁ רָעָתוֹ׃
כד וְשָׁפְטוּ הָעֵדָה בֵּין הַמַּכֶּה וּבֵין גֹּאֵל הַדָּם עַל הַמִּשְׁפָּטִים
הָאֵלֶּה׃
כה וְהִצִּילוּ הָעֵדָה אֶת־הָרֹצֵחַ מִיַּד גֹּאֵל הַדָּם וְהֵשִׁיבוּ אֹתוֹ הָעֵדָה
אֶל־עִיר מִקְלָטוֹ אֲשֶׁר־נָס שָׁמָּה וְיָשַׁב בָּהּ עַד־מוֹת הַכֹּהֵן הַגָּדֹל
אֲשֶׁר־מָשַׁח אֹתוֹ בְּשֶׁמֶן הַקֹּדֶשׁ׃
כו וְאִם־יָצֹא יֵצֵא הָרֹצֵחַ אֶת־גְּבוּל עִיר מִקְלָטוֹ אֲשֶׁר יָנוּס
שָׁמָּה׃
כז וּמָצָא אֹתוֹ גֹּאֵל הַדָּם מִחוּץ לִגְבוּל עִיר מִקְלָטוֹ וְרָצַח גֹּאֵל
הַדָּם אֶת־הָרֹצֵחַ אֵין לוֹ דָּם׃
כח כִּי בְעִיר מִקְלָטוֹ יֵשֵׁב עַד־מוֹת הַכֹּהֵן הַגָּדֹל וְאַחֲרֵי מוֹת
הַכֹּהֵן הַגָּדֹל יָשׁוּב הָרֹצֵחַ אֶל־אֶרֶץ אֲחֻזָּתוֹ׃

כט וְהָיוּ אֵלֶּה לָכֶם לְחֻקַּת מִשְׁפָּט לְדֹרֹתֵיכֶם בְּכֹל מוֹשְׁבֹתֵיכֶם׃
ל כָּל־מַכֵּה־נֶפֶשׁ לְפִי עֵדִים יִרְצַח אֶת־הָרֹצֵחַ וְעֵד אֶחָד לֹא־יַעֲנֶה
בְנֶפֶשׁ לָמוּת׃
לא וְלֹא־תִקְחוּ כֹפֶר לְנֶפֶשׁ רֹצֵחַ אֲשֶׁר־הוּא רָשָׁע לָמוּת כִּי־מוֹת
יוּמָת׃

Leis referentes ao homicídio

16 Porém, se alguém ferir a outro com instrumento de ferro,
de sorte que este venha morrer, homicida é, certamente será
morto o homicida. 17 Se alguém ferir a outro com uma pedra na
mão, que possa causar a morte, e este vier a morrer, homicida
é; certamente, será morto o homicida. 18 Se alguém ferir a ou-
tro com um instrumento de pau, que possa causar a morte, e
este morrer, homicida é; certamente, será morto o homicida.
19 O vingador mesmo matará ao homicida; quando o encon-
trar, matá-lo-á. 20 Se alguém por ódio empurrar a outro e atirar
sobre ele alguma coisa de intento malévolo, de maneira que
este venha a morrer; 21 ou, por inimizade, o ferir com a mão, de
sorte que venha a morrer, certamente, será morto aquele que
o feriu; homicida é. O vingador do sangue matará ao homicida,
quando o encontrar.

22 Porém, se alguém empurrar a outro acidentalmente sem
inimizade, ou atirar sobre ele alguma coisa não de intento ma-
lévolo, 23 ou, não o vendo, atirar uma pedra sobre ele, que possa
causar-lhe a morte, de sorte que este venha a morrer, sem que
fosse seu inimigo, nem procurasse o seu mal, 24 a congregação
julgará entre o feridor e o vingador do sangue de acordo com
estas prescrições. 25 Livrará ao homicida da mão do vingador
do sangue e o fará voltar à sua cidade de refúgio, a que se tinha
acolhido; ali, habitará até a morte do sumo sacerdote, que foi
ungido com o óleo sagrado. 26 Mas, se o homicida sair em qual-
quer tempo para fora dos limites da sua cidade de refúgio, a que
se acolher, 27 e o vingador do sangue achar o homicida fora dos
limites da sua cidade de refúgio e o matar, não será culpado do
sangue; 28 porque este devia ter ficado na sua cidade de refúgio
até a morte do sumo sacerdote. Mas, depois da morte do sumo
sacerdote, voltará o homicida para a terra da sua possessão.

29 Essas coisas vos serão por prescrições de direito duran-
te as vossas gerações em todas as vossas habitações. 30 Todo
aquele que matar a alguém será morto, depois de ouvidas as
testemunhas; mas uma só testemunha não dará testemunho
contra alguém para fazê-lo morrer. 31 Não aceitareis resgate

לב וְלֹא־תִקְחוּ כֹפֶר לָנוּס אֶל־עִיר מִקְלָטוֹ לָשׁוּב לָשֶׁבֶת בָּאָרֶץ
עַד־מוֹת הַכֹּהֵן׃
לג וְלֹא־תַחֲנִיפוּ אֶת־הָאָרֶץ אֲשֶׁר אַתֶּם בָּהּ כִּי הַדָּם הוּא יַחֲנִיף
אֶת־הָאָרֶץ וְלָאָרֶץ לֹא־יְכֻפַּר לַדָּם אֲשֶׁר שֻׁפַּךְ־בָּהּ כִּי־אִם בְּדַם
שֹׁפְכוֹ׃
לד וְלֹא תְטַמֵּא אֶת־הָאָרֶץ אֲשֶׁר אַתֶּם יֹשְׁבִים בָּהּ אֲשֶׁר אֲנִי
שֹׁכֵן בְּתוֹכָהּ כִּי אֲנִי יְהוָה שֹׁכֵן בְּתוֹךְ בְּנֵי יִשְׂרָאֵל׃ פ

א וַיִּקְרְבוּ רָאשֵׁי הָאָבוֹת לְמִשְׁפַּחַת בְּנֵי־גִלְעָד בֶּן־מָכִיר בֶּן־
מְנַשֶּׁה מִמִּשְׁפְּחֹת בְּנֵי יוֹסֵף וַיְדַבְּרוּ לִפְנֵי מֹשֶׁה וְלִפְנֵי הַנְּשִׂאִים
רָאשֵׁי אָבוֹת לִבְנֵי יִשְׂרָאֵל׃
ב וַיֹּאמְרוּ אֶת־אֲדֹנִי צִוָּה יְהוָה לָתֵת אֶת־הָאָרֶץ בְּנַחֲלָה בְּגוֹרָל
לִבְנֵי יִשְׂרָאֵל וַאדֹנִי צֻוָּה בַיהוָה לָתֵת אֶת־נַחֲלַת צְלָפְחָד אָחִינוּ
לִבְנֹתָיו׃
ג וְהָיוּ לְאֶחָד מִבְּנֵי שִׁבְטֵי בְנֵי־יִשְׂרָאֵל לְנָשִׁים וְנִגְרְעָה נַחֲלָתָן
מִנַּחֲלַת אֲבֹתֵינוּ וְנוֹסַף עַל נַחֲלַת הַמַּטֶּה אֲשֶׁר תִּהְיֶינָה לָהֶם
וּמִגֹּרַל נַחֲלָתֵנוּ יִגָּרֵעַ׃
ד וְאִם־יִהְיֶה הַיֹּבֵל לִבְנֵי יִשְׂרָאֵל וְנוֹסְפָה נַחֲלָתָן עַל נַחֲלַת
הַמַּטֶּה אֲשֶׁר תִּהְיֶינָה לָהֶם וּמִנַּחֲלַת מַטֵּה אֲבֹתֵינוּ יִגָּרַע נַחֲלָתָן׃

ה וַיְצַו מֹשֶׁה אֶת־בְּנֵי יִשְׂרָאֵל עַל־פִּי יְהוָה לֵאמֹר כֵּן מַטֵּה בְנֵי־
יוֹסֵף דֹּבְרִים׃
ו זֶה הַדָּבָר אֲשֶׁר־צִוָּה יְהוָה לִבְנוֹת צְלָפְחָד לֵאמֹר לַטּוֹב
בְּעֵינֵיהֶם תִּהְיֶינָה לְנָשִׁים אַךְ לְמִשְׁפַּחַת מַטֵּה אֲבִיהֶם תִּהְיֶינָה
לְנָשִׁים׃
ז וְלֹא־תִסֹּב נַחֲלָה לִבְנֵי יִשְׂרָאֵל מִמַּטֶּה אֶל־מַטֶּה כִּי אִישׁ
בְּנַחֲלַת מַטֵּה אֲבֹתָיו יִדְבְּקוּ בְּנֵי יִשְׂרָאֵל׃

pela vida dum homicida, que merece a morte; porém ele,
certamente, será morto. 32 Também não aceitareis resgate
por aquele que se tenha acolhido à sua cidade de refúgio, de
maneira que ele torne a habitar na terra, antes da morte do sa-
cerdote. 33 Assim, não profanareis a terra em que estais, porque
o sangue profana a terra; nenhuma expiação se poderá fazer
pela terra por causa do sangue que nela for derramado, senão
com o sangue daquele que o derramou. 34 Não contaminareis
a terra em que vós habitais, no meio da qual eu habito; pois
eu, Jeová, habito no meio dos filhos de Israel.

Os casamentos das herdeiras

36 1 Então, se chegaram os que eram cabeças das ca-
sas paternas da família dos filhos de Gileade, filho
de Maquir, filho de Manassés, das famílias dos fi-
lhos de José, e falaram perante Moisés e perante os príncipes,
cabeças das casas paternas dos filhos de Israel; 2 e disseram:
Jeová ordenou a meu senhor que, por sorte, repartisse a ter-
ra em herança aos filhos de Israel; e meu senhor recebeu or-
dem de Jeová de dar a herança de Zelofeade, nosso irmão,
a suas filhas. 3 Se elas se casarem com alguns dos filhos das
outras tribos dos filhos de Israel, a sua herança será retirada
da herança de nossos pais e acrescentada à herança da tribo
a que vierem a pertencer; assim, será tirada da sorte da nossa
herança. 4 Quando chegar o jubileu dos filhos de Israel, a he-
rança delas será acrescentada à herança da tribo a que perten-
cerem; assim a sua herança será retirada da herança da tribo
de nossos pais.

5 Então, Moisés ordenou aos filhos de Israel, segundo a pala-
vra de Jeová, dizendo: A tribo dos filhos de José fala o que é justo.
6 Isto é o que Jeová ordena no tocante às filhas de Zelofeade,
dizendo: Casem com quem quiserem, contanto que se casem
na família da tribo de seu pai. 7 Assim, a herança dos filhos de
Israel não passará de tribo em tribo, porque os filhos de Israel
se apegarão cada um à herança da tribo de seus pais. 8 Todas

ח וְכָל־בַּת יֹרֶשֶׁת נַחֲלָה מִמַּטּוֹת בְּנֵי יִשְׂרָאֵל לְאֶחָד מִמִּשְׁפַּחַת
מַטֵּה אָבִיהָ תִּהְיֶה לְאִשָּׁה לְמַעַן יִירְשׁוּ בְּנֵי יִשְׂרָאֵל אִישׁ נַחֲלַת
אֲבֹתָיו׃
ט וְלֹא־תִסֹּב נַחֲלָה מִמַּטֶּה לְמַטֶּה אַחֵר כִּי־אִישׁ בְּנַחֲלָתוֹ יִדְבְּקוּ
מַטּוֹת בְּנֵי יִשְׂרָאֵל׃
י כַּאֲשֶׁר צִוָּה יְהוָה אֶת־מֹשֶׁה כֵּן עָשׂוּ בְּנוֹת צְלָפְחָד׃
יא וַתִּהְיֶינָה מַחְלָה תִרְצָה וְחָגְלָה וּמִלְכָּה וְנֹעָה בְּנוֹת צְלָפְחָד
לִבְנֵי דֹדֵיהֶן לְנָשִׁים׃
יב מִמִּשְׁפְּחֹת בְּנֵי־מְנַשֶּׁה בֶן־יוֹסֵף הָיוּ לְנָשִׁים וַתְּהִי נַחֲלָתָן עַל־
מַטֵּה מִשְׁפַּחַת אֲבִיהֶן׃
יג אֵלֶּה הַמִּצְוֹת וְהַמִּשְׁפָּטִים אֲשֶׁר צִוָּה יְהוָה בְּיַד־מֹשֶׁה אֶל־בְּנֵי
יִשְׂרָאֵל בְּעַרְבֹת מוֹאָב עַל יַרְדֵּן יְרֵחוֹ׃

as filhas que possuírem herança em qualquer tribo dos filhos
de Israel tomarão maridos da família da tribo de seu pai, para
que os filhos de Israel possuam cada um a herança de seus pais.
9 Assim, nenhuma herança passará de uma tribo a outra, porque
as tribos dos filhos de Israel se apegarão cada uma à sua herança.

10 Como Jeová ordenou a Moisés, assim fizeram as filhas de
Zelofeade; 11 pois Maalá, Tirza, Hogla, Milca e Noa, filhas de
Zelofeade, se casaram com os filhos dos seus tios paternos.
12 Casaram-se nas famílias dos filhos de Manassés, filho de José,
e a sua herança permaneceu na tribo da família de seu pai.

13 Estes são os mandamentos e os juízos que Jeová, por in-
termédio de Moisés, ordenou aos filhos de Israel, nas planícies
de Moabe, junto ao Jordão, na altura de Jericó.

Comentário ao livro de Números

Capítulo 1

O livro de Números (*Bəmidbar* – No Deserto) marca a transição da teologia da santidade para a estruturação da jornada de Israel. Se Levítico estabeleceu que YHWH habita no meio do povo e exige pureza, Números preocupa-se em organizar Israel para a travessia rumo à terra prometida. Essa organização não é meramente administrativa, mas profundamente teológica. O primeiro ato dessa estruturação é o censo, um levantamento que não visa apenas a logística militar, mas também a afirmação da identidade do povo. Contar os homens aptos para a guerra significa reconhecer que a jornada pelo deserto não será um deslocamento caótico, mas uma marcha ordenada sob a soberania de YHWH. A narrativa se inicia situando temporal e espacialmente a ordem divina. O texto enfatiza a localização no Sinai, indicando que essa convocação não é um acontecimento político ou militar comum, mas um evento que ocorre na esfera do sagrado:

> wayədabbēr YHWH ʾel-Mōšeh bəmidbar Sînay bəʾōhel môʿēd bəʾeḥād laḥōdeš haššēnî baššānā haššēnît ləṣētām mēʾereṣ-miṣrayim lēmōr
> "E YHWH falou a Moisés no deserto do Sinai, na tenda da congregação, no primeiro dia do segundo mês, no segundo ano depois da saída da terra do Egito, dizendo:" (Nm 1,1)

A menção à *ʾōhel môʿēd* (tenda da congregação) sublinha que a organização do povo ocorre diante da presença divina. Israel não forma um exército como qualquer outro; é um povo que pertence a Deus e cujo destino não se desenrola segundo cálculos humanos, mas segundo o desígnio da aliança. A ordem para o censo é expressa em termos que reforçam sua solenidade e propósito:

> śūʾū ʾeṯ-rōʾš kol-ʿădat bənê-yiśrāʾēl ləmišpəḥōtām ləḇêt ʾăḇōtām bəmispar šēmōt kol-zākār ləḡulgəlōtām
> "Tomai a soma de toda a congregação dos filhos de Israel, segundo as suas famílias, segundo as casas de seus pais, contando os nomes de todo varão, cabeça por cabeça." (Nm 1,2)

A expressão *śūʾū rōʾš* (levantar a cabeça) indica que este não é um ato impessoal ou burocrático. Cada indivíduo é contado nominalmente, enfatizando sua dignidade e papel na aliança. A organização é feita por famílias e tribos, reafirmando que a identidade de Israel não é apenas coletiva, mas também genealógica. Essa estrutura será refletida tanto no acampamento quanto na disposição militar da caminhada. A convocação se restringe aos homens aptos para a guerra:

> mibben ʿeśrîm šānā wāmāʿlâ kol-yōṣēʾ ṣābāʾ bəyiśrāʾēl tiṯpəqədū ʾōtām ləṣibʾōtām ʾattâ wəʾahărōn
> "Desde a idade de vinte anos para cima, todos os que saem à guerra em Israel, contá-los-eis segundo seus exércitos, tu e Arão." (Nm 1,3)

O termo *yōṣēʾ ṣābāʾ* (os que saem à guerra) indica que a participação militar não é facultativa. Diferente do Êxodo, em que a libertação foi exclusivamente um ato divino, a posse da terra exigirá esforço humano. Israel não poderá permanecer passivo; a promessa se cumprirá por meio da aliança, mas também da ação do povo. A contagem não ocorre de maneira genérica, mas tribo por tribo, sob a liderança de chefes específicos:

> wəʾîš ʾîš lammāṭṭeh ʾîš rōʾš ləḇêt-ʾăḇōtāyw hûʾ

> "E junto convosco haverá um homem de cada tribo, cada um chefe da casa de seus pais." (Nm 1,4)

Essa estrutura reforça a organização interna de Israel. O exército não será comandado por uma autoridade centralizada no modelo das potências vizinhas, mas por líderes tribais. Essa descentralização reflete a natureza da aliança: cada tribo tem sua identidade e autonomia, mas todas devem agir em unidade sob a orientação divina. Os líderes de cada tribo são nomeados nominalmente, começando por Rúben, o primogênito de Jacó:

> wəʾēlleh šēmōt hāʾanāšîm ʾăšer yaʿămədū ʾiṯḵem
> lərəʾūḇēn ʾĕlîṣūr ben-šəḏēʾûr
> "E estes são os nomes dos homens que vos ajudarão: da tribo de Rúben, Elisur, filho de Sedeur." (Nm 1,5)

Rúben, como primogênito, aparece primeiro na lista, mas, como se verá adiante, não ocupará uma posição central na formação militar. Esse deslocamento sutil reflete a história da tribo, que, embora tenha nascido para a primazia, perdeu parte de sua influência ao longo da narrativa bíblica. A estrutura da liderança tribal continua sendo delineada, reforçando a identidade organizacional de Israel e a participação de cada tribo na marcha rumo à terra prometida. O texto não apenas enumera os chefes tribais, mas os insere em um contexto teológico maior, em que cada nome carrega uma história e um destino. A aliança não é abstrata; ela se encarna na genealogia, na geopolítica e na caminhada do povo. Assim, a lista de líderes tribais não é um mero catálogo administrativo, mas uma afirmação do papel que cada tribo desempenhará na economia da promessa divina. Observe a nomeação dos representantes tribais:

> ləšimʿōn šəlūmîʾēl ben-ṣūrîšadday
> "Da tribo de Simeão, Selumiel, filho de Zurisadai." (Nm 1,6)

Simeão, frequentemente associado à violência desmedida e à dispersão, aparece aqui como parte integral da estrutura militar (Gn 49,5-7). No entanto, ao longo da narrativa bíblica, sua influência diminuirá.

A tribo de Simeão é um lembrete de que a força descontrolada não garante futuro. Em uma aliança marcada pela justiça e pela santidade, o poder deve ser canalizado para a fidelidade, não para a brutalidade.

ləyəhûḏâ naḥšôn ben-ʿammînāḏāḇ
"Da tribo de Judá, Naassom, filho de Aminadabe." (Nm 1,7)

Aqui, Judá se adianta como protagonista. Sua posição na lista prenuncia um destino maior: a monarquia davídica, a linhagem messiânica, a esperança futura de Israel. Naassom, que será mencionado na genealogia de Jesus (Mt 1,4), carrega em seu nome um indício do papel de Judá na história da redenção. O que começa como uma simples menção tribal se desdobrará em um domínio que moldará a identidade espiritual de Israel.

ləyiśśāśḵār nəṯan'ēl ben-ṣūʿār
"Da tribo de Issacar, Natanael, filho de Zuar." (Nm 1,8)

Issacar não se destaca pela força militar, mas pela sabedoria. Em 1 Crônicas 12,32, seus descendentes são descritos como aqueles que compreendem os tempos e sabem o que Israel deve fazer. A aliança não se sustenta apenas pela guerra, mas também pela sabedoria estratégica. O conhecimento dos tempos é tão essencial quanto a coragem para a batalha.

ləzəḇûlûn 'ĕlî'āḇ ben-ḥēlôn
"Da tribo de Zebulom, Eliabe, filho de Helom." (Nm 1,9)

Zebulom é associado ao comércio e ao mar (Gn 49,13). Sua presença aqui sugere que a economia da terra prometida não será apenas agrícola, mas também comercial. A travessia do deserto não é apenas um deslocamento geográfico, mas a preparação para um novo modo de vida, em que a sobrevivência dependerá da interação entre tribos e povos vizinhos.

ləḇnê-yôsēp̄ lə'ep̄rayim 'ĕlîšāmāʿ ben-ʿammîhûḏ
ləmənaššeh gamlî'ēl ben-pəḏāṣûr

"Dos filhos de José: da tribo de Efraim, Elisama, filho de Amiúde; da tribo de Manassés, Gamaliel, filho de Pedazur." (Nm 1,10)

A divisão de José em duas tribos é um lembrete da bênção transbordante. Enquanto outras tribos são mencionadas uma única vez, José é contado duplamente. Sua descendência expande a promessa, e sua presença dobra a força do norte de Israel. No entanto, essa divisão também carrega uma tensão: no futuro, Efraim e Manassés estarão no centro da separação entre os reinos do norte e do sul. O que agora parece uma bênção será, mais tarde, um ponto de ruptura. A repetição do padrão continua: cada tribo é nomeada, cada líder é identificado, cada linhagem é validada. Não há espaço para anonimato no povo de Deus. A organização não é um detalhe secundário, mas a estrutura que sustentará a fidelidade e a sobrevivência de Israel.

ləḇinyāmîn ʾaḇîdān ben-əḡidʿōn
"Da tribo de Benjamim, Abidã, filho de Gideôni." (Nm 1,11)

Benjamim, a menor das tribos, surge de forma discreta. Mas sua história não será pequena. Dessa tribo virá Saul, o primeiro rei de Israel (1 Sm 9,1-2). Mais tarde, Paulo, apóstolo dos gentios, reivindicará sua identidade benjamita (Fp 3,5). A pequena tribo que quase desaparece no fim do livro de Juízes (Jz 21) será também a tribo de onde surgirão figuras fundamentais para a história de Israel e da igreja.

lədān ʾaḥîʿezer ben-ʿammîšadday
"Da tribo de Dã, Aiezer, filho de Amisadai." (Nm 1,12)

Dã tem um começo promissor, mas um fim problemático. Embora se apresente aqui como parte da organização militar, sua tribo será marcada pela hesitação e pela idolatria. Em Juízes 18, Dã não apenas falha em conquistar sua terra original, mas se torna o primeiro centro de adoração idólatra em Israel. Essa trajetória serve como um lembrete de que a aliança não é garantida apenas pela linhagem ou pela posição na marcha, mas pela fidelidade contínua ao chamado de Deus.

ləʾāšēr paḡʿîʾēl ben-ʿaḵrān
"Da tribo de Aser, Pagiel, filho de Ocran." (Nm 1,13)

Aser, cujo nome significa "feliz" ou "abençoado", receberá um território fértil quando a terra for distribuída (Dt 33,24). Seu papel na narrativa militar pode parecer pequeno, mas a bênção sobre ele ressoa além da guerra. Em um mundo em que a sobrevivência muitas vezes depende da força, Aser representa o dom gratuito da prosperidade que vem da graça divina. Segue a nomeação dos últimos representantes tribais:

ləgaḏ ʾĕlîyāsāp̄ ben-dəʿûʾēl
"Da tribo de Gade, Eliasafe, filho de Deuel." (Nm 1,14)

Gade, que mais tarde optará por se estabelecer a leste do Jordão (Nm 32), recebe aqui sua posição na organização militar inicial. Sua escolha futura de ficar fora da terra prometida reforça uma tensão latente na narrativa: a posse da terra não é apenas um direito, mas um chamado. Gade participa da marcha, mas depois escolherá outro destino, uma decisão que revela a complexidade da obediência dentro da aliança.

lənap̄tālî ʾaḥîraʿ ben-ʿēnān
"Da tribo de Naftali, Aira, filho de Enã." (Nm 1,15)

Naftali, mencionado por último, completa a lista das tribos incluídas no censo. Isso não é um detalhe irrelevante; na tradição bíblica, o último frequentemente se torna o primeiro. No futuro, Isaías profetizará que a luz brilhará na "Galileia dos gentios", território pertencente a Naftali (Is 9,1-2). O fato de essa tribo ser contada agora de forma discreta, mas depois emergir como parte do cenário do ministério de Jesus, aponta para a fluidez da história divina – o que parece periférico hoje pode se tornar central amanhã. O texto então reafirma que Moisés e Arão cumpriram a ordem de YHWH, e que os líderes listados foram os responsáveis pela contagem:

ʾēlleh qəruʾê hāʿēdāh nəśîʾê maṭṭōt ʾăḇōtām rōʾšê ʾalp̄ê yiśrāʾēl hēm

> "Estes são os chamados da congregação, os líderes das tribos de seus pais, os chefes dos milhares de Israel." (Nm 1,16)

O termo *rōʾšê ʾalpê yiśrāʾēl* (chefes dos milhares de Israel) não é meramente descritivo, mas funcional. Esses homens não são apenas figuras simbólicas; eles detêm autoridade real sobre unidades militares e organizacionais. O exército de Israel não é caótico, nem sua liderança é arbitrária. Há uma estrutura, uma ordem, uma clareza sobre quem conduz e quem segue. O censo é então realizado conforme a ordem de YHWH:

> wayyiqqaḥ Mōšeh wəʾAhărōn ʾeṯ hāʾanāšîm hāʾēlleh ʾăšer niqqəḇû bəšēmōt
> "E Moisés e Arão tomaram esses homens, que haviam sido designados por nome." (Nm 1,17)

A nomeação dos líderes não é casual. O texto enfatiza que esses homens foram designados por nome, ressaltando a pessoalidade da liderança em Israel. Ninguém é anônimo na economia divina; cada indivíduo conta, cada líder é reconhecido. O censo, longe de ser um ato impessoal, é um momento de afirmação da dignidade e da responsabilidade de cada tribo.

> wəʾet kol-ʿădat bənê-yiśrāʾēl hēqəhîlû bəʾeḥād laḥōdeš haššēnî wayyiṯyalldû ʿal-mišpəḥōtām ləḇêt ʾăḇōtām bəmispar šēmōt mibben ʿeśrîm šānâ wāmāʿlâ ləgulgəlōtām
> "E reuniram toda a congregação dos filhos de Israel no primeiro dia do segundo mês, e foram registrados segundo suas famílias, segundo as casas de seus pais, pelo número dos nomes, desde os vinte anos para cima, cabeça por cabeça." (Nm 1,18)

A palavra *wayyiṯyalldû*, traduzida aqui como "foram registrados", carrega o significado de "serem contados conforme a genealogia". Isso revela que o censo não é apenas uma questão de quantificação, mas de identidade. Cada nome é inserido dentro de uma linhagem, cada homem é contado dentro de sua casa paterna. O pertencimento à aliança é, antes de tudo, um pertencimento genealógico.

> kaʾăšer-ṣiwwā YHWH ʾet̲-Mōšeh wayyip̄qədēm bəmidbar sînay
> "Como YHWH ordenou a Moisés, assim os contaram no deserto do Sinai." (Nm 1,19)

A fidelidade de Moisés ao mandamento divino é reiterada. Esse não é um censo voluntário ou uma iniciativa humana. Ele acontece *kaʾăšer-ṣiwwā* YHWH (como YHWH ordenou). A obediência à ordem divina molda cada detalhe da organização do povo. O deserto do Sinai, local da revelação e da aliança, serve como cenário para essa contagem, reforçando que Israel ainda está em um momento de preparação, prestes a se lançar na jornada para Canaã. Segue a contagem das próximas tribos:

> pəqədêhem ləmaṭṭēh yiśśāśk̲ār ʾarbāʿîm wətəšāʿâ ʾelep̄ wəʾarbaʿ-mēʾōt̲
> "Os contados da tribo de Issacar foram cinquenta e quatro mil e quatrocentos." (Nm 1,29)

Issacar, embora nem sempre esteja no centro das narrativas bíblicas, possui um papel significativo. Mais tarde, será descrito como uma tribo que "entendia os tempos" (1 Cr 12,32), indicando sabedoria estratégica. Seu número relativamente grande (54.400) sugere que sua presença será forte na futura estruturação territorial de Israel.

> ləb̲nê-zəb̲ûlûn tôlədōt̲ām ləmišpəḥōtām ləb̲êt ʾăb̲ōtām bəmispar šēmōt mibben ʿeśrîm šānâ wāmāʿlâ kol-yōṣēʾ ṣābāʾ
> "Dos filhos de Zebulom, segundo suas gerações, segundo suas famílias, segundo as casas de seus pais, pelo número dos nomes, desde os vinte anos para cima, todos os que saíam para a guerra." (Nm 1,30)

> *pəqədêhem ləmaṭṭēh zəḇûlûn ḥamīššîm wəšibbāʿâ ʾelep̄ wəṯalāṯ-mēʾōṯ*
> "Os contados da tribo de Zebulom foram cinquenta e sete mil e quatrocentos." (Nm 1,31)

Zebulom, tribo que futuramente será identificada com territórios litorâneos e comércio marítimo (Gn 49,13), aparece aqui com um contingente robusto (57.400 guerreiros). Sua posição no censo reflete sua importância futura como parte da coalizão norte de Israel. Agora, a narrativa do censo passa para os filhos de José, divididos em Efraim e Manassés. A bênção de Jacó em Gênesis 48 havia elevado esses dois filhos de José ao status de tribos plenas, garantindo que a linhagem de José não apenas continuasse, mas fosse dobrada na configuração tribal de Israel.

> ləḇnê-yôsēp̄ ləḇnê-ʾep̄rayim tôləḏōṯām ləmišpəḥōtām ləḇêt ʾăḇōtām bəmispar šēmōt mibben ʿeśrîm šānâ wāmāʿlâ kol-yōṣēʾ ṣābāʾ
> "Dos filhos de José, da tribo de Efraim, segundo suas gerações, segundo suas famílias, segundo as casas de seus pais, pelo número dos nomes, desde os vinte anos para cima, todos os que saíam para a guerra." (Nm 1,32)

> *pəqədêhem ləmaṭṭēh ʾep̄rayim ʾarbāʿîm wəʾelep̄ wəḥamēš-mēʾōṯ*
> "Os contados da tribo de Efraim foram quarenta mil e quinhentos." (Nm 1,33)

A tribo de Efraim, apesar de ser numericamente menor que Judá, será politicamente poderosa no futuro. Efraim se tornará o centro do reino do Norte, e o nome da tribo será frequentemente usado para se referir a todo o Israel setentrional (Is 7,2). O número relativamente modesto (40.500) antecipa uma realidade complexa: força política nem sempre se traduz em número militar.

ləḇnê-mənaššeh tôlədōṯām ləmišpəḥōtām ləḇêt
ʾăḇōtām bəmispar šēmōt mibben ʿeśrîm šānâ wāmāʿlâ
kol-yōṣēʾ ṣābāʾ
"Dos filhos de Manassés, segundo suas gerações, segundo suas famílias, segundo as casas de seus pais, pelo número dos nomes, desde os vinte anos para cima, todos os que saíam para a guerra." (Nm 1,34)

pəqədêhem ləmaṭṭēh mənaššeh šəlōšîm ûšibbāʿâ ʾelep̄
wəḥamēš-mēʾōṯ
"Os contados da tribo de Manassés foram trinta e dois mil e duzentos." (Nm 1,35)

Manassés aparece com um contingente menor (32.200 guerreiros), refletindo sua posterior divisão territorial entre as terras a leste e oeste do Jordão (Nm 32,33; Js 17). No entanto, essa menor força numérica não impedirá Manassés de se tornar uma presença importante no futuro de Israel, especialmente na resistência aos inimigos cananeus (Jz 6,15).

O censo continua agora com Benjamim, uma tribo que futuramente terá um papel ambíguo na história de Israel. Seu tamanho é significativo, mas seu destino será marcado por conflitos internos e crises de identidade.

ləḇnê-ḇinyāmîn tôlədōṯām ləmišpəḥōtām ləḇêt ʾăḇōtām
bəmispar šēmōt mibben ʿeśrîm šānâ wāmāʿlâ kol-yōṣēʾ
ṣābāʾ
"Dos filhos de Benjamim, segundo suas gerações, segundo suas famílias, segundo as casas de seus pais, pelo número dos nomes, desde os vinte anos para cima, todos os que saíam para a guerra." (Nm 1,36)

pəqədêhem ləmaṭṭēh ḇinyāmîn ḥamīššîm wəʾarbāʿâ
ʾelep̄ wəšittêmēʾōṯ
"Os contados da tribo de Benjamim foram trinta e cinco mil e quatrocentos." (Nm 1,37)

Benjamim, menor que Efraim e Judá (35.400 guerreiros), terá um papel decisivo em momentos estratégicos da história israelita. Saul, o primeiro rei de Israel, será desta tribo (1 Sm 9,1-2), e mais tarde, o apóstolo Paulo se identificará como benjamita (Rm 11,1; Fp 3,5). No entanto, Benjamim também enfrentará destruição quase completa devido a sua corrupção interna (Jz 19-21), um destino que já se insinua pelo seu tamanho relativamente modesto. Segue-se a contagem da tribo de Dã:

> ləḇnê-dān tôləḏōṯām ləmišpəḥōtām ləḇêt ʾăḇōtām
> bəmispar šēmōt mibben ʿeśrîm šānâ wāmāʿlâ
> kol-yōṣēʾ ṣābāʾ
> "Dos filhos de Dã, segundo suas gerações, segundo suas famílias, segundo as casas de seus pais, pelo número dos nomes, desde os vinte anos para cima, todos os que saíam para a guerra." (Nm 1,38)

A tribo de Dã, uma das mais controversas na história de Israel, surge aqui como uma força expressiva. Mais tarde, seu território será um dos primeiros a sucumbir à idolatria (Jz 18,30-31; 1 Rs 12,28-30), e, ainda assim, neste momento, ela aparece como uma potência militar.

> pəqədêhem ləmaṭṭēh dān šibʿîm wəʾarbaʿîm ʾelep̄
> wəšittêmēʾōt
> "Os contados da tribo de Dã foram sessenta e dois mil e setecentos." (Nm 1,39)

Com 62.700 guerreiros, Dã rivaliza com Judá em tamanho, sugerindo uma posição de força na organização tribal. No entanto, o destino futuro dessa tribo nos lembra que número não significa necessariamente fidelidade. A contagem segue com Aser, outra tribo de grande potencial:

> ləḇnê-ʾāšēr tôləḏōṯām ləmišpəḥōtām ləḇêt ʾăḇōtām
> bəmispar šēmōt mibben ʿeśrîm šānâ wāmāʿlâ
> kol-yōṣēʾ ṣābāʾ
> "Dos filhos de Aser, segundo suas gerações, segundo suas

> famílias, segundo as casas de seus pais, pelo número dos nomes, desde os vinte anos para cima, todos os que saíam para a guerra." (Nm 1,40)

> pəqədêhem ləmaṭṭēh ʾāšēr ʾarbaʿîm wəʾeḵād ʾelep̄ wəḥamiš-mēʾōt
> "Os contados da tribo de Aser foram quarenta e um mil e quinhentos." (Nm 1,41)

Aser será descrita mais tarde como uma tribo abençoada com fertilidade e abundância (Dt 33,24), e seu número aqui (41.500) garante sua presença na marcha militar. Seu território futuro será fértil e próspero, um reflexo do que significa viver sob a bênção de Deus. A última tribo a ser contada no censo é Naftali:

> ləḇnê-naftālî tôlədōṯām ləmišpəḥōtām ləḇêt ʾăḇōtām bəmispar šēmōt mibben ʿeśrîm šānâ wāmāʿlâ kol-yōṣēʾ ṣābāʾ
> "Dos filhos de Naftali, segundo suas gerações, segundo suas famílias, segundo as casas de seus pais, pelo número dos nomes, desde os vinte anos para cima, todos os que saíam para a guerra." (Nm 1,42)

> pəqədêhem ləmaṭṭēh naftālî ḥamīšîm wəšəḇaʿt ʾelep̄ wəʾarbāʿ-mēʾōt
> "Os contados da tribo de Naftali foram cinquenta e três mil e quatrocentos." (Nm 1,43)

Com 53.400 guerreiros, Naftali se mostra uma tribo significativa. Mais tarde, será associada ao território que, no Novo Testamento, será conhecido como a Galileia das nações (Is 9,1; Mt 4,15-16). A jornada pelo deserto moldará essa tribo para um papel maior na história de Israel. O censo é concluído com uma reafirmação da autoridade de Moisés e Arão, bem como dos chefes tribais, na execução dessa contagem divina:

> ʾēlleh happəqûdîm ʾăšer pāqad Mōšeh wəʾAharōn

> wənəśîʾê yiśrāʾēl šənêmaʿśār ʾîš ʾîš ʾeḥāḏ ləḇêt
> ʾăḇōtāw hāyû
> "Esses foram os contados por Moisés e Arão, e pelos príncipes de Israel, sendo doze homens, um de cada casa de seus pais." (Nm 1,44)

O propósito do censo se reafirma: não é apenas um levantamento numérico, mas um reconhecimento da estrutura que sustentará Israel na travessia e na conquista. O número final é impressionante:

> wayyihyû kāl-happəqûdîm šēš-mēʾōṯ ʾelep̄ ûšəlōšet
> ʾălāp̄îm waḥămeš-mēʾōt waḥămiššîm
> "O total dos contados foi de seiscentos e três mil quinhentos e cinquenta." (Nm 1,46)

Mais de seiscentos mil guerreiros formam esse exército, um número que sugere não apenas uma força militar considerável, mas uma comunidade inteira de aproximadamente dois milhões de pessoas. A magnitude da tarefa de conduzir esse povo através do deserto se torna ainda mais evidente. Mas nem todos são contados. Uma tribo é excluída desse censo:

> wəhaləwiyyîm ləmaṭṭēh ʾăḇōtām lōʾ hāyû bəṯôḵām
> "Mas os levitas, segundo a tribo de seus pais, não foram contados entre eles." (Nm 1,47)

Os levitas não serão guerreiros, mas guardiões da presença divina. Sua exclusão do censo militar reforça a lógica de que Israel não se define apenas pela força bélica, mas também pelo serviço e adoração.

> ʾaḵ ʾeṯ-maṭṭê Lēwî lōʾ ṯip̄qōḏ wəʾeṯ-rōʾšām lōʾ tiśśāʾ bəṯôḵ
> bənê-yiśrāʾēl
> "Porém a tribo de Levi não contarás, nem tomarás o número deles entre os filhos de Israel." (Nm 1,49)

A lógica do censo se desdobra aqui: a batalha de Israel não será travada apenas com espadas, mas também com sacrifícios, cânticos e intercessão. Os levitas desempenham um papel essencial para que a marcha do povo seja sustentada pela presença de YHWH.

> wəʾattâ haqərēḇ ʾeṯ-halləwiyyîm wəhamadtā ʾōṯām lipnê ʾAhărōn hakkōhēn wəšərtû ʾōṯô
> "Mas tu porás os levitas diante de Arão, o sacerdote, para que o sirvam." (Nm 1,50)

A organização do povo de Israel não se limita à estrutura militar. Paralelamente ao exército que se forma, há uma estrutura sacerdotal meticulosamente delineada. No centro dessa organização estão os levitas, encarregados de garantir o funcionamento adequado do tabernáculo e a manutenção do culto a YHWH. Diferente das demais tribos, cuja função é preparar-se para a guerra, os levitas são chamados para o serviço sagrado – um papel que os coloca no coração da identidade religiosa de Israel. O texto enfatiza essa missão:

> wəšāmərû ʾeṯ-mišmārtō wəʾeṯ-mišməret kāl-hāʿēdâ lipnê ʾōhel môʿēḏ ləʿăbōḏ ʾeṯ-ʿăḇōḏaṯ hammmiškān
> "E guardarão a sua obrigação e a obrigação de toda a congregação diante da tenda da congregação, para servir no tabernáculo." (Nm 1,51)

O papel dos levitas é duplo: primeiro, eles garantem que o serviço do tabernáculo ocorra conforme a ordem divina; segundo, funcionam como intermediários entre os sacerdotes e o restante do povo. Seu serviço não é meramente técnico ou logístico, mas profundamente teológico – eles protegem a santidade do santuário, assegurando que a relação entre Deus e Israel permaneça intacta. Essa responsabilidade inclui a mobilidade do tabernáculo. Israel ainda está em sua jornada pelo deserto, e o santuário não pode ser um local fixo. Os levitas são encarregados de transportá-lo sempre que a coluna de fogo e a nuvem indicarem que o acampamento deve avançar:

> wənāsāʾû hāmmmiškān wəkāl-kēlāyw ûhāmmmiškān yāṭṭû wəhāzār lōʾ yiqrab wəmēt

> "E carregarão o tabernáculo e todos os seus utensílios, e cuidarão dele; mas o estranho que se aproximar morrerá." (Nm 1,51)

O tabernáculo não é uma estrutura comum, mas o espaço onde YHWH habita no meio do povo. A gravidade desse serviço é evidente: qualquer um que não for autorizado e ousar se aproximar será punido com a morte. A santidade divina não pode ser tratada com leviandade. Enquanto os levitas protegem o centro sagrado, o restante do acampamento se estrutura de maneira precisa:

> wəḥānû bənê-yiśrāʾēl ʾîš ʿal-maḥănēhû wəʾîš ʿal-diḡlô ləṣibʾōṯām
> "E os filhos de Israel acamparão, cada um junto ao seu acampamento e junto ao seu estandarte, segundo os seus exércitos." (Nm 1,52)

Não há desordem na organização do povo. Cada tribo ocupa um lugar designado, refletindo a estrutura teocrática de Israel. O acampamento não é apenas um espaço de descanso; ele é uma declaração visual de quem Israel é – um povo chamado a viver sob a ordem divina. O tabernáculo, porém, deve permanecer isolado de qualquer ameaça à sua santidade. Por isso, os levitas formam uma espécie de anel protetor ao seu redor:

> wəhalləwiyyîm yaḥănû sabîḇ ləmiškan hāʿēḏûṯ wəlōʾ-yihyê qéṣep ʿal-ʿăḏaṯ bənê-yiśrāʾēl wəšāmərû halləwiyyîm ʾeṯ-mišmərɛt miškān hāʿēḏûṯ
> "Mas os levitas acamparão ao redor do tabernáculo do Testemunho, para que não haja ira sobre a congregação dos filhos de Israel; e os levitas guardarão a obrigação do tabernáculo do Testemunho." (Nm 1,53)

A posição dos levitas ao redor do tabernáculo não é apenas funcional, mas também simbólica. Eles protegem o povo da ira divina que poderia ser despertada caso o santuário fosse profanado. Esse é um lembrete claro: a presença de Deus no meio de Israel é uma bênção, mas também exige responsabilidade. O capítulo se encerra com um testemunho da obediência do povo à ordem divina:

> wayyaʿaśû bənê-yiśrāʾēl kəkāl-ʾăšer-ṣiwā YHWH ʾet-Mōšeh kēn ʿāśû
> "E os filhos de Israel fizeram conforme tudo o que YHWH ordenou a Moisés; assim fizeram." (Nm 1,54)

Esse encerramento reafirma a preparação de Israel para seguir adiante. O povo está organizado, o santuário está protegido e a liderança está estabelecida. A obediência inicial sugere um começo promissor – mas, como a narrativa de Números revelará, a fidelidade do povo será constantemente testada.

Capítulo 2

O segundo capítulo de Números continua a organizar Israel para sua jornada pelo deserto, estabelecendo não apenas uma estrutura militar, mas um padrão cósmico que reflete a presença de YHWH no centro do povo. O censo do capítulo anterior preparou a nação para a guerra; agora, o foco se volta para a disposição do acampamento, revelando que a travessia pelo deserto não é um movimento aleatório, mas uma marcha ordenada sob a soberania divina. O acampamento de Israel se torna uma imagem visível da relação entre Deus e seu povo: a santidade, antes restrita ao tabernáculo, agora se estende à própria organização espacial de Israel. A ordem divina para a formação do acampamento é explícita:

> ʾîš ʿal-diḡlô bəʾōtōt ləḇêt ʾăḇōtām yaḥănû bənê yiśrāʾēl mineḡeḏ sabîḇ ləʾōhel môʿēḏ yaḥănû
> "Os filhos de Israel acamparão cada um junto à sua bandeira, sob os estandartes de suas casas paternas; ao redor da Tenda da Congregação acamparão." (Nm 2,2)

A estrutura é rigorosa: cada tribo tem um lugar designado e cada grupo tribal está organizado sob um estandarte. O tabernáculo não é um espaço periférico, mas o centro a partir do qual toda a vida do povo se organiza. O verbo *yaḥănû* (acamparão) aparece repetidamente, reforçando que essa disposição não é arbitrária, mas uma fixação deliberada da identidade de Israel. Esse padrão não apenas assegura uma marcha ordenada, mas sustenta a teologia de que Deus habita no meio do seu povo e que a santidade permeia até mesmo a geografia da comunidade. O primeiro grupo mencionado é o que acampa a leste, a direção do nascer do sol, posição associada ao poder e à primazia:

> wəhannōḥîm miqədām mizraḥâ diḡlô ləmaṭṭê yəhûḏâ ləṣib'ōṯām
> "E os que acampam ao leste, para o lado do nascer do sol, estarão sob o estandarte da tribo de Judá, segundo seus exércitos." (Nm 2,3)

Judá assume a posição de liderança. Embora Rúben seja o primogênito de Jacó, sua tribo não recebe essa honra, um reflexo da sua perda de status desde Gênesis 49,3-4. Judá, por outro lado, já havia sido indicado como a tribo da realeza na bênção de Jacó (Gn 49,8-12) e, posteriormente, será a casa de onde virá Davi e, segundo a tradição messiânica, o próprio Cristo. Issacar e Zebulom acampam junto a Judá:

> wəhannōḥîm ʿālwâw maṭṭê yiśśāśḵār
> "E acampando ao lado dele estará a tribo de Issacar." (Nm 2,5)

> wəmaṭṭê zəḇûlûn
> "E a tribo de Zebulom." (Nm 2,7)

Esse agrupamento reflete uma continuidade genealógica: Judá, Issacar e Zebulom são todos filhos de Lia, reforçando a coesão entre essas tribos. Além disso, há uma dimensão estratégica nessa formação: ao marchar, esse grupo irá à frente, como um bloco unificado, indicando sua posição de destaque na estrutura militar de Israel. O total de guerreiros desse grupo é impressionante:

> mēʾāṯ wəʿeśrîm wəšiššâ ʾelep̄
> "186.400." (Nm 2,9)

Esse número é o maior entre os grupos tribais, evidenciando a força de Judá e seu papel central na liderança do povo. O arranjo do acampamento não é meramente organizacional; ele antecipa o papel de cada tribo na história futura de Israel. Judá, desde já, ocupa o lugar de maior responsabilidade na marcha e, eventualmente, na identidade nacional.

O capítulo 2 de Números segue organizando o acampamento de Israel de maneira rigorosa, estabelecendo a posição de cada tribo em relação ao tabernáculo. Essa disposição não é apenas uma questão logística, mas reflete uma teologia profunda: a identidade de Israel é moldada pela presença divina em seu centro. A marcha pelo deserto não é um movimento desordenado, mas uma peregrinação estruturada, em que cada tribo ocupa seu devido lugar sob a direção de YHWH. Após estabelecer Judá e seu grupo ao leste, a narrativa se volta para o acampamento ao sul:

> diḡlô ləmaṭṭê rəʾûḇēn ləṣibʾōṯām
> "O estandarte da tribo de Rúben, segundo seus exércitos."
> (Nm 2,10)

Rúben, como primogênito de Jacó, poderia esperar liderar a marcha, mas sua tribo é posicionada ao sul, e não na vanguarda. Isso reflete a perda de sua primazia, conforme indicado em Gênesis 49,3-4, em que sua impetuosidade o fez perder o direito de liderança. No entanto, a tribo ainda ocupa uma posição relevante, liderando um dos quatro grupos principais. Junto a Rúben, acampam Simeão e Gade:

> wəhannōḥîm ʿālwâw maṭṭê šimʿōn
> "E acampando ao lado dele estará a tribo de Simeão."
> (Nm 2,12)

> wəmaṭṭê ḡāḏ
> "E a tribo de Gade." (Nm 2,14)

A presença de Simeão nesse agrupamento também carrega implicações teológicas. Em Gênesis 49,5-7, Simeão e Levi são retratados como violentos e, por isso, são dispersos dentro de Israel. O fato de

Simeão estar ao lado de Rúben – ambos tribos que perderam posição de destaque – sugere que a formação do acampamento reflete a ordem estabelecida por Deus desde os tempos patriarcais. O total de guerreiros desse grupo é:

> mēʾāṯ wəʾaḥaṯ wəʾarbaʿîm ʾelep̄
> "151.450." (Nm 2,16)

Embora numeroso, esse grupo é menor do que o de Judá, enfatizando que a verdadeira força e liderança de Israel não repousam mais sobre o primogênito, mas sobre a tribo escolhida para governar. A lógica da organização do acampamento fica cada vez mais clara: a formação tribal reflete não apenas questões práticas de deslocamento, mas também um mapa espiritual da relação de Israel com YHWH. A identidade do povo está enraizada na aliança, e essa aliança determina tanto sua posição geográfica quanto seu destino coletivo. A narrativa segue estruturando o acampamento de Israel, agora se voltando para o grupo que acampa ao oeste. O texto mantém o padrão de nomear o estandarte que lidera o agrupamento, seguido pelas tribos que o acompanham. Essa ordem reforça que a caminhada de Israel pelo deserto não é aleatória, mas segue um plano divinamente ordenado. O grupo do oeste é liderado por Efraim:

> diḡlô maṭṭê ʾep̄rayim ləṣibʾōṯām
> "O estandarte da tribo de Efraim, segundo seus exércitos." (Nm 2,18)

A escolha de Efraim para liderar o grupo ocidental se alinha com a bênção de Jacó em Gênesis 48, em que Efraim recebe a primazia sobre seu irmão Manassés, apesar de ser o mais jovem. Esse detalhe ressalta um princípio recorrente na história de Israel: a eleição divina não segue a lógica humana da primogenitura, mas opera segundo a escolha soberana de YHWH.

Ao lado de Efraim, acampam Manassés e Benjamim:

> wəʿālāyw maṭṭê mənaššê
> "E ao lado dele estará a tribo de Manassés." (Nm 2,20)

wəmaṭṭê bənyāmîn
"E a tribo de Benjamim." (Nm 2,22)

O agrupamento das tribos descendentes de Raquel – Efraim, Manassés e Benjamim – mantém um padrão genealógico claro, assim como ocorreu com os filhos de Lia no acampamento oriental. Essa estrutura familiar reforça que a identidade tribal continua sendo um eixo fundamental para a organização de Israel. O total de guerreiros desse grupo é:

mēʾāṯ wəʾaḥaṯ wəʾaḇaʿîm ʾelep̄
"108.100." (Nm 2,24)

Esse é o menor dos três grupos já mencionados, mas sua posição no acampamento e na marcha é estratégica. O fato de Efraim liderar um contingente menor e ainda assim ocupar um lugar de destaque reafirma seu papel especial no plano divino. Mais tarde, no período dos juízes e dos primeiros reis de Israel, a tribo de Efraim desempenhará um papel central na política da nação, culminando na ascensão do Reino do Norte. A lógica da disposição tribal segue um padrão teológico e histórico, refletindo tanto a bênção patriarcal quanto o destino futuro das tribos. A caminhada de Israel pelo deserto não é apenas um deslocamento físico, mas a encenação de sua identidade como povo eleito, organizado em torno da presença de YHWH. O capítulo segue organizando a disposição das tribos ao redor do tabernáculo, agora voltando-se para o último grupo, aquele que acampa ao norte. A estrutura se mantém, nomeando primeiro a tribo que lidera o agrupamento e depois as tribos que a acompanham. Essa organização rigorosa reflete a ordem teocrática que rege Israel: cada tribo tem seu lugar, cada grupo sua função, e o centro de tudo é a presença divina. O grupo que acampa ao norte é liderado por Dã:

diḡlô maṭṭê dān ləṣibʾōṯām
"O estandarte da tribo de Dã, segundo seus exércitos." (Nm 2,25)

A nomeação de Dã como líder do agrupamento setentrional segue um padrão de equilíbrio na estrutura do acampamento. Enquanto Judá lidera ao leste (a posição mais proeminente), Rúben ao sul e Efraim ao oeste, Dã recebe a liderança do último quadrante. A tribo de Dã já havia sido destacada no censo como uma das mais numerosas, e seu papel na organização do acampamento reflete essa força. Dã é acompanhado por Aser e Naftali:

> wəʿālāyw yaḥănû maṭṭê ʾāšēr
> "E ao lado dele acampará a tribo de Aser." (Nm 2,27)

> wəmaṭṭê napṯālî
> "E a tribo de Naftali." (Nm 2,29)

Esse grupo reúne tribos de origens diversas dentro da família de Jacó. Dã e Naftali são filhos de Bila, serva de Raquel, enquanto Aser é filho de Zilpa, serva de Lia. Apesar dessas diferenças de linhagem, as tribos são organizadas de maneira funcional dentro da estrutura do acampamento, refletindo uma ordem que transcende a genealogia. O total de guerreiros desse grupo é:

> mēʾāṯ wəšibʿîm wəḥamīššâ ʾelep̄
> "157.600." (Nm 2,31)

Esse é o segundo grupo mais numeroso, ficando atrás apenas do grupo liderado por Judá. Essa distribuição equilibrada das forças militares de Israel mostra que a organização do acampamento não é arbitrária, mas responde a uma lógica estratégica e simbólica: cada tribo ocupa uma posição dentro de um esquema que não apenas protege o tabernáculo, mas também mantém a ordem interna do povo. A posição de Dã ao norte é significativa. No futuro, essa tribo terá um papel ambíguo na história de Israel: por um lado, será uma força militar importante; por outro, se tornará um dos principais centros da idolatria no Reino do Norte (Jz 18; 1Rs 12,28-30). O fato de Dã liderar um agrupamento tão numeroso indica que sua presença era inegável dentro da estrutura tribal, mas essa força nem sempre seria usada para a fidelidade ao Deus de Israel.

A descrição das tribos ao norte encerra a apresentação dos grupos que cercam o tabernáculo, completando o quadro da organização de Israel no deserto. A narrativa agora se voltará para a marcha propriamente dita, demonstrando como essa estrutura ordenada se traduz em movimento. Após detalhar a disposição das tribos ao redor do tabernáculo, o texto resume a estrutura geral do acampamento e reforça a separação dos levitas:

> ʾēlleh pəqûdê bənê-yiśrāʾēl ləḇêt ʾăḇōtām kol-maḥănōṯām ləṣibʾōṯām
> "Esses são os contados dos filhos de Israel, segundo as casas de seus pais, segundo seus exércitos no acampamento." (Nm 2,32)

Aqui, a referência às *ṣibʾōṯ* (exércitos) enfatiza mais uma vez que Israel é organizado não apenas como um povo, mas como uma força militar. Cada tribo está alinhada a um grupo e a um estandarte, formando uma estrutura que permite ordem tanto no repouso quanto no movimento. O total do exército de Israel é repetido:

> wayyihyû kol-happəqûdîm šēš-mēʾōṯ ʾelep̄ ûšəlōšet ʾălāp̄îm waḥămeš-mēʾōt waḥămiššîm
> "O total dos contados foi de seiscentos e três mil quinhentos e cinquenta." (Nm 2,32)

Esse número já havia sido apresentado no capítulo anterior (Nm 1,46). A repetição reforça a importância desse levantamento como parte da identidade de Israel: não se trata apenas de um povo que caminha, mas de um exército em marcha. No entanto, há uma exceção:

> wəhaləwiyyîm lōʾ hitpāqədû bəṯôḵ bənê-yiśrāʾēl kaʾăšer-ṣiwā YHWH ʾeṯ-Mōšeh
> "Mas os levitas não foram contados entre os filhos de Israel, como YHWH ordenou a Moisés." (Nm 2,33)

Os levitas não são parte do exército porque sua função é outra: garantir o serviço do tabernáculo. Esse é um detalhe fundamental da organização de Israel. Enquanto as demais tribos são dispostas em um arranjo militar, a tribo de Levi ocupa uma posição sacerdotal, assegurando a centralidade da presença divina no meio do povo. O capítulo termina reforçando que essa estrutura não é uma mera decisão humana, mas uma ordem divina que Israel obedeceu:

> wayyaʿaśû bənê-yiśrāʾēl kəkāl-ʾăšer-ṣiwā YHWH
> ʾeṯ-Mōšeh kēn ḥānû lədiḡlêhem wəkēn nāsəʿû ʾîš
> ləmišpəḥōtāyw ʾal-bêt ʾăḇōtāyw
> "E os filhos de Israel fizeram conforme tudo o que YHWH ordenou a Moisés. Assim acamparam segundo seus estandartes, e assim partiram, cada um segundo suas famílias, segundo as casas de seus pais." (Nm 2,34)

Esse encerramento enfatiza que a organização do acampamento e da marcha não é fruto da lógica militar convencional, mas da obediência a uma ordem teocrática. Israel não é uma nação comum; sua estrutura, sua caminhada e sua identidade são moldadas pela presença de Deus no centro.

Capítulo 3

O terceiro capítulo de Números desloca o foco da organização militar das tribos para a administração do sagrado. Se os capítulos anteriores estabeleceram a estrutura externa do povo, agora a narrativa volta-se para aqueles que garantirão a continuidade da presença divina no tabernáculo. Os levitas, separados para o serviço, não são apenas auxiliares dos sacerdotes, mas uma barreira viva entre o profano e o sagrado. A santidade de YHWH não pode ser acessada de forma indiscriminada; a mediação sacerdotal não é apenas uma formalidade ritual, mas uma necessidade existencial para a sobrevivência do povo.

O capítulo começa identificando a linhagem sacerdotal dentro da tribo de Levi:

> wəʾēlleh tôlədōṯ ʾAhărōn ûmōšeh bəyôm dibbēr YHWH
> ʾeṯ-Mōšeh bəhar Sînay

> “Estas são as gerações de Arão e Moisés, no dia em que YHWH falou a Moisés no monte Sinai.” (Nm 3,1)

A palavra *tôlədōṯ* (gerações) geralmente introduz genealogias, mas aqui sua ênfase recai sobre a transmissão do ofício sacerdotal. A referência a Moisés, embora ele próprio não seja sacerdote, serve para situar a ordenação de Arão e sua linhagem dentro da revelação do Sinai. A mediação do sagrado não é um desenvolvimento humano, mas uma estrutura imposta pelo próprio Deus. A lista dos filhos de Arão segue imediatamente:

> wəʾēlleh šəmôt bənê ʾAhărōn habbəkôr Nadāḇ wəʾAḇîhû ʾElʿāzār wəʾÎṯāmār
> “E estes são os nomes dos filhos de Arão: o primogênito Nadabe, depois Abiú, Eleazar e Itamar.” (Nm 3,2)

A menção ao primogênito Nadabe já antecipa uma tragédia. Em seguida, o texto relembra sua morte, ligando-a ao serviço impróprio no tabernáculo:

> ûmēt Nadāḇ wəʾAḇîhû lipnê YHWH bəhaqrîḇām ʾēš zārâ lipnê YHWH bəmidbar Sînay wəbānîm lōʾ hāyû lāhem
> “E Nadabe e Abiú morreram diante de YHWH, quando trouxeram fogo estranho perante YHWH no deserto do Sinai; e não tiveram filhos.” (Nm 3,4)

Essa referência a Levítico 10 enfatiza que a função sacerdotal não é um direito hereditário automático, mas uma vocação que exige obediência rigorosa. A expressão *ʾēš zārâ* (fogo estranho) permanece enigmática, mas o texto sugere que qualquer inovação não autorizada no culto pode ter consequências fatais. A ausência de descendentes para Nadabe e Abiú significa que a linhagem sacerdotal continua apenas por meio de Eleazar e Itamar. A responsabilidade sacerdotal recai sobre esses dois filhos restantes de Arão:

> wayəšāmər ʾElʿāzār wəʾÎṯāmār bəkāhănâ ṯaḥaṯ ʾAhărōn ʾăbîhem

> "E Eleazar e Itamar ministraram como sacerdotes diante de Arão, seu pai." (Nm 3,4)

A expressão *taḥaṯ* (debaixo de, sob autoridade de) indica que eles não são sacerdotes autônomos, mas atuam sob a supervisão de Arão. Isso reforça a estrutura hierárquica do sacerdócio, em que a autoridade não está dispersa, mas centralizada na figura do sumo sacerdote. O chamado dos levitas como auxiliares dos sacerdotes se segue:

> wayədabbēr YHWH ʾel-Mōšeh lēʾmōr haqərēḇ ʾeṯ-maṭṭê Lēwî wəhaʿămadtā ʾōṯô lipnê ʾAhărōn hakkōhēn wəšərtû ʾōṯô
> "E YHWH falou a Moisés, dizendo: 'Faze chegar a tribo de Levi e põe-na diante de Arão, o sacerdote, para que o sirvam'." (Nm 3,5-6)

O verbo *haqərēḇ* (fazer chegar) é usado no contexto de ofertas sacrificiais, sugerindo que os levitas são, de certa forma, apresentados a Deus como uma dádiva. Eles não assumem a função sacerdotal de Arão, mas existem para servi-lo e protegê-lo no cumprimento de suas responsabilidades. A função dos levitas é detalhada:

> wəšāmərû ʾet-mišmārtô wəʾet-mišməret kol-hāʿēdâ lipnê ʾōhel môʿēḏ ləʿăbōḏ ʾeṯ-ʿăḇōḏaṯ hammmiškān
> "E guardarão a sua obrigação e a obrigação de toda a congregação diante da tenda da congregação, para servir no tabernáculo." (Nm 3,7)

Os levitas, então, funcionam como mediadores entre os sacerdotes e o restante do povo. Seu trabalho protege Israel de um acesso impróprio ao tabernáculo, reduzindo o risco de profanação e consequente juízo divino. O texto reforça essa função de proteção:

> wəšāmərû ʾet-kāl-kēlê ʾōhel môʿēḏ wəʾet-mišməret bənê-yiśrāʾēl ləʾăbōḏ ʾet-ʿăḇōḏaṯ hammmiškān

> "E guardarão todos os utensílios da tenda da congregação e a obrigação dos filhos de Israel, para servir no tabernáculo." (Nm 3,8)

O serviço dos levitas não é apenas ritual, mas também logístico. Eles são responsáveis pela manutenção do tabernáculo, assegurando que o espaço sagrado permaneça funcional e acessível apenas aos que receberam permissão divina. O versículo 9 deixa claro que os levitas pertencem a Arão:

> wənāṯattā ʾet-halləwiyyîm ləʾAhărōn ûləḇānāyw nəṯûnîm nəṯûnîm hēm lô miṭṭôḵ bənê-yiśrāʾēl
> "E darás os levitas a Arão e a seus filhos; dados, inteiramente dados, são eles a ele do meio dos filhos de Israel." (Nm 3,9)

A repetição da raiz *ntn* (dar) enfatiza que os levitas não são apenas auxiliares, mas um dom exclusivo para Arão e sua descendência. Eles não são uma tribo independente em sua função, mas uma extensão do sacerdócio aarônico. O capítulo reafirma a exclusividade do sacerdócio de Arão:

> wəʾet-ʾAhărōn wəʾet-bānāyw tip̄qōḏ wəyišmərû ʾet-kəhunātām wəhazzār haqqārēḇ yûmāt
> "E Arão e seus filhos guardarão o seu sacerdócio; mas o estranho que se aproximar morrerá." (Nm 3,10)

A advertência final é severa: qualquer um que tentar tomar para si a função sacerdotal será condenado à morte. Esse princípio não é meramente uma questão organizacional, mas teológica. A santidade de Deus exige separação e ordem. O acesso ao tabernáculo não pode ser tratado como um direito comum, mas como uma dádiva que deve ser protegida com rigor. Números 3,1-10 estabelece um padrão que ressoará em toda a Escritura: a intercessão é necessária para que o povo possa se relacionar com Deus sem ser consumido por Sua santidade. O texto continua com a ordem divina que estabelece os levitas como substitutos dos primogênitos de Israel:

wayədabbēr YHWH ʾel-Mōšeh lēʾmōr
"E YHWH falou a Moisés, dizendo:" (Nm 3,11)

A introdução formal reafirma que essa instrução não é um arranjo humano, mas um decreto divino. O que se segue não é apenas uma reorganização administrativa, mas uma reinterpretação da relação entre Deus e Israel.

wəʾănî hinnēh laqaḥtî ʾet-halləwiyyîm miṭṭôḵ bənê-yiśrāʾēl taḥaṯ kol-bəḵôr pēṭɛr reḥem bibnê-yiśrāʾēl wəhāyû lî halləwiyyîm
"E eis que eu tomei os levitas do meio dos filhos de Israel, em lugar de todo primogênito que abre a madre entre os filhos de Israel; e os levitas serão meus." (Nm 3,12)

A expressão *taḥaṯ kol-bəḵôr* (em lugar de todo primogênito) indica que os levitas assumem uma posição vicária. Eles representam os primogênitos de Israel, que originalmente pertenciam a Deus como resultado da libertação do Egito. Esse princípio está enraizado na décima praga, quando os primogênitos egípcios foram mortos, mas os israelitas foram poupados. Essa salvação não foi sem custo: os primogênitos israelitas deveriam ser consagrados a YHWH. Agora, no entanto, Deus escolhe os levitas para essa função. A razão para essa exigência é reiterada:

kî lî kol-bəḵôr bəyôm hakkōṯî kol-bəḵôr bəʾereṣ-miṣrāyim hiqdaštî lî kol-bəḵôr bəyiśrāʾēl mēʾādām ʿaḏ-bəhēmâ lî yihyû ʾănî YHWH
"Pois meu é todo primogênito. No dia em que feri todos os primogênitos na terra do Egito, consagrei para mim todos os primogênitos de Israel, tanto dos homens quanto dos animais. Eles serão meus; Eu sou YHWH." (Nm 3,13)

Esse versículo estabelece um princípio fundamental da teologia veterotestamentária: a redenção exige consagração. Os primogênitos foram salvos da morte, mas isso significa que agora pertencem a YHWH. O uso repetido do pronome *lî* (meu, para mim) enfatiza essa ideia. Nada que foi redimido pode continuar sendo considerado propriedade comum; tudo que é salvo por Deus pertence a Ele. Agora, YHWH ordena que os levitas sejam contados separadamente:

> wayədabbēr YHWH ʾel-Mōšeh bəmidbar sînay lēʾmōr
> "E YHWH falou a Moisés no deserto do Sinai, dizendo:"
> (Nm 3,14)

Essa introdução prepara o terreno para um segundo censo, desta vez apenas dos levitas.

> pəqōḏ ʾet-bənê-lēwî ləḇêt ʾăḇōtām ləmišpəḥōtām kol-zākār mibben ḥōdeš wāmāʿlâ tip̄qədēm
> "Conta os filhos de Levi, segundo as casas de seus pais e segundo suas famílias; conta todo varão desde a idade de um mês para cima." (Nm 3,15)

Diferente do primeiro censo de Israel, que contava apenas os homens aptos para a guerra (a partir dos 20 anos), o censo dos levitas inclui todos os homens a partir de um mês de idade. Isso reforça que sua função não é militar, mas sacerdotal. Sua identidade é definida pelo serviço ao tabernáculo, não pela participação na guerra. O texto continua afirmando que Moisés obedeceu à ordem:

> wayyip̄qōḏ Mōšeh ʾōtām ʿal-pî YHWH kaʾăšer ṣiwâ
> "E Moisés os contou segundo a ordem de YHWH, como lhe fora ordenado." (Nm 3,16)

Essa ênfase na obediência é recorrente na Torá, mostrando que as instruções divinas não são sugestões, mas mandamentos que devem ser seguidos à risca. Agora, os três grandes clãs da tribo de Levi são identificados:

> wayyihyû ʾēlleh bənê-lēwî bəšəmōt gəršôn wəqhāṯ ûmərārî
> "E estes foram os filhos de Levi por seus nomes: Gérson, Coate e Merari." (Nm 3,17)

A menção dos três clãs é crucial porque cada um receberá funções distintas dentro do tabernáculo. Esse modelo de divisão funcional reflete uma preocupação com a ordem e a manutenção adequada do santuário. O texto então especifica os descendentes de cada clã:

> wəʾēlleh šəmôt bənê gəršôn ləmišpəḥōtām libnî wəšimʿî
> "E estes são os nomes dos filhos de Gérson, segundo suas famílias: Libni e Simei." (Nm 3,18)

> wəbənê qəhāṯ ləmišpəḥōtām ʿamrām wəyiṣhār ḥeḇrôn wəʿuzzîʾēl
> "E os filhos de Coate, segundo suas famílias: Anrão, Izar, Hebrom e Uziel." (Nm 3,19)

> wəbənê mərārî ləmišpəḥōtām maḥlî ûmûšî ʾēlleh hēn mišpəḥōt hallēwî
> "E os filhos de Merari, segundo suas famílias: Mali e Musi. Estas são as famílias dos levitas." (Nm 3,20)

Cada um desses grupos será responsável por uma parte do tabernáculo: Gérson cuidará das cortinas e tecidos, Coate dos objetos sagrados e Merari da estrutura física. Essa organização detalhada mostra que o serviço levítico não era caótico, mas altamente especializado. O primeiro clã mencionado é o dos gersonitas:

> ləḡēršôn mišpəḥaṯ hallibnî wəʾeṯ mišpəḥaṯ haššimʿî ʾēlleh hēn mišpəḥōṯ haggəršunnî
> "De Gérson procedem a família dos libnitas e a família dos simeítas; estas são as famílias dos gersonitas." (Nm 3,21)

Gérson, o filho mais velho de Levi, dá origem a dois subgrupos dentro da tribo levítica: os libnitas e os simeítas. Isso reforça que a organização do serviço sagrado segue linhas genealógicas bem definidas.

> pəqədêhem bəmispar kol-zākār mibben ḥōdeš wāmāʿlâ pəqədêhem šišnê ʾelep̄ wəšeḇaʿ mēʾōṯ

"Os contados deles, segundo o número de todos os varões, desde um mês para cima, foram sete mil e quinhentos." (Nm 3,22)

O censo revela que os gersonitas somam 7.500 homens. Eles serão designados para uma função específica dentro do tabernáculo.

mišpəḥōṯ haggəršunnî yaḥănû ʾaḥărê hammmiškān yāmmâ
"As famílias dos gersonitas acamparão atrás do tabernáculo, para o lado ocidental." (Nm 3,23)

A posição dos gersonitas é a oeste do tabernáculo, refletindo uma estrutura espacial bem definida. O acampamento levítico não é aleatório; cada grupo ocupa um local designado, criando uma barreira de santidade ao redor do santuário.

wənāśîʾ ləḇêt-ʾāḇ haggəršunnî ʾĕlîʾāsāp̄ ben-laʿēl
"O chefe da casa paterna dos gersonitas era Eliasafe, filho de Lael." (Nm 3,24)

Cada clã levítico possui um líder nomeado, indicando que, mesmo dentro da estrutura sacerdotal, há hierarquias estabelecidas.

ûməšmarṯ bənê-gēršôn bəʾōhel môʿēḏ hammmiškān wəhaʾōhel wəmikhsēhû ûmāsak petaḥ ʾōhel môʿēḏ
"A responsabilidade dos filhos de Gérson na Tenda da Congregação era cuidar do tabernáculo, da tenda e de sua cobertura, bem como da cortina da entrada da Tenda da Congregação." (Nm 3,25)

Os gersonitas são responsáveis pelos tecidos e cortinas do tabernáculo. Isso inclui a estrutura externa do santuário, protegendo-o e garantindo que o espaço sagrado seja mantido conforme as prescrições divinas.

wəqilʿê haḥāṣēr wəmāsak petaḥ haḥāṣēr ʾăšer ʿal-

> haʾōhel wəʿal-hammizbēaḥ sabîḇ ûmêṭarāyw ləkāl-ʿăḇōḏātô
> "Eles também cuidavam das cortinas do átrio, da cortina da entrada do átrio, que fica ao redor do tabernáculo e do altar, e das cordas, para todo o seu serviço." (Nm 3,26)

Além das coberturas do tabernáculo, os gersonitas também lidam com os elementos do pátio exterior, incluindo cortinas, portais e cordas. Sua função garante que o tabernáculo permaneça estruturado e protegido contra qualquer interferência externa. A seguir, o texto apresenta os coatitas, que recebem uma responsabilidade ainda mais delicada:

> ûləqəhāṯ mišpəḥaṯ hăʿamrāmî wəmišpəḥaṯ hayyiṣhārî wəmišpəḥaṯ hăḥebronî wəmišpəḥaṯ hăʿuzzîʾēlî ʾēlleh hēn mišpəḥōṯ haqqəhātî
> "De Coate procedem a família dos anramitas, a família dos izaritas, a família dos hebronitas e a família dos uzielitas; estas são as famílias dos coatitas." (Nm 3,27)

Os coatitas são divididos em quatro subfamílias e possuem uma posição única entre os levitas.

> bəmispar kol-zākār mibben ḥōdeš wāmāʿlâ šišnê ʾelep̄ wəmiʾatāyim
> "O número de todos os varões, desde um mês para cima, foi oito mil e seiscentos, encarregados da guarda do santuário." (Nm 3,28)

Os coatitas somam 8.600 homens e são encarregados diretamente dos objetos mais sagrados do tabernáculo.

> mišpəḥōṯ bənê-qəhāṯ yaḥănû ʿal-yăḏ hammmiškān têmanâ
> "As famílias dos filhos de Coate acamparão ao lado do tabernáculo, no lado sul." (Nm 3,29)

A posição dos coatitas é ao sul do tabernáculo, reforçando sua proximidade com os objetos sagrados.

> wənāśîʾ bêt-ʾāḇ ləmišpəḥōṯ haqqəhātîyîm ʾelîṣāfān ben-ʿuzzîʾēl
> "O chefe da casa paterna dos coatitas era Elisafã, filho de Uziel." (Nm 3,30)

A liderança dos coatitas é dada a Elisafã, um descendente de Uziel. Isso mostra que, mesmo entre os levitas, há distinções de autoridade e organização.

> ûməšimrāṯām hāʾārôn wəhaššulḥān wəhamənôrāh wəhammiḏbəḥōṯ ûklê haqqōḏeš ʾăšer yəšārəṯû bāhem wəhammiśāk wəkāl-ʿăḇōḏātô
> "Eles eram responsáveis pela Arca, pela mesa, pelo candelabro, pelos altares, pelos utensílios sagrados usados no serviço e pelo véu, com todo o serviço associado a eles." (Nm 3,31)

Os coatitas cuidam dos objetos mais sagrados do tabernáculo, incluindo a Arca da Aliança, os altares, o candelabro e os utensílios rituais. Esse serviço é de extrema importância, pois envolve a manipulação dos itens que representam diretamente a presença de Deus.

> *wənāśîʾ nəśîʾê halləwiyyîm ʾelʿāzār ben-ʾAhărōn hakkōhēn pəqūdat šōmərê mišmərāṯ haqqōḏeš*
> "O chefe dos príncipes dos levitas era Eleazar, filho de Arão, o sacerdote, e ele supervisionava os guardiões do santuário." (Nm 3,32)

A supervisão geral dos coatitas e dos demais levitas é dada a Eleazar, filho de Arão. Isso confirma que, embora os levitas tenham funções distintas, a supervisão final do santuário pertence ao sacerdócio aarônico. O texto segue apresentando os descendentes de Merari:

> ləmərārî mišpəḥaṯ hammaḥlî wəʾeṯ mišpəḥaṯ hamûšî ʾēlleh hēn mišpəḥōṯ hamərārî

> "De Merari procedem a família dos malitas e a família dos musitas; estas são as famílias dos meraritas." (Nm 3,33)

Os meraritas são divididos em dois subgrupos, os malitas e os musitas, refletindo a estrutura genealógica dos levitas.

> wəpəqîdêhem bəmispar kol-zākār mibben ḥōdeš
> wāmāʿlâ šišnê ʾelep̄ wəmēʾatāyim
> "Os contados deles, segundo o número de todos os varões, desde um mês para cima, foram seis mil e duzentos." (Nm 3,34)

O censo revela que os meraritas totalizam 6.200 homens, tornando-se o menor dos três grupos levíticos.

> wənāśîʾ bêt-ʾāḇ ləmišpəḥōṯ hamerārîyîm ṣûrîʾēl
> ben-ʿaḇîḥayîl
> "O chefe da casa paterna dos meraritas era Zuriel, filho de Abiail." (Nm 3,35)

Cada clã levítico tem um chefe nomeado, garantindo que a ordem seja mantida dentro da estrutura sacerdotal.

> ʿal-yăḏ hammmiškān yaḥănû ṣāp̄ônâ
> "Eles acamparão ao lado do tabernáculo, ao norte." (Nm 3,35)

Os meraritas ocupam o lado norte do tabernáculo, reforçando que cada grupo levítico tem um lugar fixo no acampamento.

> ûməšimrāṯ mifqədāṯ bənê-mərārî qərāšê hammmiškān
> wəḇərîḥāyw wəʿămmūdāyw wəʾădānāyw wəkāl-kēlāyw
> wəkāl-ʿăḇōḏātô
> "A responsabilidade dos filhos de Merari era cuidar das tábuas do tabernáculo, das suas travessas, das suas colunas, das suas bases, de todos os seus utensílios e de todo o seu serviço." (Nm 3,36)

Os meraritas são encarregados da estrutura física do tabernáculo, incluindo as tábuas, travessas, colunas e bases. Sua função é essencial para manter a integridade do santuário durante as deslocações no deserto.

> wəʿămmūdê haḥāṣēr sabîḇ wəʾădānêhem wəyətōdōṯām ûmêṭarēhem
> "Eles também cuidavam das colunas do átrio ao redor, das suas bases, das suas estacas e das suas cordas." (Nm 3,37)

Além do tabernáculo em si, os meraritas também são responsáveis pela estrutura do pátio externo, garantindo que a delimitação do espaço sagrado seja preservada. Em seguida, o texto faz um resumo do papel dos levitas como um todo e introduz a supervisão geral de suas atividades:

> wəhapəqîd ʾal-pəqîdê halləwiyyîm ʾelʿāzār ben-ʾAhărōn hakkōhēn pəqūdat šōmərê mišmərāṯ haqqōḏeš
> "O chefe dos chefes dos levitas era Eleazar, filho de Arão, o sacerdote, encarregado dos guardiões do santuário." (Nm 3,38)

A supervisão geral dos levitas fica sob a responsabilidade de Eleazar, filho de Arão. Isso confirma que, embora os levitas sejam organizados em três grupos distintos, sua função última está subordinada ao sacerdócio aarônico.

> hallaḥānîm lipnê hammmiškān miqqeḏmâ lipnê ʾōhel môʿēḏ mizraḥâ Mōšeh wəʾAhărōn ûḇānāyw šōmərîm mišmərāṯ haqqōḏeš ləmišməret bənê-yiśrāʾēl wəhazzār hăqārēḇ yûmāt
> "Os que acampavam diante do tabernáculo, a leste, diante da Tenda da Congregação para o lado do nascente, eram Moisés, Arão e seus filhos, guardando a responsabilidade do santuário em nome dos filhos de Israel; mas o estranho que se aproximar morrerá." (Nm 3,38)

Moisés, Arão e seus filhos acamparam a leste do tabernáculo, na posição de maior prestígio e proximidade da entrada do santuário. Qualquer "estranho" que tentasse se aproximar seria condenado à morte, reforçando que a santidade do espaço sagrado não pode ser violada sem consequências. Agora o texto conclui o censo dos levitas e dos primogênitos de Israel:

> kāl-happəqûdîm halləwiyyîm ʾăšer pāqad Mōšeh wəʾAhărōn ʿal-pî YHWH ləmišpəḥōṯām kol-zākār mibben ḥōdeš wāmāʿlâ šənêm wəʿeśrîm ʾelep̄
> "O número total dos levitas, contados por Moisés e Arão conforme a ordem de YHWH, segundo suas famílias, de todos os varões desde um mês para cima, foi de vinte e dois mil." (Nm 3,39)

O número total de levitas é 22.000, um número significativo, mas ligeiramente inferior ao total dos primogênitos israelitas, criando um problema que será resolvido a seguir.

> wayyōʾmer YHWH ʾel-Mōšeh p̄qōḏ kol-bəḵôr zākār libnê-yiśrāʾēl mibben ḥōdeš wāmāʿlâ wəśāʾēṯ mimparām
> "YHWH disse a Moisés: 'Conta todos os primogênitos varões dos filhos de Israel, desde um mês para cima, e toma o número de seus nomes'." (Nm 3,40)

O censo se volta para os primogênitos de Israel, reforçando a relação teológica entre os levitas e o resgate dos primogênitos.

> wəlaqaḥtā halləwiyyîm lî ʾăni YHWH taḥaṯ kol-bəḵôr bibnê-yiśrāʾēl wəʾeṯ bəhēmat halləwiyyîm taḥaṯ kāl-bəkōr bəbəhēmâ bibnê-yiśrāʾēl
> "Tomarás os levitas para mim, eu sou YHWH, em lugar de todos os primogênitos dos filhos de Israel, e os animais dos levitas em lugar de todos os primogênitos dos animais dos filhos de Israel." (Nm 3,41)

O princípio da substituição é reafirmado: os levitas ocupam o lugar dos primogênitos, tanto entre os homens quanto entre os animais, em um ato de redenção coletiva.

> wayyip̄qōḏ Mōšeh kaʾăšer ṣiwwā YHWH ʾōṯô kāl-bəḵōr bibnê-yiśrāʾēl
> "E Moisés contou todos os primogênitos dos filhos de Israel, conforme YHWH lhe ordenara." (Nm 3,42)

O censo dos primogênitos é realizado conforme a ordem divina, garantindo que a substituição levítica ocorra de maneira precisa.

> wayyihyû kāl-bəkōr zəḵār bibnê-yiśrāʾēl mibben ḥōdeš wāmāʿlâ bəmispar šēmōt šənê wəʿeśrîm ʾelep̄ wəšəlōšet ʾălāpîm wəšēḇaʿ mēʾōṯ wəḥămiššîm
> "O número total dos primogênitos varões dos filhos de Israel, desde um mês para cima, foi de vinte e dois mil duzentos e setenta e três." (Nm 3,43)

A contagem revela que há 273 primogênitos a mais do que levitas disponíveis, criando um problema teológico que será resolvido na última seção do capítulo. O texto apresenta a ordem de YHWH a Moisés:

> wayədabbēr YHWH ʾel-Mōšeh lēʾmōr
> "E YHWH falou a Moisés, dizendo:" (Nm 3,44)

A instrução divina segue o padrão já estabelecido, garantindo que a resolução desse problema ocorra por ordem direta de Deus, e não por iniciativa humana.

> qaḥ ʾeṯ halləwiyyîm taḥaṯ kāl-bəkōr bibnê-yiśrāʾēl wəʾeṯ bəhēmat halləwiyyîm taḥaṯ bəhəmtām wəhāyû-lî halləwiyyîm ʾăni YHWH
> "Toma os levitas em lugar de todos os primogênitos dos filhos de Israel, e os animais dos levitas em lugar dos seus animais; e os levitas serão meus. Eu sou YHWH." (Nm 3,45)

A repetição do "os levitas serão meus" enfatiza o pertencimento absoluto desse grupo ao serviço sagrado. Eles não são apenas ajudantes dos sacerdotes, mas uma oferta viva, separada exclusivamente para Deus.

> wəʾeṯ pəḏûyê hašəlōšet hāʾălāp̄îm wəḥămiššîm
> wəhašəḇaʿmēʾōṯ hāʾôḏəp̄îm ʿal halləwiyyîm mibəkōr
> bibnê-yiśrāʾēl
> "E quanto aos duzentos e setenta e três dos primogênitos dos filhos de Israel que excedem o número dos levitas" (Nm 3,46)

Aqui o texto identifica claramente o problema: há 273 primogênitos a mais do que levitas. Isso significa que nem todos os primogênitos podem ser substituídos diretamente pelos levitas, exigindo uma solução alternativa.

> wələqaḥtā ḥămiššâ wəśeqel la-gûləgōleṯ bəśeqel
> haqqōḏeš ʿeśrîm gērâ haśśeqel
> "Tomarás cinco siclos por cabeça, segundo o siclo do santuário, vinte gerás por siclo." (Nm 3,47)

A solução é o resgate financeiro: cada um dos 273 primogênitos excedentes deve pagar cinco siclos de prata, o que equivale a cem gerás no total. O pagamento em prata reforça um princípio fundamental do sistema sacrificial: a redenção não é gratuita, mas requer um custo.

> wənāṯattā haśśep̄ kesep̄ pəḏyōnām ləʾAhărōn
> ûləḇānāyw
> "E darás o dinheiro do resgate deles a Arão e a seus filhos." (Nm 3,48)

O dinheiro arrecadado não é usado para fins gerais, mas entregue diretamente a Arão e seus filhos, reforçando que o resgate está ligado à estrutura sacerdotal.

> wayyiqqaḥ Mōšeh ʾeṯ kesep̄ happəḏāyîm mēʾēṯ
> hāʾôḏəp̄îm ʿal gəʾullat halləwiyyîm

> "Então Moisés tomou o dinheiro do resgate daqueles que excediam os que foram resgatados pelos levitas." (Nm 3,49)

O cumprimento exato da ordem de Deus por Moisés demonstra a seriedade da redenção dos primogênitos. Isso não é uma mera taxa, mas um reconhecimento da consagração devida a YHWH.

> mēʾeṯ bəkōr bibnê-yiśrāʾēl lāqaḥ haśśep̄ kesep̄ ḥămiššâ wəśiššîm wəšelōš mēʾōṯ wəḥămiššet ʾălāpîm bəšeqel haqqōḏeš
> "Dos primogênitos dos filhos de Israel ele tomou o dinheiro: mil trezentos e sessenta e cinco siclos, segundo o siclo do santuário." (Nm 3,50)

O total arrecadado é 1.365 siclos de prata, garantindo que cada primogênito excedente seja simbolicamente redimido.

> wayyitten Mōšeh ʾeṯ kesep̄ happəḏāyîm ləʾAhărōn ûləḇānāyw ʿal-pî YHWH kaʾăšer ṣiwwā YHWH ʾeṯ-Mōšeh
> "E Moisés entregou o dinheiro do resgate a Arão e a seus filhos, conforme a ordem de YHWH, como YHWH ordenara a Moisés." (Nm 3,51)

O capítulo se encerra com o cumprimento da ordem divina. O dinheiro do resgate não é usado de forma arbitrária, mas entregue diretamente aos sacerdotes, garantindo que a mediação entre YHWH e Israel seja preservada.

Capítulo 4

O quarto capítulo de Números dá continuidade à estruturação dos levitas, detalhando suas funções no transporte do tabernáculo. Se no capítulo anterior os levitas foram separados e contados em substituição aos primogênitos de Israel, agora o foco se volta para sua responsabilidade prática. O tabernáculo não é um templo fixo, mas uma estrutura móvel, e sua manutenção exige cuidado meticuloso. O sagrado não pode ser tratado com descuido ou informalidade. Assim, este capítulo não apenas organiza os levitas em suas tarefas específicas, mas também reafirma o princípio fundamental da santidade: a presença de Deus exige mediação, ordem e reverência.

A ordem inicial de YHWH a Moisés e Arão é direta:

> wayədabbēr YHWH ʾel-Mōšeh wəʾel-ʾAhărōn lēʾmōr
> "E YHWH falou a Moisés e a Arão, dizendo:" (Nm 4,1)

A repetição do padrão de comunicação entre YHWH, Moisés e Arão reforça a liderança compartilhada entre o profeta e o sumo sacerdote. Moisés é o mediador da aliança e Arão o mediador do culto. A santidade de Deus permeia tanto a esfera da aliança quanto a do culto, e ambas devem ser mantidas em equilíbrio. A ordem seguinte trata especificamente dos coatitas, um dos três clãs levíticos:

> nāśāʾ ʾeṯ-rōʾš bənê-qəhāṯ miṭṭôḵ bənê-lēwî
> ləmišpəḥōtām ləḇêṯ ʾăḇōtām
> "Faze o censo dos filhos de Coate, do meio dos filhos de Levi, segundo suas famílias e segundo as casas de seus pais." (Nm 4,2)

O verbo *nāśāʾ rōʾš* (levantar a cabeça) já apareceu antes em Números 1,2, quando os guerreiros israelitas foram contados. Aqui, no entanto, o censo dos coatitas não tem um propósito militar, mas litúrgico. Assim como os guerreiros são chamados para a batalha, os coatitas são chamados para o serviço sagrado. A idade mínima e máxima para o serviço é então especificada:

> *mibben šəlōšîm šānâ wəmāʿlâ wəʿaḏ ben-ḥămîššîm šānâ*
> *kāl-habbaʾ lăṣṣāḇāʾ lăʿăḇōḏ ʾeṯ-ʿăbōḏaṯ ʾōhel môʿēḏ*
> "Desde a idade de trinta anos para cima até cinquenta anos, todo aquele que vier para servir no tabernáculo da congregação." (Nm 4,3)

O recorte etário é significativo. O trabalho dos coatitas exige vigor físico, pois eles são responsáveis pelo transporte dos objetos sagrados do tabernáculo. Mas por que 30 anos? Na tradição bíblica, essa idade frequentemente marca o início de um chamado ministerial. José começa seu governo no Egito aos 30 (Gn 41,46), Davi se torna rei aos 30 (2 Sm 5,4) e Jesus inicia seu ministério público aos 30 (Lc 3,23). Esse padrão sugere que o serviço sagrado requer maturidade, tanto física quanto espiritual. A função específica dos coatitas é descrita:

> *zōʾṯ ʿăḇōḏaṯ bənê-qəhāṯ bəʾōhel môʿēḏ qōḏeš haqqodāšîm*
> "Este será o serviço dos filhos de Coate no tabernáculo da congregação: o Santíssimo dos santos." (Nm 4,4)

Os coatitas recebem a função mais sensível dentro dos levitas: carregar os objetos mais sagrados, incluindo a Arca da Aliança. No entanto, sua proximidade com o sagrado não lhes dá liberdade para manipulá-lo diretamente. Eles transportam os objetos, mas não podem vê-los ou tocá-los. Antes que os coatitas entrem em ação, os sacerdotes devem preparar os utensílios:

> *ûḇāʾ ʾAhărōn ûḇānāyw bənəsōʾ hammaḥăneh wəhôrîdû ʾeṯ-pārōḵeṯ hammaśāḵ wəkāsû ḇāh ʾeṯ ʾărôn hāʿēḏûṯ*
> "E virão Arão e seus filhos, quando o acampamento partir, e abaixarão o véu da cortina e cobrirão com ele a Arca do Testemunho." (Nm 4,5)

O verbo *hôrîd* (abaixar, remover) sugere que o próprio ato de expor os objetos sagrados exige separação ritual. A Arca da Aliança não pode ser vista diretamente, nem mesmo pelos coatitas. O véu do Santo dos Santos é removido e, ao mesmo tempo, usado para cobrir a Arca. Isso preserva a santidade do objeto, evitando que ele seja reduzido a um mero símbolo visível de poder. A Arca recebe três camadas de proteção:

> *wəsāməṯā kəsût ʾōr tăḥăš ʿālāyw wəp̄ārəśtā ʿalāyw béḡed kəlāl-təḵēleṯ*
> "E porão sobre ela uma cobertura de couro de texugo, e estenderão sobre ela um pano inteiramente azul." (Nm 4,6)

Cada camada tem um propósito:

1. O véu do Santo dos Santos → Mantém a separação ritual.
2. O couro de texugo (*tăḥăš*) → Protege contra poeira e intempéries do deserto.
3. O pano azul (*təḵēleṯ*) → Simboliza a transcendência divina.

O *azul* (*təḵēleṯ*) era uma cor associada ao céu e ao divino, usada nas vestes sacerdotais e nos fios das franjas dos israelitas (Nm 15,38). O fato de a Arca ser coberta com azul sugere que, mesmo invisível, ela continua sendo o trono invisível de YHWH.

Outros objetos sagrados recebem tratamento semelhante:

> *wəʿal šulḥan happānîm yip̄rəśû béḡed təḵēleṯ wənātənû ʿālyw ʾeṯ-hakappōreṯ wəʾeṯ-hakəsōt wəʾeṯ-haměnaqqîyōṯ wəʾeṯ-haqaśśāwôt wəʾet-hakkān təmîd*
> "E sobre a mesa dos pães da proposição estenderão um pano azul e porão sobre ela os pratos, as colheres, os copos e as taças para a libação, e o pão contínuo permanecerá sobre ela." (Nm 4,7)

A mesa dos pães da proposição é coberta da mesma forma, mas, ao contrário da Arca, os pães da presença permanecem sobre ela. Isso sugere que a presença contínua de Deus entre o povo não é interrompida pelo deslocamento do tabernáculo. O mesmo padrão se aplica ao candelabro de ouro:

> *wəlāqaḥû béḡed təḵēleṯ wəkāsû ʾeṯ-mənōrat hammaʾôr wəʾet-nērōtêhā wəʾet-malqāḥêhā wəʾet-maḥtôtêhā wəʾet-kol-kēlê-šemnâ ʾăšer yəšāp̄ḵû-lāh*
> "E tomarão um pano azul e cobrirão o candelabro da luz, e suas lâmpadas, suas espevitadeiras, seus apagadores e todos os utensílios do azeite com que se serve." (Nm 4,9)

Novamente, a cor azul indica a natureza celestial da luz divina, que deve ser protegida.

O capítulo prossegue detalhando a forma como os demais objetos sagrados devem ser preparados para o transporte. Se nos primeiros dez versículos a Arca da Aliança, a mesa dos pães da proposição e o candelabro foram cobertos e protegidos, agora a atenção se volta para o altar do incenso, o altar dos holocaustos e os utensílios do santuário. Primeiro, o altar do incenso, associado diretamente ao lugar santíssimo:

> *wəʿal mizbaḥ haz-zāhāḇ yip̄rəśû béḡed təḵēleṯ wəkāsû ʾōtô bəkəsût ʾōr tăḥăš wəśāmû bəḇăḏāyw*
> "E sobre o altar de ouro estenderão um pano azul, e o cobrirão com uma cobertura de couro de texugo, e porão seus varais." (Nm 4,11)

A estrutura segue o mesmo padrão já estabelecido:

1. Pano azul (*təḵēleṯ*) → Representa a transcendência e a santidade do altar.
2. Couro de texugo (*tăḥăš*) → Protege contra impurezas e intempéries.
3. Varais → Permitem o transporte sem que os levitas toquem no objeto diretamente.

O altar do incenso tinha uma função singular: simbolizava a intercessão do povo diante de YHWH. O incenso queimado nele representava as orações subindo até Deus (Sl 141,2; Ap 8,3-4). Sua cobertura cuidadosa reforça que a intercessão não pode ser tratada de qualquer forma. Aproximar-se de Deus exige reverência e mediação correta. A seguir, o altar dos holocaustos, que ocupava o espaço central do átrio do tabernáculo:

> *wəlākəḥû béḡed ʾargāmān wəkāsû ʾeṯ-mizbaḥ hāʿōlâ wəʾeṯ kol-kēlâyw*
> "E tomarão um pano púrpura e cobrirão o altar do holocausto e todos os seus utensílios." (Nm 4,13)

Diferente dos outros objetos, este é coberto com púrpura (*'argāmān*), uma cor frequentemente associada à realeza e sacrifício. A relação é evidente: o altar dos holocaustos era o lugar onde o sangue era derramado para expiação dos pecados. Em contraste com a cor azul celestial dos outros objetos, o púrpura indica que este altar está ligado à terra, ao sangue e à oferta sacrificial. A cobertura final deste altar repete o padrão:

> *wənāṯənû ʿālāyw kəsûṯ ʾōr tăḥăš wəśāmû bəḇăḏāyw*
> "E porão sobre ele uma cobertura de couro de texugo, e colocarão seus varais." (Nm 4,14)

Mais uma vez, os varais garantem que ninguém toque diretamente no altar, evitando que sua santidade seja comprometida. A separação entre sagrado e profano precisa ser mantida mesmo durante a jornada pelo deserto. A responsabilidade dos coatitas se encerra com uma advertência severa:

> *wəkālâ ʾAhărōn ûḇānāyw ləkassōṯ ʾeṯ-haqqōḏēš wəʾeṯ-kāl-kēlê-hammiqdāš bənəsōʾ hammaḥăneh wəʾaḥărê-kēn yāḇōʾû bənê-qəhāṯ lăśśāʾ*
> "E quando Arão e seus filhos terminarem de cobrir o santuário e todos os utensílios do santuário, quando o acampamento partir, então os filhos de Coate virão para carregá-los." (Nm 4,15)

Os coatitas são responsáveis por transportar, mas não por cobrir ou manusear diretamente os objetos sagrados. Apenas os sacerdotes podem prepará-los para a viagem. Isso deixa claro que o acesso ao sagrado não é aberto a qualquer um; mesmo entre os levitas, há níveis de proximidade permitida. A proibição se torna ainda mais enfática:

> *wəlōʾ yiggəʿû ʾel-haqqōḏēš wəmēṯû*
> "Mas não tocarão nas coisas sagradas, para que não morram." (Nm 4,15)

O verbo *naga'* (tocar) aqui tem um peso especial: o sagrado não pode ser manipulado como se fosse comum. Isso remete a Levítico 10,1-2, onde Nadabe e Abiú morrem por oferecerem "fogo estranho" diante de YHWH. A presença divina não pode ser instrumentalizada nem transformada em espetáculo. Tocar no que é santo sem permissão resulta em morte, não como punição arbitrária, mas como consequência da incompatibilidade entre a santidade divina e a condição humana. A gravidade do risco leva a uma nova ordem:

> *wəyip̄qōḏ YHWH 'eṯ-'Ahărōn wə'eṯ-bānāyw*
> "E YHWH designou Arão e seus filhos para guardar o transporte do santuário." (Nm 4,16)

A função de supervisionar o serviço dos coatitas recai sobre Arão e seus filhos, pois a santidade exige mediação correta. Qualquer erro pode resultar em desastre para o povo.Por isso, uma precaução final é estabelecida:

> *'aḵ 'al-yāḇō'û lir'ōṯ kəḇal'a' 'eṯ-haqqōḏēš wəmētû*
> "Mas não entrarão para ver o sagrado nem por um instante, para que não morram." (Nm 4,20)

O verbo *lir'ōṯ* (ver) aqui carrega um peso teológico profundo. O desejo de ver o que está oculto pode ser letal, pois parte da premissa errada de que o divino pode ser reduzido a um objeto de curiosidade ou controle humano. Esse princípio aparece ao longo da Bíblia:

- O povo exige ver Deus no Sinai, mas é impedido por Moisés (Êx 20,18-21).
- Isaías, ao ver a glória divina, teme por sua vida (Is 6,5).
- Quando Uzá toca a Arca da Aliança sem permissão, morre imediatamente (2 Sm 6,6-7).

A ordem para o censo dos gersonitas segue o mesmo padrão do que foi feito com os coatitas:

> *nāśā' 'eṯ-rō'š gam 'eṯ-bənê-gēršôn ləḇêṯ 'ăḇōṯām ləmišpəḥōṯām*
> "Levanta também o censo dos filhos de Gerson, segundo as casas de seus pais e suas famílias." (Nm 4,22)

O verbo *nāśā' rō'š* (levantar a cabeça) reaparece, reforçando que essa contagem não é apenas administrativa, mas uma reafirmação da identidade e função de cada levita. A idade exigida para o serviço segue o mesmo padrão dos coatitas:

> *mibben šəlōšîm šānâ wəmā'lâh wə'aḏ-ben-ḥămiššîm šānâ*
> "De trinta anos para cima até cinquenta anos." (Nm 4,23)

Esse intervalo reafirma o equilíbrio entre maturidade e vigor físico, garantindo que os levitas estejam em plenas condições de cumprir suas funções. A responsabilidade dos gersonitas não envolve os objetos sagrados em si, mas os elementos que criam a separação entre o sagrado e o comum:

> *zō'ṯ 'ăḇōḏaṯ mišpəḥōṯ haggēršunnî lə'ăḇōḏ ûlămassa'*
> "Este será o serviço das famílias dos gersonitas, no que tange ao trabalho e ao transporte." (Nm 4,24)

Quais são esses elementos? A lista inclui:

- As cortinas do tabernáculo
- A tenda da congregação e sua cobertura
- A cortina da entrada do átrio
- As cortinas externas que delimitavam o espaço sagrado

Essas estruturas não são apenas acessórios, mas barreiras essenciais que garantem que o espaço do tabernáculo permaneça separado e santo. Sem essas delimitações, o tabernáculo não seria funcional. O sagrado exige limites bem definidos. A instrução sobre como os gersonitas devem lidar com esses objetos é clara:

> *ʿăl-pî ʾAharōn ûḇānāyw tihyê kāl-ʿăḇōḏāṯ bənê-haggēršunnî*
> "Toda a obra dos filhos de Gerson será sob a direção de Arão e seus filhos." (Nm 4,27)

Ou seja, mesmo os gersonitas não têm total autonomia. Assim como os coatitas, eles também operam sob a supervisão sacerdotal. Esse detalhe reforça um princípio fundamental: o sagrado não pode ser gerenciado segundo critérios humanos, mas precisa seguir diretrizes divinas. O número total de gersonitas aptos ao serviço será contado separadamente, reforçando a ordem interna do tabernáculo. O terceiro grupo levítico a ser contado são os meraritas. Seu censo segue o mesmo formato:

> *bənê-mərārî ləmišpəḥōtām ləḇêṯ ʾăḇōtām tip̄qōḏ ʾōtām*
> "Conta os filhos de Merari, segundo suas famílias e casas paternas." (Nm 4,29)

A exigência etária também é idêntica:

> *mibben šəlōšîm šānâ wəmāʿlâh wəʿaḏ-ben-ḥămîššîm šānâ*
> "De trinta anos para cima até cinquenta anos." (Nm 4,30)

Os meraritas são encarregados da infraestrutura do tabernáculo:

> *wəʾēlleh mišmərəṯ maśśāʾem ləḵāl-ʿăḇōḏāṯām bəʾōhel môʿēḏ qərāšê hammîškān*
> "E este será o encargo de seu transporte em todo o seu serviço no tabernáculo da congregação: as tábuas do tabernáculo." (Nm 4,31)

Eles cuidam de todas as peças estruturais:

- As tábuas e colunas que sustentam o tabernáculo
- As bases de prata onde as colunas eram fixadas
- As travessas que mantêm a estrutura firme
- Todas as estacas e cordas que garantem a estabilidade da tenda

Se os coatitas lidam com o que está dentro do tabernáculo, e os gersonitas com o que cerca o tabernáculo, os meraritas garantem que o tabernáculo continue de pé. O princípio teológico por trás dessas funções é claro: a presença de Deus no meio do povo não acontece de maneira aleatória. Ela exige ordem, sustentação e proteção. Assim como os outros levitas, os meraritas não podem decidir por si mesmos como conduzir suas tarefas:

> *ʿăl-pî ʾAharōn ûḇānāyw tihyê kāl-ʿăḇōḏāṯ bənê-merārî*
> "Toda a obra dos filhos de Merari será sob a direção de Arão e seus filhos." (Nm 4,33)

Agora seguimos com Números 4,34-49, em que o censo dos levitas é concluído e os números finais de cada grupo são apresentados. Se os versículos anteriores detalharam as responsabilidades de coatitas, gersonitas e meraritas, agora o texto se concentra na contagem precisa dos que estavam aptos ao serviço no tabernáculo. Essa seção reforça a ordem e precisão necessárias para que o santuário fosse transportado corretamente, demonstrando que a presença de YHWH no meio de Israel não era uma questão de improvisação, mas de disciplina e santidade. O primeiro grupo a ser contado são os coatitas:

> *wayyip̄qōd Mōšeh wəʾAharōn ûnəśîʾê hāʿēdâ ʾeṯ-bənê-hakkəhāṯ ləmišpəḥōtām ûləḇêṯ ʾăḇōtām*
> "E Moisés, Arão e os príncipes da congregação contaram os filhos de Coate, segundo as suas famílias e casas paternas." (Nm 4,34)

O versículo reforça que esse não é um censo qualquer, mas um ato liderado pela autoridade sacerdotal e tribal de Israel. Moisés e Arão, junto com os chefes das tribos, supervisionam essa contagem, indicando que o serviço levítico tem implicações nacionais e religiosas. A idade dos coatitas aptos para o serviço segue o padrão estabelecido anteriormente:

> *mibben šəlōšîm šānâ wəmāʿlâ wəʿaḏ-ben-ḥămîššîm šānâ*

"Desde os trinta anos para cima, até os cinquenta anos." (Nm 4,35)

O número total de coatitas prontos para o serviço é:

wayyihyû pəqūdêhem laʿăḇōḏāṯ bəʾōhel môʿēḏ ʾăl-pî Mōšeh wəʾAharōn šənāyim wəʾarbaʿîm ʾelep̄ wašebaʿ mēʾōt

"E os contados para o serviço do tabernáculo da congregação, segundo a ordem de Moisés e Arão, foram 2.750." (Nm 4,36)

O número relativamente ***pequeno*** dos coatitas (2.750) reflete a ***exigência rigorosa*** do serviço que prestavam. Apenas um grupo seleto poderia carregar os ***objetos mais sagrados*** do tabernáculo, e qualquer erro no manuseio significava a morte. Em seguida, a contagem dos gersonitas:

wayyip̄qōd Mōšeh wəʾAharōn ʾeṯ-bənê-gēršôn ləmišpəḥōtām ûləḇêṯ ʾăḇōtām

"E Moisés e Arão contaram os filhos de Gerson, segundo as suas famílias e casas paternas." (Nm 4,38)

A mesma faixa etária é aplicada:

mibben šəlōšîm šānâ wəmāʿlâ wəʿaḏ-ben-ḥămîššîm šānâ

"Desde os trinta anos para cima, até os cinquenta anos." (Nm 4,39)

O total de gersonitas aptos ao serviço é:

wayyihyû pəqūdêhem laʿăḇōḏāṯ bəʾōhel môʿēḏ ʾăl-pî Mōšeh wəʾAharōn šənāyim wəḥămiššîm ʾelep̄ ûmătāyim wəᶦᶜ

"E os contados para o serviço do tabernáculo da congregação, segundo a ordem de Moisés e Arão, foram 2.630." (Nm 4,40)

Os gersonitas eram mais numerosos que os coatitas, mas sua função envolvia o transporte das coberturas e cortinas do tabernáculo, sem a necessidade de lidar com os objetos sagrados diretamente. Por fim, a contagem dos meraritas:

> *wayyip̄qōd Mōšeh wəʾAharōn ʾeṯ-bənê-mərārî ləmišpəḥōtām ûləḇêṯ ʾăḇōtām*
> "E Moisés e Arão contaram os filhos de Merari, segundo as suas famílias e casas paternas." (Nm 4,42)

O mesmo critério de idade é seguido:

> *mibben šəlōšîm šānâ wəmāʿlâ wəʿaḏ-ben-ḥămîššîm šānâ*
> "Desde os trinta anos para cima, até os cinquenta anos." (Nm 4,43)

O total de meraritas aptos ao serviço:

> *wayyihyû pəqūdêhem laʿăḇōḏāṯ bəʾōhel môʿēḏ ʾăl-pî Mōšeh wəʾAharōn šənāyim wəḥămiššîm ʾelep̄ ûmāʾatāyim*
> "E os contados para o serviço do tabernáculo da congregação, segundo a ordem de Moisés e Arão, foram 3.200." (Nm 4,44)

Os meraritas são *o grupo mais numeroso*, pois seu serviço envolvia o transporte das *estruturas pesadas* do tabernáculo, como as colunas e as tábuas. Após contar os três grupos, o total de levitas aptos para o serviço do tabernáculo é somado:

> *kol-happəqûdîm ʾăšer pāqad Mōšeh wəʾAharōn ʾal-pî YHWH*
> "Todos os contados por Moisés e Arão, segundo a ordem de YHWH." (Nm 4,46)

O número final:

> *wayyihyû kol-happəqûdîm ʾarbaʿâ wəʾaśrîm ʾelep̄*
> "E todos os contados foram 8.580." (Nm 4,48)

Esse número mostra a importância da organização levítica, garantindo que cada peça do tabernáculo fosse transportada de forma correta e reverente. A última ordem reafirma que os levitas não podiam se desviar de suas funções:

> *ʿăl-pî YHWH pāqăd ʾōtām bəyad̲ Mōšeh ʾîš ʿăl-ʿăb̲ōd̲ātō wəʿăl-maśśāʾō wayyip̄qəd kāl-ʾăšer-ṣiwwā YHWH ʾ et̲-Mōšeh*
> "Segundo a ordem de YHWH, foram contados por Moisés, cada um segundo o seu serviço e segundo a sua carga; assim foram contados como YHWH ordenou a Moisés." (Nm 4,49)

Esse versículo finaliza o capítulo com uma ênfase na obediência: os levitas são contados e designados não segundo decisões humanas, mas segundo a palavra direta de Deus.

Capítulo 5

Agora seguimos com Números 5. O texto começa com a exclusão dos impuros do acampamento e a restituição por transgressões contra o próximo. Se os capítulos anteriores enfatizaram a organização militar e cultual de Israel, agora a atenção se volta para a pureza e justiça dentro da comunidade. A presença de YHWH no tabernáculo impõe um padrão elevado: o acampamento de Israel não pode ser contaminado pela impureza, seja física ou moral. A ordem social e espiritual deve refletir a santidade de Deus, e qualquer violação desse princípio exige correção. A passagem se inicia com uma ordem direta de YHWH a Moisés:

> *waydabbēr YHWH ʾel-Mōšeh lēʾmōr*
> "E YHWH falou a Moisés, dizendo:" (Nm 5,1)

A repetição dessa fórmula ao longo de Números reforça a origem divina das leis apresentadas. O código de pureza não é um sistema arbitrário, mas uma exigência do Deus que habita no meio de Seu povo. A ordem específica segue imediatamente:

> *ṣaw ʾeṯ-bənê-yiśrāʾēl wəyəšaləḥû min-hammaḥănê kāl-ṣārûaʿ wəkāl-zāḇ wəkāl-ṭāmēʾ lənep̄eš*
> "Ordena aos filhos de Israel que lancem para fora do acampamento todo leproso, todo aquele que tem fluxo e todo aquele que está impuro por contato com um morto." (Nm 5,2)

Aqui, três categorias de impureza são mencionadas:

1. *ṣārûaʿ* – refere-se a pessoas com afecções cutâneas graves (muitas vezes traduzido como "lepra", mas abrangendo outras doenças, conforme Lv 13–14).
2. *zāḇ* – aqueles que sofrem de descargas corporais involuntárias, o que os torna ritualmente impuros (Lv 15).
3. *ṭāmēʾ lənep̄eš* – quem teve contato com *um cadáver*, uma das fontes mais graves de impureza ritual (Nm 19,11-13).

A lógica dessa exclusão não é social, mas teológica: a presença de Deus no tabernáculo exige pureza, e a impureza ritual é incompatível com a santidade de YHWH. O mandamento se aplica a homens e mulheres, sem distinção:

> *mizzeḵār ʿaḏ-nəqqēḇâ təšaləḥû*
> "Desde o homem até a mulher, lançá-los-eis para fora." (Nm 5,3)

Isso enfatiza que a pureza não é apenas uma responsabilidade masculina ou sacerdotal, mas um princípio que governa toda a comunidade. O motivo teológico para essa separação é declarado explicitamente:

> *wəlōʾ yəṭammʾû ʾet-maḥănêhem ʾăšer-ʾănî šōḵēn bəṯōḵām*
> "Para que não contaminem seu acampamento, no meio do qual eu habito." (Nm 5,3)

A presença de YHWH é o fundamento dessa lei. O acampamento não é apenas um espaço humano, mas um espaço sagrado, onde Deus vive entre Seu povo. A impureza não significa um pecado moral, mas um estado incompatível com a habitação divina. Isso significa que aqueles que são temporariamente impuros devem ser removidos até que possam ser purificados e reintegrados. O versículo seguinte confirma que Israel obedeceu fielmente a essa ordem:

> *wayyaʿaśû kēn bənê-yiśrāʾēl wayəšaləḥû ʾōtām ʾel-mîḥûṣ lammaḥănê kaʾăšer-dibbēr YHWH ʾel-Mōšeh kēn ʿāśû bənê-yiśrāʾēl*
> "E assim fizeram os filhos de Israel, e os lançaram para fora do acampamento; como YHWH ordenou a Moisés, assim fizeram os filhos de Israel." (Nm 5,4)

A ênfase na obediência ressalta que essa não é uma questão opcional: a manutenção da pureza do acampamento é essencial para a relação do povo com Deus. A segunda parte desse trecho trata de pecados cometidos contra o próximo. A mudança de tema pode parecer abrupta, mas há uma conexão profunda entre a pureza ritual e a pureza moral. O pecado não é apenas uma questão pessoal, mas uma violação da santidade coletiva de Israel. O versículo começa com uma nova ordem:

> *waydabbēr YHWH ʾel-Mōšeh lēʾmōr*
> "E YHWH falou a Moisés, dizendo:" (Nm 5,5)

Seguindo a mesma introdução do início do capítulo, essa repetição sugere que tanto a impureza ritual quanto as transgressões morais são assuntos igualmente sérios diante de Deus. A formulação do mandamento é ampla:

> *ʾîš ʾô-ʾîšâ kî yaʿăśû mik-kāl-ḥaṭṭōṯ hāʾādām ləmaʿal-maʿal baYHWH wəʾāšmâ hannep̄eš hahiʾ*
> "Homem ou mulher que cometer qualquer pecado contra o homem, cometendo uma traição contra YHWH, e esta alma se tornar culpada." (Nm 5,6)

Três aspectos são notáveis aqui:

1. O pecado pode ser cometido por qualquer pessoa, independentemente do gênero.

2. Qualquer injustiça contra o próximo é também uma ofensa contra YHWH. O verbo *maʿal* (cometer traição) é usado frequentemente para transgressões contra Deus (cf. Js 7,1), enfatizando que os relacionamentos interpessoais também fazem parte da aliança com YHWH.
3. A pessoa culpada precisa reconhecer sua condição: "e esta alma se tornar culpada". A culpa não pode ser negada ou ocultada.

O processo de reparação envolve duas etapas:

Confissão:

> *wəhiṯwadû ʾeṯ-ḥaṭṭāṯām ʾăšer-ʿāśû*
> "E confessarão seu pecado que cometeram." (Nm 5,7)

A confissão (*hiṯwadû*) não é meramente verbal; ela é acompanhada por uma ação concreta.

Restituição:

> *wəhēšîḇ ʾeṯ-ʾašmô bərōʾšô wəḥămišîtô yôsēp̄ ʿālāyw*
> "E restituirão a totalidade do dano, acrescentando a quinta parte sobre ele." (Nm 5,7)

A restituição segue um princípio comum na Torá: quem causou dano a alguém deve devolver o que foi tomado, acrescido de 20%. Esse princípio reflete a justiça restaurativa da legislação israelita, cujo objetivo não é apenas punir, mas restaurar a harmonia social. Se a vítima do dano já faleceu e não tem herdeiros, o pagamento deve ser feito ao sacerdote:

> *wəʾim-ʾên laʾîš gōʾēl ləhāšîḇ hāʾāšām ʾēlāyw hāʾāšām ham-mūšāḇ laYHWH lăkōhēn yihyê*
> "Mas se o homem não tiver parente chegado a quem se restitua a culpa, então a restituição devida a YHWH será do sacerdote." (Nm 5,8)

Isso reforça que todo pecado cometido dentro da comunidade, mesmo se não puder ser resolvido diretamente, ainda precisa ser reparado diante de Deus. A seção se encerra com um princípio geral:

> *wəkāl-tərûmâ ləkōl-haqqodāšîm ʾăšer-yāqribû bənê-yiśrāʾēl laKōhēn lô yihyê*
> "E toda oferta sagrada que os filhos de Israel trouxerem ao sacerdote será dele." (Nm 5,9)

Isso liga a restituição ao sistema sacrificial, indicando que a justiça dentro da comunidade é uma extensão da adoração a YHWH. O texto segue, e introduz um dos rituais mais singulares e controversos da Torá: o ritual da água amarga para a mulher suspeita de adultério (*sôṭâ*). Este procedimento visa resolver casos em que o marido sente ciúmes da esposa, mas não há testemunhas nem provas concretas.

Diferente da legislação anterior, que tratava da impureza no acampamento e da restituição por transgressões interpessoais, aqui o foco está na pureza do casamento e na justiça divina. A principal questão abordada é como lidar com suspeitas não comprovadas, evitando tanto a impunidade de um possível adultério quanto a condenação injusta de uma mulher inocente.

Esse julgamento não é conduzido por humanos, mas por yhwh. O texto mostra que, na sociedade israelita, o casamento não é apenas um contrato social, mas uma realidade teológica, e qualquer violação da fidelidade conjugal tem implicações na aliança com Deus. O trecho se inicia com a fórmula habitual:

> *wayədabbēr YHWH ʾel-Mōšeh lēʾmōr*
> "E YHWH falou a Moisés, dizendo:" (Nm 5,11)

Essa introdução enfatiza que o ritual descrito não é uma invenção cultural, mas uma ordenança divina, projetada para resolver conflitos conjugais dentro do contexto da aliança. A instrução começa com a descrição do cenário em que o ritual deve ser aplicado:

> *dabbēr ʾel-bənê-yiśrāʾēl wəʾāmartā ʾălêhem ʾîš ʾîš kî-tiśṭeh ʾištô ûmāʿălâ bô maʿal*

> "Fala aos filhos de Israel e dize-lhes: Se a mulher de um homem se desviar e lhe for infiel." (Nm 5,12)

A frase *tiśṭeh ʾištô* (se a mulher de um homem se desviar) emprega o verbo *šāṭāh*, que significa desviar-se, errar, sair do caminho. Esse termo já sugere que a questão não é apenas social ou moral, mas espiritual. O casamento é visto como uma caminhada reta dentro da aliança, e qualquer desvio representa uma traição não apenas ao marido, mas à ordem estabelecida por Deus. O versículo seguinte descreve a incerteza da situação:

> *wəšāḵaḇ ʾîš ʾōtāh šikḇat-zeraʿ wəneʿəlam mēʿênê ʾîšâ wənisterâ wəhîʾ niṭmāʾâ wəʿēd ʾên-bâ wəhîʾ lōʾ niṭpāsâ*
> "E um homem se deitar com ela, tendo emissão de sêmen, e isso for oculto dos olhos do marido, e ela se esconder, tornando-se impura, sem que haja testemunha contra ela e sem que tenha sido flagrada." (Nm 5,13)

Aqui, a preocupação central é a falta de provas concretas. O adultério, se cometido, não foi testemunhado e não há evidências físicas diretas. No entanto, a suspeita persiste.A próxima cláusula introduz a reação emocional do marido:

> *wəʿāḇar ʿālāyw rûaḥ-qinʾâ wəqinēʾ ʾeṯ-ʾištô wəhîʾ niṭmāʾâ ʾô-ʿāḇar ʿālāyw rûaḥ-qinʾâ wəqinēʾ ʾeṯ-ʾištô wəhîʾ lōʾ niṭmāʾâ*
> "E passar sobre ele um espírito de ciúmes, e ele tiver ciúmes de sua mulher, ela tendo se tornado impura; ou passar sobre ele um espírito de ciúmes, e ele tiver ciúmes de sua mulher, ela não tendo se tornado impura." (Nm 5,14)

O termo *rûaḥ-qinʾâ* (espírito de ciúmes) revela que o ritual não trata apenas de um caso concreto de adultério, mas também de suspeita e desconfiança dentro do casamento. O texto admite duas possibilidades:

- A mulher realmente cometeu adultério.
- A mulher é inocente, mas o marido sente ciúmes injustamente.

Dessa forma, o ritual não assume automaticamente a culpa da esposa, mas busca resolver a incerteza por meio da intervenção divina. Diante dessa suspeita, o marido deve levar sua esposa ao sacerdote:

> *wəhēḇî haʾîš ʾeṯ-ʾištô ʾel-hakkōhēn wəhēḇî ʾeṯ-qorəbānâ ʿālêhâ ʿăśîrîṯ hāʾēp̄â qemaḥ śəʿōrîm lōʾ-yîṣōq ʿālāyw šāmen wəlōʾ-yittēn ʿālāyw ləḇōnâ kî minḥaṯ-qinʾōṯ hîʾ minḥaṯ-zikkārôn mazkēreṯ ʿāwōn*
> "Então o homem trará sua mulher ao sacerdote e trará a oferta por ela: um décimo de uma efa de farinha de cevada. Não derramará azeite sobre ela, nem porá sobre ela incenso, pois é uma oferta de ciúmes, uma oferta memorial que traz iniquidade à memória." (Nm 5,15)

Esse versículo introduz dois elementos essenciais do ritual:

1. A mulher deve ser levada ao sacerdote, e não julgada pelo marido ou pela comunidade.
2. Uma oferta de farinha de cevada é apresentada, mas com modificações em relação às ofertas habituais.
   - Sem azeite: as ofertas comuns de cereal eram misturadas com azeite (Lv 2,1-2), mas aqui o azeite é excluído, indicando que essa oferta não é uma celebração, mas um ritual de juízo.
   - Sem incenso: O incenso simbolizava oração e favor divino (Lv 16,12-13), mas aqui sua ausência sugere que o ritual não invoca graça, mas discernimento divino.

A oferta é chamada de *minḥaṯ-qinʾōṯ* (oferta de ciúmes) e *minḥaṯ-zikkārôn* (oferta memorial), indicando que seu propósito é trazer à luz a verdade escondida. O sacerdote então apresenta a mulher diante de YHWH:

> *wəhēqîḇ ʾōṯāh hakkōhēn wəhəʿĕmîḏāh lipnê YHWH*
> "E o sacerdote a trará e a colocará diante de YHWH." (Nm 5,16)

Essa frase estabelece que Deus é o juiz final desse caso. Não há tribunal humano envolvido – o resultado será decidido por meio da ação divina.O sacerdote pega água santa do tabernáculo, mistura-a com pó do chão e faz a mulher beber:

> *wəlāqaḥ hakkōhēn mayim qədōšîm bəḵlî-ḥāreś wəmin-hāʿāpār ʾăšer-yihyeh bəqarqaʿ hammmiškān yiqqaḥ hakkōhēn wənātan ʾel-hammayim*
>
> "E o sacerdote tomará água santa em um vaso de barro, e tomará do pó que está no chão do tabernáculo, e o colocará na água." (Nm 5,17)

A água e o pó do santuário simbolizam que a verdade será revelada por meio do julgamento divino. Se nos versículos anteriores o texto estabeleceu a necessidade de discernimento divino para resolver suspeitas de adultério, agora vemos a fórmula de maldição e o impacto desse julgamento sobre a mulher acusada. O propósito do ritual continua sendo a busca pela verdade, mas a metodologia é única: não há provas nem testemunhas, apenas a justiça divina atuando por meio da água amarga. Isso reflete um princípio fundamental na teologia bíblica: Deus não apenas exige fidelidade no casamento, mas também intervém diretamente quando essa fidelidade é questionada sem evidências claras. O sacerdote continua o procedimento declarando uma maldição condicional, na qual Deus julgará a mulher dependendo de sua inocência ou culpa. O texto introduz essa parte com uma afirmação solene:

> *wəhišbiʿâ ʾōṯāh hakkōhēn wəʾāmar ʾel-hāʾîšâ*
>
> "Então o sacerdote fará a mulher jurar e dirá à mulher" (Nm 5,21)

O juramento é a peça central do ritual. A mulher não está apenas bebendo a água amarga, mas assumindo um compromisso diante de YHWH de que, se for culpada, aceitará as consequências divinas.

> *yittēn YHWH ʾôtāḵ ləʾālāh ûləšəḇuʿâ bəṯôḵ ʿammeḵ*
>
> "Que YHWH te faça um sinal de maldição e de juramento no meio do teu povo." (Nm 5,21)

O objetivo desse julgamento não é a punição automática, mas a exposição da verdade. Se a mulher for inocente, nada lhe acontecerá; se for culpada, a maldição se tornará visível para toda a comunidade. A descrição da maldição continua de forma gráfica:

ləhanpîl yārēḵēḵ wəlāṣbîṭ bəṭnēḵ
"Fazendo inchar teu ventre e murchar tua coxa." (Nm 5,21)

Essa expressão sugere uma condição física visível e dolorosa que servirá como sinal público do julgamento divino. O significado exato dessas palavras tem sido debatido:

1. Alguns intérpretes acreditam que a referência ao ventre inchado e à coxa murcha implica em infertilidade ou até um aborto espontâneo.
2. Outros sugerem que é uma doença específica enviada por Deus como sinal da culpa.
3. Em qualquer caso, o texto enfatiza que a punição será visível e servirá de testemunho à comunidade.

A mulher responde ao juramento confirmando sua aceitação da maldição, caso tenha sido infiel:

wəʾāmrâ hāʾîšâ ʾāmēn ʾāmēn
"E a mulher dirá: Amém, Amém." (Nm 5,22)

A repetição de "Amém, Amém" enfatiza a seriedade do compromisso. Ela aceita que Deus revele a verdade, seja qual for o resultado. Agora, o sacerdote formaliza a maldição por meio de um gesto ritual:

wəkātāḇ ʾeṯ-hāʾālōṯ hāʾēlleh băsēp̄er ûmāḥâ ʾel-hammayim hammārîm
"E escreverá estas maldições em um rolo e as dissolverá na água amarga." (Nm 5,23)

Esse detalhe é notável porque a própria maldição escrita se torna parte do líquido que a mulher beberá. Isso simboliza que o julgamento de Deus agora está incorporado à água, e o destino da mulher será determinado por seu efeito sobre ela. A mulher então bebe a água:

> *wəhišqâ ʾeṯ-hāʾîšâ ʾet-mê hammārîm hammaʿărārîm*
> "E fará a mulher beber a água amarga que traz maldição."
> (Nm 5,24)

Essa é a parte decisiva do ritual. Se a mulher for culpada, a maldição entrará em vigor; se for inocente, nada acontecerá. Enquanto a mulher bebe a água, o sacerdote apresenta a *minḥaṯ-qinʾōṯ* (oferta de ciúmes):

> *wəlāqaḥ hakkōhēn miyaḏ hāʾîšâ ʾet-minḥaṯ haqqənāʾōṯ wəhēnîp ʾet-haminḥâ lipnê YHWH wəhīqrîḇ ʾōtāh ʾel-hammizbēaḥ*
> "E o sacerdote tomará da mão da mulher a oferta de ciúmes, e moverá a oferta perante YHWH, e a trará ao altar."
> (Nm 5,25)

Esse gesto reforça que o julgamento não é decidido pelo sacerdote ou pelo marido, mas por Deus. A oferta não é queimada como um holocausto de aroma agradável, mas como um ritual de julgamento. A conclusão do ritual apresenta os dois possíveis resultados:

1. Se a mulher for culpada:
   wənimṣəʾtâ hāʾîšâ ləṭumʾâ wətimʿəlâ bəmaʿăl bəʾîšâ
   "Se a mulher tiver se tornado impura e tiver cometido uma infidelidade contra seu marido." (Nm 5,27)

O texto reafirma que o julgamento de Deus é infalível. Se a mulher realmente pecou, os sintomas físicos confirmam sua culpa.

> *wəhiṣəḇəṯâ hāʾîšâ ləʾālāh bəqereḇ ʿammehâ*
> "Ela se tornará maldição no meio de seu povo." (Nm 5,27)

Isso indica que a mulher culpada será marcada publicamente por sua iniquidade.

2. Se a mulher for inocente:

wə'im-lō' nitmə'â hā'îšâ ûtəhōrâ hî' wəniqqətâ wənizrə'â zera'

"Mas se a mulher não se tiver tornado impura e for pura, será inocentada e poderá gerar descendência." (Nm 5,28)

Isso mostra que o ritual não apenas absolve a mulher inocente, mas também restaura sua dignidade e seu futuro. A menção da fertilidade (*wənizrə'â zera'*) sugere que a benção da concepção substitui a maldição da suspeita. O capítulo termina reafirmando a razão do ritual:

zō't təra't haqqənə'āwṯ

"Esta é a lei dos ciúmes." (Nm 5,29)

E enfatiza que o julgamento cabe a Deus:

wəniqqâ hā'îš mē'āwōn wəhā'îšâ hāhî' tiśśā' 'eṯ-'ăwōnāh

"O homem será livre de culpa, e a mulher levará sua iniquidade." (Nm 5,31)

Esse encerramento reforça que o ritual não é sobre vingança masculina, mas sobre justiça e verdade diante de YHWH.

Capítulo 6

Números 6 é um dos capítulos mais marcantes do livro, pois trata de duas realidades fundamentais dentro da espiritualidade israelita: o voto nazireu e a bênção sacerdotal. Se os capítulos anteriores enfatizaram a santidade da comunidade, agora vemos que essa santidade também pode ser expressa de forma individual e voluntária, por meio do nazireado (*nazîr*). Ao mesmo tempo, o capítulo termina com a famosa bênção aarônica, um dos textos mais belos e profundos das Escrituras, em que o próprio Deus promete colocar Seu nome sobre Israel. O capítulo pode ser dividido em duas partes:

- O voto nazireu (Nm 6,1-21): um compromisso especial de consagração a YHWH.

- A bênção sacerdotal (Nm 6,22-27): um pronunciamento divino de proteção e graça sobre o povo.

Esse equilíbrio entre o compromisso humano e a ação divina reflete *a dinâmica da aliança*: o povo se santifica para Deus, mas é Deus quem sustenta e abençoa Seu povo.

O capítulo se inicia com uma instrução divina:

> *dabbēr ʾel-bənê-yiśrāʾēl wəʾāmartā ʾălêhem ʾîš ʾô-ʾîšâ kî yaṯplīʾ lindōr neder nāzîr ləhazîr laYHWH*
> "Fala aos filhos de Israel e dize-lhes: homem ou mulher que fizer um voto especial, o voto nazireu, para se consagrar a YHWH." (Nm 6,2)

O nazireado (*nazîr*) era um compromisso voluntário de separação e dedicação especial a Deus. Diferente dos sacerdotes, cuja consagração era determinada pelo nascimento, qualquer israelita poderia fazer esse voto, seja homem ou mulher.

O verbo *yaṯplīʾ* (fazer um voto especial) sugere um ato solene e deliberado, indicando que essa decisão não deveria ser tomada levianamente. O compromisso nazireu tinha três proibições principais:

1. Abstenção do vinho e de qualquer produto da videira:
   mîyayin wəšēḵār yazîr ḥōmeṣ yayin wəḥōmeṣ šēḵār lōʾ yišteh wəḵāl-mishrat ʿănāḇîm lōʾ yišteh wəʿănāḇîm laḥîm wəyĭḇēšîm lōʾ yōḵēl
   "Do vinho e da bebida forte se separará; não beberá vinagre de vinho nem vinagre de bebida forte, nem beberá suco de uvas, nem comerá uvas frescas ou secas." (Nm 6,3)

O nazireu não deveria apenas se abster do álcool, mas de tudo que viesse da videira. O vinho, frequentemente associado à alegria e à comunhão social, era deixado de lado como um sinal de separação e sobriedade diante de Deus.

2. Não cortar o cabelo durante o período do voto:
   kāl-yĭmê nēḏer nizrô tāʿar lōʾ yaʿăḇōr ʿal-rōʾšô ʿaḏ-məlōʾt

> *hayyāmîm ʾăšer-yazîr laYHWH qādôš yihyê gadēl pərāʿ śəʿar rōʾšô*
> “Todos os dias do voto de sua consagração, navalha não passará sobre sua cabeça; até que se completem os dias em que se consagrará a YHWH, será santo; deixará crescer livremente os cabelos da cabeça.” (Nm 6,5)

O cabelo comprido servia como um sinal visível do voto. Essa prática ecoa a simbologia da força e da dedicação total a Deus, como será visto mais tarde na história de Sansão (Jz 13–16), um nazireu cuja força estava ligada ao cumprimento desse compromisso.

3. Evitar qualquer contato com cadáveres, mesmo de familiares:
   ʿal-kāl-nep̄eš mēt lōʾ-yāḇōʾ ləʾāḇîw ûləʾimmô ləʾāḥîw ûləʾaḥōtô lōʾ-yiṭṭammāʾ lāhem bəmôtām kî-nēzer ʾĕlōhāyw ʿal-rōʾšô
   “Por pessoa morta não se contaminará; nem por seu pai, nem por sua mãe, nem por seu irmão, nem por sua irmã, quando morrerem, porque a consagração do seu Deus está sobre sua cabeça.” (Nm 6,7)

Essa separação extrema da morte e da impureza reforça que o nazireu vive em um estado de santidade semelhante ao dos sacerdotes. Se um nazireu acidentalmente entrasse em contato com um cadáver, teria que reiniciar o voto do zero:

> *wəhizîr laYHWH ʾet-yĭmê nizrô wəhēbî keḇeś ben-šənatô ləʾāšām*
> “E consagrará novamente os dias de seu nazireado ao SENHOR, e trará um cordeiro de um ano por oferta pela culpa.” (Nm 6,12)

Isso mostra que o voto nazireu não podia ser interrompido ou modificado arbitrariamente. A consagração a Deus exigia pureza total. Quando o período do nazireado terminava, o nazireu ia ao tabernáculo e fazia ofertas específicas:

> *wəhigîʿa yĭmê nizrô yLJbîʾōṯô ʾel-petaḥ ʾōhel môʿēḏ*
> "Quando se completarem os dias do seu nazireado, trarão--no à entrada da Tenda da Congregação." (Nm 6,13)

Ele então raspava a cabeça e queimava o cabelo como um sacrifício especial a YHWH, simbolizando o encerramento do seu compromisso (Nm 6,18). O capítulo termina com uma das passagens mais conhecidas da Bíblia:

> *wayədabbēr YHWH ʾel-Mōšeh lēʾmōr*
> "E YHWH falou a Moisés, dizendo:" (Nm 6,22)

Aqui Deus entrega a Moisés uma bênção específica para ser proclamada pelos sacerdotes sobre Israel.

> *yLJḇārəḵəḵā YHWH wəyišmərəḵā*
> "o SENHOR te abençoe e te guarde." (Nm 6,24)

Deus abençoa e protege Seu povo, garantindo provisão e segurança.

> *yāʾēr YHWH pānāyw ʾēlêḵā wəyiḥunnəḵā*
> "o SENHOR faça resplandecer o Seu rosto sobre ti e tenha misericórdia de ti." (Nm 6,25)

A ideia de o rosto de Deus brilhar sobre alguém indica favor, graça e presença constante.

> *yīśśāʾ YHWH pānāyw ʾēlêḵā wəyāsēm ləḵā šālôm*
> "o SENHOR sobre ti levante o Seu rosto e te dê a paz." (Nm 6,26)

A paz (*šālôm*) aqui não é apenas ausência de conflito, mas plenitude, harmonia e bem-estar integral. A bênção conclui com uma promessa:

> *wəśāmû ʾeṯ-šəmî ʿal-bənê-yiśrāʾēl wəʾănî ʾăḇāreḵēm*
> "Assim colocarão o meu nome sobre os filhos de Israel, e eu os abençoarei." (Nm 6,27)

Isso significa que a bênção não é apenas uma declaração, mas uma transmissão real da presença e do favor de Deus sobre Israel.

Capítulo 7

O capítulo 7 de Números é um dos mais longos da Torá e representa um momento fundamental na consagração do culto israelita. O tabernáculo, cuja construção já havia sido concluída em Êxodo 40, agora passa por sua dedicação oficial, estabelecendo o altar como o centro do culto a YHWH. Se os capítulos anteriores organizaram a estrutura militar e a função dos levitas, Números 7 muda o foco para a adoração comunitária. A ênfase recai sobre a oferta das tribos, indicando que o culto não é apenas uma função dos sacerdotes, mas um ato que envolve todo o povo. A repetição detalhada das ofertas tribais pode parecer excessivamente longa e mecânica, mas essa estrutura tem um propósito litúrgico e teológico:

- Todas as tribos participam igualmente, sem privilégios ou distinções.
- O culto é um compromisso coletivo, não apenas sacerdotal.
- A doação de cada tribo reafirma seu vínculo com a aliança, expressando que toda Israel é responsável pelo tabernáculo.

O capítulo começa com a consagração do altar e dos utensílios sagrados:

> *wayəhî bəyôm kallōṯ Mōšeh ləhaqîm ʾeṯ-hammiškān wəmāšaḥ ʾōṯô wayəqaddēš ʾōṯô wəʾeṯ-kāl-kēlāyw wəʾeṯ-hammiḏbēḥ wəʾeṯ-kāl-kēlāyw wayəmāšaḥ ʾōṯām wayəqaddēš ʾōṯām*
> “E aconteceu, no dia em que Moisés terminou de levantar o tabernáculo, e o ungiu, e o santificou com todos os seus utensílios, e o altar com todos os seus utensílios, e os ungiu e os santificou.” (Nm 7,1)

A ênfase recai sobre dois verbos fundamentais:

- *māšaḥ* (ungir) → indica que o altar não é meramente um objeto funcional, mas foi separado para um propósito sagrado.
- *qaddēš* (santificar) → reforça que ele pertence exclusivamente a YHWH e não pode ser usado para qualquer outro fim.

Esta passagem ecoa Êxodo 40,33-35, em que, após a construção do tabernáculo, a glória divina o encheu, impedindo Moisés de entrar. Agora, o altar, centro do sistema sacrificial, está pronto para funcionar. Logo após a consagração, os líderes tribais apresentam sua oferta:

> *wayyaqrîḇû nəśî'ê yiśrā'ēl rā'šê bêṯ-'ăḇōṯām hem nəśî'ê hammaṭṭôṯ hem hāʿōmədîm ʿal-happəqudîm*
> "E os príncipes de Israel, os chefes das casas de seus pais, trouxeram ofertas; eram os príncipes das tribos, que supervisionavam os recenseamentos." (Nm 7,2)

Este detalhe é crucial: os mesmos líderes que organizaram o censo militar agora lideram a adoração. Isso indica que Israel não é apenas uma comunidade militar, mas uma comunidade de adoração. A liderança tribal não se limita a funções administrativas ou militares; ela tem uma dimensão espiritual. As ofertas iniciais incluem:

- Seis carros cobertos (*ʿăḡālōṯ ṣāḇ*).
- Doze bois (*bāqār*).

Esses carros e bois são destinados ao transporte do tabernáculo, mas sua distribuição não é uniforme:

- Os gersonitas recebem dois carros e quatro bois, pois carregam os tecidos e cortinas do tabernáculo.
- Os meraritas recebem quatro carros e oito bois, pois transportam as estruturas mais pesadas, como tábuas e colunas.
- Os coatitas não recebem carros, pois devem carregar os objetos sagrados nos ombros.

Esta distribuição segue um princípio de equidade divina: cada grupo recebe de acordo com sua necessidade, sem excessos ou faltas.

Os chefes tribais começam a apresentar suas ofertas individuais. Cada um traz exatamente a mesma oferta, e o texto repete integralmente cada uma delas doze vezes. As ofertas incluem:

- Um prato de prata (*qăʿărāṯ kesep̄*), pesando 130 siclos.
- Uma bacia de prata (*mizrāq kesep̄*), pesando 70 siclos.
- Ambos os utensílios cheios de flor de farinha misturada com azeite, para oferta de cereais.
- Um incensário de ouro (*kăp̄ṯōrāṯ zāhāḇ*), pesando 10 siclos, cheio de incenso.
- Um novilho, um carneiro e um cordeiro de um ano para o holocausto.
- Um bode para a oferta pelo pecado.
- Dois bois, cinco carneiros, cinco bodes e cinco cordeiros de um ano para o sacrifício de comunhão.

Por que tanta repetição?

- Afirma a igualdade das tribos → Nenhuma tribo é mais importante que outra; todas contribuem de maneira idêntica.
- Cria um efeito litúrgico e cerimonial → A repetição reforça a ideia de que cada tribo participa ativamente do culto, sem privilégios.
- Dá um tom de solenidade e ordem → Isso reflete a organização divina no relacionamento com Israel.

No final, o texto resume todas as ofertas:

> *zōʾṯ ḥănukkāṯ hammizbēaḥ bəyôm himmāšaḥ ʾōṯô*
> "Esta foi a dedicação do altar no dia em que foi ungido."
> (Nm 7,84)

Essa afirmação marca o altar como plenamente consagrado, pronto para receber os sacrifícios regulares de Israel.O capítulo termina com uma cena profundamente significativa:

> *ûbəḇōʾ Mōšeh ʾel-ʾōhel môʿēḏ lədabbēr ʾittô wayyišmaʿ ʾet-haqqôl midabbēr ʾēlāyw mêʿal hakkappōret ʾăšer ʿal-ʾărôn*

> *hāʿēḏûṯ mibbēyn šənê hakərûḇîm wayədabbēr ʾēlāyw*
> "E quando Moisés entrava na Tenda da Congregação para falar com Ele, ouvia a voz que lhe falava de cima do propiciatório, que estava sobre a Arca do Testemunho, entre os dois querubins; e assim Deus lhe falava." (Nm 7,89)

Aqui temos o momento culminante do capítulo: Deus fala a Moisés de entre os querubins sobre a Arca da Aliança.Isso confirma que o tabernáculo não é um espaço vazio, mas um local real de encontro entre Deus e Seu povo.

Capítulo 8

O capítulo 8 de Números articula um momento fundamental na organização cultual de Israel: a consagração dos levitas ao serviço do tabernáculo. Se os capítulos anteriores estabeleceram sua função e detalharam suas responsabilidades no transporte e manutenção do santuário, agora o foco se volta para a purificação ritual que os habilita a atuar dentro da estrutura sacerdotal. O princípio que rege essa passagem é claro: a santidade da presença divina exige mediação. Os levitas, ao assumirem esse papel, não pertencem mais a si mesmos, mas são ofertados a YHWH como substitutos dos primogênitos de Israel. Sua separação não é uma questão meramente organizacional, mas uma teologia da intercessão, na qual determinados membros da comunidade são designados para manter o culto funcionando em conformidade com a ordem divina. O capítulo detalha essa transição, combinando purificação ritual, sacrifícios e a imposição de mãos, em um processo que ecoa o próprio sistema sacrificial israelita. A narrativa se inicia com uma instrução divina concernente à iluminação do tabernáculo:

> *Dabbēr ʾel-ʾAhărōn wəʾāmartā ʾēlāyw bəhaʿălōṯəḵā ʾeṯ-hannērōṯ ʾel-mûl pənê hammenôrâ yāʾîrû šibʿat hannērōṯ*
> "Fala a Arão e diz-lhe: Quando acenderes as lâmpadas, elas devem iluminar em direção à frente do candelabro." (Nm 8,2)

A menção ao candelabro (*menôrâ*) no início do capítulo não é incidental. A luz que emana do tabernáculo simboliza a presença divina ativa no meio do povo, ecoando o primeiro ato da criação, quando Deus separa a luz das trevas. Se a construção do tabernáculo estabelece um microcosmo da ordem divina na terra, então o candelabro é o elemento que visibiliza essa realidade. A luz não apenas dissipa a escuridão física, mas manifesta a revelação divina que sustenta o povo na travessia do deserto. O detalhe de que as lâmpadas devem iluminar "em direção à frente do candelabro" sugere um direcionamento intencional da luz, possivelmente em direção à mesa dos pães da proposição, destacando a interrelação entre iluminação e provisão dentro da economia do santuário. A narrativa então se desloca para o rito de purificação dos levitas, um processo que não pode ser reduzido a uma formalidade ritual, mas que representa uma transformação fundamental em sua identidade. A ordem divina dada a Moisés é direta:

> *Qāḥ ʾeṯ-halləwiyyîm miṭṭôḵ bənê-yiśrāʾēl wəṭihartā ʾōṯām*
> "Toma os levitas do meio dos filhos de Israel e purifica-os."
> (Nm 8,6)

A escolha do verbo *ṭihēr* (purificar) reforça que a separação dos levitas não é meramente funcional, mas ontológica. O serviço no tabernáculo exige um estado de santidade que deve ser ativamente conferido. Esse processo se desdobra em três etapas principais:

> *Wəhizzāʾtā ʿălêhem mē-ḥaṭṭāʾṯ wəhēʿĕbîrû tāʿār ʿal-kāl-bəśārām wəḵibəsû śimlōtêhem wəhiṭṭāhārû*
> "E aspergirás sobre eles a água expiatória, e passarão navalha sobre todo o seu corpo, e lavarão suas vestes, e assim serão purificados." (Nm 8,7)

Cada um desses elementos carrega um simbolismo profundo. A aspersão com água expiatória (*mê-ḥaṭṭāʾṯ*) remete aos rituais de purificação descritos em Levítico, em que a água atua como um agente de remoção da impureza. A raspagem completa do corpo é um gesto radical de renascimento, no qual o indivíduo abandona sua identidade anterior e assume uma nova existência dentro do serviço cultual. Esse rito lembra outras práticas rituais da Antiguidade, nas quais a raspagem do corpo marcava a transição para uma nova fase da vida religiosa. A lavagem das vestes reforça que a pureza exterior deve refletir uma transformação interna, reiterando o princípio de que a santidade é tanto um estado espiritual quanto uma condição visível. Uma vez purificados, os levitas devem trazer ofertas sacrificiais antes de iniciarem seu serviço:

> *Wəlāqəḥû p̄ar ben-bāqār ûminḥātô sōlet bəlûlâ baššāmen ûp̄ar šēnî ben-bāqār tiqqaḥ ləḥaṭṭā'ṯ*
> "E tomarão um novilho com sua oferta de cereais, de flor de farinha misturada com azeite, e um segundo novilho tomarás como oferta pelo pecado." (Nm 8,8)

A presença da oferta pelo pecado (*ḥaṭṭā'ṯ*) sugere que, mesmo sendo separados para um serviço sagrado, os levitas não são inerentemente santos; eles precisam ser reconciliados com YHWH antes de assumirem sua função. O holocausto (*'ōlâ*), por sua vez, simboliza a consagração total ao serviço divino, enquanto a oferta de cereais aponta para a sustentação contínua do culto. O conjunto dessas ofertas revela que a mediação sacerdotal não ocorre de forma automática, mas exige uma contínua renovação da santidade por meio do sacrifício.O ápice da cerimônia ocorre quando os filhos de Israel impõem as mãos sobre os levitas:

> *Wəsāməḵû bənê-yiśrā'ēl 'eṯ-yəḏêhem 'al-halləwiyyîm*
> "E os filhos de Israel porão suas mãos sobre os levitas." (Nm 8,10)

Esse gesto, normalmente associado ao sacrifício de animais, transfere simbolicamente a identidade do ofertante para a oferta. Aqui, os levitas tornam-se uma oferenda viva, representando toda a nação diante de YHWH. Esse ato não apenas legitima sua função dentro do tabernáculo, mas reafirma que seu serviço não pertence a si mesmos; eles existem para a mediação entre Deus e Israel. Depois da purificação e da apresentação dos levitas diante de YHWH, a narrativa continua detalhando o processo pelo qual eles são formalmente consagrados ao serviço do tabernáculo. A segunda parte de Números 8 reforça a lógica sacrificial da consagração, delineando a substituição dos primogênitos de Israel pelos levitas e reiterando sua condição de oferenda viva a Deus. A estrutura do texto enfatiza que essa troca não é arbitrária, mas fundamentada no evento do Êxodo, quando os primogênitos de Israel foram poupados da décima praga no Egito. Assim, a identidade dos levitas é definida por uma teologia do resgate: eles existem como um grupo separado dentro de Israel porque sua vida está vinculada ao ato redentor de Deus. O capítulo prossegue descrevendo o início efetivo do serviço levítico, marcando a transição do seu estado de consagração para o exercício prático de suas funções no tabernáculo. A sequência da cerimônia de consagração começa com a apresentação dos levitas como uma oferta diante de YHWH:

> *Wəhēʿĕmîḏ ʾAhărōn ʾeṯ-halləwiyyîm tənûp̄â lipnê YHWH mēʾēṯ bənê-yiśrāʾēl wəhāyû ləʿăḇōḏ ʾeṯ-ʿăḇōḏaṯ YHWH*
> “E Arão apresentará os levitas como oferta movida diante de YHWH da parte dos filhos de Israel, para que sirvam no serviço de YHWH.” (Nm 8,11)

A expressão ***tənûp̄â*** (oferta movida) remete ao gesto ritual no qual a oferta era erguida e movida diante do altar como um reconhecimento de que pertencia integralmente a Deus. Aqui, os levitas assumem esse papel. Eles não são apenas designados para uma função; eles são entregues como uma oferenda, tornando-se propriedade divina. Esse conceito de pertencimento absoluto ao serviço sagrado ressoa ao longo da Escritura, apontando para a ideia de que a intercessão e o culto não podem ser tratados como tarefas ordinárias, mas exigem um comprometimento total. A oferta dos levitas é acompanhada por sacrifícios, reiterando que a consagração envolve tanto purificação quanto dedicação:

> *Wəhalləwiyyîm yisməḵû ʾet-yaḏêhem ʿal-rōʾš hap̄ār wəʿăśîṯā ʾeṯ-ʾeḥāḏ ḥaṭṭāʾṯ wəʾeṯ-hāʾāḥēr ʿōlâ laYHWH ləkappēr ʿal-halləwiyyîm*
> “E os levitas porão suas mãos sobre a cabeça dos novilhos,

> e oferecerás um como oferta pelo pecado e o outro como holocausto para YHWH, para fazer expiação pelos levitas." (Nm 8,12)

A imposição de mãos sobre os animais sacrificialmente aponta para uma transferência simbólica da identidade dos levitas para os sacrifícios. O novilho pelo pecado (*ḥaṭṭā'ṯ*) remove qualquer impureza que possa impedir sua aceitação no serviço sagrado, enquanto o holocausto (*ʿōlâ*) simboliza sua consagração total a Deus. Essa estrutura é essencial na teologia levítica: antes de se aproximarem de YHWH, os intercessores devem primeiro ser reconciliados com Ele. Essa ênfase na expiação antes do serviço será um princípio recorrente na relação entre sacerdócio e culto em Israel. Depois desse ritual, os levitas são novamente apresentados diante de YHWH:

> *Wəhēʿĕmîḏ ʾAhărōn ʾeṯ-halləwiyyîm tənûp̄â lipnê YHWH wəhēʿĕmîḏ ʾAhărōn ûḇānāyw ʾet-halləwiyyîm*
> "E Arão apresentará os levitas como oferta movida diante de YHWH, e Arão e seus filhos os separarão para o serviço." (Nm 8,13)

A repetição do termo *tənûp̄â* sugere que o ritual de entrega dos levitas não é um evento único, mas um reconhecimento contínuo de que seu serviço pertence exclusivamente a Deus. Além disso, o fato de Arão e seus filhos estarem encarregados dessa apresentação ressalta a estrutura hierárquica do tabernáculo: os sacerdotes supervisionam a consagração dos levitas, assim como os levitas auxiliarão os sacerdotes em suas funções diárias. A mediação é sempre necessária para que o contato com o sagrado não resulte em juízo. O texto então conecta essa separação ao evento do Êxodo, explicando por que os levitas assumem o lugar dos primogênitos de Israel:

> *Kî-nəṯûnîm nəṯûnîm hēmâ lî miʾeṯ bənê-yiśrāʾēl taḥaṯ p̄eṭer kōl-reḥem bəḇəkōr bənê-yiśrāʾēl ləqaḥtî ʾōṯām lî*
> "Porque eles me são completamente entregues do meio dos filhos de Israel, em lugar de todo primogênito que abre a madre, tomei-os para mim." (Nm 8,16)

A repetição enfática de *nəṯûnîm nəṯûnîm* (completamente entregues) reforça a ideia de que os levitas não pertencem mais a si mesmos ou a suas tribos de origem; sua identidade agora é definida pelo serviço. A menção ao primogênito (*bəkōr*) conecta essa separação ao livramento do Egito, em que Deus poupou os primogênitos israelitas e, em resposta, reivindicou-os como Seus. No entanto, em vez de exigir que cada família consagre seu primogênito ao serviço do tabernáculo, Deus designa os levitas como representantes coletivos dessa consagração. O versículo seguinte explicita essa substituição:

> *Kî-lî kōl-bəkōr bəbənê-yiśrāʾēl baʾādām ʿaḏ-bəbəhēmâ*
> *bəyôm hakkōṯî kōl-bəkōr bəʾereṣ-miṣrāyim hiqdaštî ʾōṯām lî*
> "Pois meu é todo primogênito entre os filhos de Israel, tanto dos homens quanto dos animais; no dia em que feri todos os primogênitos na terra do Egito, consagrei-os para mim." (Nm 8,17)

A relação entre primogênito e redenção é um tema central na teologia do Êxodo. A ideia subjacente é que a vida dos primogênitos de Israel foi preservada por Deus à custa da morte dos primogênitos egípcios. Esse evento estabelece um princípio de pertencimento: aqueles que foram resgatados não podem reivindicar autonomia, pois sua existência foi preservada por um ato de Deus. Os levitas agora incorporam essa teologia em sua própria identidade, servindo como representantes do povo no tabernáculo. A consagração dos levitas é então formalmente concluída com o início de seu serviço:

> *Wayyaʿaś Mōšeh wəʾAhărōn wəkāl-ʿăḏaṯ bənê-yiśrāʾēl*
> *laLēwiyyîm kāl-ʾăšer-ṣiwwā YHWH ʾeṯ-Mōšeh halləwiyyîm*
> *kēn ʿāśû lāhem*
> "E Moisés, Arão e toda a congregação dos filhos de Israel fizeram aos levitas conforme tudo o que YHWH ordenara a Moisés; assim fizeram por eles." (Nm 8,20)

O cumprimento exato da ordem divina é enfatizado como um testemunho da obediência do povo. A separação dos levitas não é uma escolha humana, mas uma ordenança direta de YHWH, que exige a conformidade da comunidade ao seu desígnio. Dessa forma, a identidade dos levitas se torna um lembrete constante de que Israel como um todo pertence a Deus, e que o culto deve ser realizado segundo Sua vontade. A narrativa continua reafirmando que o ritual de purificação e consagração dos levitas foi executado exatamente como YHWH havia ordenado a Moisés. A conclusão dessa cerimônia não apenas confirma a separação formal dos levitas para o serviço sagrado, mas também marca o início de sua atividade prática no tabernáculo. A ênfase do texto recai sobre a obediência à instrução divina e sobre o papel mediador dos levitas dentro da estrutura cultual de Israel. O serviço deles não é uma função opcional ou um privilégio, mas uma necessidade para que a presença de YHWH permaneça no meio do povo sem que o sagrado se torne um perigo para a comunidade.

> *Wayyitḥaṭṭəʾû halləwiyyîm wayyəḵabbəsû ḇəḡidêhem wayyaʿaś lāhem ʾAhărōn tənûp̄â lipnê YHWH wayəḵappēr ʿălêhem ləṭaḥărām*
> "E os levitas purificaram-se do pecado e lavaram suas vestes, e Arão os apresentou como oferta movida diante de YHWH e fez expiação por eles para purificá-los." (Nm 8,21)

A repetição do tema da purificação sugere que o serviço no tabernáculo exige um estado de santidade que não pode ser tratado de maneira superficial. O verbo *yitḥaṭṭəʾû* (purificaram-se do pecado) está na forma reflexiva, indicando que os próprios levitas participaram ativamente do processo de santificação. Isso reforça que, embora a mediação sacerdotal seja necessária, cada indivíduo tem uma responsabilidade pessoal na manutenção da pureza diante de Deus. A lavagem das vestes (*wayyəḵabbəsû ḇəḡidêhem*) simboliza a renovação externa que acompanha a purificação interna.

A oferta movida (*tənûp̄â*) realizada por Arão sela o processo de separação dos levitas. O gesto ritual, que normalmente era aplicado a sacrifícios animais, reforça a ideia de que os levitas são uma oferta viva a Deus. Sua existência não é definida por um pertencimento tribal comum, mas por sua função exclusiva no santuário. O termo *wayəḵappēr ʿălêhem* (fez expiação por eles) reitera que a purificação não é apenas ritual, mas também espiritual: a expiação é necessária para que possam assumir sua função sem trazer condenação sobre si mesmos ou sobre o povo.

> *Wəʾaḥarê-kēn bāʾû halləwiyyîm ləʿăḇōḏ ʾeṯ-ʿăḇōḏāṯām bəʾōhel môʿēḏ lipnê ʾAhărōn wəlipnê ḇānāyw kāʾăšer-ṣiwwā YHWH ʾeṯ-Mōšeh ʿal-halləwiyyîm kēn ʿāśû lāhem*
> "E depois disso os levitas vieram para fazer o seu serviço na Tenda da Congregação, diante de Arão e diante de seus filhos; conforme YHWH ordenara a Moisés acerca dos levitas, assim fizeram por eles." (Nm 8,22)

O verbo ***bāʾû*** (vieram) marca uma transição crucial: os levitas passam da condição de consagrados para a de servos ativos no tabernáculo. O serviço deles é explicitamente realizado "diante de Arão e diante de seus filhos", enfatizando que, embora tenham uma função sagrada, eles permanecem subordinados à autoridade sacerdotal. A referência à obediência estrita à ordem de YHWH reforça que essa estrutura hierárquica não é arbitrária, mas divinamente estabelecida.

> *Wayyədabbēr YHWH ʾel-Mōšeh lēʾmōr*
> "E YHWH falou a Moisés, dizendo:" (Nm 8,23)

Essa introdução a uma nova declaração divina prepara o leitor para uma instrução adicional sobre os limites do serviço levítico. A estrutura do texto sugere que, embora os levitas tenham sido consagrados, seu tempo de serviço não é indefinido, mas possui um início e um término bem determinados.

> *Zōʾṯ ʾăšer laLēwiyyîm mibben ḥāmēš wəʿeśrîm šānâ wāmāʿlâh yāḇōʾ ləṣəḇāʾ ṣāḇāʾ bəʿăḇōḏaṯ ʾōhel môʿēḏ*
> "Isto é o que se aplica aos levitas: desde a idade de vinte e cinco anos para cima, entrarão para assumir a responsabilidade do serviço na Tenda da Congregação." (Nm 8,24)

Aqui, há uma diferença aparente em relação a Números 4,3, em que a idade mínima para o serviço levítico é estabelecida como trinta anos. Essa variação pode indicar uma distinção entre os estágios do serviço: a partir dos vinte e cinco anos, os levitas começam um período de aprendizado e preparação, enquanto o trabalho pleno começaria aos trinta. Esse princípio reflete uma ênfase na maturidade e no treinamento antes que alguém possa assumir plenamente uma função sagrada. Diferente dos sacerdotes, que são consagrados por sua linhagem direta, os levitas precisam passar por um período de desenvolvimento antes de estarem aptos para o serviço.

> *Wəmi-ben ḥamiššîm šānâ yāšûḇ miṣəḇā' ha'ăḇōḏāh wəlō' ya'ăḇōḏ 'ôd*
> "E a partir da idade de cinquenta anos se retirará do serviço e não servirá mais." (Nm 8,25)

O serviço levítico não é vitalício. A idade de cinquenta anos marca o término das funções práticas, garantindo que aqueles que servem no tabernáculo estejam fisicamente aptos para as demandas do trabalho. Esse limite protege tanto o indivíduo quanto a integridade do serviço sagrado. Diferente do sacerdócio, que permanece vitalício para os descendentes de Arão, os levitas têm uma fase específica para desempenhar sua função. Esse modelo evita o desgaste excessivo e garante que a renovação dentro do grupo levítico ocorra de maneira ordenada.

> *Wəšērēt 'eṯ-'eḥāyw bə'ōhel mô'ēḏ ləmišmār wə'ăḇōdāh wəlā' ya'ăḇōḏ kōh tā'ăśeh laLēwiyyîm bəmišmərōṯām*
> "E ministrará a seus irmãos na Tenda da Congregação para guardar o serviço, mas não fará mais o trabalho. Assim farás aos levitas quanto às suas responsabilidades." (Nm 8,26)

Embora os levitas não estejam mais envolvidos diretamente nas tarefas mais exigentes após os cinquenta anos, eles ainda desempenham um papel no tabernáculo, auxiliando seus irmãos e supervisionando o serviço. O verbo *šērēt* (ministrará) sugere um papel de suporte e supervisão, garantindo que a transição entre gerações ocorra de maneira adequada. O serviço de Deus, portanto, não é simplesmente abandonado na velhice; ele assume novas formas, respeitando os limites da capacidade humana sem comprometer a continuidade do culto.

Capítulo 9

A narrativa de Números avança em sua estruturação teológica ao reafirmar a importância da Páscoa e ao apresentar a presença dinâmica de YHWH na condução do povo por meio da nuvem. Se os capítulos anteriores consolidaram a organização do tabernáculo e a consagração dos levitas, agora a atenção se volta para a relação entre culto e jornada. A Páscoa, que marcara o Êxodo como um evento único, reaparece como uma celebração contínua, mesmo em meio às condições provisórias do deserto. Esse culto não é meramente memorial; ele reforça a identidade do povo como aqueles que foram libertos por YHWH. Ao mesmo tempo, a presença divina manifesta-se de maneira ativa por meio da nuvem sobre o tabernáculo, enfatizando que a caminhada de Israel não é uma peregrinação arbitrária, mas uma marcha sob a condução de Deus. Assim, a identidade de Israel é definida simultaneamente pelo que se lembra e pelo que se obedece. A liberdade não é apenas uma memória do passado, mas um compromisso vivo no presente. A abertura do capítulo situa o comando divino no segundo ano após a saída do Egito:

> *Wayədabbēr YHWH ʾel-Mōšeh bəmidbar Sînay baššānâ haššēnît ləṣēʾtām mēʾereṣ-miṣrāyim baḥōdeš hāriʾšôn lēʾmōr*
> "E falou YHWH a Moisés no deserto do Sinai, no segundo ano depois de saírem da terra do Egito, no primeiro mês, dizendo." (Nm 9,1)

A menção ao tempo exato reforça a conexão com o Êxodo: um ano já se passou desde a libertação, mas Israel ainda está no deserto, distante da Terra Prometida. Essa colocação temporal sugere que a Páscoa não é apenas uma celebração da saída do Egito, mas um rito que deve ser mantido mesmo durante a peregrinação. A continuidade do culto em meio à transição enfatiza que a identidade de Israel não depende das circunstâncias geográficas, mas da aliança com YHWH. O deserto não suspende o compromisso litúrgico; pelo contrário, reforça sua necessidade. A ordem divina sobre a celebração da Páscoa é categórica:

> *Wəya'aśû bənê-yiśrā'ēl 'eṯ-happaśaḥ bəmô'ăḏô*
> "E os filhos de Israel celebrarão a Páscoa no seu tempo determinado." (Nm 9,2)

O termo *mô'ăḏô* (seu tempo determinado) aponta para a regularidade fixa do rito, conforme estipulado em Êxodo 12. A Páscoa não pode ser postergada ou ajustada conforme conveniências humanas; ela deve ser observada no tempo determinado por Deus. O culto, nesse sentido, não é apenas uma resposta espontânea da comunidade, mas um ato de obediência. A ordem de YHWH estrutura o ritmo da vida religiosa de Israel. A instrução prossegue detalhando a observância correta do rito:

> *Bə'ărba'â 'āśār yôm baḥōdeš hāzeh bēn hā'arəbayim ta'ăśû 'ōṯô 'al-ḥuqqōtāyw wə'al-mišpāṭāyw ta'ăśû 'ōṯô*
> "No dia catorze deste mês, à tardinha, a celebrareis; segundo todos os seus estatutos e todos os seus juízos, a celebrareis." (Nm 9,3)

O verbo *ta'ăśû* (celebrareis) aparece repetido, enfatizando que a Páscoa não é apenas um rito tradicional, mas um mandamento que deve ser cumprido com exatidão. A menção aos *ḥuqqôt* (estatutos) e *mišpāṭîm* (juízos) reforça que o ritual não pode ser alterado de acordo com preferências culturais ou circunstâncias imprevistas. A fidelidade ao modelo estabelecido é uma característica fundamental do culto israelita: o passado não pode ser reinventado, mas deve ser transmitido intacto às gerações futuras. A narrativa, então, apresenta uma tensão significativa: alguns israelitas encontram-se ritualmente impuros por terem tocado um cadáver e, portanto, não podem celebrar a Páscoa. Eles se aproximam de Moisés e Arão e fazem uma pergunta que carrega implicações teológicas profundas:

> *Lāmâ niggara' ləḇilti haqrîḇ 'eṯ-qorəbān YHWH bəmô'ăḏô bətôḵ bənê-yiśrā'ēl?*
> "Por que seremos privados de apresentar a oferta de YHWH no seu tempo determinado no meio dos filhos de Israel?" (Nm 9,7)

O verbo *niggaraʿ* (ser privado, diminuído) sugere que a impossibilidade de participar do culto não é apenas um obstáculo prático, mas uma perda existencial. A oferta pascal não é apenas um rito a ser cumprido; ela define a identidade do ofertante dentro da comunidade. A exclusão do culto significa exclusão da história de salvação. A pergunta desses homens ressoa com um dilema maior: como lidar com a impureza em um sistema no qual a pureza ritual é essencial para a participação no culto? Moisés, em vez de responder imediatamente, busca a orientação divina:

> *Wayyōʾmer Mōšeh ʿimdû wəʾešmaʿâ mah-yəṣawweh YHWH lākem*
> "E Moisés disse: Aguardai, e ouvirei o que YHWH vos ordena." (Nm 9,8)

Essa resposta revela que a lei, embora detalhada, ainda não cobre todas as circunstâncias possíveis. A legislação mosaica não é um código fechado; ela requer a contínua revelação da vontade de Deus. Moisés age como mediador, demonstrando que as ambiguidades da vida não podem ser resolvidas apenas com base na tradição passada, mas exigem uma busca contínua pela palavra viva de YHWH. A resposta divina introduz um princípio de flexibilidade dentro da rigidez do culto:

> *ʾÎš ʾîš kî-yihyeh ṭāmēʾ lənep̄eš ʾô bəderek̲ rəḥōqâ lākem ʾô lədōrōṯêk̲em wəʿāśâ pəsaḥ laYHWH*
> "Se alguém estiver impuro por um morto ou estiver em viagem distante, ele celebrará a Páscoa a YHWH." (Nm 9,10)

A provisão para uma segunda celebração, um mês depois, demonstra que a lei não existe para excluir, mas para regular o acesso ao sagrado. A santidade exige ordem, mas essa ordem não pode ser um instrumento de alienação dentro da comunidade. A flexibilidade dentro da legislação mosaica não significa relativização da norma, mas a garantia de que ninguém será privado da comunhão com YHWH devido a circunstâncias fora de seu controle. O texto reforça que a segunda celebração deve seguir os mesmos padrões da primeira:

> *Băḥōdeš haššēnî bəʿărbaʿâ ʿāśār yôm bēn hāʿarəbayim yaʿăśû ʾōṯô ʿal-matzôt ûmərōrîm yōʾḵəlûhû*
> "No segundo mês, no dia catorze, à tardinha, a celebrarão; com pães ázimos e ervas amargas a comerão." (Nm 9,11)

A estrutura ritual não pode ser modificada. A repetição dos elementos essenciais da Páscoa (pães ázimos e ervas amargas) sugere que a inclusão no culto não significa a diluição de seu significado. A tradição deve ser preservada mesmo na adaptação. A Páscoa, portanto, é reafirmada não apenas como um evento passado, mas como um compromisso vivo. A identidade de Israel não se define apenas pelo que foi feito, mas pelo que continua sendo celebrado. O culto não é apenas um memorial, mas um meio de participação contínua na aliança. A continuidade da instrução sobre a Páscoa reflete a necessidade de fidelidade absoluta ao modelo instituído por YHWH. A permissão para que aqueles que estavam impuros celebrem a festa no segundo mês não altera os requisitos fundamentais do rito. A aliança com YHWH é inclusiva, mas não permissiva; ela abre espaço para circunstâncias excepcionais sem comprometer a estrutura litúrgica que preserva a identidade do povo. Assim, a repetição das normas reforça que a adaptação não equivale à flexibilização do culto.

> *Lōʾ yašʾîrû mimmennu ʿaḏ-bōqer wəʿeṣem lōʾ yišbərû bō kəkāl-ḥuqqat happāśaḥ yaʿăśû ʾōṯô*
> "Nada deixarão dele até a manhã, e nenhum osso lhe quebrarão; segundo todo o estatuto da Páscoa a celebrarão." (Nm 9,12)

A instrução sobre não deixar restos da carne do cordeiro até a manhã e a proibição de quebrar seus ossos remonta a Êxodo 12,10-46, reforçando a sacralidade da refeição pascal. O verbo *yašʾîrû* (deixar, remanescer) indica que a Páscoa não pode ser tratada como uma refeição comum; sua consumação completa simboliza a totalidade da redenção. A frase *ʿeṣem lōʾ yišbərû* (nenhum osso quebrarão) adquire um significado profético no Novo Testamento, sendo aplicada a Cristo na cruz (Jo 19,36). O cordeiro pascal, sem ossos quebrados, torna-se um símbolo da integridade do sacrifício redentor.

A exigência de estrita conformidade à lei levanta a questão do que acontece com aqueles que negligenciam a celebração sem motivo legítimo:

> *Wəhā'îš 'ăšer-hû' ṭāhôr ûbəderek̲ lō' hāyâ wəḥādal la'ăśōt̲ happāśaḥ wənīkərətâ hannep̄eš hahî' mē'ammêhâ kî-qorəbān YHWH lō' hīqrîb̲ bəmô'ăd̲ô ḥaṭṭō' yissa' hā'îš hahû'*
> "Mas o homem que estiver puro e não estiver em viagem, e deixar de celebrar a Páscoa, essa pessoa será eliminada do meio do seu povo, pois não apresentou a oferta de YHWH no seu tempo determinado; esse homem levará o seu pecado." (Nm 9,13)

O verbo *ḥādal* (negligenciar, deixar de fazer) aqui assume um peso teológico significativo: não celebrar a Páscoa deliberadamente não é um mero descuido, mas um ato de ruptura com a aliança. A frase *wənīkərətâ hannep̄eš hahî'* (essa pessoa será eliminada) sugere excomunhão da comunidade, um destino grave que ressalta a centralidade do rito pascal. A negligência não resulta apenas em separação física, mas em uma alienação espiritual, pois aquele que rejeita a Páscoa rejeita a própria redenção oferecida por YHWH. A noção de *ḥaṭṭō' yissa'* (levará o seu pecado) implica que a consequência não é apenas administrativa, mas ontológica; a responsabilidade pelo afastamento recai integralmente sobre o transgressor. O princípio da inclusão na celebração se estende ao estrangeiro residente em Israel:

> *Wəkî-yāgûr 'îš-gēr bətôk̲əm wə'āśâ pəsaḥ laYHWH kəḥuqqat happāśaḥ ûkəmišpāṭō kēn ya'ăśâ ḥuqqâ 'aḥat̲ yihyeh lākem laggēr wələ'ezrāḥ hā'āreṣ*
> "Se um estrangeiro habitar entre vós e celebrar a Páscoa a YHWH, segundo o estatuto da Páscoa e segundo o seu juízo, assim a celebrará; uma só lei haverá para vós, tanto para o estrangeiro como para o natural da terra." (Nm 9,14)

A menção ao *gēr* (estrangeiro residente) reforça que a aliança de YHWH não se restringe a um grupo étnico fechado, mas está aberta àqueles que se submetem às suas ordenanças. A frase *ḥuqqâ 'aḥat̲ yihyeh lākem* (uma só lei haverá para vós) ecoa Êxodo 12,49 e sugere que a participação na redenção divina está disponível para todos que se dispõem a se integrar à comunidade da fé. Esse princípio antecipa a teologia neotestamentária da inclusão dos gentios na aliança, em que a pertença ao povo de Deus não é definida por sangue, mas por fidelidade ao pacto. A partir do versículo 15, a narrativa muda de foco, passando da Páscoa para a manifestação visível da presença de YHWH por meio da nuvem sobre o tabernáculo:

> *Ûbəyôm hāqîm ʾeṯ-hammiškān kîssâ hāʿānān ʾeṯ-hammiškān ləʾōhel hāʿēḏûṯ ûbāʿereḇ yihyeh ʿal-hammiškān kəmarʾēḥ-ʾēš ʿaḏ-bōqer*
> "E no dia em que o tabernáculo foi levantado, a nuvem o cobriu, a saber, a tenda do testemunho, e à tarde estava sobre o tabernáculo como aparência de fogo até pela manhã." (Nm 9,15)

A nuvem e o fogo são símbolos recorrentes da presença divina na Escritura, evocando a teofania do Sinai (Êx 19,16-18) e a coluna que guiava Israel desde o Êxodo (Êx 13,21-22). O verbo *kîssâ* (cobriu) sugere não apenas proteção, mas a manifestação da glória de Deus envolta em mistério. O tabernáculo não é meramente um espaço físico; ele é o ponto de encontro entre o humano e o divino. A alternância entre nuvem e fogo reforça que YHWH não é um Deus distante, mas um Deus que conduz, ilumina e habita no meio do povo. A presença da nuvem não é estática, mas reguladora do movimento de Israel:

> *Wələp̄î hāʿānān yisʿû ûləp̄î hāʿānān yaḥănû*
> "Conforme a nuvem se levantava, partiam; e conforme a nuvem parava, acampavam." (Nm 9,17)

O verbo *yisʿû* (partiam) e *yaḥănû* (acamparam) destacam que a jornada não é conduzida por estratégia militar ou por vontade humana, mas pela direção divina. Israel não escolhe seu próprio caminho; ele segue a presença de Deus. Essa teologia da peregrinação subverte o conceito de autonomia: a verdadeira liberdade não consiste em decidir por si mesmo, mas em caminhar na obediência à vontade de

YHWH. A dependência da nuvem não se restringe a tempos curtos; pode durar dias, meses ou anos:

> *ʿal-pî YHWH yisʿû ʿal-pî YHWH yaḥănû ʾeṯ-mishmèreṯ YHWH šāmārû ʿal-pî YHWH bəyaḏ-Mōšeh*
> "Pela ordem de YHWH partiam, e pela ordem de YHWH acampavam; guardavam a ordem de YHWH, conforme o mandado de YHWH por meio de Moisés." (Nm 9,23)

A repetição de *ʿal-pî* YHWH (pela ordem de YHWH) reforça que a caminhada de Israel é um ato de escuta e obediência. A fé no deserto não se resume a esperar passivamente pela terra prometida, mas a viver sob a orientação diária de Deus. Esse modelo de dependência radical antecipa a oração do Pai Nosso: "Seja feita a tua vontade" (Mt 6,10). Seguir a nuvem é viver em constante prontidão, confiando que o tempo e a direção pertencem ao Senhor.

Capítulo 10

A ordem de marcha de Israel não é apenas uma questão de logística, mas um ato de obediência litúrgica. Se a presença da nuvem no capítulo anterior enfatizou a condução divina como critério para o deslocamento do povo, aqui as trombetas sacerdotais regulam a resposta humana a esse comando. O culto e a caminhada são interdependentes: Israel não marcha por iniciativa própria, mas em resposta a sinais específicos que indicam o tempo certo de partir e de acampar. A presença de YHWH no centro do acampamento garante que o deslocamento do povo não seja arbitrário, mas um ato ordenado e ritualizado, uma peregrinação sagrada no deserto. A introdução das *ḥăṣōṣərōṯ kesep̄* (trombetas de prata) não é meramente funcional; trata-se de um instrumento que traduz a voz de YHWH em som audível. Diferente dos *šōp̄ārîm* (chifres de carneiro), tradicionalmente usados em contextos militares e cultuais, essas trombetas são de metal e feitas por ordem divina, reforçando sua função distinta dentro da vida religiosa de Israel. O comando:

> *ʿăśēh ləkā šətê ḥăṣōṣərōṯ kesep̄ miqšâ taʿăśeh ʾōṯām wəhāyû ləkā ləmiqrāʾ hāʿēḏâ ûləmaśśaʿ ʾet-hammaḥănōṯ*
> "Faze para ti duas trombetas de prata; de obra batida as farás, e elas te servirão para convocação da congregação e para a partida dos acampamentos." (Nm 10,2)

O verbo *ʿăśēh* (faze) indica que a confecção das trombetas não é uma inovação humana, mas uma ordem direta de YHWH. O fato de serem *miqšâ* (obra batida) sugere um trabalho artesanal cuidadoso, indicando que esses instrumentos não são comuns, mas possuem um status sacralizado dentro do culto israelita. A dupla função das trombetas, *ləmiqrāʾ hāʿēḏâ* (para convocação da congregação) e *ləmaśśaʿ ʾet-hammaḥănōṯ* (para a partida dos acampamentos), estabelece uma conexão intrínseca entre culto e movimento. O som das trombetas não apenas sinaliza ação, mas também reafirma a soberania de Deus sobre a marcha de Israel. A distinção entre diferentes toques é relevante:

> *Ûṯqăʿṯem bāhēn wənōʿădû ʾēlêkā kāl-hāʿēḏâ ʾel-petaḥ ʾōhel môʿēḏ*
> "E quando as tocares, toda a congregação se reunirá a ti, à porta da Tenda da Congregação." (Nm 10,3)

> *Wəʾim bəʾaḥăṯ yiṯqāʿû wənōʿădû ʾēlêkā hannəśîʾîm rōʾšê ʾalp̄ê yiśrāʾēl*
> "Mas se apenas uma for tocada, os príncipes, chefes dos milhares de Israel, se reunirão a ti." (Nm 10,4)

Essa diferenciação de sons reflete a estrutura organizacional de Israel. O toque de ambas convoca toda a comunidade, enquanto o toque de apenas uma trombeta chama apenas a liderança. A revelação divina não ocorre de maneira indistinta; há momentos em que a congregação inteira deve responder, e há momentos em que apenas os líderes precisam agir. Além de convocar, as trombetas servem para ordenar a movimentação do acampamento:

> *Ûṯqăʿṯem tərûʿâ wənāsəʿû hammaḥănōṯ hăḥōnîm qēḏmâ*

> "E quando tocais um alarme, partirão os acampamentos que estão acampados ao leste." (Nm 10,5)

A palavra *tərûʿâ* (alarme, clamor) difere de um simples toque de convocação. O som aqui não é apenas um chamado, mas um comando que desencadeia ação. Isso reforça a dimensão ritual da marcha: Israel não se move por vontade própria, mas em resposta ao som divinamente autorizado. O uso militar das trombetas reforça a relação entre guerra e culto:

> *Wəkî tāḇōʾû milḥāmâ bəʾarṣəḵem ʿal-hăṣṣar hăṣṣōʾrēr ʾeṯḵem wəhărîʿōṯem baḥăṣōṣərōṯ wənizkarəṯem lip̄nê YHWH ʾĕlōhêkem wənōšăʿtəm mēʾōyəḇêkem*
> "E quando vierdes à guerra em vossa terra contra o adversário que vos aflige, tocareis as trombetas e sereis lembrados perante YHWH, vosso Deus, e sereis salvos de vossos inimigos." (Nm 10,9)

O som das trombetas não é apenas uma estratégia militar; ele tem um caráter teológico. O verbo *nizkarəṯem* (sereis lembrados) implica que a guerra de Israel não é apenas uma disputa política, mas um evento no qual YHWH intervém como protagonista. A salvação (*nōšăʿtəm*) não vem da força militar, mas do favor divino, que é invocado por meio do som sagrado. Se a primeira parte de Números 10 introduziu as *ḥăṣōṣərōṯ kesep̄* (trombetas de prata) como meio de convocação e comando para a marcha, agora a narrativa amplia sua função para a vida cultual de Israel, conectando sua utilização às solenidades religiosas. A passagem estabelece que a vida do povo não é definida apenas pelo deslocamento, mas pelo ritmo da adoração e da memória da aliança. O movimento e o culto são entrelaçados: a marcha de Israel ocorre no tempo divino, e a celebração das festas reforça a presença contínua de YHWH em meio ao povo. A guerra, o culto e a jornada não são dimensões separadas da existência israelita; todas são reguladas pela voz divina, seja manifestada na nuvem, seja soando através das trombetas. A seção se inicia com um novo uso das trombetas, agora ligadas ao calendário litúrgico de Israel:

> *Ûbəyôm śimḥaṯkem ûbəmôʿăḏêḵem ûbərāʾšê ḥədāšêḵem ṯiqəʿû baḥăṣōṣərōṯ ʿal-ʿōlōṯêḵem wəʿal-zibḥê šalmêḵem wəhāyû ləḵem ləzikkārôn lip̄nê ʾĕlōhêkem ʾănî YHWH ʾĕlōhêḵem*
>
> "E nos dias da vossa alegria, nas vossas solenidades e nos começos dos vossos meses, tocareis as trombetas sobre os vossos holocaustos e sobre os vossos sacrifícios de comunhão, e elas serão para vós por memorial diante do vosso Deus; Eu sou YHWH, vosso Deus." (Nm 10,10)

A menção aos *yôm śimḥâ* (dias de alegria) e *môʿăḏîm* (festas designadas) situa o uso das trombetas dentro do contexto ritual de Israel. O toque das trombetas não apenas convoca o povo para marchar, mas marca o tempo sagrado, garantindo que a experiência do culto seja uma extensão da obediência à voz de Deus. A inclusão dos *rāʾšê ḥədāšîm* (princípios dos meses) indica que a estruturação do tempo em Israel é teológica: cada novo ciclo do calendário é marcado pela proclamação da soberania de YHWH. O verbo *zāḵar* (lembrar) aparece aqui na forma nominal *zikkārôn* (memorial), um termo central na teologia do culto israelita. O toque das trombetas não apenas anuncia um evento, mas evoca a memória da aliança. O culto não é apenas um ato de gratidão, mas um meio de manter viva a presença de Deus na consciência coletiva de Israel. Essa ênfase ressoa na fórmula conclusiva *ʾănî* YHWH *ʾĕlōhêḵem* (Eu sou YHWH, vosso Deus), reforçando que cada festa, cada toque da trombeta, cada sacrifício é um ato de reconhecimento da soberania divina. Após essa instrução litúrgica, a narrativa muda de tom e marca o momento crítico da primeira partida de Israel do Sinai:

> *Wayəhî baššānâ haššēnît baḥōdeš haššēnî bəʿeśrîm băḥōdeš nāsăʿ hāʿānān mēʿal miškan hāʿēḏûṯ*
>
> "E aconteceu que, no segundo ano, no segundo mês, no vigésimo dia do mês, a nuvem se levantou de sobre o tabernáculo do testemunho." (Nm 10,11)

O tempo exato é cuidadosamente registrado: *baššānâ haššēnît baḥōdeš haššēnî bəʿeśrîm băḥōdeš* (no segundo ano, no segundo mês, no vigésimo dia do mês). Essa precisão sugere que o evento é um marco na história da peregrinação. Desde que chegaram ao Sinai, Israel permaneceu estacionado, recebendo instruções sobre a lei e a organização do culto. Agora, a marcha recomeça, e a teologia da nuvem volta a ser central. A nuvem que cobre o tabernáculo não é apenas um fenômeno visual; ela representa a presença dinâmica de Deus que regula a vida de Israel. O verbo *nāsăʿ* (levantar-se, partir) indica que a presença de Deus não é fixa; ela se move, exigindo que Israel permaneça atento e disposto a seguir. A narrativa enfatiza que a marcha de Israel não é autônoma; ela acontece apenas quando YHWH determina.

> *Wayyisʿəʿû bənê-yiśrāʾēl ləmaʿăsəʿêhem mimmidbar Sînay wəyiššəḵēn hāʿānān bəmidbar pāʾrān*
> “E partiram os filhos de Israel segundo suas jornadas, do deserto do Sinai, e a nuvem pousou no deserto de Parã.” (Nm 10,12)

O deslocamento de *mimmidbar Sînay* (do deserto do Sinai) para *bəmidbar pāʾrān* (no deserto de Parã) é significativo. O Sinai foi o local da revelação e da aliança; Parã representa a entrada na jornada de peregrinação real. O verbo *yiššəḵēn* (pousou) contrasta com *nāsăʿ* (levantou-se, no v.11), enfatizando que a presença de Deus conduz e regula o acampamento. A partir do versículo 13, a ordem de marcha segue conforme o esquema detalhado em Números 2. A tribo de Judá lidera o avanço, em conformidade com a bênção de Jacó em Gênesis 49,10:

> *Wayyisʿăʾ rîʾšôn ləpî ʾĕt-YHWH bəyaḏ-Mōšeh*
> “E partiram primeiro conforme a ordem de YHWH por meio de Moisés.” (Nm 10,13)

O uso de *ləpî* (conforme a boca [palavra] de YHWH) reafirma que a movimentação de Israel não segue um planejamento humano, mas uma direção divina explícita. O verbo *wayyisʿăʾ* (e partiram) mantém o tom litúrgico da marcha, indicando que o deslocamento é uma resposta ritual à ordem de Deus. O esquema tribal de marcha é reiterado nos versículos seguintes:

Wayyisʿăʾ diglô maḥănê bənê-yəhûḏâ rîʾšôn ləṣibʾōṯām ûʿal-ṣəḇāʾô nāḥšôn ben-ʿammînāḏāḇ
"E partiu primeiro, segundo seu estandarte, o acampamento dos filhos de Judá, segundo seus exércitos; e sobre o seu exército estava Naassom, filho de Aminadabe." (Nm 10,14)

A escolha de Judá para liderar reflete seu papel central dentro da narrativa bíblica. Desde Gênesis 49,8-12, a tribo de Judá é associada à realeza e à liderança. O termo *diglô* (seu estandarte) sugere que a marcha segue um padrão militar, mas dentro de uma estrutura teológica. O uso de *ṣibʾōṯām* (seus exércitos) reforça essa imagem. Na sequência, as outras tribos seguem conforme a ordem já estabelecida:

Wəʿal-ṣəḇāʾ maṭṭê bənê-yiśśāśḵār nəṯanʾēl ben-ṣûʿār
"E sobre o exército da tribo dos filhos de Issacar estava Natanael, filho de Zuar." (Nm 10,15)

Wəʿal-ṣəḇāʾ maṭṭê bənê-zəḇûlûn ʾĕlîʾāḇ ben-ḥēlôn
"E sobre o exército da tribo dos filhos de Zebulom estava Eliabe, filho de Helom." (Nm 10,16)

A repetição dessa fórmula enfatiza que cada tribo marcha sob sua bandeira, dentro de uma estrutura ordenada e hierárquica. A presença de nomes individuais reflete que a liderança não é anônima; cada chefe tribal tem um papel específico dentro da organização do povo. A marcha de Israel, então, não é apenas um deslocamento geográfico, mas uma progressão teológica, uma resposta ritual à presença de Deus. A obediência ao som das trombetas, a ordem tribal e a liderança divina garantem que a peregrinação não seja caótica, mas uma manifestação visível da fidelidade de YHWH e da identidade sagrada do povo.

Wayyûrēḏû hammiškān wənāsəʾû bənê-gēršôn ûbənê-mərārî nōśəʾê hammmiškān
"Então o tabernáculo foi desmontado, e partiram os filhos de Gérson e os filhos de Merari, os que transportavam o tabernáculo." (Nm 10,17)

Se os versículos anteriores descreveram a marcha das tribos líderes, aqui a atenção volta-se para o transporte do santuário. O tabernáculo, estrutura central da habitação divina, não pode permanecer fixo quando o povo se move. O verbo *yûrēḏû* (foi desmontado) indica que a santidade do espaço não está vinculada a um local geográfico, mas à presença dinâmica de YHWH. Os filhos de Gérson e de Merari, responsáveis pelas cortinas, colunas e coberturas do tabernáculo, partem primeiro, garantindo que, ao chegarem ao próximo acampamento, o espaço sagrado possa ser reconstruído antes da chegada dos objetos mais sagrados.

> *Wayyisʿû diglô maḥănê rəʾûḇēn ləṣibʾōṯām wəʿal-ṣəḇāʾô ʾĕlîṣûr ben-šəḏêʾûr*
> "E partiu sob seu estandarte o acampamento dos filhos de Rúben, segundo seus exércitos, e sobre seu exército estava Elizur, filho de Sedeur." (Nm 10,18)

A tribo de Rúben, descendente do primogênito de Jacó, marcha na segunda posição, seguida por Simeão e Gade. Essa estrutura segue a organização já estabelecida em Números 2, na qual Judá lidera e Rúben ocupa a segunda posição. O termo *diglô* (seu estandarte) reforça que a marcha não é aleatória, mas ocorre dentro de um esquema bem definido, em que cada tribo segue sob sua bandeira e dentro de sua unidade militar.

> *Wayyisʿû bənê-qəhāṯ nōśəʾê hammiqdāš wəhēqîmû ʾet-hammiškān ʿaḏ-bōʾām*
> "E partiram os filhos de Coate, os que transportavam os objetos sagrados, e o tabernáculo era erguido antes da sua chegada." (Nm 10,21)

Aqui se destaca um detalhe crucial: os coatitas, encarregados dos objetos mais sagrados do tabernáculo, partem após os gersonitas e meraritas. Isso garante que, ao chegarem ao novo local, o tabernáculo já esteja montado, e os objetos sagrados possam ser colocados diretamente dentro dele. O verbo *hēqîmû* (eles o erguiam) no tempo imperfeito enfatiza que a estrutura do tabernáculo precede a chegada dos objetos sagrados, evitando que permaneçam desprotegidos no novo acampamento. Essa organização detalhada reforça que a jornada de Israel não é apenas uma travessia pelo deserto, mas uma peregrinação estruturada que preserva a santidade do culto.

> *Wayyisʿû diglô maḥănê bənê-ʾĕp̄rayim ləṣibʾōṯām wəʿal-ṣəḇāʾô ʾĕlîšāmāʿ ben-ʿammîhûḏ*
> "E partiu sob seu estandarte o acampamento dos filhos de Efraim, segundo seus exércitos, e sobre seu exército estava Elisama, filho de Amiúde." (Nm 10,22)

A tribo de Efraim lidera o terceiro grupo de acampamentos, seguido por Manassés e Benjamim. A posição de Efraim reflete a bênção de Jacó em Gênesis 48,19, em que ele supera Manassés em proeminência. Sua liderança sobre esse grupo enfatiza seu papel futuro na história de Israel, especialmente no Reino do Norte. O padrão da marcha, sempre conforme as divisões tribais previamente estabelecidas, mantém a identidade de cada grupo dentro do deslocamento coletivo.

> *Wayyisʿû diglô maḥănê bənê-dān māʾasēp̄ ləkāl-hammaḥănōṯ ləṣibʾōṯām wəʿal-ṣəḇāʾô ʾăḥîʿezer ben-ʿammîšadday*
> "E partiu sob seu estandarte o acampamento dos filhos de Dã, a retaguarda de todos os acampamentos, segundo seus exércitos, e sobre seu exército estava Aiezer, filho de Amisadai." (Nm 10,25)

A tribo de Dã ocupa a posição de *māʾasēp̄* (retaguarda), garantindo que nenhuma tribo seja deixada para trás e protegendo os mais vulneráveis. Essa posição estratégica reflete a natureza da marcha de Israel como uma comunidade unificada, em que até mesmo a retaguarda tem uma função essencial. O verbo *nāsăʿ* (partir) aparece repetidamente, reforçando a ordem e continuidade do movimento.

> *Wayyōʾmer Mōšeh ləḥōḇāḇ ben-rəʿûʾēl hammidyanî ḥōṯēn Mōšeh nāsîm ʾănaḥnû ʾel-hammāqôm ʾăšer-ʾāmar YHWH*

> *ʾōṯô ʾettēn lākem ləḵā ʾittānû wəhêṭaḇnû lākî YHWH dibber-ṭôḇ ʿal-yiśrāʾēl*
> “E disse Moisés a Hobabe, filho de Reuel, o midianita, sogro de Moisés: ‘Estamos partindo para o lugar do qual YHWH disse: Eu vo-lo darei; vem conosco, e te faremos bem, pois YHWH prometeu coisas boas a Israel.’” (Nm 10,29)

O convite de Moisés a Hobabe introduz um elemento humano dentro da marcha divina. Embora a presença de YHWH guie Israel pela nuvem, Moisés reconhece a necessidade da experiência humana na jornada. A frase *nāsîm ʾănaḥnû* (estamos partindo) sugere um movimento deliberado, enquanto a referência ao *māqôm* (lugar) alude à Terra Prometida como um destino divinamente designado. A insistência de Moisés indica que, mesmo sob orientação celestial, a caminhada exige sabedoria prática.

> *Wayyōʾmer ʾēlāyw lōʾ ʾēl-ʾarṣî wəʾel-môlaḏtî ʾēlêḵ*
> “E ele lhe respondeu: ‘Não irei; antes, voltarei para a minha terra e para a minha parentela.’” (Nm 10,30)

Hobabe recusa inicialmente o convite, expressando um desejo de retornar à sua terra natal. A estrutura paralela *ʾēl-ʾarṣî wəʾel-môlaḏətî* (para minha terra e para minha parentela) sugere que sua identidade está enraizada em sua origem tribal e familiar. O contraste entre a chamada divina para Israel seguir adiante e o desejo de Hobabe de voltar para sua terra cria uma tensão entre o chamado da aliança e os laços naturais da pátria.

> *Wayyisʿû mēhar YHWH derek šelōšet yāmîm wəʾărôn bərîṯ YHWH nōsēʾ lipnêhem*
> “E partiram do monte de YHWH caminho de três dias, e a Arca da Aliança de YHWH ia adiante deles.” (Nm 10,33)

A referência ao *har* YHWH (monte de YHWH) sugere que o Sinai já não é mais o centro da experiência de Israel; agora, a presença de Deus se move com o povo. A Arca da Aliança lidera o caminho, reafirmando que a jornada não é apenas territorial, mas teológica. Os versículos finais introduzem uma doxologia, uma invocação de Moisés sempre que a Arca se movia e repousava, marcando a peregrinação como um evento litúrgico e cósmico. O deslocamento de Israel não é um ato ordinário, mas um movimento orientado pelo próprio Deus.

Capítulo 11

O décimo primeiro capítulo de Números introduz uma transição dramática na narrativa da peregrinação de Israel, marcando o início de uma série de murmurações e crises que testarão a paciência de Moisés e a fidelidade de YHWH. O entusiasmo inicial dá lugar à insatisfação, e a queixa torna-se o tema central do capítulo. O texto começa:

> *Wayyēhî hāʿām kəmitʿōnənîm raʿ bəʾoznê YHWH wayyišmaʿ YHWH wayyiḥar ʾap̄ô wattibʿar-bām ʾēš YHWH wattōkal bəqəṣê hammăḥănêh*
> "E o povo começou a queixar-se de suas dificuldades aos ouvidos de YHWH; e YHWH ouviu, e sua ira se acendeu, e um fogo de YHWH ardeu entre eles e consumiu a extremidade do acampamento." (Nm 11,1)

A queixa do povo, expressa pelo verbo *mitʿōnənîm*, não se trata apenas de uma reclamação cotidiana, mas carrega um tom de desafio à providência divina. O uso da expressão *bəʾoznê* YHWH (aos ouvidos de YHWH) sugere que não se trata de um murmúrio privado, mas de uma rebeldia declarada. A resposta de YHWH é imediata e manifesta-se por meio do fogo, um sinal de sua ira consumidora. O fato de o fogo atingir *bəqəṣê hammăḥănêh* (as extremidades do acampamento) indica que o julgamento começa pelos limites da congregação, afetando os mais vulneráveis ou aqueles que estavam menos comprometidos com a aliança. Essa punição inicial é abrupta, mas não definitiva, sinalizando que o julgamento divino ainda pode ser revertido pela intercessão.

> *Wayyizʿaq hāʿām ʾel-Mōšeh wayyitp̄allēl Mōšeh ʾel-YHWH wattīšqaʿ hāʾēš*

> "E o povo clamou a Moisés, e Moisés orou a YHWH, e o fogo se apagou." (Nm 11,2)

Aqui, Moisés emerge novamente como mediador. O verbo *ṣāʿaq* (clamar) evoca o clamor de Israel no Egito (Êx 2,23), sugerindo um padrão narrativo: o sofrimento leva ao clamor, que por sua vez conduz à intercessão de um líder escolhido por YHWH. A oração de Moisés leva à cessação do fogo, demonstrando que a misericórdia divina pode ser ativada pela mediação profética. Esse episódio também estabelece um contraste entre a relação de Moisés com Deus e a do povo; enquanto Israel se queixa contra Deus, Moisés se volta a Ele em súplica.

> *Wayyiqrāʾ šēm-hammāqôm hăhûʾ Ṭabʿērâ kî-bāʿarāh bām ʾēš YHWH*
> "E chamou o nome daquele lugar Taberá, porque o fogo de YHWH se acendeu entre eles." (Nm 11,3)

O nome *Ṭabʿērâ* deriva da raiz hebraica *bʿr*, que significa "queimar". O ato de nomear o local reforça a pedagogia da memória: a experiência do julgamento divino deve ser lembrada para evitar futuros erros. O mesmo padrão será visto em lugares como Massá e Meribá (Êx 17,7), onde a desobediência do povo resulta em marcos que servem de advertência para gerações futuras.

> *Wəhassap̄sup̄ ʾăšer bəqirbô hiṯʾăwû taʾăwâ wayyāšūḇû wayyibkû gam-bənê yiśrāʾēl wayyōʾmərû mî yaʾăḵîlênû bāśār*
> "E o ajuntamento de estrangeiros que estava entre eles começou a desejar coisas outras, e os filhos de Israel também voltaram a chorar e disseram: 'Quem nos dará carne para comer?'" (Nm 11,4)

A narrativa desloca-se agora para um segundo episódio de murmuração, mais grave que o primeiro. A menção ao *hassap̄sup̄* (ajuntamento de estrangeiros) sugere que o descontentamento não se origina diretamente dos israelitas, mas de um grupo misto que acompanhava

Israel desde o Egito (Êx 12,38). No entanto, esse descontentamento logo se espalha entre o próprio povo, demonstrando que a murmuração é contagiosa. O desejo expresso pelo verbo *hiṯʾăwû* (começaram a desejar) não se refere apenas a uma necessidade fisiológica, mas a um desejo descontrolado, que logo resulta em choro coletivo e na idealização do passado no Egito.

> *Zāḵarnû ʾet-haddaḡâ ʾăšer nōʾḵal bəmiṣrāyim ḥinnām ʾet-haqqiššūʾîm wəʾet-habbaṭṭîḥîm wəʾet-haḥāṣîr wəʾet-habbəṣālîm wəʾet-haššûmîm*
> "Lembramo-nos do peixe que comíamos no Egito de graça, e dos pepinos, dos melões, dos alhos-porós, das cebolas e do alho." (Nm 11,5)

A referência à alimentação no Egito evoca uma memória distorcida. A palavra *ḥinnām* (de graça) é particularmente irônica, pois Israel não tinha liberdade no Egito; seu trabalho forçado era o preço da suposta fartura. O desejo por vegetais específicos sugere não apenas um apetite físico, mas um anseio psicológico por conforto e estabilidade. Esse contraste com a dieta atual no deserto implica uma rejeição do maná, o sustento divino que deveria ser visto como um dom. A insatisfação com o maná revela uma crise espiritual: em vez de ver a provisão de YHWH como suficiente, Israel deseja voltar aos padrões de dependência do Egito.

> *Wəʿattāh napšēnû yəbēšâ ʾên kāl bilti ʾel-hammān ʿênênû*
> "Agora, porém, nossa alma está seca; nada há, a não ser este maná diante dos nossos olhos." (Nm 11,6)

A referência à "alma seca" (*napšēnû yəbēšâ*) sugere que o problema não é apenas alimentar, mas existencial. O povo não apenas rejeita o maná, mas considera sua experiência no deserto vazia. O foco exclusivo no maná como única fonte de alimento contrasta com a abundância de opções descritas no versículo anterior, reforçando a insatisfação do povo. O problema não é a provisão divina, mas a percepção distorcida que Israel tem dela.

> *Wəhammān kəzarʿa gad hûʾ wəʾêynô kəʾêyn habdolaḥ*
> "Ora, o maná era como a semente de coentro, e sua aparência era como a aparência do bdélio." (Nm 11,7)

O texto descreve novamente a natureza do maná, enfatizando sua aparência e sabor. A comparação com o *bdélio* sugere uma substância preciosa e translúcida, evocando a ideia de um dom celestial. Essa descrição remete à provisão de Deus no deserto, reafirmando que o problema não é a qualidade do alimento, mas a insatisfação do povo.

> *Wayyišmaʿ Mōšeh ʾet-hāʿām bōḵeh ləmišpəḥōtāw ʾîš ləpetaḥ ʾōholô wayyiḥar-ʾap̄ YHWH wəbəʿênê Mōšeh rāʿ*
> "E Moisés ouviu o povo chorando, cada um à porta de sua tenda; e a ira de YHWH se acendeu, e aos olhos de Moisés aquilo era mau." (Nm 11,10)

O choro coletivo do povo enfatiza o impacto emocional da crise. O fato de cada família chorar à porta de sua tenda sugere um ato de desespero público, uma recusa aberta em aceitar as condições do deserto. O verbo *ḥārar* (acender-se) é usado novamente para descrever a ira de YHWH, indicando que a queixa do povo não é uma questão trivial, mas uma rejeição de seu governo. O próprio Moisés vê a situação como má (*rāʿ*), sinalizando que a rebeldia está comprometendo a estrutura da comunidade. O versículo 11 diz:

> *Wayyōʾmer Mōšeh ʾel-YHWH lāmâ hărēʿōṯā ləʿabḏekā wəlāmâ lōʾ māṣātî ḥēn bəʿêynêkā lāsûm ʾeṯ-maśśāʾ kāl-hāʿām hazzeh ʿālay?*
> "E Moisés disse a YHWH: Por que fizeste mal ao teu servo? E por que não achei graça aos teus olhos, para que ponhas sobre mim o peso de todo este povo?" (Nm 11,11)

O clamor de Moisés marca um ponto de ruptura emocional. O uso do verbo *hărēʿōṯā* (fizeste mal) é significativo, pois implica que Moisés não apenas sente a carga do povo, mas questiona se YHWH está sendo injusto com ele. O termo *maśśāʾ* (peso) reforça a ideia de que a liderança tornou-se insustentável. Moisés não se apresenta aqui como um líder autoconfiante, mas como alguém que sente o peso esmagador da responsabilidade. O contraste com seu papel como mediador nos versículos anteriores sugere que a intercessão contínua tem um custo emocional significativo.

> *Hănōḵî hārîtî kāl-hā'ām hazzeh 'im-'ānōḵî yəliditîw kî-tō'mar 'ēlāy śā'ēhû bəḥêyqekā ka'ăšer yiśśā' hā'ōmēn 'et-hayyōnēq 'el-hā'ădāmāh 'ăšer-nišba'tā lă'ăḇōṯāw?*
> "Acaso fui eu quem concebeu todo este povo? Ou fui eu quem os deu à luz, para que me digas: 'Carrega-o em teu colo, como o cuidador carrega a criança de peito, até a terra que juraste a seus pais'?" (Nm 11,12)

A metáfora de Moisés assume um tom quase sarcástico. Ele se recusa a aceitar a responsabilidade paternal por Israel, contrastando sua posição com a de YHWH. A imagem do *'ōmēn* (cuidador) carregando o *yōnēq* (criança de peito) reforça a fragilidade e a dependência do povo. Moisés se vê sobrecarregado por uma tarefa que não escolheu, ecoando a tensão entre sua vocação profética e o peso da liderança. A menção ao juramento aos pais reforça que a responsabilidade última pela condução do povo não pertence a ele, mas a Deus.

> *Mē'ayin lî bāśār lātēt ləkāl-hā'ām hazzeh kî-yibkû 'ālay lē'mōr tənā-lānû bāśār wənō'ḵēlâ?*
> "De onde terei carne para dar a todo este povo? Pois choram diante de mim, dizendo: 'Dá-nos carne para que comamos!'" (Nm 11,13)

Aqui, Moisés expressa sua total incapacidade diante da demanda do povo. O uso do interrogativo *mē'ayin* (de onde?) enfatiza o desespero diante da impossibilidade de prover. A repetição do clamor do povo, *tənā-lānû bāśār*, sugere que Moisés sente-se aprisionado entre as exigências de Israel e a ausência de recursos. Esse momento evoca o episódio do Êxodo, quando Israel murmurou pela falta de carne (Êx 16,3), reiterando a incapacidade do povo de confiar na provisão divina. Moisés, porém, agora internaliza essa pressão como um peso pessoal.

> *Lōʾ-ʾûḵal ʾānōḵî ləḇaddî lāśēt ʾet-kāl-hāʿām hazzeh kî-qāḇēḏ mimmennî*
> "Eu sozinho não posso carregar todo este povo, pois é pesado demais para mim." (Nm 11,14)

A confissão de Moisés atinge seu ápice. O verbo *lāśēt* (carregar) repete o tema do fardo insuportável. A frase *kî-qāḇēḏ mimmennî* (pois é pesado demais para mim) reforça que a liderança não é uma questão apenas de autoridade, mas de capacidade emocional e espiritual. Moisés não rejeita sua missão, mas admite que precisa de auxílio. Esse reconhecimento prepara o caminho para a solução divina nos versículos seguintes.

> *Wəʾim-kāḵâ ʾattāʾ ʿōśeh lî hāragēnî nāʾ hārōḡ ʾim-māṣātî ḥēn bəʿêynêkā wəʾal-ʾerʾeh bəraʿātî*
> "E se assim me tratas, mata-me agora mesmo, se achei graça aos teus olhos, e não me deixes ver minha miséria." (Nm 11,15)

Moisés chega ao extremo de desejar a morte. O pedido *hāragēnî nāʾ hārōḡ* (mata-me agora mesmo) sugere uma exaustão absoluta. A frase *ʾim-māṣātî ḥēn bəʿêynêkā* (se achei graça aos teus olhos) é profundamente irônica: normalmente, a graça de Deus implica livramento e bênção, mas Moisés pede que sua graça se manifeste na cessação de seu sofrimento. Ele não quer testemunhar sua *raʿātî* (miséria), um termo que remete à vergonha e ao fracasso. Esse lamento é semelhante ao de Elias em 1 Rs 19,4, quando o profeta também pede para morrer diante da frustração ministerial.

> *Wayyōʾmer YHWH ʾel-Mōšeh ʾesp̄â-lî šibʿîm ʾîš miZZiqnê yiśrāʾēl ʾăšer yāḏaʿtā kî-hem ziqnê hāʿām wəšōṭərāyw wəlaqăḥtā ʾōṯām ʾel-ʾōhel môʿēḏ wəhiṯyassəḇû šām ʿimmāḵ*
> "E YHWH disse a Moisés: 'Ajunta para mim setenta homens dos anciãos de Israel, que sabes serem anciãos do povo e seus oficiais; e leva-os à Tenda da Congregação, e estejam ali contigo'." (Nm 11,16)

A resposta de YHWH não é remover Moisés, mas aliviar sua carga por meio da delegação de autoridade. A escolha de setenta anciãos alinha-se à tradição de liderança colegiada vista em Êxodo 18, quando Jetro aconselhou Moisés a repartir sua responsabilidade. O verbo *ʾespâ* (ajunta) indica que essa liderança já existia, mas precisava ser formalizada. O local do encontro, *ʾōhel môʿēḏ* (Tenda da Congregação), sugere que esse não é apenas um ato administrativo, mas um evento sagrado, no qual a liderança será investida espiritualmente. O versículo 17 traz:

> *Wəyāraḏtî wədibbarətî ʿimməkā šām wəʾāṣaltî min-hārûaḥ ʾăšer-ʿālêḵā wəśamtî ʿălêhem wənāśəʾû ʾittəḵā bemaśśāʾ hāʿām wəlōʾ-tiśśāʾ ʾattāh ləḇaddekā*
> "Então descerei e falarei contigo ali, e tomarei do espírito que está sobre ti, e o porei sobre eles; e levarão contigo o fardo do povo, para que não o leves sozinho." (Nm 11,17)

A transferência do *rûaḥ* (espírito) enfatiza que a liderança em Israel não é apenas uma questão estrutural, mas espiritual. O espírito profético de Moisés será distribuído aos setenta anciãos, garantindo que eles compartilhem não apenas da autoridade, mas também da capacidade de discernir e guiar. A frase *nāśəʾû ʾittəḵā bemaśśāʾ hāʿām* (carregarão contigo o fardo do povo) reforça que a carga da liderança deve ser distribuída.

> *Wayyāraḏtî wədibbarətî ʿimməkā šām wəʾāṣaltî min-hārûaḥ ʾăšer-ʿālêḵā wəśamtî ʿălêhem wənāśəʾû ʾittəḵā bemaśśāʾ hāʿām wəlōʾ-tiśśāʾ ʾattāh ləḇaddekā*
> "Então descerei e falarei contigo ali, e tomarei do espírito que está sobre ti, e o porei sobre eles; e levarão contigo o fardo do povo, para que não o leves sozinho." (Nm 11,17)

A resposta de YHWH à queixa de Moisés revela que a solução para o peso insuportável da liderança não está na retirada de sua responsabilidade, mas na distribuição de sua carga. O verbo *ʾāṣaltî* (tomarei) sugere que o espírito que repousa sobre Moisés não será diminuído, mas estendido. O conceito de um espírito profético compartilhado antecipa modelos posteriores de liderança no judaísmo e no cristianismo, em que a capacitação para o serviço divino não é monopólio de um indivíduo, mas uma dotação coletiva. Essa descentralização da autoridade profética ecoa a promessa de Joel (Jl 2,28-29), na qual o Espírito será derramado sobre toda carne.

> *Wəlāʿām tōʾmar hiṯqaḏəšû ləmaḥār wəʾăḵaltem bāśār kî-bəḵîtem bəʾāzənê YHWH lēʾmōr mî yaʾăḵîlēnû bāśār kî-ṭôḇ lānû bəmiṣrāyim wənātan YHWH lākem bāśār wəʾăḵaltêm*
> "E dirás ao povo: 'Santificai-vos para amanhã, e comereis carne, pois chorastes aos ouvidos de YHWH, dizendo: 'Quem nos dará carne para comer? Pois bem nos ia no Egito!' Portanto, YHWH vos dará carne, e comereis." (Nm 11,18)

A ordem de "santificar-se" (***hiṯqaḏəšû***) antes de receber a carne sugere que a concessão do pedido do povo não é apenas um ato de misericórdia, mas um teste espiritual. O desejo por carne se tornou um símbolo da insatisfação e da recusa de Israel em confiar na provisão divina. YHWH não apenas responde à súplica, mas o faz de maneira a expor a idolatria embutida na reclamação. A repetição do refrão ***kî-ṭôḇ lānû bəmiṣrāyim*** (pois bem nos ia no Egito) revela a inversão da memória coletiva: a libertação do cativeiro é agora vista como um erro, e a escravidão como uma fonte de segurança.

> *Lōʾ-yôm ʾeḥāḏ tōʾḵəlûn wəlōʾ-yômāyim wəlōʾ-ḥămîššâ yāmîm wəlōʾ-ʿăśārâ yāmîm wəlōʾ-ʿăśərîm yôm*
> "Não comereis por um dia, nem dois dias, nem cinco dias, nem dez dias, nem vinte dias," (Nm 11,19)

A construção intensificada da sentença enfatiza que a concessão da carne não será um evento breve, mas uma experiência prolongada e, eventualmente, repulsiva. A ironia é evidente: Israel desejava saciar-se, mas a abundância de carne se tornará um fardo. Essa estrutura escalonada da negação conduz ao clímax no versículo seguinte.

> *ʿăḏ-ḥōḏēš yāmîm ʿăḏ-ʾăšer-yēṣēʾ mēʾappəḵem wəhāyâ*

> *lāḵem ləzārâ ya'an kî-mā'astem 'et-YHWH 'ăšer-bəqirbəḵem wətibkû ləp̄ānāyw lē'mōr lāmâ yāṣānû mimmîṣrāyim*
> "Por um mês inteiro a comereis, até que vos saia pelos narizes e vos seja detestável, porque rejeitastes a YHWH, que está no meio de vós, e chorastes diante dele, dizendo: 'Por que saímos do Egito?'" (Nm 11,20)

O termo *mā'astem* (rejeitastes) é teologicamente carregado, indicando que o desejo por carne não é apenas um apetite desordenado, mas uma negação ativa da presença divina. A punição de Israel não é a fome, mas a saciedade extrema que se transforma em repulsa. Então, o versículo 21 segue:

> *Wayyō'mer Mōšeh šiššî-mē'ōt 'elep̄ raglî hā'ām 'ăšer-'ānōḵî bəqirbô wə'attā' 'āmartā bāśār 'ettēn lāhem wə'ākəlû ḥōḏēš yāmîm*
> "E Moisés disse: 'Seiscentos mil homens de pé é este povo no meio do qual estou, e tu disseste: 'Lhes darei carne, e comerão por um mês inteiro'?" (Nm 11,21)

A reação de Moisés revela sua luta entre a fé e a dúvida. O número *šiššî-mē'ōt 'elep̄* (seiscentos mil) reflete a grandiosidade da população e a aparente impossibilidade da provisão. Moisés, que antes confiara na palavra de YHWH sem questionamento, agora se vê tentado a medir a promessa divina pelos recursos disponíveis. Moisés tenta quantificar o poder divino, aplicando lógica humana à promessa de YHWH:

> *Hăṣṣō'n ûhabbāqār yishāḥēṭ lāhem ûmāṣā' lāhem 'im 'et-kāl-dəgê hayyām yē'āsēp̄ lāhem ûmāṣā' lāhem*
> "Se se abatessem para eles rebanhos e gado, bastaria para eles? Ou se se recolhessem todos os peixes do mar, bastaria para eles?" (Nm 11,22)

A menção do gado e dos peixes sugere que, mesmo que os recursos naturais fossem completamente explorados, ainda assim não seriam suficientes. Essa abordagem racionalista da fé contrasta com a confiança demonstrada por Abraão, que "não duvidou da promessa de Deus por incredulidade" (Rm 4,20). Então, tem-se:

> *Wayyōʾmer YHWH ʾel-Mōšeh hăyad-YHWH tiqṣār ʿattâ tirʾeh hăyîqərəkā dəḇārî ʾim-lōʾ*
> "E YHWH disse a Moisés: 'Acaso o braço de YHWH se encurtou? Agora verás se minha palavra se cumpre ou não'." (Nm 11,23)

A pergunta retórica *hăyad*-YHWH *tiqṣār* (o braço de YHWH se encurtou?) sublinha a soberania e o poder ilimitado de Deus. O "braço" de YHWH é uma imagem recorrente da sua força e capacidade de libertação (Êx 6,6; Is 50,2). O contraste entre a dúvida de Moisés e a certeza divina aponta para a essência da fé: confiar que a promessa de Deus não está sujeita às limitações humanas. A reafirmação da fidelidade divina antecipa a manifestação do poder de YHWH, que não apenas proverá carne, mas o fará de modo a expor a incredulidade do povo e do próprio Moisés. Moisés segue a ordem de YHWH e reúne os setenta anciãos ao redor da Tenda da Congregação. O texto enfatiza o momento em que o Espírito repousa sobre eles, resultando em uma manifestação profética:

> *Wayyēred YHWH bəʿānān wayədabbēr ʾēlāyw wayyāṣel min-hārûaḥ ʾăšer ʿālâw wayyitten ʿal-šibʿîm ʾîš hazzəqēnîm wayəhî kənûḥ ʿălêhem hārûaḥ wayyitnabəʾû wəlōʾ yāsāpû*
> "E YHWH desceu na nuvem, falou com ele e retirou do Espírito que estava sobre ele e o pôs sobre os setenta anciãos; e aconteceu que, quando o Espírito repousou sobre eles, profetizaram, mas não continuaram." (Nm 11,25)

A menção à nuvem reforça a presença teofânica de YHWH, ligando este episódio a momentos como a entrega da Torá no Sinai. O fato de a profecia ter sido momentânea sugere que a capacitação divina servia apenas para autenticar a nova função dos anciãos como auxiliares de Moisés, sem que se tornassem profetas contínuos. No entanto, dois homens que não foram até a Tenda começam a profetizar dentro do acampamento, o que provoca uma reação inesperada. Josué, o servo leal de Moisés, pede que eles sejam impedidos:

> *Wayyāʿan Yəhôšûaʿ bin-Nûn məšārēt Mōšeh mibəḥurāyw wayyōʾmer ʾădōnî Mōšeh kəlāʾēm*
> "E respondeu Josué, filho de Num, servidor de Moisés desde a sua juventude, e disse: 'Meu senhor Moisés, impede-os!'" (Nm 11,28)

Josué vê a profecia deles como uma ameaça à autoridade estabelecida, talvez por acreditar que apenas os que estavam dentro da estrutura organizada do tabernáculo poderiam ser recipientes legítimos do Espírito. A resposta de Moisés, no entanto, revela seu entendimento mais profundo da relação entre YHWH e Israel:

> *Wayyōʾmer lô Mōšeh hăməqannēʾ ʾattâ lî ûmî yitten kāl-ʿam YHWH nəḇîʾîm kî-yitten YHWH ʾet-rûḥô ʿălêhem*
> "E Moisés lhe disse: 'Tens ciúmes por mim? Quem dera que todo o povo de YHWH fosse profeta, que YHWH pusesse o seu Espírito sobre eles!'" (Nm 11,29)

Aqui, Moisés antecipa uma teologia que se tornaria central na profecia de Joel e no Pentecostes do Novo Testamento: a democratização do Espírito, um ideal no qual a presença divina não se restringe a líderes específicos, mas se estende a toda a comunidade. Depois desse episódio, Moisés e os anciãos voltam para o acampamento, e YHWH envia um vento forte que traz uma quantidade imensa de codornizes, cumprindo a promessa de prover carne para o povo insatisfeito:

> *Wərûaḥ nāsăʿ mēʾêt-YHWH wayyāgēz šalāwîm min-hayyām wayyaṭṭōš ʿal-hammaḥănêh kəderek yôm koh wəkəderek yôm koh səḇîḇ lammaḥănêh ûkəʾammâṯayim ʿal-pənê hāʾāreṣ*
> "E um vento saiu de junto de YHWH e trouxe codornizes do mar e as lançou sobre o acampamento, cerca de um dia de jornada para um lado e um dia de jornada para o outro, ao

redor do acampamento, e cerca de dois côvados sobre a superfície da terra." (Nm 11,31)

A fartura de carne é quase exagerada, uma abundância que se torna irônica à luz do que virá a seguir. O povo, tomado pela avidez, começa a recolher as aves em grandes quantidades:

> *Wayyāqam hāʿām kol-hayyôm hahûʾ wəkol-hallaylâ wəkol-hayyôm hammāḥărāt wayyaʾăṣpû ʾet-haśśəlāw hammaʿaṭ haʾāsap̄ ʿăśārâ ḥămārîm wayyəšiṭḥû lāhem šiṭûḥôṯ sabîḇ lammaḥănêh*
>
> "E o povo se levantou todo aquele dia, toda aquela noite e todo o dia seguinte, e recolheram as codornizes; o que recolheu menos ajuntou dez homeres, e as estenderam para si ao redor do acampamento." (Nm 11,32)

A expressão "o que recolheu menos ajuntou dez homeres" indica uma quantidade absurda de carne, muito além do que qualquer família poderia consumir. A cena evoca a ganância e o desejo descontrolado que moviam a murmuração inicial. Mas antes que pudessem satisfazer seu apetite, YHWH intervém com juízo:

> *Habbāśār ʿôḏēnû bēn šinnêhem ṭerem yikkārēt wəʾap̄-YHWH ḥārâ bāʿām wayyak YHWH bāʿām makkâ rabâ məʾōḏ*
>
> "A carne ainda estava entre os seus dentes, antes de ser mastigada, quando a ira de YHWH se acendeu contra o povo, e YHWH feriu o povo com uma praga muito grande." (Nm 11,33)

A punição é imediata e severa. O desejo que tanto inflamou o povo se transforma em sua própria condenação. Essa resposta divina reflete um princípio recorrente nas Escrituras: nem tudo o que se deseja intensamente é benéfico, e, às vezes, a concessão do pedido pode ser a maior forma de disciplina. O lugar onde ocorreu esse juízo recebe um nome significativo:

> *Wayyiqra' 'et-šēm-hammāqôm hăhû' qibərōṯ-hatta'ăwâ kî šām qāḇərû 'et-hā'ām hămmit'ăwîm*
> "E chamou o nome daquele lugar Quibrote-Hataavá, porque ali sepultaram o povo que se entregou ao desejo." (Nm 11,34)

A nomeação do local serve como memorial da tragédia. Quibrote-Hataavá significa "Sepulcros da Cobiça", lembrando às futuras gerações que a insatisfação e a murmuração podem levar à destruição. O capítulo se encerra com a continuação da jornada, agora rumo a Hazerote:

> *Miqibərōṯ-hatta'ăwâ nāsə'û hā'ām ḥăṣērôt wayyihyû bəḥăṣērôt*
> "De Quibrote-Hataavá partiu o povo para Hazerote, e ficaram em Hazerote." (Nm 11,35)

A peregrinação prossegue, mas a dinâmica mudou. O evento de Quibrote-Hataavá marca uma virada na relação entre YHWH e Israel. O povo que um dia celebrou a libertação agora experimenta o peso do juízo. O que começou como um simples desejo por carne se revelou um problema muito mais profundo: a recusa em confiar na suficiência da provisão divina. O capítulo deixa uma advertência teológica central: o problema de Israel não era a escassez de comida, mas a fome de controle, o desejo de definir sua própria satisfação à parte da vontade de YHWH. Assim, Quibrote-Hataavá permanece como um símbolo da tensão entre desejo humano e dependência divina, entre a provisão de Deus e a insatisfação de um povo que ainda não aprendeu a confiar.

Capítulo 12

Números 12 marca uma transição significativa na dinâmica de autoridade dentro da comunidade israelita, ao deslocar a contestação da liderança mosaica do nível coletivo para o nível familiar. Enquanto os capítulos anteriores registraram queixas do povo contra YHWH e contra Moisés devido a dificuldades materiais, agora o questionamento vem de dentro da própria casa de Moisés, por parte de Miriã e Arão. A narrativa enfatiza que a oposição à autoridade mosaica não é apenas um problema administrativo, mas uma afronta direta à escolha divina. Além disso, o episódio apresenta uma teologia sofisticada da mediação profética, diferenciando Moisés de qualquer outro profeta. O desfecho reforça o conceito de disciplina divina como um processo corretivo que visa restaurar a harmonia na comunidade, e não apenas punir a transgressão. A cena se inicia abruptamente com um ataque verbal contra Moisés:

> *Wattədabbēr Miryām wəʾAhărōn bəMōšeh ʿal-ʾôḏôt hāʾiššâ hakkûšîṯ ʾăšer lāqaḥ kî-ʾiššâ kûšîṯ lāqaḥ*
> "E Miriã e Arão falaram contra Moisés por causa da mulher cuxita que ele havia tomado, pois ele tomara uma mulher cuxita." (Nm 12,1)

O verbo *dibbēr* (falar contra) tem um tom pejorativo aqui, indicando uma reclamação hostil, não apenas uma observação neutra. O texto destaca que Miriã é mencionada antes de Arão, sugerindo que ela pode ter sido a principal instigadora da queixa. Essa hipótese é reforçada pelo fato de que apenas Miriã será punida mais tarde, enquanto Arão permanecerá ileso. O motivo da queixa não é completamente claro. O texto menciona a esposa cuxita de Moisés, mas não fornece detalhes sobre sua identidade. Alguns intérpretes sugerem que "cuxita" pode se referir a Zípora, sua esposa midianita (Êx 2,21), enquanto outros argumentam que Moisés teria tomado uma segunda esposa de origem cuxita (etíope). Independentemente da identidade da mulher, é possível que a objeção de Miriã e Arão sirva apenas como pretexto para um questionamento mais profundo sobre a posição de Moisés. A verdadeira questão surge no versículo seguinte:

> *Wayyōʾmərû hăraq ʾaḵ bəMōšeh dibbēr YHWH hălōʾ gam-bānû dībēr wayyišmaʿ YHWH*
> "E disseram: 'Por acaso somente por meio de Moisés falou YHWH? Não falou também por meio de nós?' E YHWH ouviu isso." (Nm 12,2)

O foco da contestação não é realmente o casamento de Moisés, mas a exclusividade de sua comunicação com YHWH. Miriã e Arão, ambos figuras espirituais de destaque – Miriã como profetisa (Êx 15,20) e Arão como sumo sacerdote (Lv 8) – não aceitam que Moisés possua uma posição superior à deles. A expressão *hăraq ʾak̲* (por acaso somente?) sugere um tom desafiador, como se dissessem: "Não somos também profetas? Por que Moisés deveria ter um status especial?" O texto encerra essa seção com a afirmação *wayyišmaʿ* YHWH (E YHWH ouviu isso), preparando o leitor para uma resposta direta e imediata da parte divina. Diferente de outras murmurações anteriores no deserto, nas quais Moisés teve que interceder antes da resposta de Deus, aqui YHWH age sem intermediários, sublinhando a gravidade da situação. Antes da intervenção divina, o narrador insere um comentário editorial sobre Moisés:

> *Wəhāʾîš Mōšeh ʿānāw məʾōd̲ mikāl-hāʾādām ʾăšer ʿal-pənê hāʾăd̲āmâ*
> "E o homem Moisés era muito humilde, mais do que qualquer outro homem sobre a face da terra." (Nm 12,3)

A palavra *ʿānāw* (humilde) tem um significado profundo. Não se trata apenas de um traço de personalidade, mas de um reconhecimento teológico da postura de Moisés diante de Deus. Ele não reivindica para si a posição que ocupa; sua autoridade não vem da autoproclamação, mas da escolha divina. Ao contrário de reis e líderes que se impõem sobre o povo, Moisés assume uma postura de serviço e dependência absoluta de YHWH. Esse detalhe é crucial, pois contrasta diretamente com a acusação de Miriã e Arão, que tentam diminuir sua singularidade. A resposta de YHWH é rápida e direta:

> *Wayyōʾmər YHWH pitʾōm ʾel-Mōšeh wəʾel-ʾAhărōn wəʾel-Miryām ṣeʾû šəlōšətk̲em ʾel-ʾōhel môʿēd̲ wayyēṣəʾû šəlōšətām*
> "E YHWH disse de repente a Moisés, Arão e Miriã: 'Saí vós três à Tenda da Congregação'. E saíram os três." (Nm 12,4)

A palavra *pitʾōm* (de repente) enfatiza a urgência da situação. Diferente de outras ocasiões em que YHWH responde por meio de Moisés ou por manifestações graduais, aqui a reação é imediata e inesperada. O chamado direto de Deus aos três indica que este não é um assunto para mediação; os acusadores e o acusado devem comparecer juntos perante YHWH. A manifestação divina se dá por meio da nuvem:

> *Wayyēreḏ YHWH beʿammûd ʿānān wayyaʿămōd petaḥ hāʾōhel wayyiqraʾ ʾAhărōn ûMiryām wayyēṣəʾû šənêhem*
> "E YHWH desceu numa coluna de nuvem, e ficou à entrada da Tenda, e chamou Arão e Miriã, e eles saíram." (Nm 12,5)

A nuvem é um elemento central na teologia da presença divina. Desde o Êxodo, ela simboliza a glória de YHWH e Seu comando sobre Israel (Êx 13,21-22). O fato de YHWH chamar apenas Arão e Miriã destaca que a repreensão será direcionada a eles. Moisés, o acusado, não precisa se defender; a defesa de sua autoridade será feita pelo próprio Deus. O discurso de YHWH se inicia com um contraste entre a revelação comum e a experiência única de Moisés:

> *Šimʿû-nāʾ dəḇāray ʾim-yihyeh nəḇîʾăḵem YHWH ba-maṛʾâ ʾēlāyw ʾeṯwāḏdaʿ ba-ḥălôm ʾădabbēr-bô*
> "Ouvi, pois, minhas palavras: Se entre vós houver profeta, eu, YHWH, a ele me faço conhecer em visão; em sonho falo com ele." (Nm 12,6)

O discurso inicia-se com um reconhecimento da existência de outros profetas em Israel, mas logo estabelece um contraste: a profecia ordinária ocorre por meio de visões e sonhos, mas Moisés não se encaixa nesse padrão. Na sequência da resposta divina, a singularidade da relação de Moisés com YHWH é enfatizada por meio de uma distinção categórica entre sua experiência profética e a de qualquer outro profeta. O discurso divino continua, estabelecendo uma gradação clara na forma como a revelação ocorre.

> *Lōʾ kēn ʿaḇdî Mōšeh bəkāl-bêṯî neʾĕmān-hûʾ*

> "Não é assim com meu servo Moisés; em toda a minha casa ele é fiel." (Nm 12,7)

O termo *ne'ĕmān* (fiel) qualifica Moisés de maneira única. Enquanto outros profetas recebem revelações fragmentadas, Moisés é descrito como alguém confiável dentro da "casa" de YHWH, o que sugere um nível de intimidade superior. A expressão ***bəkāl-bêṯî*** (em toda a minha casa) reforça a ideia de que Moisés não apenas transmite a palavra de Deus, mas também participa da administração do plano divino de maneira incomparável. Essa formulação ecoará mais tarde na literatura sapiencial e profética, bem como no Novo Testamento, onde Moisés é reconhecido como figura paradigmática da fidelidade a Deus (Hb 3,5). O próximo versículo contém uma das declarações mais extraordinárias sobre a comunicação entre Deus e um ser humano:

> *Pēh 'el-pēh 'ădabbēr-bô ûmar'eh wəlō'-ḇiḥîdōṯ ûtəmûnaṯ YHWH yabbîṭ*
>
> "Boca a boca falo com ele, claramente, e não por enigmas; e ele vê a forma de YHWH." (Nm 12,8)

A frase ***pēh 'el-pēh*** (boca a boca) enfatiza a clareza da revelação a Moisés. Enquanto outros profetas dependem de visões enigmáticas ou sonhos simbólicos, Moisés recebe instruções diretas de Deus. Essa expressão implica uma comunicação sem mediação, o que reforça sua posição singular na tradição profética de Israel. O termo *təmûnāh* (forma) é particularmente intrigante. Embora Êxodo 33,20 afirme que ninguém pode ver a face de Deus e continuar vivo, aqui se diz que Moisés vê algo de YHWH. O que exatamente ele vê? A tradição rabínica interpreta isso como um vislumbre da glória divina, mas não da essência de Deus. De qualquer modo, esse versículo consolida a teologia da mediação mosaica: Moisés ocupa um lugar inigualável na relação entre Deus e Israel. A repreensão se intensifica na pergunta retórica que encerra o discurso divino:

> *Ûmadû'a lō' yārē'ṯem lədabbēr bə'aḇdî bəMōšeh*
>
> "E por que não temestes falar contra meu servo, contra Moisés?" (Nm 12,8)

A questão central não é apenas o desafio à autoridade de Moisés, mas a incapacidade de Miriã e Arão reconhecerem que estavam questionando a própria escolha de YHWH. O verbo *yārēʾṯem* (temer) indica que seu erro foi não perceber a gravidade do que estavam fazendo. A crítica de YHWH não é apenas contra a insubordinação, mas contra uma falha de discernimento espiritual. O impacto da manifestação divina é imediato:

> *Wayyiḥar-ʾap̄ YHWH bām wayyēlēḵ*
> "E a ira de YHWH se acendeu contra eles, e Ele partiu." (Nm 12,9)

O afastamento de YHWH da cena marca uma mudança no tom do episódio. Sua saída deixa para trás uma consequência visível do juízo divino:

> *Wəhāʿānān sār mēʿal hāʾōhel wəhinnēh Miryām məṣōrāʿaṯ kăššāleg*
> "E a nuvem se retirou da Tenda, e eis que Miriã estava leprosa, branca como a neve." (Nm 12,10)

A lepra (*ṣāraʿat*) simboliza impureza e exclusão. O fato de a punição recair apenas sobre Miriã reforça a interpretação de que ela foi a principal instigadora da rebelião. O contraste entre a nuvem da presença divina e a lepra que cobre Miriã é teologicamente significativo: enquanto a nuvem representava a santidade e a comunhão com Deus, a lepra significa afastamento e impureza. O impacto visual da punição é tão forte que Arão reage imediatamente, apelando a Moisés:

> *Wayyōʾmer ʾAhărōn ʾel-Mōšeh bî ʾădōnî ʾal-nāʾ tāšēt ʿālênû ḥăṭṭāʾṯ ʾăšer nōʾalnû wəʾăšer ḥāṭāʾnû*
> "E Arão disse a Moisés: 'Ah, meu senhor! Não ponhas sobre nós esse pecado, pelo qual agimos tolamente e pelo qual pecamos.'" (Nm 12,11)

O uso de *ʾădōnî* (meu senhor) mostra uma mudança radical na atitude de Arão. Ele reconhece Moisés como superior e admite que tanto ele quanto Miriã pecaram. O verbo *nōʾalnû* (fomos tolos) sugere que Arão agora percebe a magnitude do erro cometido. A súplica continua com uma imagem forte:

> *ʾAl-nāʾ təhî kammēt ʾăšer bəṣēʾtô mēreḥem ʾimmô wayyēʾāḵēl ḥăṣî-ḇəśārô*
> “Que ela não seja como um natimorto, cuja carne já está meio consumida ao sair do ventre de sua mãe!” (Nm 12,12)

A comparação com um natimorto enfatiza a seriedade da condição de Miriã. A lepra é descrita como uma deterioração do corpo semelhante à decomposição de um morto. Esse apelo à compaixão ressoa com outras passagens bíblicas que associam a lepra à morte social e espiritual. Diante dessa súplica, Moisés reage com uma oração concisa e direta:

> *ʾĒl nāʾ rəfāʾ nāʾ lāh*
> “Ó Deus, por favor, cura-a agora.” (Nm 12,13)

Essa é uma das orações mais curtas da Bíblia, mas também uma das mais poderosas. Moisés, o alvo da murmuração, não guarda ressentimento, mas intercede imediatamente por sua irmã. Sua humildade, já mencionada antes, agora se manifesta em ação. Ele não exige reparação por sua honra; seu único desejo é a restauração de Miriã. A resposta divina, no entanto, não é imediata:

> *Wayyōʾmer YHWH ʾel-Mōšeh wəʾāḇîhā yārōq yārēq bəpānêhâ hălōʾ tīkkālēm šibʿaṯ yāmîm tissāger šibʿaṯ yāmîm mîḥûṣ lammaḥănêh wəʾaḥar tēʾāsēp̄*
> “E YHWH disse a Moisés: ‘Se o pai dela tivesse cuspido em seu rosto, não ficaria ela envergonhada por sete dias? Seja, pois, fechada sete dias fora do acampamento, e depois será recebida novamente.’” (Nm 12,14)

A imagem do pai cuspindo no rosto da filha era um sinal de reprovação e vergonha em culturas antigas. Aqui, YHWH sugere que a punição de Miriã deve ter um período simbólico de isolamento antes que possa ser reintegrada. O capítulo termina com o cumprimento dessa disciplina:

> *Watissāger Miryām mîḥûṣ lammaḥănêh šibʿat̠ yāmîm wəhāʿām lōʾ-nāsaʿ ʿad̠-hēʾāsēp̄ Miryām*
> "E Miriã foi fechada fora do acampamento por sete dias, e o povo não partiu até que Miriã fosse recebida de volta." (Nm 12,15)

Esse detalhe ressalta a importância de Miriã dentro da comunidade. Apesar de sua punição, Israel espera por sua reintegração. A graça final de Deus se manifesta na restauração, e a jornada de Israel continua com a lição aprendida: a liderança divina não pode ser desafiada sem consequências.

Capítulo 13

O capítulo 13 de Números representa um ponto de virada na narrativa da peregrinação de Israel pelo deserto. A jornada, até então guiada por manifestações da presença de YHWH, como a nuvem e a Tenda da Congregação, chega ao limiar de Canaã. O que deveria ser um momento de transição para a posse da terra prometida transforma-se no evento que condenará toda uma geração a perecer no deserto. A questão central não será a força dos inimigos ou as dificuldades naturais da terra, mas a disposição de Israel em confiar na palavra de YHWH. O envio dos espias, a avaliação que fazem da terra e a reação do povo estruturam uma teologia da incredulidade, em que o medo e a distorção da realidade se tornam barreiras mais intransponíveis do que qualquer fortaleza cananeia. A narrativa se inicia com a ordem divina a Moisés:

> *Šəlaḥ-ləkā ʾănāšîm wəyat̠ṭərû ʾet̠-ʾereṣ kənaʿan ʾăšer ʾănî nōtēn ləb̠nê-yiśrāʾēl*
> "Envia para ti homens que espiem a terra de Canaã, a qual eu dou aos filhos de Israel." (Nm 13,2)

A expressão *šəlaḥ-ləkā* (envia para ti) sugere que essa missão tem um aspecto concessivo. Em Deuteronômio 1,22, Moisés relatará que o povo pediu essa expedição, o que reforça que essa ordem divina responde a uma necessidade percebida por Israel. O verbo *yāṯar* (espiar, explorar) indica que o propósito da missão não é apenas avaliar a viabilidade da conquista, mas reconhecer a terra como dom divino. No entanto, a percepção humana dos espias entrará em conflito com essa realidade teológica. O grupo selecionado não é composto por guerreiros ou homens de logística, mas pelos chefes das tribos:

> *Wayyišlaḥ ʾōṯām Mōšeh mimmiḏbar pārān ʿal-pî YHWH kullām ʾanāšîm rāʾšê bənê-yiśrāʾēl hēmāh*
> "E Moisés os enviou do deserto de Parã, conforme a ordem de YHWH; todos eles eram homens chefes dos filhos de Israel." (Nm 13,3)

A escolha de líderes para essa missão implica que seu testemunho terá um impacto profundo na comunidade. O peso de sua influência se tornará evidente quando seu relato moldar a reação de toda a congregação. Entre os selecionados, destaca-se:

> *Ləmaṭṭê ʾeprayim hôšēaʿ bin-nûn*
> "Da tribo de Efraim, Hoséa, filho de Num." (Nm 13,8)

No final da lista, Moisés acrescenta uma mudança significativa:

> *Wayyiqraʾ Mōšeh ləhôšēaʿ bin-nûn yəhôšūaʿ*
> "E Moisés chamou a Hoséa, filho de Num, de Josué." (Nm 13,16)

A alteração de nome é teologicamente relevante. *Hôšēaʿ* significa "ele salva", mas *Yəhôšūaʿ* (YHWH é salvação) enfatiza que a libertação não vem da capacidade humana, mas do próprio Deus. Essa mudança prenuncia a fidelidade de Josué em contraste com a incredulidade dos outros espias. A missão começa com um percurso detalhado, que leva os espias do sul ao norte de Canaã:

> *Wayyaʿălû wayyāṯərû ʾeṯ-hāʾāreṣ mimmiḏbar ṣîn ʿaḏ-reḥōḇ ləḇōʾ ḥamāṯ*
> "E subiram e exploraram a terra desde o deserto de Zim até Reobe, na entrada de Hamate." (Nm 13,21)

A geografia dessa expedição não é meramente incidental. O trajeto cobre territórios estratégicos, incluindo o Negev (o sul árido), Hebrom (Nm 13,22) e o vale de Escol (Nm 13,23), cada um com significado especial na história da promessa a Abraão. Em Hebrom, os espias se deparam com os descendentes de Anaque, uma raça de gigantes:

> *Wəšām ʾaḥimān šēšay wəṯalmay yəlîḏê hāʿănāq*
> "E ali estavam Aimã, Sesai e Talmai, descendentes de Anaque." (Nm 13,22)

Hebrom é o lugar onde Abraão recebeu a promessa da terra (Gn 13,18), e a menção dos gigantes indica que os espias já começam a interpretar a terra não como um dom divino, mas como um território ameaçador. Essa impressão será determinante para o relatório que trarão ao povo. No vale de Escol, os espias colhem um sinal visível da fertilidade da terra:

> *Wayyiqṣərû miššām zəmôrāh wəʾeškōl ʿănāḇîm ʾeḥāḏ wayiśśāʾūhû bammoṭ bəšənayim*
> "E cortaram dali um ramo com um único cacho de uvas, e o carregaram em um varal entre dois." (Nm 13,23)

Essa imagem deveria ser um testemunho da fidelidade divina, pois confirma que a terra "mana leite e mel" (Nm 13,27). No entanto, a percepção dos espias está dividida entre a evidência da abundância e o medo das dificuldades. Ao retornarem, apresentam seu relatório à congregação:

> *Bāʾînû ʾel-hāʾāreṣ ʾăšer šəlaḥtānû wəgam-zāḇaṯ ḥālāḇ ûḏəḇāš hîʾ wəzeh piryāh*
> "Viemos à terra para onde nos enviaste, e de fato mana leite e mel, e este é o seu fruto." (Nm 13,27)

Aqui, a fidelidade de Deus é reconhecida. No entanto, o que se segue altera completamente a interpretação do relato:

> *ʾEp̄es kî-ʿazz hāʿām hayyōšēḇ bāʾāreṣ wəhāʿārîm bəṣūrōṯ gədōlōṯ məʾōḏ*
> "Contudo, forte é o povo que habita na terra, e as cidades são fortificadas e muito grandes." (Nm 13,28)

A conjunção *ʾep̄es* (contudo) marca a virada do discurso. O foco se desloca da promessa divina para os desafios humanos, iniciando uma narrativa de medo. Em contraste, Calebe tenta reverter o pessimismo:

> *ʾAlōh nāʿăleh wəyārašnû ʾōṯāh kî-yāḵōl nûḵal lāh*
> "Vamos subir e tomá-la como herança, pois certamente podemos conquistá-la." (Nm 13,30)

No entanto, a incredulidade já se espalhou entre os espias, e sua resposta sela a sorte da geração do Êxodo:

> *Wənāhî bəʿênênû kaḥăgāḇîm wəkēn hāyînû bəʿênêhem*
> "E éramos, aos nossos próprios olhos, como gafanhotos, e assim também éramos aos olhos deles." (Nm 13,33)

A metáfora dos gafanhotos resume o colapso da fé em YHWH. A incredulidade não apenas distorce a realidade, mas redefine a identidade do povo. O capítulo termina sem resolução, deixando o leitor à espera da reação do povo e da resposta divina no capítulo seguinte.

Capítulo 14

O relato dos espias, que deveria ter fortalecido a confiança de Israel em YHWH, se torna um catalisador para o medo coletivo. A percepção dos desafios sobrepõe-se à promessa divina, e o povo, diante da narrativa distorcida dos líderes enviados, entra em desespero. A crise que se desenrola não é meramente estratégica ou militar, mas profundamente teológica: Israel não apenas teme os cananeus, mas rejeita a capacidade de Deus de cumprir Sua promessa. O tema da incredulidade, já latente em episódios anteriores de murmuração, atinge aqui seu clímax, transformando um povo libertado em um povo condenado a perecer no deserto. A reação da congregação é imediata:

> *Wayyissa'û kāl-hā'ēḏâ wayyittǝnû 'eṯ-qōlām wayyibkû hā'ām ballāylâ hāhî'*
> "E levantou-se toda a congregação e ergueram suas vozes e o povo chorou naquela noite." (Nm 14,1)

O verbo *wayyissa'û* (levantaram-se) indica que o impacto do relatório não foi apenas emocional, mas mobilizou o povo inteiro. A noite de pranto não é apenas uma expressão de tristeza, mas o prelúdio para uma revolta contra a liderança de Moisés e contra o próprio YHWH. O medo se transforma em descontentamento:

> *Wayyillōnû 'al-Mōšeh wǝ'al-'Ahărōn kāl-bǝnê-yiśrā'ēl wayyō'mǝrû 'ălêhem kāl-hā'ēḏâ*
> "E murmuraram contra Moisés e contra Arão todos os filhos de Israel, e toda a congregação lhes disse." (Nm 14,2)

O verbo *wayyillōnû* (murmuraram) já foi utilizado em outras passagens para descrever atos de rebelião. Aqui, porém, a murmuração toma um tom extremo, pois os israelitas questionam abertamente sua libertação do Egito:

> *Lû-māṯnû bǝ'ereṣ-miṣrāyim 'ô bammidbār hazzê lû-māṯnû*
> "Ah, se tivéssemos morrido na terra do Egito, ou neste deserto, se tivéssemos morrido!" (Nm 14,2)

Essa declaração é carregada de ironia trágica, pois o desejo de morrer no deserto será exatamente o juízo que YHWH imporá sobre essa geração. O desespero os leva a uma conclusão ainda mais drástica:

> *Wǝlāmmâ YHWH mēbî' 'ōtānû 'el-hā'āreṣ hazzō'ṯ linpōl baḥereḇ našênû wǝṭappênû yihyû lāḇāz*

> "E por que YHWH nos traz a esta terra para cairmos à espada? Nossas esposas e nossos filhos se tornarão despojo!" (Nm 14,3)

O foco na segurança das crianças revela a inversão completa da fé: em vez de verem Canaã como uma herança para seus descendentes, veem-na como uma armadilha mortal. A lógica do desespero culmina em um plano concreto de revolta:

> *Wənōmərāh nāšûbāh miṣraymāh*
> "E disseram: 'Levantemos um líder e voltemos ao Egito.'" (Nm 14,4)

Esse versículo marca a rejeição definitiva da aliança. A proposta de nomear um novo líder em substituição a Moisés significa que Israel, na prática, deseja reverter o Êxodo. O Egito, símbolo da opressão, torna-se um destino desejado. A conquista da Terra Prometida é abandonada em favor da escravidão conhecida. A reação de Moisés e Arão demonstra a gravidade da situação:

> *Wayyippōlû Mōšeh wəʾAhărōn ʿal-pənêhem lip̄nê kāl-qəhal ʿăḏat bənê-yiśrāʾēl*
> "E Moisés e Arão caíram sobre seus rostos diante de toda a congregação dos filhos de Israel." (Nm 14,5)

A prostração não é apenas um ato de súplica, mas uma expressão visual de desespero. O que está em jogo não é apenas a autoridade de Moisés, mas o próprio destino da aliança. Enquanto Moisés e Arão silenciam diante da multidão em fúria, Josué e Calebe assumem a defesa da promessa divina:

> *Wayyiqrāʿ yəhôšūaʿ bin-nûn wəkālēḇ ben-yephunnê min-hattərîm ʾeṯ-hāʾāreṣ ʾeṯ-bəḡāḏêhem*
> "E Josué, filho de Num, e Calebe, filho de Jefoné, rasgaram suas vestes." (Nm 14,6)

O ato de rasgar as vestes simboliza indignação e luto, sugerindo que a recusa de Israel em confiar em Deus equivale a um desastre espiritual. Eles então reafirmam a bondade da terra:

> *Hāʾāreṣ ʾăšer ʿāvarnû ʾālehā lăṯûr ʾōtāh ṭôḇāh hāʾāreṣ məʾōd məʾōd*
> "A terra que percorremos para espiar é uma terra muito, muito boa." (Nm 14,7)

A duplicação de *məʾōd* (muito) intensifica a ênfase na bondade da terra, contrastando com o pessimismo dos outros espias. Eles então apresentam a única condição para a conquista:

> *ʾIm-ḥāpēṣ-bānû YHWH wəhēḇîʾōtānû ʾel-hāʾāreṣ hazzōʾṯ wənāṯan ʾōtāh lānû*
> "Se YHWH se agradar de nós, Ele nos fará entrar nessa terra e no-la dará." (Nm 14,8)

A questão não é a força de Israel ou dos cananeus, mas a fidelidade de YHWH. A terra já foi dada; cabe ao povo recebê-la pela fé. Josué e Calebe então advertem contra a rebeldia:

> *ʾAḵ-bāYHWH ʾal-timmərōdû*
> "Tão somente não vos rebeleis contra YHWH." (Nm 14,9)

O termo *mārad* (rebelar-se) remete a atos de traição. A incredulidade do povo não é apenas um erro estratégico, mas uma subversão da aliança. No entanto, a congregação responde com violência:

> *Wayyōʾmərû kāl-hāʿēḏâ lirəgmōt ʾōtām bāʾăbānîm*
> "E toda a congregação disse para apedrejá-los." (Nm 14,10)

O desejo de apedrejar Josué e Calebe revela que a rebeldia atingiu um ponto irreversível. A recusa da terra prometida agora se manifesta como hostilidade contra aqueles que ainda creem na promessa. O juízo divino é iminente. A narrativa muda de tom abruptamente com a intervenção de YHWH:

> *Wəḵəḇôḏ YHWH nirʾā bəʾōhel môʿēḏ ʾel-kāl-bənê-yiśrāʾēl*
> "E a glória de YHWH apareceu na Tenda da Congregação a todos os filhos de Israel." (Nm 14,10)

Esse momento é crítico. Em ocasiões anteriores, a glória divina apareceu como sinal de orientação e presença. Aqui, porém, ela surge como prenúncio de juízo. O capítulo se encaminha para uma resposta divina decisiva, na qual YHWH decretará o destino dessa geração. A rebelião de Israel contra a promessa divina atinge seu ápice com a tentativa de apedrejamento de Josué e Calebe. A resposta de YHWH não tarda: Sua presença manifesta-se de forma visível na Tenda da Congregação. O que poderia ter sido um momento de glória torna-se um prenúncio de juízo.

> *Wayyōʾmer YHWH ʾel-Mōšeh ʿaḏ-ʾānâ yənaʾaṣûnî hāʿām hazzeh wəʿaḏ-ʾānâ lōʾ yaʾămînû bî bəkāl-hāʾōtōṯ ʾăšer ʿāśîṯî bəqirbô*
> "E disse YHWH a Moisés: 'Até quando este povo me desprezará? E até quando não crerão em mim, apesar de todos os sinais que fiz no meio deles?'" (Nm 14,11)

O verbo *nāʾaṣ* (desprezar) indica mais do que mera desobediência; sugere uma rejeição ativa da autoridade divina. A incredulidade de Israel não é apenas um problema humano, mas um insulto a YHWH, que já havia provado Seu poder por meio de milagres. O questionamento divino ecoa o lamento de um Deus traído: a recusa de confiar na promessa não é uma simples hesitação, mas um ato de infidelidade. A seguir, YHWH anuncia Sua sentença inicial:

> *ʾAkēn ʾakkênū baddāber wəʾôrîšēnû wəʾeʿěśeh ʾōtəkā ləgôy gādôl wəʿāṣûm mimmenû*
> "Eu os ferirei com peste e os exterminarei, e farei de ti uma nação maior e mais poderosa do que eles." (Nm 14,12)

Essa ameaça ressoa com o episódio do bezerro de ouro em Êxodo 32, em que YHWH fez uma oferta semelhante a Moisés: destruir Israel e reiniciar a aliança a partir de sua linhagem. No entanto, assim como naquele episódio, Moisés novamente assume o papel de mediador. Sua intercessão não se fundamenta na inocência de Israel, mas na honra do Nome de YHWH perante as nações.

> *Wəʾāmərû hammiṣrîm kî-hĕʾĕlîṯā bəḵōḥăkā ʾeṯ-hāʿām hazzeh miqirbām*
> "E dirão os egípcios: 'Com tua força tiraste este povo do meio deles'." (Nm 14,13)

Moisés apela ao caráter de Deus, argumentando que a destruição de Israel seria interpretada pelas nações como uma falha divina. Ele prossegue, enfatizando a paciência e a misericórdia de YHWH:

> *Wayyōʾmer YHWH ʾerek ʾappayim wərab-ḥesed nōśēʾ ʿāwōn wāp̄āšāʿ wənaqqēh lōʾ yənaqqeh*
> "E disse YHWH: 'Tardio em irar-se e grande em fidelidade, que perdoa a iniquidade e a transgressão, mas de modo algum terá por inocente o culpado'." (Nm 14,18)

Essa descrição de YHWH remonta a Êxodo 34,6-7, em que Moisés experimentou a revelação do caráter divino após o pecado do bezerro de ouro. O argumento central de Moisés não é que Israel merece perdão, mas que a fidelidade de Deus exige que Ele não abandone Seu povo. O clímax da intercessão vem com um pedido direto:

> *Səlaḥ-nāʾ laʿāwōn hāʿām hazzeh kəgōḏel ḥasdēḵā wəkaʾăšer nāśāʾtā laʿām hazzeh mi-miṣrayim wəʿad-hennâ*
> "Perdoa, pois, a iniquidade deste povo, segundo a grandeza da tua misericórdia, como tens perdoado este povo desde o Egito até agora." (Nm 14,19)

O verbo *sālaḥ* (perdoar) aparece aqui como um apelo à continuidade da graça divina. Moisés reconhece que Israel pecou repetidamente, mas argumenta que o perdão de YHWH já foi demonstrado no passado. A resposta divina reflete a tensão entre misericórdia e juízo:

Wayyōʾmer YHWH sālăḥtî kî-ḏāḇārêḵā
"E disse YHWH: 'Eu os perdoei segundo a tua palavra'."
(Nm 14,20)

Contudo, o perdão não significa ausência de consequências. A geração do Êxodo não verá a Terra Prometida.

Wəʾulam ḥay-ʾănî wayyimmālēʾ kəḇôḏ YHWH ʾeṯ-kāl-hāʾāreṣ
"Porém, tão certo como eu vivo, e que a glória de YHWH encherá toda a terra." (Nm 14,21)

O juramento divino sugere que, apesar da rebeldia de Israel, o plano de YHWH não será frustrado. No entanto, aqueles que duvidaram não participarão da bênção:

Kî kāl-hăʾănăšîm hărōʾîm ʾeṯ-kəḇôḏî wəʾeṯ-ʾōṯōṯay ʾăšer ʿāśîtî bəmiṣrayim ûbammidbār
"Pois todos os homens que viram minha glória e meus sinais, que fiz no Egito e no deserto." (Nm 14,22)

A ironia é cruel: aqueles que testemunharam diretamente o poder de Deus agora serão excluídos por sua incredulidade. Apenas Josué e Calebe serão poupados:

Wəʿabdî Kālēḇ ʿeqeḇ hāyətāh rûaḥ ʾăḥereṯ ʿimmô wəyimmālēʾ ʾaḥărāy wəhāḇîʾōtîw ʾel-hāʾāreṣ ʾăšer-bā šām wəzarʿō yōrîšennāh
"Mas meu servo Calebe, porquanto nele houve outro espírito e seguiu inteiramente a mim, eu o farei entrar na terra em que entrou, e sua descendência a possuirá." (Nm 14,24)

O termo *rûaḥ ʾăḥereṯ* (outro espírito) sugere que Calebe possui uma disposição distinta dos demais israelitas: ele crê no poder de YHWH. O castigo do povo é então declarado:

Bammidbār hazzeh yippəlû pigrêkem wəkāl-pəqudêḵem

> *ləmispārkem mibbēn ʿeśrîm šānâ wəmāʿlāh ʾăšer hillaṯem ʿālay*
> "Neste deserto cairão os vossos cadáveres; todos vós que fostes contados, de vinte anos para cima, que murmurastes contra mim." (Nm 14,29)

A peregrinação pelo deserto agora assume um novo significado: o povo não está apenas esperando a promessa, mas cumprindo sua própria sentença. A geração do Êxodo morrerá no deserto, e apenas seus filhos entrarão na terra. A incredulidade de Israel não apenas adia a promessa, mas transforma a caminhada no deserto em um período de purificação e julgamento. O contraste entre a fidelidade de YHWH e a infidelidade do povo se torna o tema central da jornada.

O capítulo 14 de Números chega a um de seus momentos mais críticos: a confirmação definitiva do juízo de yhwh sobre a geração do Êxodo e a tentativa desastrosa do povo de reverter o decreto divino por meio da força humana. Se nos versículos anteriores Moisés conseguiu interceder para que Israel não fosse destruído imediatamente, o veredito de Deus permanece inalterado: a geração incrédula não entrará na Terra Prometida. Somente Josué e Calebe receberão essa herança, pois confiaram plenamente na promessa divina. O povo, ao perceber a gravidade de sua rebelião, tenta entrar na terra por conta própria, sem a presença de YHWH – um erro fatal que resultará em uma derrota esmagadora diante dos amalequitas e cananeus. A exclusão definitiva da geração incrédula é afirmada de maneira enfática:

> *ʾIm-ʾattēm tāḇōʾûn ʾel-hāʾāreṣ ʾăšer nāśāʾtî ʾeṯ-yāḏî ləšakkēn ʾeṯḵem bāh kî ʾim-Kālēḇ ben-Yəpunnēh wəhôšēʿaʿ bin-nûn*
> "De maneira alguma entrareis na terra pela qual levantei minha mão para vos fazer habitar nela, exceto Calebe, filho de Jefoné, e Josué, filho de Num." (Nm 14,30)

A expressão "levantei minha mão" indica um juramento solene de yhwh, mostrando que a posse da terra não era apenas uma promessa, mas um compromisso irrevogável de Deus. A exclusão é absoluta: nenhum dos rebeldes verá a realização da promessa, exceto Josué e

Calebe, cujas atitudes de fé os diferenciaram dos demais. A presença de seus nomes reforça o contraste entre a fidelidade recompensada e a incredulidade castigada. Mas há uma exceção inesperada: os filhos dos incrédulos entrarão na terra. O decreto de YHWH não elimina Israel, mas adia o cumprimento da promessa:

> *Wəṯappəḵem ʾăšer ʾămartem ləḇāz yihyû wəhəḇîʾōṯî ʾōṯām wəyādəʿû ʾeṯ-hāʾāreṣ ʾăšer məʾaśtem bāh*
> "Mas vossos filhos, dos quais dissestes que seriam presa dos inimigos, eu os introduzirei, e conhecerão a terra que desprezastes." (Nm 14,31)

O juízo se inverte: aqueles que os pais imaginaram como vítimas indefesas da guerra serão os verdadeiros conquistadores. A nova geração verá a terra e tomará posse dela, enquanto seus pais definharão no deserto. Isso demonstra a continuidade da fidelidade de Deus – mesmo quando Israel falha, YHWH preserva seu compromisso com as futuras gerações.O castigo da geração incrédula é então detalhado:

> *Pigrêḵem ʾăttem yippəlû bammiḏbār hazzeh*
> "Vossos cadáveres cairão neste deserto." (Nm 14,32)

A ênfase em "cadáveres" (*pigrêḵem*) transmite a brutalidade do castigo. Eles não apenas morrerão, mas se tornarão parte do próprio deserto, um cemitério improvisado para aqueles que rejeitaram a promessa de Deus. A peregrinação, que deveria ter sido uma travessia curta, agora se torna uma punição prolongada. A medida do castigo é detalhada:

> *Bəmiṣpār hayyāmîm ʾăšer-taṯṭartem ʾeṯ-hāʾāreṣ ʾarbaʿîm yôm yôm laššānâ yôm laššānâ tiśśəʾû ʾeṯ-ʿăwōnōṯêḵem ʾarbaʿîm šānâ*
> "Segundo o número dos dias em que espiastes a terra, quarenta dias – para cada dia um ano – carregareis vossas iniquidades por quarenta anos." (Nm 14,34)

O juízo é simétrico: os quarenta dias de espionagem se transformam em quarenta anos de punição. Essa proporção de um dia por um ano estabelece um princípio de correspondência entre o pecado e sua consequência. Israel vagueará pelo deserto até que a geração incrédula desapareça, e apenas seus filhos verão a realização da promessa. Os espias que incitaram o povo são os primeiros a sofrer:

> *Wayyāmātû hāʾănāšîm môṣîʾê dibat hāʾāreṣ magēpâ lip̄nê YHWH*
> "E morreram os homens que trouxeram o mau relatório da terra, por uma praga diante de YHWH." (Nm 14,37)

A palavra *magēpâ* (praga) indica uma punição direta e instantânea, sinalizando que a rejeição à promessa de YHWH é um pecado que demanda julgamento imediato. Os espias morrem no mesmo momento, uma advertência clara de que a incredulidade gera consequências letais. No entanto, a reação do povo é desastrosa. Em vez de aceitar a sentença de YHWH, tentam remediar seu erro com uma invasão impulsiva:

> *Wayyaškîmû babbōqer wayyaʿălû ʾel-rōʾš hāhār lēʾmōr hinnēnû waʿālinû ʾel-hammāqôm ʾăšer-ʾāmar YHWH kî-ḥāṭānû*
> "E levantaram-se de madrugada e subiram ao alto da montanha, dizendo: 'Eis-nos aqui, subiremos ao lugar que YHWH nos prometeu, pois pecamos'." (Nm 14,40)

A confissão "pois pecamos" demonstra consciência tardia da rebelião, mas não há um arrependimento verdadeiro. O povo tenta resolver sua situação por conta própria, sem levar em conta a palavra de YHWH. Eles acreditam que podem corrigir seu erro através da ação, como se a obediência tardia pudesse anular a punição já decretada. Moisés os adverte severamente:

> *ʾAl-taʿălû kî-ʾên YHWH bəqirbəḵem wəlōʾ tinnaggəpû lip̄nê ʾōyəḇêḵem*

> "Não subais, pois YHWH não está no meio de vós, para que não sejais derrotados diante de vossos inimigos." (Nm 14,42)

A ausência da presença divina significa que qualquer ação militar será inútil. Moisés não apenas prevê a derrota, mas explica sua causa: eles confiam em sua própria força, não na palavra de Deus. O povo ignora a advertência e avança:

> *Wayyaʿăp̄îlû laʿălōṯ ʾel-rōʾš hāhār*
> "Mas se obstinaram em subir ao alto da montanha."
> (Nm 14,44)

A obstinação indica que eles ainda não aprenderam a lição. Assim como antes hesitaram quando YHWH os chamava para a guerra, agora avançam sem sua direção. A consequência é desastrosa:

> *Wayyēred hāʿămālēqî wəhakkənaʿănî hayyōšēḇ bahār hāhûʾ wayyaḵūm wayyaṭṭəḥûm ʿaḏ-hăḥormâ*
> "E os amalequitas e os cananeus que habitavam naquele monte desceram e os feriram, e os derrotaram até Hormá."
> (Nm 14,45)

A derrota é arrasadora. Sem a Arca da Aliança e sem a presença de YHWH, os israelitas são massacrados pelos inimigos. O nome Hormá significa "destruição" – um sinal profético de que a incredulidade leva à ruína.

Capítulo 15

Depois dos eventos do capítulo 14, que selaram o destino da geração do Êxodo, a transição para as leis cultuais em Números 15 parece abrupta. A narrativa do julgamento parecia apontar para um período de desolação e desespero, mas o capítulo 15 reintroduz uma estrutura legal que olha para o futuro. O deslocamento da narrativa para instruções sobre sacrifícios, ofertas e memória ritual não é apenas um retorno às normas cultuais; é uma reafirmação da continuidade da aliança. A condenação da geração rebelde ao deserto não anula a promessa. A terra ainda será herdada, mas não por aqueles que rejeitaram a palavra de YHWH. O foco se desloca para seus descendentes e para a necessidade de moldar uma nova geração que caminhará de maneira diferente. A abertura do capítulo estabelece essa expectativa de continuidade:

> *Dabbēr ʾel-bənê-yiśrāʾēl wəʾāmartā ʾălêhem kî-tāḇōʾû ʾel-ʾereṣ môšəḇōṯêḵem ʾăšer ʾănî nōtēn lākem*
> "Fala aos filhos de Israel e dize-lhes: Quando entrardes na terra das vossas habitações, que eu vos dou." (Nm 15,2)

O verbo *kî-tāḇōʾû* (quando entrardes) já aponta para a diferença entre a geração do deserto e aquela que herdará a terra. O texto não diz "se entrardes", mas "quando entrardes". Isso reforça a certeza do cumprimento da promessa, apesar da rebeldia da geração anterior. A terra continua a ser "dada" (*nōtēn*), mas agora como um destino para uma geração que ainda precisa ser formada. O castigo do capítulo 14 não redefiniu YHWH, mas redefiniu a estrutura da responsabilidade humana. Se os pais falharam em confiar na promessa, os filhos devem aprender a se alinhar com ela por meio da obediência. As leis apresentadas nos versículos seguintes não surgem no vazio. Elas são um lembrete de que a terra será habitada e que, quando isso acontecer, o culto precisa ocupar um papel central na vida nacional. As instruções detalhadas sobre sacrifícios voluntários e holocaustos estabelecem um quadro de adoração que reafirma o compromisso de Israel com YHWH. Esse culto não será opcional, mas essencial para a nova geração, funcionando como um meio de garantir que o relacionamento entre Israel e seu Deus seja continuamente renovado. O primeiro grupo de sacrifícios mencionados inclui ofertas queimadas e ofertas de comunhão:

> *Waʿăśîṯem ʾîš ʿiš qorbān YHWH ʿōlâ ʾô-zeḇaḥ ləpallēʾ-neder ʾô bənidḇâ ʾô bəmôʿăḏêḵem laʿăśôṯ rēyaḥ-nîḥôaḥ laYHWH min-habbaqqār ʾô min-haṣṣōʾn*
> "E quando alguém oferecer a YHWH uma oferta de holocausto ou sacrifício, para cumprir um voto ou como oferta

> voluntária, ou nas vossas festas fixas, para fazer um aroma agradável a YHWH, seja do gado ou do rebanho." (Nm 15,3)

O conceito de *rēyaḥ-nîḥôaḥ* (aroma agradável) é teologicamente significativo. O sacrifício não é um mero ato ritual, mas uma resposta à aliança. A frase sugere não apenas aceitação por parte de YHWH, mas um restabelecimento da ordem entre o divino e o humano. A geração do deserto se distanciou desse ideal ao rejeitar a promessa da terra. Agora, o culto precisa ser reposicionado como o centro da identidade israelita. A obediência ao culto não é um substituto para a fidelidade, mas o meio pelo qual essa fidelidade se manifesta de forma concreta.

O texto detalha as proporções de ofertas de cereais e libações que devem acompanhar cada tipo de sacrifício. Quando se oferecer um carneiro, será acompanhado de uma oferta de cereais de dois décimos de efá de flor de farinha misturada com azeite e uma oferta de libação de um terço de hin de vinho (Nm 15,6-7). Se for um novilho, a oferta de cereais será de três décimos de efá e a libação, de meio hin de vinho (Nm 15,8-10). Essa precisão não é acidental. Ela reflete uma estrutura que vincula a agricultura e a economia da terra prometida ao culto. Quando Israel finalmente entrar na terra, cada colheita e cada rebanho terão um papel sagrado, vinculando o cotidiano à adoração. Essa organização sistemática também reforça o princípio de que o culto a YHWH não pode ser fragmentado ou tratado como um elemento secundário da vida nacional. Ele precisa permear a experiência coletiva, sustentando a identidade de Israel na terra. Ao contrário da geração anterior, que tentou separar sua vida prática da fé na promessa divina, a nova geração precisará aprender que viver na terra prometida significa viver em obediência à aliança. O texto então faz uma declaração que altera significativamente a percepção da comunidade da aliança:

> *Wəkî-yāgûr ʾittəḵem gēr ʾô ʾăšer bətôḵəḵem lədōrōṯêḵem wəʿāśâ ʾîš ʿîš qorbān rēyaḥ-nîḥôaḥ laYHWH kaʾăšer-taʿăśû kēn yaʿăśeh*
>
> "E quando um estrangeiro habitar convosco, ou alguém que estiver entre vós nas vossas gerações, e quiser oferecer

> uma oferta de aroma agradável a YHWH, como fazeis, assim ele fará." (Nm 15,14)

Esse versículo representa um desafio à mentalidade exclusivista que poderia ter surgido após o julgamento contra a geração do Êxodo. Poder-se-ia esperar que, após o fracasso da geração passada, Israel se fechasse em uma postura mais rígida e nacionalista. Mas o texto afirma que o estrangeiro que vive entre Israel e segue a aliança será tratado como igual. Esse princípio reforça a noção de que a identidade de Israel não é definida exclusivamente pelo sangue, mas pela fidelidade ao Deus da aliança. A inclusão do *gēr* (estrangeiro residente) na legislação cúltica antecipa a ideia profética de que a aliança não se limita a um único grupo étnico. Esse conceito desafia Israel a pensar em si mesmo não apenas como um povo separado, mas como uma comunidade cuja obediência a YHWH tem implicações universais. A frase "como fazeis, assim ele fará" elimina qualquer distinção entre israelitas nativos e aqueles que adotam a fé e as práticas da aliança. O mesmo princípio é reforçado nos versículos seguintes:

> *ʾăqāhăl ḥuqqâ ʾaḥat lāḵem wəlaggēr haggār ḥuqqat ʿôlām lədōrōṯêḵem kăkem kaggēr yihyê lip̄nê YHWH*
> "Uma só lei haverá para vós e para o estrangeiro que habita convosco; estatuto perpétuo será para as vossas gerações. Assim como vós sois, assim será o estrangeiro perante YHWH." (Nm 15,15)

O uso da expressão *ḥuqqat ʿôlām* (estatuto perpétuo) indica que essa inclusão não é temporária ou circunstancial, mas parte fundamental da estrutura legal de Israel. A identidade do povo não pode ser definida por um exclusivismo rígido, mas pela conformidade à vontade de YHWH. Esse princípio não apenas tem implicações cúlticas, mas também estabelece um modelo para a ética social e política dentro da comunidade. Se o estrangeiro pode oferecer sacrifícios como um israelita, ele também faz parte da responsabilidade coletiva de Israel diante de Deus. O princípio da inclusão do *gēr* (estrangeiro residente) dentro da estrutura da aliança continua a ser enfatizado no versículo seguinte:

> *Tôrâ ʾaḥat ûmišpāṭ ʾeḥāḏ yihyê lākem wəlaggēr haggār ʾittəḵem*
> "Uma só lei e um só julgamento haverá para vós e para o estrangeiro que habita convosco." (Nm 15,16)

A repetição desse princípio reforça sua importância teológica e prática. O texto não apenas menciona que o estrangeiro pode participar do culto, mas que ele está igualmente sujeito às leis da aliança. Essa afirmação elimina qualquer noção de um sistema jurídico duplo em Israel, em que os nativos seriam tratados de maneira diferente dos residentes estrangeiros. A frase *tôrâ ʾaḥat ûmišpāṭ ʾeḥāḏ* (uma só lei e um só julgamento) estabelece um princípio de unidade dentro da comunidade da aliança: a identidade do povo de Deus não pode ser segmentada entre diferentes classes ou origens. Isso antecipa o pensamento profético que enfatizará a inclusão de nações dentro do plano divino (Is 56,3-8), desafiando qualquer concepção exclusivista da eleição de Israel. O texto então muda o foco para a questão dos pecados involuntários, reconhecendo que a transgressão nem sempre ocorre por rebelião consciente, mas muitas vezes por ignorância ou erro. O tema da fragilidade humana dentro da aliança é abordado nos versículos seguintes:

> *Wəʾim-tišgû wəlōʾ-taʿăśû ʾet-kāl-hammiṣwōṯ hāʾēlleh ʾăšer-dibbēr YHWH ʾel-Mōšeh*
> "E se por erro deixardes de cumprir todos estes mandamentos que YHWH falou a Moisés..." (Nm 15,22)

O verbo *šgʿ* (errar, cometer um equívoco) sugere que a transgressão aqui não resulta de um ato deliberado de rebeldia, mas de um desconhecimento ou negligência involuntária. Isso implica que YHWH reconhece a fraqueza de seu povo e oferece um meio de expiação para esses casos. A distinção entre pecado voluntário e involuntário é essencial para a teologia da aliança. Se toda transgressão fosse tratada com severidade absoluta, a relação entre Deus e Israel se tornaria insustentável. O que se vê aqui é a ideia de que a aliança tem espaço para a restauração, desde que o erro não seja um ato de rebeldia deliberada. A instrução se aplica tanto à comunidade como um todo quanto ao indivíduo:

> *Mîn-hayyôm ʾăšer-ṣiwâ YHWH wəhālʾāh lədōrōṯêḵem*
> "Desde o dia em que YHWH deu ordem, e daí em diante, por todas as vossas gerações." (Nm 15,23)

A expressão *lədōrōṯêḵem* (para as vossas gerações) indica que esse princípio não é circunstancial, mas faz parte do pacto perpétuo entre Deus e Israel. O compromisso com a aliança deve ser transmitido de geração em geração, assegurando que a relação com YHWH não dependa apenas da memória dos eventos passados, mas de um compromisso contínuo com a obediência. A reparação para o pecado involuntário é então especificada:

> *Wəʿāśâ kāl-hāʿēḏâ p̄ar ben-bāqār ʿōlâ lərēyaḥ-nîḥōaḥ laYHWH ûminḥāṯô wəniskô kammišpāṭ ûśîr ʿizzîm ʿaḥaṯ ləḥaṭṭāʾṯ*
> "Então toda a congregação oferecerá um novilho como holocausto de aroma agradável a YHWH, com sua oferta de cereais e sua libação, conforme o estatuto, e um bode como oferta pelo pecado." (Nm 15,24)

A expiação pelo erro comunitário exige um ***p̄ar ben-bāqār*** (novilho) para holocausto e um ***śîr ʿizzîm*** (bode) para o pecado. A combinação de holocausto e oferta pelo pecado indica que a transgressão, mesmo sendo involuntária, afeta a relação entre Deus e o povo e precisa ser reparada tanto pela expiação da culpa quanto pela reafirmação da dedicação a YHWH. O texto especifica que essa reparação traz perdão:

> *Wəkip̄p̄ar hakkōhēn ʿal-kāl-ʿăḏaṯ bənê-yiśrāʾēl wənislaḥ lāhem kî-šəgāgâ hîʾ wəhēm hēḇîʾû ʾet-qorbānām ʾiššê laYHWH wəḥaṭṭāʾṯām lip̄nê YHWH ʿal-šiggāgāṯām*
> "E o sacerdote fará expiação por toda a congregação dos filhos de Israel, e será perdoado, pois foi um erro. E trouxeram sua oferta, um sacrifício pelo fogo para YHWH, e sua oferta pelo pecado perante YHWH, por causa do seu erro." (Nm 15,25)

A expressão *wənislaḥ lāhem* (e será perdoado) é a chave aqui. A aliança não é um sistema jurídico implacável, mas um relacionamento em que a misericórdia está disponível para aqueles que falham sem intenção deliberada de rebeldia. O mesmo princípio se aplica ao estrangeiro que habita com Israel:

> *Wənislaḥ ləkāl-ʕăḏaṯ bənê-yiśrāʾēl wəlaggēr haggār bətôḵām kî-ləḵāl-hāʕām bəšəgāgâ*
> "E será perdoado a toda a congregação dos filhos de Israel e ao estrangeiro que habita no meio deles, pois todo o povo pecou por erro." (Nm 15,26)

Esse versículo reforça que o estrangeiro que vive entre Israel está incluído tanto na responsabilidade quanto no perdão. Isso sustenta a visão já apresentada no início do capítulo: a participação na aliança não se limita à linhagem israelita, mas se estende a todos aqueles que adotam os estatutos e vivem de acordo com as leis de YHWH. O capítulo, portanto, começa a delinear uma nova identidade para Israel após o fracasso da geração do Êxodo. A nova geração precisa aprender que seu relacionamento com Deus não será baseado no medo ou na rebeldia, mas na obediência acompanhada da misericórdia. A estrutura das leis sobre pecados involuntários oferece um equilíbrio entre a necessidade de justiça e a realidade da fragilidade humana. A passagem segue agora para a legislação sobre o pecado individual cometido por erro, diferenciando-o claramente da transgressão deliberada. A mesma lógica aplicada ao erro coletivo se estende ao indivíduo, reforçando que a aliança prevê mecanismos de restauração para aqueles que falham involuntariamente.

> *Wəʾim-nep̄eš ʾaḥat teḥeṭāʾ bišəgāgâ wəhiqrîḇâ ʿēz bənaṯ-šənātâ ləḥaṭṭāʾṯ*
> "E se uma pessoa pecar por erro, então trará uma cabra de um ano como oferta pelo pecado." (Nm 15,27)

O termo *bišəgāgâ* (por erro) reaparece para reforçar a natureza não intencional da transgressão. Diferente do pecado coletivo, que exige um novilho e um bode, o pecado individual involuntário pode ser expiado apenas com uma cabra de um ano. Isso demonstra um princípio teológico essencial: a expiação é proporcional à responsabilidade. Um indivíduo que peca por engano não carrega o mesmo peso de culpa de uma comunidade inteira, e a oferta exigida reflete essa distinção. O versículo seguinte reitera a eficácia do sacrifício para restaurar o pecador à aliança:

> *Wəkip̄p̄ar hakkōhēn ʿal-hanep̄eš haššōgēḡâ bəḥaṭṭā'ṯô lip̄nê YHWH ləkap̄ēr ʿālāyw wənislaḥ lô*
> "E o sacerdote fará expiação pela pessoa que pecou por erro, quando pecar por engano perante YHWH, para fazer expiação por ela, e lhe será perdoado." (Nm 15,28)

A estrutura do versículo enfatiza a obra sacerdotal de mediação: o perdão não é automático, mas passa pelo rito expiatório realizado pelo sacerdote. O verbo *wəkip̄p̄ar* (fará expiação) confirma que o sacrifício serve como meio de reconciliação, restaurando a relação entre o pecador e Deus. O princípio da inclusão do *gēr* (estrangeiro residente) é reafirmado mais uma vez:

> *Hattōrâ ha'aḥaṯ tihyê lākem lə'ôśêh bišəgāgâ bənê-yiśrā'ēl wəlaggēr haggār bətôḵām*
> "Uma só lei haverá para quem pecar por erro, tanto para os filhos de Israel como para o estrangeiro que habita entre vós." (Nm 15,29)

Esse versículo remove qualquer distinção jurídica entre israelitas e estrangeiros no que diz respeito ao pecado involuntário. A aliança não é baseada exclusivamente na descendência, mas na obediência. Tanto o nativo quanto o estrangeiro são igualmente responsáveis diante da Torá, e ambos têm acesso à expiação. A menção repetida do *gēr* neste capítulo reforça que o pertencimento à comunidade de YHWH não é determinado pelo sangue, mas pela fidelidade aos mandamentos. O contraste agora se acentua quando o texto trata do pecado cometido *bəyāḏ rāmâ* (com mão erguida), ou seja, com arrogância e premeditação.

> *Wəhannep̄eš ʾăšer-taʿăśeh bəyāḏ rāmâ min-hāʾezrāḥ wəmin-haggēr ʾeṯ-YHWH hûʾ məḡāḏēp̄ wənikrətâ hannnep̄eš hāhîʾ miqqereḇ ʿammāh*
> "Mas a pessoa que agir com arrogância, seja nativo ou estrangeiro, blasfema contra YHWH; essa pessoa será eliminada do meio do seu povo." (Nm 15,30)

Aqui se estabelece uma distinção radical entre dois tipos de transgressão: o pecado cometido por erro pode ser perdoado, mas a rebelião consciente contra YHWH não tem expiação. O uso da expressão *bəyāḏ rāmâ* sugere não apenas um ato deliberado, mas uma atitude de desafio à autoridade divina. A consequência para esse pecado é clara: *wənikrətâ* (será eliminada). Esse termo geralmente indica exclusão da comunidade da aliança, seja por morte física ou por exílio e isolamento social. Diferente do pecado involuntário, que pode ser reparado, o pecado intencional rompe irreversivelmente a relação entre o indivíduo e Deus. O versículo seguinte aprofunda a gravidade dessa transgressão:

> *Kî-dəḇar YHWH bāzâ wəʾet-miṣwātô hēp̄ēr hikkārēt hikkārēt hannnep̄eš hāhîʾ ʿăwōnāh bāh*
> "Pois desprezou a palavra de YHWH e violou o seu mandamento; será inteiramente eliminada essa pessoa, e a sua iniquidade estará sobre ela." (Nm 15,31)

O verbo *bāzâ* (desprezar) revela a raiz desse tipo de transgressão: não se trata apenas de um erro moral, mas de um desprezo intencional pela autoridade divina. A punição é enfatizada com a repetição de *hikkārēt hikkārēt* (será completamente eliminada), sugerindo um juízo absoluto. Ao contrário do pecado involuntário, que pode ser removido pelo sacrifício, aqui a *ʿăwōn* (iniquidade) permanece sobre a pessoa, sem possibilidade de expiação. A narrativa agora oferece um exemplo concreto desse princípio, relatando a transgressão de um homem que desrespeitou o sábado:

> *Wayyimṣəʾû ʾîš məqaššēš ʿēṣîm bayyôm haššabbāṯ*
> "E encontraram um homem colhendo lenha no dia de sábado." (Nm 15,32)

O verbo *məqaššēš* (colher, recolher) sugere uma ação contínua, indicando que esse homem não apenas acidentalmente quebrou o shabat, mas trabalhou deliberadamente. Seu ato não é tratado como um pecado involuntário, mas como um caso de rebelião aberta contra a lei sabática. O texto então registra que o homem foi levado a julgamento:

> *Wayyaqrîḇû ʾōṯô hamṣōʾîm ʾetô ʾəl-Mōšeh wəʾel-ʾAhărōn wəʾel-kāl-hāʿēḏâ*
> "E os que o encontraram trouxeram-no a Moisés, a Arão e a toda a congregação." (Nm 15,33)

A menção de toda a congregação sugere que esse caso era visto como um problema sério para toda a comunidade, pois envolvia um desafio direto à ordem estabelecida por YHWH. O veredicto não é imediato, indicando que esse era um caso sem precedente claro:

> *Wayyanîḥû ʾōṯô bammišmār kî lōʾ purrāš māh-yēʿāśeh lô*
> "E o deixaram sob custódia, porque ainda não estava determinado o que se deveria fazer com ele." (Nm 15,34)

O fato de que Moisés e os líderes não sabiam como proceder sugere que as instruções sobre o *shabat* haviam sido dadas, mas o que fazer com os infratores ainda não estava detalhado. Isso enfatiza que a Torá se desenvolve em resposta à realidade da vida comunitária, e que algumas decisões exigem orientação divina direta. A resposta de YHWH é definitiva:

> *Wayyōʾmer YHWH ʾel-Mōšeh mōt yûmāt hāʾîš yirəgəmû ʾōtô bāʾăḇānîm kāl-hāʿēḏâ mîḥûṣ lammaḥănêh*
> "E YHWH disse a Moisés: 'Certamente será morto esse homem; toda a congregação o apedrejará fora do acampamento'." (Nm 15,35)

O fato de que toda a congregação deve executar a sentença reforça que essa transgressão não era apenas pessoal, mas afetava a santidade da comunidade como um todo. O julgamento divino estabelece um precedente: o desprezo consciente pela aliança não pode ser tolerado dentro do povo de Deus. O texto continua:

> *Wayyôṣîʾû ʾōṯô kāl-hāʿēḏâ ʾel-mîḥûṣ lammaḥănêh wayyirəgəmû ʾōtô bāʾăḇānîm wayyāmōṯ kaʾăšer-ṣiwâ YHWH ʾeṯ-Mōšeh*
> "Então toda a congregação o levou para fora do acampamento e o apedrejou com pedras, e ele morreu, conforme YHWH ordenara a Moisés." (Nm 15,36)

O cumprimento da sentença destaca um princípio fundamental da teologia da Torá: a comunidade é responsável por manter a santidade da aliança. Não há intervenção de um executor específico ou de um corpo militar; todo o povo participa da execução, enfatizando que o pacto com YHWH não é apenas individual, mas coletivo. O verbo *wayyirəgəmû* (e o apedrejaram) reforça que essa pena não é aplicada por um agente solitário, mas é um ato de toda a congregação, que reafirma a ordem divina por meio da obediência à sentença. Esse detalhe sugere que a manutenção da pureza da comunidade não pode ser delegada apenas à liderança religiosa ou civil; todos são corresponsáveis. O uso da expressão *kaʾăšer-ṣiwâ* YHWH (conforme YHWH ordenara) ressalta que esse não é um ato de violência arbitrária, mas uma consequência estabelecida pela vontade divina. Assim, o juízo contra o transgressor não é um reflexo da indignação humana, mas da seriedade com que Deus trata a aliança. A narrativa agora faz uma transição abrupta para uma nova ordenança, ligada ao uso de um lembrete visual da obediência. O contraste é intencional: se a transgressão do sábado trouxe juízo imediato, agora Deus introduz um meio pelo qual o povo poderá se lembrar constantemente dos mandamentos para evitar futuras transgressões.

> *Wayyōʾmer YHWH ʾel-Mōšeh lēʾmōr*
> "E YHWH falou a Moisés, dizendo:" (Nm 15,37)

A introdução dessa nova revelação destaca a continuidade da aliança: apesar da punição severa do versículo anterior, YHWH não apenas julga, mas também provê meios para que o povo evite cair na mesma armadilha. O propósito da Torá não é simplesmente condenar, mas ensinar e orientar. A instrução que se segue introduz um dos símbolos mais duradouros da identidade israelita:

> *Dabbēr ʾel-bənê-yiśrāʾēl wəʾāmartā ʾălêhem wəʿāśû lāhem ṣiṣiṯ ʿal-kanp̄ê bigdêhem lədōrōṯām wənātənû ʿal-ṣiṣiṯ hăkānāp̄ p̄əṯîl təḵēleṯ*
> "Fala aos filhos de Israel e dize-lhes que façam franjas nas bordas de suas vestes, por todas as suas gerações, e ponham na franja da borda um cordão azul." (Nm 15,38)

A ordem de fazer *ṣiṣîṯ* (franjas) representa um meio físico e tangível de lembrar os mandamentos de YHWH. A repetição da frase *lədōrōṯām* (por todas as suas gerações) enfatiza que esse não é um mandamento temporário, mas um sinal perpétuo da aliança. A inclusão do *p̄əṯîl təḵēleṯ* (cordão azul) adiciona um elemento visual distintivo. A cor azul (*təḵēleṯ*) era associada ao sacerdócio e ao próprio tabernáculo, sugerindo que cada israelita, de certo modo, se torna um sacerdote ao carregar esse lembrete da santidade. A explicação do propósito desse símbolo vem a seguir:

> *Wəhāyâ lākem ləṣiṣiṯ ûrəʾîtem ʾōṯô ûzəḵartem ʾet-kāl-miṣwōṯ YHWH wəʿăśîtem ʾōṯām wəlōʾ-taṯtûrû ʾaḥărê ləḇaḇḵem wəʾaḥărê ʿênêḵem ʾăšer-ʾattem zōnîm ʾaḥărêhem*
> "E será para vós uma franja, e a vereis e vos lembrareis de todos os mandamentos de YHWH, e os cumprireis, e não seguireis após o vosso coração e após os vossos olhos, pelos quais vos desviáis." (Nm 15,39)

A frase *ûrəʾîtem ʾōṯô* (e a vereis) ressalta que o ato de enxergar fisicamente as franjas funciona como um estímulo à obediência. A memória não é apenas um ato mental, mas também um processo sensível e visual, garantindo que o israelita esteja constantemente relembrando sua identidade. O contraste entre seguir os mandamentos e seguir o coração e os olhos é central aqui. O verbo *taṯtûrû* (seguir, explorar) ecoa a mesma palavra usada em Números 13 para descrever a missão dos espias. Assim como eles viram a terra e se deixaram levar pela incredulidade, o povo pode olhar para o mundo e se desviar da aliança. As franjas funcionam como um antídoto contra essa tentação, oferecendo um símbolo visível da fidelidade a YHWH. O versículo seguinte reforça a identidade do povo:

> *Ləmaʿan tizkərû wəʿăśîtem ʾet-kāl-miṣwōṯay wəhəyîtem qədōšîm ləʾlōhêḵem*
> “Para que vos lembreis e cumprais todos os meus mandamentos, e sejais santos para vosso Deus.” (Nm 15,40)

O objetivo final da prática dos *ṣiṣîṯ* não é apenas relembrar os mandamentos, mas transformar o povo em uma comunidade santa. A santidade (*qədōšîm*) não é apenas uma qualidade espiritual abstrata, mas um modo de vida que se manifesta por meio da obediência constante e visível. O capítulo se encerra com uma reafirmação fundamental da identidade de Israel:

> *ʾĂnî YHWH ʾĕlōhêḵem ʾăšer hōṣēʾṯî ʾeṯḵem mēʾereṣ-miṣrāyim ləhəyōt lākem lēʾlōhîm ʾănî YHWH ʾĕlōhêḵem*
> “Eu sou YHWH, vosso Deus, que vos tirei da terra do Egito para ser vosso Deus. Eu sou YHWH, vosso Deus.” (Nm 15,41)

Essa declaração final não é apenas um lembrete histórico da libertação do Egito, mas um argumento teológico para a obediência. O povo deve seguir os mandamentos porque sua própria existência como nação livre é um ato da graça de YHWH. A repetição de *ʾănî* YHWH *ʾĕlōhêḵem* (Eu sou YHWH, vosso Deus) no início e no fim do versículo enfatiza que a identidade de Israel é inseparável de sua relação com Deus. Essa conclusão reforça o tema central do capítulo: apesar da rebeldia da geração passada, a aliança continua, e a obediência à Torá será o alicerce para o futuro do povo na terra prometida. O capítulo 15, portanto, se apresenta como um ponto de transição. O juízo sobre a geração do Êxodo não significa o fim da aliança, mas o estabelecimento de novos meios para garantir que as futuras gerações aprendam, se lembrem e vivam de acordo com a santidade que YHWH *exige*.

Capítulo 16

A abertura do capítulo introduz um motim contra Moisés e Arão, liderado por Corá, Datã e Abirão. O versículo apresenta a genealogia de Corá, destacando sua posição como levita coatita e estabelecendo a aliança entre levitas e rubenitas, algo incomum dentro da estrutura tribal de Israel. A menção de Datã e Abirão, descendentes do primogênito de Jacó, sugere que a disputa pode envolver uma tentativa de reivindicar a liderança que, em sua visão, foi usurpada por Moisés, um levita. Esse detalhe indica que a rebelião não é apenas uma questão de insatisfação com a liderança, mas uma tentativa de reestruturar o poder dentro da comunidade:

> *Wayyiqqaḥ Qōraḥ ben-Yiṣhār ben-Qəhāt ben-Lēwî wəDatān wəʾAbîrām bənê-ʾElyāḇ wəʾÔn ben-Peleṭ bənê-Rəʾûḇēn*
> "E Corá, filho de Isar, filho de Coate, filho de Levi, tomou consigo Datã e Abirão, filhos de Eliabe, e Om, filho de Pelete, filhos de Rúben." (Nm 16,1)

O versículo seguinte detalha a escala da revolta, enfatizando que não se trata de um pequeno grupo insatisfeito, mas de um levante cuidadosamente articulado. São duzentos e cinquenta homens, identificados como príncipes da congregação, ou seja, membros da elite política e religiosa de Israel. A expressão "chamados à assembleia" reforça sua influência, indicando que não são meros dissidentes, mas figuras reconhecidas dentro da estrutura de liderança da comunidade. Essa descrição aumenta a gravidade da revolta:

> *Wayyāqūmû lipnê Mōšeh wəʾănâšîm mibbənê-yiśrāʾēl ḥămiššîm ûmatayim nəśîʾê ʿēḏâ qərîʾê môʿēḏ ʾănšê šēm*
> "E levantaram-se contra Moisés, e com eles duzentos e cinquenta homens dos filhos de Israel, príncipes da congregação, chamados à assembleia, homens de renome." (Nm 16,2)

A acusação levantada por Corá contra Moisés e Arão possui uma dimensão teológica profunda. Ele não questiona apenas a liderança administrativa de Moisés, mas a própria estrutura de santidade estabelecida por YHWH. O argumento de Corá baseia-se no fato de que toda a congregação de Israel foi chamada à santidade, conforme Êxodo 19,6, e, portanto, ele rejeita a ideia de que apenas Arão e seus descendentes tenham o direito ao sacerdócio. No entanto, esse argumento distorce a natureza da eleição divina: a santidade de Israel é um chamado, mas não significa que todos possam exercer o sacerdócio. A acusação de Corá se torna ainda mais perigosa porque contém uma verdade parcial, tornando-a sedutora para aqueles que desejam desafiar a liderança instituída:

> *Wayyiqqāhălû ʿal-Mōšeh wəʿal-ʾAhărōn wayyōʾmərû*
> *ʾălêhem rab-lākem kî kāl-hāʿēḏâ kulām qədōšîm*
> *ûbətôḵām YHWH ûmaddûʿa tittnaśśəʾû ʿal-qəhal YHWH*
> "E se reuniram contra Moisés e contra Arão, e lhes disseram: 'Basta! Toda a congregação é santa, todos eles são santos, e no meio deles está YHWH. Por que, então, vos elevais sobre a assembleia de YHWH?'" (Nm 16,3)

A resposta de Moisés à acusação é expressa não em palavras, mas em um gesto de profunda submissão. Ele se prostra com o rosto em terra, um ato que indica tanto angústia quanto apelo à intervenção divina. Esse comportamento sugere que Moisés entende que a rebelião não é apenas contra ele, mas contra YHWH. Diferente de outras ocasiões em que intercedeu pelo povo, aqui Moisés percebe que a disputa exige um juízo direto de Deus. O gesto também sugere um reconhecimento da gravidade da situação:

> *Wayyišmaʿ Mōšeh wayyippōl ʿal-pānāw*
> "E Moisés ouviu isso e caiu sobre o seu rosto." (Nm 16,4)

Em vez de tentar persuadir Corá e seus seguidores, Moisés propõe um teste que determinará quem foi escolhido por YHWH. Ele não reivindica sua posição, mas entrega a decisão ao próprio Deus. O teste envolve a aproximação dos desafiantes com incensários, um detalhe significativo, pois ecoa a punição dos filhos de Arão, Nadabe e Abiú, que foram consumidos pelo fogo ao oferecerem incenso impróprio (Lv 10,1-2). O uso do incenso como critério para o juízo não é arbitrário: representa a proximidade com YHWH, e apenas aqueles a quem Ele escolheu podem entrar nesse espaço sem risco de destruição:

> *Wayyədabbēr ʾel-Qōraḥ wəʾel-kāl-ʿăḏāṯô lēʾmōr baqqēr wəyôḏaʿ YHWH ʾeṯ-ʾăšer-lô wəʾeṯ-hăqādôš wəhiqrîḇ ʾēlāyw wəʾeṯ-ʾăšer yibḥar-bô yaqriḇ ʾēlāyw*
> "E disse a Corá e a toda a sua congregação: 'Pela manhã, YHWH fará saber quem é seu, e quem é santo, e o fará chegar a si; e a quem escolher, a esse fará aproximar-se dele.'" (Nm 16,5)

O discurso de Moisés contra Corá expõe a raiz do problema: a insatisfação com a posição já concedida. Corá e seus seguidores não são homens excluídos do serviço sagrado; eles já possuem um lugar no culto. No entanto, sua rebelião revela que não estão satisfeitos com sua função e desejam um status superior. Moisés desafia essa ambição ao perguntar retoricamente se o que receberam de YHWH já não seria suficiente. A questão subjacente é que Corá deseja não apenas servir no tabernáculo, mas substituir Arão, contestando a ordem estabelecida por Deus:

> *Hamʿaṭ-mikkem kî-hiḇdîl ʾĕlōhê yiśrāʾēl ʾetkhem mēʿăḏat yiśrāʾēl ləhaqrîḇ ʾeṯkhem ʾēlāyw laʿăbōḏ ʾeṯ-ʾăḇōḏaṯ miškān YHWH*
> "É pouco para vós que o Deus de Israel vos tenha separado da congregação de Israel para vos fazer chegar a Ele e ministrardes no serviço do tabernáculo de YHWH?" (Nm 16,9)

Datã e Abirão recusam-se a comparecer diante de Moisés, o que já demonstra uma recusa absoluta à sua autoridade. Mas o que torna sua resposta ainda mais radical é a forma como reescrevem a história do Êxodo. Eles descrevem o Egito, lugar de opressão e escravidão, como uma terra de leite e mel, invertendo completamente a narrativa da libertação. Essa distorção da realidade não é apenas uma crítica a Moisés, mas uma rejeição do próprio ato salvífico de YHWH:

> *Hăm'aṭ kî-hĕ'əlîtānû mērəṣ zāḇaṯ ḥālāḇ ûḏəḇāš ləhamîtēnû bammiḏbār*
> "É pouco que nos tenhas tirado de uma terra que mana leite e mel, para nos matares neste deserto?" (Nm 16,13)

A rebelião não é apenas um desafio à autoridade de Moisés, mas um desafio direto à ordem divina. A resposta de YHWH será definitiva e demonstrará que Sua escolha não pode ser anulada pela vontade humana. O que está em jogo não é apenas a liderança, mas a estrutura teológica da santidade em Israel. A acusação de Datã e Abirão se intensifica ao implicar que Moisés não apenas falhou em cumprir sua promessa de conduzir Israel à terra de leite e mel, mas que, ao contrário, trouxe o povo para morrer no deserto. A distorção é extrema, pois subverte a própria linguagem da promessa divina. A terra prometida deveria ser um lugar de abundância e liberdade, mas agora os rebeldes aplicam essa descrição ao Egito, o local de escravidão. A inversão da narrativa revela não apenas um ataque contra Moisés, mas uma rejeição da própria identidade da aliança. A acusação culmina na sugestão de que Moisés os governa como um tirano, cegando-os para seus próprios interesses, uma insinuação de abuso de poder:

> *'ap̄ lō' 'el-'ereṣ zāḇaṯ ḥālāḇ ûḏəḇāš hĕḇî'ōtānû wattitten-lānû naḥălat śādeh wəkāremel hă'ênê hănāšîm hăhēm titnaqqēr lō' na'ăleh*
> "Nem mesmo nos trouxeste a uma terra que mana leite e mel, nem nos deste herança de campos e vinhas. Queres cegar os olhos destes homens? Não subiremos!" (Nm 16,14)

A referência a "cegar os olhos" pode ser interpretada de duas formas: ou eles acusam Moisés de manipulação e engano, tentando iludir o povo com falsas promessas, ou insinuam que ele deseja subjugá-los pela força, forçando sua obediência sem justificativa legítima. De qualquer maneira, essa acusação demonstra que a rebelião não é apenas um movimento contra Moisés, mas uma reinterpretação da história da libertação. A resposta de Moisés é emocionalmente carregada e revela um momento raro em que ele não intercede pelos acusadores, mas pede que YHWH não aceite suas ofertas. Ele não responde apenas à falsidade das acusações, mas afirma sua própria integridade, negando qualquer abuso de poder ou ganho pessoal. Essa defesa indica que, para Moisés, a disputa não se trata de um mero conflito político, mas de uma questão de justiça e verdade:

> *Wayyiḥar ləMōšeh məʾōḏ wayyōʾmer ʾel-YHWH ʾal-tēp̄en ʾel-minḥāṯām lōʾ ḥămōr ʾeḥāḏ mēhem nāśāʾtî wəlōʾ hărēʿōṯî ʾeṯ-ʾăḥăd mēhem*
> "E Moisés se irou muito e disse a YHWH: 'Não aceites a sua oferta! Não tomei deles nem sequer um jumento, nem fiz mal a nenhum deles.'" (Nm 16,15)

Ao mencionar que não tomou um jumento, Moisés ecoa o ideal do governante justo, que não explora o povo para benefício próprio. Diferente dos reis da antiguidade, que frequentemente se enriqueciam à custa de seus súditos, Moisés enfatiza que nunca tirou nada para si. Ele rejeita categoricamente qualquer insinuação de corrupção ou favorecimento. O desafio então retorna ao teste dos incensários. Moisés reafirma que a decisão será tomada por YHWH, e não pelo próprio julgamento humano. O fato de Moisés não se defender diretamente contra as acusações, mas insistir na prova divina, demonstra sua convicção de que essa disputa transcende a política e está enraizada na ordem teológica estabelecida por Deus. O teste não apenas provará quem tem o direito de ministrar diante de YHWH, mas revelará a verdadeira intenção dos coraítas e de seus aliados:

> *Wayyōʾmer Mōšeh ʾel-Qōraḥ ʾattâ wəkāl-ʿăḏāṯəḵā həyû lipnê YHWH ʾattâ wəhēmmâ wəʾAhărōn māḥār*
> "E Moisés disse a Corá: 'Tu e toda a tua congregação estai perante YHWH amanhã, tu, eles e Arão.'" (Nm 16,16)

O uso do futuro imperativo "estai" sugere que essa será uma convocação solene, uma audiência diante do próprio Deus. Não há margem para negociação ou diplomacia: YHWH será o juiz supremo da questão. A ordem para que cada homem traga seu incensário reforça a natureza sacerdotal do desafio. O incenso representa a mediação entre Deus e o povo, e apenas aqueles que foram escolhidos por YHWH podem oferecê-lo com aceitação. O teste coloca os rebeldes na mesma posição de Nadabe e Abiú, cuja oferta indevida de incenso resultou em destruição. Isso indica que Moisés não está simplesmente impondo um teste arbitrário, mas conduzindo um julgamento baseado em precedentes divinos já estabelecidos:

> *Wiqḥû ʾîš maḥtaṯô ûnəṯattem ʿălêhen qəṭōret wəhiqrabtəm lipnê YHWH ʾîš maḥtaṯô ḥămiššîm ûmatayim maḥtōt wəʾattâ wəʾAhărōn ʾîš maḥtaṯô*
> "E tomai cada um o seu incensário, e ponde nele incenso, e trazei perante YHWH, cada um o seu incensário, duzentos e cinquenta incensários; também tu e Arão, cada um o seu incensário." (Nm 16,17)

A inclusão de Arão no teste é crucial: ele também oferecerá incenso, colocando-se sob o mesmo critério divino. Isso demonstra que Moisés e Arão não impõem sua autoridade por si mesmos, mas confiam que YHWH confirmará sua posição. Os rebeldes, confiantes em sua causa, preparam seus incensários e se reúnem diante da Tenda da Congregação. Esse é o momento decisivo, em que a questão de quem tem o direito de se aproximar de Deus será resolvida. O cenário da reunião é carregado de simbolismo: o tabernáculo representa a morada divina no meio de Israel, e qualquer profanação desse espaço traz consequências severas. A cena remete ao episódio em que YHWH consumiu Nadabe e Abiú por sua oferta imprópria, deixando no ar a possibilidade de que um julgamento semelhante ocorrerá aqui:

> *Wayyiqqḥû ʾîš maḥtaṯô wayyittənû ʿălêhem ʾēš wayyāśîmû ʿălêhem qəṭōret wayyaʿămōḏû petaḥ ʾōhel môʿēḏ ûMōšeh wəʾAhărōn*
> "E tomaram cada um o seu incensário, puseram nele fogo, puseram nele incenso e se puseram à entrada da Tenda da Congregação, junto com Moisés e Arão." (Nm 16,18)

O aparecimento da glória de YHWH marca o clímax do evento. A manifestação divina deixa claro que essa disputa não será resolvida por argumentos humanos, mas por um julgamento direto de Deus.

O texto não detalha a forma da manifestação, mas em outras passagens, a glória de YHWH aparece como uma nuvem densa ou como fogo. Esse é o momento em que o destino dos rebeldes será selado:

> *Wayyēra' kəḇôḏ YHWH 'el-kāl hā'ēḏâ*
> "E apareceu a glória de YHWH a toda a congregação."
> (Nm 16,19)

A sentença divina se inicia com uma ordem que parece trazer um juízo coletivo. YHWH instrui Moisés e Arão a se afastarem, pois pretende consumir toda a congregação. Isso indica que a revolta não foi apenas um ato isolado de Corá e seus seguidores, mas que encontrou eco entre o povo. Como em episódios anteriores, a ira divina não se limita aos instigadores, mas ameaça toda a comunidade que se associou ao pecado:

> *Wayyədabbēr YHWH 'el-Mōšeh wə'el-'Ahărōn lē'mōr*
> *hibbāḏəlû mittôḵ hā'ēḏâ hazzō'ṯ wə'aḵalleh 'ōṯām kərega'*
> "E YHWH falou a Moisés e a Arão, dizendo: 'Afastai-vos do meio desta congregação, para que eu os consuma num instante.'" (Nm 16,20-21)

A ameaça do juízo divino contra toda a congregação cria um novo dilema para Moisés e Arão. O destino do povo está agora em suas mãos, e a intercessão será o único meio de evitar uma destruição em massa. Diante da iminente destruição da congregação, Moisés e Arão não permanecem passivos. Sua resposta é imediata e profundamente significativa: prostram-se em intercessão. Esse ato confirma que sua liderança não se baseia no desejo de poder, mas no zelo pelo povo e na preocupação com a justiça de Deus. Eles compreendem que, embora a rebelião tenha sido instigada por Corá e seus seguidores, um juízo indiscriminado sobre toda a congregação contradiz a misericórdia e a aliança de YHWH com Israel. O apelo que fazem a Deus revela uma compreensão sofisticada da justiça divina:

> *Wayyippəlû 'al-pənêhem wayyō'mərû 'ēl 'ĕlōhê hārûḥōṯ*
> *ləkāl-bāśār hā'îš 'eḥāḏ yeḥeṭā' wə'al-kāl-hā'ēḏâ tiqṣōp̄?*

> "E caíram sobre seus rostos e disseram: 'Ó Deus, Deus dos espíritos de toda a carne, acaso um só homem pecará e te enfurecerás contra toda a congregação?'" (Nm 16,22)

O título que Moisés e Arão atribuem a YHWH, *'ĕlōhê hārûḥōṯ ləkāl-bāśār* (Deus dos espíritos de toda a carne), é teologicamente significativo. Ele enfatiza a soberania de Deus sobre toda a humanidade, reconhecendo que YHWH conhece cada indivíduo e não julga de maneira arbitrária. A intercessão segue um princípio essencial da justiça divina: um único transgressor não deve ser a causa da destruição de todos. Esse argumento já apareceu em Gênesis 18, quando Abraão intercede por Sodoma, e agora Moisés se coloca na mesma posição de mediador. A resposta de YHWH confirma que a intercessão foi ouvida e que o juízo será específico. O juízo não será contra toda a congregação, mas contra aqueles que de fato desafiaram a liderança estabelecida. Deus instrui Moisés a ordenar que o povo se afaste das tendas de Corá, Datã e Abirão. Essa separação física simboliza uma distinção teológica: aqueles que não quiserem compartilhar do destino dos rebeldes devem manifestar sua lealdade à ordem estabelecida por YHWH:

> *Wayyədabbēr YHWH 'el-Mōšeh lē'mōr dabber 'el-hā'ēḏâ lē'mōr hē'ālû misāḇîḇ ləmiškān Qōraḥ Datān wə'Abîrām*
> "E YHWH falou a Moisés, dizendo: 'Fala à congregação, dizendo: Afastai-vos das tendas de Corá, Datã e Abirão!'" (Nm 16,23-24)

O termo *miškān* (habitação ou tenda) usado aqui não se refere ao tabernáculo, mas às moradias dos líderes rebeldes. Isso sugere que as tendas de Corá, Datã e Abirão simbolizam uma alternativa ilegítima à ordem divina, um contraponto ao verdadeiro miškān YHWH (Tabernáculo de YHWH). A separação não é apenas um ato de prudência, mas uma escolha teológica: aqueles que permanecerem próximos aos rebeldes serão destruídos com eles. Moisés, obedecendo à ordem divina, vai até os acampamentos dos rebeldes, acompanhado pelos anciãos de Israel. A presença dos anciãos indica que essa não é apenas uma ação de Moisés, mas um evento público e solene, testemunhado pelos líderes da comunidade. Ao chegar, Moisés faz um apelo final ao povo, enfatizando que aqueles que se associarem aos rebeldes perecerão com eles:

> *Wayyēlek̲ Mōšeh ʾel-Dātān wəʾel-ʾAbîrām wayyēlək̲û ʾaḥărāyw ziqnê yiśrāʾēl*
> "E Moisés foi até Datã e Abirão, e foram com ele os anciãos de Israel." (Nm 16,25)

> *Wayyədabbēr ʾel-hāʿēd̲â lēʾmōr sûrû-nāʾ mēʿal ʾahəlê hāʾănâšîm hārešāʿîm hāʾēlleh wəʾal-tigəʿû bəkāl-ʾăšer-lāhem p̄en-tiśśāp̄û bəkāl-ḥaṭṭōtām*
> "E falou à congregação, dizendo: 'Afastai-vos, por favor, das tendas destes homens perversos, e não toqueis nada do que lhes pertence, para que não sejais destruídos por todos os seus pecados!'" (Nm 16,26)

O uso do termo *hāʾănâšîm hārešāʿîm* (estes homens perversos) deixa claro que o problema aqui não é apenas político, mas moral e espiritual. A advertência contra tocar qualquer coisa pertencente a eles sugere que tudo o que estava ligado aos rebeldes se tornou impuro e condenado ao juízo. Esse princípio lembra a proibição contra tomar despojos de cidades destruídas sob o *ḥērem* (anátema, consagração à destruição), como em Josué 6-7. O povo responde à advertência e se afasta. Esse momento é crítico porque demonstra que, apesar do apoio inicial à rebelião, a congregação agora reconhece a seriedade do julgamento divino. O afastamento não é apenas físico, mas simbólico: ao se distanciarem das tendas dos rebeldes, o povo reafirma sua lealdade a YHWH e à liderança de Moisés. Enquanto isso, Corá, Datã e Abirão, em um gesto de desafio final, permanecem em suas tendas, acompanhados de suas famílias e crianças, recusando-se a reconhecer a autoridade de Moisés e a iminência do julgamento divino:

> *Wayyaʿălû mēʿal miškān Qōraḥ Datān wəʾAbîrām miśśāb̲îb̲ wəDatān wəʾAbîrām yāṣəʾû niṣṣāb̲îm petaḥ ʾăhəlêhem ûnəšêhem ûbənêhem wəṭappām*
> "E eles se afastaram da habitação de Corá, Datã e Abirão,

> de todos os lados. E Datã e Abirão saíram e ficaram de pé à entrada de suas tendas, com suas mulheres, seus filhos e suas crianças." (Nm 16,27)

O detalhe de que suas famílias estavam com eles amplifica a tragédia. Em vez de reconhecerem a seriedade do momento e buscarem arrependimento, os líderes rebeldes mantêm sua posição até o fim, envolvendo suas famílias em sua rebelião. A referência às crianças pode indicar que toda sua linhagem será eliminada, um sinal de que sua oposição à ordem divina será completamente apagada. Moisés, então, declara que o julgamento que está prestes a ocorrer não será um evento natural, mas um sinal direto de YHWH. Ele estabelece um critério para que o povo entenda que sua liderança não é uma escolha pessoal, mas um chamado divino. Se os rebeldes morrerem de uma forma comum, então Moisés não foi enviado por Deus; mas se algo inédito acontecer, será prova de que eles desprezaram YHWH:

> *Wayyōʾmer Mōšeh bəzōʾt têḏeʿûn kî-YHWH šəlāḥanî laʿăśôṯ ʾet-kāl-hammaʿăśîm hāʾēlleh kî-lōʾ millibbî*
> "E Moisés disse: 'Por isto sabereis que YHWH me enviou para fazer todas estas obras, pois não as faço por minha própria vontade.'" (Nm 16,28)

> *ʾim-kəmôt kāl-hāʾādām yəmûtûn ʾēlleh ûp̄əqūḏaṯ kāl-hāʾādām yippāqēḏ ʿălêhem lōʾ YHWH šəlāḥānî*
> "Se estes morrerem como morrem todos os homens, e se forem visitados como todos os homens são visitados, então YHWH não me enviou." (Nm 16,29)

Moisés desafia diretamente qualquer noção de que sua liderança seja arbitrária. O julgamento divino será excepcional e servirá como evidência inquestionável de que a rebelião de Corá, Datã e Abirão não é apenas contra Moisés, mas contra o próprio YHWH. O discurso de Moisés estabelece um critério claro para a autenticidade de sua liderança: se Corá, Datã e Abirão morrerem de forma natural, então sua autoridade não veio de Deus. Mas se um evento extraordinário ocorrer, isso provará que os rebeldes desprezaram YHWH. Essa afirmação cria um momento de suspense teológico. O povo, que já havia se afastado, agora aguarda para ver como YHWH responderá. A resposta divina não demora:

> *Wəʾim-brîʾâ yibrāʾ YHWH ûp̄āṣəṯâ hāʾăḏāmâ ʾeṯ-pîhâ ûḇālaʿathām wəʾēt-kāl-ʾăšer-lāhem wəyārdû ḥayyîm šəʾōlâ wəyəḏaʿtem kî-niʾăṣû hāʾănâšîm hāʾēlleh ʾet-YHWH*
> "Mas se YHWH criar algo novo, e a terra abrir sua boca e os engolir com tudo o que lhes pertence, e descerem vivos ao Sheol, então sabereis que estes homens desprezaram a YHWH." (Nm 16,30)

O uso da palavra ***brîʾâ*** (algo novo, uma criação) é teologicamente significativo. Moisés não prediz apenas um castigo, mas um ato de criação direta de YHWH. A abertura da terra para engolir os rebeldes será um evento sem precedentes, um sinal visível de que a rebelião não pode ser tolerada dentro da comunidade santa. O julgamento não será apenas uma morte comum, mas uma descida direta ao Sheol, indicando que eles não terão sequer um enterro normal, mas serão removidos completamente da terra dos vivos. Assim que Moisés termina de falar, o julgamento acontece imediatamente, demonstrando a execução precisa da palavra de Deus. A narrativa descreve com detalhes o evento, enfatizando sua natureza sobrenatural:

> *Wayəhî kəkallōṯô lədabbēr ʾet-kāl-haddəḇārîm hāʾēlleh wattibbaqqaʿ hāʾăḏāmâ ʾăšer-taḥtêhem*
> "E aconteceu que, assim que terminou de falar todas essas palavras, a terra que estava debaixo deles se fendeu." (Nm 16,31)

A abertura da terra é descrita como algo imediato, reforçando a conexão direta entre a fala de Moisés e a ação divina. O que poderia ter sido visto como um julgamento abstrato torna-se um evento concreto e visível para toda a congregação. O texto continua:

> *Wattiptāḥ hāʾăḏāmâ ʾeṯ-pîhâ wattiblaʿ ʾōṯām wəʾet-bātêhem wəʾet-kāl-hāʾādām ʾăšer ləQōraḥ wəʾet-kāl-harəkûš*

> "E a terra abriu sua boca e os engoliu, com suas casas, e todos os homens de Corá, e todos os seus bens." (Nm 16,32)

O verbo *wattiptāḥ* (e abriu) personifica a terra como um agente do julgamento divino. A imagem é poderosa: a própria criação, que deveria sustentar a vida, agora se torna o instrumento da destruição daqueles que desafiaram a ordem divina. Esse tipo de morte não apenas elimina os rebeldes, mas apaga seus rastros. Suas casas e pertences são igualmente consumidos, enfatizando que sua rebelião não deixará legado. O detalhe de que "todos os homens de Corá" foram tragados levanta uma questão: os filhos de Corá estavam entre eles? Em Números 26, descobrimos que os filhos de Corá não morreram nesse evento. Isso sugere que alguns membros da sua casa podem ter se distanciado da rebelião antes do julgamento. Esse detalhe acrescenta uma nuance importante: mesmo dentro de uma estrutura familiar, cada indivíduo é responsável por sua lealdade a Deus. O destino dos rebeldes é descrito de maneira definitiva:

> *Wayyərdû hem wəkāl-ʾăšer-lāhem ḥayyîm šəʾōlâ wattəḵăs ʿălêhem hāʾăḏāmâ wayyōʾbēḏû mittôḵ hāqāhāl*
> "E desceram vivos ao Sheol, eles e tudo o que lhes pertencia, e a terra os cobriu, e pereceram do meio da congregação." (Nm 16,33)

A ênfase na descida ao Sheol (mundo dos mortos) reforça que essa não é apenas uma punição terrena, mas um destino espiritual definitivo. Eles não simplesmente morrem – eles são levados para uma separação total da comunidade e da aliança. A menção de que "pereceram do meio da congregação" confirma que a rebelião não teve sucesso: a estrutura da liderança permanece intacta, e aqueles que tentaram subvertê-la são completamente eliminados. O impacto desse evento sobre a congregação é imediato:

> *Wəkāl-yiśrāʾēl ʾăšer-səḇîḇōṯêhem nāsû ləqôlām kî ʾāmərû pen-tiblāʿēnû hāʾăreṣ*
> "E todo o Israel que estava ao redor deles fugiu ao ouvir seu

> clamor, pois diziam: 'Que a terra não nos engula também!'"
> (Nm 16,34)

A reação da congregação é de puro terror. O grito dos rebeldes enquanto são tragados pela terra serve como um aviso vívido do poder de YHWH e da seriedade da rebelião. O medo de que a terra possa engolir outros sugere que, naquele momento, toda a congregação compreende a gravidade do que ocorreu. Não há mais espaço para dúvidas: a liderança de Moisés e Arão é validada pelo próprio Deus. No entanto, o julgamento ainda não terminou. Enquanto a terra engoliu Corá, Datã e Abirão, os 250 homens que participaram da revolta de maneira ativa são tratados de forma diferente:

> *Wəʾēš yāṣāʾ mēʾēt-YHWH wattōʾkal ʾet-hăḥămiššîm ûmatayim ʾîš māqrîḇê haqqəṭōreṯ*
> "E saiu fogo de YHWH e consumiu os duzentos e cinquenta homens que ofereciam o incenso." (Nm 16,35)

O uso do fogo como meio de julgamento ecoa o destino de Nadabe e Abiú (Lv 10,1-2). Esses 250 homens estavam envolvidos na tentativa de usurpar o sacerdócio e apresentavam incenso diante de YHWH, um ato que apenas os sacerdotes designados deveriam realizar. O julgamento confirma que a oferta de incenso feita sem autorização não era um mero ritual vazio, mas uma transgressão grave contra a ordem divina. O evento deixa um impacto duradouro na comunidade e estabelece um precedente claro: a liderança e o sacerdócio não podem ser usurpados. Qualquer tentativa de subverter a estrutura estabelecida por YHWH resultará em destruição. A revolta de Corá não é apenas uma disputa política; é um ato de resistência contra a própria vontade de Deus. Esse episódio demonstra que o maior desafio de Israel no deserto não é a falta de recursos ou as ameaças externas, mas sua própria tendência à insubordinação. A santidade da congregação não está na ausência de hierarquia, mas na obediência à ordem divina. O deserto não é apenas um espaço de transição geográfica, mas um campo de provação onde se decide quem será fiel e quem será eliminado. O julgamento dos duzentos e cinquenta homens que ofereceram incenso não se encerra apenas em sua destruição pelo fogo divino. O texto prossegue com uma ação ordenada por YHWH para marcar permanentemente esse evento na memória de Israel. O episódio não deve ser apenas um castigo momentâneo, mas um sinal duradouro para a comunidade.

> *Wayyədabbēr YHWH ʾel-Mōšeh lēʾmōr*
> "E YHWH falou a Moisés, dizendo:" (Nm 16,36)

O julgamento foi divino, mas agora cabe a Moisés conduzir a comunidade no aprendizado que deve emergir desse evento. A palavra de YHWH continua com uma instrução específica a Eleazar, filho de Arão, que assume um papel central na santificação dos incensários que pertenciam aos rebeldes consumidos pelo fogo.

> *ʾĕmōr ʾel-ʾElʿāzār ben-ʾAhărōn hakkōhēn wəyarīm ʾet-hammiḥtōṯ mibbēn haśśərēpâ wəʾet-hāʾēš zərēh-hāhâlʾâ kî qādašû*
> "Dize a Eleazar, filho de Arão, o sacerdote, que tire os incensários do meio da queima, e espalhe o fogo dali, pois foram santificados." (Nm 16,37)

Os incensários que os rebeldes usaram são descritos como tendo sido santificados (*qādašû*). O paradoxo aqui é significativo: apesar de terem sido usados em um ato de rebelião, eles foram apresentados diante de YHWH, e o próprio julgamento divino conferiu-lhes uma nova santidade. Isso não significa que os rebeldes estavam corretos, mas que qualquer coisa que é trazida diante da presença de Deus adquire um caráter sagrado, mesmo que por meio do juízo. Assim, esses objetos não podem ser simplesmente descartados; devem ser redirecionados para um novo propósito. A instrução prossegue com uma ordem específica para que os incensários sejam utilizados na cobertura do altar:

> *ʾet-miqṭērōṯ hăḥăṭṭāʾîm hāʾēlleh bənapšōṯām wəʿāśû ʾōtām rîqûʿê paḥîm ṣippûy lammiḏbēaḥ kî-hîqrîbûm lip̄nê YHWH wayyiqḏāšû wəyihyû ləʾōṯ ləḇnê-yiśrāʾēl*
> "Quanto aos incensários destes pecadores contra suas pró-

> prias almas, deles farão lâminas batidas para cobrir o altar, pois os apresentaram perante YHWH, e foram santificados, e servirão de sinal para os filhos de Israel." (Nm 16,38)

O termo *ʾōṯ* (sinal) indica que essa cobertura do altar funcionará como um lembrete visual constante da rebelião e de seu desfecho. A própria estrutura do santuário será marcada por essa memória. Cada vez que o povo olhar para o altar, verá ali um testemunho do que ocorre quando alguém desafia a autoridade divina. Eleazar cumpre a instrução sem demora, tornando os incensários parte do altar:

> *Wayyiqqaḥ ʾElʿāzār hakkōhēn ʾet-miqṭērōṯ hănəḥuśeṯ ʾăšer-hîqrîbû haśśərūpîm wayəraqqəʿûm ṣippûy lammiḏbēaḥ*
> "E Eleazar, o sacerdote, tomou os incensários de bronze que os queimados haviam apresentado, e os bateu para fazer uma cobertura para o altar." (Nm 16,39)

O uso do bronze é significativo. Esse metal já compunha parte do altar e simboliza resistência e permanência. Ao incorporar os incensários à estrutura sagrada, eles se tornam parte integrante do culto legítimo, mas como um lembrete de que nem todo ato de sacrifício é aceitável diante de Deus. A função desse memorial é explicitada no versículo seguinte:

> *Zikkārōn ləḇənê-yiśrāʾēl ləmaʿan ʾăšer lōʾ-yiqrab ʾîš-zār ʾăšer lōʾ mizzeraʿ-ʾAhărōn ləhaqṭîr qəṭōret lip̄nê YHWH wəlōʾ yihyeh kəQōraḥ ûkəʿăḏāṯô kāʾăšer dibrō YHWH bəyaḏ-Mōšeh lô*
> "Como memorial para os filhos de Israel, para que nenhum homem estranho que não seja da descendência de Arão se aproxime para oferecer incenso perante YHWH, e não seja como Corá e sua congregação, como YHWH lhe falou pela mão de Moisés." (Nm 16,40)

A interdição aqui é clara: ninguém fora da linhagem de Arão pode oferecer incenso. O evento de Corá se torna um arquétipo da insubordinação religiosa e um aviso de que a função sacerdotal não pode ser tomada à força. No entanto, a resposta da congregação mostra que o aprendizado desse evento ainda não foi assimilado. Em vez de reconhecer a justiça do juízo divino, o povo reage de forma oposta:

> *Wayyillōnû kāl-ʿăḏat bənê-yiśrāʾēl mimmaḥărat ʿal-Mōšeh wəʿal-ʾAhărōn lēʾmōr ʾattem hămîtem ʾet-ʿam-YHWH*
> "E no dia seguinte, toda a congregação dos filhos de Israel murmurou contra Moisés e contra Arão, dizendo: 'Vós matastes o povo de YHWH'." (Nm 16,41)

A ironia da acusação é evidente. Os rebeldes foram mortos diretamente pelo juízo divino, mas o povo, incapaz de aceitar a autoridade de Moisés e Arão, atribui-lhes a culpa. Isso revela uma questão teológica profunda: a dificuldade da humanidade em aceitar a justiça de Deus quando ela se choca com suas próprias percepções e desejos. A reação divina é imediata e terrível. A presença de YHWH se manifesta e ameaça consumir toda a congregação:

> *Wayyəhî bəhiqqāhēl hāʿēḏâ ʿal-Mōšeh wəʿal-ʾAhărōn wayyīp̄nû ʾel-ʾōhel môʿēḏ wəhinnēh kiśśâhû heʿānān wayyērāʾ kəḇôd-YHWH*
> "E aconteceu que, ajuntando-se a congregação contra Moisés e Arão, voltaram-se para a Tenda da Congregação, e eis que a nuvem a cobriu, e a glória de YHWH apareceu." (Nm 16,42)

A mesma manifestação da glória divina que antes confirmou a liderança de Moisés e Arão agora anuncia um novo julgamento. O texto sugere que a paciência divina chegou ao limite. A congregação, em vez de aprender com o juízo anterior, repete o erro da rebelião. O padrão se repete: Moisés e Arão caem sobre seus rostos, intercedendo pelo povo. Mas dessa vez, a praga já começou a se espalhar:

> *Wayyōʾmer Mōšeh ʾel-ʾAhărōn qāḥ ʾeṯ-hammiqṭereṯ wəttēn-ʿālêhā ʾēš mēʿal-hammiḏbēaḥ wəśîm-qəṭōret*

> *wəlēḵ mehērâ ʾel-hāʿēḏâ wəḵappēr ʿălêhem kî-yāṣāʾ haqqeṣep̄ millip̄nê-YHWH hēḥēlāh hammaggēpâ*
> "E Moisés disse a Arão: 'Toma o incensário, põe nele fogo do altar, põe incenso e vai depressa à congregação e faz expiação por eles, pois saiu a ira de YHWH; a praga começou'." (Nm 16,46)

O mesmo incenso que havia sido a causa da destruição dos rebeldes agora se torna o meio de intercessão e salvação. A história se desenrola num ciclo de julgamento e graça, em que a resposta de Moisés e Arão determina a sobrevivência do povo. A intercessão de Arão se dá em um momento de crise absoluta. A praga já está em curso, consumindo rapidamente os israelitas. Moisés, ao invés de se afastar do povo para evitar a ira divina, age com rapidez e ordena que Arão intervenha. O gesto é dramático: o sumo sacerdote, armado com um incensário, não foge da praga, mas corre em direção a ela para estancar a destruição.

> *Wayyiqqaḥ ʾAhărōn kaʾăšer-dibbēr Mōšeh wayyāroṣ ʾel-tôḵ hāqāhāl wəhinnēh hēḥēlāh hammaggēpâ bāʿām wayyitten ʾeṯ-hakəṭōret wayəḵappēr ʿăl-hāʿām*
> "E Arão tomou [o incensário], como Moisés dissera, e correu para o meio da congregação, e eis que a praga já havia começado entre o povo. E pôs o incenso e fez expiação pelo povo." (Nm 16,47)

A narrativa ressalta a urgência da situação. Arão não anda, não se aproxima devagar; ele corre (*wayyāroṣ*) para o meio da congregação. Esse movimento não é apenas físico, mas teológico: o sumo sacerdote se coloca literalmente entre a ira divina e o povo, assumindo o papel de mediador. A menção explícita da expiação (*wayəḵappēr*) indica que o ato não é meramente ritualístico, mas um gesto substitutivo. A expiação ocorre no momento em que Arão oferece o incenso, sugerindo que a praga é tanto um fenômeno físico quanto uma consequência espiritual da rebelião contínua de Israel. A cena atinge seu clímax no próximo versículo:

> *Wayya'ămōd bēyn-hammētîm ûḇēyn haḥayyîm*
> *wattē'āṣar hammaggēpâ*
> “E pôs-se entre os mortos e os vivos, e a praga foi interrompida.” (Nm 16,48)

Essa é uma das imagens mais poderosas da intercessão na Torá. Arão literalmente se posiciona entre a vida e a morte, entre os corpos daqueles que já sucumbiram e os que ainda podem ser salvos. Ele se torna uma barreira viva, um limite entre o juízo e a graça. O próprio texto enfatiza a efetividade de sua ação: assim que ele se coloca nesse espaço liminar, a praga cessa. O número de mortos, no entanto, é devastador:

> *Wayyihyû hammētîm bamaggēpâ 'arbā'â 'āśār 'elep̄*
> *wəšib'â mē'ôt milbăḏ hāmētîm 'al-dəḇar-Qōraḥ*
> “E os que morreram da praga foram catorze mil e setecentos, além dos que morreram por causa de Corá.” (Nm 16,49)

O desastre supera a destruição causada pelo episódio de Corá. Isso demonstra que o problema não era apenas a revolta dos líderes rebeldes, mas a predisposição da congregação inteira a se rebelar contra a autoridade estabelecida por YHWH. A praga reflete a profundidade da corrupção do povo, sua incapacidade de confiar na mediação divina e seu desejo persistente de desafiar Moisés e Arão. Com a praga interrompida, Arão retorna a Moisés, sinalizando que a ira de YHWH se dissipou:

> *Wayyāšob 'Ahărōn 'el-Mōšeh 'el-petaḥ 'ōhel mô'ēḏ*
> *wəhammaggēpâ ne'eṣārâ*
> “E Arão voltou a Moisés à entrada da Tenda da Congregação, e a praga havia cessado.” (Nm 16,50)

O retorno de Arão à Tenda marca a restauração da ordem. O episódio evidencia que a mediação sacerdotal não é um privilégio, mas uma necessidade vital para a sobrevivência de Israel. Sem um intercessor legítimo, o povo está sujeito à ira divina. O fato de Arão retornar ileso confirma que seu papel como sumo sacerdote é confirmado não apenas por eleição divina, mas por sua eficácia em preservar a vida da comunidade. O capítulo, como um todo, apresenta um movimento duplo: primeiro, a justiça de YHWH se manifesta na destruição dos rebeldes e na praga sobre a congregação; depois, Sua misericórdia se revela através da mediação de Arão. A narrativa reforça que a santidade e a autoridade sacerdotal não podem ser reivindicadas arbitrariamente. Elas são estabelecidas por Deus e confirmadas na intercessão e na expiação eficaz. O evento não é apenas uma punição; é um ensino. O altar agora está coberto pelos incensários dos rebeldes, a terra tragou Corá e seus aliados, e o povo viu, de forma visceral, que sua própria sobrevivência depende da obediência ao sistema que YHWH instituiu. No entanto, o padrão de rebelião ainda não foi completamente erradicado, e os capítulos seguintes continuarão a explorar a luta de Israel para aceitar a liderança divina e as mediações que Ele estabeleceu.

Capítulo 17

O comando divino que inaugura o episódio já antecipa sua função dentro da narrativa maior: trata-se de um julgamento que reafirmará, de modo incontestável, a autoridade do sacerdócio arônico. O episódio anterior demonstrou que a contestação dessa autoridade traz morte e destruição; agora, a narrativa enfatiza que a liderança legítima traz vida e continuidade. O meio escolhido para essa confirmação não é um argumento retórico ou uma demonstração de força, mas um milagre silencioso e orgânico, enraizado na própria natureza da criação.

> *Dabbēr ʾel-bənê-yiśrāʾēl wəqaḥ mēʾitām maṭṭēh maṭṭēh ləḇêṯ-ʾāḇ mēʾēṯ kol-nəśîʾêhem ləḇêṯ-ʾăḇōtām šənêm-ʿāśār maṭṭōṯ ʾîš ʾeṯ-šəmô tiktōḇ ʿal-maṭṭēhû*
> “Fala aos filhos de Israel e toma deles uma vara, uma vara por cada casa paterna, de todos os príncipes de suas tribos, doze varas; e escreverás o nome de cada um sobre sua vara.” (Nm 17,2)

Cada tribo é representada por uma única vara, simbolizando a totalidade de Israel no processo. Não há espaço para alegações de exclusão ou favorecimento; a decisão será tomada com todas as tribos igualmente representadas. O gesto de escrever os nomes sobre as varas reforça que a identidade tribal está em jogo. Não é apenas um teste para Arão, mas uma reafirmação da ordem divina dentro da estrutura de Israel. A vara de Arão, no entanto, é singular:

> *Wəʾeṯ-šēm ʾAhărōn tiktōḇ ʿal-maṭṭēh Lēwî kî maṭṭēh ʾeḥāḏ lərōʾš bêt-ʾăḇōtām*
> "E o nome de Arão escreverás sobre a vara de Levi, pois uma só vara haverá para a casa de seus pais." (Nm 17,3)

Essa distinção reforça que a questão em disputa não é o status geral da tribo de Levi, mas a legitimidade da linhagem arônica dentro dela. Os levitas já foram separados para o serviço no Tabernáculo, mas somente a casa de Arão detém o sacerdócio. O desafio de Corá foi, precisamente, contra essa exclusividade. A vara de Arão, portanto, não representa apenas uma tribo, mas a mediação necessária entre YHWH e o povo. A prova que se segue elimina qualquer possibilidade de dúvida:

> *Wəhāyâ hāʾîš ʾăšer-ʾeḇḥar-bô maṭṭēhû yip̄rāḥ wəhašikkōṯî mēʿālai ʾeṯ-təlūnōṯ bənê-yiśrāʾēl ʾăšer-heimmah məlinnîm ʿălêkem*
> "E será que o homem a quem eu escolher, sua vara florescerá; assim farei cessar de sobre mim as murmurações dos filhos de Israel, com que murmuram contra vós." (Nm 17,5)

O verbo *yip̄rāḥ* (florescerá) carrega implicações profundas. No episódio de Corá, a terra tragou os rebeldes, demonstrando a seriedade da oposição à escolha divina. Aqui, a distinção entre autoridade ilegítima e legítima se manifesta de forma oposta: enquanto a rebelião resulta em destruição, a eleição de YHWH resulta em vida. O sacerdócio verdadeiro não se impõe pela força, mas pela frutificação. Moisés segue as instruções:

> *Wayyənîaḥ Mōšeh ʾeṯ-hammaṭṭōṯ lipnê YHWH bəʾōhel hāʿēḏûṯ*
> “E Moisés colocou as varas perante YHWH, na Tenda do Testemunho.” (Nm 17,7)

O local do teste não é incidental: a Tenda do Testemunho (*ʾōhel hāʿēḏûṯ*) não é apenas o espaço sagrado onde a revelação ocorre, mas também o lugar onde as tábuas da aliança são guardadas. A escolha do sacerdote é, portanto, diretamente ligada à aliança. A decisão não será determinada por lógica política ou pragmatismo humano, mas pela presença divina. Na manhã seguinte, o resultado se manifesta:

> *Wəhînēh pāraḥ maṭṭēh ʾAhărōn ləḇêt Lēwî wayyôṣēʾ pəraḥ wayyāṣēṣ ṣîṣ wayyigmol šəqēdîm*
> “E eis que a vara de Arão, da casa de Levi, havia brotado; produziu botões, floresceu e deu amêndoas maduras.” (Nm 17,8)

A progressão da frutificação é cuidadosamente articulada: primeiro botões (*pəraḥ*), depois flores (*ṣîṣ*), e finalmente amêndoas maduras (*šəqēdîm*). Esse detalhe não apenas enfatiza o caráter milagroso do evento – uma vara seca não apenas revive, mas atravessa em um instante todo o processo natural de crescimento – como também reforça o papel do sacerdócio: trazer vida, mediação e sustento ao povo. O fato de a vara produzir especificamente amêndoas pode ser uma alusão ao candelabro do Tabernáculo, que tinha hastes em forma de flores de amendoeira (Êx 25,33-34). O sacerdócio, assim como o candelabro, existe para iluminar Israel, guiando-o na relação com YHWH. Diante da evidência, Moisés apresenta o resultado ao povo:

> *Wayyôṣēʾ Mōšeh ʾeṯ-kāl-hammaṭṭōṯ millipnê YHWH ʾel-kāl-bənê-yiśrāʾēl wayyirʾû wayyiqqəḥû ʾîš maṭṭēhû*
> “E Moisés trouxe todas as varas de diante de YHWH para todos os filhos de Israel, e eles viram, e cada um tomou a sua vara.” (Nm 17,9)

O ato de cada líder tribal recolher sua própria vara reforça a aceitação do veredicto divino. Não há mais espaço para contestações: a escolha de YHWH está estabelecida. Mas a vara de Arão não retorna à sua tribo; ela recebe um lugar perpétuo no Tabernáculo:

> *Wəyōʾmer YHWH ʾel-Mōšeh hāšēḇ ʾeṯ-maṭṭēh ʾAhărōn lipnê hāʿēḏûṯ ləmišmèreṯ ləʾôt ləbənê-mərî wətammōt təlūnōtām mēʿālai wəlōʾ yāmûtû*
> "E YHWH disse a Moisés: 'Põe de volta a vara de Arão diante do Testemunho, como sinal para os rebeldes, para que cesse a murmuração contra mim e não morram'." (Nm 17,10)

A vara não é apenas uma prova momentânea, mas um testemunho contínuo (*ʾôt*). Sua presença no Tabernáculo torna-se uma advertência constante contra futuras rebeliões. A reação final do povo revela o impacto psicológico do evento:

> *Wayyōʾmərû bənê-yiśrāʾēl ʾel-Mōšeh hēn gāvaʿnû ʾābadnû kullānû ʾābadnû*
> "E disseram os filhos de Israel a Moisés: 'Eis que perecemos, estamos perdidos, todos nós estamos perdidos!'" (Nm 17,12)

O medo da morte persiste, indicando que o povo ainda não compreende plenamente a função do sacerdócio. A liderança de Arão não foi estabelecida para trazer destruição, mas para proteger Israel da ira divina. O episódio encerra a crise com uma mensagem clara: a autoridade espiritual não se baseia em ambição humana, mas na escolha soberana de YHWH, que se manifesta não por força ou dominação, mas por meio de sinais de vida e renovação.

Capítulo 18

O capítulo inicia-se com uma afirmação direta de YHWH a Arão, destacando a responsabilidade central dos sacerdotes na mediação entre Israel e o sagrado. O sacerdócio não é um privilégio, mas um encargo que implica tanto serviço quanto perigo. O versículo de abertura já estabelece essa realidade:

> *Wayyōʾmer YHWH ʾel-ʾAhărōn ʾattâ ûḇānêḵâ ûḇêt-ʾāḇîḵâ ʾittākâ tiśśəʾû ʾeṯ-ʿăwōn hammiqdāš wəʾattâ ûḇānêḵâ ʾittākâ tiśśəʾû ʾeṯ-ʿăwōn kəhunnaṯḵem*
> "E disse YHWH a Arão: 'Tu, teus filhos e a casa de teu pai levarão sobre si a culpa do santuário; e tu e teus filhos levareis sobre vós a culpa do vosso sacerdócio'." (Nm 18,1)

A construção desse versículo é deliberadamente simétrica, com duas responsabilidades distintas: primeiro, Arão e os sacerdotes são responsáveis pelo santuário como um todo (*ʿăwōn hammiqdāš*); segundo, são também responsáveis por sua própria função sacerdotal (*ʿăwōn kəhunnaṯḵem*). O uso repetido da palavra *ʿăwōn* (culpa, iniquidade) enfatiza que qualquer transgressão ligada ao santuário e ao sacerdócio será atribuída a eles. Isso mostra que proximidade com o sagrado não significa isenção de julgamento – pelo contrário, aqueles mais próximos de YHWH são os primeiros a responder por desvios. O sacerdócio, portanto, é um fardo que exige vigilância constante. O versículo seguinte introduz os levitas como auxiliares dos sacerdotes, mas estabelece claramente seus limites:

> *Wəgam ʾeṯ-ʾaḥêḵā maṭṭêh Lēwî šēḇeṭ ʾāḇîḵā haqərēḇ ʾittāk wəyilāwû ʾōṯkā vəyišārətûkā wəʾattâ ûḇānêḵā ʾittāk ləp̄nê ʾōhel hāʿēḏûṯ*
> "E também teus irmãos, a tribo de Levi, a tribo de teu pai, aproxima-os contigo, e sirvam a ti; porém tu e teus filhos estareis diante da Tenda do Testemunho." (Nm 18,2)

O verbo *haqərēḇ* (aproximar) marca a tensão entre acesso e restrição. Os levitas são trazidos para perto, mas não têm acesso ao serviço sacerdotal. A função deles é servir aos sacerdotes, mas não se tornar sacerdotes. Esse princípio reforça que a estrutura de culto estabelecida por YHWH não pode ser contestada nem alterada. O levita não pode aspirar ao sacerdócio, pois seu chamado está fixado dentro de limites bem definidos. O versículo seguinte reforça essa divisão e adiciona um aviso severo:

> *Wəšāmərû mišmārtəḵā ûmišmārēt kol-hāʾōhel ʾaḵ ʾel-kəlê*

> *haqqōḏeš wə'el-hammizbēaḥ lō' yiqrəḇû wəlō' yāmûtû gam-hem gam-'attem*
> "E guardarão o teu encargo e o encargo de todo o Tabernáculo, mas não se aproximarão dos utensílios sagrados nem do altar, para que não morram, nem eles, nem vós." (Nm 18,3)

O termo *mišmār* (guarda, encargo) é repetido duas vezes, sublinhando a responsabilidade contínua dos sacerdotes e levitas. A frase *lō' yiqrəḇû* (não se aproximarão) reforça que há um limite intransponível entre o serviço levítico e o sacerdotal. A advertência de morte não é simbólica, mas literal: o sagrado é um espaço de vida, mas também pode se tornar um espaço de destruição para aqueles que não o tratam com o devido temor. A ênfase na interdependência entre sacerdotes e levitas continua no versículo seguinte:

> *Wənilwû 'ālêḵā wəšāmərû 'eṯ-mišmārēt 'ōhel mô'ēḏ ləkōl-'ăḇōḏaṯ hā'ōhel wəzār lō'-yiqrab 'ălêḵem*
> "E se achegarão a ti e guardarão o encargo da Tenda da Congregação para todo o serviço da tenda; mas o estranho não se chegará a vós." (Nm 18,4)

O verbo *nilwû* (se achegarão) indica a função auxiliar dos levitas, mas a restrição se mantém: qualquer "estranho" (*zār*) – isto é, qualquer um que não seja sacerdote ou levita – não pode se aproximar do santuário. Essa exclusividade não é elitismo, mas uma proteção para Israel: a santidade precisa de mediadores para que o povo não seja consumido pela presença de YHWH. O versículo seguinte sintetiza a lógica de separação e intercessão:

> *Wəšāmartem 'eṯ-mišmārēt haqqōḏeš wə'eṯ-mišmārēt hammizbēaḥ wəlō'-yihyeh 'ôḏ qeṣep̄ 'al-bənê-yiśrā'ēl*
> "E guardareis o encargo do santuário e o encargo do altar, para que não haja mais ira sobre os filhos de Israel." (Nm 18,5)

A presença do sacerdócio entre Deus e o povo tem um efeito apaziguador. A ira (*qeṣep̄*) de YHWH não recairá sobre Israel enquanto os sacerdotes forem fiéis ao seu papel. Isso mostra que a função sacerdotal não é uma mera formalidade ritual, mas um meio concreto pelo qual a nação é preservada. O versículo seguinte aprofunda esse princípio ao enfatizar a nomeação divina dos levitas:

> *Wəʾănî hinnēh laqaḥtî ʾeṯ-ʾaḥêḵem halləwiyyîm mittôḵ bənê-yiśrāʾēl lāḵem mattānâ nəṯûnîm laYHWH laʿăbōḏ ʾeṯ-ʿăḇōḏaṯ ʾōhel môʿēḏ*
> "E eis que eu tomei vossos irmãos, os levitas, do meio dos filhos de Israel; um dom dado a vós, entregues a YHWH para servir na Tenda da Congregação." (Nm 18,6)

O termo *mattānâ* (dom) é fundamental: os levitas não são empregados dos sacerdotes, mas um presente de YHWH para o serviço do Tabernáculo. O sacerdócio não poderia funcionar sozinho, e os levitas foram designados para garantir que a estrutura do culto se mantivesse em ordem. O versículo seguinte reafirma a exclusividade do sacerdócio aarônico:

> *Wəʾattâ ûḇānêḵâ ʾittāk tishmərû ʾeṯ-kəhunnaṯḵem ləkōl-dᵊḇar hammizbēaḥ ûləmibbēt lapārōḵeṯ wəʿăḇaḏtem ʾăḇōḏaṯ mattānâ ʾeṯ-kəhunnaṯḵem wəhazzār hanniqrāḇ yûmāt*
> "E tu e teus filhos guardareis o vosso sacerdócio em tudo que concerne ao altar e ao que está dentro do véu; e servireis no ofício sacerdotal como um dom dado; e o estranho que se aproximar morrerá."

Aqui, o sacerdócio é descrito como *ʾăḇōḏaṯ mattānâ*, um "serviço de dom". A função sacerdotal não pode ser reivindicada ou conquistada; ela é um presente de YHWH. E mais uma vez, a pena para qualquer um que tentar ultrapassar esses limites é a morte. O discurso divino agora se volta diretamente para Arão, estabelecendo as provisões destinadas aos sacerdotes. O sacerdócio não apenas carrega a responsabilidade pelo santuário, mas também possui direitos específicos sobre as ofertas sagradas do povo. Essa seção articula a interdependência entre o culto e o sustento daqueles que servem no Tabernáculo.

> *Wayyōʾmer YHWH ʾel-ʾAhărōn wəʾănî hinnēh nāṯattî ləḵā ʾeṯ-mišməret tərûmōṯay ləḵol-qᵃdāšê bənê-yiśrāʾēl ləḵā nəṯattî ʾōtām ləmaššaḥâ ûləḇānêḵā ləḥuqqat ʿōlām*
> "E disse YHWH a Arão: 'Eis que eu te dei a guarda das minhas ofertas alçadas, todas as coisas santas dos filhos de Israel; a ti as dei por unção, e a teus filhos, por estatuto perpétuo'." (Nm 18,8)

O texto introduz a ideia de que certas partes das ofertas sagradas pertencem ao sacerdócio como dádiva divina. O verbo *nāṯattî* (dei) aparece duas vezes neste versículo, reforçando que os sacerdotes não tomam essas porções por si mesmos, mas as recebem de YHWH como parte do pacto. O termo *mišməret* (guarda, responsabilidade) indica que essas ofertas não são meramente um pagamento, mas uma designação sagrada confiada aos sacerdotes. A frase *ləmaššaḥâ* (por unção) sugere que esse direito é inseparável da consagração sacerdotal. A passagem seguinte especifica quais são essas ofertas:

> *Zeh yihyeh ləḵā miqqōḏeš haqqŏḏāšîm min-hāʾēš kol-qorəbānām ləḵol-minḥātām ûləkāṭṭāʾtām ûləʾašmām ʾăšer yāšîḇû lî qōḏeš qodāšîm hûʾ ləḵā ûləḇānêḵā*
> "Isto será teu das coisas santíssimas, do fogo: todas as suas ofertas, toda a sua oferta de cereais, toda a oferta pelo pecado e toda a oferta pela culpa que me devolverem; coisas santíssimas são para ti e para teus filhos." (Nm 18,9)

A menção das *qōḏeš haqqŏḏāšîm* (coisas santíssimas) indica que essas ofertas pertencem exclusivamente aos sacerdotes e devem ser consumidas em um estado de pureza. A tríade de sacrifícios mencionada – oferta de cereais (*minḥā*), oferta pelo pecado (*ḥaṭṭāʾt*) e oferta pela culpa (*ʾāšām*) – representa os principais ritos de expiação e dedicação. A frase *ʾăšer yāšîḇû lî* (que me devolverem) reforça a ideia de que esses sacrifícios são uma restituição a YHWH, e não apenas uma prática ritualística. O versículo seguinte regula como essas ofertas devem ser consumidas:

> *Bəqōḏeš haqqŏḏāšîm tōʾkəlennû kol-zākār yōʾḵal ʾōtô qōḏeš yihyeh lāk*
> "Num lugar santíssimo as comerás; todo varão as comerá; será para ti coisa santa." (Nm 18,10)

A exigência de que essas porções sejam consumidas em um *qōḏeš haqqŏḏāšîm* (lugar santíssimo) mostra que não se trata de um alimento comum, mas de algo que deve ser tratado com reverência. Além disso, o consumo é restrito apenas aos homens do sacerdócio, reforçando a separação entre os que servem diretamente no Tabernáculo e o restante da comunidade. A repetição de *qōḏeš* enfatiza que essa distinção não é arbitrária, mas reflete a necessidade de manter a santidade do sagrado. O texto então apresenta outro tipo de dádiva sacerdotal, diferenciando-a da seção anterior:

> *Wəzeh ləkā tərûmat matttānām ləkol-tənûpōt bənê-yiśrāʾēl ləḵā nəṯattî ʾōtām ûləḇānêḵā ûləḇənōtêḵā ʾittāk ləḥuqqat ʿōlām kol-tāhôr bəḇêṯəkā yōʾḵal ʾōtô*
> "E isto será teu: a oferta alçada das suas dádivas, todas as ofertas movidas dos filhos de Israel; a ti as dei e a teus filhos e filhas contigo, por estatuto perpétuo. Todo puro em tua casa comerá dela." (Nm 18,11)

Aqui, a ênfase muda para as *tərûmôt* (ofertas alçadas), que incluem uma variedade de contribuições voluntárias. Diferente das ofertas santíssimas mencionadas anteriormente, essas podem ser consumidas tanto por sacerdotes quanto por suas famílias, desde que estivessem ritualmente puros (*kol-tāhôr*). Essa distinção mostra que nem todas as porções sacerdotais têm o mesmo nível de santidade: algumas exigem um espaço e uma pureza ritual específica, enquanto outras podem ser compartilhadas dentro da casa sacerdotal. O texto continua detalhando os primeiros frutos como parte do sustento dos sacerdotes:

> *Kōl-ḥēlep yiṣhār wəkōl-ḥēlep tîrōš wəḏāgān rēʾšîtām ʾăšer-yitnû laYHWH ləḵā nāṯattî ʾōtām*
> "Todo o melhor do azeite, todo o melhor do vinho e do trigo, as primícias que derem a YHWH, a ti as dei." (Nm 18,12)

O uso repetido de *ḥēlep* (o melhor, a gordura) enfatiza que os sacerdotes não recebem qualquer parte dos produtos agrícolas, mas as primícias, ou seja, a melhor porção (*rēʾšîtām*). Esse princípio reforça a teologia da oferta: aquilo que é consagrado a YHWH deve ser da mais alta qualidade, refletindo a dignidade do culto. Essa provisão se estende a todos os primeiros frutos da terra:

> *Bikkûrê kōl-ʾăšer-bəʾarṣām ʾăšer-yāḇîʾû laYHWH ləḵā yihyeh kol-tāhôr bəḇêṯəkā yōʾḵal ʾōtô*
> "As primícias de tudo que houver na sua terra, que trouxerem a YHWH, serão tuas; todo puro em tua casa comerá delas." (Nm 18,13)

A ideia aqui é que o primeiro e o melhor de toda colheita pertence a Deus e, por consequência, àqueles que O servem. Essa ordem reforça o princípio de que o sacerdócio é sustentado diretamente pela fidelidade da comunidade à aliança. Por fim, o texto menciona os primogênitos, estabelecendo que, embora pertençam a YHWH, eles devem ser resgatados:

> *Kol-peter-reḥem ləḵōl-bāśār ʾăšer-yaqrîḇû laYHWH bāʾādām ûbab-bəhēmâ yihyeh-lāk ʾaḵ-pāḏōh tip̄ḏeh ʾeṯ-bəḵōr hāʾādām wəʾeṯ-bəḵōr hab-bəhēmâ hat-təmēʾâ tip̄ḏeh*
> "Todo que abre a madre de toda carne que trouxerem a YHWH, seja de homens, seja de animais, será teu; mas o primogênito do homem resgatarás, e o primogênito dos animais impuros resgatarás." (Nm 18,15)

Essa lei reafirma que toda primogenitura pertence a YHWH, mas o primogênito humano e os animais impuros devem ser resgatados. Esse resgate (*pāḏōh tip̄ḏeh*) preserva a santidade da lei, garantindo que a consagração ao santuário não viole a dignidade humana nem o princípio da pureza ritual. A legislação agora se volta para a questão do resgate dos primogênitos e a exclusividade das ofertas consagradas ao sacerdócio. O texto continua estruturando a interdependência entre Israel e seus líderes espirituais, enfatizando que a sustentação dos sacerdotes não é apenas um direito, mas um reflexo da santidade da aliança.

> *Wəpāḏuyāw mi-bēn-ḥōdeš tip̄ḏeh bəʿērkəkā kesep̄ ḥăměšet šəqālîm bəšeqel haqqōḏeš ʿeśrîm gērâ hûʾ*
> "E os resgatáveis, desde a idade de um mês, os resgatarás segundo a tua avaliação, por cinco siclos de prata, segundo o siclo do santuário, que é de vinte gerás." (Nm 18,16)

O texto estabelece o valor do resgate (*pāḏuyāw*), determinando que os primogênitos humanos devem ser redimidos a partir de um mês de idade por cinco siclos de prata (*ḥăměšet šəqālîm*). A referência ao šeqel *haqqōḏeš* (siclo do santuário) enfatiza que essa quantia não está sujeita a variações comerciais, mas segue um padrão fixo, garantindo que a relação entre o povo e os sacerdotes seja regulada pela ordem divina. Esse resgate preserva a santidade da lei ao reconhecer que os primogênitos pertencem a YHWH sem exigir sua consagração literal ao serviço do santuário. O versículo seguinte estabelece uma distinção:

> *ʾak̲-bək̲ōr šôr ʾô-bək̲ōr kēśeḇ ʾô-bək̲ōr ʿēz lōʾ tip̄ḏeh qōḏēš hēn bədāmām tizraq ʿal-hammizbēaḥ wəḥēlbām taqṭîr ʾiššê rēyaḥ-nîḥōaḥ laYHWH*
> "Porém, o primogênito do boi, ou o primogênito do carneiro, ou o primogênito do bode, não resgatarás; são santos. O seu sangue aspergirás sobre o altar e a sua gordura queimarás por oferta queimada, de aroma agradável a YHWH." (Nm 18,17)

Aqui, a legislação distingue entre os primogênitos humanos e os dos animais puros. Enquanto os primogênitos humanos são resgatáveis, os dos animais como bois, carneiros e bodes devem ser sacrificados. A linguagem reforça a santidade desses sacrifícios (*qōḏēš hēn*), destacando que sua consagração não é opcional. O uso ritual do sangue (*bədāmām tizraq ʿal-hammizbēaḥ*) ecoa Levítico, em que o sangue simboliza a expiação e pertence exclusivamente a YHWH. Já a queima da gordura (*ḥēlbām taqṭîr*) reforça a ideia de que o melhor da oferta é entregue ao Senhor.

O versículo seguinte apresenta a porção que cabe aos sacerdotes:

> *ûḇəśārām yihyeh-lāk kak-khāzēh hat-tənûp̄â ûkiz-zērôaʿ hay-yāmîn ləkā yihyeh*
> "Mas a carne deles será tua, como o peito da oferta movida e como a coxa direita; será tua." (Nm 18,18)

A menção ao peito (*khāzēh*) e à coxa direita (*zērôaʿ hay-yāmîn*) remete a Levítico 7, em que essas partes dos sacrifícios pacíficos são destinadas aos sacerdotes. Assim, os sacerdotes não apenas ministram no altar, mas também recebem sustento direto do sistema sacrificial. Essa provisão reforça a estrutura da aliança: os sacerdotes servem a Deus e ao povo, e em troca, sua subsistência vem das ofertas que os israelitas trazem ao santuário. O texto então reafirma a perpetuidade dessa ordenança:

> *kōl-tərûmat haqqəḏāšîm ʾăšer yarîmû bənê-yiśrāʾēl laYHWH nāṯattî ləkā ûləḇānêḵā ûləḇənōtêḵā ʾittāk ləḥuqqat ʿōlām bərîṯ melāḥ ʿōlām hîʾ lipnê YHWH ləkā ûləzarʿăḵā ʾittāk*
> "Todas as ofertas sagradas que os filhos de Israel oferecerem a YHWH, dei a ti, a teus filhos e a tuas filhas contigo, por estatuto perpétuo; é uma aliança de sal perpétua diante de YHWH para ti e para a tua descendência contigo." (Nm 18,19)

Esse versículo introduz a expressão *bərîṯ melāḥ ʿōlām* (aliança de sal perpétua), um termo raro que simboliza uma aliança inquebrantável e duradoura. O sal, na cultura do Oriente Próximo, era um elemento de preservação e pureza, e sua presença nas ofertas simbolizava incorruptibilidade (Lv 2,13). Aqui, a ideia é que o pacto entre YHWH e o sacerdócio não pode ser revogado. A ênfase na descendência (*zarʿăḵā ʾittāk* – para a tua descendência contigo) ressalta que o sacerdócio aarônico não é temporário nem condicional. A função sacerdotal não pode ser reivindicada por qualquer israelita, mas apenas pelos descendentes de Arão, perpetuando a exclusividade do culto mediado.A narrativa então volta-se para Arão, enfatizando que os sacerdotes não terão herança territorial:

> *Wayyōʾmer YHWH ʾel-ʾAhărōn bəʾarṣām lōʾ tinḥāl wəḥēleq lōʾ yihyeh-ləkā bətôḵām ʾănî ḥelqeḵā wənaḥălāṯeḵā bətôḵ bənê-yiśrāʾēl*
> "E disse YHWH a Arão: 'Na terra deles não terás herança, nem haverá parte para ti no meio deles; Eu sou a tua parte e a tua herança no meio dos filhos de Israel'." (Nm 18,20)

A ausência de herança (*naḥălāṯeḵā*) entre as tribos é um dos aspectos mais distintivos do sacerdócio levítico. Diferente das outras tribos, que receberão terras em Canaã, os sacerdotes e levitas não terão propriedades fixas, pois sua função não é cultivar a terra, mas servir no santuário. A expressão *ʾănî ḥelqeḵā* (Eu sou a tua parte) indica que sua provisão vem diretamente de YHWH, por meio das ofertas do povo. O texto continua determinando o sustento dos levitas:

> *Wələbənê Lēwî hinnēh nāṯattî kol-maʿăśēr bəyiśrāʾēl lənaḥălâ taḥaṯ ʿăḇōḏāṯām ʾăšer-hem ʿōḇədîm ʾeṯ-ʾōhel môʿēḏ*
> "E aos filhos de Levi dei todos os dízimos em Israel por herança, em troca do serviço que prestam, o serviço da Tenda da Congregação." (Nm 18,21)

Os levitas, diferentemente dos sacerdotes, não têm direito às ofertas sacrificiais, mas recebem o dízimo de todo o povo. O termo *maʿăśēr* (dízimo) aparece aqui como uma compensação (*taḥaṯ* – em troca) pelo trabalho no Tabernáculo. Assim, os sacerdotes e os levitas dependem diretamente da fidelidade da comunidade à aliança. A ausência de uma herança territorial não é uma perda, mas um sinal de que sua subsistência está ligada à sua função sagrada. O sustento deles não vem da posse da terra, mas da obediência de Israel a YHWH. O texto agora reforça a separação entre os levitas e as demais tribos de Israel, consolidando a função intermediária que eles exercem no culto. Além disso, o capítulo regula a responsabilidade dos levitas em relação aos dízimos que recebem, estabelecendo que eles próprios devem entregar uma porção do que recebem aos sacerdotes. Essa seção enfatiza que o serviço no Tabernáculo não é apenas um direito, mas também um encargo sagrado, no qual cada nível de mediação deve contribuir para a manutenção da santidade e da ordem do culto.

> *Wəlō'-yiqrəḇû 'ôḏ bənê-yiśrā'ēl 'el-'ōhel mô'ēḏ laśśē't ḥēṭ' lāmût*
> "E os filhos de Israel não mais se aproximarão da Tenda da Congregação, para que não carreguem pecado e morram." (Nm 18,22)

Esse versículo estabelece um limite rigoroso para os israelitas que não fazem parte da tribo de Levi: a aproximação indevida do Tabernáculo não é apenas uma violação de protocolo, mas uma transgressão que carrega culpa (*ḥēṭ'*) e leva à morte. Esse reforço da separação entre os levitas e o restante do povo está diretamente ligado ao episódio de Corá e à ameaça de aniquilação da comunidade. A partir desse momento, a mediação dos levitas não é uma questão de prestígio, mas uma salvaguarda que impede que o contato impróprio com o sagrado resulte em destruição.

> *Wə'āḇaḏ hāllēwî wəhû' yissə' 'āwōnām ḥuqqat 'ôlām ləḏōrōṯêḵem ûbətôḵ bənê-yiśrā'ēl lō' yinḥălû naḥălâ*
> "Mas os levitas servirão na Tenda da Congregação, e levarão sobre si a sua iniquidade; estatuto perpétuo será para as vossas gerações. E no meio dos filhos de Israel não terão herança." (Nm 18,23)

O serviço dos levitas (*'āḇaḏ hāllēwî*) não é apenas uma função ritual, mas uma responsabilidade espiritual que implica carregar a iniquidade (*'āwōnām*). Esse conceito ecoa o papel dos sacerdotes, que também são responsáveis pela santidade do Tabernáculo. A diferença é que os levitas atuam como guardiões e assistentes, mas não podem se aproximar do altar. O fato de que não terão herança territorial reforça que sua existência está inteiramente ligada ao serviço no santuário, dependendo das ofertas do povo e não da posse da terra.

> *Kî 'eṯ-ma'ăśêr bənê-yiśrā'ēl 'ăšer yarîmû laYHWH tərûmâ*

> *nāṯattî ləhalləwiyyîm lənaḥălâ ʿal-kēn ʾāmartî lāhem bətôḵ bənê-yiśrāʾēl lōʾ yinḥălû naḥălâ*
> "Pois o dízimo dos filhos de Israel, que oferecem a YHWH como oferta alçada, dei aos levitas por herança. Por isso, lhes disse: No meio dos filhos de Israel não terão herança." (Nm 18,24)

Aqui, a ausência de herança territorial dos levitas é justificada pelo sistema dos dízimos (*maʿăśēr*). O dízimo não é apenas um meio de sustento, mas uma *tərûmâ* (oferta alçada), ou seja, algo elevado a Deus e então redistribuído por Ele. Esse princípio reforça a ideia de que a subsistência dos levitas não depende da produção agrícola, mas da fidelidade do povo em obedecer à ordenança do dízimo. O sustento dos servidores do culto é, assim, uma dimensão concreta da aliança entre YHWH e Israel.

> *Wayyədabbēr YHWH ʾel-Mōšeh lēʾmōr*
> "E YHWH falou a Moisés, dizendo:" (Nm 18,25)

Esse versículo introduz um novo comando divino, reiterando que as ordens relacionadas ao sustento dos levitas e sacerdotes não são formulações humanas, mas revelação direta de YHWH. A necessidade de reafirmação contínua dessas leis sugere que a estrutura do culto e a sustentação dos levitas precisavam ser constantemente lembradas e reforçadas para que a ordem do santuário não fosse negligenciada.

> *Wəʾāmartā ʾăl-halləwiyyîm wəʾāmartā ʾălêhem kî-tiqqəḥû mēʾēṯ bənê-yiśrāʾēl ʾet-hammaʿăśēr ʾăšer nāṯattî lākem mēʾittām bənaḥălātkem wəhărîmotem mimmennû ʾeṯ-tərûmat YHWH maʿăśēr min-hammaʿăśēr*
> "E falarás aos levitas, e lhes dirás: Quando receberdes dos filhos de Israel o dízimo que vos dei como herança deles, então dele oferecereis uma oferta alçada a YHWH, o dízimo do dízimo." (Nm 18,26)

Esse versículo estabelece um princípio fundamental: os levitas, que recebem os dízimos do povo, devem também separar uma parte para YHWH. Essa porção é chamada de *maʿăśēr min-hammaʿăśēr* (o dízimo do dízimo). Esse conceito reforça que ninguém dentro da estrutura cúltica está isento da responsabilidade de contribuir para a manutenção do santuário. O modelo estabelecido aqui cria um ciclo de santidade e provisão: Israel entrega o dízimo aos levitas, que por sua vez entregam uma parte aos sacerdotes. Esse sistema evita acumulação de riqueza e garante que a subsistência dos servidores do santuário esteja sempre ligada à fidelidade do povo na aliança. Além disso, esse ciclo elimina qualquer possibilidade de abuso ou dominação econômica por parte dos levitas, pois eles próprios são chamados a ofertar a Deus. A oferta alçada (*tərûmâ*) que os levitas devem separar para os sacerdotes não é uma obrigação acessória, mas uma parte essencial do ciclo de provisão do culto:

> *Wəneḥšab lākem tərûmatkəm kattəbûʾat gōren wəkatəbûʾat yeqeb*
> "E será contado para vós a vossa oferta alçada, como produto da eira e como produto do lagar." (Nm 18,27)

O texto estabelece uma comparação entre o dízimo do dízimo e os produtos básicos da economia agrícola (*gōren* – eira – para grãos –, e *yeqeb* – lagar – para vinho). Essa comparação enfatiza que os levitas devem considerar a porção separada como o fruto legítimo de seu serviço, assim como um agricultor considera sua colheita:

> *Mērîšîtām titnû laYHWH tərûmat ləʾAhărōn*
> "Das primícias dareis a YHWH uma oferta alçada para Arão." (Nm 18,28)

A doação que os levitas devem entregar aos sacerdotes não pode ser qualquer parte do dízimo que recebem, mas deve vir das primícias (*mērîšîtām*). Essa exigência reforça a qualidade da oferta: assim como os israelitas trazem as primícias de sua colheita para o santuário, os levitas devem selecionar o melhor do que recebem para entregar aos sacerdotes. Isso enfatiza que a relação entre oferta e santidade não está apenas na quantidade, mas na intenção e no valor do que é entregue.

> *Mikāl matənōtêḵem tarîmû ʾet-kāl-tərûmat YHWH mikāl-ḥelbô ʾet-miqdāšô mimmennû*
> "De todos os vossos dons separareis toda oferta alçada de YHWH, de tudo o melhor, a parte sagrada dele." (Nm 18,29)

O princípio da excelência na oferta é reiterado. O termo *ḥelbô* (o melhor) implica que a porção separada para os sacerdotes deve ser de qualidade superior, reforçando a ideia de que o que é destinado a YHWH deve ser oferecido com reverência e generosidade. Esse versículo também introduz o conceito de que essa porção é *miqdāšô* (a parte sagrada dele), indicando que a santidade não está apenas no ato de ofertar, mas também na escolha do que é separado. A repetição do versículo 27 reafirma o princípio de que a doação dos levitas deve ser feita como se fosse uma produção própria:

> *Wəʾāmartā ʾălêhem bəhărîmkem ʾet-ḥēlebô mimmennû wəneḥšab ləhalləwiyyîm kətəbûʾat gōren wəkətəbûʾat yeqeb*
> "E dirás a eles: Quando separardes o melhor disso, será contado aos levitas como o produto da eira e como o produto do lagar." (Nm 18,30)

A relação entre serviço e provisão fica evidente: assim como um agricultor colhe de sua terra, os levitas colhem de seu trabalho no Tabernáculo. Esse paralelo reforça que a estrutura do culto não funciona com base em transações arbitrárias, mas em um sistema no qual cada função recebe e contribui proporcionalmente. Diferente de algumas ofertas que deviam ser consumidas exclusivamente no santuário, os levitas têm permissão para comer sua porção "em todo lugar":

> *Wəʾăkaltəm ʾōtô bəkol-māqôm ʾăttem ûḇêtḵem kî-sāḵār hûʾ lākem ḥēleṯ ʿăḇōḏatḵem bəʾōhel môʿēḏ*
> "E comê-lo-eis em todo lugar, vós e as vossas famílias, pois é vossa recompensa pelo vosso serviço na Tenda da Congregação." (Nm 18,31)

Essa concessão enfatiza que sua subsistência não está confinada ao espaço do Tabernáculo, mas se estende às suas famílias e ao cotidiano. O uso da palavra *sāḵār* (recompensa) reforça que essa provisão não é um favor, mas uma compensação justa pelo serviço contínuo no santuário. O capítulo se encerra com uma advertência dupla:

> *Wəlō᾽-tiśśə᾽û ʿāwōn bəharîmkem ᾽et-ḥelbô mimmenû*
> *wə᾽et-qədōšê bənê-yiśrā᾽ēl lō᾽ təḥalləlû wəlō᾽-tāmûtû*
> "E não carregareis culpa ao separardes o melhor dele; e não profanareis as coisas santas dos filhos de Israel, para que não morrais." (Nm 18,32)

Assim, os levitas devem assegurar que sua oferta seja a melhor parte e não devem tratar as contribuições sagradas com negligência. O verbo *təḥalləlû* (profanareis) indica que lidar de forma indevida com os bens consagrados equivale a uma transgressão da santidade do culto. A consequência para tal violação é severa: *wəlō᾽-tāmûtû* (para que não morrais). Essa última advertência reforça que a estrutura do culto não pode ser reduzida a um sistema econômico pragmático; ela é um reflexo da relação entre YHWH e Israel. As ofertas, os dízimos e as responsabilidades dos levitas e sacerdotes não são apenas formas de manutenção do santuário, mas expressões da fidelidade à aliança. O capítulo, portanto, encerra-se com uma reafirmação de que a ordem cúltica é tanto um privilégio quanto uma responsabilidade, e que a participação nela exige reverência e obediência.

Capítulo 19

O capítulo se inicia com uma mudança temática significativa, deslocando o foco do sacerdócio e do serviço levítico para a pureza ritual, especialmente no que diz respeito à contaminação pela morte. Esse deslocamento reflete uma teologia da santidade em que a proximidade com YHWH exige separação não apenas do pecado, mas também de tudo o que representa a fragilidade humana, incluindo a própria morte. Na concepção bíblica, a morte não é apenas um evento natural, mas uma força que separa o homem da santidade divina.

Por isso, o contato com um cadáver gera impureza ritual, exigindo um processo específico de purificação antes que alguém possa se aproximar do santuário. Esse conceito está intimamente ligado à necessidade de mediação sacerdotal e de rituais estabelecidos por YHWH para restaurar a ordem sagrada.

O elemento central deste capítulo é o ritual da novilha vermelha, que introduz um conjunto único de prescrições dentro da legislação da Torá. Diferente de outros sacrifícios, a novilha vermelha não tem seu sangue aspergido no altar, nem sua carne é consumida pelos sacerdotes. Em vez disso, ela é completamente queimada fora do acampamento, e suas cinzas são usadas para a preparação de uma "água de purificação", capaz de remover a impureza causada pelo contato com a morte. Esse ritual não apenas reafirma a necessidade de separação entre a vida e a morte, mas também antecipa um conceito teológico fundamental: a pureza de um elemento sem mancha sendo transferida para aqueles que foram contaminados. Essa lógica de purificação por meio de um substituto ecoará posteriormente na tradição sacrificial de Israel e na teologia da expiação. O texto introduz esse ritual da seguinte maneira:

> *zōʾt ḥuqqaṯ hattôrâ ʾăšer-ṣiwâ YHWH lēmōr dabbēr ʾel-bənê yiśrāʾēl wəyiqqəḥû ʾēlêḵâ pārâ ʾădummâ təmîmâ ʾăšer-ʾên-bâ mûm ʾăšer lōʾ-ʿālāh ʿālêhâ ʿōl*
> "Este é o estatuto da Torá que YHWH ordenou, dizendo: 'Fala aos filhos de Israel que te tragam uma novilha vermelha sem defeito, na qual não haja mancha, e sobre a qual nunca tenha sido colocado jugo'." (Nm 19,2)

O versículo inicia-se com a expressão *ḥuqqaṯ hattôrâ* (estatuto da Torá), enfatizando que essa lei não é um mandamento moral ou ético, mas uma ordem divina cuja razão última transcende a compreensão humana. Diferente de outras leis que possuem um caráter lógico ou socialmente aplicável, este é um *ḥōq*, um decreto que deve ser obedecido mesmo sem explicação racional. A novilha precisa ser *ʾădummâ* (vermelha), e a exigência de que seja completamente vermelha sugere uma simbologia relacionada ao sangue, elemento fundamental nos rituais de purificação e expiação. Além disso, ela deve ser *təmîmâ* (sem defeito) e *ʾên-bâ mûm* (sem mancha), reforçando a necessidade de perfeição do sacrifício. Outro detalhe crucial é que a novilha não deve ter carregado jugo (*ʿōl*), indicando que ela não pode ter sido usada para trabalho. Isso sugere que ela deve ser totalmente consagrada ao ritual, sem qualquer interferência humana prévia, reforçando a ideia de que a purificação vem exclusivamente por meio da ação divina. O texto continua:

> *wəhôṣîʾ ʾōṯâ ʾel-mîḥûṣ lammaḥănêh wəšāḥaṭ ʾōṯâ ləpānâw*
> "E a levará para fora do acampamento, e a imolará na sua presença." (Nm 19,3)

O fato de que o sacrifício ocorre *mîḥûṣ lammaḥănêh* (fora do acampamento) é altamente significativo. Diferente dos sacrifícios comuns, que ocorrem no altar dentro do Tabernáculo, esse sacrifício deve ser realizado em um local separado. Esse deslocamento reforça a ideia de que a impureza da morte não pode ser tratada dentro do santuário, mas deve ser removida da esfera do culto para que sua purificação possa então ser aplicada ao povo. O sacrifício é realizado *ləpānâw* (na sua presença), referindo-se ao sacerdote encarregado do ritual. Nesse caso, não é Arão, mas Eleazar, seu filho, que preside o procedimento. Essa distinção pode indicar que a impureza envolvida nesse sacrifício não pode ser diretamente associada ao sumo sacerdote, ou que o ritual serve como um treinamento para a próxima geração sacerdotal. O texto segue detalhando o processo:

> *wəlāqaḥ ʾělʿāzār hakkōhēn mid-dāmâh bəʾeṣbāʿô wəhizzâ ʾêl-mûl pənê ʾōhel môʿēḏ šebaʿ pəʿāmîm*
> "E Eleazar, o sacerdote, tomará do sangue com seu dedo e aspergirá sete vezes em direção à frente da Tenda da Congregação." (Nm 19,4)

Aqui, mesmo estando fora do acampamento, o sangue da novilha ainda deve ser aspergido *ʾêl-mûl pənê ʾōhel môʿēḏ* (em direção à frente da Tenda da Congregação). Esse gesto liga simbolicamente o sacrifício ao santuário, garantindo que, embora o corpo do animal não entre no Tabernáculo, sua eficácia purificadora seja reconhecida diante de

YHWH. O número sete (*šeba'*) aparece frequentemente em contextos rituais, simbolizando completude e perfeição. A aspersão sete vezes reforça que essa purificação não é parcial, mas total, restaurando completamente a pureza daqueles que foram contaminados pelo contato com a morte. O texto continua com a queima do sacrifício:

> *wəśārap̄ 'et̲-happārâ lə'êynāyw 'ēt̲-'ōrâhâ wə'et̲-bəśārâhâ wə'et̲-dāmâh wə'et̲-piršâhâ yiśrōp̄*
> "E queimará a novilha diante de seus olhos: seu couro, sua carne, seu sangue e seu esterco serão queimados." (Nm 19,5)

Diferente de outros sacrifícios em que o sangue é separado e derramado sobre o altar, aqui o sangue da novilha também deve ser queimado. Isso reforça a excepcionalidade desse ritual, no qual não há separação entre os elementos do animal. O fogo atua como um agente purificador, consumindo completamente tudo o que representa a impureza. O fato de que até mesmo o esterco (*piršâhâ*) deve ser queimado demonstra que este é um sacrifício de remoção absoluta da impureza, sem que nada seja aproveitado para outro fim. O texto ainda diz:

> *wəlāqaḥ hakkōhēn 'ēṣ-'erez û'ēzōb̲ ûšənî ṭōlā'at̲ wayyišlêk̲ 'el-tôk̲ śərēp̄at happārâ*
> "E o sacerdote tomará madeira de cedro, hissopo e lã tingida de escarlate, e os lançará no meio da queima da novilha." (Nm 19,6)

Os três elementos adicionados à queima possuem significados simbólicos importantes. A madeira de cedro (*'ēṣ-'erez*) é associada à longevidade e resistência, o hissopo (*'ēzōb̲*) é tradicionalmente usado para purificação (cf. Sl 51,7: "Purifica-me com hissopo, e ficarei puro"), e a lã escarlate (*šənî ṭōlā'at̲*) evoca tanto o sangue sacrificial quanto o pecado que precisa ser expiado (cf. Is 1,18: "Ainda que os vossos pecados sejam como a escarlate, se tornarão brancos como a neve"). A combinação desses três elementos reforça a ideia de que a purificação da morte exige um processo profundo e simbólico, envolvendo não apenas a remoção da impureza, mas também a restauração da vida e da comunhão com YHWH. O sacerdote que realiza o ritual da novilha vermelha torna-se ritualmente impuro e precisa passar por um processo de purificação antes de reingressar no acampamento:

> *wəkiśśas bəḡāḏāyw hakkōhēn wərāḥaṣ bəśārô bam-māyim wə'aḥar yāḇô 'el-ham-maḥănêh wəṭāmē' hakkōhēn 'ad-hā'āreḇ*
> "E lavará suas vestes o sacerdote, e banhará seu corpo em água, e depois entrará no acampamento; mas será impuro até a tarde." (Nm 19,7)

Esse detalhe é teologicamente significativo, pois indica que a purificação dos outros ocorre por meio de um agente que, no próprio ato de purificar, assume temporariamente a impureza. Essa dinâmica paradoxal aponta para um conceito mais amplo de mediação: o sacerdote, mesmo sendo um canal de santidade, não está isento das consequências do contato com a impureza.

A expressão *ṭāmē' 'ad-hā'āreḇ* (será impuro até a tarde) reflete um padrão comum nas leis de pureza da Torá. A impureza não dura indefinidamente, mas cessa com o pôr do sol, momento que marca simbolicamente um novo ciclo. Isso sugere que a impureza, embora real e significativa, não é permanente, podendo ser removida pelo ritual adequado. O próximo versículo expande essa exigência ao homem que queimou a novilha:

> *wəhōśērēp̄ 'ōtāh yəkaḏḏēs bəḡāḏāyw bam-māyim wərāḥaṣ bəśārô bam-māyim wəṭāmē' 'ad-hā'āreḇ*
> "E aquele que a queimou lavará suas vestes em água, e banhará seu corpo em água, e será impuro até a tarde." (Nm 19,8)

A repetição do mesmo processo reforça que qualquer envolvimento direto com o sacrifício da novilha gera impureza. Aqui, a ênfase recai sobre a transferência da impureza: tanto o sacerdote que realiza a aspersão do sangue quanto o homem que executa a queima ficam impuros. Esse detalhe ressalta que a impureza é uma força contagiosa, que pode ser transferida pelo simples ato de lidar com a remoção da impureza de outros. A necessidade de lavar as vestes e banhar-se na água aponta para o papel essencial da água na restauração da pureza. Esse princípio será retomado na aplicação posterior das cinzas da novilha para purificação dos impuros. O texto então introduz um terceiro participante no ritual:

> *wəʾîš ṭāhôr yəʾāsōp̄ ʾeṯ-ʿăp̄ar happārâ wəhinîaḥ mîḥûṣ lammaḥănêh bāmāqôm ṭāhôr wəhāyā ləʿăḏat bənê-yiśrāʾēl ləmišmāret ləmayyî niddâ ḥaṭṭāʾt hîʾ*
> "E um homem puro recolherá as cinzas da novilha e as depositará fora do acampamento, em um lugar puro; e elas serão guardadas para a congregação dos filhos de Israel, para a preparação da água de purificação; é uma oferta pelo pecado." (Nm 19,9)

Dessa vez, o responsável por recolher as cinzas deve ser *ʾîš ṭāhôr* (um homem puro). Esse detalhe destaca que, enquanto aqueles que realizam o sacrifício tornam-se impuros, o homem encarregado de preservar suas cinzas precisa estar ritualmente puro. Essa inversão de papéis sugere que a purificação da impureza não ocorre de forma direta, mas requer um intermediário que mantenha sua pureza para lidar com os elementos sagrados. As cinzas devem ser armazenadas *bāmāqôm ṭāhôr* (em um lugar puro), garantindo que não sejam contaminadas antes de serem usadas para a preparação da *mayyî niddâ* (água de purificação). A palavra *niddâ*, frequentemente associada à impureza menstrual e a outros estados rituais de contaminação, aqui designa um meio de remoção da impureza, invertendo sua conotação usual. O final do versículo esclarece que essa água é necessária porque a impureza do contato com a morte não pode ser simplesmente ignorada: *ḥaṭṭāʾt hîʾ* (é uma oferta pelo pecado). O termo *ḥaṭṭāʾt* geralmente designa o sacrifício expiatório oferecido para remover o pecado, mas aqui é usado para descrever um ritual de purificação da impureza ritual, e não da transgressão moral. Isso reforça a ideia de que a morte, em si, é uma força de separação da santidade de Deus, exigindo um processo de purificação para que a comunhão com YHWH seja restaurada. O próximo versículo traz uma consequência importante para o homem que lidou com as cinzas:

> *wəʾāsap̄ ʾōtāh ʾîš ṭāhôr wəraḥaṣ bəḡāḏāyw wəṭāmēʾ ʿad-hāʿāreḇ*
> "E aquele que recolher as cinzas da novilha lavará suas vestes, e será impuro até a tarde." (Nm 19,10)

Mesmo sendo um homem ritualmente puro, aquele que lida com as cinzas absorve um grau de impureza e precisa passar pelo processo de purificação. Esse detalhe reforça o caráter paradoxal do ritual: o elemento que purifica outros causa impureza naqueles que o manipulam. Esse princípio antecipa a lógica da expiação vicária, na qual alguém assume a impureza ou culpa de outro para que a purificação seja possível. Esse conceito será aprofundado posteriormente na tradição sacrificial de Israel e, em última instância, na teologia da substituição expiatória. O texto agora amplia a aplicação desse estatuto:

> *wəhāyətâ libnê-yiśrāʾēl wəlaggēr haggār bətôḵām ləḥuqqat ʿôlām*
> "E será para os filhos de Israel e para o estrangeiro que habita entre eles um estatuto perpétuo." (Nm 19,10)

A impureza gerada pelo contato com a morte não se aplica apenas aos israelitas, mas também aos *gēr* (estrangeiros residentes) que vivem entre eles. Essa inclusão mostra que o conceito de pureza e impureza transcende a identidade étnica, sendo uma realidade espiritual e cúltica que afeta todos os que fazem parte da comunidade. O próximo versículo apresenta a regra fundamental do capítulo:

> *hannōḡēaʿ bəmēṯ ləḵāl-nɛp̄eš ʾāḏām wəṭāmēʾ šiḇʿat yāmîm*
> "Aquele que tocar em um cadáver, em qualquer pessoa morta, será impuro por sete dias." (Nm 19,11)

O contato com a morte interrompe o estado de pureza e exige um período de purificação de *šiḇʿat yāmîm* (sete dias). O número sete, frequentemente associado à completude e ao ciclo de criação, aqui representa um período necessário para a restauração plena da pureza. A solução para essa impureza é descrita em seguida:

> *hûʾ yitḥaṭṭāʾ bô bayyôm haššəlîšî ûbayyôm hašəḇîʿî yitḥaṭṭāʾ wəṭāhēr*
> "Ele se purificará com ela no terceiro dia, e no sétimo dia se purificará, e será puro." (Nm 19,12)

A aspersão com a água das cinzas da novilha precisa ocorrer no *yôm haššəlîšî* (terceiro dia) e no *yôm hašəḇîʿî* (sétimo dia). Esse intervalo sugere um processo gradual de purificação, no qual a remoção da impureza não é instantânea, mas ocorre em etapas. A negligência desse rito tem consequências severas:

> *wəʾim-lōʾ yitḥaṭṭāʾ bayyôm haššəlîšî ûbayyôm hašəḇîʿî lōʾ yiṭṭāhēr*
> "Mas se não se purificar no terceiro dia, então no sétimo dia não será puro." (Nm 19,12)

Esse versículo enfatiza que a purificação não pode ser adiada ou substituída por outro meio. A impureza causada pelo contato com a morte só pode ser removida pelo ritual estabelecido por YHWH, reforçando a importância do estatuto divino. A impureza contraída pelo contato com a morte não é apenas um problema pessoal, mas tem implicações comunitárias e cúlticas:

> *wəkî-yiggâ bəmēṯ bənɛp̄eš hāʾādām ʾăšer yāmût wəlōʾ yitḥaṭṭāʾ wəṭimmēʾ ʾeṯ-miškan YHWH wənikrətâ hannɛp̄eš hāhîʾ mi-yiśrāʾēl kî-mê niddâ lōʾ-zōraq ʿālāyw ṭāmēʾ yihyê ʿôd ṭumʾātô bô*
> "Quem tocar um cadáver, de qualquer pessoa morta, e não se purificar, contamina o Tabernáculo de YHWH; essa pessoa será eliminada de Israel, porque a água de purificação não foi aspergida sobre ela; permanecerá impura, e sua impureza estará sobre ela." (Nm 19,13)

O texto destaca que a pessoa que não se submete ao processo de purificação não apenas permanece impura (*ṭāmēʾ yihyê*), mas também contamina (*wəṭimmēʾ*) o *miškan* YHWH (Tabernáculo de YHWH). Esse detalhe reforça que a presença da impureza entre o povo compromete a santidade do santuário, ameaçando a continuidade da habitação divina entre Israel. A penalidade para quem negligencia a purificação é severa: *wənikrətâ hannɛp̄eš hāhîʾ mi-yīśrāʾēl* (essa pessoa será eliminada de Israel). A expressão *nikrətâ* pode indicar exclusão social ou até mesmo uma sentença de morte, sugerindo que a impureza não tratada representa uma transgressão grave. Esse princípio enfatiza que a vida da comunidade está intrinsecamente ligada à manutenção da santidade ritual. O próximo versículo reforça o caráter normativo dessa regra:

> *zōʾt hattôrâ ʾādām kî-yāmût bəʾōhel kol-habbaʾ ʾel-hāʾōhel wəkol-ʾăšer-bāʾōhel yittammāʾ šibʿat yāmîm*
> "Esta é a lei: Quando alguém morrer em uma tenda, todo aquele que entrar na tenda, e tudo o que estiver na tenda, será impuro por sete dias." (Nm 19,14)

A impureza não se limita ao contato direto com o cadáver, mas se estende ao ambiente onde a morte ocorreu. A expressão *kol-habbaʾ ʾel-hāʾōhel* (todo aquele que entrar na tenda) indica que qualquer pessoa que entre no lugar onde houve um falecimento adquire impureza automaticamente. Além disso, *kol-ʾăšer-bāʾōhel* (tudo o que estiver na tenda) também se torna impuro, sugerindo que a morte afeta o espaço físico de forma abrangente. O período de impureza é novamente estabelecido como *šibʿat yāmîm* (sete dias), confirmando que a purificação é um processo gradual e não instantâneo. A continuidade do texto amplia essa impureza para objetos que tiveram contato indireto com a morte:

> *wəkol-kəlî pātûaḥ ʾăšer-ʾên-ṣāmîd pātîl ʿālāyw ṭāmēʾ hûʾ*
> "E todo vaso aberto, sobre o qual não houver tampa amarrada, será impuro." (Nm 19,15)

A impureza da morte não se limita a pessoas e ambientes, mas também afeta objetos. O versículo especifica que qualquer recipiente aberto dentro da tenda se torna impuro, a menos que tenha uma tampa firmemente presa (*ṣāmîd pātîl*). Isso indica que a impureza é vista como algo que pode ser "transmitido" por meio do ar, uma noção que enfatiza a natureza invasiva da morte no sistema de pureza de Israel. O texto agora trata da impureza contraída pelo contato com ossos ou restos mortais:

> *wəkol-ʾăšer-yiggâ ʿal-pənê haśśāḏeh baḥălāl-ḥereḇ ʾô-bəmēṯ ʾô-bəʿeṣem-ʾāḏām ʾô-bəqāḇer yittammāʾ šibʿat yāmîm*
> "E todo aquele que, a céu aberto, tocar alguém morto pela espada, ou qualquer outro morto, ou um osso humano, ou uma sepultura, será impuro por sete dias." (Nm 19,16)

Este versículo amplia o conceito de impureza para situações fora da tenda. Quem toca um corpo em campo aberto (*ʿal-pənê haśśāḏeh*) também adquire impureza por sete dias. O texto especifica quatro fontes de impureza:

1. *bəḥălāl-ḥereḇ* – alguém morto pela espada (provavelmente em combate),
2. *bəmēṯ* – qualquer pessoa falecida por outras causas,
3. *bəʿeṣem-ʾāḏām* – ossos humanos,
4. *bəqāḇer* – túmulos ou sepulturas.

Essa lista mostra que a impureza da morte não se restringe ao contato com um corpo recém-falecido, mas se estende a restos mortais e locais de sepultamento. Esse princípio será significativo em textos posteriores, em que a impureza dos túmulos se torna um fator relevante na pureza ritual (cf. Mt 23,27). O próximo versículo introduz a solução para essa impureza:

> *wəlāqaḥ ləṭāmēʾ mēʿăp̄ar śərēp̄at haḥaṭṭāʾt wənātan ʿālāyw mayyîm ḥayyîm ʾel-kelî*
> "E tomarão, para o impuro, das cinzas da queima da oferta pelo pecado, e sobre elas se colocará água viva num vaso." (Nm 19,17)

A purificação envolve um procedimento específico: as cinzas da novilha vermelha (*ʿăp̄ar śərēp̄at haḥaṭṭāʾt*) devem ser misturadas com mayyîm *ḥayyîm* (água viva, ou seja, água corrente). Esse detalhe é crucial, pois a água precisa ser fresca e em movimento, o que reforça a ideia de renovação e restauração. A estrutura desse ritual combina elementos de purificação (cinzas da oferta pelo pecado) com um símbolo de vida (água viva), criando um contraste direto com a impureza da morte. Esse conceito de purificação por meio de um agente externo prefigura a noção de expiação vicária, em que algo puro é usado para restaurar aqueles que foram contaminados. O processo de purificação não pode ser realizado por qualquer pessoa, mas exige um intermediário que esteja ritualmente puro (*ʾîš ṭāhôr*):

> *wəlāqaḥ ʾîš ṭāhôr wəlāqaḥ ʾēzôḇ wəṭābal bamayyîm wəhizzâ ʿal-hāʾōhel wəʿal-kāl-hakkēlîm wəʿal-hannəpāšôt ʾăšer-hāyû šām wəʿal-hannōgēaʿ baʿeṣem ʾô-bəḥălāl ʾô-bəmēṯ ʾô-bəqāḇer*
>
> "E um homem puro tomará hissopo, o mergulhará na água, e aspergirá sobre a tenda, sobre todos os utensílios e sobre as pessoas que ali estavam, bem como sobre aquele que tocou um osso, um morto, um cadáver ou uma sepultura." (Nm 19,18)

Esse detalhe enfatiza que a purificação requer um agente externo, reforçando a ideia de que a restauração da pureza não é algo que o impuro pode alcançar sozinho. O hissopo (*ʾēzôḇ*), uma planta frequentemente associada à purificação (cf. Sl 51,7; Êx 12,22), é o instrumento usado para aspergir a mayyîm *ḥayyîm* (água viva) misturada com as cinzas da novilha vermelha. Esse uso do hissopo reflete um padrão cúltico na Torá, em que elementos vegetais específicos são empregados para transferir a pureza ao impuro. A aspersão deve ser feita em vários alvos:

1. *ʿal-hāʾōhel* – a tenda onde a morte ocorreu,
2. *ʿal-kāl-hakkēlîm* – todos os utensílios dentro da tenda,
3. *ʿal-hannəpāšôt ʾăšer-hāyû šām* – todas as pessoas que estavam no local,
4. *ʿal-hannōgēaʿ baʿeṣem ʾô-bəḥălāl ʾô-bəmēṯ ʾô-bəqāḇer* – qualquer um que tenha tocado um osso humano, um cadáver, um corpo morto ou uma sepultura.

Esse amplo alcance da purificação reflete a gravidade da impureza da morte, que não se restringe apenas ao contato direto com um cadáver, mas se estende ao ambiente e aos objetos. A restauração à pureza exige que cada elemento afetado seja incluído no ritual. A purificação não é instantânea, mas ocorre em um processo de sete dias, com momentos específicos de aspersão (*hizzâ*):

> *wəhizzâ hattāhôr ʿal-hattāmēʾ bayyôm haššəlîšî ûbayyôm hašəbîʿî wəḥiṭṭāʾô bayyôm hašəbîʿî wəkibbēs bəḡāḏāyw wəraḥaṣ bamayyîm wəṭāhēr bāʿereḇ*
> "E o puro aspergirá sobre o impuro no terceiro e no sétimo dia; e no sétimo dia o purificará; então lavará suas roupas e banhará seu corpo em água, e à tarde será puro." (Nm 19,19)

O terceiro e o sétimo dias são designados para a aplicação da água misturada com as cinzas da novilha, indicando que a purificação precisa ser reforçada ao longo do tempo. Após a segunda aspersão, no sétimo dia, o impuro deve realizar um ato adicional:

- Lavar suas roupas (*kibbēs bəḡāḏāyw*),
- Banhar seu corpo (*raḥaṣ bamayyîm*).

Somente após esses passos ele será considerado puro (*ṭāhēr bāʿereḇ*), isto é, ao pôr do sol. Esse detalhe enfatiza que a impureza da morte não pode ser simplesmente removida por um único ato ritual, mas requer um período de transição antes da reintegração completa na comunidade cúltica. A negligência na purificação é tratada com severidade:

> *wəʾîš ʾăšer-yittammēʾ wəlōʾ yitḥaṭṭāʾ wənikrətâ hannɛp̄eš hāhîʾ mittôḵ haqqāhāl kî ʾeṯ-miqqədaš YHWH ṭimmēʾ mê niddâ lōʾ-zōraq ʿālāyw ṭāmēʾ yihyê*
> "E aquele que estiver impuro e não se purificar será eliminado do meio da congregação, pois contaminou o santuário de YHWH; sobre ele não foi aspergida a água de purificação, e ele permanecerá impuro." (Nm 19,20)

A pessoa que se recusa a passar pelo processo de expiação não apenas mantém sua impureza, mas também compromete a santidade do Tabernáculo (*miqqədaš* YHWH *ṭimmēʾ*). Esse detalhe reforça o princípio de que a impureza individual não afeta apenas a pessoa, mas tem repercussões para toda a comunidade. A penalidade para tal negligência é a karet (*wənikrətâ hannɛp̄eš hāhîʾ mittôḵ haqqāhāl*), a eliminação do meio do povo. Esse conceito pode indicar tanto a morte prematura quanto o banimento social, refletindo o peso espiritual e cúltico dessa impureza.

> *wəhāyetâ lāhem ləḥuqqat ʿôlām wəhazzōrēq mê-hanniddâ yəḵabbēs bəḡāḏāyw*
> "E isto será para eles um estatuto perpétuo; e aquele que aspergir a água de purificação lavará suas roupas." (Nm 19,21)

O ritual da novilha vermelha não é uma provisão temporária, mas um *ḥuqqat ʿôlām* (estatuto perpétuo). Isso indica que a necessidade de purificação da impureza da morte permanecerá como um elemento constante na relação entre Israel e YHWH. Além disso, até mesmo o indivíduo que realiza a aspersão torna-se parcialmente impuro e precisa lavar suas roupas. Esse detalhe reforça a noção de que a impureza da morte é contagiosa, e que até mesmo aqueles que lidam com a purificação precisam ser resguardados contra sua influência. O contato com a água da purificação gera impureza temporária:

> *wəhannōḡēaʿ bəmê-hanniddâ yiṭṭammāʾ ʿad-hāʿereḇ*
> "E quem tocar a água da purificação estará impuro até a tarde." (Nm 19,22)

Isso indica que mesmo o meio usado para expiação carrega uma carga ritual que exige precaução. Esse detalhe paradoxal – em que a substância que purifica também causa impureza – enfatiza que a purificação é um processo dinâmico, que não anula automaticamente os efeitos da impureza sem uma estrutura ritual adequada. Com isso, o capítulo encerra a legislação sobre a impureza da morte reafirmando a seriedade desse tipo de contaminação e a necessidade do ritual de purificação para restaurar a comunhão com YHWH e a comunidade.

Capítulo 20

Números 20 marca um momento de transição e crise profunda na jornada de Israel pelo deserto. A estrutura do capítulo contém três eventos principais, cada um reforçando a severidade da disciplina divina e a inevitabilidade da morte para a geração que se recusou a entrar na Terra Prometida: a morte de Miriã, a contenda das águas de Meribá, que leva à condenação de Moisés e Arão, e a morte deste último no Monte Hor. O capítulo ressoa com um tom de despedida e frustração, encapsulando a transição da geração que perecerá no deserto para aquela que eventualmente herdará a terra. A narrativa articula uma teologia da liderança e da obediência, demonstrando que até mesmo os líderes eleitos por YHWH não estão isentos da disciplina divina. A morte de Miriã e de Arão simboliza o fim de uma era, enquanto a falha de Moisés em Meribá lança uma sombra sobre seu destino, sugerindo que a jornada rumo a Canaã será conduzida sob novas direções:

> *wayyāḇōʾû bənê-yiśrāʾēl kol-hāʿēḏâ midəbar-ṣîn bəḥōdeš hāriʾšôn wayyēšeb hāʿām bəqāḏēš wattāmot šām Miryām wattiqāḇēr šām*
>
> "Então chegaram os filhos de Israel, toda a congregação, ao deserto de Zim, no primeiro mês, e o povo permaneceu em Cades; e morreu ali Miriã, e ali foi sepultada." (Nm 20,1)

A menção ao "primeiro mês" sinaliza que a peregrinação está se aproximando de seu desfecho. Cades já havia sido o local da rejeição da terra em Números 13–14, e agora se torna o cenário de uma nova crise. A morte de Miriã é relatada sem detalhes, mas sua importância não pode ser subestimada. Como profetisa e irmã de Moisés e Arão, ela representava um elo com o passado da libertação do Egito. Sua morte marca o encerramento simbólico da primeira fase da jornada, preparando o caminho para a transição à nova geração. A ausência de luto ou cerimônia fúnebre no relato sugere que a narrativa quer enfatizar não a perda pessoal, mas a progressão inexorável do juízo divino: a geração do Êxodo está desaparecendo, uma a uma.

wəlōʾ-hāyâ māyim lāʿēḏâ wayyiqqāhălû ʿal-Mōšeh wəʿal-ʾAhărōn
"E não havia água para a congregação, e reuniram-se contra Moisés e contra Arão." (Nm 20,2)

A falta de água já havia sido um teste para Israel em Êxodo 17, e a reação do povo não mudou. A escassez não é apenas uma questão de sobrevivência, mas um catalisador para a insatisfação e desconfiança.

wəyāreb hāʿām ʿim-Mōšeh wayyōʾmərû lēʾmōr wəlû gāʿaʿnû bəgəwaʿ ʾaḥênû lipnê YHWH
"E o povo contendeu com Moisés, dizendo: 'Quem dera tivéssemos perecido quando nossos irmãos pereceram diante de YHWH!'" (Nm 20,3)

A referência àqueles que morreram sugere que se trata dos que foram destruídos por rebeliões anteriores, como a de Corá (Nm 16). Esse desejo mórbido reflete a recusa contínua de Israel em confiar na promessa divina: em vez de verem a falta de água como mais um teste a ser superado, eles a interpretam como um prenúncio de destruição.

wəlāmmâ hēḇēʾṯem ʾeṯ-qəhal YHWH ʾel-hammidbār hazzeh lāmûṯ šām ʾănaḥnû ûbəʿîrênû
"E por que trouxestes a congregação de YHWH a este deserto, para que morramos aqui, nós e nosso gado?" (Nm 20,4)

A inversão da lógica do Êxodo é evidente: ao invés de verem a jornada como um movimento da opressão para a liberdade, eles a percebem como uma transição da segurança para a morte.

wəlāmâ hēʿĕlîṯūnû mimmirṣāyim ləhāḇîʾ ʾōṯānû ʾel-hammiqôm hāzzê lōʾ məqôm zeraʿ ûtəʾênâ wəgēp̄en wərimmôn ûmāyim ʾên lištōṯ
"E por que nos fizestes subir do Egito, para nos trazer a este lugar mau? Não é lugar de sementes, nem de figueiras, nem de videiras, nem de romãs; e nem há água para beber." (Nm 20,5)

Essa queixa ecoa o relato dos espias em Números 13–14, demonstrando que a mentalidade da incredulidade persiste.

> *wayyāḇōʾ Mōšeh wəʾAhărōn mippənê hāqāhāl ʾel-petaḥ ʾōhel môʿēḏ wayyippəlû ʿal-pənêhem wayyērāʾ kəḇôḏ YHWH ʾălêhem*
> "Então Moisés e Arão foram da presença da congregação para a entrada da Tenda da Congregação, e caíram sobre seus rostos; e a glória de YHWH apareceu a eles." (Nm 20,6)

A manifestação da ***kāḇôḏ*** YHWH sinaliza que a questão é séria.

> *qaḥ ʾeṯ-hammaṭṭēh wəhaqqēl ʾeṯ-hāʿēḏâ ʾattâ wəʾAhărōn ʾāḥîḵâ wədibbartem ʾel-hasselaʿ ləʿêynêhem wənāṯan mêymāw wəhôṣēʾṯâ lāhem mayim min-hasselaʿ wəhišqîtâ ʾeṯ-hāʿēḏâ wəʾeṯ-bəʿîrām*
> "Toma a vara, e ajunta a congregação, tu e Arão, teu irmão, e falai à rocha diante de seus olhos, e ela dará sua água; e farás sair para eles água da rocha, e darás de beber à congregação e aos seus rebanhos." (Nm 20,8)

A ordem difere da ocasião anterior em Êxodo 17: ao invés de ferir a rocha, Moisés deve falar a ela. A diferença é crucial, pois sugere uma mudança no modo pelo qual YHWH deseja demonstrar Sua provisão.

> *šimʿû-nāʾ hammōrîm hamin-hasselaʿ hazzeh nōṣîʾ lāḵem mayim*
> "Ouvi agora, ó rebeldes! Faremos sair água desta rocha para vós?" (Nm 20,10)

Em um ato de frustração, Moisés repreende o povo.

> *yaʿan lōʾ-hĕʾĕmantem bî ləhaqədîšēnî ləʿênê bənê-yiśrāʾēl lāḵēn lōʾ tāḇîʾû ʾeṯ-hāqāhāl hazzeh ʾel-hāʾāreṣ ʾăšer nāṯattî lāhem*
> "Porque não crestes em mim, para me santificar diante dos

> filhos de Israel, por isso não fareis entrar esta congregação na terra que lhes dei." (Nm 20,12)

Moisés e Arão não apenas falharam em obedecer, mas também assumiram um papel que não lhes pertencia. Esse episódio em Meribá sela o destino de Moisés: ele verá a terra, mas não entrará nela. O episódio das águas de Meribá não apenas define o destino de Moisés e Arão, mas também reforça a soberania de YHWH na condução de Israel. A rocha, que antes deveria ser ferida (Êx 17,6), agora deveria apenas ouvir a palavra do líder, um símbolo da maturação da relação entre YHWH e Seu povo. Moisés, ao desobedecer e golpear a rocha duas vezes, não apenas distorce o sinal divino, mas também coloca-se, ainda que momentaneamente, como agente da provisão, em vez de simplesmente apontar para Deus. Isso compromete a santidade do momento e resulta em sua exclusão da Terra Prometida:

> *hēmmâ mê-merîḇâ ʾăšer-rāḇû bənê-yiśrāʾēl ʾeṯ-YHWH wayyiqqāḏēš bām*
> "Estas são as águas de Meribá, onde os filhos de Israel contenderam contra YHWH, e Ele se santificou neles." (Nm 20,13)

O nome Meribá significa "contenda", encapsulando o conflito entre o povo e YHWH. A santificação de Deus (*wayyiqqāḏēš bām*) ocorre não porque Israel demonstrou obediência, mas porque a justiça divina foi reafirmada. A desobediência de Moisés e Arão não pode permanecer impune, pois comprometeria o princípio fundamental da autoridade divina no meio do povo. O capítulo então muda de tom e apresenta um novo desafio: a passagem por Edom. Agora, a geração que está prestes a entrar na terra precisa lidar com conflitos diplomáticos. Moisés envia mensageiros ao rei de Edom com uma súplica cuidadosa:

> *wayyišlaḥ Mōšeh malʾāḵîm miqqāḏēš ʾel-meleḵ-ʾĕḏôm kōh ʾāmar ʾāḥîḵā yiśrāʾēl ʾattâ yādaʿtâ ʾeṯ-kāl-hattəlāʾâ ʾăšer-məṣāʾtānû*
> "E Moisés enviou mensageiros de Cades ao rei de Edom, dizendo: 'Assim diz teu irmão Israel: Tu conheces todas as dificuldades que nos sobrevieram'." (Nm 20,14)

A introdução “teu irmão Israel” remete à relação ancestral entre Jacó e Esaú, sugerindo um apelo à fraternidade histórica. Moisés argumenta que o sofrimento de Israel não foi um ato de agressão contra Edom, mas sim uma consequência de sua própria história com YHWH.

> *wayyēreḏ ʾăḇōtênû miṣraymâ wanneševb bəmiṣrayim yāmîm rabbîm wayyāreʿû lānû miṣrîm wəlāʾăḇōtênû*
> “E nossos pais desceram ao Egito, e habitamos no Egito por muito tempo; e os egípcios nos maltrataram a nós e a nossos pais.” (Nm 20,15)

Moisés contextualiza a jornada de Israel, estabelecendo que o povo não busca conflito, mas apenas um caminho para seu destino. O pedido é direto:

> *naʾʾōḇərâ-nnā bəʾarṣekâ lōʾ-naʿăḇōr bəśāḏeh ûbəḵerem wəlōʾ-ništê mē-mabbēr ʾeḏereḵ-hammelekʿ nēlēḵ lōʾ-nāṭeh yāmîn ûśəmōʾl ʿaḏ-ʾăšer-naʿăḇōr gəḇulekâ*
> “Deixa-nos, por favor, passar por tua terra; não passaremos por campo nem por vinha, e não beberemos água dos poços; seguiremos pela estrada real, sem nos desviarmos nem para a direita nem para a esquerda, até que passemos pelo teu território.” (Nm 20,17)

O compromisso de Israel de não causar dano à terra de Edom reflete uma postura diplomática. Eles não reivindicam nada, apenas a possibilidade de passar pacificamente. No entanto, a resposta do rei de Edom é negativa:

> *wayyōʾmer ʾēḏôm ʾēlāw lōʾ taʿăḇōr bî pen-baḥereḇ ʾēṣēʾ liqrāʾtêḵâ*
> “E Edom lhe disse: ‘Não passarás por mim, para que eu não saia contra ti com a espada’.” (Nm 20,18)

Edom rejeita a petição e ameaça Israel com violência. Moisés insiste:

> *wayyōʾmərû ʾēlāw nəʿallâ bəmiśillâ wəʾim-mêḵâ ništê ʾănî ûmiqnay ʾănî ʾăšallēm bəraqlî ʾebōrâ bəraglāy*
> "E disseram-lhe: 'Subiremos pela estrada, e se bebermos das tuas águas, eu e o meu gado, pagarei o preço. Deixa-me apenas passar a pé, nada mais'." (Nm 20,19)

Israel oferece até mesmo pagar pela água, removendo qualquer argumento econômico contra a passagem. No entanto, Edom reitera sua hostilidade:

> *wayyēṣēʾ ʾĕḏôm liqrāʾtô bəʿam-kāḇēḏ ûbəyād ḥăzāqâ*
> "E Edom saiu contra ele com muita gente e com mão forte." (Nm 20,20)

O exército edomita se mobiliza, tornando evidente que qualquer tentativa de passagem resultaria em guerra. Diante disso, Israel se desvia:

> *wayyēṭ Yiśrāʾēl mēʿālâw wayyēleḵ dərɛḵ*
> "E Israel se desviou dele e seguiu seu caminho." (Nm 20,21)

Esse episódio destaca a tensão entre Israel e as nações vizinhas e antecipa futuros conflitos. Diferente dos amalequitas, que atacaram Israel no deserto, Edom não inicia uma guerra, mas impõe barreiras ao seu avanço. O desvio de Israel demonstra a escolha pela pacificação naquele momento, mas a memória desse episódio se perpetuará. O capítulo então se volta para outro momento de transição: a morte de Arão.

> *wayyōʾmer YHWH ʾel-Mōšeh wəʾel-ʾAhărōn bəhor hāhār ʿal-gəḇûl ʾĕrɛṣ ʾĕḏôm lēʾmōr*
> "E disse YHWH a Moisés e a Arão no Monte Hor, no limite da terra de Edom, dizendo:" (Nm 20,23)

O Monte Hor será o lugar onde Arão morrerá. A escolha desse local, próximo à fronteira de Edom, reforça a natureza liminar do momento. Israel está no limiar da terra prometida, mas Moisés e Arão não cruzarão essa fronteira.

> *yēʾāsēp̄ ʾAhărōn ʾel-ʿammāw kî lōʾ-yāḇōʾ ʾel-hāʾāreṣ ʾăšer-nāṯattî ləḇənê-yiśrāʾēl ʿal-ʾăšer-mərîṯem ʾet-pî ləmê-merîḇâ*
> "Arão será reunido ao seu povo, pois não entrará na terra que dei aos filhos de Israel, porque fostes rebeldes à minha palavra nas águas de Meribá." (Nm 20,24)

A morte de Arão não é apenas o encerramento de sua vida, mas uma consequência direta da falha em Meribá.

> *hapšēṭ ʾet-ʾAhărōn ʾeṯ-bəḡāḏāyw wəholbaštām ʾet-ʾElʿāzār bənô*
> "Tira as vestes de Arão e veste nelas seu filho Eleazar." (Nm 20,26)

Esse ato simboliza a sucessão sacerdotal. A liderança religiosa continua, mas sem a figura de Arão.

> *wayyāmot šām ʾAhărōn bərōʾš hāhār*
> "E Arão morreu ali, no topo do monte." (Nm 20,28)

A narrativa é rápida, sem grande lamentação, pois o foco não é o luto, mas a transição da liderança.

> *wayyibkū ʾAhărōn šəlōšîm yôm kol-bêt yiśrāʾēl*
> "E choraram por Arão trinta dias, toda a casa de Israel." (Nm 20,29)

A tristeza pela morte de Arão se espalha por todo o povo, pois ele era o mediador entre Israel e YHWH. Seu luto é o encerramento de uma era e um prenúncio da morte iminente de Moisés.

Capítulo 21

O capítulo 21 de Números marca uma transição significativa na jornada de Israel, introduzindo um novo padrão de vitória e confiança na liderança divina. A geração que havia murmurado no deserto começa a dar lugar a um povo que responde com fé e ação. A estrutura do capítulo contém batalhas contra inimigos, milagres divinos e momentos de disciplina e louvor, sinalizando que Israel está se aproximando da Terra Prometida. A narrativa começa com o relato de um ataque surpresa:

> *wayyišmaʿ haKənaʿanî melek ʿArāḏ yōšēḇ hanneḡeḇ kî-bāʾ yiśrāʾēl derek haʾăṯārîm wayyillāḥem bîyiśrāʾēl wayyišebb mimmennu šebî (*Nm *21,1)*
> "E o cananeu, rei de Arade, que habitava no Neguebe, ouviu que Israel vinha pelo caminho de Atarim; e pelejou contra Israel e levou alguns deles como prisioneiros."

O rei de Arade, ao sul de Canaã, ataca os israelitas antes mesmo de serem uma ameaça direta, antecipando a resistência dos habitantes da terra prometida. O verbo *wayyišmaʿ* (ouviu) sugere que o avanço de Israel já era visto com preocupação pelas nações vizinhas. Diferente de enfrentamentos anteriores, em que a resposta do povo era murmuração e medo, aqui ocorre algo diferente:

> *wayyiḏḏar yiśrāʾēl neder layhwh wayyōʾmar ʾim-nāṯōn tittēn ʾeṯ-hāʿām hazzeh bîyāḏî wəhaḥaramtî ʾet-ʿārehem*
> "Então Israel fez um voto a YHWH, dizendo: 'Se de fato entregares este povo em minha mão, destruirei totalmente suas cidades'." (Nm 21,2)

O verbo *wayyiḏḏar* (fez um voto) indica uma mudança de atitude. Em vez de reclamar contra Moisés ou fugir, o povo se volta diretamente a YHWH, comprometendo-se a destruir completamente (*ḥerem*) os inimigos caso receba a vitória. Essa promessa remete ao conceito de consagração total ao Senhor, um princípio que será essencial na futura conquista de Canaã. A resposta divina é imediata:

> *wayyišmaʿ YHWH bəqôl yiśrāʾēl wayyiṯṯēn ʾeṯ-hakənaʿanî wayyaḥarēm ʾethem wəʾet-ʿārehem wayyiqqārāʾ šēm hammaqôm ḥormâ*

"E YHWH ouviu a voz de Israel e entregou os cananeus nas mãos deles; e eles os destruíram totalmente, juntamente com suas cidades. E chamaram o nome daquele lugar Hormá." (Nm 21,3)

A vitória marca um momento decisivo: Israel, que havia sido derrotado ao tentar tomar Canaã sem a aprovação divina (Nm 14,45), agora conquista sua primeira cidade, desta vez sob a orientação do Senhor. O nome *Hormá* (destruição total) simboliza a reversão da antiga derrota e a inauguração de uma nova fase na jornada. Contudo, a caminhada pelo deserto continua, e o desânimo volta a se manifestar:

wayyisʿû mēhar-hôr derek yam-sûp̄ lissāḇōḇ ʾet-ʾereṣ ʾěḏôm wattiqṣar nep̄eš hāʿām baddārek
"E partiram do monte Hor, pelo caminho do mar Vermelho, para rodear a terra de Edom; e o ânimo do povo se tornou impaciente no caminho." (Nm 21,4)

O desvio em torno de Edom, causado pela recusa dos edomitas em permitir passagem (Nm 20,14-21), prolonga a jornada e gera um sentimento de impaciência. O verbo *wattiqṣar* (tornou-se impaciente) sugere frustração e cansaço, preparando o cenário para mais uma queixa contra Deus. A murmuração se intensifica:

wayyədabbēr hāʿām bēʾělōhîm ûběmōšeh lāmâ heʿĕlîṯunû mimmirṣāyim lāmûṯ bammidbār kî-ʾên leḥem wəʾên mayim wənap̄šēnû qāṣâ balleḥem haqqĕlōqel
"E o povo falou contra Deus e contra Moisés: 'Por que nos fizestes subir do Egito para morrermos no deserto? Pois não há pão, nem há água, e nossa alma se enfada deste pão vil'." (Nm 21,5)

O ataque aqui é duplo: *bēʾĕlōhîm ûbĕmōšeh* (contra Deus e contra Moisés). A referência ao maná como *leḥem haqqĕlōqel* (pão vil) revela um desprezo pela provisão divina. O povo não apenas reclama da falta de alimentos variados, mas rejeita o sustento milagroso que os tem mantido vivos. Essa ingratidão resulta em uma resposta severa de YHWH.

> *wayəšallaḥ YHWH bāʿām ʾet-hannəḥāšîm hasśərāp̄îm wayyanᵊšəḵû ʾet-hāʿām wayyāmōṯ ʿam-rāḇ miYiśrāʾēl*
> "Então YHWH enviou entre o povo serpentes ardentes, e elas morderam o povo, e muitos de Israel morreram." (Nm 21,6)

A expressão *nəḥāšîm hasśərāp̄îm* pode significar "serpentes venenosas" ou "serpentes de fogo", possivelmente uma alusão ao efeito de suas mordidas. A punição corresponde à queixa: aqueles que desprezaram o pão de YHWH agora enfrentam a ameaça mortal de serpentes, símbolos do perigo e do juízo divino. Ao contrário de murmurações anteriores, desta vez o povo reconhece seu erro:

> *wayyāḇōʾ hāʿām ʾel-Mōšeh wayyōʾmərû ḥāṭānû kî-dibbarnû bĕYHWH ûḇāḵ hithpallēl ʾel-YHWH wəyāsēr mēʿālênû ʾet-hannāḥāš*
> "E o povo veio a Moisés e disse: 'Pecamos, pois falamos contra YHWH e contra ti. Ora a YHWH para que tire de nós as serpentes'." (Nm 21,7)

Diferente de rebeliões anteriores, em que persistiam na incredulidade, agora há um reconhecimento direto do pecado (*ḥāṭānû*) e um pedido explícito por intercessão. Isso sinaliza uma mudança na atitude do povo. Moisés intercede, e YHWH responde de uma maneira inesperada:

> *ʿăśēh ləḵâ śārāp̄ wəśîm ʾōtô ʿal-nēś wəhāyâ kol-hannāšûḵ wərāʾâ ʾōtô wəḥāy*
> "Faze para ti uma serpente ardente, e põe-na sobre uma haste; e será que todo aquele que for mordido, olhando para ela, viverá." (Nm 21,8)

O remédio dado por YHWH é paradoxal: a própria figura das serpentes que trazem morte se torna o meio de salvação. O ato de olhar para a serpente se torna um gesto de fé e obediência.

Moisés obedece à ordem divina:

> *wayyaʿaś Mōšeh nəḥāš nĕḥōšeṯ wayyəśîmēhû ʿal-hannēś wayyəhî ʾim-nāšaḵ hannāḥāš ʾeṯ-ʾîš wəhībîṭ ʾel-nəḥāš hanəḥōšeṯ wayyāḥî*
> "E Moisés fez uma serpente de bronze, e a pôs sobre uma haste; e aconteceu que, quando uma serpente mordia alguém, se olhava para a serpente de bronze, vivia." (Nm 21,9)

A jornada de Israel continua após a experiência com a serpente de bronze, e agora o povo segue pelo deserto, atravessando territórios que os aproximam da Terra Prometida. O tom narrativo muda para um registro de deslocamento, mas cada etapa da viagem está carregada de significado, mostrando a condução divina sobre o povo. A narrativa prossegue com a partida de Obote:

> *wayyisʿû mibōʾōṯ wayyaḥănû bĕʿiyyê hāʿăḇārîm bammiḏbār ʾăšer ʿal-pĕnê mōʾāḇ mimmizraḥ haššemeš*
> "E partiram de Obote, e acamparam em Ijé-Abarim, no deserto, que está defronte de Moabe, ao nascente do sol." (Nm 21,11)

Obote e Ijé-Abarim marcam estágios da jornada de Israel rumo a Canaã. O nome *ʿiyyê hāʿăḇārîm* (ruínas da passagem) sugere um local já habitado no passado, mas agora deserto. A menção de *mimmizraḥ haššemeš* (ao nascente do sol) enfatiza a direção do movimento: Israel avança para o leste de Moabe, contornando obstáculos geográficos e políticos. O próximo acampamento é mencionado:

> *miššām nāsʿû wayyaḥănû bĕnaḥal zārēḏ*
> "De lá partiram e acamparam junto ao ribeiro de Zerede." (Nm 21,12)

O *naḥal zārēḏ* é um ribeiro que marca a fronteira natural entre Moabe e Edom. Essa menção é significativa porque indica que Israel está saindo do domínio de terras proibidas (como Edom) e entrando em uma nova fase de aproximação à Terra Prometida. O ribeiro, uma fonte de água, pode simbolizar renovação e esperança após os desafios anteriores, como a praga das serpentes. A narrativa continua com a travessia de outra fronteira importante:

> *miššām nāsʿû wayyaḥănû mēʿēḇer ʾarnōn ʾăšer bammiḏbār hayyōṣēʾ migvûl hāʾĕmōrî kî ʾarnōn gĕḇûl môʾāḇ bêyn môʾāḇ ûbêyn hāʾĕmōrî*
> "De lá partiram e acamparam do outro lado do Arnom, que está no deserto e sai do território dos amorreus; pois o Arnom é o limite de Moabe, entre Moabe e os amorreus." (Nm 21,13)

O *ʾarnōn*, um grande rio, é a fronteira entre Moabe e os amorreus. Aqui, Israel já não está em terras proibidas, como Edom, mas se aproxima de áreas que devem ser conquistadas. O destaque na divisão geográfica sugere que a narrativa quer sublinhar a entrada de Israel em um novo contexto geopolítico, preparando o terreno para conflitos com os amorreus. A menção do "Livro das Guerras de YHWH" aparece como um registro antigo dessa passagem:

> *ʿal-kēn yēʾāmār bĕsēp̄er milḥămōṯ YHWH ʾeṯ-wāhēḇ bĕsûp̄â wĕʾet-hannəḥālîm ʾarnōn*
> "Por isso se diz no Livro das Guerras de YHWH: 'Vaeb em Sufa e os ribeiros do Arnom'" (Nm 21,14)

Esse *sēp̄er milḥămōṯ* YHWH (Livro das Guerras de YHWH) parece ser um documento antigo que registrava batalhas em que YHWH interveio. A menção a *Wāhēḇ bĕsûp̄â* (possivelmente um lugar ou evento específico) sugere que essa passagem pelo Arnom já estava registrada como um marco histórico. Isso reforça que a jornada de Israel não é apenas um deslocamento, mas uma campanha divinamente conduzida. O verso seguinte continua citando esse documento antigo:

> *wĕʾeṯ-ʾešed hannəḥālîm ʾăšer nāṭâ ləšebeṯ ʿār wəniśʿan ligvûl môʾāḇ*
> "E o declive dos ribeiros que se estende até a cidade de Ar e se inclina para o território de Moabe." (Nm 21,15)

O texto faz referência a *ʾešed hannəḥālîm* (declive dos ribeiros), uma característica geográfica que servia como um marco na fronteira entre Moabe e os amorreus. A cidade de *ʿār*, mencionada aqui, é um dos centros moabitas. Isso sugere que Israel está se movendo ao longo das bordas de Moabe, evitando confronto direto enquanto se prepara para lidar com os amorreus. O tom da narrativa muda e, em vez de registrar mais conflitos ou deslocamentos, um momento de louvor e gratidão surge:

> *wĕmiššām bəʾērâ hîʾ habbəʾēr ʾăšer ʾāmar YHWH lĕmōšeh ʾĕsōp̄ ʾeṯ-hāʿām wəʾetnāh lākem māyim*
> "E de lá partiram para Beer; este é o poço sobre o qual YHWH disse a Moisés: 'Ajunta o povo, e eu lhes darei água'." (Nm 21,16)

O nome *Bəʾēr* (poço) indica um lugar onde Israel recebe provisão de água. Esse evento contrasta fortemente com a crise da água em Meribá (Nm 20), onde Moisés e Arão falharam ao trazer água da rocha. Aqui, não há rebelião nem murmuração, apenas a provisão direta de YHWH. A resposta do povo ao presente divino é um cântico:

> *ʾāz yāšîr yiśrāʾēl ʾet-haššîrâ hazzōʾt ʿalî bəʾēr ʿĕnû lāh*
> "Então cantou Israel este cântico: 'Sobe, ó poço! Cantai a ele!'" (Nm 21,17)

O verbo *ʾāz yāšîr* (então cantou) lembra a canção de Moisés após a travessia do Mar Vermelho (Êx 15,1). Esse louvor sugere que o povo começa a reconhecer a fidelidade de YHWH em suprir suas necessidades, sem cair nas murmurações do passado. A canção continua:

> *bəʾēr ḥăpārûhā śārîm ḵārûhā nəḏîbê hāʿām bimḥōqēq bəmaṭṭōṯām*
> "O poço que os príncipes cavaram, que os nobres do povo escavaram, com o cetro, com seus cajados." (Nm 21,18)

A referência aos *śārîm* (príncipes) e *nəḏîbê hāʿām* (nobres do povo) sugere que este não foi um milagre instantâneo como a água da rocha, mas um processo cooperativo. Isso pode indicar um novo entendimento da relação entre a provisão divina e o esforço humano: YHWH concede a bênção, mas o povo deve agir para recebê-la. O trecho finaliza com o deslocamento seguinte:

> *ûmimmidbār mattānâ*
> "E do deserto foram para Matana." (Nm 21,18)

O nome *Mattanâ* (dádiva) simboliza o caráter gracioso da provisão de YHWH. O fato de essa localidade vir logo após o poço sugere que a jornada de Israel está agora marcada por bênçãos em vez de punições. A narrativa de Números 21,21-35 marca a primeira grande incursão militar de Israel contra os reis que controlavam as regiões a leste do Jordão. Diferente do ataque surpresa dos cananeus no início do capítulo, aqui Israel toma a iniciativa, enviando mensageiros e propondo uma passagem pacífica. No entanto, a recusa dos reis amorreus e sua tentativa de impedir Israel com força militar resultam em vitórias decisivas para o povo de Deus. Essa passagem não apenas estabelece o domínio israelita sobre terras que futuramente pertencerão às tribos de Rúben, Gade e metade de Manassés, mas também demonstra que YHWH já começa a cumprir Sua promessa de dar a Israel uma terra para habitar. A narrativa se inicia com uma abordagem diplomática de Israel a Seom, rei dos amorreus:

> *wayyišlaḥ yiśrāʾēl malʾākîm ʾel-sîḥôn melek hāʾĕmōrî lēmōr*
> "E Israel enviou mensageiros a Seom, rei dos amorreus, dizendo:" (Nm 21,21)

Essa abordagem segue um padrão semelhante ao que foi feito a Edom em Números 20,14-17. O envio de mensageiros (*malʾākîm*) antes de um possível conflito demonstra que Israel não busca guerra desnecessária. A negociação enfatiza a intenção de passagem pacífica. A mensagem de Israel reitera essa intenção:

> *ʾeʿĕḇərâ bəʾarṣêḵâ lōʾ-nissûr bəśāḏeh ûbəčāremel wəlōʾ-*

> *ništeh mê-bəʾēr baderek̲ hammelek nēlēk̲ lōʾ nittâ yāmîn ûśemōʾl ʿad̲ ʾăšer-naʿăb̲ōr gəb̲ûlekâ*
> "Deixa-me passar pela tua terra; não nos desviaremos pelo campo nem pelas vinhas, e não beberemos água dos poços. Seguiremos pela estrada real até que passemos pelo teu território." (Nm 21,22)

A promessa de não tocar nas plantações *(bəśād̲eh ûbəčāremel)* nem nos poços (*mê-bəʾēr*) reforça que Israel não pretende saquear ou se estabelecer na terra dos amorreus. A menção à *derek hammelek* (estrada real) sugere que Israel está propondo apenas uma travessia por uma rota já estabelecida. No entanto, Seom rejeita o pedido e parte para a agressão:

> *wəlōʾ-nāt̲an sîḥôn ʾet̲-yiśrāʾēl ʿăb̲ōr biġb̲ûlô wayyeʾĕsōp̄ sîḥôn ʾet-kāl-ʿammô wayyēṣēʾ liqrāʾt yiśrāʾēl hammidbārâ wayyāb̲ōʾ yāhaṣâ wayyillāḥem bîyiśrāʾēl*
> "Porém Seom não deixou Israel passar pelo seu território; antes, reuniu todo o seu povo, e saiu ao deserto contra Israel, e veio a Jaza e pelejou contra Israel." (Nm 21,23)

A decisão de Seom de reunir *(wayyeʾĕsōp̄)* seus guerreiros e ir até Jaza (*yāḥaṣâ*) para interceptar Israel demonstra que ele vê a aproximação do povo como uma ameaça à sua soberania. A batalha é inevitável. A resposta de Israel não é defensiva, mas um ataque determinado:

> *wayyakēhû yiśrāʾēl ləpî-ḥāreb̲ wayyîraš ʾet̲-ʾarṣô mîʾarnōn ʿad̲-yabbōq ʿad̲-bənê-ʿammôn kî-ʿaḥūz gəb̲ûl bənê-ʿammôn*
> "E Israel o feriu ao fio da espada, e tomou posse da sua terra desde o Arnom até o Jaboque, até os filhos de Amom, porque a fronteira dos filhos de Amom era fortificada." (Nm 21,24)

O uso da expressão *ləpî-ḥāreb̲* (ao fio da espada) indica uma vitória completa. A conquista estende-se desde o rio *ʾarnōn* até o *yabbōq*, território que mais tarde será ocupado por algumas tribos de Israel. O limite ao avanço é a fronteira dos *bənê-ʿammôn*, que possuíam cidades fortificadas. Israel toma todas as cidades do rei amorreu:

> *wayyiqqaḥ yiśrāʾēl ʾet-kāl-hāʿārîm hāʾēl wayēšeb yiśrāʾēl bəkāl-ʿārê hāʾĕmōrî bəḥešbôn ûḇəḵāl-bənōtêhâ*
> "E Israel tomou todas aquelas cidades, e habitou em todas as cidades dos amorreus, em Hesbom e em todas as suas aldeias." (Nm 21,25)

A conquista de *ḥešbôn* (Hesbom) é particularmente significativa, pois era a capital de Seom e um importante centro amorreu. A narrativa então traz um poema sobre a conquista de Hesbom:

> *kî ʿîr sîḥôn melek hāʾĕmōrî hîʾ wəhûʾ niḇḥām bəmelek môʾāḇ wəyiqqaḥ ʾeṯ-kāl-ʾarṣô ʿăḏ-ʾarnōn*
> "Porque Hesbom era a cidade de Seom, rei dos amorreus, que havia pelejado contra o antigo rei de Moabe e tomado toda a sua terra até o Arnom." (Nm 21,26)

Esse verso sugere que Seom já havia conquistado terras moabitas antes de ser derrotado por Israel. Isso mostra que os amorreus não eram meros habitantes pacíficos, mas conquistadores que haviam expandido seu território por meio da guerra. O poema continua:

> *lāḵēn yōʾmərû hămōšəlîm bōʾû ḥešbôn tibbanêh wətikkōn ʿîr sîḥôn*
> "Por isso dizem os poetas: 'Vinde a Hesbom! Edifique-se e fortaleça-se a cidade de Seom!'" (Nm 21,27)

A ironia desse cântico é evidente: Hesbom, antes símbolo da força amorreia, agora é tomada por Israel. O poema segue descrevendo a destruição da cidade:

> *kî-ʾēš yāṣəʾâ mēḥešbôn lehābâ miqqiryat sîḥôn ʾākəlâ ʿār môʾāḇ baʿălê bāmōṯ ʾarnōn*
> "Porque fogo saiu de Hesbom, e chama da cidade de Seom;

consumiu Ar de Moabe, e os senhores dos altos de Arnom." (Nm 21,28)

Esse verso personifica Hesbom como um lugar de destruição, ecoando a ideia de que a guerra é um instrumento divino para cumprir os propósitos de YHWH. A narrativa segue com um novo desafio militar, desta vez contra Ogue, rei de Basã:

wayyifnû wayyaʿalû derek haBāšān wayyēṣēʾ ʿōḡ melek haBāšān liqrāʾtām hûʾ wəkāl-ʿammô lammiḏbār wəyillāḥem bāhem

"Então viraram-se e subiram pelo caminho de Basã; e Ogue, rei de Basã, saiu contra eles, ele e todo o seu povo, para pelejar em Edrei." (Nm 21,33)

Diferente de Seom, que esperou Israel se aproximar, Ogue toma a iniciativa do ataque. Basã era conhecida por seus guerreiros gigantes (Dt 3,11), e a batalha contra Ogue seria um teste para a confiança de Israel em YHWH, que assegura a Moisés a já garantida vitória:

wayyōʾmer YHWH ʾel-mōšeh ʾal-tîrāʾ ʾōtô kî bîyādəḵâ nāṯattî ʾōtô wəʾet-kāl-ʿammô wəʾet-ʾarṣô wəʿāśîṯā lô kaʾăšer-ʿāśîtā ləsîḥôn melek hāʾĕmōrî ʾăšer-yôšēḇ bəḥešbôn

"E disse YHWH a Moisés: 'Não o temas, porque o entreguei na tua mão, a ele, a todo o seu povo e a sua terra; e farás com ele como fizeste com Seom, rei dos amorreus, que habitava em Hesbom.'" (Nm 21,34)

A batalha termina com uma vitória total:

wayyakû ʾōtô wəʾet-bānâw wəʾet-kāl-ʿammô ʿaḏ-bilti hišʾîr-lô śārîḏ wayyîrašû ʾet-ʾarṣô

"E o feriram, a ele, a seus filhos e a todo o seu povo, até que nenhum deles ficou de resto; e tomaram posse da sua terra." (Nm 21,35)

Assim, a conquista dos amorreus e de Basã estabelece Israel como uma força a ser reconhecida, consolidando sua presença antes da entrada em Canaã.

Capítulo 22

O vigésimo segundo capítulo de Números inaugura uma nova fase na narrativa, deslocando o foco da jornada no deserto para o encontro entre Israel e os reinos vizinhos. Agora, posicionado nas campinas de Moabe, Israel desperta o temor das nações ao redor. O capítulo introduz Balaão, um profeta pagão cuja função será central nas interações entre Israel e Moabe. A história de Balaão é singular na tradição bíblica: embora não seja israelita, ele recebe revelações diretas de YHWH e, contra sua vontade, proclama bênçãos sobre Israel. Esse episódio articula uma teologia da soberania divina, mostrando que YHWH governa não apenas sobre Israel, mas sobre toda a ordem política e espiritual do mundo. O texto também contrasta a vontade divina com os interesses humanos, revelando como Balaão, mesmo relutante, acaba servindo aos propósitos de Deus. A localização estratégica de Israel é destacada:

> *wayyisʿû bənê-yiśrāʾēl wayyaḥănû bəʿarḇôt môʾāḇ*
> *mɛʿêḇɛr layyardēn yərēḥô*
> "E partiram os filhos de Israel, e acamparam-se nas campinas de Moabe, além do Jordão, defronte de Jericó."
> (Nm 22,1)

A menção a Jericó antecipa a iminente conquista da Terra Prometida, conectando o fim da jornada pelo deserto com o início da ocupação. O termo *ʿarḇôt môʾāḇ* (campinas de Moabe) remete ao território onde Moisés dará seu último discurso antes da entrada de Israel em Canaã (Dt 1,5). A presença de Israel nesse local estratégico reforça o cumprimento das promessas feitas aos patriarcas e sinaliza que o tempo da posse da terra está próximo. A chegada de Israel provoca medo em Balaque, rei de Moabe:

> *wayyarʾ Bālāq ben-Ṣippôr ʾet-kol-ʾăšer-ʿāśâ yiśrāʾēl lāʾĕmōrî*
> "E Balaque, filho de Zipor, viu tudo o que Israel fizera aos amorreus." (Nm 22,2)

A referência à destruição dos amorreus (Nm 21,21-35) sugere que a expansão israelita está gerando uma reação política. Israel já não é mais apenas um grupo de ex-escravos errantes no deserto, mas uma potência emergente que derrotou reis estabelecidos e conquistou territórios. O impacto dessas vitórias se espalha, e Balaque, ao ver o destino dos amorreus, compreende que Moabe pode ser o próximo alvo. O temor de Balaque se intensifica:

> *wayyāḡor môʾāḇ mipnê hāʿām məʾōḏ kî-rabb hûʾ*
> *wayyāqōṣ môʾāḇ mipnê bənê-yiśrāʾēl*
> "E Moabe teve grande medo do povo, porque era numeroso; e Moabe se angustiou por causa dos filhos de Israel." (Nm 22,3)

O verbo *wayyāqōṣ* (angustiou-se) expressa não apenas medo, mas também aversão e desespero. Essa mesma reação já havia sido sentida pelos egípcios diante do crescimento numérico dos israelitas (Êx 1,9-12), sugerindo que a chegada de Israel é vista como uma ameaça existencial. A aliança entre os reinos cananeus era frequentemente instável, mas aqui Moabe e Midiã compartilham um medo comum. A narrativa mostra que os inimigos de Israel não apenas temem sua força militar, mas também a sua própria existência e expansão. Balaque busca ajuda externa para lidar com Israel:

> *wayyōʾmer môʾāḇ ʾel-zəqnê midyān ʿattâ yəllaḥəkû hāqāhāl ʾet-kāl-səḇîḇōtênû kəllēḵōḵ haššōr ʾet-yɛreḳ haśśāḏeh*
> "E Moabe disse aos anciãos de Midiã: 'Agora essa congregação consumirá tudo ao redor de nós, como o boi devora a erva do campo.'" (Nm 22,4)

A metáfora agrícola enfatiza a percepção de Israel como uma força destruidora. Moabe e Midiã temem ser completamente absorvidos e aniquilados pela presença dos israelitas. Essa imagem de devastação remete às pragas do Egito e reforça a ideia de que a chegada de Israel não pode ser detida por meios convencionais. Em vez de preparar um ataque militar direto, Balaque adota uma abordagem alternativa: a guerra espiritual. A solução de Balaque não é militar, mas sobrenatural:

> *wayyišlaḥ mal'āḵîm 'el-Bil'ām ben-Bə'ôr*
> "E enviou mensageiros a Balaão, filho de Beor." (Nm 22,5)

A escolha de Balaão sugere que ele era reconhecido como um vidente influente, capaz de manipular forças espirituais para alterar o destino das nações. O fato de Balaão residir em Petor, nas margens do Eufrates, indica que ele possuía uma reputação internacional. Diferente dos profetas de Israel, que falavam exclusivamente em nome de YHWH, Balaão parece ser um profeta contratado, alguém cujo serviço podia ser comprado por um preço adequado. Balaque expõe sua intenção:

> *'ārâh lî 'et-hā'ām hazzeh kî-'āṣûm hû' mimmennî 'ûlay 'ûkal nakkēh bô wa'gārašennû min-hā'āreṣ kî-yāḏa'tî 'et-'ăšer-təḇārēḵ məḇōrāḵ wə'et-'ăšer-tā'ôr yā'ûr*
> "Amaldiçoa-me este povo, pois é mais forte do que eu; talvez eu possa feri-lo e expulsá-lo da terra, pois sei que aquele a quem tu abençoas é abençoado, e aquele a quem tu amaldiçoas é amaldiçoado." (Nm 22,6)

A crença de Balaque reflete a visão comum no mundo antigo de que as palavras dos profetas possuíam poder real para determinar destinos. O rei moabita acredita que Balaão tem influência direta sobre a realidade espiritual e que uma maldição pronunciada por ele pode enfraquecer Israel. No entanto, a ironia teológica do texto é evidente: Balaque tenta manipular um profeta para amaldiçoar um povo que já é irrevogavelmente abençoado por YHWH. Ele não compreende que a bênção sobre Israel não é um mero encantamento, mas uma determinação divina inalterável. A resposta de Balaão revela a tensão central da narrativa:

> *wəyōʾmer ʾălêhem lînû phō-hallaylâ wəhăšîḇōṯî ʾetḵem dāḇār kaʾăšer yədabbēr YHWH ʾēlay*
> "E disse-lhes: 'Passai a noite aqui, e vos trarei resposta conforme o que YHWH me disser.'" (Nm 22,8)

O reconhecimento de Balaão de que deve consultar YHWH antes de agir é surpreendente, pois ele não é um profeta israelita. Isso sugere que, mesmo fora da aliança, YHWH pode se revelar a indivíduos inesperados. Naquela noite, Deus fala a Balaão:

> *lōʾ tēlēḵ ʿimmām wəlōʾ tōʾr ʾet-hāʿām kî ḇārûḵ hûʾ*
> "Não irás com eles, e não amaldiçoarás esse povo, pois ele é abençoado." (Nm 22,12)

O uso da forma passiva ***ḇārûḵ hûʾ*** (ele é abençoado) enfatiza que essa condição já foi estabelecida por Deus e não pode ser revertida. Balaão percebe que sua habilidade de amaldiçoar é irrelevante quando se trata de Israel, pois YHWH já decretou o destino do povo. O capítulo estabelece, assim, um princípio teológico fundamental: nenhuma força externa pode reverter a bênção de Deus sobre Seu povo. Balaão, ao receber a mensagem divina proibindo-o de amaldiçoar Israel, transmite essa ordem aos emissários de Balaque. A recusa de Balaão em acompanhar os mensageiros é um primeiro sinal de que ele reconhece a autoridade de YHWH sobre sua atividade profética. No entanto, a história não termina aqui, pois Balaque não aceita essa resposta e insiste em seu plano de manipular Balaão para alcançar seu objetivo. Na manhã seguinte, Balaão comunica sua decisão:

> *wayyāqom Bilʿām babbōqer wayyōʾmer ʾel-śārê Bālāq ləkû ʾel-ʾarṣəḵem kî-mēʾēn YHWH ləṯaṯî lāḥem lālēḵ ʿimmākem*
> "Então levantou-se Balaão pela manhã e disse aos príncipes de Balaque: 'Voltem à sua terra, pois YHWH recusou-me permissão para ir convosco.'" (Nm 22,13)

Balaão age aqui como um profeta fiel, transmitindo a resposta divina sem alteração. O verbo *mēʾēn* (recusar) indica uma negativa enfática por parte de Deus, deixando claro que amaldiçoar Israel não é uma opção. Essa recusa, porém, não encerra a questão, pois os emissários retornam a Balaque e o rei não aceita a derrota. Balaque responde enviando uma segunda delegação, ainda mais prestigiosa:

> *wayyōsēp̄ ʿôd Bālāq šəlōaḥ śārîm rabbîm wənikbādîm mēʾēlleh*
> "E Balaque enviou novamente príncipes, mais numerosos e mais honrados do que os primeiros." (Nm 22,15)

O aumento no prestígio dos mensageiros reflete a insistência de Balaque em obter um meio sobrenatural para derrotar Israel. Em sua mentalidade política e religiosa, a força militar não basta; é necessário um encantamento ou uma maldição eficaz para garantir a vitória. Isso mostra o contraste entre a fé de Israel, baseada na aliança com YHWH, e a visão pagã dos moabitas, que acreditam que podem manipular as divindades para seus próprios interesses. Os novos emissários fazem uma proposta ainda mais tentadora:

> *wayyāḇōʾû ʾel-Bilʿām wayyōʾmərû lô kōh ʾāmar Bālāq ben-Ṣippôr ʾal-naʾ timmānê mēhălōḵ ʾēlay*
> "E vieram a Balaão e lhe disseram: 'Assim diz Balaque, filho de Zipor: 'Que nada te impeça de vir a mim.'" (Nm 22,16)

A escolha das palavras é significativa: *ʾal-naʾ timmānê* (que nada te impeça) indica que Balaque reconhece que há um obstáculo à ida de Balaão, mas tenta minimizá-lo. Ele assume que a resistência do profeta é meramente política ou financeira e, por isso, oferece um incentivo maior. Balaque promete recompensar generosamente Balaão:

> *kî-kabbēd ʾăkabbēḏekā məʾōḏ wəkol-ʾăšer-tōʾmar ʾēlay ʾeʿĕśeh ûləkā naʾ lēkā ʾārâ-lî ʾet-hāʿām hazzeh*
> "Porque grandemente te honrarei, e tudo o que me disseres farei; vem, pois, e amaldiçoa-me este povo." (Nm 22,17)

O verbo *kabbēd* (honrar, enriquecer) sugere que Balaque está oferecendo riquezas e status a Balaão. O rei moabita ainda afirma que obedecerá qualquer outra condição que Balaão colocar, desde que ele aceite amaldiçoar Israel. Essa abordagem reflete uma compreensão transacional da espiritualidade: para Balaque, o poder profético pode ser comprado, desde que o preço seja adequado. Balaão responde com um aparente ato de fidelidade a YHWH:

> *wayya'an Bil'ām wayyō'mer 'el-'ăḇdê Bālāq 'im-yittēn-lî Bālāq məlō' bêtô keseph wəḏāhāḇ lō' 'ûkal la'ăḇōr 'et-pî YHWH 'ĕlōhay la'ăśôṯ qāṭān 'ô-gāḏôl*
> "E Balaão respondeu aos servos de Balaque: 'Ainda que Balaque me desse a sua casa cheia de prata e ouro, eu não poderia transgredir a palavra de YHWH, meu Deus, para fazer coisa pequena ou grande.'" (Nm 22,18)

A resposta de Balaão sugere, à primeira vista, uma lealdade inquestionável a YHWH. Ele declara que nem mesmo a oferta de riquezas imensas poderia persuadi-lo a desobedecer à ordem divina. No entanto, ao mencionar explicitamente prata e ouro, ele demonstra que esses bens estão, de fato, em sua mente. O modo como ele formula sua resposta pode indicar que ele quer parecer obediente, mas deixa aberta a possibilidade de reconsiderar, caso Deus lhe dê permissão. Balaão então pede mais tempo para consultar YHWH novamente:

> *wə'attâ šəḇû-nā' bazzēh gam-'attem hallaylâ wə'ēḏ'â mah-yōsîp̄ YHWH dabbēr 'immî*
> "Agora, pois, ficai também aqui esta noite, para que eu saiba o que mais YHWH me dirá." (Nm 22,19)

Essa atitude levanta uma questão teológica importante: por que Balaão sente necessidade de consultar YHWH novamente, se ele já recebeu uma resposta clara? O pedido de Balaão pode indicar que ele ainda espera uma brecha para aceitar a oferta de Balaque. Diferente dos profetas de Israel, que obedecem prontamente a voz de Deus, Balaão parece relutante em rejeitar a proposta de Balaque por completo. Naquela noite, Deus fala novamente a Balaão:

> *wayyāḇōʾ ʾĕlōhîm ʾel-Bilʿām laylâ wayyōʾmer lô ʾim-liqrōʾ ləḵā bāʾû hāʾănāšîm qûm lēḵ ʾittām wəʾaḵ ʾet-haddāḇār ʾăšer-ʾădabbēr ʾēlêḵā ʾōṯō tāʿăśeh*
> "E veio Deus a Balaão de noite, e lhe disse: 'Se esses homens vieram para te chamar, levanta-te e vai com eles; mas farás somente o que eu te disser.'" (Nm 22,20)

O novo comando divino parece contradizer a ordem anterior, mas a chave para entender essa passagem está na condicional *ʾim-liqrōʾ ləḵā bāʾû* (se vieram para te chamar). Deus permite que Balaão vá, mas dentro de um limite: ele só poderá dizer o que YHWH lhe ordenar. O texto sugere que Deus está testando Balaão para revelar sua verdadeira intenção. Balaão, agora aparentemente satisfeito, parte na manhã seguinte:

> *wayyāqom Bilʿām babbōqer wayyaḥăbōš ʾet-ʾătōnô wayyēleḵ ʿim-śarê Môʾāḇ*
> "Então Balaão levantou-se pela manhã, selou sua jumenta, e partiu com os príncipes de Moabe." (Nm 22,21)

O fato de Balaão selar sua jumenta sugere que ele está ansioso por essa jornada. Embora Deus tenha dado permissão, a atitude de Balaão indica que sua intenção pode não ser puramente obediente. Ele vê a viagem como uma oportunidade, talvez esperando encontrar um meio de conciliar a vontade de Deus com seus próprios interesses. A resposta divina a essa atitude vem de imediato:

> *wayyiḥar ʾap̄-ʾĕlōhîm kî-hōlēḵ hûʾ wayyityyaṣṣēḇ malʾaḵ YHWH badāreḵ ləśāṭān lô*
> "E acendeu-se a ira de Deus porque ele ia; e o anjo de YHWH pôs-se no caminho para se lhe opor." (Nm 22,22)

Esse aparente paradoxo sugere que Deus conhecia as intenções ocultas de Balaão. Embora ele tenha recebido permissão para ir, sua motivação estava contaminada pelo desejo de recompensa. O próximo episódio, com a intervenção do anjo e da jumenta, demonstrará que Balaão não tem controle sobre seu próprio destino.

Balaão segue viagem com os emissários de Balaque, mas a narrativa imediatamente revela que sua jornada não se dará sem oposição. O próprio YHWH se coloca no caminho, por meio de Seu anjo, como um adversário inesperado. Esse episódio enfatiza a soberania divina e a impossibilidade de Balaão agir fora dos limites estabelecidos por Deus. Embora ele tenha recebido permissão condicional para ir, sua atitude demonstra que suas intenções ainda não estão alinhadas com a vontade de YHWH. A cena que se segue – a intervenção da jumenta e a aparição do anjo – não apenas expõe a cegueira espiritual de Balaão, mas também inverte as expectativas narrativas: a sabedoria e a visão não pertencem ao profeta, mas a um animal de carga. A viagem de Balaão é interrompida de maneira dramática:

> *wayyar᾽ mal᾽aḵ YHWH niṣṣāḇ badāreḵ wəḥarbô šəlûp̄â*
> *bəyādô wattēṭ hā᾽ātôn min-haddāreḵ wattēlēḵ baššāḏêh*
> *wayyak Bil῾ām ᾽et-hā᾽ātôn ləhatôṯâ haddāreḵ*
> "E viu a jumenta o anjo de YHWH, que estava no caminho com a sua espada desembainhada na mão; e desviou-se a jumenta do caminho, indo pelo campo; e Balaão feriu a jumenta para fazê-la voltar ao caminho." (Nm 22,23)

O anjo de YHWH aparece de maneira ameaçadora, portando uma espada desembainhada (*ḥarbô šəlûp̄â*), um sinal de julgamento divino. Curiosamente, Balaão, que deveria ser um vidente, não percebe a presença do anjo. Em contraste, sua jumenta o vê e, instintivamente, tenta evitar o perigo. Essa inversão de papéis é um dos aspectos centrais da narrativa: aquele que deveria possuir visão espiritual está cego, enquanto um simples animal de carga percebe a realidade divina. A primeira reação de Balaão é agressiva: ele fere a jumenta para forçá-la a seguir seu trajeto. Sua resposta revela impaciência e uma falta de discernimento espiritual. Em vez de perceber que algo incomum está acontecendo, Balaão interpreta a resistência da jumenta como mera teimosia. A cena se repete em um espaço mais apertado:

> *wayya῾ămōḏ mal᾽aḵ YHWH biməšōl hakerāmîm gāḏēr*
> *mizzəh wəgāḏēr mizzəh*
> "Então pôs-se o anjo de YHWH em uma vereda entre as

> vinhas, havendo uma cerca de um lado e uma cerca do outro." (Nm 22,24)

Agora, o caminho se estreita, limitando as opções da jumenta. A presença do anjo restringe ainda mais sua movimentação, criando um senso de inevitabilidade: Balaão não pode seguir em frente sem enfrentar a realidade da oposição divina. A jumenta tenta evitar o anjo novamente:

> *wattēre' hā'ātôn 'et-mal'ak̠ YHWH wattillāḥēṣ 'el-haqqîr wattillāḥēṣ 'et-ragel Bil'ām 'el-haqqîr wayyōsēp̄ ləhakōtâ*
> "E vendo a jumenta o anjo de YHWH, encostou-se contra a parede, e apertou contra a parede o pé de Balaão; e ele tornou a feri-la." (Nm 22,25)

A reação da jumenta torna-se ainda mais extrema: ela pressiona Balaão contra a parede, machucando seu pé. A frustração de Balaão cresce, e ele a golpeia novamente. Essa repetição reforça o contraste entre a percepção do animal e a cegueira do profeta. Enquanto a jumenta responde corretamente ao perigo, Balaão persiste em sua resistência, incapaz de compreender o que está acontecendo. A terceira intervenção do anjo bloqueia completamente o caminho:

> *wayyōsēp̄ mal'ak̠ YHWH 'ăḇōr wayya'ămōḏ biməqôm ṣār 'ăšer 'ên-derek̠ ləntōt̠ yāmîn ûśəmō'l*
> "Então o anjo de YHWH passou adiante e pôs-se num lugar estreito, onde não havia caminho para se desviar, nem para a direita nem para a esquerda." (Nm 22,26)

Aqui, a jumenta não tem outra opção senão parar completamente. O espaço para manobra foi eliminado, um reflexo da situação de Balaão: ele pode tentar ignorar a vontade de YHWH, mas, no fim, será forçado a reconhecer Sua soberania. A jumenta, sem alternativa, se deita:

> *wattēre' hā'ātôn 'et-mal'ak̠ YHWH wattirbaṣ taḥat̠ Bil'ām wayyiḥar-'ap̄ Bil'ām wayyak 'et-hā'ātôn bammaqqēl*

> "E vendo a jumenta o anjo de YHWH, deitou-se debaixo de Balaão; e acendeu-se a ira de Balaão, e feriu a jumenta com o bordão." (Nm 22,27)

A jumenta finalmente se rende, deitando-se sob Balaão. Sua paciência se esgota, e ele responde com violência mais intensa. O uso do *maqqēl* (bordão) sugere que este golpe foi ainda mais forte que os anteriores. Balaão, tomado pela ira, ainda não percebe que o problema não é o animal, mas a presença divina que se opõe a ele. Neste momento, ocorre um dos eventos mais extraordinários da narrativa:

> *wayyip̄taḥ YHWH ʾet-pî hāʾātôn wattōʾmer ləBilʿām mah-ʿāśîtî ləkâ kî-hiqqîtanî zè šālôš rəgālîm*
> "Então YHWH abriu a boca da jumenta, e ela disse a Balaão: 'Que te fiz eu, para que me ferisses estas três vezes?'" (Nm 22,28)

A fala da jumenta marca um momento de inversão completa na narrativa. O profeta, que deveria ser o veículo da comunicação divina, é repreendido por um animal. O fato de Balaão responder à jumenta sem demonstrar surpresa sugere que ele está tão consumido por sua raiva que não percebe a anormalidade da situação. Balaão justifica sua fúria:

> *wayyōʾmer Bilʿām ləhāʾātôn kî-hitʿallalt bî lû-yeš-ḥereḇ bəyādî kî-ʿattâ hāragtîk*
> "E disse Balaão à jumenta: 'Porque zombaste de mim! Quem dera eu tivesse uma espada na mão, porque agora te mataria!'" (Nm 22,29)

O contraste entre Balaão e o anjo torna-se ainda mais evidente. Enquanto o anjo empunha uma espada real para julgar Balaão, este deseja possuir uma espada para matar sua jumenta. A inversão de papéis continua: o profeta quer agir com violência, mas é a jumenta quem revela a verdade. A jumenta responde com lógica simples:

> *wattōʾmer hāʾātôn ʾel-Bilʿām halōʾ ʾānōḵî ʾătōnεḵâ ʾăšer-rakaḇtâ ʿālay mēʿôḏkâ ʿad-hayyôm hazzeh hăhasəkēn hiskanti ləʿaśôt ləkâ kô*
> "E disse a jumenta a Balaão: 'Porventura não sou a tua jumenta, sobre a qual tens cavalgado desde sempre até hoje? Acaso já fiz isto contigo antes?'" (Nm 22,30)

A argumentação da jumenta é inquestionável: se ela nunca havia agido assim antes, por que Balaão não percebe que algo está errado? Sua resposta – "Não" – demonstra sua incapacidade de admitir o óbvio. Finalmente, YHWH abre os olhos de Balaão:

> *wayyĕgal YHWH ʾet-ʿênê Bilʿām wayyarʾ ʾet-malʾaḵ YHWH niṣṣāḇ badāreḵ wəḥarbô šəlûp̄â bəyādô wayyiqqōḏ wayyištaḥû ləʾap̄āyw*
> "Então YHWH abriu os olhos de Balaão, e ele viu o anjo de YHWH parado no caminho, com a sua espada desembainhada na mão; e inclinou-se, e prostrou-se com o rosto em terra." (Nm 22,31)

O anjo de YHWH finalmente confronta Balaão diretamente, deixando claro que sua jornada não estava sendo conduzida segundo a vontade divina, mas conforme seus próprios interesses. O diálogo entre o anjo e Balaão revela que a resistência da jumenta não foi um acaso, mas uma intervenção deliberada para impedi-lo de seguir um caminho de insensatez. A partir deste momento, Balaão passa a ser um instrumento relutante da palavra divina, incapaz de agir fora dos limites estabelecidos por YHWH. O restante do capítulo narra sua chegada a Moabe, onde Balaque, esperançoso de que ele possa amaldiçoar Israel, o recebe com grande expectativa. No entanto, a mensagem de Deus a Balaão permanece firme: ele só dirá aquilo que YHWH ordenar. O anjo revela o propósito de sua aparição:

> *wayyōʾmer ʾēlāw malʾaḵ YHWH ʿal-mâ hiqqîtâ ʾet-ʾătōnεḵâ zè šālôš rəgālîm hinnēnî yāṣāʾtî ləśāṭān kî-dereḵəḵâ nāṭâ lənegdî*
> "E disse-lhe o anjo de YHWH: 'Por que feriste tua jumenta

> estas três vezes? Eis que eu saí para te resistir, pois o teu caminho é perverso diante de mim.'" (Nm 22,32)

O verbo *śāṭān* (opor-se, resistir) aparece aqui na função de adversário divino. A palavra *śāṭān* será posteriormente usada como título para o Acusador na tradição bíblica, mas aqui se refere à função do anjo de impedir Balaão de seguir em um caminho iníquo. A declaração do anjo expõe que Balaão estava embarcando em sua jornada com motivações erradas, possivelmente na esperança de obter alguma vantagem pessoal com sua participação no plano de Balaque. A jumenta, então, é justificada:

> *wattərā'nî hā'ātôn wattēṭ ləpānay zè šālôš rəgālîm 'ûlay nāṭāṯî mimmennî kî ʿattâ gam-'ōṯəkâ hāragtî wə'ōtāh hĕḥayyîtî*
> "A jumenta me viu e se desviou de diante de mim estas três vezes; se ela não tivesse se desviado, certamente eu te teria matado e a ela teria deixado com vida." (Nm 22,33)

A ironia é evidente: Balaão desejava uma espada para matar sua jumenta, mas é o anjo quem carrega a verdadeira espada do julgamento. Se a jumenta não tivesse impedido Balaão, ele já estaria morto. Isso reforça que a resistência ao mensageiro divino pode resultar em destruição, mas a misericórdia de YHWH foi manifestada por meio de um animal. Diante dessa revelação, Balaão finalmente reconhece sua insensatez:

> *wayyō'mer Bilʿām 'el-mal'aḵ YHWH ḥāṭāṯî kî lō' yādaʿtî kî 'attâ niṣṣāḇ ləqrātî badāreḵ wəʿattâ 'im-rāʿ bəʿênêḵâ 'āšûḇâ lî*
> "E disse Balaão ao anjo de YHWH: 'Pequei, pois não sabia que estavas de encontro a mim no caminho. Agora, se for mau aos teus olhos, voltarei.'" (Nm 22,34)

A confissão de Balaão revela que ele não tinha discernido a oposição divina antes. Sua prontidão em voltar pode sugerir arrependimento genuíno, mas também pode indicar pragmatismo: ele percebe que sua viagem não pode prosseguir sem a permissão de YHWH. No entanto, a resposta do anjo reforça a limitação imposta por Deus:

> *wayyōʾmer malʾak̠ YHWH ʾel-Bilʿām lēk̠ ʿim-hāʾănāšîm wəʾak̠ ʾet-haddāb̠ār ʾăšer-ʾădabbēr ʾēlêk̠â ʾōt̠ō tədabbēr wayyēlek̠ Bilʿām ʿim-śārê Balaq*
> "E disse o anjo de YHWH a Balaão: 'Vai com esses homens; porém, somente a palavra que eu te disser, essa falarás.' Assim Balaão seguiu com os príncipes de Balaque." (Nm 22,35)

A permissão de Deus é reiterada, mas as condições são claramente estabelecidas: Balaão não tem autonomia sobre o que dirá. Esse detalhe antecipa os acontecimentos que se seguirão, em que Balaão tentará, mas será incapaz de amaldiçoar Israel. A narrativa então muda para o rei Balaque, que aguarda ansiosamente a chegada de Balaão:

> *wayyišmaʿ Balaq kî-bāʾ Bilʿām wayyēṣēʾ liqraʾtô ʾel-ʿîr môʾāb̠ ʾăšer ʿal-gəb̠ûl ʾarənōn ʾăšer biqṣê haggəb̠ûl*
> "E Balaque ouviu que Balaão vinha, e saiu-lhe ao encontro até a cidade de Moabe, que está na fronteira do Arnom, que está na extremidade da fronteira." (Nm 22,36)

A cidade mencionada, situada na fronteira do Arnom, marca a divisão entre Moabe e os territórios recém-conquistados por Israel. Balaque está ansioso para receber Balaão, pois espera que seu plano de amaldiçoar Israel se concretize. Ao encontrá-lo, Balaque expressa sua frustração pela demora:

> *wayyōʾmer Balaq ʾel-Bilʿām hălōʾ šālaḥ šillaḥtî ʾēlêk̠â liqrāʾ lāmâ lōʾ hālak̠tâ ʾēlay hăʾāmnāʾ lōʾ ʾukal kəbaddêkâ*
> "E disse Balaque a Balaão: 'Acaso não enviei mensageiros para te chamar? Por que não vieste a mim? Será que não posso realmente te honrar?'" (Nm 22,37)

O rei de Moabe se mostra impaciente, insinuando que Balaão pode estar relutante porque duvida de sua capacidade de recompensá-lo. A frase *lōʾ ʾukal kəbaddêkâ* (não posso te honrar?) sugere que Balaque estava disposto a oferecer riquezas e prestígio a Balaão, reforçando a ideia de que o profeta poderia estar interessado em vantagens materiais. A resposta de Balaão esclarece sua posição:

> *wayyō'mer Bilʿām 'el-Balaq hinnēnî bā'tî 'ēleḵâ 'attâ hăhā'ûkāl dabbēr mə'ûmâ haddāḇār 'ăšer-yāśîm 'ĕlōhîm bəpî 'ōṯô 'ădabbēr*
> "E disse Balaão a Balaque: 'Eis que vim a ti! Porém, poderei eu dizer qualquer coisa? A palavra que Deus puser na minha boca, essa falarei.'" (Nm 22,38)

Essa afirmação demonstra a transformação de Balaão ao longo da narrativa. Agora, ele reconhece explicitamente sua limitação: não poderá falar nada além do que YHWH lhe ordenar. Essa declaração antecipa o fracasso do plano de Balaque, pois, embora o rei tenha contratado Balaão para amaldiçoar Israel, ele acabará proclamando bênçãos sobre o povo escolhido. O capítulo se encerra com Balaque e Balaão subindo a um local estratégico:

> *wayyēleḵ Bilʿām ʿim-Balaq wayyāḇō' qiryat ḥūṣōṯ*
> "Então Balaão foi com Balaque, e chegaram a Quiriate-Huzote." (Nm 22,39)

Essa cidade, cujo nome significa "Cidade das Praças" ou "Cidade dos Recintos", pode indicar um local sagrado ou um centro administrativo. O objetivo de Balaque é preparar Balaão para sua tarefa, e no versículo final do capítulo, ele faz sacrifícios:

> *wayyišḥaṭ Balaq bāqār wəṣō'n wayyəšlaḥ ləBilʿām wəlassarîm 'ăšer 'ittô*
> "E Balaque sacrificou bois e ovelhas, e enviou porções a Balaão e aos príncipes que estavam com ele." (Nm 22,40)

A oferta sacrificial sugere que Balaque deseja assegurar o favor dos deuses antes de Balaão proferir suas palavras. No entanto, como a continuação da história mostrará, nenhum ritual ou manipulação será capaz de reverter a bênção de YHWH sobre Israel.

Capítulo 23

O capítulo se inicia com Balaão instruindo Balaque a preparar um ritual sacrificial:

> *wayyōʾmer Balaʿām ʾel-Bālāq bəneh-lî bāzeh šiḇʿâ mizbəḥōṯ wəhaḵēn lî bāzeh šiḇʿâ pārîm wəšiḇʿâ ʾêlîm*
> "E disse Balaão a Balaque: 'Constrói-me aqui sete altares e prepara-me sete novilhos e sete carneiros.'" (Nm 23,1)

A escolha do número sete, repetida três vezes, reflete um padrão cultual comum no antigo Oriente Próximo. Esse número era frequentemente associado à completude e à eficácia no mundo religioso, indicando que Balaão, mesmo tendo recebido a palavra de YHWH, ainda opera dentro das expectativas rituais de Balaque. A intenção é criar um ambiente propício para a revelação, mas o texto já antecipa que a bênção sobre Israel não pode ser revertida por manipulação ritualística. Balaque segue as instruções e realiza os sacrifícios:

> *wayyaʿaś Bālāq kaʾăšer dibber Balaʿām wayyaʿal Bālāq ûBalaʿām pār ûʾayil bammiḏbēḥ*
> "E fez Balaque como Balaão dissera; e ofereceram Balaque e Balaão um novilho e um carneiro sobre o altar." (Nm 23,2)

O ato de sacrificar sobre múltiplos altares reforça a tentativa de maximizar o efeito da invocação. O objetivo de Balaque é garantir que a maldição seja eficaz, mas o que se segue demonstra que a palavra de YHWH não é condicionada por sacrifícios humanos. O texto enfatiza que a bênção sobre Israel já está decretada e não pode ser alterada por encantamentos. Após os sacrifícios, Balaão se afasta para buscar a palavra de Deus:

> *wayyēleḵ šep̄î wəyiqqār ʾĕlōhîm ʾel-Balaʿām*
> "E ele foi a um lugar deserto, e Deus veio a Balaão." (Nm 23,4)

A expressão *yiqqār ʾĕlōhîm* (Deus veio a Balaão) enfatiza que a revelação não depende do ritual, mas da soberania divina. Esse detalhe destaca um dos temas centrais da narrativa: YHWH não pode ser compelido por meio de ritos, pois Sua palavra é absoluta e independente da vontade humana. Balaão não controla a resposta divina – ele é apenas um meio pelo qual a vontade de YHWH será proclamada. Quando Balaão retorna, ele proclama seu primeiro oráculo:

> *min-ʾărām yanḥēnî Bālāq melek môʾāḇ mēharê-qeḏem*
> *ləḵâ ʾārâh lî Yaʿăqōḇ ûləḵâ zāʿōm Yiśrāʾēl*
> "De Aram me trouxe Balaque, o rei de Moabe, das montanhas do Oriente: 'Vem, amaldiçoa a Jacó para mim; vem, condena Israel!'" (Nm 23,7)

A referência a Aram e às montanhas do Oriente ressalta a origem estrangeira de Balaão, separada da aliança de YHWH com Israel. Balaque o convoca com a expectativa de que, como encantador, ele possua poder sobre o destino das nações. No entanto, essa premissa logo será refutada. O coração do oráculo se opõe frontalmente às expectativas de Balaque:

> *mah ʾeqōḇ lōʾ qabbōh ʾēl ûmah ʾezʿōm lōʾ zāʿam YHWH*
> "Como amaldiçoarei aquele a quem Deus não amaldiçoou?
> Como condenarei aquele a quem YHWH não condenou?"
> (Nm 23,8)

A resposta de Balaão desconstrói a lógica de Balaque: maldição e bênção não são manipuláveis por rituais humanos. A declaração reforça a soberania de YHWH, deixando claro que Sua vontade não pode ser revertida por nenhuma estratégia ou encantamento. A tentativa de manipular a realidade espiritual se revela fútil diante do decreto divino. O oráculo continua com uma visão elevada de Israel:

> *kî mērōʾš ṣûrîm ʾerʾennû ûmiggəḇāʿōṯ ʾaššûrennû hēn ʿām*
> *ləḇāḏāḏ yiškōn ûḇaggôyim lōʾ yiṯḥāšāḇ*
> "Pois do cume das rochas o vejo, e das colinas o observo; eis que é um povo que habita só, e entre as nações não se conta." (Nm 23,9)

A linguagem enfatiza a separação e a singularidade de Israel. O verbo *yiṯḥāšāḇ* (ser contado) ecoa a teologia da eleição: Israel não se define pelos padrões das outras nações, mas por sua relação exclusiva com YHWH. A bênção que repousa sobre o povo é única e não pode ser alterada por estratégias humanas. A profecia de Balaão culmina com uma declaração marcante:

> *tamûṯ napšî môṯ yəšārîm ûṯəhî ʾaḥărîṯî kāmôhû*
>
> "Que minha alma morra a morte dos justos, e que meu fim seja como o dele!" (Nm 23,10)

Essa súplica de Balaão revela um reconhecimento inconsciente da bem-aventurança de Israel. Ele percebe que o destino do povo de YHWH é superior a qualquer outro, e expressa o desejo de compartilhar desse fim abençoado. No entanto, sua própria trajetória o levará para longe dessa realidade: Balaão não permanecerá no caminho da bênção, e sua morte futura ao lado dos inimigos de Israel (Nm 31,8) será a prova final de sua exclusão da promessa divina. A frustração de Balaque diante do primeiro oráculo de Balaão é evidente. Ele esperava uma maldição eficaz contra Israel, mas em vez disso, recebeu uma reafirmação da bênção divina sobre o povo. Sua reação imediata revela sua tentativa de controlar a situação por meio de outra estratégia:

> *wayyōʾmer ʾēlāw Bālāq lēḵ-nāʾ ʾittî ʾel-māqôm ʾaḥēr ʾăšer tirʾennû mišām ʾep̄eš qāṣēhû tirʾeh wəkullô lōʾ tirʾeh wəqāḇennû lî mišām*
>
> "Então Balaque lhe disse: 'Vem agora comigo a outro lugar, de onde o verás; tu verás apenas uma parte dele, mas não o verás todo; e amaldiçoa-mo dali.'" (Nm 23,13)

A mudança de posição reflete a crença de Balaque de que o local de onde Balaão observa Israel pode influenciar a eficácia da maldição. Ele imagina que, ao mudar de perspectiva, poderá encontrar um ângulo em que o povo esteja vulnerável à sua maldição. Isso demonstra que Balaque ainda acredita no poder dos encantamentos e na possibilidade de subjugar Israel espiritualmente, sem compreender que a bênção de YHWH é imutável, independentemente da posição geográfica ou do número de rituais realizados. Balaque conduz Balaão a um novo local:

> *wayyiqāḥēhû śəḏê-ṣōp̄îm ʾel-rōʾš hap̄əsgâ wayyiḇen šiḇʿâ mizbəḥōṯ wayyaʿal pār wəʾayil bammiḏbēḥ*
> "E o levou ao campo de Zofim, ao cume do Pisga, e construiu sete altares, e ofereceu um novilho e um carneiro sobre cada altar." (Nm 23,14)

O "campo de Zofim" (*śəḏê-ṣōp̄îm*) significa "campo dos videntes", sugerindo que esse local era tradicionalmente associado à prática de adivinhação e presságios. O cume do Pisga (*rōʾš hap̄əsgâ*) é um ponto elevado, de onde se tem uma visão ampla da terra. Esse local será significativo mais adiante na narrativa bíblica, pois será de lá que Moisés contemplará Canaã antes de sua morte (Dt 34,1). Balaque repete o mesmo procedimento do primeiro local, construindo sete altares e oferecendo sete pares de sacrifícios, na esperança de que desta vez o resultado seja diferente. No entanto, a repetição dos rituais não altera a palavra de YHWH. Mais uma vez, Balaão se afasta para buscar a palavra divina:

> *wayyōʾmer ʾel-Bālāq hiṯyaṣṣēḇ bāzeh ʿal-ʿōlāṯêḵā wəʾānōḵî ʾîqqārēh kōh*
> "E disse a Balaque: 'Fica aqui junto ao teu holocausto, enquanto eu vou ali ao encontro de Deus.'" (Nm 23,15)

O padrão se repete: Balaão instrui Balaque a permanecer ao lado do sacrifício, enquanto ele próprio busca uma revelação. A frase *ʾîqqārēh kōh* (eu irei ao encontro ali) sugere uma disposição de Balaão em aguardar a manifestação divina, em vez de tentar manipulá-la. Isso reforça a soberania de YHWH sobre a situação: não é Balaão quem convoca Deus, mas Deus quem escolhe se revelar. Mais uma vez, YHWH vem ao encontro de Balaão:

> *wayyiqqār YHWH ʾel-Balaʿām wayyāśem dāḇār bəp̄îw wayyōʾmer šûḇ ʾel-Bālāq wəḵō təḏabbēr*

> "E veio YHWH a Balaão, e pôs uma palavra em sua boca, e disse: 'Volta a Balaque e assim falarás.'" (Nm 23,16)

A expressão *wayyiqqār* YHWH (E veio YHWH) reforça que a iniciativa continua sendo divina. Balaão não controla o conteúdo da profecia, mas simplesmente recebe a palavra de Deus e a transmite. A repetição de *wayyāśem dāḇār bəp̄îw* (E pôs uma palavra em sua boca) sublinha a ideia de que Balaão age como um intermediário passivo – ele não fala por si mesmo, mas apenas pronuncia aquilo que lhe é dado. Balaão retorna e proclama o segundo oráculo diante de Balaque e seus príncipes:

> *wayyāḇōʾ ʾēlāw wəhinnēh niṣṣāḇ ʿal-ʿōlātô wəśārê môʾāḇ ʾittô wayyōʾmer lô mah dibber YHWH*
> "E veio a ele, e eis que estava de pé junto ao seu holocausto, e os príncipes de Moabe com ele; e Balaque lhe disse: 'O que falou YHWH?'" (Nm 23,17)

A impaciência de Balaque se torna evidente. Ele não se dirige a Balaão como antes, pedindo diretamente uma maldição, mas pergunta: *mah dibber* YHWH (O que falou YHWH?). Isso sugere que, embora relutante, Balaque começa a perceber que Balaão não tem controle sobre a situação. Ele espera ansiosamente pelo veredicto, mas sua esperança será novamente frustrada. O oráculo de Balaão inicia-se com uma introdução solene:

> *wayyissaʾ mišālô wayyōʾmar qum Bālāq ûšemaʿ haʾăzînā ʿāḏî bən-Ṣippôr*
> "Então proferiu sua parábola e disse: 'Levanta-te, Balaque, e ouve! Dá ouvidos a mim, filho de Zipor!'" (Nm 23,18)

A forma imperativa *(qum Bālāq* – Levanta-te, Balaque) indica que o rei moabita precisa prestar atenção à revelação que se seguirá. O uso da palavra *mišālô* (sua parábola) sugere que este oráculo tem um caráter mais elaborado e definitivo do que o anterior. Balaão não está apenas comunicando uma mensagem; ele está revelando uma verdade profunda e inalterável sobre a natureza de YHWH e Seu compromisso com Israel. O ponto central do oráculo é a fidelidade absoluta de Deus à Sua palavra:

> *lōʾ ʾîš ʾēl wəyĕḵazēḇ ûḇen-ʾādām wəyitnəḥām hăhûʾ ʾāmar*
> *wəlōʾ yaʿăśeh wəḏibber wəlōʾ yəqîmennā*
> "Deus não é homem para que minta, nem filho de homem para que se arrependa; acaso diria Ele e não o faria? Falaria e não o confirmaria?" (Nm 23,19)

Aqui se encontra um dos princípios teológicos mais fundamentais das Escrituras: a imutabilidade de Deus. Enquanto os homens podem mudar de ideia ou quebrar suas promessas, YHWH é absolutamente fiel ao que declara. Isso significa que Sua bênção sobre Israel não pode ser revogada, e qualquer tentativa de forçá-Lo a agir contra Sua palavra é inútil. A conclusão do oráculo reafirma a bênção irrevogável sobre Israel:

> *hinneh ḇārēḵ lāqaḥtî ûḇārēḵ wəlōʾ ʾăšîḇennā*
> "Eis que recebi a ordem de abençoar; Ele abençoou, e eu não o revogarei." (Nm 23,20)

O verbo *ʾăšîḇennā* (revogar) reforça que a bênção de Deus é irreversível. Balaque pode tentar mudar de estratégia e Balaão pode buscar outro local, mas o decreto de YHWH permanece imutável. A bênção sobre Israel não depende de sua força militar ou de sua posição geográfica, mas da aliança que YHWH estabeleceu com ele. O capítulo, portanto, continua a desenvolver o tema central da narrativa: a soberania absoluta de Deus sobre a história e a impossibilidade de qualquer poder humano ou espiritual reverter Sua vontade. A revelação de Balaão continua enfatizando a singularidade da relação entre YHWH e Israel. O oráculo reafirma que a proteção divina sobre o povo de Israel é inabalável e que nenhuma força externa pode alterar seu destino.

> *lōʾ hibbîṭ ʾāwen bəYaʿăqōḇ wəlōʾ rāʾâ ʿāmāl bəYiśrāʾēl*
> *YHWH ʾĕlōhāyw ʿimmô ûtərûʿaṯ meleḵ bô*
> "Não se viu iniquidade em Jacó, nem se percebeu injustiça

> em Israel; YHWH, seu Deus, está com ele, e o som de júbilo do Rei está no meio dele." (Nm 23,21)

A expressão *lōʾ hibbîṭ ʾāwen bəYaʿăqōḇ* (não se viu iniquidade em Jacó) não significa que Israel seja moralmente perfeito, mas que, no contexto da aliança, sua posição diante de YHWH é de aceitação e favor. O texto não foca em méritos individuais, mas na fidelidade de Deus à Sua escolha. A frase *tərûʿaṯ meleḵ bô* (o som de júbilo do Rei está no meio dele) sugere que Israel é visto como um povo governado diretamente por YHWH, seu verdadeiro Rei. Isso contrasta com as nações vizinhas, que dependem de seus próprios governantes e exércitos para proteção. O oráculo continua destacando que a força de Israel não vem de si mesmo, mas do poder divino que o sustenta:

> *ʾēl mōṣîʾām miMiṣrayim kəṯōʿap̄ōṯ rəʾēm lô*
> "Deus os tirou do Egito; tem a força de um boi selvagem." (Nm 23,22)

A referência ao êxodo (*ʾēl mōṣîʾām miMiṣrayim*) reforça que Israel é um povo cuja identidade está fundamentada na redenção operada por YHWH. O termo *rəʾēm* refere-se a um animal poderoso, frequentemente identificado como um boi selvagem ou um auroque, simbolizando força e invencibilidade. Isso significa que Israel não pode ser derrotado por meios convencionais, pois sua fortaleza não está em suas próprias habilidades, mas na proteção do Deus que o resgatou. Além da força física, Israel também possui proteção espiritual intransponível:

> *kî lōʾ naḥaš bəYaʿăqōḇ wəlōʾ qesem bəYiśrāʾēl kəʿēṯ yēʾāmer ləYaʿăqōḇ ûləYiśrāʾēl mah-pāʿal ʾēl*
> "Pois contra Jacó não há encantamento, nem adivinhação contra Israel; a seu tempo se dirá a Jacó e a Israel: 'Que coisas Deus tem feito!'" (Nm 23,23)

Aqui, o oráculo desmantela a própria premissa da missão de Balaão. O rei Balaque esperava que encantamentos e maldições pudessem submeter Israel, mas o texto afirma categoricamente que nenhum tipo de feitiçaria (*naḥaš* – presságio ou encantamento) nem qualquer tipo de magia (*qesem* – adivinhação) podem prevalecer contra Israel. Isso reafirma que a bênção de Deus não pode ser anulada por meios ocultos, pois Israel não está sujeito às mesmas forças espirituais que regem as nações ao seu redor. O versículo conclui com uma visão profética do reconhecimento da ação divina: *kəʿēṯ yēʾāmer ləYaʿăqōḇ ûləYiśrāʾēl mah-pāʿal ʾēl* (a seu tempo se dirá a Jacó e a Israel: 'Que coisas Deus tem feito!'). Isso sugere que as nações reconhecerão, no futuro, as grandes obras que YHWH realizou para proteger Seu povo, demonstrando que Sua bênção é visível e inegável. O próximo verso descreve Israel como um povo indomável:

> *hēn ʿām kəlāḇî yāqûm wəkəʾarî yitnaśśāʾ lōʾ yiškab ʿaḏ-yōʾḵal ṭerep̄ wəḏam-ḥălālîm yištê*
> "Eis que este povo se levanta como uma leoa, e como um leão se ergue; não se deitará até que devore a presa e beba o sangue dos mortos." (Nm 23,24)

A imagem do leão é frequentemente usada nas Escrituras para descrever poder e domínio. A leoa (*kəlāḇî*) e o leão (*ʾarî*) evocam uma imagem de força irresistível, sugerindo que Israel não será uma nação passiva ou vulnerável, mas sim uma força conquistadora. A frase *lōʾ yiškab ʿaḏ-yōʾḵal ṭerep̄* (não se deitará até que devore a presa) indica que Israel não será detido até que tenha completado sua missão de tomar posse da terra prometida. O impacto desse oráculo sobre Balaque é imediato:

> *wayyōʾmer Bālāq ʾel-Balaʿām gam-qōb lōʾ tiqōḇennû gam-bārēḵ lōʾ təḇārəḵennû*
> "Então Balaque disse a Balaão: 'Não o amaldiçoes de forma alguma, mas também não o abençoes!'" (Nm 23,25)

Balaque, agora frustrado, percebe que a tentativa de amaldiçoar Israel falhou completamente. Ele já não insiste na maldição, mas pede que pelo menos Balaão se abstenha de continuar proclamando bênçãos. Isso mostra que ele entende que cada palavra de Balaão está apenas fortalecendo Israel ainda mais. Balaão, no entanto, reitera que está sujeito apenas ao comando divino:

> *wayyaʿan Balaʿām wayyōʾmer ʾel-Bālāq hălōʾ dibbartî ʾēlêḵā lēmōr kōl-ʾăšer-yədabbēr YHWH ʾōṯō ʾeʿĕśeh*
> "E respondeu Balaão, e disse a Balaque: 'Não te disse eu que tudo o que YHWH falar, isso eu farei?'" (Nm 23,26)

Balaão reafirma sua posição, destacando que ele não possui autonomia sobre sua própria profecia. O padrão estabelecido desde o início da narrativa se mantém: ele só pode proferir o que YHWH lhe ordena. Esse reconhecimento ecoa a ideia central do capítulo – que as palavras divinas são irrevogáveis e não podem ser manipuladas por interesses humanos. Diante dessa resposta, Balaque faz uma última tentativa de reverter a situação:

> *wayyōʾmer Bālāq ʾel-Balaʿām ləḵā-nāʾ ʾeqaḥəḵā ʾel-māqôm ʾaḥēr ʾûlay yīšar bəʿênê hāʾĕlōhîm wəqiḇōtō lī miššām*
> "E Balaque disse a Balaão: 'Vem, por favor, e eu te levarei a outro lugar; talvez seja reto aos olhos de Deus que tu o amaldiçoes para mim dali.'" (Nm 23,27)

Essa terceira tentativa de Balaque revela sua insistência irracional em manipular a vontade divina. Acreditando que a geografia possa alterar o resultado da profecia, ele conduz Balaão a um novo local. Essa ideia reflete a concepção pagã de que as divindades estavam ligadas a territórios específicos, e que, talvez, em um lugar diferente, os deuses reagissem de outra forma. A nova tentativa segue o mesmo padrão das anteriores:

> *wayyiqqaḥ Bālāq ʾeṯ-Balaʿām rōʾš hap̄əʿōr hanniskāp̄ ʿal-pənê hayəšîmôn*
> "E Balaque levou Balaão ao topo do Peor, que dá vista sobre o deserto." (Nm 23,28)

O Monte Peor se tornará um local significativo na narrativa de Israel, pois será ali que os israelitas, posteriormente, sucumbirão à idolatria e à imoralidade (Nm 25,1-3). Neste momento, no entanto, ele é apresentado como mais um ponto estratégico para a tentativa de Balaque de influenciar a profecia. Mais uma vez, Balaque prepara os rituais:

> *wayyōʾmer Bālāq ʾel-Balaʿām bənê-lî bāzeh šiḇʿâ mizbəḥōṯ wəhaḵēn lî bāzeh šiḇʿâ pārîm wəšiḇʿâ ʾêlîm*
> “E Balaque disse a Balaão: ‘Constrói-me aqui sete altares, e prepara-me sete novilhos e sete carneiros.’” (Nm 23,29)

Assim como nas tentativas anteriores, Balaque repete o padrão de sacrifícios, mantendo a ilusão de que a insistência em práticas ritualísticas pode influenciar a vontade de YHWH. O texto deixa claro que esses esforços são inúteis, pois o destino de Israel já foi selado pela bênção divina. A seção final do capítulo conclui com a apresentação desse terceiro oráculo, que se desenvolverá no próximo capítulo. Balaão, mais uma vez, posiciona-se para receber a palavra de YHWH. O fracasso reiterado de Balaque ao tentar reverter a bênção sobre Israel demonstra que a proteção divina sobre o povo não pode ser revogada. Assim, Números 23 termina reforçando um princípio teológico fundamental: a palavra de YHWH é imutável e soberana, e nenhuma manipulação humana – seja por meio de rituais, magia ou maldições – pode alterar o que Ele determinou. Balaão, um profeta estrangeiro inicialmente contratado para amaldiçoar Israel, torna-se, ironicamente, um instrumento da própria bênção divina. A história caminha para um desfecho ainda mais contundente, em que a revelação final de Balaão trará implicações proféticas de longo alcance para o futuro de Israel e das nações ao seu redor.

Capítulo 24

Números 24 marca o clímax da história de Balaão, consolidando sua transformação involuntária de um encantador pagão em um verdadeiro profeta de YHWH. A impossibilidade de amaldiçoar Israel se torna definitiva, e o terceiro oráculo ultrapassa as questões imediatas de bênção e maldição, introduzindo uma visão escatológica e messiânica. O capítulo articula uma teologia do destino inabalável de Israel, demonstrando que a bênção de YHWH não é apenas uma proteção contra inimigos momentâneos, mas uma garantia de que Israel será o instrumento do governo divino na história. Balaão, que começou como um agente da manipulação espiritual, agora se vê capturado pela revelação irresistível de YHWH, proclamando verdades que ele próprio não controla. A narrativa se inicia com uma mudança fundamental na postura de Balaão:

> *wayyar Balaʿām kî-ṭôḇ bəʿênê YHWH ləḇārēḵ ʾeṯ-yiśrāʾēl wəlōʾ-hālaḵ kəp̄aʿam bəp̄aʿam liqrāʾ naḥašîm wayyāśśem ʾel-hammiḏbār pānāyw*
>
> "E Balaão viu que era bom aos olhos de YHWH abençoar Israel, e não foi, como das outras vezes, em busca de presságios, mas voltou seu rosto para o deserto." (Nm 24,1)

O abandono da prática de presságios (*naḥašîm*) marca uma transformação essencial: Balaão já não age como um encantador tentando manipular forças espirituais, mas como alguém que se submete integralmente à revelação de YHWH. Até aqui, ele buscava métodos divinatórios para receber uma palavra que fosse conveniente para Balaque; agora, ele percebe que a bênção de Israel é inegociável. A revelação ocorre sem sua iniciativa, enfatizando que a profecia verdadeira não é induzida por rituais, mas imposta pela vontade divina. O efeito dessa mudança é imediato:

> *wayyiśśāʾ Balaʿām ʾeṯ-ʿênāyw wayyar ʾeṯ-yiśrāʾēl šōḵēn ləmiššəḇōṯāw watəhî ʿālāyw rûaḥ ʾĕlōhîm*
>
> "E Balaão levantou seus olhos e viu Israel habitando segundo suas tribos, e o Espírito de Deus veio sobre ele." (Nm 24,2)

Diferente das experiências anteriores, em que Balaão buscava um encontro com a divindade, agora a iniciativa é inteiramente de YHWH. A descida do *rûaḥ ʾĕlōhîm* (Espírito de Deus) sublinha que a profecia não é mais um fenômeno mediado por encantamentos, mas um impulso direto da vontade divina. Essa cena antecipa outros momentos da história bíblica em que o Espírito de Deus se apossa de indivíduos para transmitir Sua palavra, como nos profetas de Israel e até mesmo no Novo Testamento. O terceiro oráculo se inicia com a afirmação solene da nova identidade de Balaão:

> *wayyiśśāʾ mešālô wayyōʾmar nəʾum Balaʿām bən-bəʿôr ûnəʾum haggāḇer šətum hāʿayin*
> "E ele proferiu sua parábola e disse: 'Oráculo de Balaão, filho de Beor, e oráculo do homem de olhos abertos.'" (Nm 24,3)

A expressão *šətum hāʿayin* (de olhos abertos) contrasta com a cegueira espiritual que caracterizava Balaão até este momento. Anteriormente, ele fora incapaz de ver o anjo de YHWH bloqueando seu caminho (Nm 22,31), mas agora sua visão espiritual foi plenamente ativada. Essa mudança simboliza o processo pelo qual Balaão foi forçado a reconhecer a supremacia de YHWH, abandonando suas tentativas de controlar a profecia. A visão profética de Israel é descrita de forma grandiosa:

> *mah-ṭōḇu ʾōhalêḵā Yaʿăqōḇ miškənōṯêḵā yiśrāʾēl*
> "Quão boas são as tuas tendas, ó Jacó, as tuas moradas, ó Israel!" (Nm 24,5)

Essa bênção reflete a ordem e a prosperidade do povo de YHWH. A ênfase na disposição das tribos sugere um acampamento organizado e harmonioso, no qual a presença divina está centralizada. A linguagem remete ao Tabernáculo e, por extensão, ao Templo, estabelecendo uma ligação entre a vida comunitária de Israel e sua vocação sacerdotal diante das nações. A profecia continua com imagens de abundância e bênção:

> *kənaḥălîm nittāyu kəgaṇnôt ʿalê-nāhār kʾahălîm nattāʿ YHWH kʾarāzîm ʿalê-māyim*
> "Como ribeiros que se estendem, como jardins junto ao rio, como aloés plantados por YHWH, como cedros junto às águas." (Nm 24,6)

As comparações com rios, jardins e árvores enfatizam a fertilidade e a estabilidade de Israel. A presença de YHWH garante que o povo floresça e prospere, tornando-se uma nação que reflete a ordem e a vitalidade do Éden. Essas imagens também prefiguram o retrato escatológico da restauração final, em que Israel será um centro de bênção para o mundo. A profecia se volta então para a questão do governo e do destino de Israel:

> *yizzal-mayim middālîyaw wəzarʿô bammayim rabbîm*
> *wayyārōm mēʾăgag malkô wətiṇnaśśēʾ malḵutô*
> "A água jorrará de seus baldes, e sua semente será como águas abundantes; e seu rei será mais elevado que Agague, e seu reino será exaltado." (Nm 24,7)

A menção ao rei de Israel (*malkô*) antecipa a monarquia davídica e sugere que a soberania de Israel será exaltada acima de outras nações. O nome Agague remete aos reis amalequitas (cf. 1 Sm 15,8), destacando a vitória futura de Israel sobre seus inimigos. A profecia, portanto, já antecipa a figura de um rei messiânico que consolidará o domínio divino sobre a terra. A fúria de Balaque diante dessas palavras é intensa:

> *wayyiḥar-ʾap̄ Bālāq ʿal-Balaʿām wayyiśśap̄eq ʾet-kappāyw*
> *wayyōʾmer Bālāq ʾel-Balaʿām liqōb ʾōyəḇāy qəraʾtî*
> *wəhinneḵā bērak bāraḵtāhû*
> "E a ira de Balaque se acendeu contra Balaão, e ele bateu as mãos, e disse Balaque a Balaão: 'Para amaldiçoar meus inimigos eu te chamei, e eis que tu os abençoaste continuamente!'" (Nm 24,10)

A resposta de Balaão, no entanto, reforça a irrevogabilidade da palavra de YHWH:

> *hălōʾ ʾăšer-yədabbēr YHWH ʾōṯô ʾădabbēr*
> "Acaso não devo dizer tudo o que YHWH me disser?" (Nm 24,13)

Balaque, frustrado, desiste de sua empreitada, mas antes que Balaão parta, um último oráculo será pronunciado. Agora, a profecia se expandirá para além do presente, revelando um governante escatológico que exercerá domínio absoluto sobre as nações. A transformação de Balaão está completa: aquele que fora contratado para amaldiçoar se tornou o porta-voz da maior bênção messiânica até então registrada. A frustração de Balaque não impede Balaão de continuar a falar. Em vez de partir imediatamente, Balaão se volta para o futuro, introduzindo um oráculo que vai além da situação presente e assume um tom escatológico. A revelação não se limita mais à bênção de Israel, mas à destruição de seus inimigos e ao surgimento de um governante que consolidará seu domínio. A mudança na profecia indica que Balaão já não está apenas repetindo palavras que lhe foram dadas; ele agora se tornou um verdadeiro profeta da vontade de YHWH.

> *wəʿattâ hinnennî hōlêḵ ləʿammî ləkā ʾāʿāṣekā ʾăšer-yaʿăśeh hāʿām hazzeh ləʿammekā bəʾaḥărît hayyāmîm*
> "E agora, eis que estou voltando para o meu povo; mas antes, deixe-me adverti-lo sobre o que este povo fará ao teu povo nos últimos dias." (Nm 24,14)

A expressão *bəʾaḥărît hayyāmîm* (nos últimos dias) marca uma transição na profecia. Enquanto as palavras anteriores de Balaão estavam ligadas ao presente imediato, agora ele se volta para eventos futuros. O oráculo não é mais uma resposta direta ao desejo de Balaque de amaldiçoar Israel, mas uma proclamação inevitável sobre o destino das nações. O que segue é uma das passagens mais importantes da tradição messiânica do Antigo Testamento, antecipando a vinda de um governante supremo que consolidará o domínio de Israel sobre seus inimigos.

> *wayyiśśāʾ mešālô wayyōʾmar nəʾum Balaʿām bən-bəʿôr ûnəʾum haggāḇer šətum hāʿayin*
> "E ele proferiu sua parábola e disse: 'Oráculo de Balaão, filho de Beor, oráculo do homem de olhos abertos.'" (Nm 24,15)

A introdução deste oráculo é idêntica à do terceiro oráculo (Nm 24,3-4), reafirmando que Balaão já não é um encantador manipulando presságios, mas um profeta que recebeu visão espiritual completa. A referência a seus "olhos abertos" (*šətum hāʿayin*) contrasta com sua cegueira anterior diante do anjo de YHWH (Nm 22,31), destacando sua transformação final.

> *nəʾum šōmēʿ ʾimrê-ʾēl wəyōdēaʿ daʿaṯ ʿelyôn maḥăzê šadday yeḥăzeh nəp̄lô wəḡəluy ʿênāyw*
> "Oráculo daquele que ouve as palavras de Deus e conhece o conhecimento do Altíssimo; aquele que tem a visão do Todo-Poderoso, que cai, mas tem os olhos abertos." (Nm 24,16)

Balaão agora se descreve como alguém que não apenas ouve as palavras de Deus, mas "conhece o conhecimento do Altíssimo" (*daʿaṯ ʿelyôn*). Esse é um nível de revelação que transcende qualquer coisa que ele havia experimentado antes. O verbo *nəp̄lô* (que cai) pode indicar uma experiência extática de profecia, em que o corpo do profeta perde as forças enquanto sua mente é capturada pela visão divina. O mesmo fenômeno ocorrerá com outros profetas, como Ezequiel (Ez 1,28) e Daniel (Dn 10,9). O coração da profecia messiânica se segue imediatamente:

> *ʾerʾennû wəlōʾ-ʿattâ ʾăšûrennû wəlōʾ qārōḇ dārak kōḵāḇ miYaʿăqōḇ wəqām šēḇeṭ miYiśrāʾēl*
> "Eu o vejo, mas não agora; eu o contemplo, mas não de perto. Um astro sairá de Jacó, e um cetro se levantará de Israel." (Nm 24,17)

A profecia assume um tom enigmático, enfatizando que a visão se refere a um evento futuro e ainda distante (eu o vejo, mas não agora). O governante prometido é descrito através de duas imagens poderosas: um *kōḵāḇ* (astro) e um *šēḇeṭ* (cetro). A imagem do astro representa brilho, orientação e soberania, enquanto o cetro simboliza realeza e domínio. Essa passagem será fundamental na tradição judaica para a esperança messiânica e será associada a Davi e seus descendentes. Na tradição cristã, o "astro de Jacó" será identificado com Cristo, como refletido na estrela de Belém (Mt 2,2). A profecia prossegue detalhando a derrota dos inimigos de Israel:

> *wəhikkâ pa'ătê-mō'āḇ wəqarqar kol-bənê šēt*
> "E ele esmagará as têmporas de Moabe e destruirá todos os filhos de Sete." (Nm 24,17)

Moabe, a nação de Balaque, será subjugada pelo governante prometido. A menção aos "filhos de Sete" pode indicar um juízo mais amplo sobre todas as nações, pois Sete foi o ancestral de toda a humanidade após Abel e Caim (Gn 4,25). Isso reforça o caráter escatológico do oráculo, apontando para uma dominação universal.

> *wəhāyâ 'ĕdôm yērēšâ wəhāyâ yērēšâ śē'îr 'ōyəḇāyw wəyiśrā'ēl 'ōśêḥayil*
> "E Edom será uma possessão, e também Seir, seus inimigos, se tornarão uma possessão; mas Israel agirá com poder." (Nm 24,18)

Edom, frequentemente mencionado como um inimigo persistente de Israel, será conquistado. A menção de "Seir" sugere que toda a região montanhosa dos edomitas será subjugada. O governante messiânico não apenas derrotará as forças que se opõem a Israel, mas também estabelecerá sua autoridade sobre seus territórios.

> *wəyērēd miYa'ăqōḇ wəhē'ĕḇîd śārîḏ mē'îr*
> "E de Jacó virá aquele que dominará, e destruirá os remanescentes das cidades." (Nm 24,19)

A profecia culmina com a visão de um governante que "dominará" (*wəyērēd*) e "destruirá os remanescentes" dos inimigos de Israel. O verbo *rāḏâ* (dominar) indica um governo firme e absoluto, ecoando as promessas feitas a Davi (2 Sm 7,12-16). A destruição final dos opositores reforça a ideia de que este governante não apenas tomará o poder, mas eliminará qualquer resistência remanescente. O oráculo de Balaão se transforma assim em uma das declarações mais poderosas sobre o destino messiânico de Israel. O governante prometido será um rei glorioso, associado à luz e à soberania, que esmagará a oposição e estabelecerá seu domínio. Essa profecia ecoará ao longo da história de Israel, sendo reinterpretada em diferentes contextos messiânicos, até encontrar sua plena realização no Novo Testamento. Balaão, contratado para amaldiçoar, se torna o profeta que anuncia a esperança suprema do povo de Deus.

Capítulo 25

Números 25 representa um dos momentos mais críticos da jornada de Israel pelo deserto, revelando que a maior ameaça ao povo da aliança não vem de inimigos externos, mas da corrupção interna. O episódio de Baal-Peor não é apenas uma transgressão moral ou religiosa isolada; ele marca um ataque direto contra a santidade de Israel, colocando em risco sua identidade e sua fidelidade a YHWH. O capítulo articula uma teologia da separação e do zelo, demonstrando que o pacto com YHWH exige uma exclusividade inegociável. O pecado de Israel não é apenas uma infração legal, mas uma traição ao próprio fundamento da aliança. A resposta divina e a ação de Fineias ressaltam que a santidade do povo deve ser protegida a qualquer custo, mesmo que isso exija medidas radicais. A narrativa se inicia com um deslocamento da ameaça militar para a sedução espiritual:

> *wayyēšeb yiśrā'ēl baššiṭṭîm wayyāḥel hā'ām liznôt 'al-bənôt mô'āḇ*
> "E Israel habitava em Sitim, e o povo começou a prostituir-se com as filhas de Moabe." (Nm 25,1)

A localização geográfica é significativa: Sitim é o último acampamento antes da entrada na Terra Prometida, tornando a transgressão ainda mais grave. O verbo *liznôt* (prostituir-se) não se refere apenas à imoralidade sexual, mas tem um sentido teológico profundo, indicando a infidelidade ao pacto com YHWH. Essa prostituição espiritual ocorre por meio de alianças com as mulheres moabitas, que levam os israelitas a um compromisso religioso com os deuses estrangeiros. A progressão da transgressão se torna evidente:

> *wattiqərēnâ lāʿām lizəbaḥê ʾĕlōhêhen wayyōʾkal hāʿām wayyištaḥăwû lēʾlōhêhen*
> “E elas convidaram o povo para os sacrifícios de seus deuses, e o povo comeu e prostrou-se diante de seus deuses.” (Nm 25,2)

O texto mostra uma escalada no pecado de Israel: primeiro, há a sedução física; depois, o convite para os sacrifícios; por fim, a adoração a Baal-Peor. O banquete sacrificial e a prostração diante dos ídolos confirmam que os israelitas não estavam apenas participando de uma festa cultural, mas estavam sendo absorvidos pelo culto pagão. Essa dinâmica cumpre o exato padrão de apostasia que YHWH advertiu repetidamente (cf. Dt 7,3-4), demonstrando que o perigo da idolatria frequentemente se infiltra por meio de relacionamentos pessoais e compromissos sociais. O resultado dessa traição é devastador:

> *wayyiṣṣāmed yiśrāʾēl ləbaʿal pəʿôr wayyiḥar-ʾap̄ YHWH bəyiśrāʾēl*
> “E Israel se juntou a Baal-Peor, e a ira de YHWH se acendeu contra Israel.” (Nm 25,3)

O verbo *wayyiṣṣāmed* (se juntou) implica um vínculo profundo, quase matrimonial, sugerindo que essa apostasia não foi um deslize momentâneo, mas um comprometimento ativo com o culto de Baal. O uso de *ḥaron-ʾap* YHWH (a ira de YHWH) indica que essa transgressão não pode ser ignorada; ela exige uma resposta imediata e severa. YHWH ordena uma purificação radical:

> *wayyōʾmer YHWH ʾel-Mōšeh qaḥ ʾet-kol-rōʾšê hāʿām wəhôqāʿōṯām layhwh neged haššemeš wayyāšub ḥarôn-ʾap̄ YHWH miyiśrāʾēl*
> “E YHWH disse a Moisés: ‘Toma todos os chefes do povo, e enforca-os perante YHWH à luz do sol, para que a ira ardente de YHWH se retire de Israel.’” (Nm 25,4)

A execução pública dos líderes responsáveis demonstra que a apostasia não foi apenas um problema de indivíduos isolados, mas algo que atingiu a estrutura de liderança de Israel. A exposição "perante YHWH" sublinha o caráter expiatório dessa punição, indicando que a purificação do pecado requer um juízo visível e severo. A sentença é clara: a aliança com YHWH não pode coexistir com a idolatria, e a preservação da santidade do povo exige medidas drásticas. No entanto, no auge da crise, ocorre uma afronta aberta:

> *wəhinneh ʾîš mibənê-yiśrāʾēl bāʾ wayyaqqrēḇ ʾel-ʾeḥāyw ʾeṯ-hammidyanît ləʿênê Mōšeh ûləʿênê kol-ʿăḏaṯ bənê-yiśrāʾēl wəhēmāh bōḵîm petaḥ ʾōhel môʿēḏ*
> "E eis que veio um homem dos filhos de Israel e trouxe a mulher midianita diante de seus irmãos, à vista de Moisés e à vista de toda a congregação dos filhos de Israel, enquanto choravam à porta da Tenda da Congregação." (Nm 25,6)

O desafio desse homem israelita é intencional: enquanto a liderança e a congregação choram diante de YHWH, lamentando o pecado do povo, ele exibe publicamente sua aliança com uma mulher midianita. Essa cena representa um teste decisivo para Israel: a comunidade permitirá que a corrupção continue, ou tomará uma atitude para restaurar a santidade da aliança? A resposta vem de Fineias, filho de Eleazar e neto de Arão:

> *wayyar Pînḥās ben-ʾElʿāzār ben-ʾAhărōn hakkōhēn wayyāqām mittôḵ hāʿēḏâ wayyiqqaḥ rōmaḥ bəyādô*
> "E Fineias, filho de Eleazar, filho de Arão, o sacerdote, viu isso, levantou-se do meio da congregação, e tomou uma lança em sua mão." (Nm 25,7)

Fineias age sem hesitação, demonstrando um zelo intransigente pela santidade de YHWH:

> *wayyāḇōʾ ʾaḥarî-ʾîš yiśrāʾēl ʾel-haqqubbâ wəyiḏqōr ʾeṯ-šənêhem ʾet-ʾîš yiśrāʾēl wəʾet-haʾiššâ ʾel-qəḇātāhâ wattēʿaṣar hammaggēpâ mēʿal bənê-yiśrāʾēl*
> "E entrou após o homem israelita, até o interior da tenda, e traspassou a ambos, o homem israelita e a mulher, pelo

> ventre; e cessou a praga de sobre os filhos de Israel."
> (Nm 25,8)

Esse ato não é apenas uma execução, mas uma purificação do acampamento. O uso do termo *qəḇātāhâ* (ventre) pode indicar que Fineias interrompe simbolicamente a fecundidade dessa aliança ilícita, garantindo que essa corrupção não se propague. A resposta de YHWH é imediata:

> *lākēn ʾĕmōr hinnənî nōtēn lô ʾeṯ-bərîtî šālôm*
> "Portanto, dize: 'Eis que lhe dou minha aliança de paz.'"
> (Nm 25,12)

O *bərît šālôm* (aliança de paz) concedida a Fineias não significa ausência de conflito, mas sim a garantia de que sua linhagem sacerdotal será perpetuada. Ele se torna o arquétipo do zelo sacerdotal, aquele que está disposto a agir decisivamente para preservar a santidade do povo. O episódio de Baal-Peor revela que a maior ameaça a Israel não vem de inimigos externos, mas da corrupção interna. A idolatria e a infidelidade ao pacto com YHWH são combatidas não apenas com leis e advertências, mas com ações concretas que preservam a pureza da comunidade. Fineias se torna um modelo de devoção intransigente, lembrado ao longo da tradição bíblica como aquele que zelou pela aliança quando Israel vacilou. A ação de Fineias não apenas detém a praga que assolava Israel, mas também lhe garante uma promessa divina especial. YHWH declara que o ato de zelo de Fineias restaurou a santidade do povo e desviou a ira divina:

> *wəhāyətâ lô ûləzarʿô ʾaḥărāyw bərît kəhunnaṯ ʿôlām taḥaṯ ʾăšer-qinnēʾ lēʾlōhāyw wayəḵappēr ʿal-bənê-yiśrāʾēl*
> "E será para ele e para sua descendência depois dele a aliança de um sacerdócio perpétuo, porque teve zelo por seu Deus e fez expiação pelos filhos de Israel." (Nm 25,13)

A aliança com Fineias estabelece sua linhagem como portadora do sacerdócio perpétuo, um reconhecimento de que sua atitude não foi apenas um ato de violência, mas uma defesa inegociável da santidade da aliança com YHWH. O verbo *qinnēʾ* (teve zelo) é central nesse contexto, pois indica uma devoção apaixonada e exclusiva por YHWH, um atributo frequentemente associado ao próprio Deus (cf. Êx 20,5). O ato de Fineias não foi meramente punitivo, mas expiatório (*wayəḵappēr*), restaurando a relação de Israel com seu Deus ao eliminar a impureza que ameaçava o pacto. O texto então identifica os principais envolvidos no episódio de Baal-Peor, sublinhando a gravidade da apostasia:

> *wəšēm hāʾîš yiśrəʾēl hammukkê ʾăšer-hukkâ ʾeṯ-hammidyanît Zimrî ben-Sālû nāśîʾ bêt-ʾāḇ lăššimʿōnî*
> "E o nome do homem israelita que foi morto com a midianita era Zimri, filho de Salu, príncipe de uma casa paterna dos simeonitas." (Nm 25,14)

> *wəšēm hāʾiššâ hammukkâ hammidyanît Kōzbî bat-Ṣûr rōʾš ʾummôṯ bêt-ʾāḇ bəmîḏyān hûʾ*
> "E o nome da mulher midianita que foi morta era Cozbi, filha de Zur; ele era chefe de uma casa paterna entre os midianitas." (Nm 25,15)

A menção detalhada das linhagens dos transgressores reforça que esse não foi um ato isolado de indivíduos comuns, mas um comprometimento direto entre a liderança de Israel e a nobreza midianita. Zimri, como líder da tribo de Simeão, deveria ter sido um guardião da aliança, mas, em vez disso, tornou-se um agente da infidelidade. Sua aliança com Cozbi representa não apenas uma transgressão pessoal, mas uma ameaça à pureza e identidade de Israel como povo separado. A resposta de YHWH não se limita à execução dos culpados, mas se estende a uma condenação mais ampla contra Midiã:

> *wayyōʾmer YHWH ʾel-Mōšeh ṣārôr ʾeṯ-hammidyanîm wəhikkîṯem ʾōṯām*
> "E YHWH disse a Moisés: 'Hostilizai os midianitas e feri-os.'" (Nm 25,16-17)

A palavra *ṣarôr* (hostilizai) implica uma relação de inimizade contínua, estabelecendo que Midiã não deve ser visto apenas como um povo vizinho, mas como uma força de corrupção ativa contra Israel. Esse comando antecipa futuras campanhas militares contra os midianitas (cf. Nm 31), em que a nação será julgada por sua tentativa de desviar Israel da fidelidade a YHWH. O motivo da condenação de Midiã é explicitamente declarado:

> *kî ṣōrərîm hēm lākem bəniḵlêhem ʾăšer-niklû lākem ʿal-dəḇar pəʿôr wəʿal-dəḇar Kōzbî bat-nāśîʾ mîḏyān ʾăḥōtām hammukkâ bəyôm hammaggēp̄â ʿal-dəḇar pəʿôr*
> "Pois eles vos hostilizaram com suas ciladas, com as quais vos enganaram no caso de Peor, e no caso de Cozbi, filha de um príncipe de Midiã, sua irmã, que foi morta no dia da praga causada por Peor." (Nm 25,18)

A palavra *niḵlêhem* (ciladas) sugere que a idolatria de Baal-Peor não foi um mero acaso, mas uma estratégia deliberada para enfraquecer Israel espiritualmente. Midiã não atacou Israel militarmente, mas buscou sua destruição por meio da sedução e do sincretismo religioso. A menção à morte de Cozbi enfatiza que essa aliança não era apenas uma questão pessoal, mas um pacto político e espiritual entre líderes, tornando a traição ainda mais grave. O episódio de Baal-Peor reafirma um princípio central da teologia de Israel: a fidelidade ao pacto com YHWH exige uma separação intransigente das nações e de suas práticas idólatras. A idolatria não é tratada como uma falha moral isolada, mas como uma ameaça existencial ao próprio povo de Deus. A aliança de Fineias se torna um lembrete de que a preservação da santidade requer ação decisiva e, às vezes, radical. Da mesma forma, o comando de hostilidade contra Midiã reforça que a sobrevivência de Israel como povo santo depende de sua capacidade de resistir às influências corruptoras ao seu redor.

Capítulo 26

A nova contagem de Israel ocorre logo após a praga de Baal-Peor, sinalizando um momento de renovação para a comunidade da aliança. A ordem divina é clara:

> *wayyədabbēr YHWH ʾel-Mōšeh wəʾel-ʾElʿāzār ben-ʾAhărōn hakkōhēn lēʾmōr*
> "E falou YHWH a Moisés e a Eleazar, filho de Arão, o sacerdote, dizendo." (Nm 26,1)

A ausência de Arão já indica que a geração do Êxodo está sendo substituída. Moisés e Eleazar, que agora ocupa a função sacerdotal em lugar de seu pai, são encarregados de registrar os homens que formarão o exército de Israel. Essa contagem ocorre no contexto da transição: enquanto a geração anterior pereceu no deserto, uma nova geração se levanta para herdar a terra. A ordem divina estabelece os critérios do censo:

> *śəʾû ʾeṯ-rōʾš kol-ʿăḏaṯ bənê-yiśrāʾēl mibben ʿeśrîm šānâ wāmālāh ləḇêṯ ʾăḇōṯām kol-yōṣēʾ ṣāḇāʾ bəyiśrāʾēl*
> "Levantai o censo de toda a congregação dos filhos de Israel, da idade de vinte anos para cima, segundo as casas de seus pais, todo aquele que sai para a guerra em Israel." (Nm 26,2)

O padrão segue o primeiro censo realizado no Sinai (Nm 1), em que apenas homens em idade militar foram contados. O propósito continua sendo militar e territorial: os listados comporão o exército que conquistará Canaã, e suas famílias herdarão porções da terra proporcionalmente ao seu número. Contudo, há uma diferença essencial: os guerreiros que foram contados na primeira contagem pereceram no deserto, enquanto os que são contados agora representam a geração que entrará na terra. A contagem inicia-se com a tribo de Rúben, o primogênito de Israel:

> *bənê Rəʾûḇ bəḵôr yiśrāʾēl ḥănôḵ mišpaḥat haḥănōḵî ləpallûʾ mišpaḥat happallûʾî*

> “Os filhos de Rúben, primogênito de Israel: de Enoque, a família dos enoquitas; de Palu, a família dos paluítas.” (Nm 26,5)

Apesar de Rúben ser o primogênito, ele já havia perdido sua posição de liderança devido ao seu pecado com Bila (Gn 35,22). Sua tribo ainda é contada entre as que herdarão a terra, mas sua posição de destaque foi transferida para Judá e José (1 Cr 5,1-2). Isso reforça a ideia de que a primogenitura biológica não garante privilégio no plano divino, pois a fidelidade e a obediência são mais determinantes. A narrativa insere um comentário sobre Datã e Abirão, membros da tribo de Rúben, que participaram da rebelião de Corá:

> *ʾēlleh Datān wəʾAbîrām qrūʾê hāʿēḏâ ʾăšer hiṣṣū ʿal-Mōšeh wəʿal-ʾAhărōn bəʿăḏaṯ Qōraḥ bəhaṣṣōṯām ʿal-YHWH*
> “Estes são Datã e Abirão, convocados da congregação, que se levantaram contra Moisés e contra Arão na assembleia de Corá, quando se insurgiram contra YHWH.” (Nm 26,9)

A menção a Datã e Abirão no contexto do censo serve como um lembrete do julgamento divino. Eles desafiaram a liderança instituída por YHWH e foram tragados pela terra (Nm 16,31-33). O texto enfatiza que sua morte foi um evento extraordinário:

> *wattip̄taḥ hāʾāreṣ ʾeṯ-pîhā wattiḇlaʿ ʾōṯām wəʾeṯ-Qōraḥ bəmôṯ hāʿēḏâ bəʾakəl-hāʾēš ʾeṯ-ḥămîšîm ûmāʾat ʾîš wayyihyû lənēs*
> “E a terra abriu sua boca e os tragou, e também a Corá, quando aquela congregação morreu, quando o fogo consumiu os duzentos e cinquenta homens; e eles se tornaram um sinal.” (Nm 26,10)

A destruição dos rebeldes é descrita como um “sinal” (*nēs*), ou seja, um testemunho duradouro do que acontece com aqueles que se opõem a YHWH. Esse lembrete no meio do censo destaca que, embora Israel seja o povo escolhido, sua posição não é incondicional: a obediência à aliança é fundamental para a permanência na comunidade. A narrativa, no entanto, introduz uma exceção inesperada:

ûḇənê Qōraḥ lōʾ mētû
"Mas os filhos de Corá não morreram." (Nm 26,11)

Essa nota é significativa porque indica que a condenação de Corá não se estendeu a toda a sua descendência. Seus filhos foram poupados e, mais tarde, se tornaram compositores de salmos e líderes no serviço do templo (cf. Sl 42, 44-49). Isso reforça o princípio de que, embora o pecado tenha consequências, a misericórdia de YHWH permite que a próxima geração tenha uma nova oportunidade. O censo, portanto, não é apenas uma contagem administrativa, mas uma reafirmação da identidade de Israel. Ele distingue aqueles que permaneceram fiéis dos que pereceram devido à rebelião, assegurando que apenas os obedientes herdarão a terra. A nova geração não apenas substitui a antiga numericamente, mas também espiritualmente, representando um povo purificado e pronto para entrar na promessa. A contagem prossegue com um detalhe notável: os descendentes de Corá, apesar da rebelião de seu ancestral, não pereceram. Isso confirma que o julgamento divino, embora severo, não é arbitrário e permite que a misericórdia preserve aqueles que não compartilham da culpa de seus pais:

ûḇənê Qōraḥ lōʾ mētû
"Mas os filhos de Corá não morreram." (Nm 26,11)

Essa nota inesperada antecipa o futuro papel dos filhos de Corá como salmistas e guardiões do culto no Templo (cf. Sl 42, 44-49). O destino deles ilustra um princípio fundamental da teologia bíblica: a punição divina não recai automaticamente sobre os descendentes dos ímpios, mas cada geração é responsável por sua própria fidelidade à aliança. A contagem segue com a tribo de Simeão, mas há um detalhe significativo: sua população sofreu uma drástica redução em relação ao primeiro censo. No primeiro recenseamento (Nm 1,23), os simeonitas eram 59.300; agora, são apenas 22.200 (Nm 26,14). Essa diminuição pode estar relacionada ao envolvimento da tribo na apostasia de Baal-Peor, onde muitos foram mortos pela praga divina (Nm 25,9). Além disso, Zimri, o líder que foi executado por Fineias (Nm 25,14), era um príncipe da tribo de Simeão, o que sugere que sua tribo teve um papel central na rebelião. Esse declínio numérico reforça a ideia de que a disciplina divina afeta diretamente o destino das tribos, e a fidelidade à aliança é essencial para a sobrevivência e prosperidade dentro da comunidade. A tribo de Gade é listada em seguida, seguida por Judá, que continua sendo uma das tribos mais numerosas:

> *bənê Yəhûḏâh ləmišpəḥōṯām*
> "Os filhos de Judá, segundo suas famílias." (Nm 26,19)

Dentro da contagem de Judá, o texto insere um comentário sobre Er e Onã:

> *wəyamot ʾêr wəʾônān bəʾereṣ kenaʿan*
> "E Er e Onã morreram na terra de Canaã." (Nm 26,19)

Essa menção parece deslocada, pois Er e Onã já haviam morrido antes da ida para o Egito (Gn 38,7-10). No entanto, a repetição de sua morte aqui sugere que sua transgressão permanece como um exemplo de julgamento divino. Enquanto a tribo de Judá prospera, seus antepassados rebeldes são recordados como um lembrete de que a bênção de YHWH não é automática, mas depende da fidelidade. Entre os filhos de Judá, destacam-se os descendentes de Perez:

> *mibənê Pāreṣ ləḥeṣrôn mišpaḥat haḥiṣrônî ləḥāmûl mišpaḥat haḥāmûlî*
> "Dos filhos de Perez: de Hezrom, a família dos hezronitas; de Hamul, a família dos hamulitas." (Nm 26,21)

A menção de Hezrom é particularmente importante, pois dele virá a linhagem davídica (Rt 4,18-22). Isso reafirma a posição de Judá como a tribo escolhida para a liderança de Israel. Seu crescimento numérico e sua continuidade são indicativos de sua futura centralidade na história do povo da aliança. A contagem segue para Issacar e Zebulom, encerrando a numeração das tribos descendentes de Lia. O padrão de listagem enfatiza que, apesar das provações no deserto, a continuidade de Israel está garantida. O censo não é apenas um registro populacional, mas uma reafirmação de que YHWH mantém Seu plano e preserva Seu povo, assegurando que aqueles que permanecem fiéis serão os herdeiros da terra prometida. A contagem continua com a tribo de Issacar, um dos filhos de Jacó com Lia. A genealogia tribal segue o padrão das demais:

> *bənê Yiśśāḵār ləmišpəḥōṯām*
> "Os filhos de Issacar, segundo suas famílias." (Nm 26,23)

Os descendentes são nomeados individualmente, destacando a continuidade da linhagem e seu crescimento como uma unidade distinta dentro de Israel. No primeiro censo (Nm 1,29), Issacar tinha 54.400 homens; agora, o número aumentou para 64.300 (Nm 26,25), evidenciando um crescimento significativo, o que pode sugerir sua estabilidade e fidelidade ao pacto divino. A contagem segue para Zebulom, outra tribo descendente de Lia:

> *bənê Zəḇûlûn ləmišpəḥōṯām*
> "Os filhos de Zebulom, segundo suas famílias." (Nm 26,26)

O crescimento populacional de Zebulom também é evidente: no primeiro censo, a tribo tinha 57.400 guerreiros (Nm 1,31), e agora conta com 60.500 (Nm 26,27). Tanto Issacar quanto Zebulom se fortalecem numericamente, o que reflete seu papel futuro na ocupação da terra prometida. Essa prosperidade contrasta com a drástica redução da tribo de Simeão, mostrando que algumas tribos foram mais resilientes diante das crises e punições divinas. A atenção então se volta para os filhos de José, que são contados separadamente, pois formam duas tribos: Manassés e Efraim.

> *bənê Yôsēp̄ ləmišpəḥōṯām Mənaššeh wə'Eprāyim*
> "Os filhos de José, segundo suas famílias: Manassés e Efraim." (Nm 26,28)

A narrativa começa com Manassés, cujo crescimento é surpreendente. No primeiro censo, Manassés tinha apenas 32.200 homens (Nm 1,35), mas agora mais que dobrou sua população, chegando a

52.700 (Nm 26,34). Esse aumento extraordinário sugere que a bênção de Jacó sobre José (Gn 48,19) começa a se concretizar, consolidando Manassés como uma tribo de grande influência. Entre os descendentes de Manassés, destaca-se Maquir:

> *bənê Mənaššeh ləmišpəḥōṯām ləmaḵîr mišpaḥat hammaḵîrî*
> "Os filhos de Manassés, segundo suas famílias: de Maquir, a família dos maquiritas." (Nm 26,29)

Maquir é mencionado com destaque porque seus descendentes se tornarão os principais líderes militares da tribo. Seu filho, Gileade, dará nome a uma região ao leste do Jordão, onde os maquiritas se estabelecerão posteriormente (Nm 32,39-40). Essa linhagem se tornará essencial na expansão territorial de Israel antes mesmo da travessia do Jordão. O texto então passa a listar os clãs menores de Manassés, incluindo aqueles que terão um impacto significativo na distribuição da terra prometida. Dentro dessa genealogia, a menção a Zelofeade é notável:

> *ûṣəlophḥāḏ ben-Mənaššeh lōʾ hāyû lô bānîm kî ʾîm-bānôṯ*
> "E Zelofeade, filho de Manassés, não teve filhos, mas apenas filhas." (Nm 26,33)

Essa informação prepara o caminho para a discussão sobre a herança das filhas de Zelofeade no próximo capítulo (Nm 27,1-11), um caso singular na legislação mosaica. O fato de suas filhas pleitearem um direito à terra mostra como as leis de Israel começam a lidar com questões de equidade e preservação da linhagem dentro da aliança.

A contagem continua com Efraim, a segunda tribo descendente de José. Diferente de Manassés, Efraim experimenta uma queda populacional, passando de 40.500 no primeiro censo (Nm 1,33) para 32.500 agora (Nm 26,37). Essa redução pode refletir circunstâncias adversas enfrentadas pela tribo durante a peregrinação no deserto. No entanto, Efraim ainda manterá um papel proeminente na história de Israel, especialmente na formação do reino do Norte séculos depois. A sequência de nomes e números não é meramente estatística, mas reforça temas centrais da teologia do livro de Números: a continuidade da promessa divina, a importância da fidelidade e os impactos das escolhas tribais na dinâmica do povo de Israel. O censo não apenas registra a população militar, mas antecipa a futura distribuição da terra, preparando o povo para a entrada definitiva em Canaã. A contagem segue com a tribo de Benjamim, que, apesar de ser uma das menores entre as tribos de Israel, mantém sua importância histórica dentro da narrativa bíblica. A lista começa com a identificação dos clãs que compõem essa tribo:

> *bənê Binyāmîn ləmišpəḥōṯām*
> "Os filhos de Benjamim, segundo suas famílias." (Nm 26,38)

Os clãs mencionados incluem os descendentes de Bela, Asbel, Airã, Sufã e Hufã, nomes que refletem a continuidade da linhagem patriarcal de Benjamim. O número final de guerreiros benjaminitas é de 45.600 (Nm 26,41), um crescimento em relação ao primeiro censo (Nm 1,37), quando tinham 35.400 homens. Esse aumento populacional sugere que a tribo de Benjamim, embora pequena, manteve-se resiliente e cresceu durante os anos no deserto. A próxima tribo a ser contada é Dã, uma das maiores e mais populosas de Israel:

> *bənê Dān ləmišpəḥōṯām*
> "Os filhos de Dã, segundo suas famílias." (Nm 26,42)

Dã é peculiar porque, ao contrário de outras tribos que possuem múltiplos clãs, toda sua descendência é atribuída a uma única família, os suamitas (*mišpaḥat haššûḥāmî*). Apesar disso, a tribo demonstra um crescimento expressivo: de 62.700 homens no primeiro censo (Nm 1,39), agora conta com 64.400 (Nm 26,43). Esse crescimento reforça a posição de Dã como uma das tribos mais numerosas e influentes na conquista da Terra Prometida. A contagem prossegue com a tribo de Aser, descendente de Jacó com Zilpa, serva de Lia:

> *bənê ʾĀšēr ləmišpəḥōṯām*
> "Os filhos de Aser, segundo suas famílias." (Nm 26,44)

Os clãs de Aser incluem os descendentes de Imna, Isvi e Berias, além de uma menção especial à filha de Aser, Sera (Nm 26,46), algo incomum na genealogia tribal. A inclusão de uma mulher pode indicar que sua linhagem teve uma relevância particular, seja por uma descendência marcante ou por razões culturais ligadas à preservação da herança familiar. O número final de homens aptos para a guerra em Aser é 53.400 (Nm 26,47), um aumento em relação ao primeiro censo, que registrava 41.500 (Nm 1,41), demonstrando um crescimento expressivo durante a jornada no deserto. Por fim, a contagem chega à tribo de Naftali, também descendente de Jacó com Zilpa:

> *bənê Nap̄tālî ləmišpəḥōṯām*
> "Os filhos de Naftali, segundo suas famílias." (Nm 26,48)

Os descendentes são divididos nos clãs jaaselitas, gunitas, jezeritas e silenitas. Contudo, Naftali é uma das tribos que sofreram uma redução significativa. No primeiro censo, a tribo contava com 53.400 homens (Nm 1,43), mas agora o número caiu para 45.400 (Nm 26,50). Essa diminuição pode refletir as adversidades enfrentadas no deserto ou possíveis punições divinas ao longo da peregrinação. A estrutura da contagem até este ponto reforça um padrão dinâmico entre as tribos: enquanto algumas cresceram substancialmente, como Manassés e Benjamim, outras, como Efraim e Naftali, diminuíram. Esses números não são apenas estatísticas; eles revelam a forma como Israel foi moldado ao longo dos 40 anos no deserto, preparando-se para a ocupação da Terra Prometida. A identidade tribal continua sendo um fator crucial na estrutura social e espiritual do povo, enfatizando a aliança com YHWH e a continuidade do plano divino. A contagem das tribos de Israel se encerra com a tribo de Naftali e, em seguida, é feita uma recapitulação do total de guerreiros aptos para a conquista da Terra Prometida. O número final reflete tanto a preservação do povo ao longo dos quarenta anos no deserto quanto as mudanças geracionais que ocorreram durante esse período. A totalização da contagem confirma que a estrutura tribal de Israel permanece firme:

> *ʾēlleh pəqudê bənê-yiśrāʾēl šēš-mēʾōṯ-ʾelep̄ wəʾalpayim*
> *ûšəḇāʿ mēʾōt ušəlōšîm*

> "Estes são os contados dos filhos de Israel: seiscentos e um mil, setecentos e trinta." (Nm 26,51)

O total de 601.730 guerreiros representa uma leve redução em relação ao primeiro censo realizado no Sinai, que havia registrado 603.550 homens (Nm 1,46). Essa pequena variação sugere que, apesar das punições divinas e das provações no deserto, Israel manteve sua força militar e está pronto para entrar em Canaã. No entanto, é importante notar que essa não é a mesma geração que saiu do Egito; os homens contados agora pertencem a uma nova geração que substituirá a anterior. Com a conclusão da contagem, YHWH estabelece a regra para a distribuição da terra:

> *lə'ēlleh təḥullaq hā'āreṣ bənaḥălâ bəmispar šēmôt*
> "A estes será repartida a terra por herança, segundo o número dos nomes." (Nm 26,53)

A divisão será feita proporcionalmente ao tamanho de cada tribo:

> *lərab yarbeh naḥălātô ûləmaʿaṭ yammaʿeṭ naḥălātô 'îš ləpî pəqudāyw yuttan naḥălātô*
> "À tribo maior aumentarás sua herança, e à menor diminuirás sua herança; a cada um será dada a sua herança conforme os contados." (Nm 26,54)

A equidade na distribuição reflete um princípio divino de justiça: a terra será concedida conforme a necessidade de cada tribo. Entretanto, YHWH determina que essa divisão não será feita arbitrariamente, mas lançando sortes:

> *'aḵ bəgôrāl yəḥullaq hā'āreṣ ləšēmôt maṭṭōṯ 'ăḇōṯām yinḥālû*
> "Todavia, a terra será repartida por sorteio; segundo os nomes das tribos de seus pais a herdarão." (Nm 26,55)

O sorteio (*gôrāl*) indica que, embora a distribuição seja proporcional, sua alocação exata será guiada por YHWH, garantindo que a divisão ocorra de acordo com Sua vontade soberana. Isso elimina disputas humanas e reforça que a herança da terra não é apenas uma questão territorial, mas uma dádiva divina. Em seguida, o texto se volta para os levitas, que não participam da distribuição da terra:

> *wəʾēlleh pəqudê haLēwîm ləmišpəḥōtām...*
> "E estes são os contados dos levitas segundo suas famílias..." (Nm 26,57)

Diferente das outras tribos, os levitas não possuem um território fixo, pois seu papel é servir a YHWH no Tabernáculo. Entre os levitas contados, há uma menção especial à linhagem de Moisés:

> *wəšēm ʾešeṯ ʿamrām Yôḵeḇeḏ bat-Lēwî ʾăšer yālədâ ʾōṯāh ləLēwî bəmiṣrayim*
> "E o nome da mulher de Anrão era Joquebede, filha de Levi, que lhe nasceu no Egito." (Nm 26,59)

A menção a Joquebede, mãe de Moisés e Arão, reforça a importância da linhagem sacerdotal e a continuidade do plano divino através da descendência levítica. O capítulo se encerra com uma declaração solene, enfatizando a completa substituição da geração do Êxodo:

> *wəbənê-yiśrāʾēl ʾăšer-nispəqədû ʿal-yad Mōšeh wəʿAhărōn bəmidbar Sînay lōʾ nishʾar mēhem ʾîš*
> "E dos filhos de Israel que foram contados por Moisés e Arão no deserto do Sinai, não restou nenhum homem." (Nm 26,64)

A única exceção são Josué e Calebe:

> *kî ʾim-Kālēḇ ben-Yəp̄unnēh wəYəhôšuaʿ bin-Nûn*
> "Exceto Calebe, filho de Jefoné, e Josué, filho de Num." (Nm 26,65)

Isso confirma que a antiga geração, que recusou entrar na Terra Prometida e foi condenada a perecer no deserto (Nm 14,29-30), cumpriu seu destino. Apenas os fiéis sobreviveram, reforçando a mensagem central do livro: a promessa de YHWH é inquebrantável, mas requer obediência e fidelidade.

Capítulo 27

A narrativa de Números 27 introduz um novo conjunto de temas relacionados à herança, à sucessão de liderança e à soberania divina na escolha dos líderes de Israel. O capítulo pode ser dividido em dois eventos principais: a reivindicação das filhas de Zelofeade pela herança de seu pai e a nomeação de Josué como sucessor de Moisés. Ambos os episódios destacam a continuidade da aliança de YHWH com Seu povo e a adaptação das estruturas legais e políticas para garantir que Israel permaneça fiel ao propósito divino ao entrar na Terra Prometida. O capítulo se inicia com a apresentação das filhas de Zelofeade, membros da tribo de Manassés:

> *wayyiqrăḇû bənôt Ṣəlāp̄ḥāḏ ben-ḥēp̄er ben-Gilʿāḏ ben-Māḵîr ben-Mənaššeh ləmišpəḥōṯ Mənaššeh ben-Yôsēp̄*
> "Então chegaram as filhas de Zelofeade, filho de Héfer, filho de Gileade, filho de Maquir, filho de Manassés, das famílias de Manassés, filho de José." (Nm 27,1)

A genealogia detalhada confirma que elas pertencem à tribo de Manassés, uma das tribos descendentes de José. Esse vínculo será crucial para a questão da herança, pois a estrutura tribal de Israel está fortemente baseada na descendência patrilinear. As filhas de Zelofeade apresentam sua petição diante de Moisés, Eleazar e toda a congregação:

> *wattaʿămōdnāʿ lip̄nê Mōšeh wəlip̄nê ʾElʿāzār hakkōhēn wəlip̄nê hannəśîʾîm wəkol-hāʿēḏâ petaḥ ʾōhel môʿēḏ*
> "E puseram-se diante de Moisés, e diante de Eleazar, o sacerdote, e diante dos príncipes e de toda a congregação, à porta da Tenda da Congregação." (Nm 27,2)

O fato de levarem sua causa à Tenda da Congregação enfatiza a seriedade da questão. A petição delas não é apenas uma reivindicação pessoal, mas um desafio à estrutura legal vigente sobre herança, que tradicionalmente favorecia os filhos homens. A reivindicação é apresentada de forma clara:

> *ʾāḇînû mēt bammiḏbār wəhûʾ lōʾ-hāyâ bətôḵ hāʿēḏâ hanniwāʿăḏîm ʿal-YHWH bəʿăḏaṯ Qōraḥ kî ḇeḥaṭṭāʾô mēt ûḇānîm lōʾ-hāyû lô*
> "Nosso pai morreu no deserto, e ele não estava entre os que se reuniram contra YHWH na congregação de Corá, mas morreu por seu próprio pecado, e não teve filhos." (Nm 27,3)

As filhas de Zelofeade enfatizam que seu pai não participou da rebelião de Corá (Nm 16), eliminando qualquer acusação de que sua família deveria ser excluída da herança devido a um julgamento divino. No entanto, como ele não deixou filhos, a questão surge: sua linhagem seria excluída da partilha da terra? Elas argumentam contra essa exclusão:

> *lāmâ yiggāraʿ šēm-ʾāḇînû mitôḵ mišpăḥtô kî-ʾên lô bānîm tənā-lānû ʾaḥuzzâ bətôḵ ʾaḥê ʾāḇînû*
> "Por que seria retirado o nome de nosso pai do meio de sua família, por não ter ele tido um filho? Dá-nos uma possessão entre os irmãos de nosso pai!" (Nm 27,4)

O uso da expressão *yiggāraʿ šēm* (ser retirado o nome) reflete a preocupação com a preservação da identidade familiar dentro da tribo. Se a herança não fosse concedida às filhas, o nome de seu pai desapareceria da história de Israel. A solução proposta – conceder-lhes uma porção da terra – desafia a norma vigente, mas se baseia na lógica da preservação da linhagem dentro da tribo. Moisés leva a questão a YHWH:

> *wayyaqrēb Mōšeh ʾeṯ-mišpāṭān lip̄nê YHWH*
> "Então Moisés levou a causa delas perante YHWH." (Nm 27,5)

Esse procedimento confirma que a legislação israelita não era rígida e inflexível, mas dependia da revelação divina. A Lei poderia ser ajustada quando necessário, desde que as mudanças estivessem em conformidade com a vontade de YHWH. A resposta de YHWH estabelece um novo precedente:

> *kēn bənôt Ṣəlǝp̄ḥāḏ dōḇərōṯ nāṯōn tittēn lāhen naḥălâ*
> *bətôḵ ʾaḥê ʾăḇîhen wəhaʿăḇărtâ ʾeṯ-naḥălaṯ ʾăḇîhen lāhen*
> "As filhas de Zelofeade falam corretamente. Certamente lhes darás uma herança no meio dos irmãos de seu pai, e transferirás a herança de seu pai para elas." (Nm 27,7)

O reconhecimento da reivindicação das filhas de Zelofeade não apenas garante sua herança, mas também introduz uma mudança estrutural na Lei de herança:

> *wəʾel-bənê-yiśrāʾēl tədabbēr lēʾmōr ʾîš kî-yāmût wəʾên-lô*
> *bēn wəhaʿăḇărtəm ʾeṯ-naḥălātô libittô*
> "E aos filhos de Israel dirás: Se um homem morrer e não tiver filho, então transferireis a sua herança à sua filha." (Nm 27,8)

A legislação é expandida nos versículos seguintes, estabelecendo uma hierarquia para a sucessão da herança:

- Se um homem não tiver filhos, sua herança será dada às filhas.
- Se não tiver filhas, a herança passará a seus irmãos.
- Se não tiver irmãos, a herança será concedida aos irmãos de seu pai.
- Se não houver parentes próximos, a herança será transferida ao parente mais próximo de sua família (Nm 27,9-11).

Essa regulamentação garante que a terra concedida a cada tribo permaneça dentro daquela tribo, evitando que a herança seja transferida para outras linhagens e comprometendo a estrutura territorial de Israel. O episódio das filhas de Zelofeade destaca dois princípios teológicos fundamentais:

- A justiça e a equidade dentro da aliança, garantindo que cada família mantenha sua porção na terra.
- A flexibilidade da Lei mosaica diante de novas circunstâncias, desde que a adaptação ocorra dentro dos parâmetros estabelecidos por YHWH.

Essa decisão terá desdobramentos posteriores, como em Números 36, em que surgirá uma nova questão sobre o casamento dessas herdeiras, a fim de evitar que suas terras passem para outras tribos. Assim, o caso das filhas de Zelofeade não apenas soluciona uma questão prática, mas também estabelece precedentes para a organização da sociedade israelita na terra de Canaã. A segunda metade de Números 27 apresenta a sucessão de Moisés e a nomeação de Josué como seu sucessor, consolidando a transição de liderança antes da entrada em Canaã. Esse momento marca uma virada decisiva na história de Israel, pois Moisés, o mediador da aliança e líder desde o Êxodo, não conduzirá o povo na conquista da terra prometida. O texto enfatiza que a liderança de Israel não se baseia em ambição pessoal ou dinastias humanas, mas na escolha soberana de YHWH, garantindo que o povo tenha um guia que continue a missão divina. A narrativa começa com a instrução divina a Moisés para que suba ao Monte Abarim:

> *wayyōʾmer YHWH ʾel-Mōšeh ʿălēh ʾel-har hāʿăḇārîm hazzeh ûrəʾê ʾeṯ-hāʾāreṣ ʾăšer nāṯattî liḇnê-yiśrāʾēl*
> "E YHWH disse a Moisés: 'Sobe a este monte Abarim e vê a terra que dei aos filhos de Israel.'" (Nm 27,12)

A ordem para contemplar a terra, mas sem poder entrar nela, ecoa a punição imposta a Moisés em Meribá (Nm 20,12). O verbo *ʿălēh* (sobe) indica um movimento ascendente que não é apenas físico, mas também simbólico, preparando Moisés para sua despedida. O Monte Abarim, uma cadeia montanhosa ao leste do Jordão, oferece uma visão panorâmica de Canaã, reforçando o contraste entre a promessa cumprida e a impossibilidade de Moisés participar dela. A morte de Moisés é anunciada com uma referência explícita ao destino de Arão:

> *wərāʾîṯāh ʾōṯāh wənēʾĕsap̄tā ʾel-ʿammeḵā gam-ʾattâ*
> *kaʾăšer-nēʾĕsap̄ ʾAhărōn ʾāḥîḵā*
> "E tu a verás, e serás reunido ao teu povo, assim como foi reunido Arão, teu irmão." (Nm 27,13)

A expressão *nēʾĕsap̄tā ʾel-ʿammeḵā* (ser reunido ao teu povo) indica a morte como um retorno à comunidade dos ancestrais. Essa linguagem reforça a continuidade entre gerações dentro da aliança, sugerindo que Moisés não será abandonado, mas fará parte da linhagem espiritual dos líderes de Israel. A razão para essa sentença é reiterada:

> *ʾăšer-mərîṯem pi ləmiḏbar-Ṣîn bəmərîḇaṯ hāʿēḏâ*
> *ləhaqədîšēnî bamayim ləʿênêhem hēmmâ mê-mərîḇaṯ*
> *Qāḏēš miḏbar-Ṣîn*
> "Porque fostes rebeldes contra a minha palavra no deserto de Zim, na contenda da congregação, para me santificardes diante deles nas águas. Essas são as águas de Meribá de Cades, no deserto de Zim." (Nm 27,14)

A punição de Moisés é reafirmada, conectando sua falha ao episódio de Meribá, onde ele feriu a rocha em vez de falar a ela (Nm 20,8-12). O verbo *mərîṯem* (fostes rebeldes) reflete que a ação de Moisés foi vista como um desafio à santidade de YHWH. O nome *mê-mərîḇaṯ Qāḏēš* (águas da contenda de Cades) enfatiza a conexão entre aquele evento e o destino de Moisés. Diante dessa realidade, Moisés reage não com lamento pessoal, mas com uma preocupação pela continuidade da liderança:

> *wayyədabbēr Mōšeh ʾel-yhwh lēʾmōr*
> *yip̄qōd YHWH ʾĕlōhê hārûḥōṯ ləḵol-bāśār ʾîš ʿal-hāʿēḏâ*
> "Então falou Moisés a YHWH, dizendo: 'Que YHWH, o Deus dos espíritos de toda carne, designe um homem sobre a congregação.'" (Nm 27,15-16)

O título *ʾĕlōhê hārûḥōṯ ləḵol-bāśār* (Deus dos espíritos de toda carne) reconhece YHWH como aquele que governa sobre toda a humanidade, enfatizando que somente Ele pode escolher o líder adequado. Moisés não busca garantir sua própria linhagem no comando, mas pede que YHWH nomeie alguém para guiar Israel. Moisés descreve as qualidades do líder que deve substituí-lo:

> *ʾăšer-yēṣēʾ lip̄nêhem wəʾăšer-yāḇōʾ lip̄nêhem wəʾăšer-yôṣîʾēm wəʾăšer-yəḇîʾēm wəlōʾ ṯihyeh ʿăḏaṯ YHWH kaṣṣōʾn ʾăšer-ʾên lāhem rōʿeh*
> "Que saia adiante deles e entre diante deles, que os faça sair e os faça entrar, para que a congregação de YHWH não seja como ovelhas que não têm pastor." (Nm 27,17)

A ênfase no *yēṣēʾ* (sair) e *yāḇōʾ* (entrar) alude ao papel do líder como guia ativo na batalha e na vida cotidiana. A metáfora do pastor reforça a ideia de que Israel precisa de um líder que cuide e proteja o povo, em contraste com as ovelhas dispersas e vulneráveis. A escolha divina recai sobre Josué:

> *wayyōʾmer YHWH ʾel-Mōšeh qaḥ-ləḵā ʾeṯ-Yəhôšūaʿ bin-Nûn ʾîš ʾăšer-rûaḥ bô wəsamak̄tā ʾeṯ-yāḏəḵā ʿālāyw*
> "E YHWH disse a Moisés: 'Toma para ti Josué, filho de Num, homem em quem há espírito, e impõe a tua mão sobre ele.'" (Nm 27,18)

A escolha de Josué confirma que a sucessão de liderança não se baseia apenas em habilidades humanas, mas na presença do *rûaḥ* (espírito) de Deus. O ato de samaktā *ʾeṯ-yāḏəḵā* (impor a mão) simboliza a transmissão da autoridade e da bênção divina para a nova liderança. Josué deve ser apresentado diante do sacerdote Eleazar e da congregação:

> *wəhaʿămadtā ʾōṯô lip̄nê ʾElʿāzār hakkōhēn wəlip̄nê kol-hāʿēḏâ wəṣiwîṯā ʾōṯô ləʿênêhem*
> "E o apresentarás diante de Eleazar, o sacerdote, e diante de toda a congregação, e lhe darás ordens perante eles." (Nm 27,19)

Esse processo público legitima a sucessão de Josué, assegurando que toda a comunidade reconheça sua autoridade. Além disso, Eleazar, como sumo sacerdote, terá um papel crucial ao consultar YHWH por meio do Urim e Tumim (Nm 27,21). Moisés obedece à ordem divina:

> *wayyaʿaś Mōšeh kaʾăšer-ṣiwwāh YHWH ʾōṯô wayyiqqaḥ ʾeṯ-Yəhôšūaʿ wayyaʿămîḏēhû lip̄nê ʾElʿāzār hakkōhēn wəlip̄nê kol-hāʿēḏâ*
> "E Moisés fez como YHWH lhe ordenara, e tomou Josué e o apresentou diante de Eleazar, o sacerdote, e diante de toda a congregação." (Nm 27,22)

O capítulo se encerra com a transição da liderança sendo formalmente estabelecida. Moisés transmite sua autoridade a Josué, garantindo que o povo de Israel não fique sem um guia à medida que se aproxima da Terra Prometida.

Capítulo 28

A narrativa de Números 28 inicia uma nova seção da Torá, na qual YHWH instrui Moisés a reiterar as ofertas e sacrifícios que Israel deve apresentar regularmente. Essas leis já haviam sido estabelecidas anteriormente em Êxodo e Levítico, mas são agora reafirmadas para a nova geração que em breve entrará em Canaã. A ênfase do capítulo está na constância e na fidelidade do culto, demonstrando que a relação entre Israel e YHWH deve ser mantida por meio da adoração ininterrupta. A introdução do capítulo apresenta a ordem divina:

> *wayyədabbēr yhwh ʾel-Mōšeh lēʾmōr ṣaw ʾeṯ-bənê-yiśrāʾēl wəʾāmartā ʾălêhem ʾeṯ-qorbənî laḥmî ləʾîšay rēaḥ nîḥōḥî tišmərû ləhaqrîḇ lî bəmôʿăḏô*
> "E YHWH falou a Moisés, dizendo: 'Ordena aos filhos de Israel e dize-lhes: a minha oferta, o meu pão para minhas ofertas queimadas de aroma agradável, guardareis para me oferecer no tempo determinado.'" (Nm 28,1-2)

O termo *qorbənî* (minha oferta) enfatiza que os sacrifícios pertencem exclusivamente a YHWH, reforçando que o culto não é apenas uma formalidade ritual, mas um compromisso sagrado. A expressão *laḥmî lə'îšay* (meu pão para minhas ofertas queimadas) pode ser entendida como uma metáfora para a alimentação contínua do relacionamento entre YHWH e Israel. O *rēaḥ nîḥōḥî* (aroma agradável) indica que as ofertas representam um ato de obediência que agrada a Deus, evocando a ideia de uma comunhão entre o povo e seu Criador. O primeiro sacrifício detalhado é a oferta diária:

> *wə'āmartā lāhem zeh hā'îšeh 'ăšer-taqrîbû lî tamîḏ šənê kəḇāśîm bənê šānâ təmîmîm liôm tamîḏ*
> "E dirás a eles: esta é a oferta que queimareis continuamente para mim: dois cordeiros de um ano, sem defeito, cada dia, como holocausto perpétuo." (Nm 28,3)

O holocausto diário (*'ôlâ tamîḏ*) consiste em dois cordeiros imolados diariamente, um pela manhã e outro à tarde. O adjetivo *tamîḏ* (contínuo) destaca que esse sacrifício nunca deve ser interrompido, simbolizando a presença constante de Israel diante de YHWH. A exigência de cordeiros *təmîmîm* (sem defeito) reflete a santidade do culto e a necessidade de oferecer o melhor ao Senhor. A oferta inclui uma oblação e libação:

> *wə'iśśārōn sōlet minḥâ bəlûlâ baššemen rəḇî'îṯ hāhîn wəniskô rəḇî'îṯ hāhîn lāyayin lakkeḇeś hā'eḥāḏ baqqōḏeš hāsōk nēsek šēḵār layhwh*
> "E uma décima de efa de flor de farinha como oferta de cereais, misturada com um quarto de hin de azeite puro. E sua libação será um quarto de hin de vinho, para cada cordeiro. No lugar santo derramarás uma libação de bebida forte para YHWH." (Nm 28,5-7)

A *minḥâ* (oferta de cereais) e o *nēsek* (libação) acompanham o sacrifício diário, reforçando que a adoração envolve não apenas sangue, mas também os frutos do trabalho humano. O vinho, descrito como nēsek *šēḵār* (libação de bebida forte), representa alegria e consagração, sendo derramado no santuário como um símbolo da dedicação total a YHWH. O mesmo ritual deve ser repetido à tarde:

> *wəʾeṯ-hakkeḇeś haššēnî taʿăśeh bēn hāʿarbayim kəminḥaṯ habbōqer ûkəniskô taʿăśeh ʾišê rēaḥ nîḥōḥ layhwh*
> "E o segundo cordeiro oferecerás à tarde, conforme a oferta de cereais da manhã e conforme sua libação; um sacrifício de aroma agradável a YHWH." (Nm 28,8)

A repetição desse sacrifício ao entardecer reforça o ciclo contínuo de adoração. Israel começa e termina cada dia apresentando ofertas a YHWH, reconhecendo sua dependência dEle e reafirmando sua aliança. A ordem para esse holocausto contínuo remonta ao Sinai:

> *ʿōlâ tamîḏ haʿăśûyâ bəhar-Sînay lərēaḥ nîḥōḥ ʾišê layhwh*
> "Holocausto perpétuo, instituído no Monte Sinai, como aroma agradável, oferta queimada para YHWH." (Nm 28,6)

A menção ao Sinai vincula a prática sacrificial ao momento da revelação da Torá, indicando que o culto em Israel não é uma inovação tardia, mas uma continuação da aliança estabelecida com Deus. A constância desse sacrifício reforça a necessidade de fidelidade e obediência, destacando que a adoração não deve ser circunstancial, mas uma realidade permanente. A continuidade das instruções sobre os sacrifícios diários em Números 28 enfatiza a regularidade do culto e a relação contínua entre Israel e YHWH. Após descrever a oferta matinal, o texto passa à libação que acompanha o sacrifício:

> *wəniskô rəḇîʿîṯ hāhîn lāyayin laḵkeḇeś hāʾeḥāḏ baqqōḏeš hāsōk nēsek šēḵār layhwh*
> "E sua libação será um quarto de hin de vinho, para cada cordeiro. No lugar santo derramarás uma libação de bebida forte para YHWH." (Nm 28,7)

O vinho é descrito como nēsek *šēḵār*, termo que pode ser traduzido como "libação de bebida forte". Isso indica que o vinho usado no sacrifício não era apenas um líquido simbólico, mas uma substância com significado litúrgico, evocando alegria e consagração. A ordem de derramar essa libação "no lugar santo" reforça o caráter sagrado da oferta, separando-a das práticas comuns. A repetição do sacrifício ao entardecer é estabelecida:

> *wəʾeṯ-hakkeḇeś haššēnî taʿăśeh bēn hāʿarbayim kəminḥaṯ habbōqer ûkəniskô taʿăśeh ʾišê rēaḥ nîḥōḥ layhwh*
> "E o segundo cordeiro oferecerás à tarde, conforme a oferta de cereais da manhã e conforme sua libação; um sacrifício de aroma agradável a YHWH." (Nm 28,8)

O holocausto contínuo, realizado duas vezes ao dia, reflete a presença ininterrupta de Israel diante de YHWH. O dia começa e termina com uma expressão de dependência e gratidão ao Senhor. A menção ao ***rēaḥ nîḥōḥ*** (aroma agradável) reafirma que esse ritual é aceito por Deus e fortalece o relacionamento entre Ele e Seu povo. A fundamentação desse sacrifício remonta ao Sinai:

> *ʿōlâ tamîḏ haʿăśûyâ bəhar-Sînay lərēaḥ nîḥōḥ ʾîšê layhwh*
> "Holocausto perpétuo, instituído no Monte Sinai, como aroma agradável, oferta queimada para YHWH." (Nm 28,6)

Ao vincular a prática ao Monte Sinai, o texto sublinha que essa oferta não é uma inovação, mas parte da estrutura fundamental da aliança. O holocausto contínuo não apenas sustenta o culto, mas reafirma a identidade de Israel como nação consagrada. O capítulo então introduz as ofertas sabáticas:

> *ûbəyôm haššabbāt šənê-ḵəḇāśîm bənê šānâ təmîmîm ûšənê ʿiśśārōnîm sōlet minḥâ bəlûlâ baššemen wəniskô*
> "E no dia de sábado, dois cordeiros de um ano, sem defeito, e duas décimas de efa de flor de farinha como oferta de cereais, misturada com azeite, e sua libação." (Nm 28,9)

O sábado, como dia de descanso e consagração, exige um sacrifício adicional. Diferente do holocausto diário, a oferta sabática inclui dois cordeiros e uma porção dobrada da oferta de cereais. Isso reflete a importância do dia, que marca a separação entre o tempo comum e o tempo sagrado. A *minḥâ* (oferta de cereais) é reforçada, destacando que a adoração a YHWH não se restringe ao derramamento de sangue, mas envolve também os frutos do trabalho humano. O texto enfatiza que esse sacrifício é complementar, e não substitui o holocausto diário:

> *ʿōlat šabbāt bəšabbātô ʿal-ʿōlat hattamîḏ wəniskāh*
> "Holocausto do sábado, em cada sábado, além do holocausto contínuo e sua libação." (Nm 28,10)

A frase *ʿal-ʿōlat hattamîḏ* (além do holocausto contínuo) sugere que o culto sabático intensifica a adoração regular. O sábado é um dia elevado na liturgia israelita, mas a base do culto permanece o sacrifício diário ininterrupto. A narrativa então avança para os sacrifícios do início de cada mês:

> *ûbərōʾšê ḥaḏəšêḵem taqrîḇû ʿōlâ layhwh pārîm bənê-bāqār šənayim wəʾayil ʾeḥāḏ šəḇʿâ kəḇāśîm bənê šānâ təmîmîm*
> "E nos princípios dos vossos meses, apresentareis um holocausto a YHWH: dois novilhos, um carneiro e sete cordeiros de um ano, sem defeito." (Nm 28,11)

A renovação do mês é marcada por um sacrifício significativo, incluindo bois, carneiros e cordeiros. O aumento do número de animais destaca a importância desses momentos na vida religiosa de Israel. O ciclo lunar regulava o calendário e estava vinculado às festas solenes, tornando o *rōʾš ḥōdeš* (princípio do mês) um tempo especial de consagração. A oblação associada ao sacrifício reflete a mesma estrutura das demais ofertas:

> *wəšəlōšâ ʿiśśārōnîm sōlet minḥâ bəlûlâ baššemen lapār hāʾeḥāḏ šənê-ʿiśśārōnîm lōʾāyil hāʾeḥāḏ*
> "E três décimas de efa de flor de farinha como oferta de cereais, misturada com azeite, para cada novilho; e duas décimas para cada carneiro." (Nm 28,12)

A abundância da oferta de cereais reflete a prosperidade e a gratidão do povo, demonstrando que a consagração mensal não era apenas um rito mecânico, mas um ato de devoção sincera. A continuidade das instruções sobre os sacrifícios mensais reforça a ideia de que a adoração a YHWH deve ser meticulosamente regulada e constante. Após a apresentação do holocausto principal dos *rōʾšê ḥaḏəšêḵem* (princípios dos meses), o texto detalha as ofertas de cereais e libações associadas a cada animal:

> *ʿiśśārōn ʾeḥāḏ sōlet minḥâ bəlûlâ baššemen laḵkeḇeś hāʾeḥāḏ ʿōlâ rēaḥ nîḥōḥ ʾiššê layhwh*
> "E uma décima de efa de flor de farinha como oferta de cereais, misturada com azeite, para cada cordeiro; holocausto de aroma agradável, oferta queimada a YHWH." (Nm 28,13)

O padrão estabelecido nas ofertas diárias e sabáticas se repete: cada animal recebe uma oferta proporcional de cereais e azeite. O texto enfatiza que esses sacrifícios são *rēaḥ nîḥōḥ*, ou seja, expressões de adoração que são aceitas por YHWH. A regularidade e a abundância dos sacrifícios no início do mês marcam esses momentos como tempos especiais de consagração. A libação associada ao sacrifício reflete a hierarquia dos animais:

> *wəniskêhem ḥăṣî hāhîn yāyin lapār šəlîšît hāhîn lāʾāyil*
> "E suas libações serão: meio *hin* de vinho para cada novilho, um terço de hin para cada carneiro." (Nm 28,14)

> *ûrəḇîʿîṯ hāhîn laḵkeḇeś hāʾeḥāḏ yāyin*
> "E um quarto de hin de vinho para cada cordeiro."

A gradação na quantidade de vinho segue a mesma lógica dos sacrifícios de carne e das ofertas de cereais. O vinho, frequentemente associado à alegria e celebração (cf. Sl 104,15), representa um componente essencial na adoração pública. Sua libação diante de YHWH simboliza a entrega da abundância do povo ao seu Deus. O texto enfatiza que essa estrutura sacrificial deve ser mantida sem variação:

> *ʿōlat haḥōdeš bəḥōdšô ləḥōdšê haššānâ*
> “Holocausto do mês, em cada mês, para os meses do ano.” (Nm 28,14)

Essa repetição sublinha que a consagração do tempo não é opcional nem variável; os sacrifícios mensais fazem parte da estrutura fundamental da adoração israelita. Ao marcar cada *rōʾš ḥōdeš* com ofertas específicas, o culto de Israel é integrado ao ciclo lunar, reforçando a centralidade da aliança na organização da vida cotidiana. Além dos sacrifícios regulares, o texto inclui uma oferta pelo pecado:

> *wəśîʿîr ʿîzîm ʾeḥāḏ ləḥaṭṭāʾṯ layhwh ʿal-ʿōlat hattamîḏ yēʿāśeh wəniskô*
> “E um bode como oferta pelo pecado a YHWH; além do holocausto contínuo, será oferecido com sua libação.” (Nm 28,15)

A inclusão de um *śîʿîr ʿîzîm ləḥaṭṭāʾṯ* (bode como oferta pelo pecado) distingue o sacrifício mensal dos diários e sabáticos. Enquanto os holocaustos e as oblações expressam adoração e gratidão, a oferta pelo pecado reflete a necessidade contínua de expiação. Esse aspecto reforça a teologia sacrificial do livro de Números: Israel precisa de constante purificação para permanecer na presença de YHWH. O capítulo então se desloca para as ofertas da Páscoa:

> *ûḇaḥōdeš hāriʾšôn bəʾarbaʿâ ʿāśār yōm laḥōdeš pesaḥ layhwh*
> “E no primeiro mês, no décimo quarto dia do mês, será a Páscoa de YHWH.” (Nm 28,16)

A menção à Páscoa remete ao evento fundacional da identidade israelita: a libertação do Egito. A festa não é apenas uma comemoração histórica, mas um ato litúrgico que reafirma a aliança. Ao conectar a Páscoa aos sacrifícios regulares e mensais, o texto sugere que o culto diário e a celebração das festas estão interligados. A semana dos Pães Asmos reforça essa ênfase:

> *ûḇaḥamiššâ ʿāśār yōm laḥōdeš hāzzê ḥāg šiḇʿâ yāmîm maṣṣôt yēʾāḵēl*
> "E no décimo quinto dia deste mês será festa; por sete dias se comerão pães sem fermento." (Nm 28,17)

A festividade prolongada indica que a memória do Êxodo não deve ser passageira, mas sustentada por uma prática contínua. Os *maṣṣôt* (pães sem fermento) simbolizam a pureza e a prontidão para seguir a vontade de YHWH. A inclusão dessas instruções dentro das regulamentações sacríficas reforça a ideia de que a adoração de Israel deve ser cuidadosamente ordenada em todos os níveis – diário, semanal e anual. A continuação das instruções sacríficas mantém a ênfase na adoração regular e estruturada. O texto agora detalha os sacrifícios específicos para a semana da Festa dos Pães Asmos, reforçando o caráter solene e contínuo da consagração a YHWH:

> *bāyōm hāriʾšôn miqrāʾ-qōḏeš yihyeh lāḵem kol-məleʾḵeṯ ʿăḇōḏâ lōʾ taʿăśû*
> "No primeiro dia, haverá para vós uma convocação santa; nenhuma obra servil fareis." (Nm 28,18)

A expressão *miqrāʾ-qōḏeš* (convocação santa) indica que esse é um dia de assembleia e adoração pública. O interdito contra *məleʾḵeṯ ʿăḇōḏâ* (obra servil) reforça que a festividade não é apenas um evento cultural, mas um momento de exclusividade para YHWH. Como ocorre no sábado e em outras festas, a cessação do trabalho é um sinal da dedicação total do tempo sagrado ao culto divino. O holocausto diário durante a festa reflete a mesma estrutura dos sacrifícios mensais e sabáticos, mas com uma intensificação dos elementos:

> *wəhiqrabtem ʾišê ʿōlâ layhwh pārîm bənê-ḇāqār šənayim wəʾayil ʾeḥāḏ wəšəḇaʿâ kəḇāśîm bənê-šānâ təmîmîm yihyu lāḵem*
> "E oferecereis oferta queimada em holocausto a YHWH: dois novilhos, um carneiro e sete cordeiros de um ano, sem defeito, serão para vós." (Nm 28,19)

A quantidade aumentada de animais destaca a solenidade da ocasião. Se nos sacrifícios diários e mensais havia apenas um novilho, agora há dois; em vez de um carneiro, há sete cordeiros. O aumento do número dos sacrifícios corresponde à importância da festa, enfatizando a oferta abundante como expressão de gratidão e consagração. A oferta de cereais que acompanha os holocaustos mantém a proporcionalidade já estabelecida:

> *wəminḥātām sōlet bəlûlâ baššemen šəlōšâ ʿiśśārōnîm lapār wəšənayim lāʾayil*
> "E sua oferta de cereais será de flor de farinha misturada com azeite: três décimos de efa para cada novilho, e dois décimos para o carneiro." (Nm 28,20)

> *ʿiśśārōn ʾeḥād̠ təʿăśû lak̠keb̠eś hāʾeḥād̠ ləšibʿat hak̠b̠āśîm*
> "E um décimo para cada um dos sete cordeiros." (Nm 28,21)

A oferta de cereais, assim como os sacrifícios de carne, segue um esquema hierárquico: os novilhos exigem a maior quantidade de flor de farinha, seguidos pelo carneiro e, por fim, pelos cordeiros. Essa precisão nos detalhes ritualísticos reforça a ideia de que a adoração a YHWH deve ser organizada e minuciosa. Além do holocausto, o sacrifício pelo pecado continua sendo um elemento essencial:

> *wəśîʿîr ʿîzîm ʾeḥād̠ ləḥaṭṭāʾt̠ lək̠appēr ʿălêk̠em*
> "E um bode como oferta pelo pecado, para fazer expiação por vós." (Nm 28,22)

A presença de uma oferta expiatória na Festa dos Pães Asmos destaca que, mesmo em um momento de celebração, a necessidade de purificação contínua permanece. O ato de *lək̠appēr* (fazer expiação) indica que Israel deve renovar constantemente sua santidade diante de YHWH. O capítulo reforça que esse padrão sacrificial deve ser seguido rigorosamente:

> *mibbalʿad ʿōlat haBōqer ʾăšer ləʿōlat hattāmîd̠ taʿăśû ʾēlleh*

> "Além do holocausto da manhã, que é o holocausto contínuo, fareis estas ofertas." (Nm 28,23)

Essa cláusula mostra que os sacrifícios especiais da festa não substituem os holocaustos diários (*ʿōlat hattāmîḏ*), mas se somam a eles. A continuidade do culto diário garante que Israel esteja sempre em um estado de consagração, independentemente das celebrações festivas. O segundo dia da festa repete os mesmos sacrifícios:

> *kāʾēlleh taʿăśû layyōm haššēnî ləmīnḥâ uliniskêhem lərēaḥ nîḥōḥ ʾîšê layhwh*
> "Assim fareis no segundo dia, com suas ofertas de cereais e suas libações, para um aroma agradável, oferta queimada a YHWH." (Nm 28,24)

A repetição do ritual por sete dias mantém a solenidade da festa ao longo de toda a semana. O caráter contínuo da adoração reflete a natureza da aliança: Israel não deve se aproximar de YHWH apenas em momentos específicos, mas deve manter um estado permanente de santidade e consagração. A menção explícita às libações reforça a necessidade de cada componente do ritual:

> *wəhiqraḇtem ʾišê rēaḥ nîḥōḥ layhwh pārîm bənê-bāqār šənayim ʾayil ʾeḥāḏ šəḇaʿâ kəḇāśîm bənê-šānâ təmîmîm*
> "E oferecereis oferta queimada de aroma agradável a YHWH: dois novilhos, um carneiro, sete cordeiros de um ano, sem defeito." (Nm 28,27)

O esquema segue inalterado para cada um dos dias festivos. A constância das ofertas sublinha que a adoração não pode ser casual ou irregular, mas deve ser disciplinada e previsível. A precisão das ofertas reflete um aspecto fundamental do culto veterotestamentário: a organização do serviço a Deus exige ordem, repetição e fidelidade às instruções reveladas. A centralidade do sacrifício pelo pecado é reiterada:

> *wəśîʿîr ʿîzîm ʾeḥāḏ ləḥaṭṭāʾṯ mibbalʿad ʿōlat hattāmîḏ ûminḥātāhâ wəniskāhâ*

> "E um bode como oferta pelo pecado, além do holocausto contínuo, com sua oferta de cereais e sua libação." (Nm 28,30)

Essa insistência demonstra que, independentemente da alegria e gratidão expressas na festa, a necessidade de expiação nunca pode ser ignorada. O culto a YHWH requer não apenas adoração e ação de graças, mas também a remoção contínua do pecado. O capítulo destaca que esses rituais não são mera tradição, mas constituem um mandamento perpétuo:

> *kāʾēlleh taʿăśû layyōm haššēlîšî wəlayyōm hārəḇîʿî wəlayyōm haḥămîšî*
> "Assim fareis no terceiro dia, no quarto dia e no quinto dia." (Nm 28,31)

Essa estrutura se repete ao longo de toda a festa, sublinhando que a regularidade do culto fortalece a identidade de Israel e mantém sua relação com YHWH. A insistência na repetição dos sacrifícios e sua manutenção ininterrupta garantem que a comunidade esteja sempre em um estado de renovação espiritual.

Capítulo 29

A narrativa de Números 29 começa com a regulamentação dos sacrifícios para as festividades do sétimo mês, um período de intensa consagração no calendário de Israel. O capítulo articula uma teologia do culto que destaca a necessidade de uma adoração contínua, estruturada e sacrificial. Ao longo do mês, diferentes festas são celebradas, culminando na Festa dos Tabernáculos, a mais longa e elaborada do ciclo anual. A precisão dos sacrifícios ordenados reflete a centralidade da adoração na vida do povo da aliança, enfatizando a importância da fidelidade ao modelo estabelecido por YHWH. A primeira convocação solene do mês é a Festa das Trombetas, marcando o início desse período sagrado:

> *ûbəḥōdeš haššəbîʿî bəʾeḥāḏ laḥōdeš miqrāʾ-qōḏeš yihyeh*

lākem kol-məle᾿ḵeṯ ʿăḇōḏâ lō᾿ taʿăśû yōm tərûʿâ yihyeh lākem
"E no sétimo mês, no primeiro dia do mês, tereis para vós uma convocação santa; nenhuma obra servil fareis; será um dia de toque de trombetas para vós." (Nm 29,1)

A expressão yōm *tərûʿâ* (dia de toque de trombetas) sugere um chamado solene à assembleia, inaugurando um período de preparação espiritual. O uso das trombetas em Israel tem múltiplas funções, incluindo convocação para guerra (Nm 10,9), anúncio de ocasiões festivas (Lv 23,24) e proclamação da presença de YHWH (Sl 81,3-4). Esse dia não apenas introduz o sétimo mês como um período especial, mas também reforça a conexão entre culto e memória histórica, preparando o povo para o Dia da Expiação. Os sacrifícios prescritos seguem a estrutura dos demais dias festivos, mas são marcados por uma oferta holocáustica específica:

wəʿăśîtem ʿōlâ lərēaḥ nîḥōḥ layhwh pār ben-bāqār ᾿eḥāḏ wə᾿ayil ᾿eḥāḏ wəšaḇaʿâ kəḇāśîm bənê-šānâ təmîmîm
"E oferecereis um holocausto de aroma agradável a YHWH: um novilho, um carneiro e sete cordeiros de um ano, sem defeito." (Nm 29,2)

O padrão sacrificial aqui se mantém próximo ao estabelecido para as festas solenes: um novilho, um carneiro e sete cordeiros. Essa configuração ressalta a importância do dia, mas sem a escala massiva dos sacrifícios da Festa dos Tabernáculos. A ênfase nos animais *təmîmîm* (sem defeito) reafirma o princípio de que a adoração deve ser oferecida com o melhor do rebanho, em total conformidade com a santidade de YHWH. Cada holocausto é acompanhado pelas respectivas ofertas de cereais e libações:

wəminḥātām sōlɛṯ bəlûlâ baššemen šəlōšâ ʿeśrōnîm lappar hā᾿eḥāḏ šənayim lə᾿ayil hā᾿eḥāḏ
"E a oferta de cereais será de farinha fina misturada com azeite: três dízimos de efa para o novilho, dois dízimos para o carneiro." (Nm 29,3)

> *wəʿîśārōn ʾîśāh ləkəḇeś ʾeḥāḏ ləšəḇaʿat hakəḇāśîm*
> "E um dízimo de efa para cada cordeiro, para os sete cordeiros." (Nm 29,4)

A oferta de cereais (*minḥāh*) e de libação completa o holocausto, criando um quadro de plenitude no sacrifício. A associação entre o alimento e a oferta de sangue enfatiza a provisão divina e a consagração total daquilo que sustenta a vida. Esse detalhe ressalta que a adoração não envolve apenas o sacrifício de animais, mas também o reconhecimento de YHWH como o provedor de todas as bênçãos materiais. Além do holocausto, um sacrifício expiatório é exigido:

> *wəśîʿîr ʿizîm ʾeḥāḏ ləḥaṭṭāʾṯ ləḵappēr ʿălêḵem*
> "E um bode como oferta pelo pecado, para fazer expiação por vós." (Nm 29,5)

A oferta pelo pecado reforça que, mesmo em um dia de celebração, a purificação da comunidade é necessária. Nenhuma festividade pode ocorrer sem a consciência da fragilidade humana diante da santidade de YHWH. A repetição constante desse sacrifício em diferentes ocasiões do calendário israelita sublinha a necessidade de expiação contínua, antecipando a teologia do sacrifício perfeito que será cumprida na tradição messiânica. A ordenança final destaca que esses sacrifícios são adicionais aos holocaustos diários:

> *ləʿalat haḥōdeš ûminḥātâh ûʿalat hat-tāmîḏ ûminḥātâh wənisḵêhem kəmišpāṭām lərēaḥ nîḥōḥ ʾišê layhwh*
> "Além do holocausto do mês e sua oferta de cereais, e além do holocausto contínuo e sua oferta de cereais, com suas libações, conforme o seu estatuto, como aroma agradável, oferta queimada a YHWH." (Nm 29,6)

Esse versículo reforça que as ofertas festivas não substituem os sacrifícios regulares, mas os complementam. O holocausto contínuo (*ʿōlat hat-tāmîḏ*), oferecido diariamente de manhã e à tarde (Nm 28,3-8), permanece como a base da adoração, e os sacrifícios especiais se sobrepõem a essa estrutura permanente. Esse princípio estabelece uma teologia da constância no culto: mesmo em ocasiões extraordinárias, a regularidade da devoção não deve ser interrompida.

A segunda convocação solene do sétimo mês é o Dia da Expiação, um dos momentos mais sagrados do calendário de Israel. Diferente das demais festas, que envolvem alegria e celebração, esse dia é marcado por aflição e arrependimento, simbolizando a purificação do povo diante de YHWH. O texto enfatiza a necessidade de um culto específico para esse dia, no qual o perdão divino é buscado por meio dos sacrifícios. A santidade desse dia é destacada desde o início:

> *ûbəʿāśōr laḥōdeš haššəbîʿî miqrāʾ-qōḏeš yihyeh lākem*
> *wəʿənîtem ʾeṯ-nafšōṯêḵem kol-məleʾḵeṯ lōʾ taʿăśû*
> "E no décimo dia desse sétimo mês tereis para vós uma convocação santa; afligireis vossas almas e nenhuma obra fareis." (Nm 29,7)

A expressão *ʿənîtem ʾeṯ-nafšōṯêḵem* (afligireis vossas almas) refere-se à prática do jejum e da auto-humilhação diante de Deus, um elemento central do Dia da Expiação (Lv 16,29-31). Esse ato de aflição simboliza arrependimento, reconhecendo a necessidade de reconciliação com YHWH. O caráter sagrado da data é reforçado pela proibição do trabalho (*kol-məleʾḵeṯ lōʾ taʿăśû*), estabelecendo um dia de completa dedicação espiritual. O holocausto oferecido nesse dia reflete a solenidade do momento:

> *wəhiqqrabətem ʿōlâ layhwh rēaḥ nîḥōḥ pār ben-bāqār*
> *ʾeḥāḏ wəʾayil ʾeḥāḏ šəḇaʿâ kəḇāśîm bənê-šānâ təmîmîm*
> *yihyû lākem*
> "E oferecereis um holocausto a YHWH de aroma agradável: um novilho, um carneiro e sete cordeiros de um ano, que sejam sem defeito para vós." (Nm 29,8)

Os elementos desse sacrifício são semelhantes aos do primeiro dia do mês (29,2), mas sua função aqui é diferente. Enquanto a Festa das Trombetas marcava um anúncio e convocação ao arrependimento, o Dia da Expiação é o momento em que Israel busca expiação plena de seus pecados. A oferta de um *pār ben-bāqār* (novilho), um *ʾayil* (carneiro) e sete cordeiros reforça a ideia de uma adoração estruturada, na qual cada elemento do sacrifício tem um significado específico dentro da teologia do culto. As ofertas de cereais e libações acompanham o holocausto:

> *wəminḥātām sōlɛṯ bəlûlâ baššemen šəlōšâ ʿeśrōnîm lappar hāʾeḥāḏ šənayim ləʾayil hāʾeḥāḏ*
> "E sua oferta de cereais será de farinha fina misturada com azeite: três dízimos de efa para o novilho, dois dízimos para o carneiro." (Nm 29,9)

> *ʿîśārōn ʾîśāh ləkaḇeś ʾeḥāḏ ləšəḇaʿat hakəḇāśîm*
> "E um dízimo de efa para cada cordeiro, para os sete cordeiros." (Nm 29,10)

A oferta de cereais (*minḥāh*) simboliza o reconhecimento de que tudo pertence a YHWH, incluindo os frutos da terra. O azeite misturado à farinha sugere um sacrifício de louvor e consagração, complementando a purificação realizada pelo holocausto. No centro do Dia da Expiação está o sacrifício pelo pecado:

> *wəśîʿîr ʿîzîm ʾeḥāḏ ləḥaṭṭāʾṯ ləḵappēr ʿălêḵem*
> "E um bode para oferta pelo pecado, para fazer expiação por vós." (Nm 29,11)

Esse sacrifício é essencial, pois o foco do dia é a purificação do povo. Em Levítico 16, esse bode é parte do rito mais elaborado da expiação, em que um segundo bode (*ʿazāʾzēl*) é enviado ao deserto carregando simbolicamente os pecados de Israel. Aqui, o *śîʿîr ʿîzîm* (bode) representa a remoção do pecado e a restauração da comunhão com YHWH. O versículo seguinte destaca que esses sacrifícios são adicionais aos sacrifícios regulares:

> *mibbalʿad ʿōlat hat-tāmîḏ ûminḥātâh wənisḵêhem*
> "Além do holocausto contínuo e sua oferta de cereais, com suas libações." (Nm 29,11)

Esse detalhe enfatiza que a adoração regular não é interrompida, mas intensificada. O Dia da Expiação não elimina o holocausto contínuo (*ʿōlat hat-tāmîḏ*), que representa a devoção diária, mas adiciona um nível superior de sacrifícios, apropriado para a seriedade do dia. A partir do versículo 12, o texto introduz a mais extensa e festiva celebração do mês, a Festa dos Tabernáculos:

> *ûbəḥamiššâ ʿāśār yôm laḥōdeš haššəbîʿî miqrāʾ-qōḏeš*
> *yihyeh lākem lōʾ taʿăśû kol-məleʾḵeṯ ʿăḇōdâ wəḥagôṯem*
> *ḥag layhwh šibʿat yāmîm*
> "E no décimo quinto dia do sétimo mês tereis para vós uma convocação santa; nenhuma obra servil fareis, e celebrareis uma festa a YHWH por sete dias." (Nm 29,12)

A Festa dos Tabernáculos (*Sukkot*) é o clímax do ciclo anual de festas, celebrando tanto a colheita como a proteção divina durante a jornada pelo deserto (Lv 23,33-43). A ordem de *ḥagôṯem ḥag laYHWH* (celebrareis uma festa a YHWH) sugere alegria e gratidão, contrastando com o tom solene do Dia da Expiação. Os sacrifícios para esse dia são os mais numerosos de todas as festividades:

> *wəhiqqrabətem ʿōlâ ʾîšê rēaḥ nîḥōḥ laYHWH šəlōšâ ʿāśār*
> *pārê bənê-bāqār ʾaylîm šənayim wəʾarbaʿâ ʿāśār kəḇāśîm*
> *bənê-šānâ təmîmîm yihyû*
> "E oferecereis um holocausto, oferta queimada de aroma agradável a YHWH: treze novilhos, dois carneiros e quatorze cordeiros de um ano, que sejam sem defeito." (Nm 29,13)

A quantidade impressionante de animais sacrificados reflete a grandiosidade e importância dessa festa. O número de novilhos (*pārê bənê-bāqār*) diminuirá a cada dia da festa, estabelecendo um padrão simbólico de transição e encerramento. As ofertas de cereais e libações acompanham esse grande holocausto:

> *wəminḥātām sōlɛṯ bəlûlâ baššemen šəlōšâ ʿeśrōnîm*
> *lappar hāʾeḥāḏ*
> "E a oferta de cereais será de farinha fina misturada com

> azeite: três dízimos de efa para cada novilho."
> (Nm 29,14)

Essa estrutura de sacrifícios demonstra que a Festa dos Tabernáculos é um evento de celebração máxima, em que o povo expressa sua gratidão pela fidelidade de YHWH. Os versículos 15-20 continuam detalhando os sacrifícios específicos desse primeiro dia, estabelecendo o padrão para os dias subsequentes.

A partir do versículo 15, o texto continua a detalhar os sacrifícios diários durante a Festa dos Tabernáculos (*Sukkot*), estabelecendo um padrão progressivo na quantidade de novilhos sacrificados, enquanto os demais elementos do holocausto permanecem constantes. Essa estrutura reforça o caráter único dessa festividade, que combina gratidão pela colheita e memória da peregrinação no deserto. O primeiro dia da festa se destaca pelo grande número de sacrifícios:

> *wəśîʿîr ʿîzîm ʾeḥāḏ ləḥaṭṭāʾṯ miləḇaddê ʿōlat hat-tāmîḏ ûminḥātâh wəniskāh*
> "E um bode para oferta pelo pecado, além do holocausto contínuo e sua oferta de cereais, com sua libação." (Nm 29,16)

A presença de um sacrifício pelo pecado (*śîʿîr ʿîzîm ləḥaṭṭāʾṯ*) em meio à celebração reforça que, mesmo nos momentos de alegria, Israel deve lembrar-se da necessidade contínua de expiação. A inclusão do *ʿōlat hat-tāmîḏ* (holocausto contínuo) indica que a adoração diária nunca é suspensa, mesmo durante grandes festividades. A partir do segundo dia, há uma redução progressiva na quantidade de novilhos oferecidos:

> *ûbayyôm haššēnî pārîm bənê-bāqār šənēym-ʿāśār ʾaylîm šənayim kəḇāśîm ʾarbaʿâ ʿāśār bənê-šānâ təmîmîm*
> "E no segundo dia, doze novilhos, dois carneiros e catorze cordeiros de um ano, que sejam sem defeito." (Nm 29,17)

O padrão de diminuição dos novilhos segue nos dias subsequentes:

- No terceiro dia: onze novilhos (29,20)

- No quarto dia: dez novilhos (29,23)
- No quinto dia: nove novilhos (29,26)
- No sexto dia: oito novilhos (29,29)
- No sétimo dia: sete novilhos (29,32)

Essa diminuição gradual de ***pārîm bənê-bāqār*** (novilhos) sugere um encerramento progressivo da celebração. Esse detalhe é exclusivo da Festa dos Tabernáculos, tornando-a diferente de qualquer outra festividade no calendário de Israel. Apesar da variação na quantidade de novilhos, os demais elementos do sacrifício permanecem fixos:

> *ʾaylîm šənayim kəḇāśîm ʾarbaʿâ ʿāśār bənê-šānâ təmîmîm*
> "Dois carneiros e catorze cordeiros de um ano, sem defeito."

As ofertas de cereais (***minḥāh***) e libações (***nisḵêhem***) também continuam constantes, enfatizando que a adoração deve ser mantida em plenitude até o fim do ciclo festivo. Cada dia também inclui a oferta pelo pecado:

> *wəśîʿîr ʿîzîm ʾeḥāḏ ləḥaṭṭāʾṯ miləḇaddê ʿōlat hat-tāmîḏ ûminḥātâh wənisḵāh*
> "E um bode para oferta pelo pecado, além do holocausto contínuo, sua oferta de cereais e sua libação."

Esse elemento reforça que, mesmo em meio à celebração, Israel não pode ignorar a necessidade de purificação contínua. O pecado deve ser tratado constantemente para que a comunhão com YHWH seja mantida. No sétimo dia, o ciclo atinge sua conclusão:

> *ûbayyôm hašəbiʿî pārîm šiḇʿâ ʾaylîm šənayim kəḇāśîm ʾarbaʿâ ʿāśār təmîmîm*
> "E no sétimo dia, sete novilhos, dois carneiros e catorze cordeiros, sem defeito." (Nm 29,32)

O número sete tem um forte simbolismo de plenitude e conclusão na teologia bíblica. A redução para sete novilhos no sétimo dia reforça que o ciclo de sacrifícios atingiu seu ponto final, preparando o povo para a última convocação sagrada da festa, o Shemini Atzeret (Oitavo Dia de Assembleia), que será tratado no versículo seguinte. No oitavo dia, a Festa dos Tabernáculos atinge seu clímax com uma convocação especial e um sacrifício diferenciado. A narrativa estabelece esse dia como um momento distinto dentro da celebração, sugerindo uma transição entre o período de regozijo e uma renovação solene diante de YHWH.

> *bayyôm hašəmīnî ʿaṣeret tihəyê lāḵem kol-mələʾḵeṯ ʿăḇōḏâ lōʾ taʿăśû*
> "No oitavo dia, tereis uma assembleia solene; nenhum trabalho servil fareis." (Nm 29,35)

O termo *ʿaṣeret* (assembleia solene) sugere um encerramento distinto, separado dos sete dias anteriores. Enquanto a Festa dos Tabernáculos estava repleta de sacrifícios abundantes e celebração, o oitavo dia é marcado por um retorno ao recolhimento e à dedicação exclusiva a YHWH. Esse padrão se reflete na redução drástica do número de sacrifícios. O holocausto deste dia difere dos anteriores:

> *wəhiqqrabtəm ʿōlâ lərêaḥ nîḥōaḥ layhwh pār ʾeḥāḏ ʾayl ʾeḥāḏ kəḇāśîm bənê-šānâ šiḇʿâ təmîmîm*
> "E apresentareis como holocausto de aroma agradável a YHWH um novilho, um carneiro e sete cordeiros de um ano, sem defeito." (Nm 29,36)

Em contraste com os dias anteriores, nos quais o número de novilhos diminuía gradualmente de treze para sete, no oitavo dia há apenas um. Isso simboliza o encerramento do ciclo e a transição para um novo estado espiritual. O número sete, representado pelos cordeiros, reforça a ideia de completude e consagração. As ofertas de cereais e libações permanecem:

> *minḥāṯām wənisḵêhem lammišpāṭ kəʾēlleh lərêaḥ nîḥōaḥ ʾiššê layhwh*

"Suas ofertas de cereais e suas libações, segundo a ordenança, como aroma agradável, oferta queimada a YHWH." (Nm 29,37)

Isso assegura que, mesmo com a redução no número de animais, o aspecto contínuo da adoração não é comprometido. A oferta pelo pecado também continua:

ûśîʿîr ʿîzîm ʾeḥāḏ ləḥaṭṭāʾṯ miləḇaddê ʿōlat hat-tāmîḏ ûminḥātâh wənisḵāh
"E um bode para oferta pelo pecado, além do holocausto contínuo, sua oferta de cereais e sua libação." (Nm 29,38)

Esse detalhe sublinha que a purificação e expiação são princípios perpétuos, independentemente das variações na quantidade de sacrifícios. O capítulo encerra reafirmando que todas essas ordenanças foram comunicadas por YHWH a Moisés:

*ʾēlleh taʿăśû layhwh bəmôʿăḏêḵem ləbad mi*nnidərêḵem ûnidəḇōtêḵem ləʿōlōtêḵem ûləminḥōtêḵem ûləniskêḵem ûlišlāmêḵem*
"Estas coisas oferecereis a YHWH nas vossas festas fixas, além dos vossos votos e das vossas ofertas voluntárias, para os vossos holocaustos, ofertas de cereais, libações e ofertas pacíficas." (Nm 29,39)

Esse versículo estabelece que os sacrifícios prescritos não anulam as ofertas espontâneas que cada israelita pode trazer. A adoração a YHWH não se limita ao que é ordenado, mas se expande ao compromisso voluntário do adorador. A combinação entre prescrições rituais e devoção pessoal reflete um equilíbrio entre obediência e coração. O encerramento do capítulo confirma Moisés como mediador da revelação:

wayyōʾmer Mōšeh ʾel-bənê yiśrāʾēl kəḵōl ʾăšer-ṣiwâ YHWH ʾeṯ-Mōšeh
"E Moisés falou aos filhos de Israel conforme tudo o que YHWH lhe ordenara." (Nm 29,40)

Esse lembrete enfatiza que todas essas festividades e sacrifícios não são invenções humanas, mas ordenanças divinas. Ao concluir essa seção, o texto reafirma que o culto a YHWH deve ser conduzido conforme Sua palavra, garantindo que Israel permaneça em aliança com Ele.

Capítulo 30

A regulamentação sobre votos em Números 30 estabelece princípios fundamentais sobre compromissos assumidos diante de YHWH, delineando a seriedade da palavra empenhada e as condições sob as quais um voto pode ser validado ou anulado. Esse capítulo reforça o conceito da responsabilidade individual, mas também introduz a mediação da autoridade familiar, especialmente no caso das mulheres. A instrução se inicia com uma declaração solene de Moisés aos chefes das tribos:

> *wayədabbēr Mōšeh ʾel-rāʾšê hammaṭṭōṯ livnê yiśrāʾēl lēʾmōr zê haddāḇār ʾăšer-ṣiwâ YHWH*
> "E falou Moisés aos chefes das tribos dos filhos de Israel, dizendo: 'Esta é a palavra que YHWH ordenou'." (Nm 30,2)

A menção aos chefes das tribos sugere que essa legislação tem um caráter organizacional, refletindo uma estrutura hierárquica dentro da sociedade israelita. A frase *zê haddāḇār ʾăšer-ṣiwâ* YHWH (esta é a palavra que YHWH ordenou) enfatiza a autoridade divina por trás dessas instruções, garantindo que não são meras diretrizes humanas, mas direções estabelecidas pelo próprio Deus. O princípio geral sobre os votos é então estabelecido:

> *ʾîš kî-yiddōr nēḏer layhwh ʾô-hiššāḇaʿ šəbûʿâ lēʾēsōr ʾîssār ʿal-nafšô lōʾ yaḥēl dəḇārô kəḵōl-hayyōṣēʾ mippîw yaʿăśeh*
> "Se um homem fizer um voto a YHWH, ou jurar um juramento para obrigar-se a uma restrição, não violará a sua palavra; conforme tudo o que sair da sua boca, ele fará." (Nm 30,3)

Esse versículo estabelece a inviolabilidade dos votos feitos por um homem. O verbo *yaḥēl* (violará) transmite a ideia de profanar ou tornar comum algo sagrado, indicando que um voto a YHWH não pode ser tratado com leviandade. A obrigação de cumprir tudo o que foi pronunciado (*kəḵōl-hayyōṣēʾ mippîw yaʿăśeh*) ressalta que a palavra dada possui um peso espiritual e moral. O texto, então, introduz exceções relacionadas às mulheres, começando com aquelas que vivem sob a autoridade paterna:

> *wəʾiššâ kî-tiddōr nēḏer layhwh wəʾāśrâ ʾîssār bəbêṯ ʾāḇîhâ binʿəʿurêyhâ*
> "E se uma mulher fizer um voto a YHWH, e se obrigar a uma restrição na casa de seu pai, na sua mocidade" (Nm 30,4)

Aqui, a expressão *binʿəʿurêyhâ* (na sua mocidade) sugere que a legislação se aplica a mulheres que ainda não contraíram casamento, estando sob a autoridade do pai. A legislação então especifica a função paterna na confirmação ou anulação do voto:

> *wəšāmaʿ ʾāḇîhâ ʾeṯ-nidrāh wəʾĕssārâ ʾăšer-ʾāśrâ ʿal-nafšâh wəḥărēš lâh ʾāḇîhâ wəqāmû kol-nidreyhâ wəkol-ʾĕssārêhâ ʾăšer-ʾāśrâ ʿal-nafšâh yāqûmû*
> "E se seu pai ouvir o seu voto e a restrição que impôs sobre si mesma, e seu pai se calar para com ela, então todos os seus votos permanecerão, e toda restrição que impôs sobre si mesma permanecerá." (Nm 30,5)

O silêncio do pai equivale a consentimento, o que reflete uma estrutura patriarcal na qual a autoridade masculina desempenha um papel regulador sobre os compromissos assumidos pela mulher dentro do lar. Entretanto, se o pai se opuser:

> *wəʾim-hĕnîʾ ʾāḇîhâ ʾōṯāh bəyôm šāmoʿ kol-nidreyhâ wəʾĕssārêhâ ʾăšer-ʾāśrâ ʿal-nafšâh lōʾ yāqûm wəYHWH yislāḥ-lāh*
> "Mas se seu pai a proibir no dia em que ouvir, nenhum de seus votos e nenhuma de suas restrições que impôs sobre

si mesma permanecerá, e YHWH lhe perdoará."
(Nm 30,6)

Aqui, a autoridade paterna tem o poder de invalidar o voto, e a anulação não recai como culpa sobre a mulher, pois YHWH lhe concederá perdão. Essa dinâmica revela que o compromisso da mulher, embora seja tomado diante de Deus, pode ser sobreposto pela responsabilidade da figura paterna, um reflexo da estrutura familiar da época. O mesmo princípio se aplica a uma mulher casada, mas com a diferença de que a autoridade que regula seus votos é agora o marido:

wəʾim-hāyôṯ tihəyê ləʾîš ûnidrêhâ ʿālehâ ʾô-mibṭîʾ śəp̄ātêhâ ʾăšer-ʾāśrâ ʿal-nafšâh
"E se ela tiver um marido, e sobre ela houver votos ou um pronunciamento impensado de seus lábios, pelo qual se obrigou," (Nm 30,7)

A expressão *mibṭî śəp̄ātêhâ* (um pronunciamento impensado de seus lábios) sugere que nem todos os votos são planejados cuidadosamente, e algumas promessas podem ser feitas sob impulso. O texto prossegue esclarecendo o papel do marido:

wəšāmaʿ ʾîšâh wəḥārēš lâh bəyôm šāmoʿ wəqāmû nidreyhâ ûʾĕssārêhâ ʾăšer-ʾāśrâ ʿal-nafšâh yāqûmû
"E se seu marido ouvir e se calar para com ela no dia em que ouvir, então seus votos permanecerão, e as restrições que impôs sobre si mesma permanecerão." (Nm 30,8)

Assim como no caso do pai, o silêncio do marido equivale a aceitação, enquanto sua objeção pode invalidar o voto:

wəʾim-bəyôm šāmoʿ yānîʾ ʾōṯāh wəhēpēr ʾĕt-nidrāh ʾăšer-ʿālêhâ wəʾĕssārêhâ ʾăšer-ʾāśrâ ʿal-nafšâh wəYHWH yislāḥ-lāh
"Mas se no dia em que ouvir, seu marido a desaprovar e anular seu voto ou a restrição que impôs sobre si mesma, então YHWH lhe perdoará." (Nm 30,9)

Essas regulamentações demonstram que, no contexto social israelita, a autonomia dos votos das mulheres era balanceada pela autoridade masculina dentro da casa paterna ou conjugal. No entanto, se uma viúva ou uma mulher divorciada fizer um voto, ele será considerado irrevogável:

> *ûnēḏer ʾalmənā ûgərûšâ kol-ʾăšer-ʾāśrâ ʿal-nafšâh yāqûm ʿālêhâ*
> "O voto de uma viúva ou de uma divorciada, tudo o que impuser sobre si mesma, permanecerá sobre ela." (Nm 30,10)

Aqui, a ausência de uma autoridade masculina intermediária significa que seus compromissos são absolutos. Isso sugere que a responsabilidade pessoal diante de YHWH é proporcional à independência da mulher dentro da sociedade. A regulamentação sobre votos em Números 30 continua tratando da validade dos compromissos assumidos, agora concentrando-se em situações mais específicas. O princípio geral já foi estabelecido: um voto a YHWH tem força obrigatória, mas existem circunstâncias em que a autoridade paterna ou conjugal pode intervir para confirmá-lo ou anulá-lo. A partir do versículo 11, o texto reforça essas diretrizes e apresenta a responsabilidade final do homem na decisão sobre os votos de sua esposa. O caso de uma mulher casada que fez um voto e seu marido permaneceu em silêncio é reafirmado:

> *wəʾim-bēṯ ʾîšāh nāḏartā ʾô-ʾāśrâ ʾissār ʿal-nafšâh bəšəḇûʿâ*
> "E se ela fez um voto na casa de seu marido, ou obrigou-se a uma restrição sobre si mesma com juramento" (Nm 30,11)

Aqui, a ênfase está no fato de que o compromisso foi assumido enquanto a mulher já estava casada, diferentemente do caso anterior, em que o voto foi feito quando ela ainda estava sob a autoridade paterna. O princípio continua sendo o mesmo: a autoridade do marido pode validar ou anular a obrigação. Se o marido ouvir e não intervir, a validade do voto é confirmada:

> *wəšāmaʿ ʾîšâh wəḥărēš lâh wəlōʾ-hĕpēr ʾōṯāh wəqāmû*

> *kol-nidreyhâ wəkol-ʾĕssārêhâ ʾăšer-ʾāśrâ ʿal-nafšâh yāqûmû*
> "E se seu marido ouvir e se calar para com ela, e não a anular, então todos os seus votos permanecerão, e toda restrição que impôs sobre si mesma permanecerá." (Nm 30,12)

O silêncio do marido equivale a consentimento tácito. O voto da mulher, nesse caso, é considerado válido e passa a ter a mesma força que qualquer outro compromisso assumido diante de YHWH. Esse detalhe destaca que a palavra do marido tem poder legal e espiritual sobre os compromissos de sua esposa. Por outro lado, se o marido anular o voto no momento em que o ouvir, a obrigação da mulher é cancelada:

> *wəʾim-hăpēr yăpîr ʾōṯām ʾîšâh bəyôm šāmoʿ kol-môṣāʾ śəpātêhâ lənidreyhâ wəlĕʾîssār nafšâh lōʾ yāqûm bâʿlāh hĕpērām wəYHWH yislāḥ-lāh*
> "Mas se seu marido os anular no dia em que os ouvir, tudo o que saiu de seus lábios quanto a seus votos e suas restrições não permanecerá; seu marido os anulou, e YHWH lhe perdoará." (Nm 30,13)

Aqui, o verbo ***hăpēr*** (anular) indica que a decisão do marido tem um peso definitivo. A menção ao perdão de YHWH (***wəYHWH yislāḥ-lāh***) sugere que, do ponto de vista divino, a mulher não será responsabilizada pelo voto desfeito, pois sua submissão à autoridade do marido é considerada correta dentro da estrutura social israelita. O princípio se aplica tanto a votos que envolvem promessas diretas quanto àqueles que impõem restrições sobre a mulher:

> *kol-nēḏer wəkol-šəḇûʿat ʾîssār ləʿănōt nafēš ʾîšâh yəqîmenū wəʾîšâh yĕpîrennū*
> "Todo voto e todo juramento que impõe uma restrição à alma, seu marido pode confirmá-lo ou seu marido pode anulá-lo." (Nm 30,14)

A expressão *ləʿănōt nafēš* (impor restrição à alma) pode se referir a votos que envolvem sacrifícios pessoais, como jejum prolongado ou abstenção de certos prazeres. Essa cláusula indica que o marido tem o direito de decidir se a esposa pode ou não se submeter a tais restrições. Caso o marido permaneça em silêncio e, somente depois, resolva invalidar o voto, ele mesmo assumirá a culpa:

> *wəʾim-hăḥărēš yaḥărîš lâh ʾîšâh miyôm ʾel-yôm wəhēqîm ʾet-kol-nidreyhâ ʾô ʾĕssārêhâ ʾăšer-ʾāʾrâ ʿal-nafšâh hēqîm ʾōtām kî-ḥărēš lâh*
>
> "Mas se seu marido se calar para com ela de um dia para outro, então ele confirmará todos os seus votos ou todas as suas restrições que impôs sobre si mesma; ele os confirmou, pois se calou para com ela." (Nm 30,15)

Aqui, o silêncio prolongado do marido equivale a uma aceitação retroativa do voto. Se ele quiser anular o compromisso depois desse tempo, será considerado responsável:

> *wəʾim-häpēr yăpîr ʾōtām ʾaḥărê šāmoʿ wənāsāʾ ʾeṯ-ʿăwōnāh*
>
> "Mas se os anular depois de tê-los ouvido, então ele levará sobre si a culpa dela." (Nm 30,16)

Isso significa que, caso o marido permita que sua esposa cumpra parte do voto e, posteriormente, o cancele, ele será visto como responsável pelo impacto da anulação. Essa cláusula final reforça a seriedade da palavra empenhada e impõe uma consequência ao marido que age de forma inconsistente em relação à decisão tomada. O capítulo se encerra reiterando que essas instruções são diretrizes divinas para a relação entre homem e mulher no contexto dos votos:

> *ʾēlleh haḥuqqîm ʾăšer-ṣiwâ YHWH ʾeṯ-Mōšeh bēn-ʾîš ləʾištô ûbên-ʾāḇ ləḇittô binʿəʿurêyhâ bêt-ʾāḇîhâ*
>
> "Estas são as ordenanças que YHWH ordenou a Moisés entre um homem e sua mulher, e entre um pai e sua filha, na sua mocidade, na casa de seu pai." (Nm 30,17)

Essa conclusão reafirma que os votos e juramentos são assuntos espiritualmente significativos, e a ordem social estabelecida por YHWH inclui a responsabilidade masculina na mediação e regulação desses compromissos. O texto reflete a estrutura familiar patriarcal da época, mas ao mesmo tempo estabelece princípios de ordem e proteção, garantindo que as palavras proferidas não sejam tratadas com leviandade.

Capítulo 31

A narrativa de Números 31 começa com uma instrução direta de YHWH a Moisés, estabelecendo a guerra contra Midiã como um ato de justiça divina em resposta ao episódio de Baal-Peor. Esta campanha militar não é apenas uma batalha convencional, mas um juízo sobre aqueles que induziram Israel à idolatria e à imoralidade, ameaçando a santidade do povo da aliança. Moisés, que em breve será reunido a seus antepassados, recebe sua última missão, conferindo à narrativa um caráter solene e conclusivo.

> *wayyədabbēr YHWH ʾel-Mōšeh lēʾmōr neqōm niqmat bənê-yiśrāʾēl mēʾeṯ-hammîḏyānîm ʾaḥar tēʾāsēp̄ ʾel-ʿammêḵā*
> “E falou YHWH a Moisés, dizendo: ‘Vinga os filhos de Israel contra os midianitas; depois disto, serás reunido ao teu povo.’” (Nm 31,1-2)

O termo *niqmat* (vingança) indica que essa guerra não tem motivações políticas ou expansionistas, mas é uma execução da justiça divina. Os midianitas foram responsáveis por corromper Israel em Baal-Peor (Nm 25), e agora enfrentam o julgamento de YHWH. A referência ao fim iminente de Moisés ressalta que essa é sua última incumbência antes de sua morte, reforçando a ideia de que a guerra é necessária para preparar a entrada do povo na terra prometida. Moisés transmite a ordem ao povo, destacando que esta não é uma batalha comum, mas um ato de retribuição divina:

> *wayyōʾmer Mōšeh ʾel-hāʿām hēḥāləṣû mēʾiṯkem ʾănāšîm laṣṣāḇāʾ wayyihyû ʿal-mîḏyān lāṯēṯ niqmat YHWH bəmîḏyān*
> "E Moisés disse ao povo: 'Armai dentre vós homens para a guerra, e que saiam contra Midiã para executar a vingança de YHWH sobre Midiã.'" (Nm 31,3)

O destaque para *niqmat* YHWH (vingança de YHWH) enfatiza que a guerra não é movida por interesses humanos, mas pela justiça divina. Israel age como instrumento de Deus, e não por iniciativa própria. O verbo *hēḥāləṣû* (armai) sugere uma mobilização rápida e específica, sem indicar um chamado geral para todas as tribos. A mobilização é limitada a um contingente relativamente pequeno, indicando que a vitória não dependerá do número de guerreiros, mas da intervenção divina:

> *ʾelep̄ lammaṭṭeh ʾelep̄ lammaṭṭeh ləḵol-maṭṭōṯ yiśrāʾēl tišlaḥû laṣṣāḇāʾ*
> "Mil de cada tribo, mil de cada tribo, dentre todas as tribos de Israel, enviareis para a guerra." (Nm 31,4)

O exército é composto por apenas doze mil homens, mil de cada tribo, uma fração relativamente pequena em comparação com os mais de seiscentos mil guerreiros disponíveis (Nm 26,51). Isso reforça a mensagem de que a vitória não será conquistada por força militar, mas pela vontade de YHWH. A presença de Fineias, o sacerdote, junto às tropas sublinha o caráter sagrado da missão:

> *wayyəšallaḥ ʾōtām Mōšeh ʾelep̄ lammaṭṭeh laṣṣāḇāʾ ʾōtām wəʾeṯ Pînḥās ben-ʾElʿāzār hakkōhēn laṣṣāḇāʾ ûḵlê haqqōdeš waḥăṣōṣrōṯ hattərûʿâ bəyādô*
> "E Moisés enviou-os, mil de cada tribo, à guerra, e com eles Fineias, filho de Eleazar, o sacerdote, levando consigo os utensílios sagrados e as trombetas para o toque de alarme." (Nm 31,6)

A menção de *ḵlê haqqōdeš* (utensílios sagrados) e das *ḥăṣōṣrōṯ hattərûʿâ* (trombetas de alarme) liga essa batalha ao modelo das guerras santas, nas quais a presença divina garante a vitória. Fineias, que já havia demonstrado zelo pela santidade de Israel ao executar Zimri e Cozbi (Nm 25,7-8), agora lidera a batalha com uma função sacerdotal, assegurando que a guerra seja conduzida conforme a vontade de YHWH. A execução da ordem ocorre com precisão, e os israelitas são bem-sucedidos:

> *wayyiṣbəʾû ʿal-Mîḏyān kaʾăšer-ṣiwwâ YHWH ʾeṯ-Mōšeh wayyaharəgû kol-zāḵār*
> "E fizeram guerra contra Midiã, como YHWH ordenara a Moisés, e mataram todos os homens." (Nm 31,7)

A ênfase na obediência ao comando divino (*kaʾăšer-ṣiwwâ* YHWH) indica que a vitória se deve à fidelidade de Israel à ordem recebida. A destruição total dos homens de Midiã elimina a ameaça representada por sua liderança. Os reis midianitas são especificamente mencionados, destacando o caráter decisivo da vitória:

> *wəʾet-malkê Mîḏyān hāragû ʿal-ḥălālêhem ʾeṯ-ʾĕwî wəʾeṯ-Reqem wəʾeṯ-Ṣûr wəʾeṯ-Ḥûr wəʾet-Reḇaʿ ḥămiššâ malkê Mîḏyān wəʾet-Bilʿām ben-Bəʿôr hāragû bāḥereḇ*
> "E mataram os reis de Midiã junto com os demais que foram mortos: Evi, Requém, Zur, Hur e Reba, os cinco reis de Midiã; também mataram à espada Balaão, filho de Beor." (Nm 31,8)

A lista de cinco reis sugere que os midianitas possuíam uma estrutura política fragmentada, com vários líderes regionais. A menção à morte de Balaão confirma sua participação no engano de Baal-Peor, justificando sua execução como cúmplice da corrupção de Israel. Balaão, que inicialmente proclamou bênçãos sobre Israel (Nm 23–24), agora é contado entre os inimigos do povo da aliança, encerrando seu papel de forma trágica. Os despojos da guerra contra Midiã tornam-se um elemento central na narrativa, revelando um ponto de tensão na conduta dos israelitas. Após a vitória, os guerreiros retornam com cativos e bens, levantando uma nova questão moral e teológica que exigirá a intervenção de Moisés e Eleazar.

> *wayyîqqəḥû bənê-yiśrā'ēl šəḇî nəšê Mîḏyān wə'et-ṭappām wə'et-kol-bəhēmtām wə'et-kol-miqnêhem wə'et-kol-ḥêlām bāzāzû*
> "E os filhos de Israel tomaram cativas as mulheres de Midiã e seus filhos, e saquearam todos os seus animais, todos os seus rebanhos e todos os seus bens." (Nm 31,9)

O termo *šəḇî* (cativas) destaca a tomada de prisioneiros, especialmente mulheres e crianças, um costume comum nas guerras antigas. A pilhagem (*bāzāzû*) dos bens midianitas representa a apropriação dos recursos do inimigo, consolidando a vitória de Israel. No entanto, essa ação, aparentemente natural no contexto militar, logo será questionada.

> *wə'et-kol-ʿāreihēm bəmošəḇōṯām wə'et-kol-tiḏrōṯām śārāpû bā'êš*
> "E queimaram todas as suas cidades em que habitavam e todos os seus acampamentos." (Nm 31,10)

A destruição das cidades e acampamentos (*mošəḇōṯām* e *tiḏrōṯām*) sugere que os israelitas não tinham a intenção de ocupar o território dos midianitas, mas sim de eliminá-los como ameaça. Essa aniquilação cumpre o princípio da guerra santa, em que os inimigos de YHWH são completamente erradicados para evitar a contaminação de Israel com suas práticas religiosas.

> *wayyiqqəḥû 'et-kol-haššālāl wə'et-kol-hammalqōaḥ bā'ādām ûḇabəhēmâ*
> "E tomaram todo o despojo e toda a presa, tanto de homens quanto de animais." (Nm 31,11)

A captura de *bā'ādām* (pessoas) e *bəhēmâ* (animais) reforça a dimensão econômica da guerra. A pilhagem não era apenas uma prática militar, mas uma forma de redistribuição de recursos, o que se tornará um tema importante nos versículos seguintes, quando a divisão dos espólios for regulamentada.

> *wayyāḇîʾû ʾel-Mōšeh wəʾel-ʾElʿāzār hakkōhēn wəʾel-kol-ʿăḏat bənê-yiśrāʾēl ʾet-haššəḇî wəʾet-hammalqōaḥ wəʾet-haššālāl ʾel-hammaḥănêh ʾel-ʿarḇōt môʾāḇ ʾăšer ʿal-yardēn Yərēḥô*
> "E trouxeram a Moisés, a Eleazar, o sacerdote, e a toda a congregação dos filhos de Israel os cativos, a presa e o despojo, ao acampamento, nas campinas de Moabe, junto ao Jordão, diante de Jericó." (Nm 31,12)

O retorno ao acampamento marca o momento de avaliação da guerra. A localização *ʿarḇōt môʾāḇ* (campinas de Moabe) reforça a transição iminente de Israel para Canaã, situando esse episódio como uma preparação para os desafios que virão na terra prometida. O envolvimento de toda a congregação sugere que a redistribuição dos espólios era um assunto de interesse coletivo.

> *wayyiqṣōp̄ Mōšeh ʿal-pəqudê heḥāyil śārê hāʾălāp̄îm wəśārê hāmmēʾōṯ hābāʾîm məṣṣəḇāʾ hammilḥāmâ*
> "E indignou-se Moisés contra os oficiais do exército, os chefes dos mil e os chefes das centenas, que voltavam da batalha." (Nm 31,14)

A reação de Moisés é de ira (*wayyiqṣōp̄*), um verbo forte que denota indignação extrema. O motivo dessa fúria será esclarecido nos versículos seguintes, mas já fica evidente que algo na conduta dos guerreiros não foi conforme a expectativa divina. Os *pəqudê heḥāyil* (oficiais do exército) são responsabilizados por suas decisões no campo de batalha.

> *wayyōʾmer ʾălêhem Mōšeh hachiyyîṯem kol-nəqēḇâ*
> "E Moisés lhes disse: 'Deixastes vivas todas as mulheres?'" (Nm 31,15)

A pergunta de Moisés revela a raiz de sua ira. Ele esperava que todas as mulheres fossem eliminadas, pois foram elas as principais responsáveis por seduzir Israel à idolatria e imoralidade em Baal-Peor (Nm 25,1-3). A permanência dessas mulheres representa um risco espiritual para Israel, pois poderiam continuar a influenciar o povo.

> *hēn-hēn hāyû libnê-yiśrāʾēl bidəḇar Bilʿām ləmasṣōr māʿal bəYHWH ʿal-dəḇar pəʿôr wattəhi hammaggēp̄â bəʿăḏat YHWH*
> "Eis que foram elas que, por conselho de Balaão, incitaram os filhos de Israel à infidelidade contra YHWH no caso de Peor, de modo que houve praga sobre a congregação de YHWH." (Nm 31,16)

Aqui, o texto confirma que Balaão não apenas tentou amaldiçoar Israel, mas também conspirou contra o povo ao aconselhar os midianitas a usarem suas mulheres como instrumento de corrupção. A estratégia de sedução em Baal-Peor foi um ataque deliberado à aliança entre Israel e YHWH. A referência à *māʿal* (infidelidade) ressalta que a traição espiritual foi a causa da praga anterior (Nm 25,9).

> *wəʿatâ hargû kol-zāḵār battāp̄ wəkol-ʾiššâ yōḏaʿaṯ ʾîš ləmiškab-zākār hargû*
> "Agora, pois, matai todos os meninos e toda mulher que tenha conhecido homem deitando-se com ele." (Nm 31,17)

Moisés ordena a execução dos meninos e das mulheres que já tiveram relações sexuais. A justificativa implícita é que os meninos poderiam crescer para se vingar de Israel, perpetuando o ciclo de hostilidade, enquanto as mulheres adultas já haviam participado ativamente da corrupção de Israel.

> *wəkol-hattap̄ bannāšîm ʾăšer lōʾ-yāḏaʿû miškab-zākār haḥayyû lakem*
> "Mas todas as meninas que não conheceram homem deitando-se com ele, deixai vivas para vós." (Nm 31,18)

As virgens são poupadas, possivelmente porque não participaram diretamente do engano de Baal-Peor. Elas seriam integradas à sociedade israelita, como aconteceu em outras ocasiões na história de Israel.

> *wəʾattem ḥanû mibaḥûṣ lammaḥănêh šibat yāmîm*
> *kol-hōrēḡ nep̄eš wəkol-hannōḡēaʿ bəḥālāl tittaḥaṭṭəʾû*
> *bayyôm haššəlîšî ûbayyôm haššəḇîʿî*
> "E vós, acampai fora do arraial por sete dias; todo aquele que tiver matado alguém e todo aquele que tiver tocado em um morto purificar-se-á no terceiro e no sétimo dia." (Nm 31,19)

Esse trecho evidencia um dilema moral e teológico: a guerra contra Midiã não era apenas uma questão militar, mas uma batalha espiritual para preservar a santidade de Israel. O episódio sublinha a necessidade de erradicar completamente a influência idólatra para garantir a fidelidade a YHWH. Após a purificação inicial dos guerreiros que participaram da batalha, a narrativa se volta para os despojos de guerra e os rituais necessários para que esses bens fossem integrados ao povo de Israel. O texto enfatiza a necessidade de purificação, reforçando a distinção entre o que foi contaminado pela guerra e o que poderia ser santificado para o uso da comunidade.

> *wəkol-beged wəkol-kəlî-ʿôr wəkol-maʿăśê-ʿizzîm wəkol-kəlî-ʿēṣ tittəḥaṭṭəʾû*
> "E toda veste, e todo utensílio de couro, e toda obra de pelos de cabra, e todo utensílio de madeira, purificai-os." (Nm 31,20)

A necessidade de purificação ritual não se limitava às pessoas, mas também se estendia a objetos adquiridos na guerra. Os materiais mencionados – tecidos, couro, peles de cabra e madeira – eram comuns no uso cotidiano, e sua purificação indicava que não podiam ser simplesmente assimilados sem antes passarem por um processo de santificação.

> *wayyōʾmer ʾElʿāzār hakkōhēn ʾel-ʾanšê-haṣṣāḇāʾ habbāʾîm*

> *lammilḥāmâ zōʾat ḥuqqaṯ hattôrâ ʾăšer-ṣîwâ YHWH ʾet-Mōšeh*
> "E disse Eleazar, o sacerdote, aos homens do exército que vinham da guerra: 'Esta é a ordenança da Torá que YHWH ordenou a Moisés.'" (Nm 31,21)

Aqui, Eleazar, que já havia assumido um papel de liderança sacerdotal após a morte de Arão (Nm 20,25-28), instrui os guerreiros sobre os procedimentos de purificação, indicando que esse ritual não era apenas uma prática tradicional, mas um mandamento divino. A referência a *ḥuqqaṯ hattôrâ* (ordenança da Torá) reforça a seriedade do processo.

> *ʾak ʾeṯ-hazzāhāḇ wəʾet-hakkeṯep̄ wəʾet-hanəḥōšeṯ wəʾet-habbārzel wəʾet-haḇeḏîl wəʾet-haʿōp̄er yeʿaḇîrû ḇāʾēš wəṭāhēr ʾak bəmê nidâ yittaḥaṭṭāʾ*
> "Mas o ouro, e a prata, e o cobre, e o ferro, e o estanho, e o chumbo, tudo o que pode resistir ao fogo, fareis passar pelo fogo, e será purificado; contudo, com a água da impureza será purificado." (Nm 31,22-23)

O fogo se torna o principal agente de purificação para os metais, pois eliminava impurezas e simbolizava a consagração desses objetos para o uso entre os israelitas. No entanto, mesmo esses itens metálicos precisavam ser submetidos à *mê nidâ* (água da impureza), um líquido especial usado nos rituais de purificação, conforme prescrito em Números 19.

> *wəkol ʾăšer lōʾ-yāḇōʾ bāʾēš taʿăḇîrû ḇammāyim*
> "E tudo o que não pode passar pelo fogo, fareis passar pela água." (Nm 31,23)

Objetos não metálicos que não podiam ser purificados pelo fogo deviam ser imersos em água. Essa distinção reconhece a diferença nos materiais, garantindo que cada item fosse purificado de maneira adequada.

> *wəḥiṯṭem bigəḏêḵem bayyôm haššəlîšî ûbayyôm haššəḇîʿî wəṭāhertem wəʾaḥar tāḇōʾû ʾel-hammaḥănêh*
> “E lavareis vossas vestes no terceiro e no sétimo dia, e sereis puros; depois disso, podereis entrar no acampamento.” (Nm 31,24)

A purificação pessoal dos guerreiros exigia um período de sete dias, com um ritual intermediário no terceiro dia. Esse ciclo de purificação segue os mesmos padrões estabelecidos para aqueles que entravam em contato com um cadáver (Nm 19,11-12), evidenciando que a guerra, mesmo sancionada por YHWH, trazia uma impureza que precisava ser removida antes que os soldados pudessem reintegrar-se plenamente à comunidade.

> *wayyōʾmer YHWH ʾel-Mōšeh lēʾmōr*
> “E falou YHWH a Moisés, dizendo:” (Nm 31,25)

Essa introdução marca uma nova seção dentro da narrativa, agora focada na distribuição dos despojos da guerra.

> *śāʾ ʾeṯ-rōʾš hammalqōaḥ haššəḇî bāʾādām ûḇabəhēmâ ʾattâ ûʾElʿāzār hakkōhēn ûrōʾšê hāʾāḇōt laʿēḏâ*
> “Conta a soma da presa que foi tomada, tanto de pessoas como de animais, tu, Eleazar, o sacerdote, e os chefes das casas paternas da congregação.” (Nm 31,26)

A ordem de contagem dos despojos envolve não apenas Moisés, mas também Eleazar e os chefes tribais, garantindo transparência na distribuição. A referência a *bāʾādām ûḇabəhēmâ* (pessoas e animais) indica que tanto os prisioneiros de guerra quanto o gado seriam divididos entre os israelitas.

> *wəḥāṣîṯa ʾet-hammalqōaḥ bēn ṭōpəśê hammilḥāmâ hayyōṣəʾîm laṣṣāḇāʾ ûḇēn kol-haʿēḏâ*
> “E dividirás a presa entre os combatentes que saíram à guerra e toda a congregação.” (Nm 31,27)

A divisão dos despojos se faz em duas partes: metade para os guerreiros e metade para o restante do povo. Esse princípio de divisão equitativa reconhece tanto o esforço dos soldados quanto o direito da comunidade em compartilhar os ganhos da vitória.

> *wəharîmōṯa mimmĕḥăṣîṯ bənê-yiśrāʾēl laqaḥ min-ḥăṣîṯam ʾeḥāḏ ʾoḥūz min-ḥămîšîm min-hāʾādām min-habbāqār min-haḥămōrîm ûmin-haṣṣōʾn mikkol-habbĕhēmâ wənāṯattāh ʾotām ləhallēwîm šōmərê mišməret miškān YHWH*
> "E tomarás da metade dos filhos de Israel, um de cada cinquenta, tanto das pessoas, como do gado, dos jumentos e do rebanho, de todos os animais, e os darás aos levitas, que guardam a responsabilidade do Tabernáculo de YHWH." (Nm 31,30)

Além da divisão entre guerreiros e povo, é estabelecido um tributo para os levitas, que não participaram da guerra diretamente, mas tinham a responsabilidade de cuidar do santuário. O dízimo de um para cinquenta reafirma que todo o despojo da guerra pertence, em última instância, a YHWH, e que Seu serviço deve ser sustentado pelos ganhos da comunidade. Após a ordem divina para a contagem e distribuição dos despojos da guerra, Moisés e Eleazar, o sacerdote, obedecem ao mandamento de YHWH, assegurando que o processo ocorra de maneira justa e ordenada.

> *wayyaʿaś Mōšeh wəʾElʿāzār hakkōhēn kaʾăšer-ṣivvā YHWH ʾet-Mōšeh*
> "E Moisés e Eleazar, o sacerdote, fizeram como YHWH ordenara a Moisés." (Nm 31,31)

A ênfase na obediência absoluta a YHWH reflete a importância da precisão na execução dos mandamentos divinos. A guerra contra Midiã não foi uma iniciativa humana, mas um julgamento conduzido sob a direção de YHWH, e, portanto, a gestão dos despojos também deveria seguir Suas diretrizes sem desvios.

wətəhî hammalqōaḥ yəṯɛr haššālāl ʾăšer-bāzᵊzû ʿām ṣəḇāʾ hammiḇār ṣōʾn šēš-mēʾōṯ-ʾelep̄ wəšiḇʿîm-ʾelep̄ waḥămiššâ ʾelep̄
"E foi a presa, o restante do despojo que os homens do exército tomaram, seiscentos e setenta e cinco mil ovelhas." (Nm 31,32)

O número de animais capturados impressiona pela sua grandeza, refletindo a riqueza dos midianitas e a amplitude da destruição que ocorreu. A guerra contra Midiã não apenas puniu um povo que levou Israel à idolatria e imoralidade, mas também resultou em uma acumulação significativa de recursos para o povo de YHWH.

wəšənāyim wəšiḇʿîm-ʾelep̄ habbāqār
"E setenta e dois mil bois." (Nm 31,33)

Os bois, essenciais para a lavoura e o transporte, representavam um recurso valioso tanto para o sustento quanto para futuras atividades agrícolas em Canaã. A grande quantidade indica que Midiã possuía uma economia robusta e estruturada, agora transferida para Israel como parte do desígnio divino.

waḥămiššâ wəšiḇʿîm-ʾelep̄ ḥămōrîm
"E setenta e cinco mil jumentos." (Nm 31,34)

O jumento, um animal de carga crucial no Oriente Próximo, também aparece em números expressivos, evidenciando a vastidão dos bens midianitas que passaram a integrar a economia israelita. Esse detalhamento dos despojos ressalta que a guerra não foi apenas uma ação militar, mas um meio pelo qual YHWH supriu as necessidades de Seu povo.

wənep̄eš ʾādām min-hannāšîm ʾăšer lōʾ yādaʿû miškāḇ zāḵār kol-nep̄eš ʾarbāʿîm wəšiḇʿâ ʾelep̄
"E das pessoas, das mulheres que não haviam conhecido homem no leito, todas as pessoas foram quarenta e sete mil." (Nm 31,35)

A menção das mulheres virgens entre os despojos reflete as complexas práticas culturais da época. Em um contexto antigo de guerra, a assimilação dessas mulheres na comunidade israelita seguia padrões que buscavam evitar alianças com povos pagãos, preservando a identidade e a pureza religiosa de Israel. Esse aspecto, no entanto, também levanta questões morais e éticas que devem ser compreendidas dentro do contexto da época.

> *wayyaḥăṣû ʾet-hammalqōaḥ ḥăṣîṯ lətōpəśê hammilḥāmâ hayyōṣəʾîm laṣṣāḇāʾ wəḥăṣîṯ ləʿēḏâ*
> "E dividiram a presa: metade para os que foram à guerra, e metade para a congregação." (Nm 31,36)

A divisão dos despojos obedece ao princípio de equidade já determinado anteriormente. Os combatentes que arriscaram suas vidas na batalha recebem metade dos recursos, enquanto a outra metade é distribuída entre o restante do povo. Essa estrutura impede o acúmulo desproporcional de riquezas por um grupo específico e mantém a unidade entre os israelitas.

> *wətəhî hammispar ləmaḥăṣîṯ hayyōṣəʾîm laṣṣāḇāʾ mispār haṣṣōʾn šālōš-mēʾōṯ-ʾelep̄ šiššâ wəšiḇʿîm ʾelep̄ wəḥămiššâ ʾelep̄*
> "E foi a soma da metade pertencente aos que saíram à guerra: trezentos e trinta e sete mil e quinhentas ovelhas." (Nm 31,37)

A exatidão dos números reflete a ordem meticulosa com que os bens foram administrados. Nada foi tomado arbitrariamente; cada item foi cuidadosamente contado e repartido, evitando conflitos internos sobre a distribuição.

> *wəhammispar bəqār šiššâ wəšiḇʿîm ʾelep̄*
> "E o número de bois foi trinta e seis mil." (Nm 31,38)

Os bois, assim como os outros animais, seguem a lógica da divisão, garantindo que os combatentes e a congregação compartilhem equitativamente da bênção adquirida na guerra.

> *wəḥămōrîm ḥamiššâ wəṯišʿîm ʾelep̄*
> “E o número de jumentos foi trinta mil e quinhentos.”
> (Nm 31,39)

Os jumentos, essenciais para o transporte e a economia, também foram cuidadosamente divididos, refletindo a organização e a justiça aplicada à partilha dos despojos.

> *wənep̄eš ʾādām šiššâ ʿāśār ʾelep̄*
> “E o número de pessoas foi dezesseis mil.” (Nm 31,40)

As mulheres preservadas entre os prisioneiros também foram repartidas de maneira ordenada, seguindo a mesma estrutura de divisão aplicada ao restante dos despojos. Após a divisão dos despojos entre os guerreiros e a congregação, a porção devida a YHWH é separada conforme ordenado, reafirmando o princípio de que toda vitória e riqueza vêm d'Ele e devem ser consagradas em reconhecimento da Sua soberania.

> *wayyitten Mōšeh ʾet-maḵas YHWH tərûmaṯ YHWH*
> *ləʾElʿāzār hakkōhēn kaʾăšer-ṣivvā YHWH ʾet-Mōšeh*
> “E Moisés deu a porção separada para YHWH como oferta para Ele, a Eleazar, o sacerdote, como YHWH ordenara a Moisés.” (Nm 31,41)

A doação da porção santa aos sacerdotes reflete o papel intermediário de Eleazar, agora o sumo sacerdote, na relação entre YHWH e o povo. O tributo não é apenas um gesto de gratidão, mas um reconhecimento de que a guerra foi travada sob a direção divina, e a vitória pertence a YHWH.

> *ûmimmaḥăṣîṯ bənê-yiśrāʾēl lāqaḥ Mōšeh ʾet-hammaḥăṣîṯ*
> *ʾăšer-ḥāṣîṯləʾanšê-hāṣṣāḇāʾ*
> “E da metade que pertencia aos filhos de Israel, Moisés tomou a parte que coube aos que não foram à guerra.”
> (Nm 31,42)

Mesmo os que não participaram diretamente da batalha recebem sua parte dos despojos, demonstrando que a vitória de Israel é coletiva. Essa distribuição garante que toda a comunidade participe dos benefícios da conquista, evitando rivalidades entre os guerreiros e o restante do povo.

> *wətəhî hammispar ləmaḥăṣîṯ ʿăḏaṯ bənê-yiśrāʾēl*
> *min-haṣṣōʾn šālōš-mēʾōṯ-ʾelep̄ šiššâ wəšiḇʿîm ʾelep̄*
> *wəḥămiššâ ʾelep̄*
> "E foi a soma da metade que coube à congregação dos filhos de Israel: trezentos e trinta e sete mil e quinhentas ovelhas." (Nm 31,43)

O mesmo número de animais é registrado para a congregação, garantindo uma distribuição equitativa entre os que lutaram e os que permaneceram nos acampamentos. A precisão nos números demonstra um controle rigoroso dos recursos e reflete a organização da comunidade israelita.

> *wəhabbāqār šiššâ wəšiḇʿîm ʾelep̄*
> "E o número de bois foi trinta e seis mil." (Nm 31,44)

> *wəḥămōrîm ḥamiššâ wəṯišʿîm ʾelep̄*
> "E o número de jumentos foi trinta mil e quinhentos." (Nm 31,45)

> *wənep̄eš ʾādām šiššâ ʿăśār ʾelep̄*
> "E o número de pessoas foi dezesseis mil." (Nm 31,46)

A repetição dos números confirma a simetria entre as metades e assegura que os cálculos foram feitos de maneira justa. Além de ser uma questão de administração, esse relato enfatiza que a distribuição dos recursos obedeceu a um padrão ordenado por YHWH, prevenindo disputas e injustiças.

> *wayyiqqaḥ Mōšeh mi-maḥăṣîṯ bənê-yiśrāʾēl ʾeḥāḏ*
> *ḥōmeš min-hāʾādām ûmin-habbəhēmâ wayyitten ʾōṯām*

> *ləhalwiyyim šōmrê mišmeret miškan YHWH ka'ăšer-ṣivvā YHWH 'et-Mōšeh*
> "E Moisés tomou da metade dos filhos de Israel um de cada cinquenta, tanto das pessoas como dos animais, e os deu aos levitas, os guardiões do Tabernáculo de YHWH, como YHWH ordenara a Moisés." (Nm 31,47)

Os levitas, encarregados do serviço do Tabernáculo, também recebem sua parte dos despojos. Isso reforça o princípio de que aqueles que dedicam suas vidas ao serviço divino devem ser sustentados pela comunidade. O número estabelecido (um de cada cinquenta) assegura que os levitas tenham o necessário sem comprometer a parte da congregação. A narrativa então apresenta um gesto espontâneo dos oficiais do exército, que reconhecem a proteção divina concedida durante a guerra:

> *wayyiqrəḇû 'el-Mōšeh happəquḏîm 'ăšer lə'aləpê hammē'ōṯ wəśārê hā'ălāpîm*
> "Então se aproximaram de Moisés os oficiais que estavam sobre os milhares do exército, os chefes de mil e os chefes de cem." (Nm 31,48)

O fato de os oficiais tomarem a iniciativa indica que eles reconheceram algo extraordinário na batalha. O relato seguinte esclarece a razão:

> *wayyō'mərû 'el-Mōšeh 'ăḇāḏêḵā nāś'û 'eṯ-rō'š 'anšê hammilḥāmâ 'ăšer bəyādēnû wəlō'-nifqad mimmennu 'îš*
> "E disseram a Moisés: 'Teus servos fizeram a contagem dos homens de guerra que estavam sob nosso comando, e nenhum de nós faltou!'" (Nm 31,49)

Esse testemunho é extraordinário: em uma guerra devastadora contra Midiã, nenhum soldado israelita foi perdido. Esse detalhe enfatiza que a vitória foi inteiramente obra de YHWH, que protegeu Seu povo e garantiu a conquista sem baixas. Em resposta a esse livramento milagroso, os oficiais decidem apresentar uma oferta voluntária a YHWH:

> *wanniqrēb ʾeṯ-qorban YHWH ʾîš ʾăšer-māṣāʾ kəlî-zāhāḇ ʾeṣʿāḏâ wəṣāmîḏ ṭaʿaššîṯ wəḵūmāz ləḵappēr ʿal-nafšōṯēnû lipnê YHWH*
> "E trouxemos a oferta de YHWH, cada um o que encontrou: objetos de ouro, tornozeleiras, pulseiras, anéis, brincos e colares, para fazer expiação por nossas almas diante de YHWH." (Nm 31,50)

A oferta não é apenas um ato de gratidão, mas também um reconhecimento da necessidade de expiação. Mesmo sem perdas humanas, os guerreiros entendem que participaram de uma ação sangrenta e querem garantir que estão puros diante de YHWH. Essa mentalidade reflete um profundo temor de Deus e um senso de responsabilidade espiritual.

> *wayyiqqaḥ Mōšeh wəʾElʿāzār hakkōhēn ʾeṯ-hazzāhāḇ mētām kol-kəlî maʿăśeh*
> "E Moisés e Eleazar, o sacerdote, receberam deles o ouro, todos os objetos trabalhados." (Nm 31,51)

A oferta é recebida como um ato de devoção legítima, e o ouro será empregado no serviço do Tabernáculo:

> *wəyəhî kull zəhāḇ hatərûmâ ʾăšer hērîmû layhwh šēš-ʿāśār ʾelep̄ wəšeḇaʿ mēʾōṯ waḥamiššîm šeqel*
> "E todo o ouro da oferta que apresentaram a YHWH foi dezesseis mil setecentos e cinquenta siclos." (Nm 31,52)

O peso significativo do ouro doado reflete a abundância do despojo de guerra e a disposição dos israelitas em honrar YHWH com uma parte de sua riqueza. O capítulo se encerra reafirmando o destino do ouro consagrado:

> *wayyiqqaḥ Mōšeh wəʾElʿāzār hakkōhēn ʾeṯ-hazzāhāḇ wayyāḇîʾû ʾōṯô ʾel-ʾōhel môʿēḏ zikkārōn libnê-yiśrāʾēl lipnê YHWH*

> "E Moisés e Eleazar, o sacerdote, tomaram o ouro e o trouxeram à Tenda da Congregação, como memorial para os filhos de Israel diante de YHWH." (Nm 31,54)

Essa oferta serve como um lembrete perpétuo do livramento e da fidelidade de YHWH. O episódio conclui enfatizando que, em todas as batalhas de Israel, a vitória depende não da força humana, mas do favor divino.

Capítulo 32

A narrativa de Números 32 introduz um momento crítico na jornada de Israel, à medida que duas tribos e meia demonstram uma intenção de permanecer do lado oriental do Jordão, em vez de entrar na Terra Prometida com o restante do povo. Esse pedido põe em questão a unidade nacional e o compromisso da nova geração com o plano divino, ecoando os erros da geração anterior. A passagem se inicia com a descrição do território desejado pelas tribos de Rúben e Gade:

> *ûmiqneh-rāḇ hāyâ liḇnê Rəʾûḇ ûliḇnê Gāḏ ʿaṣûm məʾōḏ wayyirʾû ʾeṯ-ʾereṣ yaʿzēr wəʾeṯ-ʾereṣ gilʿāḏ wəhinneh hammaqôm maqôm miqneh*
> "E os filhos de Rúben e os filhos de Gade tinham grande quantidade de gado, muito numeroso; e viram a terra de Jazer e a terra de Gileade, e eis que aquele lugar era lugar próprio para gado." (Nm 32,1)

A menção inicial ao "grande rebanho" dessas tribos estabelece o contexto de seu pedido. O interesse delas não é baseado em um critério espiritual, mas econômico: a terra de Gileade e Jazer se apresenta como ideal para suas posses. A ênfase em *maqôm miqneh* (lugar de gado) sublinha que a escolha do território se fundamenta nas necessidades materiais, não na promessa divina. Em seguida, os representantes dessas tribos se dirigem a Moisés, Eleazar e aos príncipes da congregação:

wayyāḇōʾû bənê-Gāḏ ûḇnê-Rəʾûḇ wayyōʾmərû ʾel-Mōšeh wəʾel-ʾElʿāzār hakkōhēn wəʾel-nəśîʾê hāʿēḏâ lēʾmōr
"Então vieram os filhos de Gade e os filhos de Rúben, e falaram a Moisés, a Eleazar, o sacerdote, e aos príncipes da congregação, dizendo:" (Nm 32,2)

O fato de se dirigirem a toda a liderança de Israel indica que esse pedido não era apenas uma questão administrativa, mas um desafio que poderia afetar toda a nação. Eles então listam as regiões que desejam ocupar:

ʾăṭārōṯ wəḏîḇōn wəyaʿzēr wənimrâ wəḥešbôn wəʾelʿālêh wəsəḇāmâ wənəḇō wəbəʿōn
"Atarote, Dibom, Jazer, Nimrá, Hesbom, Eleale, Sebama, Nebo e Beom," (Nm 32,3)

A lista detalhada de cidades enfatiza que eles já haviam explorado e analisado a região, demonstrando que essa decisão não era impulsiva, mas estratégica.

hāʾāreṣ ʾăšer-hikkâ YHWH lipnê ʿăḏaṯ yiśrāʾēl ʾereṣ miqneh hîʾ wəlaʿăḇāḏêḵā yēš miqneh
"A terra que YHWH feriu diante da congregação de Israel é terra de gado, e teus servos têm gado." (Nm 32,4)

Os peticionários argumentam que essa terra já foi conquistada sob a direção de YHWH, o que justificaria sua permanência ali. O uso da expressão ***ʾereṣ miqneh hîʾ*** (terra de gado ela é) reforça sua visão pragmática: a terra não é valorizada pela promessa divina, mas por sua utilidade econômica.

O pedido é então explicitamente formulado:

wayyōʾmərû ʾim-māṣānû ḥēn bəʿêynêḵā yuttan ʾeṯ-hāʾāreṣ hazzōʾṯ ləʿăḇāḏêḵā ləʾăḥuzzâ ʾal-taʿăḇîrēnû ʾeṯ-hayyardēn
"E disseram: 'Se achamos graça aos teus olhos, seja dada esta terra a teus servos por possessão; não nos faças atravessar o Jordão.'" (Nm 32,5)

Aqui reside a questão central do capítulo: a recusa em atravessar o Jordão. O pedido sugere que as tribos de Rúben e Gade estavam satisfeitas com a terra já conquistada e não viam necessidade de seguir para Canaã. Esse posicionamento poderia ser interpretado como falta de fé na promessa divina ou como um desejo de se desvincular da missão coletiva de Israel. A reação de Moisés é imediata e severa:

> *wayyōʾmer Mōšeh libnê-Gāḏ ûləḇnê-Rəʾûḇ hăʾaḥêḵem yāḇōʾû lammilḥāmâ wəʾattem têšəḇû pō*
> "E disse Moisés aos filhos de Gade e aos filhos de Rúben: 'Irão vossos irmãos à guerra, enquanto vós ficareis aqui?'" (Nm 32,6)

A pergunta retórica denuncia o que Moisés percebe como um ato de deslealdade. A terra ainda não foi totalmente conquistada, e o fato de algumas tribos desejarem ficar para trás enquanto as outras continuam lutando pode criar divisões e desmoralizar o exército. Ele então faz uma comparação preocupante:

> *wəlāmâ tənîʾûn ʾeṯ-lēḇ bənê-yiśrāʾēl mēʿăḇōr ʾel-hāʾāreṣ ʾăšer nāṯan lāhem YHWH*
> "E por que desanimais o coração dos filhos de Israel, para que não passem à terra que YHWH lhes deu?" (Nm 32,7)

Moisés interpreta esse pedido como um risco para toda a nação, lembrando o episódio dos espias em Números 13–14. Naquela ocasião, o relatório negativo desmoralizou o povo, resultando na recusa de entrar em Canaã e na condenação de quarenta anos no deserto. O medo de Moisés é que esse pedido cause um efeito semelhante, desencorajando as demais tribos. Por isso, ele invoca diretamente aquele episódio como um paralelo:

> *kōh ʿāśû ʾăḇōṯêḵem bəšālohî ʾōṯām miqqāḏēš barnēa lirʾōṯ ʾet-hāʾāreṣ*
> "Assim fizeram vossos pais, quando os enviei de Cades-Barneia para verem a terra." (Nm 32,8)

Moisés lembra que a incredulidade dos espias custou caro à geração anterior, e teme que esse pedido seja um novo sinal de falta de fé. O pedido de Rúben e Gade não é uma simples questão territorial, mas levanta questões teológicas e sociais fundamentais: Estão essas tribos rejeitando a herança prometida por YHWH? Sua decisão irá dividir Israel? Será que, mais uma vez, a falta de confiança impedirá a conquista da terra? A resposta a essas perguntas será desenvolvida ao longo do capítulo. A resposta de Moisés às tribos de Rúben e Gade continua a ecoar o trauma da geração passada, que falhou em confiar na promessa divina. Ele relembra o episódio dos espias e suas consequências devastadoras, advertindo que a decisão dessas tribos pode desencadear um novo ciclo de desobediência e juízo divino. A referência direta ao fracasso em Cades-Barneia é retomada:

> *wayyaʿalû ʿaḏ naḥal-ʾeškōl wayyirʾû ʾeṯ-hāʾāreṣ*
> *wayyanniʾû ʾeṯ-lēḇ bənê-yiśrāʾēl ləbilti ḇōʾ ʾel-hāʾāreṣ ʾăšer nāṯan lāhem YHWH*
> "Pois subiram até o vale de Escol e viram a terra, mas desencorajaram o coração dos filhos de Israel para que não entrassem na terra que YHWH lhes tinha dado." (Nm 32,9)

O verbo *wayyanniʾû* (desencorajaram) sugere que os espias não apenas deram um relatório negativo, mas ativamente minaram a confiança do povo. Moisés vê um perigo semelhante na proposta das tribos de Rúben e Gade: se parte de Israel se recusa a entrar na terra, isso pode desmoralizar o restante da nação. A consequência daquele pecado é relembrada com um tom de severidade:

> *wayyiḥar-ʾap̄ YHWH bayyôm hāhûʾ wayyiššāḇaʿ lēmōr*
> "Então a ira de YHWH se acendeu naquele dia, e Ele jurou, dizendo:" (Nm 32,10)

A ira divina não foi apenas uma resposta momentânea, mas resultou em um juramento solene. A aliança com Israel não implica bênçãos automáticas; ela exige fidelidade. O castigo é reiterado:

> *ʾim-yirʾû hāʾănāšîm hāʿōlîm mimmiṣrāyim mibben ʿeśrîm*

> *šānâ wāmālāh ʾet-hāʾădāmâ ʾăšer-nišbaʿtî ləʾaḇrāhām ləyiṣḥāq ûləyaʿăqōḇ kî lōʾ milʾû ʾaḥăray*
> "Não verão os homens que subiram do Egito, de vinte anos para cima, a terra que jurei a Abraão, Isaque e Jacó, pois não me seguiram fielmente." (Nm 32,11)

O verbo *milʾû* (encheram ou seguiram plenamente) implica que a fidelidade a YHWH não é parcial, mas total. A geração anterior falhou porque hesitou, duvidou e recuou. Somente dois homens foram exceção:

> *bilti Kālēḇ ben-Yəp̄unnê haqqənizzî wəYəhôšuaʿ bin-Nûn kî milʾû ʾaḥăray*
> "Exceto Calebe, filho de Jefoné, o quenezeu, e Josué, filho de Num, porque seguiram fielmente a mim." (Nm 32,12)

Calebe e Josué, ao contrário dos demais espias, confiaram na promessa divina e foram recompensados com a permissão de entrar na terra. O contraste aqui não poderia ser mais claro: aqueles que hesitam perdem a promessa; aqueles que se entregam plenamente a YHWH a herdam. Moisés então enfatiza as consequências do pecado da incredulidade:

> *wayyiḥar-ʾap̄ YHWH bəyiśrāʾēl wayyəniḥēm bammiḏbār ʾarbaʿîm šānâ ʿaḏ-tōm kol-haddôr hāʿōśêh hāraʿ bəʿênê YHWH*
> "E a ira de YHWH se acendeu contra Israel, e Ele os fez vagar no deserto quarenta anos, até que toda aquela geração que fez o mal aos olhos de YHWH se consumisse." (Nm 32,13)

A expressão *ʿaḏ-tōm* (até que se consumisse) sugere um julgamento que se estendeu por toda uma geração, eliminando os infiéis um por um. Com esse histórico em mente, Moisés agora acusa diretamente os filhos de Rúben e Gade:

> *wəhinneh qamṯēm taḥaṯ ʾăḇōtêḵem tarmûṯ ʾănāšîm ḥaṭṭāʾîm ləhōsîp̄ ʿōḏ ʾal-ḥarôn-ʾap̄ YHWH ʿal-yiśrāʾēl*

> "E eis que vos levantastes no lugar de vossos pais, uma geração de homens pecadores, para ainda aumentar a ira ardente de YHWH contra Israel!" (Nm 32,14)

O uso de *tarmûṯ* (substitutos) é uma acusação severa: Moisés identifica nessas tribos a mesma teimosia da geração condenada. Se elas persistirem nesse caminho, a história pode se repetir. O alerta se intensifica:

> *kî tašūḇū mē'aḥărāyw wəyōsîp̄ 'ōḏ ləhanîḥô bammidbār wəhišḥaṯtem ləḵol-hā'ām hazzê*
> "Se vos desviardes de segui-Lo, Ele ainda deixará este povo no deserto, e destruireis todo este povo." (Nm 32,15)

Moisés agora apresenta uma possibilidade aterradora: se Rúben e Gade persistirem nesse pedido sem compromisso, Israel pode ser novamente condenado a permanecer no deserto. O verbo *hišḥaṯtem* (destruireis) sugere que a decisão dessas tribos pode comprometer o destino de toda a nação. A resposta das tribos é conciliadora, mas ainda assim pragmática:

> *wayyiqərəḇû 'ēlāyw wayyō'mərû gəḏērōṯ ṣō'n nibnê ləmiqnênû pō wə'ārîm ləṭappênû*
> "Então chegaram até ele e disseram: 'Edificaremos aqui currais para nossos rebanhos e cidades para nossos filhos.'" (Nm 32,16)

Agora, as tribos ajustam sua abordagem: em vez de simplesmente pedir para permanecer, elas se propõem a construir cidades e currais, demonstrando que não pretendem apenas se beneficiar da terra sem responsabilidade. Contudo, elas reafirmam sua disposição de lutar:

> *wə'ănăḥnû nēḥālēṣ ḥūšîm lipnê bənê-yiśrā'ēl 'aḏ 'ăšer-hăḇînûm 'el-məqômām wəyēšab ṭappēnû bə'ārê hamiṣrîm mipnê yōšəḇê hā'āreṣ*
> "E nós nos armaremos apressadamente para marchar diante dos filhos de Israel, até que os tenhamos introdu-

> zido no seu lugar; enquanto isso, nossos filhos habitarão nas cidades fortificadas, por causa dos habitantes da terra." (Nm 32,17)

O compromisso de lutar ao lado de Israel tenta dissipar as preocupações de Moisés. O uso do verbo *nēḥālēṣ* (nos armaremos) enfatiza que essas tribos não querem ser vistas como desertores. Elas prometem não apenas cruzar o Jordão com seus irmãos, mas ir à frente deles na batalha. A questão agora não é mais se elas ficarão ou não do lado leste do Jordão, mas sim se realmente cumprirão sua palavra. Moisés terá de decidir se confiará nessa promessa e se permitirá que essas tribos estabeleçam suas posses antes da conclusão da conquista. A resposta de Moisés à proposta das tribos de Rúben e Gade agora toma um tom de condicionalidade. Ele não rejeita de imediato sua solicitação, mas estabelece um critério inegociável: sua permanência na Transjordânia só será permitida caso cumpram fielmente a promessa de lutar ao lado de seus irmãos até a conquista da Terra Prometida. A condição é exposta com clareza:

> *wənilkamtɛm lipnê YHWH wənibkešâ hāʾāreṣ lipnê YHWH*
> *wəʾaḥar tāšubū wihyîtem niqqîʾm mēYHWH ûmiyśrāʾēl*
> *wəhāʾāreṣ hazzōʾt tihyê lakem ləʾaḥuzzâ lipnê YHWH*
> "E guerreareis diante de YHWH, e a terra será subjugada perante YHWH; depois voltareis, e sereis livres de culpa perante YHWH e perante Israel, e esta terra será vossa possessão diante de YHWH." (Nm 32,22)

O compromisso de lutar por Israel não é apenas um dever moral, mas uma questão de fidelidade a YHWH. A frase *wihyîtem niqqîʾm mē*YHWH *ûmiyśrāʾēl* (e sereis livres de culpa perante YHWH e perante Israel) indica que, se falharem, não estarão apenas cometendo uma infração contra seus irmãos, mas um pecado contra o próprio Deus. Moisés então enfatiza a gravidade da responsabilidade que assumem:

> *wəʾim-lōʾ taʿaśûn kēn hinnê ḥăṭāʾṯem layhwh ûdəʿû*
> *ḥaṭṭāʾṯəḵem ʾăšer-timṣāʾ ʾetḵem*

> "Mas se não fizerdes assim, eis que pecastes contra YHWH; e sabei que vosso pecado vos há de alcançar." (Nm 32,23)

A expressão *ḥăṭā'ṯəḵem 'ăšer-timṣā' 'etḵem* (vosso pecado vos há de alcançar) ecoa a ideia de um juízo inevitável. O descumprimento desse compromisso não será esquecido, pois trair uma aliança feita diante de Deus tem consequências irreversíveis. Com base nessa condição, Moisés autoriza a construção das cidades, mas reitera sua expectativa:

> *bənû lakem 'ārîm ləṭappɛm ûgəḏērôt ləṣə'nɛḵem*
> *wəhayiṭāḡû 'ăp̄î 'ăšer-yāṣā' mip̄îḵem ta'ăśû*
> "Edificai cidades para vossos filhos e currais para vossos rebanhos; e cumpri o que prometestes." (Nm 32,24)

A ordem de primeiro construir cidades para os filhos e depois currais para os rebanhos pode ser um indicativo de que Moisés deseja garantir que o bem-estar das famílias seja priorizado, não apenas o lucro com os rebanhos. A resposta das tribos reforça sua promessa:

> *wayyō'mərû bənê-Gād ûbənê-Rə'ûḇ 'el-Mōšeh lēmōr*
> *'ăḇāḏêḵā ya'ăśû ka'ăšer 'ăḏōnî məṣawwê*
> "Então os filhos de Gade e os filhos de Rúben disseram a Moisés: 'Teus servos farão conforme meu senhor ordena.'" (Nm 32,25)

O uso de *'ăḇāḏêḵā* (teus servos) indica submissão total à liderança de Moisés e reforça que aceitam sua condição. Eles reafirmam seu plano:

> *ṭappēnû našênû miqnênû wəḵol-bəhēmtēnû yihyû šām*
> *bə'ārê haGil'āḏ*
> "Nossos filhos, nossas mulheres, nossos rebanhos e todo o nosso gado permanecerão ali, nas cidades de Gileade." (Nm 32,26)

Mas, ao mesmo tempo, prometem cumprir sua obrigação militar:

> *wəʾănăḥnû neḥālēṣ ḥūšîm lipnê YHWH ʾarṣâ wəʾăḥăznu naḥălātēnû mɛʿēḇɛr layyardēn*
> "Nós, porém, nos armaremos apressadamente diante de YHWH para entrar na terra, até que recebamos nossa herança do outro lado do Jordão." (Nm 32,27)

O compromisso aqui é ainda mais explícito do que antes. O verbo ***neḥālēṣ*** (nos armaremos) enfatiza prontidão para o combate, e a frase ***lipnê*** YHWH (diante de YHWH) reforça que sua lealdade será não apenas aos irmãos israelitas, mas ao próprio Deus. Diante dessa reafirmação, Moisés confirma o acordo:

> *wayyōʾmer Mōšeh ʾălāhēm ʾim-taʿaśûn ʾeṯ-haddāḇār hazzeh ʾim-tēḥāləṣû lipnê YHWH la-milḥāmâ*
> "Então Moisés lhes disse: 'Se fizerdes isso, se vos armardes diante de YHWH para a guerra'" (Nm 32,28)

Ele então declara a recompensa por sua fidelidade:

> *wəniḇkešâ hāʾāreṣ lipnê YHWH wəʾaḥar tāšubû wihyîtem niqqîʾm mēYHWH ûmiyśrāʾēl wəhāʾāreṣ hazzōʾt tihyê lakem ləʾaḥuzzâ lipnê YHWH*
> "E a terra for subjugada diante de YHWH, então podereis voltar, e sereis livres de culpa perante YHWH e perante Israel; e esta terra será vossa possessão diante de YHWH." (Nm 32,29)

Porém, Moisés reitera o que acontecerá se falharem:

> *wəʾim-lōʾ taʿaśûn kēn hinnê ḥăṭāʾṯem layhwh ûdəʿû ḥaṭṭāʾṯəḵem ʾăšer-timṣāʾ ʾetḵem*
> "Mas se não fizerdes assim, eis que pecastes contra YHWH; e sabei que vosso pecado vos há de alcançar." (Nm 32,30)

O tom solene desse aviso indica que a responsabilidade de Rúben e Gade agora é irrevogável. Se recuarem, enfrentarão não apenas a ira de seus irmãos, mas também o julgamento divino. Moisés então determina que as instruções sejam registradas formalmente:

> *wayyəṣaḇ ləhēm Mōšeh ʾeṯ-ʾElʿāzār hakkōhēn wəʾeṯ-Yəhôšuaʿ bin-Nûn wəʾet-rōʾšê hāʾāḇōt ləmaṭṭōṯ bənê-yiśrāʾēl*
> "E Moisés ordenou a Eleazar, o sacerdote, e a Josué, filho de Num, e aos chefes das casas paternas das tribos dos filhos de Israel." (Nm 32,31)

Ao envolver Eleazar e Josué, Moisés garante que o compromisso será observado pela próxima geração de líderes. Isso reflete a transição iminente da liderança, já que Josué em breve conduzirá Israel à conquista de Canaã. A narrativa de Números 32 se encaminha para sua conclusão com a confirmação do compromisso das tribos de Rúben e Gade, bem como com a inclusão de uma parte da tribo de Manassés na posse da Transjordânia. Depois de terem afirmado sua disposição para lutar ao lado de seus irmãos até a conquista de Canaã, agora é estabelecida formalmente a concessão de suas terras, selando o acordo sob a liderança de Moisés. O compromisso de Rúben e Gade é reiterado com ênfase:

> *wayyōʾmərû bənê-Gād ûbənê-Rəʾûḇ ʾăšer-dibber YHWH ʾel-ʿăḇāḏêḵā kēn naʿăśeh*
> "E os filhos de Gade e os filhos de Rúben disseram: 'O que YHWH disse a teus servos, assim faremos.'" (Nm 32,31)

A submissão à ordem divina é total. O uso da expressão *ʾăšer-dibber* YHWH (o que YHWH disse) revela que eles reconhecem que este não é apenas um acordo político ou militar, mas um compromisso espiritual. Ao se referirem a si mesmos como *ʿăḇāḏêḵā* (teus servos), demonstram humildade e aceitação da autoridade de Moisés. O compromisso é detalhado novamente:

> *nǎḥnû naʿăḇōr ḥûšîm lipnê YHWH ʾereṣ kənaʿan wəʾittānû ʾaḥŭzzat naḥălātēnû mɛʿēḇɛr layyardēn*
> "Nós passaremos armados diante de YHWH para a terra de Canaã, mas nossa posse de herança será deste lado do Jordão." (Nm 32,32)

A ênfase em *lipnê* YHWH (diante de YHWH) reforça que a travessia para a guerra não será meramente um dever para com Israel, mas um serviço sagrado. Apenas depois de cumprirem sua missão militar é que reivindicarão sua herança. Moisés, então, ratifica a concessão:

> *wayyitten lāhem Mōšeh liḇnê-Gād ûləḇnê-Rəʾûḇ wəlaḥăṣî šēḇeṭ Mənaššeh ben-Yôsēp̄ ʾet-mamləḵat sîḥôn melek hāʾĕmōrî wəʾet-mamləḵat ʿōḡ melek-habbāšān hāʾāreṣ ləʿareyhâ bigəḇūlōṯ hāʾāreṣ səḇîḇōṯ*
> "E Moisés deu aos filhos de Gade, aos filhos de Rúben e à metade da tribo de Manassés, filho de José, o reino de Siom, rei dos amorreus, e o reino de Ogue, rei de Basã, a terra com suas cidades e os termos das cidades ao redor." (Nm 32,33)

A surpresa nesse versículo é a inclusão da metade da tribo de Manassés. Até agora, apenas Rúben e Gade estavam envolvidos na negociação. Essa adição sugere que uma parte dos manassitas também se interessou pelas terras férteis da Transjordânia, talvez por razões econômicas ou pela afinidade com as tribos pastoris. A posse da terra é formalizada com o assentamento e reconstrução de cidades:

> *wayyivnû bənê-Gād ʾet-Dîbôn wəʾet-ʿAtarôt wəʾet-ʿAroʿēr*
> "E os filhos de Gade edificaram Dibom, Atarote e Aroer." (Nm 32,34)

> *wəʾet-ʿAtarōt-Šôp̄ān wəʾet-Yāzēr wəʾet-Yōgəbəhâ*
> "E Atarote-Sofã, Jazer e Jogbeá." (Nm 32,35)

> *wəʾet-Bêt-Nimrâ wəʾet-Bêt-Hārān ʿārê miṣṣār wəgəḏērôt ṣōʾn*

"E Bet-Ninrá e Bet-Harã, cidades fortificadas e currais para o gado." (Nm 32,36)

Os gaditas fortificam suas cidades e constroem currais (*gəḏērôt ṣō'n*), enfatizando a prioridade dada à pecuária. Isso confirma que seu interesse primordial na Transjordânia era sua viabilidade para a criação de rebanhos. O mesmo acontece com Rúben:

wəbənê-Rə'ûḇ bānû 'et-Ḥešbôn wə'et-'El'ālê wə'et-Qiryātāyim
"E os filhos de Rúben edificaram Hesbom, Eleale e Quiriataim." (Nm 32,37)

wə'et-Nəḇô wə'et-Ba'al-M'ôn (muṣəḇôt šēm) wə'et-Šiḇmâ wəyiqər'û bəšēmôt 'et-šēmôt hā'ārîm 'ăšer bānû
"E Nebo, Baal-Meom (mudando-lhes os nomes), e Sibma; e deram novos nomes às cidades que edificaram." (Nm 32,38)

Aqui, há um detalhe interessante: os rubenitas mudam os nomes das cidades conquistadas. Isso pode indicar um desejo de afirmar sua identidade ou uma rejeição dos nomes anteriores, possivelmente ligados à idolatria cananeia. A passagem conclui com a parte da tribo de Manassés, que toma a iniciativa de novas conquistas:

wayyēleḵû bənê-Māḵîr ben-Mənaššeh Gil'ād wəyilkədūhâ wayyôrēš 'et-hā'ĕmōrî 'ăšer-bāh
"E os filhos de Maquir, filho de Manassés, foram para Gileade, tomaram-na e expulsaram os amorreus que ali estavam." (Nm 32,39)

wayyitten Mōšeh 'et-haGil'ād ləMāḵîr ben-Mənaššeh wayyēšeb-bāh
"E Moisés deu Gileade a Maquir, filho de Manassés, e ele habitou nela." (Nm 32,40)

O destaque aqui vai para Maquir, um dos clãs de Manassés, que não apenas recebe terras, mas ativamente conquista Gileade. Isso sugere que eles eram guerreiros habilidosos, possivelmente mais inclinados à guerra do que à pecuária. O mesmo se repete com outros clãs manassitas:

> *wəYāʾîr ben-Mənaššeh hālak wayyilkōḏ ʾeṯ-ḥawwōṯēhem*
> *wayyiqraʾ ʾet-hēn ḥawwōṯ-Yāʾîr*
> "E Jair, filho de Manassés, foi e tomou as aldeias deles, e chamou-as aldeias de Jair." (Nm 32,41)

> *wəNôbāḥ hālak wayyilkōḏ ʾeṯ-Qənāt wəʾeṯ-Bənōtêhâ*
> *wayyiqraʾ-lâ Nôbāḥ bišmô*
> "E Nobá foi e tomou Quenate e suas aldeias, e chamou-a Nobá, segundo seu próprio nome." (Nm 32,42)

A prática de renomear territórios conquistados por Maquir, Jair e Nobá reflete um senso de posse definitiva. Isso mostra que a tribo de Manassés não apenas aceitou a Transjordânia, mas se estabeleceu com vigor, garantindo sua presença firme na região. A concessão das terras além do Jordão, portanto, se conclui com sucesso, e os compromissos assumidos pelas tribos são ratificados. O capítulo reforça a importância da fidelidade à aliança, da unidade entre as tribos e do compromisso com a missão coletiva de Israel.

Capítulo 33

A narrativa de Números 33 se apresenta como um registro detalhado dos acampamentos de Israel desde sua saída do Egito até sua chegada às campinas de Moabe, preparando o povo para a iminente entrada na Terra Prometida. Esse capítulo funciona como uma espécie de itinerário oficial da jornada, ressaltando tanto a fidelidade de YHWH em conduzir Israel quanto os momentos críticos de sua peregrinação. Além disso, o texto estabelece um vínculo entre a memória histórica e a identidade coletiva do povo, garantindo que as futuras gerações se lembrem das intervenções divinas ao longo do caminho. O capítulo se inicia com a introdução do registro de viagem:

> *ʾēlleh massʿê bənê-yiśrāʾēl ʾăšer yāṣəʾû mēʾereṣ-miṣrayim ləṣiḇʾōtām bəyaḏ-Mōšeh wəʾAharōn*
> "Estas são as jornadas dos filhos de Israel, que saíram da terra do Egito segundo os seus exércitos, sob a direção de Moisés e Arão." (Nm 33,1)

A palavra *massʿê* (jornadas) indica que a lista que segue não é apenas uma relação geográfica, mas um testemunho do processo de formação de Israel como nação. O uso do termo *ṣiḇʾōtām* (exércitos) reforça a identidade militar e organizacional do povo, ecoando a estrutura apresentada no primeiro censo (Nm 1,3). A menção explícita de Moisés e Arão estabelece a autoridade profética e sacerdotal que guiou Israel nesse percurso. O texto prossegue destacando que o próprio Moisés foi o responsável por esse registro:

> *wayyikətōb Mōšeh ʾeṯ-mōṣāʾêhem ləmassʿêhem ʿal-pî YHWH wəʾēlleh massʿêhem ləmōṣāʾêhem*
> "E Moisés escreveu os pontos de partida segundo as suas jornadas, por ordem de YHWH; e estas são as suas jornadas segundo os seus pontos de partida." (Nm 33,2)

O verbo *wayyikətōb* (escreveu) indica que esse itinerário não é um relato oral transmitido de forma casual, mas um documento formal, escrito sob orientação divina (*ʿal-pî* YHWH). A estrutura paralela entre *mōṣāʾêhem* (pontos de partida) e *massʿêhem* (jornadas) sugere que cada movimento do povo foi registrado cuidadosamente, ressaltando a providência de YHWH em cada etapa da caminhada. A saída do Egito é destacada com ênfase:

> *wayyisʿû mēRamsēs baḥōdeš hāriʾšôn bəḥamiššâ ʿāśār yôm laḥōdeš hāriʾšôn mimmoḥŏrāṯ happesaḥ yāṣəʾû bəyād rāmâ ləʿênê kol-miṣrayim*
> "E partiram de Ramessés, no primeiro mês, no dia quinze do primeiro mês; no dia seguinte à Páscoa saíram com mão poderosa, à vista de todos os egípcios." (Nm 33,3)

A referência a Ramsés como ponto de partida reforça a conexão com Êxodo 12,37, onde essa localidade é identificada como o lugar da primeira marcha dos israelitas. A saída ocorre no dia seguinte à celebração da Páscoa, estabelecendo um vínculo direto entre a libertação e a aliança com YHWH. A expressão *bəyād rāmâ* (com mão poderosa) ecoa a linguagem de Êxodo 6,1 e 13,3, enfatizando que essa libertação foi um ato direto da intervenção divina. O impacto sobre os egípcios é sublinhado:

> *ûmiṣrayim məqabərîm ʾeṯ-ʾăšer hikâ YHWH bāhem kol-bəḵôr ûbəʾĕlōhêhem ʿāśâ YHWH šəp̄āṭîm*
> "Enquanto os egípcios sepultavam os que YHWH ferira entre eles, todos os primogênitos; e YHWH executava juízos contra os seus deuses." (Nm 33,4)

A menção ao sepultamento dos primogênitos mortos reforça o caráter definitivo do juízo divino sobre o Egito. Além disso, o texto destaca que as pragas não foram apenas uma aflição física, mas uma demonstração da supremacia de YHWH sobre os deuses egípcios (*bəʾĕlōhêhem ʿāśâ* YHWH *šəp̄āṭîm*), cumprindo a promessa de Êxodo 12,12. A jornada prossegue:

> *wayyisʿû mēRamsēs wayyaḥănû bəSukkôt*
> "E partiram de Ramessés e acamparam em Sucote." (Nm 33,5)

Sucote, mencionado em Êxodo 13,20, foi o primeiro local de parada após a saída do Egito. O nome significa "cabanas" ou "abrigos", sugerindo um local de descanso temporário antes de prosseguir na jornada.

> *wayyisʿû misSukkôt wayyaḥănû bəʾēṯām ʾăšer bəqəṣê hammidbār*
> "E partiram de Sucote e acamparam em Etã, que está no limite do deserto." (Nm 33,6)

Etã marca a transição do território habitado para o deserto. A localização "no limite do deserto" sugere que esse foi o momento em que os israelitas deixaram definitivamente a terra do Egito e entraram na região árida onde dependeriam inteiramente da provisão divina.

> *wayyisʿû mēʿētām wayyāšub ʿal-pî haḥîrōṯ ʾăšer ʿal-pnê Baʿal Ṣəp̄ôn wayyaḥănû lipnê Migdāl*
> "E partiram de Etã, voltaram para Pi-Hairote, que está diante de Baal-Zefom, e acamparam diante de Migdol." (Nm 33,7)

O movimento de retorno (wayyāšub) em direção a Pi-Hairote, já descrito em Êxodo 14,2, indica uma estratégia deliberada para atrair o exército egípcio. Baal-Zefom, possivelmente um local de culto cananeu-egípcio, aparece aqui como um ponto de referência geográfico.

> *wayyisʿû mipnê haḥîrōṯ wayyaʿaḇrû bətôḵ hayyām hammidbārâ wayyēləḵû derek šəlōšet yāmîm bammidbār ʿētām wayyaḥănû bəMārâ*
> "E partiram de Pi-Hairote, passaram pelo meio do mar, para o deserto, e caminharam três dias no deserto de Etã e acamparam em Mara." (Nm 33,8)

Este versículo menciona o evento mais marcante do Êxodo: a passagem pelo Mar Vermelho. A formulação *wayyaʿaḇrû bətôḵ hayyām* (passaram pelo meio do mar) reflete a intervenção miraculosa de YHWH, que abriu um caminho seco para Israel. O destino seguinte, Mara, foi onde as águas amargas foram tornadas potáveis por meio da intervenção divina (Êx 15,23-25).

> *wayyisʿû miMārâ wayyāḇōʾû ʾêlîm ûbəʾêlîm šətê-ʿeśrê ʿênôt mayim wəšiḇʿîm təmārîm wayyaḥănû šām*
> "E partiram de Mara e vieram a Elim; e em Elim havia doze fontes de água e setenta palmeiras, e acamparam ali." (Nm 33,9)

Elim, ao contrário de Mara, é descrito como um oásis de abundância, oferecendo descanso e provisão antes da continuação da jornada. O número doze pode simbolizar as tribos de Israel, enquanto os setenta podem aludir à totalidade dos líderes do povo.

A narrativa segue detalhando o percurso de Israel pelo deserto, enfatizando a fidelidade de YHWH em conduzir o povo por cada etapa da jornada. O itinerário não é apenas uma relação geográfica, mas um testemunho da ação divina e dos desafios enfrentados ao longo do caminho. Cada local mencionado evoca eventos marcantes que moldaram a identidade de Israel e sua relação com YHWH.

> *wayyisʿû mēʾêlîm wayyaḥănû ʿal-yam-sûp̄*
> “E partiram de Elim e acamparam junto ao mar Vermelho.” (Nm 33,10)

Elim, descrito anteriormente como um oásis com doze fontes de água e setenta palmeiras (Nm 33,9), foi um local de descanso e provisão após as dificuldades em Mara. A partida de Elim marca o retorno à jornada árida do deserto. O acampamento junto ao mar Vermelho (*yam-sûp*) provavelmente não se refere à passagem milagrosa do mar, mas a uma parada posterior em sua orla, reforçando o contato contínuo com esse marco da libertação.

> *wayyisʿû miyyam-sûp̄ wayyaḥănû bəmidbar-sîn*
> “E partiram do mar Vermelho e acamparam no deserto de Sim.” (Nm 33,11)

O deserto de Sim (midbar-sîn), situado entre Elim e o Sinai (Êx 16,1), foi o lugar onde Israel enfrentou fome e começou a murmurar contra Moisés e Arão. Foi aqui que YHWH proveu o maná, estabelecendo um padrão de dependência diária da provisão divina (Êx 16,4-35). Essa etapa reforça a lição de que Israel deveria confiar na fidelidade de YHWH para sua subsistência.

> *wayyisʿû mimmidbar-sîn wayyaḥănû bəDofqâ*
> “E partiram do deserto de Sim e acamparam em Dofca.” (Nm 33,12)

Dofca não é mencionada em outros relatos do Êxodo, mas sua posição dentro do itinerário sugere que foi uma das paradas intermediárias antes de Refidim. O nome pode indicar um local de forjas ou metalurgia, possivelmente um ponto de descanso para caravanas.

> *wayyisʿû miDofqâ wayyaḥănû bəʿAlûš*
> “E partiram de Dofca e acamparam em Alus.” (Nm 33,13)

Alus também é um local pouco conhecido, mas pode estar associado à jornada para Refidim, onde a provisão de água se tornaria uma questão crítica. Tanto Dofca quanto Alus reforçam a natureza exaustiva da jornada pelo deserto, onde cada parada era essencial para a sobrevivência da comunidade.

> *wayyisʿû mīʿAlûš wayyaḥănû bəRəp̄îdîm wəʾên-šām mayim lištōt ləʿām*
> “E partiram de Alus e acamparam em Refidim, e não havia água para o povo beber.” (Nm 33,14)

Refidim foi um dos locais mais desafiadores da jornada, onde o povo enfrentou sede extrema e murmurou contra Moisés, testando YHWH (Êx 17,1-7). A crise da falta de água levou Moisés a ferir a rocha, da qual jorrou água para saciar o povo. Além disso, foi aqui que Israel enfrentou os amalequitas e obteve vitória com a intercessão de Moisés e o apoio de Arão e Hur (Êx 17,8-16). Refidim representa tanto a fragilidade da fé de Israel quanto a intervenção poderosa de YHWH.

> *wayyisʿû mēRəp̄îdîm wayyaḥănû bəmidbar-Sînay*
> “E partiram de Refidim e acamparam no deserto do Sinai.” (Nm 33,15)

O acampamento no Sinai marca o ponto central da jornada, onde Israel recebeu a Torá e foi estabelecido como um povo santo, separado para YHWH (Êx 19–24). A aliança do Sinai é o evento definidor da identidade israelita, consolidando sua relação exclusiva com YHWH. O tempo passado aqui foi o mais longo de toda a peregrinação, enfatizando a necessidade de instrução antes de prosseguir.

> *wayyis'û mimmidbar-Sînay wayyaḥănû baqibrôt-hatta'ăwâ*
> "E partiram do deserto do Sinai e acamparam em Quibrote-Hataavá." (Nm 33,16)

A saída do Sinai inaugura uma nova fase na jornada, agora rumo a Canaã. Quibrote-Hataavá, cujo nome significa "Túmulos da Cobiça", é o lugar onde o povo, insatisfeito com o maná, clamou por carne e recebeu codornizes em grande quantidade. No entanto, esse desejo desenfreado levou à ira de YHWH, resultando na morte de muitos por meio de uma praga (Nm 11,31-34). Esse episódio ilustra o perigo da insatisfação e da rebeldia contra a provisão divina.

> *wayyis'û miqibrôt-hatta'ăwâ wayyaḥănû baḥaṣērôt*
> "E partiram de Quibrote-Hataavá e acamparam em Hazerote." (Nm 33,17)

Hazerote foi o lugar onde Miriã e Arão se insurgiram contra Moisés, questionando sua autoridade e sua relação especial com YHWH (Nm 12,1-16). Como consequência, Miriã foi ferida com lepra e precisou ficar isolada fora do acampamento até ser curada. Esse evento reforça a centralidade da liderança de Moisés e a necessidade de submissão à vontade divina.

> *wayyis'û mīḥaṣērôt wayyaḥănû baritmâ*
> "E partiram de Hazerote e acamparam em Ritmá." (Nm 33,18)

Ritmá é mencionada apenas nesta lista, mas sua posição sugere que era uma das paradas antes de Cades-Barneia, onde ocorreu a maior crise de incredulidade de Israel. O nome pode significar "arbustos", possivelmente indicando um local árido e difícil.

> *wayyis'û miritmâ wayyaḥănû baRimmôn-Pereṣ*
> "E partiram de Ritmá e acamparam em Rimom-Perez." (Nm 33,19)

Rimom-Perez, cujo nome pode significar "romã da brecha", também é um local obscuro, mas parece indicar uma passagem crucial na travessia do deserto. Essa etapa representa a transição para a fase final da peregrinação.

> *wayyis'û mērimmôn-Pereṣ wayyaḥănû bəLibnâ*
> "E partiram de Rimom-Perez e acamparam em Libna." (Nm 33,20)

Libna, nome que significa "brancura", pode indicar uma região de solo calcário ou um local de luz e esperança. Sua posição no itinerário sugere que Israel já começava a se aproximar das fronteiras de Canaã.

> *wayyis'û miLibnâ wayyaḥănû bəRisâ*
> "E partiram de Libna e acamparam em Rissá." (Nm 33,21)

Rissá, um local não mencionado anteriormente, pode ter sido uma parada necessária para abastecimento de água ou descanso.

> *wayyis'û mērissâ wayyaḥănû bəQəhēlâtâ*
> "E partiram de Rissá e acamparam em Queelatá." (Nm 33,22)

Queelatá também não aparece em outras narrativas, mas seu nome pode indicar uma reunião ou congregação, possivelmente um local de reunião para reorganização do acampamento.

> *wayyis'û miQəhēlâtâ wayyaḥănû bəhar-Šāp̄er*
> "E partiram de Queelatá e acamparam no monte Safer." (Nm 33,23)

O monte Safer (*har-Šāp̄er*) significa "monte belo" ou "monte brilhante", sugerindo um local de destaque na paisagem. Essa referência geográfica pode indicar um ponto de observação antes da travessia final do deserto. Cada parada registrada nesse itinerário reforça a mensagem de que Israel não caminhou sozinho, mas foi guiado por YHWH em cada etapa. Os desafios e as lições aprendidas moldaram a identidade da nova geração que estava prestes a entrar na terra prometida. A jornada de Israel continua com a descrição minuciosa de suas paradas pelo deserto, reforçando a orientação divina em cada etapa do caminho. O itinerário não apenas documenta os deslocamentos geográficos, mas também serve como um testemunho da provisão, do juízo e da disciplina de YHWH ao longo da peregrinação rumo à Terra Prometida.

> *wayyisʿû mēhar-Šāp̄er wayyaḥănû bəḥărāḏâ*
> "E partiram do monte Safer e acamparam em Harada."
> (Nm 33,24)

Harada, cujo nome significa "tremor" ou "terror", pode indicar um lugar onde o povo experimentou dificuldades ou temores específicos. Essa designação sugere que Israel enfrentou provações marcantes nesse ponto da jornada, possivelmente um reflexo da insegurança e dos desafios naturais do deserto.

> *wayyisʿû mīḥărāḏâ wayyaḥănû bəmaqhēlôt*
> "E partiram de Harada e acamparam em Maquelote."
> (Nm 33,25)

Maquelote vem de uma raiz que significa "assembleia" ou "congregação", sugerindo que pode ter sido um local de reunião ou reorganização do acampamento. O nome pode indicar um momento de reafirmação da identidade coletiva de Israel, reforçando a importância da coesão comunitária antes da travessia final.

> *wayyisʿû mimmāqhēlôt wayyaḥănû bəṭāḥaṯ*
> "E partiram de Maquelote e acamparam em Taat." (Nm 33,26)

Taat, um local sem menção anterior, pode ter sido um ponto de descanso em uma região de difícil travessia. A ausência de eventos registrados sugere que esse foi um período de deslocamento relativamente tranquilo, sem crises significativas.

> *wayyisʿû mīṭāḥaṯ wayyaḥănû bəTāraḥ*
> "E partiram de Taat e acamparam em Tara." (Nm 33,27)

Tara também não é detalhada em outros relatos bíblicos, mas sua menção indica que Israel continuava a avançar gradualmente, seguindo a liderança de YHWH sem desvios.

wayyisʿû miTāraḥ wayyaḥănû bəmiṭqâ
"E partiram de Tara e acamparam em Mitca." (Nm 33,28)

Mitca, nome que pode estar relacionado a "doçura" ou "derramamento", pode sugerir uma região mais fértil ou com acesso a fontes de água. O significado positivo pode indicar um local de alívio temporário na jornada árdua do deserto.

wayyisʿû mīmiṭqâ wayyaḥănû bəḥašmōnāh
"E partiram de Mitca e acamparam em Hashmoná." (Nm 33,29)

Hashmoná é mencionada em Deuteronômio 10,6 como uma das últimas paradas antes da entrada na Terra Prometida. O nome pode estar relacionado à palavra "fortaleza" (*ḥašmôn*), possivelmente indicando um local estratégico para descanso e proteção.

wayyisʿû mīḥašmōnāh wayyaḥănû bəmôṣērôt
"E partiram de Hashmoná e acamparam em Moserote."
(Nm 33,30)

Moserote é associada a Moserá, mencionada em Deuteronômio 10,6 como o local da morte de Arão. Essa conexão enfatiza a transição da liderança sacerdotal e a continuidade da missão de Israel sob Eleazar.

wayyisʿû mimmôṣērôt wayyaḥănû bəvənêy-yaʿăqān
"E partiram de Moserote e acamparam em Bene-Jaacã."
(Nm 33,31)

Bene-Jaacã é citada em Deuteronômio 10,6 como um dos locais por onde os israelitas passaram após a morte de Arão. O nome significa "filhos de Jaacã", indicando um grupo tribal ou uma família que habitava na região.

> *wayyisʿû mibbənêy-yaʿăqān wayyaḥănû bəḥōr-haggidgād*
> "E partiram de Bene-Jaacã e acamparam no monte Gidgade." (Nm 33,32)

O monte Gidgade não é mencionado em outros textos bíblicos, mas pode estar associado a Gudgodá, citado em Deuteronômio 10,7. O nome pode estar relacionado a uma formação geográfica distintiva.

> *wayyisʿû mīḥōr-haggidgād wayyaḥănû bəyoṭbātâ*
> "E partiram do monte Gidgade e acamparam em Jotbatá." (Nm 33,33)

Jotbatá é descrita em Deuteronômio 10,7 como uma "terra de fontes de água", sugerindo um local fértil e um dos poucos pontos de descanso com abundância de recursos naturais. Essa parada destaca a provisão de YHWH no deserto, reafirmando Seu cuidado pelo povo.

> *wayyisʿû miyyôṭbātâ wayyaḥănû bəʿabrônâh*
> "E partiram de Jotbatá e acamparam em Abroná." (Nm 33,34)

Abroná não é mencionada em outros relatos bíblicos, mas sua inclusão no itinerário sugere que era uma parada essencial na transição para os territórios próximos a Edom e Moabe.

> *wayyisʿû mēʿabrônâh wayyaḥănû bəʿêṣyôn-geber*
> "E partiram de Abroná e acamparam em Eziom-Geber." (Nm 33,35)

Eziom-Geber foi um local de importância estratégica no período posterior, tornando-se um porto marítimo na época do rei Salomão (1 Rs 9,26). Sua menção aqui indica que Israel se aproximava do final da jornada pelo deserto.

> *wayyisʿû mēʿêṣyôn-geber wayyaḥănû bəmiḏbar-ṣîn hîʾ Qāḏēš*
> "E partiram de Eziom-Geber e acamparam no deserto de Zim, que é Cades." (Nm 33,36)

Cades marca um ponto crítico na jornada, pois foi onde Israel falhou em entrar na Terra Prometida na primeira tentativa (Nm 14). Esse retorno a Cades sugere um momento de transição, agora com uma nova geração preparada para cumprir o chamado de YHWH. A jornada de Israel continua com o registro minucioso de suas paradas, evidenciando a fidelidade de YHWH em conduzi-los até a Terra Prometida. As estações mencionadas não são meros pontos geográficos, mas marcos espirituais que testemunham o cuidado divino e os desafios enfrentados pelo povo ao longo de sua peregrinação.

> *wayyisʿû miQāḏēš wayyaḥănû bəhôr-hāhār bəqəṣê ʾereṣ-ʾĕḏôm*
> "E partiram de Cades e acamparam no monte Hor, na extremidade da terra de Edom." (Nm 33,37)

O monte Hor é um local de grande importância na narrativa do Êxodo, pois foi onde Arão morreu e foi sucedido por Eleazar (Nm 20,22-29). Sua localização na fronteira de Edom enfatiza a transição de Israel para os territórios que em breve conquistariam. A presença prolongada nesse local pode indicar um período de reestruturação da liderança antes da fase final da jornada.

> *wayyaʿal ʾAhărōn hakkōhēn ʾel-hôr-hāhār ʿal-pî YHWH wayyāmōṯ šām*
> "E Arão, o sacerdote, subiu ao monte Hor por ordem de YHWH e morreu ali." (Nm 33,38)

A morte de Arão marca o fim de uma era no sacerdócio. Sua ascensão ao monte para morrer ecoa a morte de Moisés no monte Nebo (Dt 34,1-5), sugerindo que a transição de liderança ocorre sob a direção direta de YHWH. A narrativa sublinha a obediência de Arão ao chamado divino, contrastando com sua falha anterior em Meribá (Nm 20,12).

> *bəšānâ hāʾarbaʿîm ləṣēʾt bənê-yiśrāʾēl mēʾereṣ-miṣrayim bəḥōdeš hāḥămîšî bəʾeḥāḏ laḥōdeš*
> "No quadragésimo ano da saída dos filhos de Israel da terra do Egito, no primeiro dia do quinto mês." (Nm 33,38)

A datação precisa reforça que a jornada de Israel no deserto foi rigorosamente ordenada por YHWH. O marco de quarenta anos evoca o período de provação e disciplina divinas antes que a nova geração estivesse pronta para a conquista da terra.

> *wəʾAhărōn ben-meʾāh wəʿeśrîm šānâ bəmōtô bəhôr-hāhār*
> "E Arão era da idade de cento e vinte e três anos quando morreu no monte Hor." (Nm 33,39)

A longevidade de Arão demonstra a graça divina em preservar os líderes de Israel ao longo da peregrinação. Esse detalhe também antecipa a morte de Moisés, que morrerá aos cento e vinte anos (Dt 34,7), mostrando que a liderança da antiga geração se encerra totalmente antes da entrada na Terra Prometida.

> *wayyišmaʿa haKanaʿanî melek ʿArāḏ wəhûʾ yōšēḇ banneḡeḇ bəʾereṣ-kənaʿan bəḇōʾ bənê-yiśrāʾēl*
> "E o cananeu, rei de Arade, que habitava no Neguebe, na terra de Canaã, ouviu que os filhos de Israel estavam vindo." (Nm 33,40)

O rei de Arade, ao saber da aproximação de Israel, representa um dos primeiros desafios militares antes da conquista efetiva de Canaã. Sua hostilidade antecipa a resistência das nações cananeias, mas também reforça que Israel está avançando conforme o plano de YHWH.

> *wayyisʿû mēhôr-hāhār wayyaḥănû bəṣalmōnāh*
> "E partiram do monte Hor e acamparam em Zalmona." (Nm 33,41)

Zalmona não é detalhada em outras passagens, mas sua inclusão na lista de paradas indica que Israel já estava em movimento rumo ao leste do Jordão, preparando-se para contornar Edom e Moabe.

> *wayyisʿû miṣalmōnāh wayyaḥănû bəpûnōn*
> "E partiram de Zalmona e acamparam em Punom." (Nm 33,42)

Punom também não é mencionada fora desse itinerário, mas sua menção sugere que a jornada ainda exigia múltiplas etapas antes de alcançar as fronteiras definitivas de Canaã.

> *wayyisʿû mippûnōn wayyaḥănû bəʿōbōṯ*
> "E partiram de Punom e acamparam em Obote." (Nm 33,43)

Obote é mencionada novamente em Números 21,10-11, em que Israel passa por ali em sua jornada rumo a Moabe. Sua inclusão aqui destaca a progressão contínua para o norte.

> *wayyisʿû mēʿōbōṯ wayyaḥănû bəʿîyyê haʿăḇārîm bigəḇûl Mô'āḇ*
> "E partiram de Obote e acamparam em Ijê-Abarim, na fronteira de Moabe." (Nm 33,44)

Ijê-Abarim, que significa "ruínas dos viajantes", marca um local próximo ao território de Moabe. Essa parada evidencia que Israel está à beira do Jordão, quase completando sua jornada pelo deserto.

> *wayyisʿû mîʿiyyê haʿăḇārîm wayyaḥănû bəDîḇōn-Gāḏ*
> "E partiram de Ijê-Abarim e acamparam em Dibom-Gade." (Nm 33,45)

Dibom-Gade, provavelmente associada à cidade de Dibom mencionada em Números 32, indica um ponto de transição, já dentro da região que será concedida às tribos de Rúben e Gade.

> *wayyisʿû mîDîḇōn-Gāḏ wayyaḥănû bəʿAlmôn-Dîḇlātāyim*
> "E partiram de Dibom-Gade e acamparam em Almom-Diblataim." (Nm 33,46)

Almom-Diblataim é mencionada novamente em Jeremias 48,22, em que é associada ao território de Moabe. Sua inclusão sugere que Israel estava percorrendo os limites do território moabita, evitando confrontos desnecessários.

A jornada de Israel pelo deserto se aproxima de seu desfecho, com as últimas paradas antes da entrada na Terra Prometida. O itinerário registra não apenas a geografia do percurso, mas também a preparação final do povo para a conquista.

> *wayyisʿû mîʿAlmôn-Dîḇlāṯāyim wayyaḥănû bəhārê hāʿĂḇārîm lipnê Nəḇô*
> "E partiram de Almom-Diblataim e acamparam nos montes de Abarim, diante de Nebo." (Nm 33,47)

A menção aos montes de Abarim e à proximidade do monte Nebo é altamente significativa. Essa região marca o ponto final da jornada de Moisés e a vista antecipada da terra que ele não poderia entrar (Dt 32,49). O nome "Abarim" significa "passagens", refletindo simbolicamente a iminência da travessia para Canaã.

> *wayyisʿû mēhārê hāʿĂḇārîm wayyaḥănû bəʿarḇôt môʾāḇ ʿal-yardēn yərēḥô*
> "E partiram dos montes de Abarim e acamparam nas campinas de Moabe, junto ao Jordão, diante de Jericó." (Nm 33,48)

A chegada às campinas de Moabe representa o último acampamento antes da travessia do Jordão. Jericó, visível do outro lado do rio, simboliza a primeira cidade a ser conquistada sob a liderança de Josué (Js 6). O uso do termo *ʿarḇôt môʾāḇ* (campinas de Moabe) conecta esse local aos discursos finais de Moisés em Deuteronômio.

> *wayyaḥănû ʿal-hayyardēn mibbêyt-hayəšîmōṯ ʿaḏ-ʾāḇēl haššiṭṭîm bəʿarḇôt môʾāḇ*
> "E acamparam junto ao Jordão, desde Bete-Jesimote até Abel-Sitim, nas campinas de Moabe." (Nm 33,49)

O trecho entre Bete-Jesimote e Abel-Sitim indica um acampamento extenso, abrangendo uma grande área nas proximidades do Jordão. Sitim já havia sido mencionada no episódio da apostasia com Baal-Peor (Nm 25,1), destacando-se como um local de provação moral antes da entrada na terra. A ênfase na extensão do acampamento sugere a organização final do povo para a travessia. Com Israel posicionado para cruzar o Jordão, YHWH instrui Moisés sobre os próximos passos:

> *wayyədabbēr YHWH ʾel-Mōšeh bəʿarḇōt môʾāḇ ʿal-yardēn yərēḥô lēʾmōr*
> "E falou YHWH a Moisés nas campinas de Moabe, junto ao Jordão, diante de Jericó, dizendo:" (Nm 33,50)

Essa introdução solene indica que as instruções a seguir são de suma importância. O discurso final de YHWH a Moisés antes da travessia destaca o que Israel deve fazer ao entrar na terra.

> *dabbēr ʾel-bənê-yiśrāʾēl wəʾāmartā ʾălêhem kî ʾattem ʿōbərîm ʾeṯ-hayyardēn ʾel-ʾereṣ kənaʿan*
> "Fala aos filhos de Israel e dize-lhes: 'Quando atravessardes o Jordão para a terra de Canaã,'" (Nm 33,51)

A travessia do Jordão marca uma mudança decisiva na história de Israel. Não se trata apenas de um movimento geográfico, mas de uma transição espiritual e política: de povo nômade para nação estabelecida. A forma condicional (quando atravessardes) indica que a ação é certa e inevitável, conforme a promessa divina.

> *wəhôrăštēm ʾeṯ-kāl-yôšəḇê hāʾāreṣ mippənêkem wəʾiḇədaṯem ʾet-kāl-maśkîyyōṯām wəʾet-kāl-ṣalmê massekōṯām təʾaḇēdû wəʾet-kāl-bāmōṯām təhašmîdû*
> "E expulsareis todos os habitantes da terra de diante de vós, e destruireis todas as suas imagens esculpidas, e todas as suas imagens fundidas destruireis, e todas as suas colinas sagradas desfareis." (Nm 33,52)

A ordem de YHWH não é apenas para conquistar Canaã, mas também para purificá-la. A idolatria dos cananeus é retratada como uma ameaça à fidelidade de Israel. O verbo ***hôrăštēm*** (expulsareis) enfatiza que Israel deve remover completamente os habitantes, enquanto

ʾiḇədaṯem e təʾaḇēdû (destruireis) indicam a erradicação total dos objetos de culto. A destruição das *bāmōṯ* (colinas sagradas) reforça a rejeição dos lugares tradicionais de adoração cananeia.

> *wəhîraštēm ʾeṯ-hāʾāreṣ wəyišaḇtem-bāh kî lākem nāṯattî ʾeṯ-hāʾāreṣ ləarešet ʾōtāh*
> "E tomareis posse da terra e nela habitareis, pois a vós dei a terra para possuí-la." (Nm 33,53)

A posse da terra não se dá por mérito humano, mas por concessão divina (*nāṯattî* – dei). No entanto, a realização dessa promessa depende da obediência de Israel à ordem de purificação e expulsão dos cananeus.

> *wəhiṯṭallətem lākem ʾet-hāʾāreṣ bəgôrāl ləmišpəḥōṯêkem lərab tarbîṯû ʾet-naḥălātô wələmaʿaṭ tamʿîṭ ʾet-naḥălātô ʾel-ʾăšer-yēṣēʾ lô šām hagôrāl lô yihyeh ləmaṭṭōṯ ʾăḇōṯêkem tiṯnaḥălû*
> "E sorteareis a terra por herança para vossas famílias; ao grupo maior dareis maior herança, e ao menor dareis menor herança; para onde sair a sorte a alguém, ali será sua propriedade; segundo as tribos de seus pais tomareis herança." (Nm 33,54)

A distribuição da terra será feita por sorteio, garantindo um processo justo. O princípio da proporcionalidade (*lərab tarbîṯû... ləmaʿaṭ tamʿîṭ*) assegura que as tribos maiores recebam porções maiores, enquanto as menores recebam menos. Isso evita disputas e fortalece a unidade da nação.

> *wəʾim-lōʾ Tôrîšû ʾeṯ-yôšəḇê hāʾāreṣ mippənêkem wəhāyâ ʾăšer-tôtîrû mēhem ləśîqqîm bəʿênêkem ûləṣənînîm bəṣîḏêkem wəṣārərû ʾetḵem ʿal-hāʾāreṣ ʾăšer-ʾattem yōšəḇîm-bāh*
> "Mas, se não expulsardes os habitantes da terra de diante de vós, então os que deixardes serão como espinhos em vossos olhos e como espinhos em vossos lados, e vos afligirão na terra em que habitardes." (Nm 33,55)

YHWH adverte que a falha em obedecer resultará em dificuldades contínuas. A metáfora dos *śîqqîm* (espinhos) indica que os povos remanescentes serão uma fonte de dor e tropeço, levando Israel à idolatria e à opressão, algo que se cumprirá nos períodos dos Juízes e da monarquia.

> *wəhāyâ ka'ăšer dimatî la'ăśôṯ lāhem 'e'ĕśeh lākem*
> "E acontecerá que, como pensei fazer a eles, assim vos farei a vós." (Nm 33,56)

A advertência final reforça a reciprocidade do julgamento divino: se Israel não cumprir sua missão, sofrerá o mesmo destino que deveria impor aos cananeus. Esse princípio será visto no exílio futuro, quando Israel perderá sua terra por causa da desobediência. Com essas instruções, o capítulo encerra a longa jornada de Israel pelo deserto, apontando para os desafios da posse da terra e para a necessidade da fidelidade ao pacto.

Capítulo 34

A narrativa de Números 34 marca a transição da jornada no deserto para a organização territorial da Terra Prometida. YHWH estabelece os limites da terra que será dada a Israel, destacando a centralidade da promessa feita aos patriarcas e a necessidade de uma distribuição justa entre as tribos.

> *wayyədabbēr YHWH 'el-Mōšeh lē'mōr*
> "E falou YHWH a Moisés, dizendo:" (Nm 34,1)

A introdução do capítulo segue um padrão recorrente nos discursos divinos dirigidos a Moisés, sinalizando que as instruções seguintes são de autoridade suprema. Esse é um momento crucial da história de Israel: depois de anos de peregrinação, os limites concretos da terra são delineados.

> *ṣaw 'et-bənê-yiśrā'ēl wə'amartā 'ălêhem kî 'attem*

> *bā'îm 'el-hā'āreṣ kənaʿan zō't hā'āreṣ 'ăšer-tippōl lākem bənaḥălâ 'ereṣ kənaʿan ligəḇulōtêhā*
> "Ordena aos filhos de Israel e dize-lhes: 'Quando entrareis na terra de Canaã, esta é a terra que vos será dada por herança, a terra de Canaã segundo seus limites.'" (Nm 34,2)

A referência ao verbo *tippōl* (cairá, ou vos será dada) indica que a terra será recebida como dom divino, não como conquista puramente humana. O termo *bənaḥălâ* (por herança) reforça que a posse da terra é um direito irrevogável concedido por YHWH, alinhando-se com a promessa feita a Abraão (Gn 15,18-21).

> *wəhāyâ lākem pə'aṯ-negbaʿ mi-midbar ṣîn ʿal-yədê 'ădôm wəhāyâ lākem gəḇûl hanneḡeḇ miqṣê yam-hammeLaḥ qēḏmâh*
> "E vossa fronteira sul será desde o deserto de Zim, ao longo de Edom, e vossa fronteira sul começará no extremo do mar Salgado, para o leste." (Nm 34,3)

O limite meridional da terra começa no *midbar ṣîn* (deserto de Zim), que já havia sido um ponto de peregrinação de Israel (Nm 20,1). A fronteira passa por Edom e se estende ao *yam-hammeLaḥ* (mar Salgado, ou mar Morto), marcando o extremo sudeste do território.

> *wənāsaḇ lākem hagəḇûl min-hayyam haMelāḥ qēḏmâh ləpidgə'î ʿAqrabbîm wəʿābar ṣîn wəhāyû təẓi'tāyw miqqēḏem ləqāḏēš-barneʿa wəyāṣā' ḥăṣar-ʿAdār wəʿābar ʿaṣmōn*
> "E a fronteira se voltará do mar Salgado para o leste até a subida de Acrabim, passará por Zim, e suas extremidades irão até Cades-Barneia; e sairá para Hazar-Adar e passará até Azmom." (Nm 34,4)

A subida de Acrabim (*pidgə'î ʿAqrabbîm*) representa um desfiladeiro íngreme, delimitando a passagem entre o deserto e Canaã. Cades-Barneia já havia sido um local decisivo na trajetória de Israel, pois foi ali que a geração anterior se rebelou contra YHWH e foi condenada a perecer no deserto (Nm 33-14,29). A menção desse lugar aqui ressignifica seu papel, transformando-o de um símbolo de fracasso em um marco da posse definitiva da terra.

> *wənāsaḇ hagəḇûl mēʿaṣmōn naḥalāh miṣrāyim wəhāyû təẓiʾtāyw hayyāmâ*
> "E a fronteira se voltará de Azmom para o ribeiro do Egito, e suas extremidades terminarão no mar." (Nm 34,5)

A menção ao *naḥal miṣrāyim* (ribeiro do Egito) sugere um afluente na fronteira sudoeste, que separava Canaã do território egípcio. Esse ponto marca o limite ocidental da terra prometida.

> *ûgəḇûl-yām hāyām haggādôl ûgəḇûl zê-yihyeh lākem gəḇûl-yām*
> "E a fronteira ocidental será o grande mar; esta será vossa fronteira ocidental." (Nm 34,6)

O *yām haggādôl* (grande mar), ou mar Mediterrâneo, forma a barreira natural do território a oeste. Essa delimitação fixa Canaã entre o mar e o deserto, definindo seu espaço geopolítico em relação aos povos vizinhos.

> *wəzê-yihyeh lākem gəḇûl-ṣāpôn min-hayyām haggādôl təṯʾō lākem hāhōr hāhôr*
> "E esta será vossa fronteira do norte: do grande mar traçareis uma linha até o monte Hor." (Nm 34,7)

A fronteira setentrional começa no Mediterrâneo e se estende até um local identificado como *hāhōr hāhôr*. Esse monte pode ser diferente do Monte Hor mencionado em Nm 20,22, onde Arão faleceu. Aqui, pode referir-se a uma montanha ao norte de Canaã, possivelmente no Líbano.

> *mēhāhōr taṭṭî-ləḇô-ḥamāṯ wəhāyû təẓiʾtāyw hagəḇûl ṣəḏādâ*
> "Do monte Hor, traçareis uma linha até Lebo-Hamate, e as extremidades da fronteira alcançarão Zedade." (Nm 34,8)

O nome Lebo-Hamate sugere uma conexão com Hamate, uma cidade síria. Esse ponto mostra que a fronteira setentrional se estende até a região da atual Síria, demonstrando a vasta extensão da terra prometida.

> *wəyāṣāʾ hagəḇûl zifrōnâ wəhāyû təẓiʾtāyw ḥaṣar-ʿênān zê-yihyeh lākem gəḇûl-ṣāpôn*
> "E a fronteira seguirá para Zifron, e suas extremidades alcançarão Hazar-Enã; esta será vossa fronteira do norte." (Nm 34,9)

A fronteira nortenha se encerra em Hazar-Enã, um local pouco identificado, mas que parece estar ao extremo norte da terra. Essa região representa o ponto máximo do território de Israel em sua concepção ideal.

> *wəhiṭṭalləṭem lākem gəḇûl-qēḏem mēḥaṣar-ʿênān šəp̄āmâ*
> "E traçareis para vós a fronteira do leste desde Hazar-Enã até Sefã." (Nm 34,10)

A fronteira oriental será definida a partir do norte em direção ao sul. Esse limite oriental separa Israel dos povos a leste, como os moabitas, amonitas e edomitas. A trajetória da fronteira é especificada:

> *wəyārad hagəḇûl mišəp̄ām haRiblāh miqēḏmâ ləʿayin wəyārad hagəḇûl ûmāḥâ ʿal-kɛṯɛp̄ yam-kinneret qēḏmâ*
> "E a fronteira descerá de Sefã até Ribla, ao leste de Aïn, e a fronteira descerá e tocará a borda do mar de Quinerete, ao leste." (Nm 34,11)

A menção a Ribla sugere um ponto estratégico ao norte, próximo ao atual Líbano. O percurso segue para o sul, passando pela borda oriental do *yam Kinneret* (mar da Galileia), uma referência geográfica crucial, pois essa região será posteriormente um centro da vida econômica e religiosa de Israel. A fronteira oriental é finalizada com um marco claro:

> *wəyārad hagəḇûl hayyardēnâ wəhāyû təẓi'tāyw yam-hammeLaḥ zō't tihyeh lākem hā'āreṣ ligəḇulōtêhā mibbaḥîr*
> "E a fronteira descerá ao Jordão, e suas extremidades terminarão no mar Salgado; esta será a vossa terra, segundo os seus limites ao redor." (Nm 34,12)

O limite leste é definido pelo curso do rio Jordão, que desemboca no *yam-hammeLaḥ* (mar Morto), completando a demarcação geográfica do território. A referência ao Jordão antecipa sua importância teológica como o limiar entre o deserto e a terra da promessa. Moisés transmite a ordem divina sobre a herança da terra:

> *wayyəṣaw Mōšeh 'et-bənê-yiśrā'ēl lē'mōr zō't hā'āreṣ 'ăšer tiṯnaḥălû 'ōtāh bəgôrāl 'ăšer-ṣiwwâ YHWH latēṯ lətiš'aṭ hammaṭṭōṯ wəḥaṣî hammaṭṭēh*
> "E Moisés ordenou aos filhos de Israel, dizendo: 'Esta é a terra que recebereis por herança por sorteio, a qual YHWH ordenou que fosse dada às nove tribos e meia tribo.'" (Nm 34,13)

A menção ao gôrāl (sorteio) reforça que a divisão territorial não será uma escolha humana, mas sim um desdobramento da vontade divina. O texto também recorda o acordo com as tribos de Rúben, Gade e a meia tribo de Manassés, que já receberam terras a leste do Jordão. O texto enfatiza essa concessão prévia:

> *kî lāqaḥû maṭṭēh bənê hārə'ûbēn ləbêt 'ăḇōtām ûmaṭṭēh bənê haggād ləbêt 'ăḇōtām wəḥăṣî maṭṭēh mənaššeh lāqaḥû naḥălātām*
> "Porque a tribo dos filhos de Rúben, segundo a casa de seus pais, e a tribo dos filhos de Gade, segundo a casa de seus pais, e a meia tribo de Manassés receberam sua herança." (Nm 34,14)

As tribos que optaram por se estabelecer na Transjordânia aceitaram essa herança com a condição de participar da conquista de Canaã ao lado das demais tribos (Nm 32,16-19).

O texto conclui a delimitação do território das tribos transjordânicas:

> *šətê hammattaṯ wəḥăṣî hammattaṯ lāqaḥû naḥălātām*
> *mə'ēḇɛr layyardēn yērēḥô miqēḏmâ mizrāḥâ*
> "Duas tribos e meia receberam sua herança além do Jordão, defronte de Jericó, para o leste, ao nascer do sol." (Nm 34,15)

A localização ***mə'ēḇɛr layyardēn*** (além do Jordão) reforça que, embora territorialmente fora de Canaã, essas tribos ainda fazem parte da aliança com YHWH. A instrução divina então muda o foco para a liderança da distribuição da terra:

> *wayyədabbēr YHWH 'el-Mōšeh lē'mōr*
> "E falou YHWH a Moisés, dizendo:" (Nm 34,16)

A transição para a designação de responsáveis pela divisão territorial demonstra a preocupação em garantir um processo justo e legítimo. YHWH nomeia os principais líderes encarregados da distribuição:

> *'ēlleh šəmōṯ hā'anāšîm 'ăšer yinḥălû lākem 'et-hā'āreṣ*
> *'El'āzār hakkōhēn wəYəhôšūa' bin-Nûn*
> "Estes são os nomes dos homens que repartirão para vós a terra: Eleazar, o sacerdote, e Josué, filho de Num." (Nm 34,17)

A nomeação de ***'El'āzār hakkōhēn e Yəhôšūa' bin-Nûn*** reforça a combinação entre liderança religiosa e militar no processo. Josué, sucessor de Moisés, liderará a conquista, enquanto Eleazar, como sumo sacerdote, garantirá que a divisão esteja alinhada com a vontade divina. Cada tribo terá um representante na divisão:

> *wənāśî' 'eḥāḏ nəśî' mi-maṭṭēh tiqqāḥū lənaḥăl 'et-hā'āreṣ*
> "E de cada tribo tomareis um príncipe para repartir a terra como herança." (Nm 34,18)

A designação dos líderes encarregados da divisão da terra segue uma estrutura ordenada, garantindo que cada tribo tenha um representante legítimo no processo. A escolha desses homens enfatiza a importância da equidade e da autoridade reconhecida dentro das tribos. A nomeação dos chefes tribais começa com a tribo de Judá:

> *ləmaṭṭēh yəhûḏâ qālēḇ ben-yəp̄unneh*
> "Para a tribo de Judá, Calebe, filho de Jefoné." (Nm 34,19)

A menção de Calebe é significativa, pois ele, junto com Josué, foi um dos únicos espias fiéis (Nm 14,6-9) e, por isso, recebeu a promessa de herdar uma porção especial da terra. Sua presença na liderança da distribuição reforça sua posição de destaque dentro da tribo de Judá. Segue-se o representante da tribo de Simeão:

> *ləmaṭṭēh bənê-šimʿôn šəmûʾēl ben-ʿammîhûd*
> "Para a tribo dos filhos de Simeão, Samuel, filho de Amiúde." (Nm 34,20)

A escolha de Samuel, filho de Amiúde, aponta para a continuidade da liderança dentro da tribo de Simeão, garantindo que sua porção territorial seja estabelecida conforme a instrução divina. A tribo de Benjamim recebe seu representante:

> *ləmaṭṭēh binyāmîn ʾelîḏāḏ ben-qislôn*
> "Para a tribo de Benjamim, Elidad, filho de Quislom." (Nm 34,21)

A tribo de Benjamim terá um papel estratégico na organização territorial, pois suas terras estarão situadas entre Judá e Efraim, o que posteriormente fará dela uma região crucial na história de Israel. A tribo de Dã também tem seu líder designado:

> *ləmaṭṭēh bənê-dān hanəśîʾ bûqqî ben-yoglî*
> "Para a tribo dos filhos de Dã, o príncipe Buqui, filho de Jogli." (Nm 34,22)

Dã, sendo uma das tribos mais populosas (Nm 26,42-43), precisará de uma distribuição territorial que suporte seu crescimento. A nomeação de Buqui, filho de Jogli assegura que essa questão será tratada com justiça. A distribuição continua com a tribo de Manassés:

> *ləbənê-yôsēp̄ ləmaṭṭēh bənê-mənaššeh ḥannîʾēl ben-ʾēp̄ōḏ*
> “Para os filhos de José, para a tribo dos filhos de Manassés, Haniel, filho de Éfode.” (Nm 34,23)

E a tribo de Efraim:

> *ləmaṭṭēh bənê-ʾep̄rayim qəmûʾēl ben-šiptān*
> “Para a tribo dos filhos de Efraim, Quemuel, filho de Siftã.” (Nm 34,24)

Manassés e Efraim, descendentes de José, recebem representantes distintos, refletindo sua posição como duas tribos separadas na divisão territorial, apesar de compartilharem uma origem comum. A tribo de Zebulom recebe seu líder:

> *ləmaṭṭēh bənê-zəḇûlûn ʾelîṣāp̄ān ben-parnāk*
> “Para a tribo dos filhos de Zebulom, Elisafã, filho de Parnak.” (Nm 34,25)

E a tribo de Issacar:

> *ləmaṭṭēh bənê-yiśśāḵār pəṭaḥʾēl ben-ʿazzān*
> “Para a tribo dos filhos de Issacar, Petael, filho de Azã.” (Nm 34,26)

Esses líderes garantirão que a distribuição das terras no norte de Canaã seja feita de maneira justa, consolidando o assentamento das tribos. A designação prossegue com a tribo de Aser:

> *ləmaṭṭēh bənê-ʾāšēr ʾaḥîhûḏ ben-šəlōmî*
> “Para a tribo dos filhos de Aser, Ahiúde, filho de Selomi.” (Nm 34,27)

E a tribo de Naftali:

> *ləmaṭṭēh bənê-nap̄tālî pəḏah̩ʾēl ben-ʿammîhûd*
> “Para a tribo dos filhos de Naftali, Pedael, filho de Amiúde.” (Nm 34,28)

A lista de líderes conclui a organização das tribos de Israel, garantindo que cada uma tenha uma herança bem definida. O capítulo então encerra com a reafirmação da autoridade dessas designações:

> *ʾēlleh ʾăšer-ṣiwwâ YHWH lənaḥăl ʾet-bənê-yiśrāʾēl bəʾereṣ kənaʿan*
> “Estes são os que YHWH ordenou que fizessem a repartição da herança aos filhos de Israel na terra de Canaã.” (Nm 34,29)

A ênfase final reforça que a divisão territorial não é uma decisão arbitrária, mas sim a execução da vontade divina, garantindo que cada tribo receba sua porção conforme determinado por YHWH. Essa estrutura assegura que a terra seja distribuída de forma justa e pacífica, consolidando o futuro assentamento das doze tribos em Canaã.

Capítulo 35

A narrativa de Números 35 introduz a designação das cidades para os levitas, uma disposição fundamental para a organização social e religiosa de Israel na terra prometida. Diferente das demais tribos, que recebem porções territoriais definidas, os levitas, como tribo sacerdotal, não possuem herança própria, mas são distribuídos entre as demais tribos para exercerem suas funções espirituais e jurídicas. Essa estrutura reforça a centralidade do culto a YHWH e a necessidade de uma presença sacerdotal espalhada por toda a nação. A ordem divina é clara:

> *wayyədabbēr YHWH ʾel-Mōšeh bəʿarḇōt môʾāḇ ʿal-yardēn yərēḥô lēʾmōr*
> “E falou YHWH a Moisés nas campinas de Moabe, junto ao Jordão, defronte de Jericó, dizendo:” (Nm 35,1)

A referência geográfica à Arvot Moab (campinas de Moabe) reforça a iminência da entrada na terra. Esse é um dos últimos comandos dados a Moisés antes da conquista de Canaã, preparando a estrutura territorial e social do novo assentamento. A instrução sobre a concessão de cidades aos levitas segue imediatamente:

> *ṣaw ʾeṯ-bənê-yiśrāʾēl wənāṯnû lalwiyyîm min-naḥălaṯ ʾaḥuzzāṯām ʿārîm ləšāḇeṯ ûmigraʿ ləʿārîm səḇîḇōṯêhem təṯnû lalwiyyîm*
> "Ordena aos filhos de Israel que, da herança de sua possessão, deem cidades aos levitas para habitarem; e também deem aos levitas arredores das cidades ao redor delas." (Nm 35,2)

Os levitas não possuem um território próprio porque sua herança é YHWH (cf. Nm 18,20). Em vez disso, recebem cidades dentro das terras das outras tribos, permitindo-lhes cumprir sua função sacerdotal e manter a pureza da aliança em toda a nação. O termo *migraʿ* refere-se aos arredores das cidades, indicando que, além das áreas urbanas, os levitas também teriam terras ao redor para pastagem. A descrição da área cedida aos levitas continua:

> *wəhāyû hāʿārîm lāhem ləšāḇeṯ ûmigraʿêhem yihyû libbəhēmôṯām lərəḵûšām ûləḵol-ḥayyâṯām*
> "E terão as cidades para habitarem, e seus arredores serão para seus animais, seus bens e todas as suas necessidades." (Nm 35,3)

Embora os levitas não sejam uma tribo agrícola ou guerreira, recebem áreas para manter seus animais e sustento básico. Isso demonstra que, apesar de sua dedicação ao serviço religioso, a provisão para suas necessidades materiais também é levada em consideração. A extensão dos arredores das cidades é detalhada:

> *ûmigraʿ ʿārîm ʾăšer titnû lalwiyyîm miqqîr hāʿîr wəḥûṣāh ʾelep̄ ʾammâ sāvîḇ*
> "E os arredores das cidades que dareis aos levitas serão desde o muro da cidade para fora, mil côvados ao redor." (Nm 35,4)

A medição dos arredores das cidades assegura que os levitas tenham espaço suficiente para sustentar suas famílias e rebanhos, sem que precisem depender exclusivamente das demais tribos. O território deve ser simetricamente distribuído:

> *ûmadōṯem miḥûṣ lāʿîr ʾeṯ-pētah qedmāh ʾalp̄ayim bâmmâ wəʾeṯ-hannēḡeḇ ʾalp̄ayim bâmmâ wəʾeṯ-hayyām ʾalp̄ayim bâmmâ wəʾeṯ-haṣṣāp̄ôn ʾalp̄ayim bâmmâ wəhāʿîr bətôḵ zeh yihyû migraʿê ʿārêhem*
> "E mediareis fora da cidade, do lado oriental, dois mil côvados; do lado sul, dois mil côvados; do lado ocidental, dois mil côvados; e do lado norte, dois mil côvados, ficando a cidade no meio. Estes serão os arredores das cidades para eles." (Nm 35,5)

O cálculo exato da área rural ao redor das cidades assegura que cada local tenha espaço suficiente para a subsistência dos levitas. A cidade deve estar centralizada, com uma zona de dois mil côvados em cada direção, garantindo um equilíbrio entre espaço urbano e rural. O número total de cidades designadas para os levitas é então especificado:

> *wəʾet-hāʿārîm ʾăšer titnû lalwiyyîm ʾet-šeš ʿārê hammiqlaṭ ʾăšer tiṯṯənû lanûs šām hārōṣēaḥ wəʿălêhem titnû ʾarbāʿîm ûštayim ʿîr*
> "E as cidades que dareis aos levitas serão seis cidades de refúgio, que dareis para que ali fuja o homicida; e além delas, dareis mais quarenta e duas cidades." (Nm 35,6)

Dessas quarenta e oito cidades, seis serão *ʿārê hammiqlaṭ* (cidades de refúgio), destinadas a proteger aqueles que cometeram homicídio involuntário, garantindo-lhes um julgamento justo e evitando vinganças precipitadas. A distribuição equitativa das cidades entre as tribos é enfatizada:

> *ʾet-hāʿārîm ʾăšer tiṯṯənû mīʾăḥuzzat bənê-yiśrāʾēl mēʾeṯ hārabb tărbu ûmēʾeṯ hammaʿaṭ tamʿîṭû ʾîš kəpî naḥălātô ʾăšer yinḥāl yitnēnû mēʿārêhem lalwiyyîm*

"As cidades que dareis serão da herança dos filhos de Israel: da tribo maior, tomareis mais, e da menor, tomareis menos. Cada um dará de suas cidades aos levitas conforme a herança que possuir." (Nm 35,8)

Esse princípio reflete a equidade na distribuição, assegurando que as tribos maiores contribuam com mais cidades e as menores, com menos, proporcionalmente ao tamanho de seus territórios. O capítulo então introduz o conceito das cidades de refúgio:

wayyədabbēr YHWH ʾel-Mōšeh lēʾmōr
"E falou YHWH a Moisés, dizendo:" (Nm 35,9)

Essa introdução marca uma nova seção, em que a função específica das cidades de refúgio será detalhada, estabelecendo um mecanismo de justiça para os que matam acidentalmente. A legislação das cidades de refúgio prossegue com uma instrução direta de YHWH a Moisés, estabelecendo um princípio fundamental de justiça para Israel. Diferente das outras cidades levíticas, essas cidades não servem apenas como residência para os levitas, mas cumprem um papel crucial na estrutura legal da nação, garantindo proteção para aqueles que cometem homicídio involuntário.

dabbēr ʾel-bənê-yiśrāʾēl wəʾamartā ʾălêhem kî-ʾattem ʿōḇərîm ʾet-hayyardēn ʾel-ʾereṣ kenaʿan
"Fala aos filhos de Israel, e dize-lhes: Quando passardes o Jordão para a terra de Canaã," (Nm 35,10)

A menção à travessia do Jordão enfatiza que essas instruções se aplicam ao assentamento de Israel em sua nova terra. A legislação das cidades de refúgio não é meramente uma provisão temporária para o deserto, mas uma estrutura permanente que moldará o sistema jurídico da nação.

wəhiqlîṯem lāḵem ʿārîm ʿārê miqlaṭ tihyeynā lāḵem wənās šām hārōṣēaḥ makkê-nep̄eš bišəgāgâ
"E designareis para vós cidades, cidades de refúgio vos

serão, para que ali fuja o homicida que matar alguém por erro." (Nm 35,11)

O termo *miqlaṭ* (refúgio) implica um local de proteção contra a retaliação. O homicida involuntário, ao fugir para essas cidades, encontra segurança até que possa ser julgado formalmente. O conceito reflete a necessidade de equilibrar justiça e misericórdia, evitando que assassinatos acidentais resultem em vinganças precipitadas.

wəhāyû lāḵem hāʿārîm ləmiqlaṭ miggōʾēl wəlōʾ yāmût hārōṣēaḥ ʿaḏ ʿomdô lip̄nê hāʿēḏâ lamišpāṭ
"E estas cidades vos serão por refúgio contra o vingador do sangue, para que o homicida não morra até que compareça perante a congregação para julgamento." (Nm 35,12)

A legislação introduz a figura do ***gōʾēl haddām*** (vingador do sangue), um parente próximo da vítima responsável por buscar justiça. No contexto tribal do antigo Oriente Próximo, a vingança de sangue era um mecanismo tradicional de retribuição, mas YHWH estabelece um sistema regulado para evitar execuções precipitadas. O julgamento formal pela congregação garante que a culpa seja determinada de forma justa.

wəhāʿārîm ʾăšer tiṯṯənû šēš ʿārê miqlaṭ tihyeynā lāḵem
"E as cidades que dareis serão seis cidades de refúgio para vós." (Nm 35,13)

O número seis não é arbitrário; ele assegura que as cidades estejam distribuídas de maneira acessível para toda a população. Isso reforça a universalidade da aplicação da justiça, garantindo que qualquer um que precise de refúgio possa encontrá-lo sem dificuldades excessivas.

ʾet-šəlōš hāʿārîm tiṯṯənû mēʿēber layyardēn wəʾet-šəlōš hāʿārîm tiṯṯənû bəʾereṣ kenaʿan ʿārê miqlaṭ tihyeynā
"Três cidades dareis além do Jordão, e três cidades dareis na terra de Canaã; cidades de refúgio vos serão." (Nm 35,14)

Essa distribuição equitativa entre as duas regiões do território israelita demonstra a preocupação com a acessibilidade da justiça. Tanto as tribos que se assentaram a leste do Jordão (Rúben, Gade e metade de Manassés) quanto aquelas que ocuparam Canaã propriamente dita teriam igual acesso ao sistema de refúgio.

> *ləḇnê-yiśrā'ēl wəlaggēr wəlatōšāḇ bətôḵām tihyeynā šēš hā'ārîm hā'ēlleh lamiqlaṭ lānûs šām kol-makkê-nep̄eš bišəgāgâ*
> "Para os filhos de Israel, para o estrangeiro e para o peregrino que habita no meio de vós, estas seis cidades serão para refúgio, para que ali fuja qualquer que matar alguém por erro." (Nm 35,15)

A inclusão dos ***gēr*** (estrangeiro residente) e ***tōšāḇ*** (peregrino) reflete um princípio importante: a justiça em Israel não se restringe aos membros da comunidade étnica. Mesmo os não israelitas que vivem no meio do povo devem ter acesso ao refúgio, demonstrando que a aliança com YHWH inclui a responsabilidade de tratar com equidade todos os que habitam na terra.

> *wə'im-bikklî barzel hikāhû wayyāmôt rōṣēaḥ hû' mōt yûmat hārōṣēaḥ*
> "Se, porém, com um instrumento de ferro o feriu, e ele morreu, homicida é; certamente será morto o homicida." (Nm 35,16)

A legislação começa a diferenciar homicídio involuntário de assassinato intencional. O uso de um instrumento de ferro – uma arma comum e eficaz – indica premeditação e intenção letal. Nesse caso, o réu perde o direito ao refúgio e deve ser executado.

> *wə'im-bĕ'eḇen-yāḏ 'ăšer-yāmût bah hikāhû wayyāmôt rōṣēaḥ hû' mōt yûmat hārōṣēaḥ*
> "E se com uma pedra na mão, que pode causar morte, o feriu, e ele morreu, homicida é; certamente será morto o homicida." (Nm 35,17)

A menção específica de armas como pedras e ferro sublinha que a intenção e a letalidade do objeto são critérios essenciais na distinção entre homicídio doloso e culposo.

> *ʾim-bĕḵlî-ʿēṣ yāḏ ʾăšer-yāmût bô hikāhû wayyāmôt rōṣēaḥ hûʾ mōt yûmat hārōṣēaḥ*
> "E se com um instrumento de madeira na mão, que pode causar morte, o feriu, e ele morreu, homicida é; certamente será morto o homicida." (Nm 35,18)

O padrão se repete para objetos de madeira. A ênfase na escolha da arma sugere que o julgamento deve levar em conta as circunstâncias exatas do crime, prevenindo condenações arbitrárias. A legislação sobre as cidades de refúgio continua estabelecendo os critérios para a justiça em Israel, determinando o papel do vingador do sangue (*gōʾēl haddām*) e as circunstâncias que distinguem homicídio involuntário de assassinato premeditado.

> *gōʾēl haddām hûʾ yāmît ʾet-hārōṣēaḥ bəp̄iḡʿōw yāmîtēnnu*
> "O vingador do sangue matará o homicida; ao encontrá-lo, matá-lo-á." (Nm 35,19)

O vingador do sangue, um parente próximo da vítima, tem o dever tradicional de buscar justiça. Contudo, sua ação não pode ser arbitrária, pois a lei estabelecida por YHWH regula quando a execução é legítima. O sistema de refúgio existe justamente para evitar que esse processo se transforme em uma espiral de vinganças.

> *wəʾim-bisnʾâ yehĕḥānnennû wayyašleḵ ʿālayw wəyāmôt*
> "Mas se o empurrou por ódio, ou lançou algo sobre ele de propósito, e ele morreu," (Nm 35,20)

> *ʾô bəʾeḇâ hiḵāhû bəyādô wayyāmôt mōt yûmat hammaḵeh rōṣēaḥ hûʾ gōʾēl haddām yāmît ʾet-hārōṣēaḥ bəp̄iḡʿōw*
> "Ou se o feriu por inimizade com a mão, e ele morreu, certamente será morto aquele que feriu; homicida é; o

> vingador do sangue matará o homicida ao encontrá-lo."
> (Nm 35,21)

Aqui, a premeditação e a intenção letal determinam a culpa do réu. A referência ao ódio (*sn'â*) e à inimizade (*'ebâ*) deixa claro que atos motivados por rancor são puníveis com a pena capital. O vingador do sangue, nesse caso, está autorizado a agir como executor da justiça divina.

> *wə'im-bəp̄etaʿ bəlō'-'êḇâ dəḥāp̄ô 'ô hišlîḵ ʿālayw kol-kəlî bəlō' ṣəḏiyâ*
> "Porém, se sem intenção e sem inimizade o empurrou, ou lançou sobre ele algo sem premeditação" (Nm 35,22)

> *'ô bəḵālî-lō' rə'ōṯ wayyappîl ʿālayw wayyāmôt*
> "Ou se, sem vê-lo, fez cair sobre ele alguma pedra que possa causar a morte, e ele morreu, sem que fosse seu inimigo nem buscasse seu mal" (Nm 35,23)

Se não houver intenção ou inimizade, o réu não pode ser tratado como um assassino. A ênfase na ausência de rancor demonstra que a lei israelita leva em conta o estado interior do réu, não apenas suas ações externas.

> *wəšāp̄əṭû hāʿēḏâ bêyn hammaḵeh ûbêyn gō'ēl haddām ʿal-hammišpāṭîm hā'ēlleh*
> "E a congregação julgará entre aquele que feriu e o vingador do sangue, segundo estas ordenanças." (Nm 35,24)

O julgamento pela congregação garante que a pena capital não seja aplicada de maneira precipitada. A decisão do tribunal, e não apenas a vontade do vingador, determina se o acusado é culpado ou inocente.

> *wəhiṣṣîlû hāʿēḏâ 'et-hārōṣēaḥ miyyaḏ gō'ēl haddām wəhēšîḇû 'ōtô hāʿēḏâ 'el-ʿîr miqlaṭô 'ăšer-nās šām wəyāšaḇ bah ʿad-môt hakkōhēn haggāḏôl 'ăšer māšaḥ 'ōtô baššemen haqqōdeš*

> "E a congregação livrará o homicida da mão do vingador do sangue, e o fará voltar à cidade de refúgio para onde havia fugido; e ali habitará até a morte do sumo sacerdote, que foi ungido com o óleo sagrado." (Nm 35,25)

Se o réu for considerado inocente de homicídio doloso, ele será enviado para a cidade de refúgio e ali permanecerá até a morte do sumo sacerdote (*kōhēn haggāḏôl*). Essa conexão entre o tempo de permanência no refúgio e o ofício sacerdotal sugere uma dimensão expiatória. A morte do sumo sacerdote marca um ponto de renovação, permitindo que o homicida involuntário retorne à sua terra sem temer retaliação.

> *wəʾim-yāṣō yāṣō hārōṣēaḥ ʾeṯ-gəḇûl ʿîr miqlaṭô ʾăšer yānūs šām*
> "Porém, se o homicida sair dos limites da cidade de refúgio, para a qual havia fugido," (Nm 35,26)

> *wəmāṣāʾ ʾōtô gōʾēl haddām miḥûṣ ləgəḇûl ʿîr miqlaṭô wərāṣaḥ gōʾēl haddām ʾet-hārōṣēaḥ ʾên-lô dām*
> "E o vingador do sangue o encontrar fora dos limites da cidade de refúgio, e o matar, não terá culpa de sangue." (Nm 35,27)

A segurança do homicida involuntário depende da sua permanência na cidade de refúgio. Se ele sair antes da morte do sumo sacerdote, perde sua proteção e pode ser morto legitimamente pelo vingador do sangue. Esse sistema funciona como um equilíbrio entre justiça e misericórdia: a cidade de refúgio evita execuções indevidas, mas também impõe restrições ao réu.

> *kî-baʿîr miqlaṭô yēšēḇ ʿad-môt hakkōhēn haggāḏôl*
> "Porque na cidade de refúgio deve habitar até a morte do sumo sacerdote." (Nm 35,28)

O vínculo entre a morte do sumo sacerdote e a libertação do homicida involuntário reforça que a pena não é eterna. Há um fim determinado para sua estadia no refúgio, evitando um exílio perpétuo.

> *wəlōʾ taḥănîp̄û ʾeṯ-hāʾāreṣ ʾăšer-ʾattem bāh kî-haddām hûʾ yaḥănîp̄ ʾet-hāʾāreṣ wəlāʾāreṣ lōʾ-yəḵuppar laddām ʾăšer-šup̄aḵ-bāh kî ʾim-bədām šōp̄ĕḵô*
> "E não profanareis a terra em que estais, porque o sangue profana a terra; e à terra não se fará expiação pelo sangue nela derramado, senão pelo sangue daquele que o derramou." (Nm 35,33)

Essa afirmação sublinha a seriedade do derramamento de sangue em Israel. O homicídio polui a terra, tornando necessária a retribuição adequada. A única maneira de purificar a terra é punindo o culpado, reafirmando que a justiça deve ser aplicada de maneira rigorosa.

> *wəlōʾ-tiṭmāʾ hāʾāreṣ ʾăšer-ʾattem yōšəḇîm-bāh ʾăšer-ʾănî šōḵēn bətôḵāh kî ʾănî YHWH šōḵēn bətôḵ bənê-yiśrāʾēl*
> "E não contaminareis a terra em que habitais, no meio da qual eu habito; porque eu, YHWH, habito no meio dos filhos de Israel." (Nm 35,34)

O capítulo se encerra com uma motivação teológica para a pureza da terra: YHWH habita no meio de Israel. A justiça, portanto, não é apenas uma necessidade social, mas uma exigência da presença divina. O sistema das cidades de refúgio não apenas protege os inocentes e pune os culpados, mas também preserva a santidade da terra onde o próprio Deus escolheu habitar.

Capítulo 36

A narrativa de Números 36 encerra o livro com uma questão jurídica que resgata e reafirma a preocupação com a manutenção da herança dentro de cada tribo. O episódio é uma continuação da legislação sobre as filhas de Zelofeade (Nm 27,1-11), enfatizando a estabilidade territorial e o respeito à estrutura tribal que deve ser preservada na distribuição da terra prometida. A questão é levantada pelos chefes da tribo de Manassés, que temem a perda de terras caso as filhas de Zelofeade se casem fora da tribo:

> *wayyiqərəḇû rōʾšê hāʾāḇôt ləmišpaḥat bənê-gilʿāḏ ben-māḵîr ben-menāššeh mimmišpəḥôt bənê-yôsēp̄ wayədabbərû lipnê Mōšeh wəlipnê hannəśîʾîm rōʾšê ʾăḇôt libnê-yiśrāʾēl*
> "E chegaram os chefes das famílias dos filhos de Gileade, filho de Maquir, filho de Manassés, das famílias dos filhos de José, e falaram diante de Moisés e diante dos príncipes, chefes das casas paternas dos filhos de Israel." (Nm 36,1)

A abordagem formal dos líderes tribais demonstra a seriedade do problema. A herança não era apenas uma posse material, mas um elemento essencial na estrutura social e religiosa de Israel. A preocupação com a redistribuição da terra dentro de outras tribos geraria consequências duradouras.

> *wayyōʾmərû ʾeṯ-ʾăḏōnāy ṣiwâ YHWH latēṯ ʾeṯ-hāʾāreṣ bənaḥălâ bəgôrāl libnê-yiśrāʾēl wəʾădōnāy ṣiwâ bəYHWH latēṯ ʾet-naḥălaṯ ṣəlāp̄ḥāḏ ʾāḥînû libnōṯāyw*
> "E disseram: 'Meu senhor ordenou por YHWH que se desse a terra em herança por sorte aos filhos de Israel; e meu senhor recebeu ordem de YHWH para dar a herança de nosso irmão Zelofeade a suas filhas.'" (Nm 36,2)

Os líderes reconhecem que a decisão de dar herança às mulheres foi um comando divino, mas a consequência desse arranjo precisa ser debatida, pois há um risco de que as terras de Manassés sejam transferidas para outra tribo.

> *wəhāyâ ʾim-yihyû ləʾaḥad mibbənê-šibṭê bənê-yiśrāʾēl lənāšîm wəniggərəʿâ naḥălātānû mimminaḥălaṯ ʾăḇōtênû wənôsəp̄â ʿal-naḥălat hammaṭṭeh ʾăšer-tihyey lāhên wəmiggôral naḥălātēnû yiggāreʿ*
> "E se elas se casarem com alguém dos filhos de outra tribo dos filhos de Israel, então a herança delas será retirada da herança de nossos pais e será acrescentada à herança da tribo à qual passarão; e assim será retirada da sorte de nossa herança." (Nm 36,3)

Esse argumento reflete o princípio de que cada tribo deve manter suas posses dentro de seus próprios limites. Se as filhas de Zelofeade se casarem com homens de outra tribo, a terra herdada por elas será transferida aos descendentes dessa nova linhagem, alterando o equilíbrio territorial que YHWH ordenou. A resposta divina vem através de Moisés, confirmando a preocupação legítima da tribo de Manassés e estabelecendo uma solução clara:

> *wayyiṣaw Mōšeh ʾet-bənê-yiśrāʾēl ʿal-pî YHWH lēʾmōr kēn maṭṭeh bənê-yôsēp̄ dōbərîm*
> "E ordenou Moisés aos filhos de Israel, por ordem de YHWH, dizendo: 'A tribo dos filhos de José fala corretamente.'" (Nm 36,5)

A confirmação de que a queixa tem fundamento fortalece a ideia de que a estrutura tribal não deve ser comprometida por mudanças arbitrárias. A terra é um dom divino e não pode ser transferida de maneira que enfraqueça a identidade de cada tribo.

> *zeh haddāḇār ʾăšer-ṣiwâ YHWH ləbənōṯ ṣələp̄ḥāḏ lēʾmōr ləmišpəḥat maṭṭeh ʾăbîhen tihyey lənāšîm*
> "Esta é a palavra que YHWH ordenou acerca das filhas de Zelofeade, dizendo: 'Que se casem com quem for reto aos olhos delas, contanto que seja dentro da família da tribo de seu pai.'" (Nm 36,6)

O princípio é estabelecido: as mulheres têm liberdade de escolha em relação ao casamento, mas devem se casar dentro de sua própria tribo para que a herança não se desloque para outra linhagem.

> *wəlōʾ-tiśśōb naḥălâ libnê-yiśrāʾēl mimmiššeḇeṭ ʾel-maṭṭeh kî-ʾîš bənaḥălat maṭṭeh ʾăḇōtāyw yiddĕbāq bənê-yiśrāʾēl*
> "E não passará herança dos filhos de Israel de tribo para tribo, pois cada um dos filhos de Israel se apegará à herança da tribo de seus pais." (Nm 36,7)

Essa lei garante que a estrutura original das tribos permaneça intacta. A terra prometida é uma dádiva divina e sua distribuição deve ser respeitada para evitar disputas territoriais futuras.

> *wəkol-bat yōrešet naḥălâ mimmaṭṭēh bənê-yiśrāʾēl*
> *ləʾaḥaḏ mimmispəḥat maṭṭeh ʾăbîhā tihyey lənāšîm*
> *ləmaʿan yîršû bənê-yiśrāʾēl ʾîš naḥălat ʾăbōtāyw*
> "E toda filha que possuir herança entre as tribos dos filhos de Israel casar-se-á com alguém da família da tribo de seu pai, para que os filhos de Israel possuam cada um a herança de seus pais." (Nm 36,8)

Aqui, o texto reforça a importância da continuidade da herança dentro da tribo, garantindo a estabilidade territorial e a preservação da identidade de cada clã.

> *wəlōʾ-tiśsōb naḥălâ mimmaṭṭēh ləmaṭṭeh ʾaḥēr kî-ʾîš*
> *bənaḥălatô yiddĕbāq maṭṭōt bənê-yiśrāʾēl*
> "E não passará herança de uma tribo para outra, pois cada um dos filhos de Israel se apegará à sua própria herança." (Nm 36,9)

Esse mandamento finaliza a regulamentação do caso de herança feminina em Israel, impedindo que mudanças familiares alterem a estrutura das tribos. As filhas de Zelofeade seguem a ordem dada por YHWH:

> *kaʾăšer-ṣiwâ YHWH ʾet-Mōšeh kēn ʿāśû bənōṯ ṣələp̄ḥāḏ*
> "Como YHWH ordenou a Moisés, assim fizeram as filhas de Zelofeade." (Nm 36,10)

A obediência delas demonstra a aceitação da decisão divina, reforçando a importância da submissão às leis de YHWH.

> *watəhəyey maḥlâ wətirṣâ wəḥoglâ ûmilkâ wənōʿâ nəšê-ḇnê dōḏêhen*
> "E Maalá, Tirzá, Hoglá, Milca e Noá casaram-se com filhos de seus tios." (Nm 36,11)

> *ləmišpəḥôt bənê-menāššeh ben-yôsēp̄ hāyû lənāšîm*
> *watəhəy naḥălātānû ʿal-maṭṭeh mišpaḥat ʾăbîhen*
> "E casaram-se dentro das famílias dos filhos de Manassés, filho de José, e sua herança permaneceu na tribo da família de seu pai." (Nm 36,12)

O livro de Números se encerra reafirmando o princípio da estabilidade tribal, essencial para a estrutura social e religiosa de Israel.

Bibliografia

ARTUS, O.

O livro dos Números. São Paulo: Loyola, 2024. 146 p.

CATENASSI, F. Z.

A misericórdia em meio à violência no Israel pós-exílico: Ex 32-34 à luz de Nm 13-14. *Estudos Bíblicos*, v. 33, n. 130, p. 19-31, 2016.

FAJARDO, G. I. G.

Espólio e partilha. *Revista de Interpretação Bíblica Latino-Americana*, n. 74, p. 81-88, 2017.

FRIGERIO, T.

A mulher na conquista e defesa da terra. *Estudos Bíblicos*, n. 19, p. 61-70, 1988.

GALLAZZI, S.

A sociedade perfeita segundo os sadocitas – Livro dos Números. *Revista de Interpretação Bíblica Latino-Americana*, n. 23, p. 161-175, 1996.

GARMUS, L.

De onde veio o Profeta Balaão? *Revista Eclesiástica Brasileira*, v. 39, fasc. 155, p. 498-501, 1979.

LAMADRID, A. G.

Números. *In*: OPORTO, S. G.; GARCÍA, M. S. (org.). *Comentário ao Antigo Testamento I*. São Paulo: Ave Maria, 2002. p. 221-260.

L'HEUREUX, C. E.

Números. *In*: Brown, R. E.; Fitzmyer, J. A.; Murphy, R. E. (org.). *Novo Comentário Bíblico São Jerônimo: Antigo Testamento*. São Paulo: Academia Cristã; Paulus, 2007. p. 197-221.

López, F. G.

O Livro dos Números. In: Oporto, Santiago Guijarro; García, M. S. (org.). *O Pentateuco: Introdução à leitura dos cinco primeiros livros da Bíblia*. São Paulo: Ave-Maria, 2004. p. 205-234. (Coleção Introdução ao Estudo da Bíblia, v. 3A).

Lozano, B. R.; Peñaranda, B.

Uma releitura de Números 12 a partir de uma perspectiva de mulheres negras. *Revista de Interpretação Bíblica Latino-Americana*, n. 50, p. 163-166, 2005.

Navia Velasco, C.

Um abraço sororal na mulher que aborta. *Revista de Interpretação Bíblica Latino-Americana*, n. 57, p. 69-79, 2007.

Pereira, N. C.

O corpo sob suspeita – Violência sexista no livro de Números. *Revista de Interpretação Bíblica Latino-Americana*, n. 41, p. 7-16, 2002.

Pereira, N. B.

A revolta de Coré e o manifesto de Lutero. *Revista Eclesiástica Brasileira*, v. 77, n. 305, p. 165-174, 2017.

Römer, T.

Números. *In*: Römer, Thomas; Macchi, Jean-Daniel; Nihan, C. (org.). *Antigo Testamento: História, Escritura e Teologia*. 2. ed. São Paulo: Loyola, 2015. p. 242-259.

Velasco, C. N.

Um abraço sororal na mulher que aborta. *Revista de Interpretação Bíblica Latino-Americana*, n. 57, p. 69-79, 2007.

Este livro foi composto em FreightText Pro
e Museo, e impresso em papel Pólen Natural
80 g/m², pela Meta Gráfica.